Andreas Kost · Hans-Georg Wehling (Hrsg.)

Kommunalpolitik in den deutschen Ländern

Andreas Kost
Hans-Georg Wehling (Hrsg.)

Kommunalpolitik in den deutschen Ländern

Eine Einführung

2., aktualisierte und
überarbeitete Auflage

VS VERLAG

Bibliografische Information der Deutschen Nationalbibliothek
Die Deutsche Nationalbibliothek verzeichnet diese Publikation in der
Deutschen Nationalbibliografie; detaillierte bibliografische Daten sind im Internet über
<http://dnb.d-nb.de> abrufbar.

1. Auflage 2003
2. Auflage 2010

Umschlaggestaltung: KünkelLopka Medienentwicklung, Heidelberg
Druck und buchbinderische Verarbeitung: Stürtz GmbH, Würzburg
Gedruckt auf säurefreiem und chlorfrei gebleichtem Papier
Printed in Germany

ISBN 978-3-531-17007-7

Inhalt

Kommunalpolitik in der Bundesrepublik Deutschland – eine Einführung

Hans-Georg Wehling und Andreas Kost

1 Kommunalpolitik im föderalistischen System der Bundesrepublik

Kommunalpolitik ist Ländersache. Da innerhalb des konsequent föderalistisch aufgebauten politischen Systems der Bundesrepublik Deutschland die Gemeinden zur Ebene der Länder gehören, sind es die Länder, welche die Rahmenbedingungen für die Gemeinden festsetzen, und zwar jeweils für ihr Gebiet: die Größe und die verwaltungsmäßige Abgrenzung, den Umfang ihrer Aufgaben, die Einordnung in übergreifende Gebietseinheiten (wie Verwaltungsgemeinschaften, Landkreise, Bezirke), vor allem aber auch für das als Innere Gemeindeordnung bezeichnete Institutionenarrangement. Darüber hinaus sind es die jeweiligen Länder, die Aufsicht und Kontrolle über die Gemeinden ausüben. Sie entscheiden auch, welche Staatsaufgaben – zweckmäßigerweise – den Kommunen zur Erledigung übereignet werden.

Der Bund legt demgegenüber – in Art. 28 des Grundgesetzes (GG) – nur allgemeine Prinzipien für die Gemeinden und Gemeindeverbände fest, die man als Demokratiegebot und als Homogenitätsprinzip begrifflich fassen kann – eigentlich eine Selbstverständlichkeit in einer demokratischen Staatsordnung:

> „In den Ländern, Kreisen und Gemeinden muss das Volk eine Vertretung haben, die aus allgemeinen, unmittelbaren, freien, gleichen und geheimen Wahlen hervorgegangen ist..." (Art. 28,1)

Darüber hinaus gibt das Grundgesetz den Gemeinden (einschließlich den Gemeindeverbänden) jedoch eine institutionelle Garantie für ihre Selbstverwaltung, auch für deren finanzielle Ausstattung:

> „Den Gemeinden muss das Recht gewährleistet sein, alle Angelegenheiten der örtlichen Gemeinschaft im Rahmen der Gesetze in eigener Verantwortung zu regeln... Die Gewährleistung der Selbstverwaltung umfasst auch die Grundlagen der finanziellen Eigenverantwortung; zu diesen Grundlagen gehört eine den Gemeinden mit Hebesatz zustehende wirtschaftskraftbezogene Steuerquelle." (Art. 28,3 GG)

Selbstverständlich ist auch, dass das Grundgesetz insgesamt die Gemeinden bindet und auch alle Gesetze des Bundes ihren Intentionen entsprechend für die Gemeinden Gültigkeit besitzen: Kommunale Selbstverwaltung gibt es nur auf dem Boden des Grundgesetzes und im Rahmen der Gesetze. Dementsprechend sind auch Eigentumsordnung und Wirtschaftsordnung der Bundesrepublik Rahmenbedingungen, welche die Kommunalpolitik bestimmen.

Darüber hinaus wirkt der Bund bei der Festsetzung des Steueraufkommens für die Gemeinden mit. Denn dem Bund kommt die Gesetzgebungshoheit für die Steuern zu, allerdings nur mit Zustimmung des Bundesrates als der Ländervertretung, damit keine einseitigen Änderungen im Gefüge des Bundes zu Lasten der Länder stattfinden können. Die Länder sind dabei auch die Sachwalter ihrer Gemeinden, die selbst über kein Mitwirkungsrecht auf Bundesebene verfügen, lediglich als Lobbyisten über die kommunalen Spitzenverbände. Die gegenwärtige Finanzverfassung der Bundesrepublik ist im wesentlichen das Ergebnis der Reform von 1969, wonach das Trennsystem aufgegeben worden ist zugunsten eines Verbundsystems, das weitgehend alle Steuereinnahmen in einem Topf zusammen fließen lässt (Steuerverbund). Nach bestimmten, durch Gesetz festgelegtem Schlüssel wird die Einnahmemasse auf die verschiedenen Ebenen des Staates verteilt. Darüber hinaus verpflichtet der Bundesgesetzgeber die Länder, einen Teil ihrer Einnahmen für bestimmte Gemeindeaufgaben (z.B. Straßenbau) und für den Ausgleich der Steuerkraftunterschiede ihrer Gemeinden (Gemeindefinanzausgleich) zur Verfügung zu stellen. Die Verteilung des Steueraufkommens soll dabei vom Konnexitätsprinzip geleitet werden, wonach Aufgabenbelastung und Finanzausstattung sich entsprechen sollen. Gleichzeitig liegt darin eine gewisse Paradoxie der gegenwärtigen Situation. Für Städte und Gemeinden wird es immer schwieriger, politische Gestaltungsräume zu eröffnen, weil die durch ungünstige ökonomische und politische Trends (dramatisch) zunehmenden finanziellen Belastungen eine Vielzahl von Kommunen in Deutschland immer stärker auf die Erfüllung ihrer von höherer Ebene zugewiesenen Pflichtaufgaben beschränken. Einen deutlichen Einschnitt stellt die Finanzkrise von 2009 dar, die für viele Gemeinden die Einnahmen aus der Gewerbesteuer wegbrechen ließ.

2   Die unterschiedlichen kommunalen Verfassungstypen in Deutschland

Es kann eigentlich nicht verwundern, dass bei der alleinigen Zuständigkeit der Länder für ihre Gemeinden die Kommunalverfassungen recht unterschiedlich aussehen. Zugespitzt: Letztlich hat jedes Land seine eigene Kommunalverfassung. Dabei können die Unterschiede unterschiedlich stark ausgeprägt sein, und es können unterschiedliche Muster miteinander konkurrieren. Es kann aber auch ein Angleichungsprozess stattfinden, in dem die Länder voneinander lernen. Das Letztgenannte wäre eine positive Folge des Föderalismus, wenn man ihn als Konkurrenzföderalismus versteht, welcher der Innovation dienen soll: Wenn institutionelle Arrangements in einem Land zum besseren Funktionieren und zu leichteren und überzeugenderen Problemlösungen führen, kann das in anderen Ländern Impulse zur Nachahmung geben. Ob solche Impulse dann tatsächlich zu Reformen führen, ist abhängig von den konkreten Interessenlagen. Denn Institutionen sind keine neutralen Regelungsbündel, sondern können begünstigende oder benachteiligende Folgen haben. Formal betrachtet sind sie Regelsysteme zur Herstellung und Umsetzung allgemeinverbindlicher Entscheidungen. Zumeist begünstigen sie den status quo, weil die Amtsinhaber und die hinter ihnen stehenden Parteien, Gruppierungen und Interessensverbände auf Grund der gegebenen Institutionen in ihre Positionen gekommen sind und sich darin eingerichtet haben. Die errungenen Positionen erlauben ihnen zugleich, Änderungen zu verhindern, wenn sie sich dadurch verschlechtern. Mithin sind Reformen hier eher unwahrscheinlich. Es bedarf dann schon starker Impulse von außen, Notsituationen z.B., eines starken politischen Willens, weitreichender Strategien, um hier erfolgreich Innovationen durchzusetzen. Das lässt sich sowohl am Beispiel der kommunalen Gebietsreform sowie insbesondere auch am Beispiel der Reform der Kommunalverfassungen in den Ländern der Bundesrepublik Deutschland aufzeigen. Im hier vorgelegten Buch wollen wir uns auf die Reform der Kommunalverfassungen konzentrieren, die in Deutschland in den 1990er Jahren ziemlich flächendeckend stattgefunden hat. Demgegenüber liegt die kommunale Gebietsreform schon Jahrzehnte zurück, deren Ergebnisse mittlerweile weitgehend akzeptiert sind; sie sind vielfach zur Selbstverständlichkeit geworden. Nur in den Neuen Bundesländern ist dieser Prozess gegenwärtig noch nicht abgeschlossen.

Das Ergebnis des institutionellen Reformprozesses hat nicht zu einer Vereinheitlichung der kommunalen Verfassungssysteme überall in Deutschland geführt – ein solches Ergebnis war weder zu erwarten noch erscheint es unbedingt wünschenswert. Man wird auch nicht davon ausgehen können, dass dieser Prozess bereits abgeschlossen ist: Reformprozesse sind sinnvoller Weise nie völlig abgeschlossen, denn immer kann noch dazu gelernt werden, und nicht jede Neuerung war durchdacht, manche Reformbemühung erfolgte sogar nur halbherzig und nicht konsequent. Ein Blick auf die gegenwärtige kommunalrechtliche und -politische Landschaft in Deutschland zeigt, dass überall Änderungen in der Diskussion, ja im politischen Prozess sind. Allerdings hat der bisherige umfassende Reformprozess einen teilweise spektakulären Verlauf genommen. Diese – manchmal geradezu „revolutionäre" – Phase scheint weitgehend abgeschlossen. Was noch bevorzustehen scheint, sind eher graduelle Veränderungen und Verbesserungen. Zu beobachten ist lediglich – oder immerhin? – eine starke Angleichung der kommunalen Verfassungssysteme in Deutschland, doch mit charakteristischen Unterschieden von Land zu Land. Ein solcher Befund erlaubt eine darstellende Bilanz, wie sie mit diesem Buch beabsichtigt ist: in Form von Monografien – sinnvoller Weise – über jedes der 16 Bundesländer. Vergleichende Beiträge kommen hinzu, und zwar zum Thema Gemeindefinanzen, Direkte Demokratie sowie zum Verhältnis von Rat und Bürgermeister im Reformprozess.

Institutionen – oder besser: institutionelle Arrangements sind das eine; wie Menschen und politische Gruppierungen damit umgehen oder umzugehen lernen, das andere. Von Institutionenarrangements sprechen wir deshalb, weil einzelne Institutionen nicht isoliert betrachtet werden können: Sie haben Wirkungen aufeinander; vor allem müssen sie zueinander „passen", wenn sie so funktionieren sollen, wie man sich das gedacht hat. So kann man beispielsweise nicht den Bürgermeister einerseits durch das Volk direkt wählen lassen und ihm andererseits keine entsprechenden Kompetenzen einräumen, denn die Wahlbürger verknüpfen mit der Direktwahl Erwartungen an den Gewählten.

Lernprozesse dauern auch im Rahmen kommunalrechtlicher Reformen eher lange, so dass die mit der Änderung der Kommunalverfassungen erwarteten Veränderungen der Kommunalpolitik nicht unbedingt bereits eingetroffen sind – weder ganz noch teilweise. Das betrifft vor allem diejenigen Länder, die ihre Kommunalverfassung „revolutioniert" haben. Von daher scheint es angemessen, in dieser Veröffentlichung stärker die rechtlichen, „nachlesbaren" Veränderungen darzustellen als die Wirklichkeit von Kommunalpolitik, die sich erst noch an die geänderten Verhältnisse anpassen muss, was zu Friktionen, Überraschungen, Enttäuschungen führen kann oder auch muss. Die Erfahrungen aus anderen Ländern mit längerer Übung im Umgang mit ganz bestimmten Institutionenarrangements kann da durchaus hilfreich sein.

Denn über die Jahrzehnte hinweg hatten in den Flächenstaaten der alten Bundesrepublik die dort bestehenden Gemeindeverfassungen Bestand, von kleineren Änderungen jeweils abgesehen. Für die Wahl dieser oder jener Gemeindeordnung beim demokratischen Wiederaufbau Deutschlands nach dem Zusammenbruch des Dritten Reiches waren einerseits die Traditionen kommunaler Selbstverwaltung im jeweiligen Land maßgeblich oder andererseits – wie im Fall von Niedersachsen und Nordrhein-Westfalen – der Einfluss der jeweiligen Besatzungsmacht. Die Ergebnisse lassen sich jeweils vier Typen von Kommunalverfassungen zuordnen, die inzwischen jedoch weitgehend Geschichte sind. Auf einem Kontinuum zwischen exekutiver Führerschaft und Ratsdominanz kann man sie folgendermaßen einordnen:

- Süddeutsche Ratsverfassung (Baden-Württemberg, Bayern),
- Bürgermeisterverfassung (Rheinland-Pfalz, Saarland, Landgemeinden Schleswig-Holsteins),
- Magistratsverfassung (Hessen, Städte Schleswig-Holsteins),
- Norddeutsche Ratsverfassung (Niedersachsen, Nordrhein-Westfalen).

Für die *Süddeutsche Ratsverfassung* kennzeichnend ist die starke Stellung des Bürgermeisters, die bereits in seiner Kompetenzausstattung zum Ausdruck kommt, die ihm die drei wichtigsten Führungsfunktionen zuerkennt. D.h., er ist

- stimmberechtigter Vorsitzender des Rats und aller seiner Ausschüsse,
- Chef einer monokratischen (d. h. auf ihn hierarchisch zugespitzten) Verwaltung,
- Repräsentant und Rechtsvertreter der Gemeinde.

Hinzu kommt als wesentliches Element die *Direktwahl des Bürgermeisters*: Sie bedeutet nicht nur ein Mehr an bürgerlichen Beteiligungsmöglichkeiten, sie verstärkt auch erheblich die Durchsetzungskraft des Bürgermeisters, der vor den Rat mit dem Anspruch treten kann, seine Vorstellungen unter Berufung auf den Volkswillen durchzusetzen. Zu Hilfe kommt dem Bürgermeister in Baden-Württemberg und Bayern dabei das kommunale *Wahlsystem*, demzufolge der Wähler so viel Stimmen hat, wie Sitze im Rat zu vergeben sind, wobei er Stimmen häufen (*kumulieren*) und Kandidaten von einer auf eine andere Liste überschreiben (*panaschieren*) kann.

Die *Norddeutsche Ratsverfassung* als Gegentyp zur Süddeutschen Ratsverfassung zeichnete sich durch einen starken Rat und einen verhältnismäßig schwachen Verwaltungschef aus, der im Grunde nur Werkzeug des Rats (bzw. seiner Mehrheit) sein sollte – ohne eigenen politischen Willen. Die drei Führungsfunktionen Vorsitz im Rat, Leitung der Verwaltung und Vertretung der Gemeinde waren auf zwei Amtsinhaber aufgeteilt. Der Vorsitzende des Rats wurde aus dessen Mitte gewählt und trug den Titel (Ober-)Bürgermeister. Auch die Vorsitzenden der Ausschüsse wurden aus deren Mitte gewählt. Unabhängig von der Ortsgröße war der Bürgermeister gegen Zahlung einer Aufwandsentschädigung ehrenamtlich tätig. Die Verwaltung wurde von einem hauptamtlichen, besoldeten Gemeindedirektor geleitet, der in Städten den Titel (Ober-)Stadtdirektor führte, und zwar gewählt vom Rat, der ihn jederzeit mit qualifizierter Mehrheit wieder abberufen konnte. Für die Repräsentation der Gemeinde war der Bürgermeister zuständig und für die Rechtsvertretung der Verwaltungschef. Auch bei genauer Kompetenzabgrenzung in der Gemeindeordnung waren „Übergriffe" nicht zu vermeiden, mit entsprechenden Konflikten im Gefolge. So wandten sich die Bürger vielfach mit ihren Anliegen an den Bürgermeister, den sie auch dann für zuständig hielten, wenn es eigentlich der Verwaltungschef war. Der Bürgermeister konnte sich dadurch herausgefordert fühlen, unter Berufung auf die Bürgererwartungen, eine Angelegenheit selbst in die Hand zu nehmen. Heraus kam letztlich ein System mit undurchsichtigen Verantwortlichkeiten: Die Verantwortung verschwand nur allzu oft im „Bermudadreieck" von Bürgermeister, Oberstadtdirektor und Vorsitzenden der dominierenden Ratsfraktion in einer Kommunalverfassung, die dem Rat rechtlich und politisch den „Vortritt" ließ.

Die *Magistratsverfassung* in Hessen und Schleswig-Holstein ist ein gewaltenteiliges Modell, das dem parlamentarischen System sehr nahe kommt: mit der Stadtverordnetenversammlung als der Volksvertretung und dem Magistrat mit dem Oberbürgermeister an der Spitze als der Stadtregierung.

Der Magistrat besteht aus hauptamtlichen und ehrenamtlichen Beigeordneten, wobei – getreu der Hochschätzung der Ehrenamtlichkeit durch den Freiherrn vom Stein – die Zahl der hauptamtlichen die der ehrenamtlichen nicht übersteigen darf. Die

Beigeordneten als Magistratsmitglieder sind nicht – wie anderswo – Untergebene des Verwaltungschefs innerhalb eines hierarchischen Verwaltungsaufbaus, sondern gleichberechtigte Mitglieder eines regierungsähnlichen Gremiums (Magistrat) unter Vorsitz des Bürgermeisters. Bei der Fülle und der Komplexität der heutigen Probleme und angesichts des erforderlichen Zeitaufwands ist es naheliegend, dass die gewichtigeren Dezernate von hauptamtlichen Beigeordneten geleitet werden (z. B. Finanzen, Baubereich). Die ehrenamtlichen Beigeordneten werden von der Stadtverordnetenversammlung nach Proporz gewählt, d.h., dass (fast) alle Fraktionen vertreten sind. So wie es die Steinsche Städteordnung wollte, gilt in Hessen die Unvereinbarkeit der Mitgliedschaft in Stadtverordnetenversammlung und Magistrat. Schleswig-Holstein hatte sich von diesem Prinzip abgewandt, so dass dort beide Mitgliedschaften, sowohl in der Gemeindevertretung als auch im Magistrat, miteinander vereinbar waren.

Der Oberbürgermeister im Geltungsbereich der Magistratsverfassung ist Leiter der Verwaltung, gegenüber den anderen Magistratsmitgliedern aber lediglich ein primus inter pares: ein Erster unter Gleichen. Somit ist er auch den Mehrheitsbeschlüssen des Magistrats unterworfen, die er nach außen zu vertreten und auszuführen hat. Seit der Einführung der Direktwahl darf er in Hessen jedoch seine abweichende Meinung nach außen deutlich machen.

Der Kontinuität und der Professionalität wegen sollte nach dem Willen der Steinschen Städteordnung die Amtszeit von Magistrat und Bürgermeister die der Stadtverordnetenversammlung übersteigen. So ist es auch in Hessen geregelt (fünf Jahre Rat, sechs Jahre Bürgermeister und Magistratsmitglieder). Somit kann es durchaus vorkommen, dass nach einer Ratswahl die Mehrheiten in der Stadtverordnetenversammlung und im Magistrat voneinander abweichen – dann scheint ein Dauerkonflikt vorprogrammiert zu sein, vor allem in den großen Städten mit ausgeprägten parteipolitischen Strukturen. Um solche Konflikte lösen zu können, erlaubt die Hessische Gemeindeordnung, in Gemeinden über 50.000 Einwohnern innerhalb von sechs Monaten nach Zusammentritt der neuen Stadtverordnetenversammlung Magistratsmitglieder mit einer (qualifizierten) Mehrheit der gesetzlichen Zahl der Mandatsträger abzuwählen und durch neue zu ersetzen. Das lässt sich als Schritt in Richtung Parlamentarisierung von Kommunalpolitik interpretieren.

Die *Bürgermeisterverfassung* in Rheinland-Pfalz und im Saarland gab dem Bürgermeister im wesentlichen dieselben Kompetenzen wie die Süddeutsche Ratsverfassung, nur dass er hier nicht vom Volk, sondern vom Rat gewählt wurde. Seit Einführung der Direktwahl in beiden Ländern ist der Unterschied hinfällig geworden.

Rheinland-Pfalz kennt eine Besonderheit, die in Gemeinden mit mehr als zwei hauptamtlichen Beigeordneten (ab 15.000 Einwohnern) in Richtung Magistratsverfassung geht: einen formellen Stadtvorstand, aus dem (Ober-)Bürgermeister und den Beigeordneten bestehend.

Die *neuen Bundesländer* haben gleich nach der Deutschen Einigung von ihrem durch das Grundgesetz verbrieften Recht Gebrauch gemacht, sich jeweils eigene Gemeindeordnungen zu gegeben. Von erheblichem Einfluss waren dabei die Berater aus den jeweiligen Partnerländern, die jedoch auch ihre eigenen Wunschvorstellungen realisieren konnten – quasi in Fortschreibung des Modells ihres jeweiligen Heimatlandes. Dabei gab es jedoch auch Experimentierphasen, indem beispielsweise Sachsen-Anhalt zunächst die Magistratsverfassung, dann 1993 die Süddeutsche Ratsverfassung eingeführt hat. Die Experimentierphase galt auch für andere Bereiche der Kommunalpolitik, etwa für die Räte, deren zahlenmäßiger Umfang sich zunächst weniger an der Arbeitsfähigkeit, sondern an der Einbeziehung möglichst vieler Oppositionsgruppen aus der DDR-Zeit orientierte.

Der Anstoß für die Änderungen der Kommunalverfassungen in den alten Bundesländern seit Beginn der 1990er Jahre kam sowohl von außen, nämlich von den neuen Bundesländern her, als auch von innen, und zwar von Hessen, wobei vermutlich der Anstoß von außen den Anstoß von innen (mit)ausgelöst hat. So haben sich die Rahmenbedingungen von Kommunalpolitik im letzten Jahrzehnt grundlegend geändert, einmal in Richtung auf ein *Mehr an Demokratie*: durch die Einführung der Direktwahl des Bürgermeisters und des Referendums – beides bundesweit – in allen Flächenstaaten. Zum andern ist die *Stellung des Hauptverwaltungsbeamten* (des Bürgermeisters) verstärkt worden, und zwar nicht nur durch einen Zugewinn an Kompetenzen, sondern vor allem durch die Volkswahl selbst, die dem Amtsinhaber ein höheres Maß an Legitimation verschafft.

Dass in der noch von der Volkskammer verabschiedeten neuen demokratischen Gemeindeordnung der DDR wie in den Gemeindeordnungen der neuen Bundesländer direktdemokratische Elemente wie Bürgerbegehren und Bürgerentscheid sowie die Direktwahl von Bürgermeister und Landrat verankert wurden, erschien als Selbstverständlichkeit, wurde doch sowohl die Implosion des SED-Regimes als auch die deutsche Einigung von den Menschen in der damaligen DDR als selbst herbeigeführt angesehen: „Wir sind das Volk!" und „Wir sind ein Volk!". Die Gegner der Einführung direktdemokratischer Elemente (Direktwahl des Bürgermeisters, Bürgerbegehren und Bürgerentscheid) in den alten Bundesländern gerieten durch die Entwicklung in den neuen Bundesländern in Argumentationsnot: Wenn das Volk dort nach mehr als 50 Jahren Diktatur (Drittes Reich eingerechnet) „reif" für mehr Demokratie war, konnte man schlecht die These aufrechterhalten, das Volk in den alten Bundesländern sei es noch nicht – nach mehr als 40 Jahren Einübung in Demokratie!

Zu diesem äußeren Anstoß kam der Vorstoß des damaligen hessischen Ministerpräsidenten Dr. Walter Wallmann (CDU), der, um seine parlamentarische Mehrheit zu retten, auf die Popularität direktdemokratischer Elemente setzte und deshalb die Direktwahl von Bürgermeistern und Landräten in Hessen betrieb. Dafür war in Hessen eine Volksabstimmung notwendig. Deren Ergebnis vom 20. Januar 1991 – 82% stimmten dem Vorhaben zu – machte die hohe Popularität des Vorhabens bundesweit sichtbar. Andere Landesregierungen mussten das künftig in Rechnung stellen, nicht zuletzt, weil sich damit dieses Thema für die jeweilige Opposition geradezu anbot. So hat in Nordrhein-Westfalen und später im Saarland die dortige Opposition direktdemokratische Elemente gefordert, verbunden mit der Androhung einer entsprechenden Volksabstimmung und damit die Regierung(spartei) gezwungen, auf dieses Reformvorhaben einzuschwenken. Verschwiegen sei nicht, dass die Wissenschaft Argumentationshilfe geleistet hat. Einen entscheidenden Anteil an der Popularisierung direktdemokratischer Verfahren hatte auch eine bemerkenswerte bayerische Initiative. 1995 setzten die bayerischen Bürger, initiiert und tatkräftig unterstützt durch den Verein „Mehr Demokratie", per Volksgesetzgebung über die Landesverfassung mit 57,8% Zustimmung gegen den alternativen CSU-Landtagsentwurf selbst den kommunalen Bürgerentscheid durch.

Die Einführung der Direktwahl der Gemeindespitze setzte notwendigerweise eine Änderung der Kommunalverfassung in den Ländern voraus, deren Bürgermeister von der Kompetenzausstattung her schwach waren. Denn die Volkswahl bedeutet einen Zuwachs an Legitimation, der mit entsprechenden Handlungserwartungen der Bürger einhergeht. Das betrifft sowohl die Länder mit Norddeutscher Ratsverfassung wie die mit Magistratsverfassung. Niedersachsen, Nordrhein-Westfalen und Schleswig-Holstein sind den Weg konsequent gegangen und haben sich dem Modell der Süddeutschen Ratsverfassung mehr oder weniger stark angepasst. Lediglich Hessen hielt an der Magistratsverfassung fest; die Regierungstaktik scheint hier darin zu bestehen, schrittweise Änderungen vorzunehmen.

In Hinblick auf die institutionelle Gewichtsverteilung lässt sich die Entwicklung als Weg zur „exekutiven Führerschaft" (Richard Grauhan) charakterisieren, kurz: zur Dominanz des Bürgermeisters. Diese Tendenz zur „exekutiven Führerschaft" geht einher mit der Einführung von *Referenden* als weiterem direktdemokratischem Element in die Gemeindeordnungen, und zwar inzwischen flächendeckend. Bürgerbegehren und Bürgerentscheid wurden in allen Flächenstaaten eingeführt. Überall kann jetzt die Bürgerschaft entscheidend anstelle des Rats treten. Das ist nicht unbedingt als Entwicklung hin zur plebiszitären Demokratie auf Gemeindeebene zu interpretieren. Vielmehr hat der Rat lediglich Konkurrenz bekommen, was ihn zwingt, besser zu werden, d.h. auch sich stärker an den Wünschen der Wählerschaft zu orientieren. Bürgerbegehren und Bürgerentscheid als direktdemokratische Elemente tragen so ihren Teil dazu bei, die repräsentative Demokratie auf Gemeindeebene in ihrer Funktionsfähigkeit zu verbessern. Dafür allerdings muss das Schwert, das über den Köpfen des Rats hängt, scharf genug sein.

3   Zahl und Struktur der Gemeinden in Deutschland

Kommunalpolitik in Deutschland findet in gegenwärtig 12.263 Gemeinden statt, dazu in 301 Landkreisen als Gemeindeverbänden, die überall dort tätig werden (sollen), wo eine einzelne Gemeinde für die Aufgabenerfüllung alleine zu schwach wäre (z.B. Krankenhaus, Berufsschule, Sonderschule) oder wo eine übergeordnete Erledigung einer Aufgabe in der Natur der Sache liegt, wie beim Bau von Kreisstraßen, beim Öffentlichen Personennahverkehr (ÖPNV), Trinkwasserversorgung bzw. Abwasserentsorgung. Die Vernetzung ist somit eine zentrale Aufgabe von Landkreisen. In den 114 Kreisfreien Städten Deutschlands fallen Gemeinde und Kreis zusammen. Rund ein Drittel der Menschen in Deutschland lebt in Kreisfreien Städten, zwei Drittel in Landkreisen bzw. kreisangehörigen Gemeinden. Bayern – und rudimentär auch Rheinland-Pfalz (im Bereich der ehemaligen bayerischen Pfalz) – geht noch einen Schritt weiter, indem auf einer dritten kommunalen Ebene, jener der sieben Bezirke, eine weitere Vernetzung und subsidiäre Aufgabenerledigung stattfindet. Gemeinden, Landkreise und Bezirke sind unterschiedlich sozialökonomisch strukturiert und auch unterschiedlich groß (nach Fläche und vor allem einwohnermäßig). Das gilt einerseits innerhalb der Länder, indem hier – meist orientiert am ländlichen Raum oder an den Verdichtungsgebieten – unterschiedliche Größenkategorien vorzufinden sind. Andererseits haben aber auch die Bundesländer im Zuge der kommunalen Gebietsreform unterschiedliche Zielvorstellungen aufgrund unterschiedlicher Verwaltungs„philosophien" und Interessenslagen gehabt. Die äußeren Pole eines Kontinuums stellen hier Nordrhein-Westfalen mit 396 Gemeinden bei rund 18 Mio. Einwohnern und Rheinland-Pfalz mit 2.306 Gemeinden bei ca. 4 Mio. Einwohnern dar. Außer acht müssen bei einem solchen Vergleich die Neuen Bundesländer bleiben, da hier der Prozess der kommunalen Gebietsreform noch nicht endgültig abgeschlossen ist. Selbstverständlich sind bei einem solchen Vergleich auch die drei Stadt-Staaten Berlin, Hamburg und Bremen (ein Zwei-Städte-Stadt-Staat mit Bremen und Bremerhaven) außen vor.

Neben der Kommunalverfassung stellt wohl die jeweilige Gemeindegröße die wichtigste Variable für die Kommunalpolitik dar: für die Inhalte, für den Verlauf und für den Stil von Kommunalpolitik. In welchem Maße der Parteienstaat auch die Kommunalpolitik erobert hat, ist nicht zuletzt von der Größe der Gemeinde abhängig. Unterschiede in der Kommunalverfassung nach Größentypen gibt es in Deutschland nicht – in keinem Bundesland –, obwohl das denkbar, möglich, vielleicht auch wünschbar wäre. Die jeweilige Gemeindeordnung gilt für alle Gemeinden in jedem Land gleich.

Im Einzelnen stellen sich die Größenverhältnisse folgendermaßen dar: In Deutschland gibt es insgesamt nur 38 Städte mit mehr als 200.000 Einwohnern, die man – nach den kommunalen Gebietsreformen – noch mit Fug und Recht als „echte" Großstädte ansprechen kann. Davon liegen allein 15 in Nordrhein-Westfalen. In diesen 38 Städten leben gerade einmal 23,8% der Menschen in der Bundesrepublik, gegenüber 41,6%, die in Gemeinden bis 20.000 Einwohnern zu Hause sind.

Die größeren Flächenländer der Bundesrepublik Deutschland kennen zudem noch eine Bezirksgliederung, die – von Bayern abgesehen – eine staatliche Verwaltungsgliederung darstellt und für die Kommunalpolitik aber insofern von Bedeutung ist, als die Bezirke eine zentrale Rolle in der Aufsicht des Staates über die Kommunen spielen (Kommunalaufsicht, die in der Regel gestaffelt ist: Landratsamt, Regierungspräsidium/Bezirksregierung, Innenministerium) sowie für die Erteilung von Genehmigungen. Das sind in Baden-Württemberg vier, Hessen drei, Nordrhein-Westfalen fünf, Sachsen und Sachsen-Anhalt jeweils drei Regierungspräsidien. In Bayern korrespondiert die staatliche Bezirksregierung mit den sieben Bezirken als Dritter kommunaler Ebene. Rheinland-Pfalz ist von der territorialen Mittelinstanz weitgehend zu einer funktionalen übergegangen (mit der „Aufsichts- und Genehmigungsdirektion" in Trier, die für die Kommunalaufsicht landesweit zuständig ist, daneben gibt es die Struktur- und Genehmigungsdirektion „Nord" in Koblenz und „Süd" in Neustadt an der Weinstraße; alle haben aber über die Fläche verteilt Außenstellen). Thüringen kennt lediglich ein „Landesverwaltungsamt" als Mittelbehörde in Weimar und mit Außenstelle in Suhl. Die Existenz von Regierungspräsidien/Bezirksregierungen wird – solange sie existieren – immer wieder in Frage gestellt, doch nicht nur als Aufsichts- und Genehmigungsbehörden haben sie sich bewährt; sie entlasten die Ministerien von der Alltagsarbeit und sind so etwas wie das staatliche Schwert, das Gesetzen nach ihrer parlamentarischen Verabschiedung landeseinheitlich zur Durchsetzung verhilft, unabhängig von lokalen Interessen, die sich in Gemeinderäten und Kreistagen manifestieren.

4   Aufgabenspektrum der Gemeinden

Der Aufgabenkatalog der Gemeinden ist heute stark ausdifferenziert, den man formal wie inhaltlich-materiell zu fassen versuchen kann. Da Gemeinden gut und vor allem problem- und bürgernah arbeiten sowie flexibel reagieren und vorgegebene staatliche Normen und Vorgaben angemessen auf den Einzelfall anwenden können, erledigen sie nicht nur die Aufgaben ihres eigenen Wirkungskreises, sondern auch staatliche (Land und Bund); dies natürlich gegen Erstattung der damit der Gemeinde entstehenden zusätzlichen Kosten. Somit lassen sich formal zwei Aufgabenarten unterscheiden:

- *eigene Aufgaben* der Gemeinden („Selbstverwaltungsaufgaben", „Aufgaben des eigenen Wirkungskreises"),
- *staatliche Aufgaben*, die den Gemeinden aus Zweckmäßigkeitsgründen lediglich übertragen sind („Auftragsangelegenheiten", „Aufgaben des übertragenen Wirkungskreises").

Ob es sich um den ersten oder zweiten Aufgabentyp handelt, lässt sich mit Hilfe folgender Fragen beantworten:

1. Ist die Gemeinde bei der Erledigung einer Aufgabe frei oder besitzen staatliche Behörden hier ein Weisungsrecht?
2. Ist die Gemeinde bei der Erledigung einer Aufgabe lediglich der Rechtsaufsicht unterworfen oder kontrolliert der Staat auch, ob die Aufgabe zweckmäßig erledigt worden ist (Fachaufsicht)?
3. Wer ist für die Erledigung einer Aufgabe letztlich zuständig: der Rat oder der Hauptverwaltungsbeamte (Bürgermeister)?

4. Wer ist der Adressat bei einem Widerspruch gegen das Verwaltungshandeln: der Rat oder die staatliche Fachaufsicht?

Im jeweils ersten Fall haben wir es mit Selbstverwaltungsaufgaben, im zweiten mit staatlichen Aufgaben zu tun. Die Abgrenzung zwischen beiden Aufgabenarten lässt sich nicht immer sauber vollziehen; in der alltäglichen Verwaltungspraxis wird hier auch nicht getrennt, da die kommunalen Ämter ausschließlich nach Gegenstandsbereichen geordnet sind.

Sinnvoll erscheint es deshalb, von einem starren Dualismus Staat – Gemeinde wegzukommen und eine *Stufung*, analog zu einer abgestuften Einwirkungsmöglichkeit höherer politischer Ebenen, vorzunehmen. Einen entsprechenden Vorschlag der kommunalen Spitzenverbände und der Länderinnenminister haben sich die Länder weitgehend zu eigen gemacht. Danach gibt es weisungsfreie (1. und 2.) und weisungsgebundene Aufgaben (3. und 4.):

1. *Freiwillige Aufgaben*: Ihre Erfüllung ist ganz in das Belieben einer Gemeinde gestellt. Somit ist es z.B. ausschließlich Sache der Gemeinde, ob sie sich ein Museum, ein Theater, eine Parkanlage, ein Schwimmbad, eine Gemeindehalle leisten will und wie diese Einrichtungen aussehen sollen. Das Land kann sich dort von Rechts wegen nicht einmischen.
2. *Pflichtaufgaben ohne Weisung* müssen lediglich wahrgenommen werden, ohne dass das Land sich in das „Wie" der Aufgabenwahrnehmung einmischt. So muss die Gemeinde zwar als Schulträger die Schule bauen, aber wie sie architektonisch gestaltet wird, ist ihre Sache (ebenso Bauleitplanung, aber auch Abwasserbeseitigung oder Katastrophenschutz).
3. *Pflichtaufgaben nach Weisung* müssen nicht nur durchgeführt werden, auch die Art und Weise ihrer Durchführung ist vorgeschrieben (z. B. Bauaufsicht, Gemeindewahlen).
4. *Staatliche Aufgaben* (nur in einem Teil der Bundesländer). Hier fungiert die Gemeinde als staatliche Unterbehörde (z.B. für alle Angelegenheiten, die mit innerer Sicherheit zusammenhängen, etwa Polizei).

Lediglich im Bereich der weisungsfreien Aufgaben hat der Rat das letzte Wort.

Ihrem Inhalt nach ist Kommunalpolitik Gesellschaftspolitik – selbst im Rahmen gesetzlicher Vorgaben von Bund und Land – mit erstaunlichen Spielräumen. Zu den Aufgaben, die Kommunalpolitik wahrnimmt, gehören heute vorwiegend

- Gewerbeförderung: einmal weil die Gewerbesteuer eine wichtige Einnahmequelle der Gemeinden darstellt, zum andern weil das Gewerbe Arbeitsplätze anbietet. Von daher ist der Einfluss des Gewerbes quasi automatisch, d.h., die potenten Unternehmen brauchen nicht eigens vorstellig zu werden, denn die Kommunalpolitik liest ihnen ihre Wünsche quasi von den Augen ab. Einen Gegensatz von Kapital und Arbeit gibt es hier nicht, denn auch abhängig Beschäftigte und Gewerkschaften sind für die Sicherheit der Arbeitsplätze und deren Vermehrung.

- Infrastrukturpolitik kann man als Folge davon betrachten: Es muss alles von Seiten der Gemeinde getan werden, damit sie als Standort attraktiv bleibt. Dazu gehören auch die Bereitstellung von Kindergartenplätzen und der Bau von Schulen sowie die Ausweisung von Baugebieten und die Bereitstellung von Wohnraum. Sport- und Freizeitangebote sind notwendig als Ergänzung dazu (Reproduktionssphäre). Nimmt man das alles zusammen, könnte man – etwas verkürzt – den Inhalt von Kommunalpolitik mit „Brot und Spiele" etikettieren.
- Als wichtige Aufgabe hinzu gekommen ist inzwischen die Ausländer- und Integrationspolitik.
- Sozialpolitik spielt als kommunale Aufgabe z.T. eine erhebliche Rolle, wobei die Sozialhilfe in den kleineren und mittleren Gemeinden vom Landkreis wahrgenommen wird.

5   Zur Konzeption dieses Bandes

Kommunalpolitik also ist Ländersache. Somit ist dieser Band entsprechend den Ländern der Bundesrepublik Deutschland in alphabetischer Reihenfolge, zusätzlich mit drei Überblicksartikeln, aufgebaut. Wenn Kommunalpolitik Ländersache ist, ist es auch Sache der Landeszentralen für politische Bildung, dafür zu sorgen, dass die Kenntnisse über Kommunalpolitik verbreitet werden. Damit die Bürgerinnen und die Bürger die Vorgänge vor Ort, die um sie herum geschehen, verfolgen und kritisch beurteilen können sowie ihrer Wahlmöglichkeit nachkommen können und sich auch darüber hinaus in den kommunalpolitischen Willensbildungs- und Entscheidungsprozess einbringen – wann immer sie es für notwendig erachten. Um einen bundesweiten Überblick zu gewinnen, haben sich die Landeszentralen zu einem Gemeinschaftswerk zusammen getan; dabei entweder die Beiträge selbst geschrieben oder zumindest unter ihrer Verantwortung in Auftrag gegeben. Für eine solche fruchtbare Kooperation haben die beiden Herausgeber ihren Kollegen und Kolleginnen herzlich zu danken!

Kommunalpolitik in den Ländern

Kommunalpolitik in Baden-Württemberg

Hans-Georg Wehling

1   Einleitung

Das kommunale Verfassungssystem Baden-Württembergs ist in den fast 60 Jahren des Bestehens des Landes im Prinzip nahezu unverändert geblieben. Seine wesentlichen Merkmale sind:

- ein starker Bürgermeister, der die wichtigsten Führungsfunktionen in seinem Amt bündelt,
- ein starkes unmittelbares Mitwirkungsrecht der Bürgerschaft bei der Bestellung des politischen Personals durch Direktwahl des Bürgermeisters und durch die Möglichkeit zu kumulieren und zu panaschieren bei der Bestellung des Vertretungsorgans (Rat), und schließlich
- die Möglichkeit der Bürgerschaft, durch Bürgerbegehren und Bürgerentscheid jederzeit unmittelbar in den Entscheidungsverlauf von Kommunalpolitik korrigierend eingreifen zu können.

Die Direktwahl des Bürgermeisters und die Möglichkeit von Kumulieren und Panaschieren gab es über Jahrzehnte hinweg nur noch in Bayern; Bürgerbegehren und Bürgerentscheid existierten ausschließlich in Baden-Württemberg. Seit 1990 sind dem nahezu alle Flächenstaaten der Bundesrepublik gefolgt.

Kommunalpolitik findet in Baden-Württemberg in 1.101 Gemeinden statt. Hinzu kommen 35 *Landkreise*, die überall dort tätig werden, wo einzelne Gemeinden überfordert wären (z. B. Krankenhäuser, Berufs- und Sonderschulen), ein Interesse an großräumigeren Lösungen besteht (Abfallbeseitigung) oder diese in der Natur der Sache begründet sind (Kreisstraßen). Das Land gibt den Landratsämtern zusätzliche Aufgaben (Ordnung, Sicherheit, Polizei u. a., in Baden-Württemberg auch Forst, Straßenbau, Natur- und Denkmalschutz), die sie als Staatsaufgaben wahrnehmen. Die neun *Stadtkreise* sind Gemeinde und Kreis zugleich. Zur Bewältigung der Probleme im Stadt-Umland-Bereich, die insbesondere im Großraum Stuttgart drängend sind, ist 1994 der *Verband Region Stuttgart* geschaffen worden, bestehend aus Nachbarstädten und -kreisen. Nach offizieller Lesart handelt es sich hier um eine maßgeschneiderte Lösung für den Einzelfall Mittlerer Neckarraum, die keine dritte kommunale Ebene sein soll. Dementsprechend wird die Regionalversammlung zwar am selben Tag wie Gemeinderäte und Kreistage gewählt, aber nach einem anderen Wahlrecht (Verhältniswahl mit starren Listen); und neben der hauptamtlichen Verbandsdirektorin gibt es den ehrenamtlichen Regionalpräsidenten.

Trotz der kommunalen Gebietsreform, die bis zu ihrem Abschluss am 1. Januar 1975 die Zahl der Gemeinden auf rund ein Drittel des Bestandes verringert hat, ist Baden-Württemberg nach wie vor ein Land der kleineren und mittleren Gemeinden, gerade etwa auch im Vergleich zu Nordrhein-Westfalen. So weisen von den 1.101 Gemeinden nur vier Städte mehr als 200.000 Einwohner auf (Stuttgart, Mannheim, Karlsruhe, Freiburg), sind also – realistisch betrachtet – heute als Großstädte anzusehen; dazu kommen fünf weitere Gemeinden, die der traditionellen Einstufung nach (Internationale Statistikerkonferenz von 1887) mit mehr als 100.000 Einwohnern zu den Großstädten zählen (Heidelberg, Heilbronn, Pforzheim, Ulm, Reutlingen). Demgegenüber haben 1.001 Gemeinden bis 20.000 Einwohnern, davon 413 sogar nur bis zu 5.000 Einwohner. Dass das für den Problemumfang, die Überschaubarkeit von kommunaler Aufgabenerledigung und den Stil von Kommunalpolitik, nicht zuletzt auch für den Stellenwert von Parteipolitik auf den Rathäusern nicht ohne Bedeutung ist, liegt auf der Hand. In den Gemeinden bis 20.000 Einwohner leben immerhin 50,2% der Menschen in Baden-Württemberg, in den neun Städten über 100.000 Einwohner demgegenüber nur 18,9%.

2   Traditionen kommunaler Selbstverwaltung in Baden-Württemberg

Kommunale Selbstverwaltung im deutschen Südwesten leitet sich nicht vom preußischen Reformer Karl Freiherr vom und zum Stein her, so sehr man ihn auch hier zu Lande als Ikone kommunaler Selbstverwaltung zu schätzen weiß. Vielmehr besitzt kommunale Selbstverwaltung im deutschen Südwesten eine jahrhundertealte, durchgängige, weitgehend ungebrochene Tradition, die sich bis in den institutionellen Bereich nachweisen lässt. Sehr früh schon dachten die Gemeinden im südwestdeutschen Raum auch über sich hinaus, wurden in der Tat das, was Festreden ihnen heute noch gerne nachsagen: Grundlage des Staates. Gegenüber der jeweiligen Herrschaft schlossen sie sich zu „Landschaften" zusammen, die in staatlichen Angelegenheiten – vorab im Bereich von Abgaben und Steuern – ein Mitspracherecht beanspruchten und dann auch durchsetzen konnten. Ein „Proto-Parlamentarismus" konnte sich nahezu im gesamten süddeutschen Raum durchsetzen, basierend auf den Gemeinden als Körperschaften. Als mit der bäuerlichen Revolution von 1525 („Bauernkrieg") die Gemeinden daran gingen, an die Stelle der überkommenen Herrschaften eine republikanische Staatsorganisation auf Gemeindegrundlage anzustreben, erlitten sie eine bittere Niederlage. Der überkommene Dualismus von Herrschaft und Landschaft bestand jedoch weiter über das Ende des „Alten Reiches" hinaus bis ins 19. Jahrhundert.

Für die weitere Entwicklung der kommunalen Selbstverwaltung hat sich, nach der napoleonischen Neuordnung des deutschen Südwestens Anfang des 19. Jahrhunderts, das württembergische Modell als zukunftsträchtig erwiesen, mit seinem weiten kommunalpolitischen Handlungsspielraum gegenüber dem Staat, mit seiner starken demokratischen Rückkopplung einschließlich der Volkswahl des Bürgermeisters, mit seiner hohen Professionalität und Überparteilichkeit. Faktisch seit der Revolution von 1848/49 gab es in Württemberg auf kommunaler Ebene ein allgemeines, gleiches Wahlrecht für alle steuerpflichtigen Männer ab 25 Jahren (die Frauen erhielten – wie anders wo auch – erst 1919 das Wahlrecht). Der Schultheiß (erst 1930 erhielt er den Namen Bürgermeister) wurde seit 1891 auch formal direkt gewählt, zunächst auf Lebenszeit, ab 1907 dann bei der Erstwahl auf zehn, bei Wiederwahl auf 15 Jahre. Während Baden auch auf kommunaler Ebene an der strikten Trennung von Politik (Bürgermeister) und Verwaltung (Ratsschreiber) festhielt, setzte sich in Württemberg in der Position des Bürgermeisters der kommunale Fachbeamte durch, der sein Amt als unpolitische Verwaltung betrachtete. Fachbürgermeister gab es selbst in kleineren Gemeinden, da wegen entsprechender Nebeneinkünfte (z. B. aus der obligatorischen Gebäudebrandversicherung und der Invalidenversicherung) auch hier das Amt des hauptamtlichen Gemeindevorstehers noch attraktiv war. Als „Kadettenanstalt" für den gehobenen Dienst in Württemberg diente ab 1887 die Verwaltungsschule in Stuttgart, aus der namentlich die Bürgermeister der kleineren und mittleren Gemeinden kamen – wie heute aus den Fachhochschulen für öffentliche Verwaltung in Ludwigsburg und Kehl als deren Nachfolgeeinrichtungen. Wegen des in der Direktwahl sichtbar gewordenen Rückhalts des Bürgermeisters in der Bevölkerung, der hohen Professionalität und dem unpolitischen Amtsverständnis gab es in Württemberg über 1933 hinaus und später dann auch nach 1945 ein hohes Maß an Kontinuität im Amt des Bürgermeisters – auch hier im Gegensatz zu Baden.

Ursprünglich war Kommunalpolitik Angelegenheit derer, die in der Gemeinde das durch Geburt oder Einkauf erworbene Bürgerrecht besaßen. Diese Exklusivität hat das Mitwirkungsrecht nach und nach verloren. Deutsche Staatsbürger wurden automatisch Gemeindebürger, wenn sie lange genug ihren Wohnsitz dort hatten. Wählbar zum Bürgermeister ist heute jeder deutsche Staatsbürger, der das Wahlrecht zum Deutschen Bundestag besitzt und mindestens 25 Jahre alt ist. Aufgrund einer Richtlinie der EU ist das aktive wie das passive Wahlrecht in der Gemeinde auf alle Bürger der Europäischen Union ausgedehnt worden, sofern sie – wie jeder Deutsche auch – mindestens drei Monate in ihr ansässig sind. Das heißt: Seit 1996 besitzen alle EU-Bürger das Recht, den Gemeinderat mit zu wählen, an Bürgerbegehren und -entscheiden teilzunehmen; desgleichen können sie sich in den Gemeinderat und zum Bürgermeister wählen lassen.

3   Die herausgehobene Stellung des Bürgermeisters

Das wichtigste Merkmal der Süddeutschen Ratsverfassung, wie sie seit Gründung des Bundeslandes Baden-Württemberg (1952) hier gilt, ist die zentrale Stellung des Bürgermeisters. Stark ist der Bürgermeister auf Grund seiner Kompetenzausstattung, insbesondere aber auch durch die Direktwahl mit ihren Modalitäten. In seiner Position bündelt er die drei wichtigsten *Führungsfunktionen*. Er ist gleichzeitig

- Vorsitzender des Gemeinderats und aller seiner Ausschüsse, und zwar mit Stimmrecht,
- Chef einer monokratisch strukturierten, d.h. auf ihn zugespitzten Verwaltung und
- Repräsentant und Rechtsvertreter der Gemeinde im Innern wie nach außen.

Die *Funktionenbündelung* bedeutet, dass er in allen Phasen des kommunalpolitischen Entscheidungsprozesses präsent ist, und zwar dominierend. In der Phase der Entscheidungsvorbereitung führt er die wichtigen Verhandlungen im Namen der Gemeinde, gibt „seiner" Verwaltung den Auftrag, die Vorlagen für den Gemeinderat zu erstellen, die er dann sichtet und dabei eine Vorauswahl unter den Alternativen vornimmt. Die Sitzungsleitung im Rat und seinen (vorberatenden oder beschließenden) Ausschüssen, verbunden mit dem Stimmrecht (das bei Stimmengleichheit sogar den Ausschlag geben kann), erlaubt ihm, den Gang der Entscheidungsfindung im Rat zu steuern, zumal er als „Profi" einer Schar von „Feierabendpolitikern" gegenübersitzt, die sich auf seine Vorarbeit und seine Informationen weitgehend verlassen (müssen). Die Phase der Entscheidungsausführung ist wiederum allein Sache der Verwaltung und ihres Chefs, des Bürgermeisters, mit allen Ermessensspielräumen, die trotz der verbindlichen Entscheidung des Rats übrig bleiben.

Erheblich verstärkt wird die Funktionenbündelung in der Position und Person des Bürgermeisters durch die *Direktwahl*, die ihn zu einer Art Wahlkönig auf Zeit macht. Hinzu kommt die deutlich längere Amtszeit des Bürgermeisters (acht Jahre) gegenüber den Gemeinderäten (fünf Jahre). Im ersten Wahlgang benötigt ein erfolgreicher Kandidat die absolute Mehrheit der abgegebenen Stimmen, sonst findet ein zweiter Wahlgang statt, bei dem gewählt ist, wer relativ die meisten Stimmen erhält (also keine Stichwahl).

Die starke Stellung schafft klare *Verantwortlichkeiten*, sie verschwinden nicht in einem „Bermudadreieck" von Bürgermeister, Oberstadtdirektor und Fraktionsvorsitzendem der dominierenden Partei, wie das im Geltungsbereich der Norddeutschen Ratsverfassung in der Vergangenheit nicht unüblich war. Der Bürgermeister in Baden-Württemberg kann sich demgegenüber hinter niemandem verstecken. Er ist es denn auch, der für Leistung belohnt, für Fehler oder Fehlverhalten bestraft wird: letztlich mit Nicht-Wiederwahl. Doch soweit kommt es selten. Die Machtfülle und die ihr innewohnenden Gestaltungsmöglichkeiten ziehen starke, leistungswillige und leistungsfähige

Kandidaten an, das Wissen um die Bestrafungsmöglichkeiten durch die Bürger übt einen heilsamen Zwang zu Leistung und Bürgernähe aus. Vetterleswirtschaft und allzu große Dienstbeflissenheit gegenüber einer politischen Partei würden ihm von den Bürgern heimgezahlt werden. Natürlich gibt es auch in Baden-Württemberg Bürgermeister, die ihr Amt missbraucht haben, zumeist, weil sie meinten, ihrer Gemeinde damit einen Dienst zu erweisen, selten zum privaten Vorteil. Die Affären gehen aber gerade deswegen landesweit durch die Presse, weil sie selten sind.

Die herausgehobene Stellung des Bürgermeisters von Baden-Württemberg trifft mit zunehmender Gemeindegröße an ihre Grenzen und wird in Großstädten irgendwann überschritten, wo vom Amtsinhaber die letzte Verantwortlichkeit fairer Weise nicht immer erwartet werden kann. Den Punkt genau anzugeben, fällt schwer, weil differenzierend die persönliche Leistungsfähigkeit und das Format des jeweiligen Bürgermeisters zu berücksichtigen sind. Immer auch gibt es Themen, die sich der Oberbürgermeister als Chefsache ausdrücklich vorbehält

Bereits mit der Bestellung von *Beigeordneten*, die vom Gemeinderat als Beamte auf Zeit für acht Jahre gewählt werden und für welche die Fraktionen ein Präsentationsrecht haben, kann das kommunale Verfassungssystem in Richtung Magistratsverfassung verschieben. Beigeordnete/Dezernenten, die ihr Amt ihrer Partei verdanken und sich des Rückhalts ihrer Fraktion versichern, lassen sich vom Oberbürgermeister nicht mehr durchweg als dessen Untergebene behandeln, obwohl sie es rechtlich sind. Abgesehen davon vermag der OB nicht mehr jeden Vorgang innerhalb der Dezernate genau zu verfolgen. Eine Art von „Verwaltungspluralismus" stellt sich ein, welcher der Koordination bedarf, zumal wenn sich Interessen und Meinungen zwischen den Dezernaten spalten. Hier ist der Platz für Oberbürgermeisterpersönlichkeiten, die zuhören und schlichten können und notfalls ein Machtwort sprechen, das ihnen ja auch rechtlich zusteht. Von ihnen wird eine schnelle Auffassungsgabe verlangt, die den Kern der Streitpunkte erkennt. Sie müssen findig sein in der Formulierung tragfähiger Kompromisse, und unschätzbar sind ein konzilianter Verhandlungsstil sowie eine gehörige Portion Witz, die eine festgefahrene Situation lockern kann. Was Wunder, dass dieser Typ von Oberbürgermeister ein begehrter Vorsitzender aller möglichen kommunalen Verbände wird, weil es gerade diese Eigenschaften sind, die man für die Willensbildung in Verhandlungen Gleichberechtigter braucht, seien es Tarifgemeinschaften, die Verbände kommunaler Energieerzeuger, Nahverkehrsunternehmen usw.

Unverzichtbar bleibt aber auch in dieser Größenordnung die Fähigkeit, die eigene Gemeinde und ihre Absichten eindrucksvoll zu repräsentieren, sowohl nach innen wie nach außen. Das offene Ohr, die Bürgernähe muss auch dann erhalten bleiben.

Wer unter den Bedingungen der Süddeutschen Ratsverfassung Bürgermeister wird, entscheiden die Wählerinnen und Wähler. Deren Vorlieben sind Ausfluss einer politischen Kultur, die durchaus regionale Unterschiede aufweisen kann. So gibt es auch heute noch feststellbare Unterschiede zwischen Baden und Württemberg, wobei das württembergische (Aus-) Wahlverhalten sich immer mehr durchsetzt. Kurz gesagt, wünschen die Wähler in Baden-Württemberg sich einen Bürgermeister, der ein parteipolitisch distanzierter Verwaltungsfachmann ist und möglichst nicht aus der Gemeinde selbst stammt (wohl aber doch aus der Region, dem „Ländle"). Dahinter steckt eine Vorstellung von Kommunalpolitik als Sachpolitik, die mit Parteipolitik nichts zu tun haben soll. Der Amtsinhaber soll Bürgermeister aller Bürger sein, sachorientiert über alle parteipolitischen, verwandtschaftlichen, sozialen und lokalen Interessen stehen. Das gilt um so eher, je kleiner die Gemeinde ist. Parteien und Gruppierungen am Ort übersehen all das immer wieder bei der Kandidatenkür – und sind maßlos enttäuscht, wenn ihre Rechnung nicht aufgeht.

Über die Verwaltungsqualifikation hinaus erwarten die Bürger von ihrem Bürgermeister die Fähigkeit, Zukunftsvorstellungen von seiner Gemeinde, ja Visionen zu entwickeln, die er dann auch tatkräftig zu realisieren hat. Lediglich verwalten ist zu wenig: Gestalten können muss und will der Bürgermeister. Hinzu kommt die Erwartung von Bürgernähe, die sich nicht zuletzt in einem unbürokratischen, zupackenden, wenig zimperlichen Verwaltungsstil äußert.

Gegenwärtig sind rund 90% der hauptamtlichen Bürgermeister in Baden-Württemberg gelernte *Verwaltungsfachleute*. Rund die Hälfte der Bürgermeister ist parteilos, mit steigender Gemeindegröße nimmt der Anteil der Parteimitglieder zu, da die finanzielle, personelle und organisatorische Wahlkampfunterstützung durch Parteien oder Gruppierungen am Ort benötigt wird. Das Verhältnis der Bürgermeister mit Parteimitgliedsbuch zu ihrer *Partei* bleibt nach der Wahl *instrumentell*. In der Regel geben sich die frisch gewählten Bürgermeister alsbald Mühe, sich parteipolitisch „freizuschwimmen", d.h. sich von den unterstützenden Gruppierungen vor Ort zu emanzipieren. Denn das ist langfristig ihre Erfolgs- und Überlebensbedingung. Vor diesem Hintergrund ist es falsch, wenn die Presse und selbst die Parteien den Erfolg eines Kandidaten parteipolitisch zurechnen und Ergebnisse landesweit hochrechnen und deuten. Die Wähler haben ihren Bürgermeister zumeist gewählt, nicht *weil* er, sondern *obwohl* er Mitglied einer bestimmten Partei ist. Mit einem guten „SPD-Bürgermeister" ist langfristig gesehen denn auch die örtliche CDU zufrieden und umgekehrt. Ausnahmen von den genannten Regeln sind in Baden-Württemberg allenfalls in Baden zu finden. Das erlaubt es, von einem „Baden-Profil" zu sprechen, als Ausfluss einer politischen Kultur, die sehr viel stärker parteipolitisch bestimmt ist als die württembergische. Natürlich können Parteien versuchen, den Wähler bei der Bürgermeisterwahl „auszutricksen", indem sie ihn ausschließlich mit parteipolitisch profilierten Lokalmatadoren konfrontieren, etwa wenn die beiden Vorsitzenden der stärksten Gemeinderatsfraktionen gegeneinander antreten. Eine solche Taktik hat seine Grenzen, denn in Baden-Württemberg besitzen – anders als z. B. in Bayern – Parteien kein Präsentationsrecht für die Kandidaten, bewerben kann man sich nur als Individuum. Ab einer bestimmten Ortgröße, spätestens ab 100.000 Einwohnern, wagt sich aber kein Parteiloser ohne Rückhalt mehr ins Rennen, schon aus Gründen der organisatorischen Hilfe und der Wahlkampffinanzierung. Gewählt wird dann, wen die Bürger noch am ehesten ihrem Idealbild entsprechend wahrnehmen.

Eine amtliche Übersicht über die Parteizugehörigkeit von Bürgermeistern kann es in Baden-Württemberg nicht geben, in Folge der individuellen Bewerbung und der Unzulässigkeit eines Parteienvorschlags. Somit ist man auf private Erhebungen angewiesen. Unter den Oberbürgermeistern gehören erstaunlich viele der SPD an, selbst in Gemeinden, in denen die CDU traditionell über eine klare Mehrheit verfügt. Inzwischen gehören auch Mitglieder der GRÜNEN zum Kreis der hauptamtlichen Bürgermeister, darunter die Oberbürgermeister von Freiburg i. Br., Konstanz, Tübingen – was, wie auch sonst bei den Parteimitgliedern unter den Bürgermeistern, weniger als Erfolg der GRÜNEN anzusehen ist denn als persönliches Ergebnis. Darüber hinaus zeigt das auch, dass die GRÜNEN hierzulande längst als etabliert und mithin als wählbar gelten.

Bei insgesamt rund 1.050 hauptamtlichen Bürgermeistern in Baden-Württemberg fällt die geringe Anzahl von *Frauen* unter ihnen auf. Über Jahrzehnte hinweg blieb in Baden-Württemberg die Position des Bürgermeisters reine Männersache. Mit Beate Weber in Heidelberg wurde dann Ende 1990 erstmals eine Frau zum hauptamtlichen Gemeindevorstand gewählt. Dann ging es fast schon Schlag auf Schlag, so dass in Baden-Württemberg bis heute (2009) insgesamt 42 Frauen in das Amt des hauptamtlichen Bürgermeisters gewählt worden sind. 35 sind davon im Amt, das entspricht 3,3%. Neun der im Amt Befindlichen sind, in Gemeinden mit mehr als 20.000 Einwohnern, Oberbürgermeisterinnen (= 9% der Oberbürgermeister). Das sind zweifellos viel zu wenig. Geeignete Frauen scheuen aber manchmal auch vor dem Amt des Bürgermeisters zurück, wegen der zu erwartenden Rollenkonflikte (Ansprüche von Partner und Kindern). Der Zeitaufwand des Amtes, die Verfügungsbereitschaft beinahe rund um die Uhr, der Verlust der Privatsphäre wirken abschreckend, nicht nur auf Frauen. Ein Wertewandel in unserer Gesellschaft weg von materiellen hin zu den als postmateriell bezeichneten Werten könnte es zunehmend schwerer werden lassen, geeignete Kandidaten zu finden, obwohl das Amt Selbstständigkeit und Gestaltungsspielräume in einem Ausmaß bietet wie kaum ein anderer Beruf und die Bezahlung als durchaus gut bezeichnet werden kann. Vermutlich wird der Anteil von Frauen als Bürgermeister in Zukunft weiter zunehmen, wenn geeignete männliche Bewerber knapp würden. An qualifizierten Frauen fehlt es nicht, nach der Familienphase wird die Einnahme einer solchen Position auch an Attraktivität gewinnen. In den Kommunalverwaltungen jedoch haben Frauen längst kräftig aufgeholt, auch in Führungspositionen (Amtsleiter), kein Wunder angesichts der Tatsache, dass die Studierenden an den Fachhochschulen für öffentliche Verwaltung schon seit Jahren zu rund zwei Drittel weiblich sind. Hinzu kommen flexible Arbeitszeitregelungen, einschließlich Teilzeit, die die Tätigkeit im Rathaus für Frauen attraktiv machen.

Amtsinhaber werden in der Regel wieder gewählt, zumeist so lange, wie sie selbst es wollen. Gewählt werden kann, wer mindestens 25 Jahre alt ist; im Amt bleiben kann man bis zur Vollendung des 68. Lebensjahres. Amtszeiten von zwei Amtsperioden (zweimal acht Jahre) werden, schon wegen des Pensionsanspruchs, so gut wie nie unterschritten. Drei und noch mehr Amtsperioden sind häufig. Es gibt auch durchaus

Bürgermeister, die 40 Jahre im Amt waren. Gegen erfolgreiche Amtsinhaber werden kaum Herausforderer aufgestellt, so dass „Nicht-Wieder-Wahlen" ausgesprochen selten sind, auch wenn sie im Laufe der Jahre zugenommen haben: Seit der Gemeindereform von Anfang der 1970er Jahre sind insgesamt nicht mehr als rund 180 Bürgermeister nicht wieder gewählt worden, das sind weniger als 5%. Ursache war dann zumeist verlorene „Bodenhaftung", mangelnde Leistungsfähigkeit kommt deutlich weniger vor. Vermutlich sollte ein Teil der „Abgewählten" lediglich einen Denkzettel erhalten – wobei sich die Denkzettel addiert haben.

4   Gemeinderat und Gemeinderäte

4.1   Die Rolle des Rates

Allen Gemeindeordnungen in Deutschland gilt der Rat als das „Hauptorgan" der Gemeinde. Rechtlich gesehen ist der Gemeinderat mehr als ein Richtlinien- und Kontrollorgan, das dem Bürgermeister und der Stadt„regierung" wie ein Parlament gegenüberstünde. Er ist vielmehr als ein *Verwaltungsorgan* konstruiert, das die Politik der Gemeinde zusammen mit dem Bürgermeister *entscheidend* bestimmt, auch wenn es um Einzelfallentscheidungen geht. Von Amts wegen Mitglied im Gemeinderat ist in Baden-Württemberg der Bürgermeister, mit Stimmrecht und in bevorrechtigter Stellung: Als sein Vorsitzender beruft er dessen Sitzungen ein, stellt die Tagesordnung auf (fakultativ „beraten" dabei durch einen Ältestenrat) und leitet die Sitzungen. Auch in allen Beratenden wie Beschließenden Ausschüssen des Gemeinderats ist er der geborene Vorsitzende – was in der baden-württembergischen Praxis zu einer zurückhaltenden Bildung von Ausschüssen führt, da der Bürgermeister sich terminlich nicht „zerreißen" kann. Eine geringe Zahl von Ausschüssen bedeutet ein jeweils weitgeschnittenes Aufgabenfeld, was wiederum auf dieser Ebene bereits eine Interessenintegration und Koordination ermöglicht: eine Kommunalpolitik aus einem Guss, in gesamtpolitischer Verantwortung, auch in finanzieller Hinsicht. Wohingegen in Ländern mit Vorsitzenden aus der Ausschussmitte die Zahl der Ausschüsse sich gerne vervielfältigt, da möglichst viele Gemeinderatsmitglieder einen so ehrenvollen Vorsitzendenposten haben möchten. Kommunalpolitik wird damit tendenziell unübersichtlich, unkoordiniert, läuft aus dem Ruder, was nicht zuletzt zu Ressourcenverschwendung führen kann, worauf Gerhard Banner, der ehemalige Vorstand der Kommunalen Gemeinschaftsstelle (KGSt), immer wieder hingewiesen hat.

4.2   Wer wird gewählt?

Seit Bestehen des Landes bietet das Kommunalwahlrecht in Baden-Württemberg den Wählern und Wählerinnen ein größtmögliches Auswahlrecht: mit Kumulieren (Häufung bis zu drei Stimmen) und Panaschieren (Übernahme von Kandidaten von einer Liste auf eine andere). An einen fixen Menüvorschlag durch Parteien und Wählergemeinschaften sind die Wähler mithin nicht gebunden, sondern können á la carte wählen. Das tun sie denn auch reichlich, mit ganz bestimmten Vorstellungen, die Ausfluss der politischen Kultur sind, und mit deutlichen Auswirkungen auf die Zusammensetzung der Räte und somit auch auf die Politik in der Gemeinde. Die Möglichkeit zu kumulieren und zu panaschieren wird in Baden-Württemberg dadurch erleichtert, dass die Stimmzettel – anders als z. B. in Hessen – außer Namen und Titel der Kandidaten deren Beruf und Anschrift enthalten. Das sind wichtige Orientierungshilfen, die von den Wählern auch genutzt werden. Generell gilt, dass von der Möglichkeit zu kumulieren und zu panaschieren um so eher Gebrauch gemacht wird, je kleiner – und damit auch im Kandidatenangebot überschaubarer – eine Gemeinde ist, und umgekehrt. Doch selbst in Großstädten, die Landeshauptstadt Stuttgart (600.000 E.) einbegriffen, wird weit mehr als die Hälfte der Stimmzettel verändert. Um die Zahl der ungültigen Stimmzettel zu minimieren, werden sie nach Hause geschickt, damit sie in Ruhe ausgefüllt werden können. Der Vorwurf, das sei keine geheime Wahl mehr, trifft nicht, denn es ist nichts anderes als eine Briefwahl für alle. Sie kann dann in der obligatorischen Wahlkabine noch korrigiert werden.

Gewählt wird, wer in der Gemeinde etwas ist, etwas gilt und wer geschätzt wird. Dazu gehören: Selbstständige am Ort mit lokalem Kundenkreis: z. B. Ladeninhaber, Handwerker, Landwirte, Freiberufler usw., die jeweils nicht nur in der Gemeinde wohnen, sondern auch dort arbeiten, sich also auskennen. Die genannten Berufe bringen Kontakt mit vielen Menschen, sorgen für einen hohen Bekanntheitsgrad. Gewählt wird zudem, wem man Selbstlosigkeit, Einsatz für das Wohlergehen der Mitmenschen unterstellt. Davon profitieren Ärzte wie auch andere Heil- und Pflegeberufe, Krankenschwestern, Altenpflegerinnen, aber auch wer sich in Kinderschutzbund oder Altenarbeit engagiert. Ein hoher Bekanntheitsgrad kommt auch hier hinzu. Ferner profitieren Polizeibeamte; möglicherweise erscheinen sie den Wählern als Garanten von Sicherheit und „heiler Welt" daheim. Auch ihnen kann man lokale Kompetenz unterstellen. Die Präsenz von Lehrern in der Kommunalpolitik ist unübersehbar, ihre zahlenmäßige Bedeutung wird jedoch überschätzt. Wahrscheinlich aber ist ihre Rolle bedeutender als die Zahlen zu erkennen geben (und insofern ist die „Volksmeinung" gerechtfertigt): Da sie in ihrer Zeiteinteilung freier sind als die meisten ihrer Mitbürger, können sie auch eher Führungspositionen in der Kommunalpolitik einnehmen und machen sich so eher bemerkbar.

Als unverzichtbare Voraussetzung für den Erwerb eines Gemeinderatsmandats gilt die Mitgliedschaft im Verein, gar in mehreren Vereinen, am besten noch: Funktionen in Vereinen. Das verleiht Bekanntheit und Ansehen. Was nicht zählt, ist die Mitgliedschaft in einer Partei, gar noch ein ausgeprägtes parteipolitisches Profil, wenn man keine weitere der genannten Voraussetzungen für den Wahlerfolg aufzuweisen hat. Die Möglichkeiten zu panaschieren beißt reine Parteifunktionäre geradezu weg. Das hat man in Nordrhein-Westfalen durchaus gesehen und lehnt bis heute deshalb Kumulieren und Panaschieren ab.

Auffallend ist das hohe Ausmaß an Kontinuität in der Zusammensetzung der Gemeinderäte: In drei Viertel der Fälle sind die neuen Gemeinderäte auch die alten. Der Abgang ist vielfach selbst gewählt. Auch diese Kontinuität ist zu einem wesentlichen Teil eine Folge des Wahlsystems: Wer schon im Rat ist, steht stärker in der Öffentlichkeit, kommt in der Zeitung vor, ist also bekannt.

Besonderes Augenmerk verdient der Anteil der Frauen an den kommunalen Mandatsträgern. Nach der Gemeinderatswahl vom 7. 6. 2009 beträgt er im Land insgesamt 22%. Gegenüber der voran gegangenen Wahl von 2004 (21%) ist das nur ein geringer Anstieg, im Rückblick jedoch (1984: 9,5%) hat sich der Frauenanteil kontinuierlich bis heute mehr als verdoppelt. Deutlich zeigt sich, dass der Frauenanteil in den Gemeinderäten stark von der Ortgröße abhängt, und zwar mit zunehmender Ortgröße steigend, ziemlich kontinuierlich. Einen überdurchschnittlichen Anteil an Frauen weisen die Räte in Universitäts- und Beamtenstädten auf, so in Freiburg, Tübingen und Heidelberg. Das könnte bedeuten, dass letztlich nicht die Ortsgröße die entscheidende Variable darstellt, sondern der Anteil an hochqualifizierten Einwohnern – als Indiz für postmaterialistische Einstellungen. Allerdings sind die drei Gemeinden, in denen der Frauenanteil nach der Gemeinderatswahl 2009 über 50% liegt, ausgesprochen kleine Gemeinden: zwei mit weniger als 5.000 und eine mit 7.400 Einwohnern. Das könnte den Verdacht nähren, dass nicht genügend wahlbereite und wählbare männliche Kandidaten „aufzutreiben" waren. In sieben Gemeinden lag die Geschlechterverteilung bei genau 50%, darunter in der Universitätsstadt Tübingen. In 35 Gemeinden finden sich überhaupt keine Frauen im Gemeinderat, allerdings war diese Zahl bei den vergangenen Wahlen immer deutlich höher (2004 noch 54 Gemeinden). Als Erklärung für den unbefriedigenden Frauenanteil ließe sich anführen: Frauen sind geringer in prestigeträchtigen Berufen vertreten, sind auch seltener in Vereinen und vor allem in Vereinsfunktionen. Nach wie vor sind überkommene Rollenvorstellungen maßgebend, wonach weniger den Frauen als vielmehr den Männern die Sphäre der Öffentlichkeit zugeordnet wird. Das gilt bereits für Kandidaturen.

Benachteiligt sind ferner Arbeiter, Arbeitslose und junge Menschen: Sie verfügen nicht (oder noch nicht) über prestigeträchtige Berufe. Verantwortlich für deren schlechte Wahlchancen ist jedoch nicht das Wahlsystem, sondern die Einschätzung durch die Wählerschaft. Das Wahlsystem lässt in seiner Offenheit nur besonders gut die Vorstellungen der Wählerschaft zum Zuge kommen.

Insgesamt lässt sich beobachten: Gemeinderatsmitglieder in Baden-Württemberg zeichnen sich dadurch aus, dass sie in ihrer Gemeinde schon lange wohnen, vielfach dort geboren und aufgewachsen sind. Das schafft auf Seiten der Kandidaten Vertrautheit mit ihrer Gemeinde, sowohl im Sinne von emotionaler Verbundenheit als auch von Ortskenntnis, lokaler Kompetenz. Und das verschafft ihnen als Bewerbern um ein Mandat Bekanntheit und Vertrauen – was sich dann entsprechend in Stimmen umsetzen lässt. Auffallend ist zudem, dass die Gewählten durchweg über Grundbesitz in der

Gemeinde verfügen, in Form eines eigenen Hauses, aber auch Grundbesitz über das Wohneigentum hinaus. Insgesamt leben so im Ergebnis der Kommunalwahlen die Bedingungen fort, an die Jahrhunderte lang das Bürgerrecht geknüpft war: Ortsbürtigkeit oder doch zumindest lange Wohndauer, Grundbesitz, Selbstständigkeit, zumindest sicheres Einkommen (Beamte), Mindestalter – und männlich sein (Frauen wurden als nicht selbständig, da vom Manne abhängig, angesehen). Als moderne Voraussetzung ist lediglich die Vereinsmitgliedschaft hinzugekommen, mit vorzeigbarem Engagement.

Parteien und Wählervereinigungen und ihre jeweiligen Listenmacher kennen die Kriterien, nach denen die Wählerinnen und Wähler auswählen, sehr genau und berücksichtigen sie entsprechend, wenn sie ihre Listen aufstellen. Insofern verdoppelt sich der Effekt des Wahlsystems. Parteifunktionäre, die nichts weiter als diese Eigenschaft aufzuweisen haben, können auf den Listen fast nur untergeschmuggelt werden, in der Hoffnung, dass ein großer Erfolg der Liste und eine günstige Platzierung sie dann zum Zug komme lässt. Einmal im Rat, könnten sie dann durch ihre Professionalität Einfluss und Profil gewinnen.

Das kommunale Wahlrecht in Baden-Württemberg führt also zu Gemeinderäten als Gremien mit ausgesprochener Honoratiorenprägung einschließlich der Orientierung am Modell der Konkordanzdemokratie, wonach man in der Kommunalpolitik die gütliche Einigung statt die Auseinandersetzung anstrebt. Wobei allerdings mit zunehmender Ortsgröße die Parteizugehörigkeit als Orientierungshilfe für die Wähler hinzukommen kann, ohne allerdings die Struktur der Listen zu verändern. Auch dann noch spielt die Orientierung am Modell der Konkurrenzdemokratie mit dem Gegenüber von Regierung und Opposition einschließlich Koalitionsbildung eine untergeordnete Rolle. Die Mitglieder des Gemeinderats sind nur schwer mit Hilfe von Fraktionsdisziplin zusammenzuhalten: Sie fühlen sich unabhängig; wissen, dass sie aufgrund ihrer Persönlichkeit gewählt worden sind. Das Wahlsystem mag somit die Profilierung(sucht) der Ratsmitglieder fördern, wird man doch erst sichtbar, wenn man „aus der Reihe tanzt". Sanktionsmöglichkeiten besitzt die Fraktionsführung kaum, da im äußersten Fall – und der ist gar nicht so selten – der Gemaßregelte seine eigene Liste aufmacht und in Konkurrenz zur „Mutterpartei" antritt. So gibt es in den Gemeinderäten des Landes durchweg eine Vielzahl von Gruppierungen, die z. T. von den etablierten Parteien abgesplittert und für den Außenstehenden schwer politisch einzuordnen sind.

Der Professionalität der Gemeinderatstätigkeit ist das Auswahlverhalten der Wähler, begünstigt durch das kommunale Wahlrecht, nicht unbedingt förderlich. Denn die Qualifikation steht nicht vorne an, sondern das Ansehen, so dass das Mandat eher einer kommunalen Verdienstmedaille gleicht. Solche Räte sind zwar durchaus bereit, dem Bürgermeister auf die Finger zu schauen, aber nicht auf die Finger zu hauen. Ein kompetentes und konfliktbereites Gegenüber bilden sie selten, das wird auch von den Wählern weder erwartet noch honoriert. Vielmehr verlässt sich der Wähler weitgehend auf die Kompetenz des Bürgermeisters, bei dessen Wahl er höchste Maßstäbe der Professionalität anlegt. Allenfalls in den wenigen Großstädten und Universitätsstädten des

Landes sehen Rollenverständnis wie auch Qualifikation des Gemeinderats etwas anders aus.

Gemeinderäte mit diesem Profil, mit dieser parteipolitischen Unabhängigkeit – auch wenn sie Parteimitglieder sind – sind die notwendige Ergänzung zum parteipolitisch distanzierten Bürgermeister. Einem parteilosen Rathauschef, oder wenn er gar einer Minderheitspartei am Ort angehört, ist es nur mit solcherart Gemeinderäten möglich, sich Mehrheiten über alle Fraktionsgrenzen hinweg zu holen. Man kann also mit Fug und Recht behaupten, dass das offene Wahlsystem der Gemeinderäte in Baden-Württemberg das notwendige Korrelat zur Direktwahl des Bürgermeisters darstellt.

Ähnlich wie die Gemeinderäte stellen sich die Kreistage dar, mit etwas stärkerer Repräsentanz der politischen Parteien. Die parteilosen Bürgermeister schließen sich dort in der Regel den Freien Wählern an, um auf diese Weise ihre parteipolitische „Unschuld" wahren zu können. Insgesamt stellen die Bürgermeister in den Kreistagen die einflussreichste Gruppe dar, die alle wichtigen Positionen besetzt. Über Fraktionsgrenzen hinweg verständigen sie sich, so dass Kreispolitik einen überparteilichen, verwaltungsmäßigen Anstrich erhält. Verstärkt wird diese Tendenz noch dadurch, dass es in Baden-Württemberg nach wie vor die Kreistage sind, die die Landräte wählen. Auch damit können die Bürgermeister hier ihre Interessen wahren, was zwar nahe liegend ist, wenn man die Landkreise als verlängerten Arm der Gemeinden ansieht. Allerdings ist die Landkreisverwaltung zu einem guten Teil (mehr als die Hälfte) auch für staatliche Aufgaben zuständig, darunter auch für die Kommunalaufsicht. Somit wählen die Kontrollierten ihren Kontrolleur und können auch sonst Einfluss auf die Wahrnehmung von Staatsaufgaben durch die Landkreisverwaltung nehmen.

5   Parteien, Vereine, Verbände

Politische Parteien spielen in der Kommunalpolitik nicht die gleiche Rolle wie in der Landes- oder Bundespolitik. Das gilt im bundesweiten Vergleich in besonderer Weise für Baden-Württemberg, wie bereits ein Blick auf die Ergebnisse der Gemeinderatswahlen zeigt: Nach der Zahl der Mandate sind die Freien Wähler eindeutig an der Spitze (weil die Freien Wähler gerade in den kleineren Gemeinden stark sind, zugleich aber mit sinkender Ortsgröße die Zahl der Ratsmitglieder prozentual ansteigt): Ihre Mandatsstärke liegt über die Jahrzehnte hinweg landesweit bei über 40%; rechnet man alle anderen Gruppierungen hinzu, die nicht mit einem Parteinamen angetreten sind, kommt man über 50%. Weit abgeschlagen kommt die CDU, noch weiter unten rangiert die SPD, die mit den GRÜNEN um den dritten Platz ringt. Der Erfolg der freien Wähler beruht darauf, dass sie dem konkordanzpolitischen Anstrich von Kommunalpolitik am stärksten entsprechen. Die als FWV organisierten Freien Wähler werben damit, dass sie ausschließlich lokal orientiert sind, mit den besten Köpfen antreten, wobei die Personen das Programm sind. Auf diese Weise können sie äußerst flexibel auf die jeweiligen lokalen Probleme eingehen. Landespolitisch liegt ihr Interesse darin, das sie begünstigende Wahlsystem zu erhalten: Es bleibt dann zumeist bei der Drohung, auch bei Landtagswahlen anzutreten, wenn die Landespolitik ihren Interessen zuwider handelt. In der Konkurrenz um Stimmen orientieren sich die Parteien z. T. an den Freien Wählern: vor allem CDU und FDP.

Drei Ursachenkomplexe sind es, die für die geringere Ausprägung von Parteipolitik auf der Ebene der Kommunalpolitik verantwortlich sind:

- der Mangel an parteipolitisch besetzten (oder besetzbaren) Streitthemen,
- die „ent(partei)politisierenden" Auswirkungen des Wahlsystems mit Kumulieren und Panaschieren,
- die geringe Neigung zum offenen Konfliktaustrag im sozialen System Gemeinde oder – mit anderen Worten – der konkordanzdemokratische Anstrich von Kommunalpolitik.

Mit sinkender Gemeindegröße verstärken sich diese Faktoren bzw. nehmen mit zunehmender Ortsgröße an Bedeutung ab, doch ohne dass sie für die wenigen Großstädte ohne Belang wären.

Das heißt im Einzelnen: Zu einem guten Teil ist Kommunalpolitik Verwaltung, die sich in vorgegebenen Grenzen vollzieht, die vom Bundes- und Landesgesetzgeber gesetzt sind. Die Zahl der Streitthemen ist begrenzt, selbst in einer Großstadt. In der Regel versucht man, sich gütlich zu einigen. Gerade auch direkt gewählte Bürgermeister setzen ihren Ehrgeiz darein, möglichst breite Mehrheiten über alle Parteigrenzen hinweg zu Stande zu bringen, sie sehen darin auch den Weg zu einer Wiederwahl mit breiter Mehrheit. Mit strittigen Fragen wie Erhöhung oder Senkung des Gewerbesteuerersatzes lassen sich die Wähler kaum massenhaft mobilisieren, gleiches gilt für die Drogenpolitik oder die Höhe der städtischen Zuschüsse für pro familia. Personelle Streitfragen – wie die Verteilung der Beigeordneten- und Amtsleiterpositionen – beschäftigen nur die Betroffenen und werden zumeist ebenfalls einvernehmlich gelöst, was die Gemeindeordnung sogar nahe legt: die Fraktionen haben ihrem Stärkeverhältnis entsprechend ein Vorschlagsrecht.

Mit ihrer Vorliebe für die klassischen Honoratioren belohnen die Wählerinnen und die Wähler gerade nicht die parteipolitische Profilierung. Hinter dem hier sichtbaren typischen Politikmuster steht nicht zuletzt die Eigenart von Kommunalpolitik: Man ist sich viel zu nahe, die Interessen sind viel zu stark miteinander verflochten, als dass man sich offenen Streit leisten zu können glaubt. In der Kommunalpolitik hat sich also das politische System (noch?) nicht hinreichend vom sozialen und wirtschaftlichen System gelöst, Niederlagen auf dem Gebiet der Politik können auf wirtschaftlichem oder sozialem Feld heimgezahlt werden.

Für die Präsentation der politischen Parteien im Wahlkampf bedeutet das: Wegen des Mangels an Themen, die zwischen den Rathausfraktionen strittig sind, parteipolitisch besetzt werden können und die die Bürgerschaft bewegen, setzen sie auf Personen. Das Wahlsystem mit Kumulieren und Panaschieren legt es ohnehin nahe, Personen heraus zu stellen, die bekannt und beliebt sind, „um die Ecke" wohnen und mit Berufsprestige aufwarten können. Somit existiert ein doppelter Bremskraft-Verstärker, der den Vormarsch der politischen Parteien auf der Ebene der Kommunalpolitik in Grenzen hält.

Das „funktionale Äquivalent" zu den politischen Parteien auf kommunaler Ebene sind die Vereine, deren Konkurrenz die Parteien nicht gewachsen sind: Die Vereine sind es, die zu einem Gutteil die Funktionen wahrnehmen, die im politischen System ansonsten die Parteien erfüllen. So sind es die Vereine, die Interessen artikulieren und in den Entscheidungsprozess befördern (Artikulations- und Transformationsfunktion). Die Vereinsmitgliedschaften der Kandidaten geben dem Wähler die Orientierung, wen er wählen kann (Orientierungsfunktion). Deswegen kommt in den Augen der Parteien den Vereinen eine wichtige Rekrutierungsfunktion bei der Aufstellung des Kandidatenangebots zu. Das politische Personal selbst hat die wichtigsten Fähigkeiten für die Wahrnehmung des Mandats zumeist in den Vereinen erworben, wie reden, organisieren, Sitzungen leiten, paktieren (Sozialisationsfunktion). Hinzu kommt, dass auch der Stil des Ausgleichs, der Harmonie, vielleicht auch der Kameraderie in den Vereinen gelernt wird. Die Vereinsfärbung der Räte ist wesentlich Ursache für die typischen Verhaltensmuster in der Kommunalpolitik. Zu ergänzen wäre hier allerdings, dass diese die Konkordanzdemokratie fördernde Rolle der Vereine erst eine Folge von Nationalsozialismus und Wiederaufbau nach dem Zweiten Weltkrieg ist: Erst seitdem gibt es die Dominanz eines milieu- und parteiübergreifenden Vereinswesens, während vorher sich z.B. katholische, liberal-bürgerliche, sozialdemokratische Gesangvereine, Turnvereine, Wandervereine gegenüberstanden.

Politische Parteien auf lokaler Ebene sind im Wesentlichen für Bundestags- und Landtagswahlen da, auch zur Vorbereitung von Kommunalwahlen. Zwischenzeitlich können sie dem Dornröschenschlaf nur entgehen, wenn sie sich selbst als „Verein unter Vereinen" (Gerhard Lehmbruch) verhalten, mit einer breiten Palette geselliger Veranstaltungen. Geleitet werden die lokalen Parteien vielfach von der Chefposition der jeweiligen Rathausfraktion aus, alimentiert aus der Gemeindekasse mit Fraktionszuschüssen, Räumlichkeiten, hauptamtlichem Personal, bürotechnischen Einrichtungen. Überspitzt gesagt sind es nicht die Parteien, die für die Kommunalpolitik unverzichtbar wären, sondern umgekehrt: die Kommunalpolitik ist es, zum Teil wenigstens, für die politischen Parteien.

6 Bürgerbegehren und Bürgerentscheid als Elemente direkter Demokratie

Unter Berufung auf die schlechten Erfahrungen in der Weimarer Republik und aus Furcht vor kommunistischer Agitation im Zeichen des Antikommunismus hat der

Grundgesetzgeber das politische System der Bundesrepublik Deutschland bewusst repräsentativ angelegt. Ausnahmen davon kennen die Länderverfassungen, neuerdings zudem die Gemeindeordnungen. Über annähernd vier Jahrzehnte war es ausschließlich Baden-Württemberg, in dem die Bürgerinnen und Bürger durch einen Bürgerentscheid direkt in die Kommunalpolitik eingreifen konnten, indem sie an Stelle des Gemeinderats über Sachfragen entschieden. Inzwischen verfügen alle Flächen-Länder der Bundesrepublik über die Möglichkeit von Bürgerbegehren und Bürgerentscheid.

Bürgerentscheide in Angelegenheiten der Selbstverwaltung können in Baden-Württemberg sowohl vom Gemeinderat eingeleitet (Ratsbegehren) als auch durch ein Bürgerbegehren erzwungen werden. Dafür gibt es jedoch sowohl prozedurale als auch materielle Beschränkungen. Zu den *prozeduralen* Beschränkungen gehören qualifizierte Mehrheiten im Gemeinderat bei Verlagerung einer Entscheidung hin zu den Aktivbürgern (2/3-Mehrheit), bei Bürgerbegehren eine Mindestunterstützung (Unterschriftsquorum: 10%, mit steigender Ortsgröße fallend), eine Mindestbeteiligung (Erfolgsquorum) am Bürgerentscheid, wenn dieser Gültigkeit erlangen soll (mindestens 25% der Abstimmungs*berechtigten* müssen hinter der Mehrheit stehen). Die Schweiz, Vorbild auch für Baden-Württemberg, kennt keine Erfolgsquoren, hier gilt als Maßstab: „Les absents ont toujours tort!": Wer nicht zur Abstimmung geht, hat sich die Folgen selbst zuzuschreiben. Andere Beschränkungen sind die Einhaltung von Fristen oder das Erfordernis eines Deckungsvorschlags, wenn ein Bürgerentscheid Kosten verursacht: Der Rechtssprechung zur Folge reicht es dabei, wenn eine vertretbare Kreditaufnahme vorgesehen ist.

Materielle Beschränkungen liegen vor, wenn nicht über alle Selbstverwaltungsangelegenheiten ein Bürgerentscheid möglich ist. So gibt es in Baden-Württemberg einen Negativkatalog. Keinen Bürgerentscheid darf es geben über die innere Organisation der Gemeindeverwaltung und über die Rechts- und Einkommens- (Entschädigungs-) Verhältnisse des Gemeindepersonals (Bürgermeister, Gemeinderäte, Gemeindebedienstete). Hier fürchtet man Neid und Missgunst der Bürger gegenüber „denen auf dem Rathaus". Ferner darf nicht über den Gemeindehaushalt, Steuern, Abgaben und Tarife abgestimmt werden. Hier wird befürchtet, die Bürger wollten möglichst wenig zahlen und brächten damit die Gemeindefinanzen durcheinander. Im Falle des Haushalts wird den Bürgern Inkompetenz unterstellt, nach dem Motto: Wenn die Gemeinderatsmitglieder schon den Haushalt nicht durchschauen, um wie viel weniger dann die Bürger. Auch über Bauleitpläne und örtliche Bauvorschriften darf es keinen Bürgerentscheid geben; die Befürchtung, dass hier der Egoismus von Grundstückseignern zum Zuge kommen könnte, ist nicht ganz unbegründet. Erfolgreiche Bürgerentscheide können bereits abgeschlossene Verträge nicht aufheben. So gibt es in der Landeshauptstadt Stuttgart zwar eine deutliche Stimmung gegen die Tieferlegung des Hauptbahnhofs (Projekt „Stuttgart 21"). Sie führte dazu, dass bei der Kommunalwahl 2009 die GRÜNEN als Gegner von „Stuttgart 21" stärkste Fraktion im Stadtrat wurden, doch ein von ihnen angestrebter Bürgerentscheid gegen das Projekt kann aufgrund der längst

abgeschlossenen Verträge zwischen Deutscher Bahn, Landesregierung und Stadt Stuttgart das Vorhaben nicht mehr verhindern.

Versucht man eine Bilanz der Nutzung dieses Instruments direkter Demokratie in
Baden-Württemberg zu ziehen, bleibt zunächst zu konstatieren: Das Instrument Bürgerbegehren und Bürgerentscheid ist bislang erstaunlich selten in Anspruch genommen worden. Ratsbegehren sind durchweg erfolgreicher, denn sie werden besser
kommuniziert, die Autorität des Gemeinderats steht dahinter, die Beteiligung ist höher.

Ein erfolgreicher Bürgerentscheid setzt einen erfolgreichen Kommunikations- und
Organisationsprozess voraus. Das heißt zum ersten: Bürgerentscheide können umso
erfolgreicher sein, je kleiner die Gemeinde ist. Hier sind die Entscheidungsgegenstände
besser zu vermitteln, zumal sie den Bürger auch so schon unmittelbar bekannt sind.
Schaut man sich die vorliegenden Daten an, zeigt sich, dass Bürgerbegehren und Bürgerentscheid vorwiegend ein taugliches Element direkter Demokratie für Gemeinden
bis 20.000 Einwohner sind.

In größeren Gemeinden steigt, zum zweiten, die Erfolgschance von Bürgerentscheiden, wenn sich eine mächtige Gruppe – eine Partei oder Interessensgruppe oder
gar ein Bündnis mehrerer Gruppen und Parteien – die Sache zu Eigen macht. Zum
dritten muss es um Themen bzw. Gegenstände gehen, die eine breite Öffentlichkeit in
der Stadt auch emotional bewegen. So in der Stadt Ulm (122.000 E.), wenn es um die
Gestaltung des Münsterplatzes geht. Hier haben wir es mit dem Integrationssymbol
(Ulmer Münster) zu tun, in der Stadt allgemein bekannt – und heilig. Bei der ersten
derartigen Abstimmung (am 20. 9. 1987) wurde das Quorum noch knapp verfehlt: 51,5
% beteiligten sich, Ja- und Nein-Stimmen hielten sich fast die Waage. Als es drei Jahre
später (am 16. 12. 1990) wieder einmal um den Münsterplatz ging, kam der Bürgerentscheid im Sinne des Bürgerbegehrens erfolgreich zustande. Das lässt sich so interpretieren: Der alte Bürgerentscheid war noch nicht vergessen, der Informationsgrad war
noch entsprechend hoch, auch das institutionelle Wissen um das Instrument Bürgerentscheid.

Zum vierten kann, wie das Beispiel Ulm zeigt, ein Lernprozess stattfinden, der das
Instrument auch für größere Städte tauglich macht. Die genannte Größengrenze kann
also überwunden werden, auch durch entsprechende breite Information (etwa durch
eine Bürgerversammlung und vor allem durch die Presse). Ein Sprung sogar über die
Marge von 200.000 Einwohnern gelang 1998 in Karlsruhe (289.000 E.), mit weiteren
Bürgerentscheiden im Gefolge, als es um die Verkehrsführung der Straßenbahn in der
Innenstadt ging – auch hier ein Entscheidungsgegenstand, der jedem Karlsruher bekannt und in seinen Alternativen einzuschätzen war. In Reutlingen (112.500 E.) wurde
2002 der Bau eines Kultur- und Kongresszentrums via Bürgerentscheid verhindert, das
der Bürgerschaft – insbesondere unter dem Aspekt der Folgekosten – als deutlich über-
zogen vorkam. Auch hier gab es ein institutionelles Wissen, da in der Stadt zuvor
schon zweimal – erfolglose und mit anderen Themen – Bürgerentscheide durchgeführt
worden waren. Im Falle von Freiburg i. Br. (220.000 E.) mit seiner für Universitätsstädte
charakteristischen partizipativen Streitkultur ging es 2006 um den Verkauf der städti-

schen Wohnungsbaugesellschaft, der verhindert werden sollte: Nach der alten Regelung (30%) wäre der Bürgerentscheid nicht erfolgreich gewesen; da inzwischen aber
das Quorum von 25% galt, machte der Bürgerentscheid einen Strich durch die Rechnung von Oberbürgermeister und Ratsmehrheit (bei einer Abstimmungsbeteiligung
von knapp 40% stimmten 70,5% gegen den Verkauf).

Im Blick auf Freiburg stellt sich die Frage, ob hohe Quoren abschreckend wirken
können, indem erst gar nicht der Versuch unternommen wird, ein Bürgerbegehren zu
starten. Nach den bisherigen Erfahrungen ist das vermutlich der Fall, wie die deutliche
Zunahme von Bürgerbegehren und -entscheiden nach der Absenkung des Quorums
2005 zeigen. Eine gewisse anregende Wirkung mag durch die genannten spektakulären
Fälle hinzukommen, die das Instrument bekannt machen: Sie zeigen, dass die Bürger
durchaus etwas bewegen können.

Gerne streitet man sich, ob diejenigen, die nicht zur Wahl oder Abstimmung
kommen, mit dem, was ist, zufrieden sind oder nicht (sei es ein Sachverhalt oder eine
Person). Aufschlussreich sind die sog. „Bunker-Entscheide" von 1986 in Baden-
Württemberg. Insgesamt wurde damals in vier Gemeinden darüber abgestimmt, ob bei
einer städtischen Baumaßnahme (Straßentunnel) nicht auch gleich ein atombombensi-
cherer Bunker eingerichtet werden sollte, wegen der hohen Zuschüsse, welche die
Baumaßnahme insgesamt erheblich verbilligt hätten. Die Ablehnung war überall vergleichbar hoch: Nürtingen 85,19 %, Reutlingen 88,76 %, Denkendorf 73,8 %, Schram-
berg 88,54 % Nein. Überall wurde das Quorum erreicht, lediglich in Reutlingen wurde
es verfehlt, mit einer Stimmbeteiligung von nur 27,1 %. Was steckt dahinter? Sehr offen
und demokratisch ging es in Nürtingen zu. Der Gemeinderat selbst war es, der – anders als in den anderen drei Gemeinden – den Bürgerentscheid veranlasste. Bei einer in
der Bevölkerung so strittigen Angelegenheit sollte nicht an der Bürgermeinung vorbei
entschieden werden. Damit die Bürger sich eine Meinung bilden konnten, wurde in der
Stadthalle eine Bürgerversammlung veranstaltet, auf der sich Experten, unter neutraler
Diskussionsleitung, pro und contra äußerten. Die Veranstaltung war gut besucht, die
Presse berichtete entsprechend umfangreich, die Abstimmungsbeteiligung machte
dann 57,06% aus. Im benachbarten Reutlingen, wo wie in Denkendorf und in Schram-
berg, durch ein Bürgerbegehren der Bürgerentscheid gegen Verwaltung und Ratsmehrheit erzwungen worden war, hatte man aus dem Vorgang „gelernt" und die Informationspolitik auf möglichst „kleiner Flamme" gehalten, mit dem ausgesprochenen
Ziel, die Abstimmung an der Beteiligung scheitern zu lassen – was auch gelang.

Versucht man, aus baden-württembergischer Erfahrung ein Fazit zu ziehen, hieße
das: Bürgerbegehren und Bürgerentscheid können ein taugliches Instrument sein, Bürgerwünsche in den politischen Entscheidungsprozess wirksam einzubringen und damit auch Bürgerinitiativen zu kanalisieren, vorausgesetzt das Instrument ist offen genug ausgestaltet. Wer eine Chance sieht, seine Vorstellungen den Bürgern zur Abstimmung zu präsentieren, wird nicht zu anderen Mitteln greifen müssen, die u. U., gewaltig sein können. Die Schlussfolgerung daraus: Der Katalog der Gegenstände, über die
ein Bürgerentscheid stattfinden kann, muss weit genug sein, nahezu für alle Selbstver-

waltungsangelegenheiten gelten. Zum anderen: Das Quorum darf nicht unüberwindbar hoch sein,, im Interesse der demokratischen Auseinandersetzung, zur Förderung der politischen Streitkultur.

Generell schwer zu überwinden ist die Kommunikations- und Organisationshürde in größeren Städten. Eine wichtige Funktion haben die Massenmedien, die eine wichtige Rolle spielen – oder doch wenigstens spielen sollten – bei der Beförderung einer neuen, demokratischeren Kultur der politischen Auseinandersetzung. Denn eine solche Streitkultur setzt Kommunikation voraus, und die ist mit zunehmender Größe weitgehend nur vermittelt – medial – möglich. Sie setzt aber auch Information voraus. Für Kommunikation und Information zu sorgen, ist die genuine Aufgabe der Massenmedien in der Demokratie, auch in der lokalen.

Das Instrument Bürgerbegehren und Bürgerentscheid muss auch inhaltlich gewürdigt werden: Unabhängig vom Ausmaß der Nutzung des Instruments, allein durch seine Existenz, wird Kommunalpolitik dadurch prinzipiell besser, da die repräsentativen Gremien Konkurrenz fürchten müssen. Das bedeutet: Gemeinderäte müssen sich mehr anstrengen, um Bürgerbegehren und Bürgerentscheide nicht heraufzubeschwören. Sie können weniger als anderswo die Bürgermeinung ignorieren. Das bedeutet: Elemente direkter Demokratie, als Mittel zur Qualitätssicherung von Kommunalpolitik, erhöhen die Funktionsfähigkeit der repräsentativen Demokratie. Wenn diese verbessernde Wirkung eintreten soll, dann muss das Instrument aber scharf sein, d.h. von seinen Modalitäten her praktikabel.

7   Ein bewährtes Modell

Die baden-württembergische Kommunalverfassung hat sich als Erfolgsmodell erwiesen. Gab es die Direktwahl des Bürgermeisters bis Anfang der 1990er Jahre nur in Baden-Württemberg und Bayern, gilt sie inzwischen in allen Flächenstaaten der Bundesrepublik Deutschland. Auch Bürgerbegehren und Bürgerentscheid, über vier Jahrzehnte nur in Baden-Württemberg möglich, existieren nunmehr in allen Flächenländern. Die Ereignissen rund um die deutsche Vereinigung, deren Gelingen dem Volk selbst zugeschrieben werden konnte („Wir sind das Volk!" und „Wir sind ein Volk!"), führten zu einer Rückbesinnung auf den eigentlichen Souverän: das Volk. Hinzu kam die Ermunterung durch eine überaus erfolgreiche Volksabstimmung in Hessen zur Einführung der Direktwahl von Bürgermeistern und Landräten 1991. Das führe dazu, in Ländern der Bundesrepublik die Möglichkeiten zur direkten Mitwirkungen der Bürgerschaft erheblich auszuweiten (vgl. die Beiträge Kost und Wehling in den übergreifenden Beiträgen dieses Bandes). Die kommunalwissenschaftliche Diskussion, über Jahrzehnte hinweg, hat hier unterstützend gewirkt. Für die Reformen lag schließlich ein Modell bereit, an dem die Landesgesetzgeber sich orientieren konnten: die Kommunalverfassung von Baden-Württemberg. Bilanzierend betrachtet hat hier der Föderalismus der

Bundesrepublik sein innovatives Potenzial zeigen können: Was in *einem* Bundesland überzeugt hat, wird von anderen übernommen.

Literaturhinweise

Gabriel, Oskar W., Brettschneider, Frank, Vetter, Angelika (Hrsg.): Politische Kultur und Wahlverhalten in einer Großstadt, Opladen 1997

Frech, Siegfried, Weber, Reinhold (Hrsg.): Handbuch Kommunalpolitik, Stuttgart 2009 (Gemeinde- und Landkreisordnung sind hierin enthalten)

Kern, Timm: Warum werden Bürgermeister abgewählt? Stuttgart 2. Auflage 2008

Pfizer, Theodor, Wehling, Hans-Georg (Hrsg.): Kommunalpolitik in Baden-Württemberg, 3. Auflage, Stuttgart 2000

Stortz, Oliver: Das Prinzip der besten Köpfe. Die Freien Wähler in Baden-Württemberg, Stuttgart 2009

Wehling, Hans-Georg, Siewert, H.-Jörg: Der Bürgermeister in Baden-Württemberg, 2. Auflage, Stuttgart 1987

Witt, Paul (Hrsg.): Wer wird Bürgermeister? Stuttgart 2010

Zerr, Michael: Bürgermeister im Kreistag, Baden-Baden 2005

Kommunalpolitik im Freistaat Bayern

Georg Fuchs

1   Einleitung und historischer Überblick

Art. 11 Abs. 4 der Bayerischen Verfassung lautet: „Die Selbstverwaltung der Gemeinden dient dem Aufbau der Demokratie in Bayern von unten nach oben." Diese Bestimmung bringt die zentrale Rolle der Gemeinden als Plattform von „grass roots democracy" zum Ausdruck, sie beinhaltet aber keineswegs, wie schon die Rekrutierungsmechanismen im Gesamtsystem von Kommune, Land und Bund zeigen, eine Degradierung der Gemeinden (und Landkreise) zu einer Art Reservoire für vorgeblich höher angesiedelte politische Ebenen.

Der Fundamentalgrundsatz der kommunalen Selbstverwaltung wird in Art. 2 des schon genannten Art. 11 der Bayerischen Verfassung (BV) näher ausgeführt: „Die Gemeinden sind ursprüngliche Gebietskörperschaften des öffentlichen Rechts. Sie haben das Recht, ihre eigenen Angelegenheiten im Rahmen der Gesetze selbst zu ordnen und zu verwalten, insbesondere ihre Bürgermeister und Vertretungskörper zu wählen." Nahezu wortgleich ist die Formulierung in Art. 1 Abs. 1 der Bayerischen Gemeindeordnung.

Bayern umfasst heute (Stand: 1. Mai 2009) 2.056 Gemeinden, darunter 25 kreisfreie Städte, 1.044 kreisangehörige Einheitsgemeinden und 987 Mitgliedsgemeinden in 313 Verwaltungsgemeinschaften (s.u.). Hinzu kommen als weitere kommunale Einheiten 71 Landkreise und – eine bayerische Besonderheit – die sieben Bezirke.

Der Weg zu dieser Struktur war lang und komplex. Bayern in seinen heutigen Grenzen bestand während des Heiligen Römischen Reiches Deutscher Nation (im Folgenden auch: Altes Reich) im Wesentlichen aus viererlei unterschiedlichen Territorien: Dem Wittelsbachischen Herzogtum, seit 1623 Kurfürstentum, den katholischen Hochstiften (Fürstbistümern), den Hohenzollernschen Markgrafschaften Ansbach und Bayreuth sowie einer Reihe von (reichsunmittelbaren) Reichsstädten. Letztere gab es, von Regensburg abgesehen, nur im fränkischen und schwäbischen Bereich mit seiner territorialen Zersplitterung. Dabei war das strukturelle Gefälle unter den Reichsstädten enorm: Nürnberg und Augsburg entwickelten sich im späten Mittelalter zu Metropolen des Reiches mit europäischer Ausstrahlung, die auch an der überregionalen Politik als Machtfaktor namhaften Anteil hatten. Am Übergang vom späten Mittelalter zur frühen Neuzeit dürfte im Alten Reich nur Köln mehr Einwohner als Nürnberg (ca. 40.000) gehabt haben; eine vergleichbare Größe wie Nürnberg besaßen lediglich Lübeck, Straßburg, Augsburg und (außerhalb der Reichsgrenzen) Danzig. In der Verfassung des Alten Reiches spielte Nürnberg ferner durch die Privilegien und Regelungen eine erhebliche Rolle, die ihm im Zusammenhang mit der Goldenen Bulle Kaiser Karls IV. 1356 zugewachsen waren: In Nürnberg wurden die Reichskleinodien aufbewahrt, neugewählte Kaiser hielten dort ihren ersten Reichstag ab, auch die unter Kaiser Maximilian gegen Ende des 15. Jahrhunderts in Gang gebrachte Reichsreform ging weitgehend von Nürnberg aus. Nürnberg war, von seiner Einwohnerzahl abgesehen, nicht nur ein erstrangiger Standort für gewerbliche Produktion (Metallverarbeitung), Fernhandel, Kunst und Kultur (Humanismus in der Renaissance), sondern es war auch der größte Territorialstaat unter den deutschen Reichsstädten. Augsburg spielte gleichfalls eine erhebliche Rolle für die Beziehungen aus dem oberdeutschen Raum nach Italien. Mit der Fuggerfamilie avancierte es zu Beginn des 16. Jahrhunderts zum Finanzzentrum des Reiches. Eine dritte prominente Reichsstadt auf heute bayerischem Boden war Regensburg, die erste Hauptstadt des bayerischen Stammesherzogtums und dann der Ort, an dem ab der zweiten Hälfte des 17. Jahrhunderts der Immerwährende Reichstag des Heiligen Römischen Reiches tagte. Unter den weiteren Reichsstädten im fränkischen und schwäbischen Bereich spielte Rothenburg ob der Tauber in der ersten Hälfte des 14. Jahrhunderts eine durchaus bedeutsame Rolle in der Reichspolitik, die es dann aber sehr schnell verlor. Auch alle anderen Reichsstädte wie Dinkelsbühl, Weißenburg, Schweinfurt, Nördlingen, Memmingen, Lindau, Kempten und Kaufbeuren hatten im Wesentlichen nur eine lokale Ausstrahlung und stagnierten an Einwohnerzahl und Wirtschaftskraft seit dem Beginn der frühen Neuzeit – ein Schicksal freilich, das auch Nürnberg traf. Es wurde durch die kriegerischen Auseinandersetzungen mit den Hohenzollernschen Markgrafschaften im 16. Jahrhundert wie durch den Dreißigjährigen Krieg strukturell weit zurückgeworfen. Hinzu kamen die Verlagerung von Fernhandelswegen nach Westeuropa im Gefolge der Entdeckung Amerikas und des Seeweges um Afrika und der damit verbundene Aufbau kolonialer Imperien. Das ganze reichsstädtische Gefüge schließlich geriet in der Zeit des Absolutismus in den Schatten der erstarkenden Territorialstaaten, so dass seine Inkorporierung in moderne Einheiten wie in das Bayern der Montgelas-Zeit am Beginn des 19. Jahrhunderts relativ wenig Widerstand fand.

Vielfach wird auch noch das Klischee von den Reichsstädten als ersten kommunalen Demokratien kolportiert. Zweifellos trugen die Reichsstädte zur politischen Pluralität im Reich insgesamt bei; sie waren ein Netz autonomer Einheiten, auf das sich die Kaiser bei Konflikten mit den größeren Territorien verlassen konnten und das so zur Machtdiversifizierung des Ganzen beitrug. Aber innerhalb ihrer Stadtmauern war das Gesamtsystem von patrizischer Vorherrschaft und Zünften auf eine apodiktische Weise festgelegt; das individuelle Leben konnte sich nur in Grenzen entfalten, das Bürgerrecht zu erhalten fiel Zuwanderern außerordentlich schwer. In Nürnberg schließlich gab es überhaupt keine Zünfte, sondern bis zum Ende seiner Existenz als Reichsstadt nur eine patrizische Stadtführung von wenigen Dutzend Familien, die sich selbst in einer elitär-aristokratischen Rolle sahen.

Neben den Reichsstädten standen in Bayern die Residenzstädte der größeren Territorien wie eine Vielzahl von Landstädten, die Bestandteil dieser einzelnen staatlichen Einheiten waren, zumeist Ackerbauernstädte, mit Bürgermeister und Rat, aber auch mit einem vom Landesherrn entsandten Amtmann. Die Residenz- und heutige Landeshauptstadt München erfuhr ihren Aufstieg zur führenden bayerischen Metropole vor allem während des 19. Jahrhunderts. Als Hauptstadt eines Königreiches, das im Deutschen Bund nach Österreich und Preußen an dritter Stelle rangierte, nahm München nun eine zentrale Position ein. In der bayerischen Monarchie wurde es gezielt als Standort von Kunst und Wissenschaft, der sich insbesondere gegenüber Berlin behaupten sollte, ausgebaut. München war so nicht, wie Nürnberg und Augsburg, die hier während des 19. Jahrhunderts einen neuen Aufschwung nahmen, durch die Industrialisierung geprägt, expandierte aber naturgemäß auch im gewerblichen Bereich und profilierte sich im Laufe des 20. Jahrhunderts als auch führende bayerische Industriestadt. Nach 1945 und insbesondere in jüngster Zeit wurde es zur nationalen Metropole im Dienstleistungs-, Elektronik- und Kommunikationsbereich. Andere Residenzstädte wie Passau, Ansbach, Bamberg, Bayreuth und Würzburg zeichnen sich kulturhistorisch vor allem durch die barocken Ensembles aus, die ihnen während der Zeit des Absolutismus zuwuchsen, so der Passauer Dom, das Ansbacher Schloss und die Würzburger Residenz. Das Residenzstadtbewusstsein, also der Stolz auf eine frühe Hauptstadtfunktion, ist an diesen Orten im Übrigen durchaus noch vorhanden.

Die heutige bayerische Städtelandschaft gewinnt ihr Profil – insbesondere im Vergleich mit Nordrhein-Westfalen – durch eine bemerkenswerte Diversifizierung in den Größenklassen. München ist die einzige bayerische Millionenstadt, Nürnberg die einzige Stadt in der Dimension von einer halben Million Einwohnern. Für beide Städte gelten auch nach Art. 31 Abs. 2 der Gemeindeordnung hinsichtlich der Zahl ihrer Stadtrats- bzw. Gemeinderatsmitglieder Sonderregelungen ohne Berücksichtigung fester Einwohnergrenzen: Danach beträgt die Zahl der Stadtratsmitglieder in München 80, in Nürnberg 70 (eigentlich gilt in Bayern bei Städten in der Größenordnung von 200.000 bis zu 500.000 Einwohnern die Zahl von 60 Stadtratsmitgliedern). Darin kommt auch eine gewisse politische Festlegung hinsichtlich einer zumindest relativen – psychologischen – Gleichrangigkeit beider Städte zum Ausdruck. Bayern besitzt zugleich mit dem Großraum München und dem mittelfränkischen Großraum um Nürnberg, Fürth und Erlangen zwei der (je nach Zählung rund zehn) deutschen Ballungsräume. Seine drittgrößte Stadt, Augsburg, verfügt zwar über ein sehr eigenständiges kulturelles Profil und ist der Mittelpunkt des bayerischen Schwaben, muss sich aber mit ihren über 260.000 Einwohnern und der großen Nähe zum Münchner Ballungsraum vor allem um ein strukturelles Eigengewicht bemühen. Die restlichen fünf bayerischen Großstädte – Regensburg, Würzburg, Ingolstadt, Fürth und Erlangen – haben zwischen 100.000 und 140.000 Einwohner, sind also in der Kategorie der sogenannten „kleinen" Großstädte angesiedelt. Sie profitieren aber zugleich davon, dies entspricht der bayerischen Topographie als Flächenland, dass sie, mit Ausnahme Erlangens und Fürths, über ein sehr großes eigenes Einzugsgebiet verfügen. Für Fürth und Erlangen wiederum gelten hier gewissermaßen Sonderbedingungen:

Fürth steht in einer traditionellen Existenz als eine Art Zwillingsstadt zu Nürnberg. Erlangens Sonderrolle resultiert aus der eigenen Universität (das Schwergewicht ist trotz der Entwicklung zur Universität Erlangen-Nürnberg in der nördlicheren Hugenottenstadt geblieben) und aus dem Umstand, dass die Stadt nach dem Ende des Zweiten Weltkriegs zu einem zentralen Standort des Hauses Siemens wurde.

Die Bomben des Zweiten Weltkrieges haben zumindest zwei der großen namhaften bayerischen Stadtensembles weitgehend verschont: Regensburg und Bamberg, während vor allem Nürnberg und Würzburg Schäden erlitten, die an Vernichtung grenzen.

Blickt man heute auf die historische Topographie der gesamten bayerischen Städtelandschaft, so kann man hier zugleich nach zwei Kriterien differenzieren, die heute nur noch teilweise greifen mögen, aber für die politische Kultur im Land immer noch relatives Gewicht haben mögen:

- Südlich bzw. an der Donau sind mehrere auch gegenwärtig noch bedeutsame bayerische Kommunen bereits römische Gründungen wie Augsburg, Regensburg und Passau, nicht hingegen die Landeshauptstadt München, die als strategische Antwort Herzog Heinrichs des Löwen auf den Bischofssitz Freising eine Gründung des hohen Mittelalters ist.

- Wichtiger noch erscheint die Differenzierung nach Städten, welche die Reformation mitmachten und daher auch heute noch eine (wenn auch immer mehr schwindende) evangelische Bevölkerungsmehrheit haben: Dies gilt für Nürnberg, Fürth, Erlangen und Schwabach im mittelfränkischen Ballungsraum, ferner ganz überwiegend im Bereich der früheren Reichsstädte sowie für die Hohenzollernschen Residenzen Bayreuth und Ansbach und für Coburg, das als eigentlich thüringisches Herzogtum nach einem Plebiszit mit seiner Hauptstadt 1920 zu Bayern kam. „Paritätisch" mit allerdings wachsendem Anteil der Katholiken waren die Reichsstädte Augsburg und Regensburg, katholisch blieben im fränkischen Bereich vor allem die Hochstifte Bamberg und Würzburg mit ihren zahlreichen Landstädten wie den gleichnamigen Bischofssitzen, ferner der ursprünglich wittelsbachische Herrschaftsraum südlich der Donau sowie auch das schwäbische Alpenvorland.

Die heutige kommunale Selbstverwaltung der Gemeinden resultiert im Wesentlichen nicht aus mittelalterlichen Autonomien, sondern aus der Entwicklung kommunaler Eigenverantwortung während des 19. Jahrhunderts, die sich in hohem Maße als Gegenform zu einer stark absolutistisch geprägten Staatsbürokratie verstand. Insofern entwickelten sich hier auch Formen bürgerlicher Teilhabe am politischen Geschehen, die erst nach und nach und in hohem Maße nach dem Ersten Weltkrieg vom Staatsganzen Besitz ergriffen.

Aus rund 40.000 Städten, Märkten, Dörfern und Weilern im damaligen bayerischen Staatsgebiet entstanden in Bayern durch Gebietsreformen der Jahre 1808/1818 zunächst über 7.000 Gemeinden. Gleichzeitig wurden diese kommunalen Einheiten in einer Phase außerordentlicher Etatisierung unter eine starke staatliche Bevormundung gebracht. Elemente der Selbstverwaltung brachte dann das Gemeindeedikt von 1818, in das auf indirektem Wege auch die Ideen des Freiherrn vom Stein aus dem preußischen Bereich eingegangen waren. Eine ausdrückliche Garantie des kommunalen Selbstverwaltungsrechts enthielt schließlich die Gemeindeordnung von 1919. Sie legte erstmals eine eindeutige Trennung zwischen eigenem und übertragenem Wirkungskreis fest. Über die eher nur modifizierende Gemeindeordnung von 1927 hinweg blieb sie im Wesentlichen bis zur nationalsozialistischen Deutschen Gemeindeordnung von 1935 in Kraft, die das durchgängige Gleichschaltungsprinzip und eine Hierarchisierung von oben nach unten entsprechend der bereits 1933 erfolgten faktischen Beseitigung kommunaler Autonomie nun auch förmlich festlegte. Die heute geltende bayerische Gemeindeordnung geht auf das Jahr 1952 zurück.

Kommunal- und Landespolitik sind in Bayern institutionell, informell und personell eng miteinander verflochten: Es gibt insgesamt vier kommunale Spitzenverbände: Bayerischer Städtetag, Bayerischer Gemeindetag (Doppelmitgliedschaften sind möglich), Bayerischer Landkreistag und Verband der bayerischen Bezirke. Das politische Gewicht dieser Spitzenverbände ist bemerkenswert hoch. Im Rahmen der Verfassungsänderung vom 20. Februar 1998 erhielten sie auch konstitutiv Anspruch auf Gehör durch die Staatsregierung, Artikel 83 Abs. 7 BV lautet: „Die kommunalen Spitzenverbände sollen durch die Staatsregierung rechtzeitig gehört werden, bevor durch Gesetz- oder Rechtsverordnung Angelegenheiten geregelt werden, welche die Gemeinden oder die Gemeindeverbände (Landkreise, Bezirke, G.F.) berühren." Als in der Bayerischen Verfassung durch erfolgreichen Volksentscheid zum 1. Januar 2004 das sogenannte Konnexitätsprinzip verankert wurde (Art. 83 Abs. 3), nach dem der Freistaat bei Verlagerung von Aufgaben auf die Kommunen „Bestimmungen über die Deckung der Kosten" zu treffen hat, wurde in Art. 83 Abs. 7 auch geregelt, dass die Staatsregierung „zur Umsetzung des Konnexitätsprinzips (...) ein Konsultationsverfahren mit den kommunalen Spitzenverbänden" vereinbart. Die bayerischen kommunalen Spitzenverbände unterhalten zudem ein Büro am Sitz der Europäischen Union in Brüssel, wo sie sich im regen Austausch über jene Materien befinden, die von den Regulierungsambitionen der Europäischen Kommission in besonderer Weise betroffen sind und bei denen es zugleich um die Sicherstellung der kommunalen Daseinsvorsorge geht. So etwa die Zulässigkeit von kommunalen Beihilfen z.B. bei Gewerbeansiedlungen.

Die enge Verknüpfung von Landes- und Kommunalpolitik wird vor allem durch personelle Verbindungen und Wechselbeziehungen hergestellt. Zahlreiche Landtagsabgeordnete sind zugleich Mitglieder der Gemeinde- bzw. Stadträte und Kreistage aus ihrem Heimatbereich. Im Einzelfall gilt das sogar für Kabinettsmitglieder wie den ehemaligen Innen- und Wirtschaftsminister August Richard Lang (früherer Stadtrat in Weiden), den ehemaligen Staatssekretär Karl Freller (Kultusministerium, Stadtrat in

Schwabach) oder den heutigen Innenstaatssekretär Gerhard Eck (Gemeinderat). Der Weg von der Kommunal- in die Landes- und Bundespolitik ist sehr häufig. Das in Bayern prominenteste Beispiel dürfte der frühere Münchner Oberbürgermeister Hans Jochen Vogel sein, der Bundesjustizminister und Vorsitzender der SPD wurde. Ein anderes Beispiel ist Bundesminister a.D. Dr. Oskar Schneider, früherer Stadtrat in Nürnberg. Häufig bewerben sich auch Landtags- und Bundestagsabgeordnete um ein Amt als Oberbürgermeister bzw. Landrat, wie zuletzt bei der Kommunalwahl am 02. März 2008 mit Erfolg der CSU-Landtagsabgeordnete Martin Sailer im Landkreis Augsburg. Dass Parlamentarier durchaus häufig auf die Chefsessel in Rathäusern und Landratsämtern drängen, hat seinen guten Grund: Einmal können sie hier ihre politische Karriere ohne die permanente Entfernung vom Heimatort fortsetzen. Zum anderen aber und das dürfte der wesentliche Gesichtspunkt sein, erhalten sie so die Möglichkeit exekutiver Gestaltung, gepaart mit der Verfügung über einen ansehnlichen Apparat an Mitarbeitern, Technik und Logistik.

2   Gemeinden und Landkreise in ihrer rechtlichen und politischen Struktur, Vertretungsorgane

Zu unterscheiden sind „normale" kreisangehörige Gemeinden, Große Kreisstädte und kreisfreie Gemeinden. Die kreisangehörigen Gemeinden erledigen alle Aufgaben, die Gemeinden schlechthin zustehen. Sämtliche Aufgaben der Staatsverwaltung auf der Unterstufe werden in ihrem Gebiet von dem zuständigen staatlichen Landratsamt als Kreisverwaltungsbehörde erfüllt. Große Kreisstädte sind zum einen ehemals kreisfreie Städte, die bei der Kreisreform 1971 ihre Kreisfreiheit verloren (wie etwa Rothenburg ob der Tauber). Damals sank die Zahl der kreisfreien Städte in Bayern von 48 auf 25. Zum anderen können auch heute Gemeinden diesen Status beantragen, die die Zahl von 30.000 Einwohnern übersteigen. Die Verleihung des Status „kreisfrei" an eine Gemeinde ist nach Art. 5 Abs. 3 der Bayerischen Gemeindeordnung ab einer Größe von mehr als 50.000 Einwohnern möglich. Nach Art. 5a Abs. 4 können Gemeinden mit mehr als 30.000 Einwohnern zudem auf Antrag nach Anhörung des Kreistages durch das Staatsministerium des Innern zu „Großen Kreisstädten" erklärt werden. In Großen Kreisstädten trägt der erste Bürgermeister wie in kreisfreien Städten die Amtsbezeichnung „Oberbürgermeister". Zudem nehmen sie bestimmte Aufgaben wahr, die ansonsten dem Landratsamt obliegen wie zum Beispiel die Funktion der unteren Bauaufsichtsbehörde. Die kreisfreien Gemeinden bzw. Städte sind den Landkreisen rechtlich gleichgestellt. Sie erfüllen damit nicht nur die den Landkreisen zustehenden kommunalen Aufgaben des eigenen und des übertragenen Wirkungskreises (z.B. Abfallwirtschaft, Krankenhäuser, Sachaufwand für die weiterführenden Schulen), sondern auch die Funktion des Landratsamts als untere staatliche Verwaltungsbehörde.

Die Gemeindeorgane sind der Gemeinderat (in Städten übliche Bezeichnung Stadtrat, in Märkten Marktgemeinderat) und der ersten Bürgermeister (bzw. Oberbürgermeister). Der Gemeinderat besteht aus dem ersten Bürgermeister, der den Vorsitz inne hat und Stimmrecht besitzt, sowie den ehrenamtlichen Gemeinderatsmitgliedern. Die Zahl der Gemeinderäte, die alle sechs Jahre gewählt werden, liegt zwischen acht in Gemeinden bis zu 1.000 Einwohnern und 60 in Gemeinden zwischen 200.000 und 500.000 Einwohnern. Auf die Sonderregelungen für München und Nürnberg wurde bereits eingegangen. Der Gemeinderat erlässt eine Geschäftsordnung und kann, was im Regelfall so auch praktiziert wird, vorberatende und beschließende Ausschüsse einsetzen. Dabei können bestimmte Materien (z.B. Haushalt der Gemeinde, Finanzplan, Entscheidungen über gemeindliche Unternehmen und Eigenbetriebe) nicht auf Ausschüsse übertragen werden. Typische Ausschüsse werden gebildet für Finanzen, Umwelt und Verkehr, Stadtwerke (sofern nicht durch Privatisierung entfallen, dafür dann kommunal beschickte Aufsichtsräte), Kultur, Personal und Rechnungsprüfung. Der erste Bürgermeister hat in aller Regel in den Ausschüssen mit Ausnahme des Rechnungsprüfungsausschusses den Vorsitz. Sogenannte Hauptverwaltungsausschüsse können, müssen aber nicht gebildet werden.

Der Gemeinderat ist kein Parlament, sondern kollegiales Verwaltungsorgan der Gemeinde. Als solches wird er sowohl rechtssetzend als auch exekutiv tätig. Die Gemeinderatsmitglieder sind ehrenamtlich tätig. In Gemeinden mit mehr als 10.000 Einwohnern können vom Gemeinderat berufsmäßige Gemeinderatsmitglieder ("Referenten") gewählt werden. Diese amtieren wie die ehrenamtlichen Gemeinderatsmitglieder für höchstens sechs Jahre (können dann aber wiedergewählt werden), haben kein Stimmrecht, wohl aber in ihrem Aufgabengebiet Antrags- und Beratungsrecht. Bei der Abgrenzung der Zuständigkeiten zwischen Gemeinderat und Bürgermeister gilt die Zuständigkeitsvermutung für den Gemeinderat; Zuständigkeiten des ersten Bürgermeisters müssen sich aus den gesetzlichen Regelungen bzw. eventuell vom Gemeinderat eigens übertragenen Zuweisungen ergeben.

2.1 Wahl der Gemeinde- und Kreisräte

Das Bayerische Wahlsystem für die Gemeinde- und Kreisräte wird im übrigen Bundesgebiet gerne als geradezu idealtypisch kompliziert und für viele Bürger in der praktischen Handhabung schwer verständlich dargestellt. Die Realität zeigt freilich, dass das unbestritten besonders hohe Anforderungsprofil an die Wählerinnen und Wähler nicht zu unzumutbar hohen Ungültigkeitsmargen führt, auf der anderen Seite aber der Persönlichkeitsfaktor in besonderer Weise zur Geltung kommt: Grundsätzlich entspricht die Anzahl der Stimmen, die vergeben werden dürfen, der Zahl der jeweils zu vergebenden Mandate, so etwa in einer Stadt mit 25.000 Einwohnern bei 30 Stadträten 30 Stimmen. Ein Überschreiten hat Ungültigkeit zur Folge, ein Unterschreiten ist zulässig. Wer nicht alle Stimmen vergibt, kann damit rechnerisch das Gewicht der vergebenen Stimmen zu Gunsten der gewählten Kandidaten erhöhen. Der Wähler kann eine Liste unverändert ankreuzen; dann erhalten sämtliche Kandidaten auf dieser Liste eine Stimme. Die eigentliche Besonderheit des bayerischen Wahlrechts liegt aber im Kumulieren und Panaschieren: Einzelne Bewerber können bis zu drei Stimmen erhalten („kumulieren"); auch können Kandidaten von verschiedenen Listen angekreuzt werden („panaschieren"). Wollen die Wähler nicht ihr ganzes Stimmenkontingent für einzelne Kandidaten verwenden, so können sie zusätzlich eine Liste ankreuzen. Entsprechend der verbliebenen Stimmenzahl (Vorrang haben die Stimmen für einzelne Personen) erhalten dann die hier aufgeführten Kandidaten in der Reihenfolge ab Platz eins entsprechend dem verbliebenen Rest je eine Stimme.

Bei der Ermittlung des Wahlergebnisses wird so vorgegangen, dass sämtliche Listen- und Persönlichkeitsstimmen, die sich im Bereich der jeweiligen Wahlvorschläge befinden, addiert werden, so dass zunächst festgestellt wird, wie viele Mandate auf jeweils welche Liste entfallen. Bei Listenverbindungen erfolgt hier im ersten Schritt eine gemeinsame Auswertung, so dass weniger „Reststimmen" bei der Ermittlung des Ergebnisses nach d'Hondt verloren gehen. Davon profitieren vor allem stimmenschwächere Listen. Erst in einem zweiten Schritt erfolgt hier die Zuteilung auf die einzelnen, miteinander verbundenen Listen. Nach der Bestimmung der Sitzzahl für die einzelnen Listen werden die hier jeweils auf die einzelnen Kandidaten entfallenen Stimmen ermittelt, so dass sich entsprechend der erzielten Reihenfolge ergibt, wer ein Mandat erhält und wer nicht. In der Koalitionsvereinbarung nach der Landtagswahl 2008 haben CSU und FDP vereinbart, für die Verteilung der Sitze auf die Wahlvorschläge in den Gemeinderäten, Kreistagen und Bezirkstagen das „Hare-Niemeyer"-Verfahren einzuführen.

Die Erfahrung lehrt, dass im bayerischen Kommunalwahlsystem ein „guter" Listenplatz keineswegs den Erfolg garantiert. Vor allem in kleineren Orten, wo individuelle Bekanntheit und individuelles Profil eine große Rolle spielen, kommt es hinsichtlich des Wahlerfolgs in der Regel zu enormen Verschiebungen gegenüber der ursprünglichen Platzierung auf der Liste. Mittlerweile ist es in diesen Bereichen zu einer Art Geheimtipp geworden, sich auf dem letzten Listenplatz platzieren zu lassen, der im Regelfall so viele Persönlichkeitsstimmen einbringt, dass hier jedenfalls im dörflichen und kleinstädtischen Bereich ein Wahlerfolg wahrscheinlich anmutet. In größeren Städten – zumal in den beiden Metropolen München und Nürnberg – dominiert hingegen sehr viel stärker ein ausgeprägtes Listenwahlverfahren entsprechend der jeweiligen Parteipräferenzen.

Gegenüber dem Bürgermeister- und Landratswahlen, die oft enorme und überraschende Verschiebungen zeigen (vgl. dazu auch den letzten Teil dieses Beitrages), zeichnen sich die Wahlergebnisse zu den Vertretungsorganen durch größere Konstanz aus. Da das Ermitteln der Wahlergebnisse aber im Regelfall so viel Zeit in Anspruch nimmt, dass das mediale Interesse beim Bekanntwerden dieser zweiten „Stufe" meist schon abgekühlt ist, geht dieser Effekt oft gar nicht mehr recht ins öffentliche Bewusstsein ein (s.u.). Nicht selten kommt es auch zu gegenläufigen Trends zwischen Bürgermeister- und Gemeinderats- bzw. Stadtratswahlen am selben Ort. Auch diese Beobachtung macht die zentrale Rolle des Persönlichkeitsfaktors im bayerischen kommunalen Wahlsystem deutlich.

Eine nicht nur bayerische Besonderheit im kommunalen Kräfteparallelogramm sind die „Freien Wähler". Sie sind neben CSU und SPD die dritte kommunalpolitische Kraft im Lande, was die Wahlergebnisse vom 2. März 2008 (s.u.) wiederum bestätigt haben. Zudem sind die „Freien Wähler" seit den Landtagswahlen im September 2008 auch im Bayerischen Landtag vertreten, wo sie gemeinsam mit SPD und den Grünen die Opposition stellen. Diese Verankerung auf einer weiteren politischen Ebene stärkt zukünftig wohl auch ihre Stellung in den Kommunen. Prinzipiell gilt, dass ihre Anteile in kleineren Gemeinden, wo parteipolitische Frontlinien eine eher untergeordnete Rolle spielen, am relativ höchsten sind. Umgekehrt spielen sie in der Landeshauptstadt München kaum eine Rolle. Grundsätzlich verhält es sich zwar so, dass die inhaltliche Orientierung der Freien Wähler eher ins bürgerlich-konservative Lager geht, in ihrem taktischen Verhalten zeigen sie sich aber häufig nach mehreren Richtungen hin offen. Zwar sind die Gemeinderäte und Kreistage (s.u.) keine Parlamente im klassischen Sinne, gleichwohl kommt es hier aber naturgemäß oft zur Bildung relativ konstanter Mehrheits- und Minderheitslager, wobei die Wahl der weiteren Bürgermeister bzw. Landräte in den jeweiligen konstituierenden Sitzungen bei Beginn der neuen sechsjährigen Wahlperiode (s.u.) Aufschluss über die Vereinbarungen hinsichtlich einschlägiger Bündnisse bzw. Koalitionen gibt.

Auch bei den letzten Kommunalwahlen im Jahr 2008 konnte man zunehmend die Beobachtung machen, dass einzelne Kandidaten neben ihrer Partei oder Wählergruppe einen eigenen, zusätzlichen Wahlkampf führten, um sich auf ihrer Liste besonders zu profilieren. Dies belegen etwa Zeitungsannoncen (mit eigenen, kleinen Unterstützergruppen, auch aus dem unmittelbaren beruflichen, sozialen und durch Ortsteile geprägten lokalen Milieu), eigene Plakataktionen, vor allem im unmittelbaren Wohnumfeld, und persönliche Internetauftritte. Auch Kommunalwahlkämpfe unterliegen damit zunehmend dem von anderen politischen Ebenen bekannten Trend zur Personalisierung und Professionalisierung der politischen Kommunikation.

Derartige, speziell fokussierte Kampagnen haben bei den Wahlen zu den Kreistagen schon eine längere Tradition. Hier geht es erfahrungsgemäß darum, die Repräsentanz einzelner Landkreisteile, wobei mitunter auch die Geographie über die Präferenz für bestimmte Listen obsiegt, zu stärken. Dabei haben historisch gewachsene, fest abgegrenzte Kleinräume wie etwa eindeutig bestimmte Talzonen gegenüber mehr oder weniger amorphen Siedlungsräumen einen deutlichen Vorsprung, weil in ersteren Bereichen langfristig gewachsene Kohäsion zu deutlich stärkerer Mobilisierung führt.

2.2   Die Verwaltungsgemeinschaft

Die Verwaltungsgemeinschaft ist ein typisches Folgeprodukt der kommunalen Gebietsreformen, wie sie in den 1960er und 1970er Jahren im nahezu gesamten damaligen Bundesgebiet durchgeführt wurden. Zentrale politische Intention dieses Prozesses war es, im Zeichen wachsender Anforderungen an das Leistungsprofil der Kommunen deren Angebot und fachliche Kompetenz nachhaltig zu stärken. Zugleich wurde aber sehr bald erkennbar, dass die Auflösung politischer Gemeinden und ihre Integration in immer größere Einheiten die spezifische Qualität der „grass roots democracy" auf kommunaler Ebene beeinträchtigen könne. Das dagegen in Bayern entwickelte Modell – Analogien mit anderen Begrifflichkeiten gibt es auch in anderen deutschen Ländern – ist eben das der Verwaltungsgemeinschaft. Sie ist ein Zusammenschluss benachbarter, kreisangehöriger Gemeinden unter Aufrechterhaltung von deren Eigenexistenz. Zweck ihres Zusammenschlusses ist die Stärkung der Leistungs- und Verwaltungskraft der Mitgliedsgemeinden. Die Verwaltungsgemeinschaft ist eine Körperschaft des öffentlichen Rechts. Die Verwaltungsgemeinschaft nimmt alle Angelegenheiten des übertragenen Wirkungskreises ihrer Mitgliedsgemeinden wahr, ausgenommen den Erlass von Satzungen und Verordnungen, und führt deren Aufgaben des eigenen Wirkungskreises als Behörde der jeweiligen Mitgliedsgemeinde nach deren Weisungen aus. Der Verwaltungsgemeinschaft obliegen administrative Vorbereitung und administrativer Vollzug der Beschlüsse der einzelnen Mitgliedsgemeinden sowie die Führung der laufenden Verwaltungsangelegenheiten.

Die Verwaltungsgemeinschaft wird durch eine Gemeinschaftsversammlung verwaltet. Vertreter sind sämtliche erste Bürgermeister der Mitgliedsgemeinden und aus ihrem Bereich mindestens je ein Gemeinderatsmitglied. Für jedes volle Tausend ihrer Einwohner entsenden die Mitgliedsgemeinden ein weiteres Gemeinderatsmitglied. Die Gemeinschaftsversammlung wählt aus ihrer Mitte einen der ersten Bürgermeister zum Gemeinschaftsvorsitzenden. Vor allem stellt die Verwaltungsgemeinschaft das fachlich geeignete Personal an, das den ordnungsmäßigen Gang der Geschäfte gewährleistet. In dieser Professionalisierung liegt die eigentliche politische Bedeutung der Verwaltungsgemeinschaft.

Zur Finanzierung erhebt sie von ihren Mitgliedsgemeinden eine Umlage, soweit ihre anderen Einnahmen nicht ausreichen. Die Umlage wird für die Aufgaben des eigenen und des übertragenen Wirkungskreises nach dem Verhältnis der Einwohnerzahl der Mitgliedsgemeinden bemessen.

3   Erster Bürgermeister/Oberbürgermeister und Landrat

Zum ersten Bürgermeister bzw. Oberbürgermeister und Landrat kann in Bayern nach Art. 39 des Gemeinde- und Landkreiswahlgesetzes unter anderem jede Person gewählt werden, die das aktive Wahlrecht besitzt, Deutsche(r) im Sinne von Art. 116 Abs. 1 GG ist und das 21. Lebensjahr vollendet hat. Bei berufsmäßigen Bürgermeistern und Landräten ist somit vor der Wahl nicht Voraussetzung, dass sie ihren Wohnsitz in der betreffenden Gemeinde bzw. im betreffenden Landkreis haben. Dies gilt nur bei ehrenamtlichen ersten Bürgermeistern. In Gemeinden bis 5.000 Einwohnern ist der erste Bürgermeister nach Art. 34 Abs. 2 der Gemeindeordnung grundsätzlich ehrenamtlich tätig, solange der Gemeinderat nichts Gegenteiliges beschließt. In Gemeinden zwischen 5.000 und 10.000 Einwohnern ist der Bürgermeister grundsätzlich hauptberuflich tätig (Beamter auf Zeit), solange der Gemeinderat nichts Gegenteiliges beschließt. In Gemeinden mit mehr als 10.000 Einwohnern sowie in kreisfreien Gemeinden und Großen Kreisstädten ist der Bürgermeister immer im Hauptamt tätig. In kreisfreien Gemeinden und Großen Kreisstädten führt er zudem die Amtsbezeichnung „Oberbürgermeister". Die Kandidaten müssen keineswegs bestimmte berufliche Standards wie die Befähigung zum Richteramt oder eine Verwaltungsausbildung mitbringen. Für berufsmäßige erste Bürgermeister und Landräte gilt eine Altersgrenze: Sie dürfen am Tag der Wahl das 65. Lebensjahr nicht vollendet haben. Da in Bayern grundsätzlich sechsjährige Wahlperioden gelten, können sie also im Maximalfall das Amt etwa bis zum 70. Lebensjahr inne haben.

Die Kandidaten können sich nicht gewissermaßen selbst nominieren, sondern müssen von einer politischen Partei oder Wählergruppe vorgeschlagen werden, wobei auch gemeinsame Vorschläge zulässig sind. Die Wahl findet grundsätzlich zeitgleich mit der Wahl für die Gemeinderäte und Kreistage durch die stimmberechtigte Bevölkerung statt; erreicht im ersten Wahlgang kein Bewerber die absolute Mehrheit, findet zwei Wochen später eine Stichwahl zwischen den beiden Kandidaten mit den höchsten Stimmzahlen statt. Verschiebungen im Wahlrhythmus zwischen Bürgermeisterwahl einerseits und Gemeinderatswahl andererseits (bzw. Landrats- und Kreistagswahl) können somit in der Konsequenz unvorhergesehener Ereignisse wie Entfernung aus dem Dienst nach gravierenden Verstößen, Erkrankung oder Tod des Amtsinhabers eintreten, weil in solchen Fällen grundsätzlich innerhalb von drei Monaten eine Neuwahl notwendig ist.

Die kommunalen Vertretungsorgane wählen in ihren ersten, konstituierenden Sitzungen meist zwei weitere Bürgermeister bzw. Landräte, die in der Regel ehrenamtlich tätig sind, in großen Städten aber auch berufsmäßig tätig sein können. Die politische Erfahrung zeigt, dass, sofern nicht die Partei des „regierenden" Bürgermeisters oder Landrats über die absolute Mehrheit verfügt, hier Koalitionen geschlossen werden, die gewissermaßen die Fronten zwischen „Regierung" und „Opposition" klären und somit die Machtverhältnisse für die nächsten sechs Jahre anzeigen, obwohl es sich ja bei diesen Vertretungsorganen im eigentlichen Sinne um keine Parlamente handelt. In sehr vielen Gemeinden und Landkreisen verhält es sich dann so, dass die beiden großen Parteien – zumeist CSU und SPD –, jeweils Partner an sich binden, wie Freie Wähler an die CSU, Bündnis 90/Grüne an die SPD, wobei es naturgemäß auch sehr viel mehr Kombinationen gibt, insbesondere in solchen Fällen, wo der erste Bürgermeister bzw. Landrat aus dem Bereich der Freien Wähler stammt, was im Regelfall besonders komplexe Kombinationen erforderlich macht.

Der erste Bürgermeister hat – wie der Landrat – in seinem kommunalen Vertretungsgremium den Vorsitz und ist abstimmungsberechtigt. Dies bedeutet in der arithmetischen Konsequenz, dass bei Anwesenheit aller Stimmberechtigten Stimmengleich-

heit nicht möglich ist, da immer eine ungerade Zahl votieren kann (z.B. 30 Gemeinde-
bzw. Stadträte plus Oberbürgermeister) und die Bayerische Gemeindeordnung die
Möglichkeit der Enthaltung nicht zulässt. Möglich ist allenfalls, wie dies häufig praktiziert wird, Nichtteilnahme an einer Abstimmung durch kurzfristige Entfernung aus
dem Sitzungssaal aus wichtigem Grund. Das taktisch bedingte Aufsuchen der sanitä-
ren Anlagen hat so in der bayerischen Kommunalpolitik durchaus Tradition.

Die Stellung des ersten Bürgermeisters bzw. Oberbürgermeisters oder Landrats, ist
außerordentlich stark. Er ist so etwas wie Regierungschef und Staatsoberhaupt in Personalunion, ist Dienstvorgesetzter der kommunalen Bediensteten, erledigt die laufenden Angelegenheiten, ist das alleinige Vollzugsorgan der Gemeinde; d.h. er vollzieht
die Beschlüsse des Gemeinderats bzw. seiner (beschließenden) Ausschüsse. Er erledigt
also realiter das exekutive Geschäft. Ferner bereitet er die Gemeinderatssitzungen vor,
stellt die Tagesordnung auf, die freilich durch Anträge aus der Mitte des Gemeinderats
ergänzt werden kann, und vertritt die Gemeinde nach außen. Für die Bürger ist er der
zentrale Ansprechpartner in allen kommunalen Angelegenheiten, was ihm de facto
auch eine Art Ombudsmann-Funktion gegenüber der eigenen Verwaltung angedeihen
lassen kann. In jüngerer Zeit haben sich erste Bürgermeister und Landräte vielfach so
etwas wie ein Kanzlerprofil angeeignet. So hat es sich, sozusagen am Rande der Gemeindeordnung, eingebürgert, dass sie bei Einbringung ihres jährlichen Haushalts
„Haushaltsreden" halten, auf die dann auch in quasi parlamentarischer Weise die
„Opposition" erwidert.

Bürgermeister und Landräte setzen die entscheidenden politischen Akzente: Sie
werden vielfach politisch verantwortlich für die Planungen gemacht, die zu Arbeits-
platzverlusten bzw. -gewinnen führen, auch wenn hier ihr faktischer Einfluss geringer
sein mag, als es nach außen den Anschein hat. Sie müssen die historisch-ästhetische
wie die wirtschaftliche Qualität von Innenstädten sicherstellen, sie stehen für Ver-
kehrsberuhigung und Verkehrsanbindung gerade, ferner für die Ausweisung von neu-
en Wohngebieten, für die ökologischen Fragen vor Ort, insbesondere auf der Kreisebene die Abfallwirtschaft, und sie haben auch auf der Kreisebene das vielfach leidige
Thema der Kreiskrankenhäuser mit ihren ungünstigen Kostenstrukturen zu bewältigen. Profilierungschancen vermitteln den kommunalen Amtsträgern insbesondere
auch Kultur- und Vereinsleben. Hier liegt das klassische Feld für kommunales Engagement im Bereich der sogenannten „freiwilligen Leistungen" (Art. 57 Abs. 1 Gemeindeordnung). Vor allem Musik und Sport, auch die lokale Geschichte (Heimatmuseen)
sind oft sehr kostenwirksame Felder, die eine auch pressewirksame Profilierung erlauben, so wenn sich der Bürgermeister im Kreis der Sportheroen vor Ort ablichten lässt.
Im Gesamtbereich der kommunalen Selbstverwaltungsangelegenheiten gehen allerdings diesen freiwilligen Leistungen die kommunalen Pflichtaufgaben wie Trinkwasserversorgung, Abwasserbeseitigung, Bauleitplanung und Sachaufwand für die Schulen (Volksschulen für die kreisangehörigen Kommunen, weiterführende Schulen für
die Landkreise und kreisfreien Kommunen) voraus. Diesen Bereich muss die Gemeinde erledigen. Hinzu kommen im übertragenen Wirkungskreis jene Auftragsangelegen-

heiten, die die Gemeinde „namens des Staates" entsprechend den Art. 8 und 58 der Gemeindeordnung erfüllt, so das Meldewesen, Ausländerrecht oder die Flurbereinigungsverfahren.

Bürgermeister mehr noch als Landräte bringen sich vielfach in die Position, gewissermaßen als Volkstribunen zu erscheinen, die pragmatisch handeln, frei vom ideologischen Ballast, der ihre eigene Partei kennzeichnet und bindet. So ist vor allem bei sozialdemokratischen Oberbürgermeistern oft ein Zug zur Mitte hin, möglichst ins Herz des bürgerlichen Lagers hinein, zu beobachten, so etwa beim bis 2002 amtierenden langjährigen SPD-Oberbürgermeister von Passau oder auch bei den sozialdemokratischen Oberbürgermeistern von Nürnberg und München. Aber auch CSU-Oberbürgermeister können sich, so sie es wollen, durchaus Distanz zur eigenen Partei leisten. Dieses relativ hohe Maß an Unabhängigkeit resultiert einmal aus der Legitimation durch die Urwahl, zum anderen folgt sie aus der Tatsache, dass jede Partei sich selbst schadete, wenn sie ein von ihr gestelltes Stadtoberhaupt desavouieren würde, das sich, vielfach auch taktisch, von ihr etwas entfernt bzw. emanzipiert hat. Klassischer Fall für die hier auftretenden Konstellationen war beispielsweise der über 30 Jahre amtierende ehemalige Landshuter Oberbürgermeister Deimer – zugleich Präsident des Bayerischen Städtetages – der sein politisches Profil durch öffentlich kultivierte Distanz zur eigenen „Mutterpartei" CSU zu pflegen verstand, wobei die üblichen Verteilungskonflikte zwischen Staat und Kommunen um öffentliche Gelder häufiger Anlass sind. Auch bei speziellen politischen Themen nutzen Oberbürgermeister immer wieder die Möglichkeit, sich als „bürgernah" und „Stimme des Volkes" auch auf Kosten der eigenen Parteifreunde in Landtag und Bundestag zu profilieren. So zuletzt der CSU-Oberbürgermeister von Schwabach mit seiner demonstrativen öffentlichen Unterstützung eines unter anderem von SPD, Grünen und ÖDP getragenen, erfolgreichen Volksbegehrens gegen die Staatsregierung für einen rigideren Nichtraucherschutz in Bayern.

Beispiel für eine Distanz zwischen Bürgermeister und eigener Partei, die in einem großen Kladderadatsch endete, war die Amtszeit des früheren Münchner Oberbürgermeisters Hans-Jochen Vogel, der in der Stadt selbst als ihr Repräsentant völlig unbestritten war, in der Hochzeit der Jungsozialisten 1970/71 aber in derart eskalierende Konflikte mit der eigenen Partei geriet, dass er 1972 von sich aus auf eine Wiederwahl verzichtete. Ein, wenn auch in der politischen Bedeutung nicht vergleichbarer Fall, ist der des früheren Nürnberger SPD-Oberbürgermeisters Dr. Andreas Urschlechter, der sich noch stärker als Vogel von der eigenen Partei entfremdete.

Erste Bürgermeister bzw. Oberbürgermeister rekrutieren sich zumeist aus dem vorhandenen, bereits dem Gemeinde- bzw. Stadtrat angehörenden politischen Führungsbereich. Vielfach sind sie bis zur Wahl Fraktionsvorsitzende gewesen – umgekehrt gilt, dass der engste politische Kooperationspartner des jeweiligen Stadtoberhauptes im Regelfall der Vorsitzende der eigenen Gemeinderats- bzw. Stadtratsfraktion ist, sofern ersterer sich nicht, was im Einzelfall vorkommt (s. o.), vom eigenen politischen Milieu zu weit entfernt hat. Mitunter kandidieren auch politisch ambitionierte Exponenten von Stadtverwaltungen wie Stadtkämmerer, die politisch freilich allenfalls nur ein Mandat als berufsmäßige Stadträte haben können. Ein derartiger Fall lag mit Erfolg bei der Nürnberger Oberbürgermeisterwahl 2002 vor. Die Möglichkeit von Kandidaturen von außerhalb ist zwar gegeben, sie gilt aber zumeist als Notbehelf, wenn es einer Partei oder Gruppe über die Jahre nicht gelungen ist, aus ihrem eigenen Spektrum einen geeigneten Prätendenten heranzuziehen. Vielfach versäumen es altgediente, etablierte Bürgermeister und Landräte, einen Nachfolger aus der eigenen Fraktion aufzubauen. Neuwahlen, bei denen der vertraute Amtsinhaber nicht mehr kandidiert, geben der „Opposition" die günstige Gelegenheit, das Rathaus bzw. Landratsamt zu „erobern". Bei den Kommunalwahlen 2008 schafften es etwa die CSU-Bewerber in den Kreisen Bad Tölz-Wolfratshausen und Neuburg-Schrobenhausen nicht, die aus Altersgründen ausscheidenden Landräte ihrer Partei zu beerben.

In jüngster Zeit finden wir auch zunehmend den Typus jenes Stadtoberhauptes, der, insbesondere ökonomisch vorgebildet, die durch Globalisierung und Deregulierung angestoßenen Entwicklungen nicht nur hinnimmt, sondern aktiv zu nutzen versucht. Das schlägt sich in einem geschickten Marketing der eigenen Kommune nieder, im Bemühen, kommunale Eigenbetriebe wettbewerbsfähig zu machen, in Kontakten zu forschungsintensiven Wirtschaftsbereichen wie etwa in Erlangen der Medizintechnik und insgesamt in Formulierungen, die eine gewisse Nähe zur modernen Ökonomisierung verraten.

Grundsätzlich kann man heute feststellen, dass zwei nicht selten geäußerte Bedenken gegen die in Bayern geltenden Regelungen nicht zutreffen: Die Urwahl schadet der Qualifikation für das kommunale Führungsamt offenkundig ebenso wenig wie der formale Verzicht auf bestimmte berufliche Qualifikationen. Das Amt des ersten Bürgermeisters bzw. Oberbürgermeisters oder auch Landrats wird trotz der hier verlangten Volkstümlichkeit keineswegs von Figuren ausgefüllt, die so etwas wie einem billigen Jakob ähneln würden. Die zunehmende Zahl von Rechtsanwälten auf den „Bürgermeistersesseln" in Bayerns Rathäusern bringt von Haus aus die nötige Kompetenz im Umgang mit Gesetzen, Verordnungen, der Kommunalverwaltung und den Besonderheiten des „Dienstweges" mit. Umgekehrt gilt eher die Erfahrung, dass die notwendigen Verwaltungskenntnisse, die entweder mitgebracht oder, zumal bei früheren Pädagogen, doch schnell gewonnen werden – schließlich haben letztere bereits in aller Regel viele Lehrjahre im Gemeinderat hinter sich – vor allem durch die Notwendigkeit ergänzt werden müssen, zu improvisieren, konkrete Problemlagen aufzufangen, ungewöhnliche Sprachregelungen zu finden und insgesamt spontan zu agieren. Von einem Stadtoberhaupt wird insofern nur ein gewisses, nicht perfektes Maß an Verwaltungskompetenz erwartet, das durch eine selbstbewusste Pragmatik ergänzt werden muss, die die Grenzen des formal Möglichen notfalls elastisch zu interpretieren weiß. Der hier skizzierte Typus, der sich zudem nicht als sturer Parteisoldat versteht, scheint mit dem Modus der Urwahl am Ehesten kompatibel.

4   Bürgerbegehren und Bürgerentscheid

Das eigentlich landesweit dominierende politische Thema auf kommunaler Ebene war in Bayern während des letzten Jahrzehnts des 20. Jahrhunderts die Einführung einer plebiszitären Komponente. Bis 1995 hatte es die Einrichtung von Bürgerbegehren und Bürgerentscheid in den Gemeinden und Landkreisen Bayerns nicht gegeben – im Gegensatz zur Landesebene, wo Volksbegehren und Volksentscheid seit 1946 in der Verfassung verankert sind und in verschiedenen Konstellationen vielfach erprobt und angewandt wurden. Bei einem Volksentscheid setzte sich am 1. Oktober 1995 ein Bündnis aller oppositionellen Kräfte in Bayern gegen die mit deutlicher Parlamentsmehrheit ausgestattete CSU durch, wobei außerparlamentarisch zunächst die Initiative „Mehr Demokratie in Bayern" gewirkt hatte, bevor dann auch SPD und Bündnis 90/Die Grünen initiativ wurden. Das so zustande gekommene „Gesetz zur Einführung des kommunalen Bürgerentscheids" vom 27. Oktober 1995 sah die im Bundesgebiet weitestgehenden Regelungen für plebiszitäre Mitwirkung auf kommunaler Ebene vor. Aufsehen erregend war insbesondere die Tatsache, dass beim Bürgerentscheid kein Quorum der Abstimmenden bzw. Zustimmenden in Relation zur gesamten stimmberechtigten Bürgerschaft festgelegt war. Hinzu kam die dreijährige Bindungswirkung eines Bürgerentscheides für die kommunalen Vertretungsorgane. Insbesondere gegen diese Bestimmungen richtete sich vielfache Kritik, die auch zur Anrufung des Bayerischen Verfassungsgerichtshofes führte. Dieser rügte in einer Entscheidung vom 29. August 1997 das Gesetz und gab dem Gesetzgeber verschiedene Neuregelungen auf. So hieß es in den Leitsätzen des Gerichts, Punkt 6: „Der Verzicht des Gesetzgebers auf ein Beteiligungs- oder Zustimmungsquorum beim Bürgerentscheid (...) führt im Zusammenhang mit der Bindungswirkung von drei Jahren (...) zu einer verfassungswidrigen Beeinträchtigung des Kernbereichs der Selbstverwaltung der Gemeinden und Landkreise. Der Gesetzgeber ist verpflichtet, insoweit eine verfassungsgemäße Neuregelung zu schaffen."

Am 26. März 1999 trat dann eine vom Bayerischen Landtag verabschiedete gesetzliche Neuregelung in Kraft, die u.a. die dreijährige Bindungswirkung eines Bürgerentscheids auf ein Jahr reduzierte und nunmehr ein gestaffeltes Quorum auf kommunaler Ebene einführte: Seitdem kann ein Bürgerentscheid nur dann ein gültiges Ergebnis haben, wenn die Mehrheit – je nach Gemeindegröße – 10 % bis 20 % der Stimmberechtigten beträgt. Das hinter der ursprünglichen gesetzlichen Regelung von 1995 stehende Bündnis initiierte gegen diese Novellierungen ein erneutes Volksbegehren („Gesetz zum Schutz des Bürgerentscheids"), das umfangreiche Änderungen der Bayerischen Verfassung beinhaltete, um die ursprünglichen, weitreichenden Bestimmungen gewissermaßen gegen die Entscheidung des Verfassungsgerichtshofs auf eine neue konstitutive Grundlage zu stellen. Dieses Volksbegehren scheiterte.

Die Feststellung des Verfassungsgerichtshofes, dass ein Bürgerbegehren ohne Quorum verantwortliche Gemeinderäte und Kreistage zu Gunsten sehr kleiner Minderheiten gewissermaßen entmachten könne und damit erhebliche Legitimationsprobleme aufwerfe, ist, nachdem sich die neuen Bestimmungen eingespielt haben, jedenfalls öffentlichkeitswirksam kaum mehr Gegenstand der politischen Diskussion.

Im Übrigen hat die Praxis schon sehr bald gezeigt, dass auch bei den Auseinandersetzungen um Bürgerbegehren und Bürgerentscheid wohl manches heißer gekocht worden war, als es dann gegessen werden musste: Einer der ersten erfolgreichen Bürgerentscheide in Bayern schon kurz nach der Einführung des Instruments war der Erfolg des „bürgerlichen" Lagers in der Landeshauptstadt München, gegen deren „Rot-Grüne-Stadtführung" im Bereich des Mittleren Rings am Rande der Innenstadt umfangreiche Tunnels zur Verbesserung der Verkehrssituation und zur Emissionsentlastung vorzusehen. Das „linke" Lager sah in derartigen Projekten hingegen eher unverantwortbar hohe Ausgaben zu Gunsten des kritisch eingeschätzten Verkehrsmittels Automobil. Dieses landesweit Aufsehen erregende Beispiel – inzwischen hat sich die politische Diskussion um die Tunnels, die Zug um Zug gebaut werden, weitgehend gelegt – zeigte sehr schnell, dass Bürgerbegehren und Bürgerentscheid keineswegs allein ein Instrument linker Ideologen gegen bürgerlich-administrative Mehrheiten in den Kommunalvertretungen waren und sind. Das Instrument kann vielmehr von allen Seiten mit mehr oder weniger Erfolg eingesetzt werden. Die Praxis zeigte weiter, dass Bürgerbegehren und Bürgerentscheid auch nicht zu einer Inflation kostenwirksamen Anspruchsdenkens zum Nachteil solider kommunaler Kassen führen. Sehr groß ist vielmehr die Zahl jener Initiativen, die sich gegen kostenwirksame Projekte aus dem Bereich der kommunalen Vertretungen selbst wenden. So sprach sich bei einem Bürgerentscheid am 27. September 2009 eine deutliche Mehrheit der Bürgerinnen und Bürger in der Stadt Hof gegen eine als „Hofer Himmel" bezeichnete, aufwändige und kostenintensive Aufwertung der Altstadt durch Überdachungen aus. Insofern kann hier auch ein Instrument der fiskalischen Disziplinierung liegen. Natürlich dienen, vor allem in kleineren Gemeinden, Bürgerbegehren und Bürgerentscheid auch bestimmten Interessen in einem spezifischen lokalen Kontext, etwa zur Verhinderung von als belastend empfundenen Verkehrsplanungen.

Seit der Einführung 1995/96 ist die Zahl der Bürgerbegehren und Bürgerentscheide pro Jahr kontinuierlich gesunken, von 302 abgeschlossenen Verfahren im Jahr 1997 auf nur noch 61 abgeschlossene Verfahren im Jahr 2008 (Quelle: Datenbank des Vereins „Mehr Demokratie e.V.", www.mehr-demokratie.de). Dies lässt darauf schließen, dass es zunächst einen aufgestauten Bedarf gab, der in den Anfangsjahren gewissermaßen „abgearbeitet" wurde. In Bayern münden über 60 % aller Bürgerbegehren in einen Bürgerentscheid. Die „Erfolgsquote" für einen Ausgang im Sinne der Initiatoren beträgt rund 50 %. Insgesamt wird man von einem mittlerweile etablierten, vielfach anwendbaren, aber auch nicht bzw. nicht mehr ideologisch überhöhten Instrument demokratischer Mitwirkung sprechen können.

Bei der Novellierung des Gesetzes über Bürgerbegehren und Bürgerentscheid im Jahr 1999 realisierte die Landtagsmehrheit schließlich ein weiteres Vehikel kommunaler Mitsprache, den „Bürgerantrag" nach Art. 18 b der Gemeindeordnung. Danach können die Gemeindebürger den Antrag stellen, dass der Gemeinderat binnen drei Monaten „eine gemeindliche Angelegenheit behandelt". Dazu muss dieser Bürgerantrag von mindestens 1 % der wahlberechtigten Gemeindeeinwohner unterzeichnet sein – eine Staffelung nach Gemeindegrößen gibt es hier also nicht. Auf Kreisebene ist der Bürgerantrag analog in Art. 12 b der Landkreisordnung vorgesehen.

Empirisch einigermaßen abgestützte Erfahrungswerte hinsichtlich der Praktizierung dieses noch relativ neuen Instruments liegen aus politikwissenschaftlicher Sicht leider noch nicht vor. Es eröffnet zwar eine neue Möglichkeit bürgerschaftlicher Partizipation auf kommunaler Ebene; ob es sich aber neben allgemeiner Kommunikation, Bürgerversammlung sowie dem unmittelbar wirksamen Instrument von Bürgerbegehren und Bürgerentscheid wirklich etablieren kann, bleibt vorläufig abzuwarten. Schließlich kann man mit dem Bürgerantrag zwar etwas öffentlich zur Sprache bringen, aber nichts verbindlich durchsetzen.

5   Die Bezirke

Als einziges Land der Bundesrepublik Deutschland verfügt der Freistaat Bayern auch oberhalb der Kreisebene über kommunale Selbstverwaltungskörperschaften, die Bezirke. Deshalb wird auf diese 'Spezialität' hier auch relativ breit eingegangen. Das Gebiet der sieben bayerischen Bezirke ist mit dem der Verwaltungsgebiete der Regierungen (Regierungsbezirke) als staatlichen Mittelbehörden territorial deckungsgleich. Die Bezirke bilden somit die dritte kommunale Ebene und sind sowohl Gemeindeverbände (Art. 10 Abs. 1 BV) als auch Gebietskörperschaften mit dem Recht, überörtliche Angelegenheiten, die über die Zuständigkeit oder das Leistungsvermögen der Landkreise und der kreisfreien Gemeinden hinausgehen und deren Bedeutung über das Gebiet des Bezirk nicht hinausreicht, im Rahmen der Gesetzte selbst zu ordnen und zu verwalten (Art. 1 Bezirksordnung).

Geschichtlich gesehen haben die bayerischen Bezirke ihren Ursprung in Institutionen der französischen staatlichen Verwaltung (Concile General du Département). Insofern gehen sie auf die Ära Montgelas am Beginn des 19. Jahrhunderts zurück, die in Bayern eine stark an französischen Vorbildern orientierte Staatsordnung brachte. Im Jahr 1822, fünf Jahre nach dem Sturz Montgelas', wurde der in „Landrath" umbenannte Generalrat als ständischer Vertretungskörper in allen bayerischen Regierungsbezirken eingeführt. 1852 erhielt er die Eigenschaft einer Körperschaft des öffentlichen Rechts. Aber erst 1919 wurden die „Kreisgemeinden" zu Selbstverwaltungskörperschaften. 1953 wurde eine neue Bezirksordnung geschaffen, die 1978 eine Organisationsreform erfuhr, mit der die Stellung der Bezirke wesentlich gestärkt wurde.

Organe des Bezirks sind der Bezirkstag, der Bezirksausschuss, die weiteren Ausschüsse, der Bezirkstagspräsident, dessen gewählter Stellvertreter sowie weitere Stellvertreter, die der Bezirkstag bestellen kann.

Die Bezirkstage werden direkt gewählt mit einem Wahlsystem, das sich an dem für den Bayerischen Landtag orientiert. Allerdings erfolgt die Auszählung im Gegensatz zu den Landtagen bei den Bezirkstagswahlen nach dem Verfahren Hare-Niemeyer. Das gilt auch für die Gesamtzahl der Bezirksräte in Bayern, die in Summe der der Landtagsabgeordneten entspricht. Wahlperioden und Wahltermin sind identisch. Das bedeutet im Blick auf die einschlägigen Verfassungsänderungen in Bayern vom Frühjahr 1998, dass die Bezirkstage alle fünf Jahre gewählt werden und dass die Zahl der Bezirkstagsräte von diesem Zeitpunkt an im Land insgesamt – in Übereinstimmung mit der Zahl der Landtagsabgeordneten – nunmehr 180 plus möglicherweise anfallende Überhangmandat beträgt. Proportional zu den Bevölkerungszahlen heißt dies für Oberbayern 58, Niederbayern 18, Oberpfalz 17, Oberfranken 17, Mittelfranken 24, Unterfranken 20 und Schwaben 26.

Der Bezirkstagspräsident ist ehrenamtlich (anders als ein Landrat, Oberbürgermeister oder erster Bürgermeister in größeren Gemeinden) erhält aber eine durchaus ansehnliche Aufwandsentschädigung. Im Rahmen der intensiven Diskussion über Fortbestand und Weiterentwicklung der Bezirke (s.u.) wird hier auch die Frage einer Professionalisierung diskutiert. Wichtigstes Verwaltungsorgan des Bezirks ist der Bezirksausschuss. Er besteht aus dem Bezirkstagspräsidenten und entsprechend der Einwohnerzahl des Bezirks 8 bis 12 vom Bezirkstag bestellten Bezirksräten.

Maßgeblich für die heutige rechtliche Situation auf dieser Ebene ist das „Gesetz zur Stärkung der kommunalen Selbstverwaltung auf der Ebene der Bezirke" vom 28. Mai 1978. Es brachte so etwas wie eine Emanzipation des Bezirks von der staatlichen Regierung und deren Verwaltung. Mit diesem Gesetz gingen die Vertretung der Bezirke und der Vollzug seiner Beschlüsse vom Regierungspräsidenten auf den Bezirkstagspräsidenten über. Seitdem haben die Bezirkstage eine eigene Verwaltung zu Vorbereitung und Vollzug ihrer Beschlüsse geschaffen. Die Verwaltung des Bezirks insgesamt wird im organisatorischen, personellen und sächlichen Verwaltungsverbund mit der staatlichen Regierung geführt. Der Bezirkstagspräsident führt die Dienstaufsicht über die Bediensteten des Bezirks und ist ihr Dienstvorgesetzter. Der Regierungspräsident als Chef der staatlichen Verwaltung der Mittelstufe wird im Benehmen mit dem Bezirkstag von der Staatsregierung ernannt und hat selbst zu allen Sitzungen des Bezirkstags und seiner Ausschüsse zutritt.

Die Aufgabenschwerpunkte der Bezirke liegen im eigenen Wirkungskreis auf den Gebieten Gesundheitswesen, Soziales und Kulturarbeit (Art. 48 Bezirksordnung). Der Bezirk kann ferner rein freiwillige Aufgaben wahrnehmen, wenn es um Bereiche geht, die über den Rahmen eines Landkreises und einer kreisfreien Stadt hinaus gehen.

Bei den Pflichtaufgaben der Bezirke handelt es sich um folgende Bereiche:

- Die Bezirke sind überörtliche Träger der Sozialhilfe, das betrifft insbesondere die Kosten für stationäre und teilstationäre Maßnahmen für psychisch Kranke, geistig

und körperlich Behinderte, nicht sesshafte und weitere hilfsbedürftige Personengruppen.

- In der Jugendhilfe fördern die Bezirke vor allem die Bezirksjugendringe.
- Die Bezirke sind überörtliche Träger der Kriegsopferfürsorge.
- Im Rahmen des Bayerischen Sonderschulgesetzes haben die Bezirke für behinderte
  Kinder und Jugendliche Sonderschulen errichtet. Es handelt sich dabei um Schu-
  len für Gehörlose, Schwerhörige, Blinde, Seh- und Körperbehinderte.
- Nach dem Bayerischen Denkmalschutzgesetz beteiligen sich die Bezirke an den
  Kosten der Instandsetzung, Erhaltung und Freilegung von Denkmälern, von Flur-
  denkmälern bis hin zu Klöstern und weiteren großen Ensembles.
- Die Bezirke bestellen jeweils einen Heimatpfleger, der nach dem Denkmalschutz-
  gesetz auch mit den Denkmalschutzbehörden zusammenarbeitet.[1]

Besonderen Wert legen die Bezirke auf die Förderung der Regionalkultur wie in Form
der zeitgenössischen Bildenden Kunst und Musik. Spektakuläre Projekte sind ihnen
hier bei der Errichtung von Freilichtmuseen gelungen, die insbesondere Lebensumfeld
und Stil der gewachsenen ländlichen Kultur dokumentieren.

Ausgehend von ihrem kulturellen Selbstverständnis definieren sich die bayerischen Bezirke auch als „Regionen", und zwar nicht im dezidiert politischen Sinne, wie
ihn etwa die deutschen Länder bei ihrer akzentuierten Regionalpolitik auf europäischer
Ebene und im Kontext des einschlägigen Ausschusses der Regionen (ADR) für sich
beanspruchen. Als regionale Einheiten stehen die bayerischen Bezirke eher in der Kontinuität der Territorien des Alten Reiches mit bestimmten historischen und mundartli-
chen Zuordnungen. Gewiss stark fragmentarisch und vielfach gebrochen setzt sich hier
zugleich so etwas wie die Tradition der an der Wende zur Neuzeit geschaffenen
„Reichskreise" fort, die einzelne Landesherrschaften zusammenfassten. Man sollte
auch nicht verkennen, dass die Diversifizierung auf sieben Regierungsbezirke und
Bezirke mit jeweils sieben Hauptstädten zu einer zusätzlichen Schwerpunktbildung im
Land beiträgt, die eine reine Fokussierung auf die beiden Ballungsräume München und
Nürnberg verhindern hilft: So kommen die spezifischen Rollen Augsburgs (frühere
Reichsstadt von erstrangiger Bedeutung), Landshuts (ehemalige Residenz eines Wit-
telsbachischen Teilherzogtums), Regensburgs (erster Hauptstadt des bayerischen Stam-
mesherzogtums, Sitz des Immerwährenden Reichstages), Bayreuths (Residenz der
Hohenzollernschen Markgrafen), Ansbachs (ebenfalls Residenz der Hohenzollernschen
Markgrafen, Selbstbehauptung des strukturschwachen Westmittelfranken gegen den
Nürnberger Ballungsraum) und Würzburgs (Sitz des früheren reichsunmittelbaren
Hochstifts) zum Tragen.

---

[1] Vgl. für diese Auflistung Friedrich H. Hettler: „Der Staat braucht die mittlere Ebene". Das harte Rin-
gen um eine Reform der bayerischen Bezirke, Beilage 'Der Staatsbürger' zur Bayerischen Staatszeitung,
4/2001, S. 5.

Das strukturelle Gewicht der Bezirke ergibt sich aus einigen Daten. Sie haben insgesamt über 20.000 Beschäftigte; ihr Haushaltsvolumen liegt bei rund 3,5 Milliarden Euro. Sie finanzieren sich u.a. durch Investitionszuschüsse und Bedarfszuweisungen von Seiten des Freistaates Bayern, ferner durch staatliche Erstattungen für gewisse Belastungen (Sozialausgaben), insbesondere aber durch die Bezirksumlage, welche die Landkreise und kreisfreie Städte aufbringen müssen. Naturgemäß gibt es bei Bemessung des Bezirkshaushalts und Festlegung der Bezirksumlage Verteilungskämpfe zwischen den verschiedenen Ebenen wie analog im Landkreisbereich bei der Bestimmung der Kreisumlage. Achten im Kreistag erfahrungsgemäß Bürgermeister und Gemeinderäte auf eine niedrige Kreisumlage zur Schonung ihrer eigenen Kassen, so verschiebt sich dies im Bezirksbereich auf die nächste Ebene.

6 Umfeld, Ausgang und Bewertung der bayerischen Kommunalwahlen vom 02. März 2008

Die letzte bayerische Kommunalwahl im März 2008 stand in bundespolitischer Sicht vor dem Hintergrund einer in Berlin seit 2005 mit mehr oder weniger großem Erfolg regierenden Großen Koalition. Der von ihr getragenen Bundesregierung gehörten mit dem damaligen Bundeswirtschaftsminister Michael Glos und dem damaligen Bundeslandwirtschaftsminister Horst Seehofer auch zwei Politiker der CSU an. Damit wurde die CSU auch auf kommunaler Ebene als in der Bundesrepublik Deutschland mitregierende Kraft wahrgenommen. Verstärkte Auftritte der Bundesminister und Bundestagsabgeordneten im Kommunalwahlkampf verstärkten diesen Eindruck noch. Vor allem in wirtschaftspolitischer Hinsicht präsentierte sich die Bundesregierung im 1. Quartal des Jahres 2008 als sehr erfolgreich.

In der wesentlich bedeutsameren landespolitischen Sicht war die Kommunalwahl geprägt von dem erst seit dem September des Vorjahres regierenden Kabinett unter Ministerpräsident Dr. Günther Beckstein und dem wegen der parteipolitischen Eigenständigkeit der (die Staatsregierung zu diesem Zeitpunkt noch alleine tragenden CSU) in Bayern mit besonderer Bedeutung ausgestatteten, ebenfalls erst seit rund sechs Monaten amtierenden Parteivorsitzenden der CSU, Erwin Huber. Beide waren erst nach längeren parteiinternen Kämpfen und Diskussionen in ihre Ämter gelangt.

Dies ist für die Kommunalwahlen deswegen von Bedeutung, als die sonst für ihre Geschlossenheit bekannte – und auch selbst ihre Erfolge immer wieder darauf zurückführende – CSU im Laufe des Jahres 2007 ein eher zerrissenes Bild abgegeben hatte und auch bis zu den Kommunalwahlen nicht vollständig zur Ruhe gekommen war.

Im Vorfeld der Kommunalwahlen kam die Bayerische Landesbank (BayernLB) wegen der weltweiten Finanzkrise in unternehmerische Schwierigkeiten, was von Seiten der Opposition im Bayerischen Landtag auch dem Parteivorsitzenden Erwin Huber in seiner Funktion als Mitglied des Aufsichtsrates der BayernLB und Ministerpräsident

Dr. Günther Beckstein angelastet wurde. In dieser – wie auch in anderen Situationen – gaben die beiden Spitzenpolitiker Huber und Beckstein kein geschlossenes und überzeugend glaubwürdiges Bild ab. Auch beim Rauchverbot, das die CSU-Mehrheit im Bayerischen Landtag im November 2007 beschlossen hatte und das zu diesem Zeitpunkt als das strengste Deutschlands galt, gab es während des laufenden Kommunalwahlkampfes Querelen innerhalb der Partei und daraus resultierende starke Irritationen bei den Wählern.

Am Wahlabend zeigte sich trotz der niedrigsten Wahlbeteiligung seit Kriegsende (von den 9,6 Millionen Wahlberechtigten hatten nur 59,5 Prozent von ihrem Wahlrecht zur Bestimmung der Politik in ihrer unmittelbaren örtlichen Umgebung Gebrauch gemacht) ein gemischtes Ergebnis. Die endgültigen, aggregierten Ergebnisse für Bayern im Überblick:

Tabelle 1: Endgültige Wahlergebnisse der Kommunalwahl 2008 für Bayern und Unterfranken in Prozent.

Wahlbeteiligung	59,5 (-3,6)
Ergebnisse	
CSU	40,0 (-5,5)
SPD	22,6 (-2,5)
Freie Wählergruppen	19,0 (+3,4)
Grüne	8,2 (+2,5)
FDP	3,8 (+1,8)
Sonstige Parteien	7,8 (+2,7)

Quelle: Eigene Darstellung nach: Bayerisches Landesamt für Statistik und Datenverarbeitung 2008. Die Zahlen in Klammern geben die Veränderung zur letzten Kommunalwahl im Jahr 2002 an.

Damit lässt sich feststellen, dass sowohl CSU als auch SPD deutliche Verluste hinnehmen mussten, wogegen vor allem Freie Wählergruppen, Grüne und FDP zulegen konnten. Vor allem in größeren Städten verlor die CSU deutlich (Nürnberg: - 11 Prozentpunkte, München: - 8, Augsburg: - 4). Gewinner waren in städtischen Gebieten zumeist die Grünen (Würzburg: +6. München: +3, Nürnberg: +2, Augsburg: +3). Erneut gelang es der CSU nicht, die politisch wichtigen Großstädte München und Nürnberg zu gewinnen: die beiden Amtsinhaber Christian Ude (66,8 %) und Dr. Ulrich Maly (64,3 %) wurden deutlich bestätigt.

In ländlich und katholisch geprägten Gebieten blieb die CSU dagegen eher stabil. Verlor sie doch, dann eher zu Gunsten der Freien Wählergruppen. Diese Regionen korrespondieren auch nach der herrschenden Meinung der Wahlgeographie und politischen Ökologie sowie der Wahlsoziologie mit einer konservativeren politischen Prägung der Bevölkerung.

Vereinzelt gab es auch – wie in der Kommunalpolitik nicht selten – deutliche Überraschungen, die zumeist auf Unzufriedenheit mit bisherigen Amtsinhabern oder die Besonderheiten neuer Kandidaten zurückzuführen sind:

So hat im als äußerst konservativ geltenden niederbayerischen Urlaubsort Boden-mais der erst 23 Jahre alte Bürgermeisterkandidat und bekennende Schwule Michael Adam dem seit 18 Jahren regierenden Rathauschef der CSU das Amt abgenommen. Bei den Stichwahlen kam Adam auf 56 Prozent, Bürgermeister Fritz Wühr erhielt 44 Pro-zent. Als sein Mitbewerber Wühr 1990 erstmals Bürgermeister wurde, war Adam noch nicht einmal eingeschult.

In der schwäbischen Bezirkshauptstadt Augsburg, in der Rangfolge der bayeri-schen Städte nach München und Nürnberg an dritter Stelle, wurde der für die CSU angetretene Kurt Gribl neuer Oberbürgermeister Er gewann in der Stichwahl gegen Amtsinhaber Paul Wengert von der SPD. Der parteilose Gribl kam auf 55,9 Prozent, Wengert erreichte 44,1 Prozent. Die CSU verbuchte diese „Rückeroberung" des Rat-hauses in der drittgrößten Stadt Bayerns als großen Erfolg.

Auch im Würzburger Rathaus konnte sich überraschend der Herausforderer Ge-org Rosenthal (hier allerdings von der SPD) mit 52,47 Prozent gegen die erste eine Amtszeit amtierende Amtsinhaberin Pia Beckmann von der CSU durchsetzen. Interes-sant ist hier, dass Rosenthal nach geltender Gesetzeslage nur eine Amtsperiode amtie-ren kann, da er bei den nächsten Kommunalwahlen im Jahr 2013 die Altersgrenze be-reits überschritten hat. Die Wahlbeteiligung bei der Stichwahl betrug lediglich drama-tisch niedrige 40,98 Prozent. Tatsächlich hatten sich damit also nicht einmal ein Viertel aller Wahlberechtigten für Rosenthal ausgesprochen.

In der mittelfränkischen Stadt Lauf konnte sich der Bürgermeisterkandidat Bene-dikt Bisping von den Grünen in der Stichwahl klar mit 62,8 Prozent gegen den CSU-Bewerber Rainer Deuerlein durchsetzen.

Die Interpretation der Ergebnisse vor allem durch die Presse beschränkte sich zu-nächst darauf, der regierenden CSU eine „Kommunalwahlschlappe" („Focus" 03. März 2008) oder einen „Dämpfer" („Süddeutsche Zeitung", 03. März 2008) zuzuschreiben, wogegen der SPD am Wahlabend unter dem Eindruck ihrer Siege in den Großstädten Nürnberg, München sowie Würzburg gar ein deutlicher „Sieg" („Süddeutsche Zei-tung", 03. März 2008) bescheinigt wurde.

Diese vorläufigen Interpretationen ließen sich jedoch nicht halten, da nach den endgültigen Ergebnissen beide Parteien für ihr relatives Niveau ähnlich starke Verluste hinnehmen mussten. Auch bleibt die CSU mit einem aggregierten Ergebnis von 40 Prozent nach wie vor mit Abstand die stärkste kommunalpolitische Kraft (vor der SPD mit nur rund 23 Prozent).

Deutlich wurde aber, dass die CSU ihr konservatives Wählerpotential in Bayern immer stärker mit den Freien Wählergruppen teilen muss, die von einer „diffusen Par-teienverdrossenheit" (Kießling 2008) der Bürger am stärksten profitieren können. Das Etikett „CSU light" der Freien Wähler wird durch deren in Augen von Journalisten „erzkonservativen" Landesvorsitzenden Hubert Aiwanger noch verstärkt: Sie sind – einem in Bayern geläufigen Bonmot nach – „Fleisch vom Fleische der CSU". Nach den Erhebungen von Kießling rekrutieren sich etwa zwei Drittel der Urnengänger der Frei-en Wähler aus dem klassischen Elektorat der CSU (Kießling 2008).

Das Potential der konservativen Wähler in Bayern liegt demnach nach wie vor bei rund 60 Prozent, die sich aus der Addition der Ergebnisse von Freien Wählern und CSU ergeben. Dieses Ergebnis der Kommunalwahl wurde im Übrigen auch von den bayerischen Landtagswahlen im September 2008 bestätigt, bei denen die CSU ihre absolute Mehrheit einbüßen musste und die Freien Wähler erstmals auch in den Landtag einziehen konnten.

Literaturhinweise

Bayerische Landeszentrale für politische Bildungsarbeit (Hrsg.) (2007): Die kommunalen Ebenen in Bayern: Kommunalordnungen und Wahlen. Einleitung und Bearbeitung: Manfred Wegmann (1. – 4. Auflage: Reinhold Bocklet). 7. Aufl. München

Becker, Ulrich et al. (2005): Öffentliches Recht in Bayern. Verfassungsrecht, Kommunalrecht, Polizei- und Sicherheitsrecht, Öffentliches Baurecht. 3. Aufl. München: Beck

Kießling, Andreas (2004): Die CSU. Machterhalt und Machterneuerung. 1. Aufl. Wiesbaden: VS Verl. für Sozialwiss.

Roth, Rainer A. (2008): Politische Landeskunde. Freistaat Bayern. (Bayerische Landeszentrale für politische Bildungsarbeit). 4. Aufl. München

Treml, Manfred. (2006): Geschichte des modernen Bayern. Königreich und Freistaat. (Bayerische Landeszentrale für politische Bildungsarbeit). 3. Aufl. München

Kommunalpolitik in Berlin

Hansjoachim Hoffmann (†), aktualisiert von Ferdinand Schwenkner

1 Kommunalpolitische Rahmenbedingungen eines Stadtstaates und Zweistufigkeit in der Einheitsgemeinde

Wer auf der Suche nach (abgrenzbarer) Kommunalpolitik in das pralle Verwaltungsleben des Landes Berlin greift, findet im (zentralen) Gesetz über die Zuständigkeiten in der Allgemeinen Berliner Verwaltung (Allgemeines Zuständigkeitsgesetz – AZG) gleich eingangs die Aussage: „In Berlin werden staatliche und gemeindliche Tätigkeiten nicht getrennt." Das dahinter stehende staatsrechtliche Strukturmodell ist der Verfassung von Berlin (VvB) zu entnehmen. „Berlin ist ein deutsches Land und zugleich eine Stadt", so beginnt die Verfassung mit Artikel 1 Absatz 1. Staatliche und kommunale Bereiche gehen also ineinander über – bis zur Identität. Nach Artikel 3 Absatz 2 der Verfassung nehmen „Volksvertretung, Regierung und Verwaltung einschließlich der Bezirksverwaltungen ... die Aufgaben Berlins als Gemeinde, Gemeindeverband und Land wahr."

Berlin ist ein Stadtstaat mit einer einheitlichen Gebietskörperschaft und einer einheitlichen Stadtspitze, die zugleich Spitze des Landes ist. Als Berlin nach dem Zweiten Weltkrieg den Charakter eines Landes erhielt, änderte sich auch die Bezeichnung der Stadtspitze: Aus dem Magistrat und der Stadtverordnetenversammlung einer Kommune wurden – in Anlehnung an die Tradition der norddeutschen Stadtstaaten – der Senat und – nach dem Vorbild des Preußischen Landtages – das Abgeordnetenhaus als Bezeichnungen für Regierung und Parlament des Landes. Was aber sind die Bezirke, die – eingeordnet unter dem Begriff der Verwaltung – ebenfalls in den grundlegenden Organisationsartikeln der Verfassung erwähnt werden? Hier ist man offensichtlich dem Begriff des Kommunalen, der Gemeinde, am nächsten. Die Bezirke werden uns daher noch eingehend zu beschäftigen haben. Hier nur soviel: An anderer Stelle der Verfassung wird, nachdem es in Artikel 66 Absatz 1 von der Verwaltung heißt, sie sei „bürgernah im demokratischen und sozialen Geist" zu führen, in Absatz 2 festgestellt: „Die Bezirke erfüllen ihre Aufgaben nach den Grundsätzen der Selbstverwaltung. Sie nehmen regelmäßig die örtlichen Verwaltungsaufgaben wahr." Im Bezirksverwaltungsgesetz (BezVG) als „Selbstverwaltungseinheiten Berlins ohne Rechtspersönlichkeit" bezeichnet, sind die Bezirke fast ohne legislative und ohne echte Etat- und Finanzhoheit, jedoch mit einer weitgehenden Personalhoheit in Bezug auf die eigene

Verwaltung versehen. Die Bezirke ähneln in manchen Aspekten den Gemeinden in einem Flächenstaat, ohne solche zu sein. Sie sind Teile einer zweistufigen und hierarchischen Verwaltung, die gleichzeitig Selbstverwaltungsaufgaben zu erfüllen haben.

2   Der Senat: das einzige Regierungsorgan. Das Abgeordnetenhaus: das einzige parlamentarische Gremium

Als wesentliche Folge der Doppelrolle Berlins als Land und Stadt zugleich ist die Verwaltungsstruktur nicht nur für Außenstehende schwierig zu übersehen. Der Senat regiert nicht nur das Land, er nimmt auch kommunale Aufgaben wahr, die er sich mit den Bezirken teilt. Wie im Bund und in den anderen Ländern ist zwischen unmittelbarer Verwaltung durch Behörden und Organe des Landes und der mittelbaren Verwaltung zu unterscheiden, die durch juristische Personen des öffentlichen Rechts sowie den Körperschaften (zum Beispiel Hochschulen), den Anstalten (zum Beispiel Wohnungsbaukreditanstalt) und Stiftungen (zum Beispiel Schulen des Lette-Vereins) wahrgenommen wird.

Die unmittelbare Landesverwaltung ist in zwei Stufen gegliedert. Die erste – die Hauptverwaltung – umfasst vor allem die Senatsverwaltungen als oberste Landesbehörden und die diesen unmittelbar unterstellten nachgeordneten Behörden, die nach außen selbständig handeln, aber der Fachaufsicht und der Weisungsbefugnis der zuständigen Senatsverwaltung unterliegen. Dazu gehören unter anderem der Polizeipräsident in Berlin, die Berliner Feuerwehr, die Justiz- und Finanzverwaltung, das Landesamt für Bürger- und Ordnungsangelegenheiten und die Landeszentrale für politische Bildungsarbeit. Zur Hauptverwaltung gehören des Weiteren die Anstalten des öffentlichen Rechts, die ehemaligen Berliner Eigenbetriebe. Obwohl sie eine gewisse wirtschaftliche Selbstständigkeit besitzen, unterliegen sie der Staatsaufsicht und der Kontrolle des Parlaments. Bei ihnen handelt es sich um wichtige Verkehrs- und Versorgungsunternehmen wie die Berliner Verkehrsbetriebe (BVG), Berliner Stadtreinigungsbetriebe (BSR) und Berliner Wasserbetriebe (BWB), deren Privatisierung in Teilen bereits eingeleitet worden ist. Angesichts der angespannten Lage des Berliner Haushalts schrumpft seit Mitte der neunziger Jahre des vorigen Jahrhunderts die Anzahl der staatlichen Betriebe tendenziell zugunsten einer Privatisierung. So wurden die Berliner Elektrizitätswerke AG (BEWAG) 2003 und die Berliner Gaswerke (GASAG) schrittweise von 1999 bis 2006 privatisiert, das heißt verkauft. Auf der Tagesordnung des Senats stehen also zahlreiche Punkte, die in Flächenstaaten auf der Ebene von Gemeinden und unter Umständen auch der Mittelbehörden entschieden werden würden, aber wenig Aussicht hätten, die Ebene einer Staatsregierung zu erreichen.

Die zweite – die allgemeine Unterstufe der Berliner Verwaltung – stellen die Bezirksverwaltungen dar, deren Organisation das Bezirksverwaltungsgesetz 2001 (BezVG, Neufassung 2005, zuletzt geändert 2008) geregelt. Weil die Bezirke zwar

Selbstverwaltungseinheiten Berlins, aber keine eigenständigen Gebietskörperschaften mit entsprechender Rechtsfähigkeit sind, handelt es sich bei den Bezirksverwaltungen um Teile der Landesverwaltung der Einheitsgemeinde Berlin. Aus dieser komplexen Lage ergeben sich Spannungen zwischen Zentralisierung und Dezentralisierung. In einem Stadtstaat, der Einheitsgemeinde bleiben will, sind einfache Unterscheidungen zwischen Landes- und kommunalen Aufgaben nicht möglich. Fragen der Zweistufigkeit und der Kompetenzzuweisung sind daher seit der Bildung von Groß-Berlin (1920) in Bewegung.

Auch das Abgeordnetenhaus, das einzige Gremium des Landes mit vollen parlamentarischen Rechten, versteht sich in vielem als erweiterte Stadtverordnetenversammlung. Insbesondere in den Ausschüssen, die öffentlich tagen, und zum Beispiel in den Fragestunden werden häufig kommunale Themen bis in alle Details behandelt. Auf dem Umweg über die Aufstellung der Kandidaten in den Wahlkreisen und in den Listen, die sich in den großen Parteien bislang an den Bezirken orientieren, haben die Bezirksgliederungen der Parteien eine beachtliche politische Macht. Wer von den Mitgliedern des Senats und Abgeordnetenhauses sein Mandat verlängert haben möchte, tut gut daran, die Belange seines Heimatbezirks zu berücksichtigen.

Die Bezirksverordnetenversammlung (BVV) in den Bezirken, auf die noch näher einzugehen sein wird, ist – entsprechend der Rechtsstellung der Bezirke – keine Volksvertretung der kommunalen Selbstverwaltung, wie sie nach dem Grundgesetz (Art.28 GG) den Gemeinden zusteht.

3   Entstehung und Entwicklung der Bezirke

Entstanden sind die – seinerzeit 20 – Bezirke Berlins 1920, als das preußische Gesetz über die Bildung einer neuen Stadtgemeinde Berlin (Groß-Berlin-Gesetz) der Preußischen Gesetzgebenden Landesversammlung in Kraft trat. Aus Berlin sowie sieben weiteren Städten, 59 Landgemeinden und 27 Gutsbezirken wurde die einheitliche Stadtgemeinde Berlin gebildet. Der Widerstand war erheblich, und noch Jahre lang gab es Separationsbestrebungen. Die Bildung von 20 Bezirken sollte den Bruch mindern, indem man zum Teil an gewachsene Einheiten, wie die vorher selbständigen Städte anknüpfte, zum Teil aber auch neue Einheiten durch Aufteilung der Innenstadt und den Zusammenschluss von Gemeinden und Gutsbezirken bildete.

Nicht immer und für jeden entstand dabei das gewünschte Heimatgefühl. Noch heute identifizieren sich viele Berliner eher mit ihrem „Kiez" (der engeren Umgebung) oder mit einem Ortsteil, wie Lichterfelde (Steglitz-Zehlendorf), Frohnau (Reinickendorf), Biesdorf (Marzahn-Hellersdorf) oder Karlshorst (Hohenschönhausen-Lichtenberg), als mit dem jeweiligen Bezirk. Andererseits akzeptieren die Bürger ihre Bezirke als notwendige Selbstverwaltungseinheiten. Die Bezirke bieten eine nahe Behördenebene und vermindern das Gefühl, der ferneren Zentrale ausgeliefert zu sein, von der aber doch der Blick auf das Ganze der Stadt und eine Gleichbehandlung aller ihrer Teile erwartet werden.

In der Zeit der alliierten Viermächte-Verwaltung gaben die Bezirke die Grundlage der Einteilung der Stadt in vier Sektoren. Auch die Trennlinie zwischen Berlin (Ost) und Berlin (West) verlief entlang von Bezirksgrenzen. Als die Mauer fiel, bestanden 23 Bezirke von Berlin. Drei Bezirke in den großen Neubaugebieten des Ost-Berliner Nordostens waren durch Neugliederung der Stadtgebietsfläche hinzugekommen. Die 23 Bezirke wiesen nach Fläche und Bevölkerung sehr unterschiedliche Größen auf. Die Spannweite reichte von 978 Hektar (Friedrichshain) bis 12.735 Hektar (Köpenick) und von 54.000 (Weißensee) bis zu 314.000 Einwohnern (Neukölln). Diese Missverhältnisse und die Zahl 23 hatten historische Ursachen; sie machten aber die Aufgaben der Bezirke – im Verhältnis untereinander und zur Hauptverwaltung – schwer handhabbar. Wie schon einmal in den zwanziger Jahren war Ende der neunziger Jahre des vorigen Jahrhunderts von einer Bezirksgebietsreform die Rede, worunter man vor allem eine Verminderung der Zahl der Bezirke verstand. Eine Neuziehung der Grenzen wurde vermieden, ob aus Respekt vor inzwischen gewachsenen Identitäten oder um der Konfliktbegrenzung willen, sei dahingestellt. Es blieb bei der Zusammenlegung von Bezirken, wobei als Orientierungszahl eine Bevölkerung von 300.000 Einwohnern galt.

Von den zwölf Bezirken, deren Gremien im Jahr 2001 ihre Arbeit aufnahmen, sind zwei aus drei alten Bezirken gebildet worden, darunter der so genannte Hauptstadtbezirk Mitte. Sieben Bezirke entstanden aus der Zusammenlegung von je zwei Bezirken. Drei Bezirke (Spandau, Neukölln, Reinickendorf) kamen ohne Zusammenlegungen aus. Allerdings hat Spandau mit rund 223.700 die geringste Einwohnerzahl, dagegen Pankow mit rund 363.600 die höchste. Die Orientierungszahl 300.000 wird von fünf Bezirken überschritten und von einem weiteren fast erreicht (Quelle: Berlin in Zahlen, Statistik Berlin Brandenburg [Faltblatt] 2009).

Die Zusammenlegung der Bezirke stieß auf erheblichen politischen Gegenwind. Immerhin wurde die Zahl der hoch dotierten politischen Wahlbeamten in den Bezirksämtern fast halbiert. Die an betriebswirtschaftlichen Grundsätzen orientierte „innere Verwaltungsreform" reduzierte schließlich die Zahl der referatsähnlichen Organisationseinheiten (der Ämter) in den Bezirken. Die Bezirksverwaltung darf je Bezirk aus nicht mehr als 15 Leistungs- und Verantwortungszentren (LuV), nicht mehr als sechs Serviceeinheiten, dem Steuerungsdienst und dem Rechtsamt bestehen. Die LuV nehmen eigenverantwortlich Verwaltungsaufgaben wahr. Die Serviceeinheiten erfüllen Aufgaben im inneren Dienstbetrieb. Der Steuerungsdienst hat Koordinierungs- Kontrollaufgaben sowie beratende Funktion. Im Resultat entstanden Überhänge an Leitungspersonal. Es bedurfte angestrengter Arbeit der Fraktionsführungen von CDU und SPD, um der Großen Koalition die Mehrheit in den Abstimmungen zu sichern.

Zu Vorgaben für die Namensgebung (oder eine Nummerierung nach Wiener oder Pariser Vorbild?) reichte die Kraft nicht mehr. Die Entscheidung wurde den Bezirken selbst übertragen. Die Bezeichnung „Mitte" für den neuen Großbezirk aus den Alt-Bezirken Mitte, Tiergarten und Wedding blieb unbestritten. Dagegen gab es in dem

neuen – aus den Alt-Bezirken Prenzlauer Berg, Weißensee und Pankow zusammenge-
setzten – Großbezirk wechselnde Mehrheiten für den kühnen Griff „Pankow" oder für
die Nennung aller drei Alt-Bezirke möglichst mit dem Zusatz „III. Bezirk". Die Lang-
fassung passte auf keinen Stempel. Daraufhin verzichteten die anderen Bezirke vorerst
auf die Namenssuche und auf einen wichtigen Beitrag zu einer neuen Identität, die
mehr sein könnte als ein „Klebeergebnis". Immerhin waren in zwei Fällen (Mitte und
Friedrichshain-Kreuzberg) die alten Grenzen zwischen Ost- und West-Berlin überschritten.

4   Organe der Bezirksverwaltung im Spannungsfeld

Bei der zweiten, der allgemeinen Unterstufe der Berliner Verwaltung, die keinen gemeindlichen Charakter hat, aber doch aus Selbstverwaltungseinheiten besteht, werden
Spannungsfeld und Konfliktlinien klar erkennbar. Wem soll mehr Raum gegeben werden: den Fachanforderungen, der Effizienz der Verwaltung oder der Bürgerbeteiligung
und der politischen Mitwirkung? Wie viel Dezentralisierung (zum Beispiel bei der
Aufgabenzuweisung) ist möglich, wie viel Zentralisierung erforderlich? Die Bezirksre-
formen der letzten Jahre mit den verschiedenen Änderungen des Allgemeinen Zuständigkeitsgesetzes, des Bezirksverwaltungsgesetzes (BezVG) und nicht zuletzt der Berliner Verfassung ließen das Pendel in Richtung auf Effektivität und Professionalisierung
ausschlagen.

Organe der Bezirksverwaltung sind die Bezirksverordnetenversammlung (BVV)
und das Bezirksamt. Die BVV ist, wie bereits festgestellt, keine Volksvertretung, wie sie
nach dem Grundgesetz (Art.28 GG) den Gemeinden zusteht, sondern ein Verwaltungsorgan. Ihre Arbeitsweise orientiert sich dennoch an parlamentarischen Regeln. Je Bezirk werden 55 Mitglieder von den deutschen wahlberechtigten Einwohnern des Bezirks und von den hier lebenden Staatsangehörigen aus Ländern der Europäischen
Union (Unionsbürgern) nach dem Verhältniswahlsystem und den von den Parteien
und Wählergemeinschaften aufgestellten Listen sowie Einzelbewerbern gewählt. Die
Wahlen finden alle fünf Jahre statt und fallen mit denen zum Abgeordnetenhaus von
Berlin zusammen. Die Bezirksverordneten bilden aus ihrer Mitte den Ältestenrat und
die Ausschüsse, wählen einen Vorsteher und arbeiten nach einer parlamentarischen
Geschäftsordnung, ohne selber die vollen Rechte eines Parlamentariers (beispielsweise
Immunität) zu besitzen.

Die BVV wählt das Bezirksamt, das seit den Reformgesetzen von 2001 den Bezirksbürgermeister und fünf Bezirksstadträte umfasst (für jeden Bezirk dieselbe Anzahl). Mit Zweidrittelmehrheit kann die BVV Mitglieder des Bezirksamtes vorzeitig
abberufen. Die Fraktionen haben das Vorschlagsrecht bei der Besetzung der auf sie
entfallenden Stadtratsposten, dem aber die BVV-Mehrheit nicht folgen muss. Im Konfliktfall wird erwartet, dass die Fraktion den abgelehnten Bewerber zurückzieht und

einen neuen Vorschlag unterbreitet. Das passive Wahlrecht ist generell nicht an einen Wohnsitz im Bezirk gebunden. Auch darin ist ein grundsätzlicher Unterschied zu den Vorstellungen von einer (Heimat-) Gemeinde in einem Flächenstaat erkennbar.

Bei der Bildung des Bezirksamtes soll das Stärkeverhältnis der Fraktionen in der BVV berücksichtigt werden. Die Verordneten dürfen Zählgemeinschaften (Koalitionen auf Zeit) bilden. Bis Januar 2010 soll das Bezirksamt auf Grund der Wahlvorschläge der Fraktionen entsprechend ihrem nach dem Höchstzahlverfahren (d'Hondt) berechneten Stärkeverhältnis in der BVV gebildet werden (Art.99 VvB, BezVG § 35). Zur Wahl des Bezirksbürgermeisters können mehrere Fraktionen koalieren und einen gemeinsamen Kandidaten aufstellen. Dadurch kann die stärkste Fraktion umgangen werden. So könnten sich die Bezirksämter auf Grund von Koalitionsabsprachen bilden und dadurch auch Fraktionen von der Bezirksamtsbildung ausgeschlossen werden. Der hier erkennbare Übergang zu einem „politischen Bezirksamt" wird noch diskutiert (Stand September 2009) und soll bis zur nächsten Legislaturperiode zum Abschluss gebracht werden.

Zusätzlich können in den Ausschüssen der BVV unabhängige Fachleute (auch Ausländer) mitwirken. Die BVV kann bis zu vier sachkundige Bürgerdeputierte hinzuwählen, die stimmberechtigt an der Arbeit der Ausschüsse teilnehmen. Die Bürgerdeputierten arbeiten ehrenamtlich und stellen ein in der Verfassung ausdrücklich erwähntes Element bürgerschaftlicher Selbstverwaltung dar (Art.73 Abs.2 VvB). In der Praxis erfolgt die Auswahl der Bürgerdeputierten zumeist nach politischen Gesichtspunkten und nicht unbedingt nach fachlicher Eignung. Diese Entwicklung weist ebenfalls in Richtung politisches Bezirksamt.

Die BVV bestimmt die „Grundlinien der Verwaltungspolitik des Bezirks", wobei sie sich an den Rahmen der Rechtsvorschriften und der Verwaltungsvorschriften des Senats zu halten hat. Ein allgemeinpolitisches Mandat hat sie nicht. Ihre Mittel, gewünschtes Verwaltungshandeln anzuregen, sind vor allem Empfehlungen und Ersuchen, die an das Bezirksamt gerichtet werden. Empfehlungen betreffen Angelegenheiten, die für den Bezirk von Bedeutung sind, aber nicht in seine Zuständigkeiten fallen. Das Bezirksamt muss sich dann bei den zuständigen Stellen im Sinn der Empfehlung einsetzen. Ersuchen betreffen bezirkliches Handeln selbst. Das Bezirksamt muss unverzüglich seine Maßnahmen der BVV mitteilen oder begründen, warum es angeregtem Verwaltungshandeln nicht entsprechen kann. Mit gewissen Ausnahmen (unter anderem Personal- und Grundstücksangelegenheiten) kann dann die BVV Entscheidungen des Bezirksamts aufheben und selbst entscheiden. Das Bezirksamt ist verpflichtet, Beschlüsse der BVV, die gegen Landesrecht oder zulässige Einzelweisungen verstoßen, zu beanstanden, wodurch eine aufschiebende Wirkung eintritt. Die BVV kann bei der Aufsichtsbehörde im Senat beantragen, die Beanstandung aufzuheben.

Bei der Kontrolle der bezirklichen Verwaltungstätigkeit hat die BVV ähnliche parlamentarische Möglichkeiten wie das Abgeordnetenhaus. Sie kann Anfragen stellen, Auskünfte verlangen und zur Vorbereitung der Kontrolle Ausschüsse einrichten, die das Recht auf Akteneinsicht haben. Der weitere Weg der Kontrollinitiativen ist dem der

Ersuchen gleich. Außerdem besitzt der Ausschuss für Eingaben und Beschwerden auf Bezirksebene eine Funktion, die der des Petitionsausschusses des Abgeordnetenhauses entspricht.

Das Bezirksamt, bestehend aus dem Bezirksbürgermeister und den fünf Bezirksstadträten, ist eine kollegiale Verwaltungsbehörde. Es vertritt als Ganzes das Land Berlin in allen Angelegenheiten des Bezirks. Ferner ist das Bezirksamt die Dienstbehörde für sämtliche Beamten, Angestellten und Arbeiter des Bezirks. Die Stadträte sind politische Beamte. Es gibt keine Laufbahnvoraussetzungen. Bei der Verteilung der Geschäftsbereiche auf die Mitglieder ist das Bezirksamt in seiner Entscheidung frei, jedoch soll sich die Organisation an der Hauptverwaltung orientieren. Jedes Mitglied leitet seinen Geschäftsbereich in eigener Verantwortung, bei Meinungsverschiedenheiten entscheidet das Bezirksamt. Eine besondere Stellung hat der Bezirksbürgermeister. Er übt die Dienstaufsicht über die Stadträte aus und hat das Recht, Beschlüsse des Bezirksamts zu beanstanden, mit den gleichen Folgen und Verfahrensschritten wie bei einer Beanstandung von BVV-Beschlüssen.

Der Bezirksbürgermeister vertritt das Bezirksamt im Rat der Bürgermeister, einem Konsultativgremium, das regelmäßig unter Vorsitz des Regierenden Bürgermeisters oder seines Stellvertreters tagt. Nach der Verfassung (Art.68 VvB) ist der Senat verpflichtet, Stellungnahmen des Rats der Bürgermeister zu grundsätzlichen Fragen der Gesetzgebung und Verwaltung einzuholen. Dazu gehören auch Gesetzesvorlagen aus der Mitte des Abgeordnetenhauses. Die Stellungnahmen sind den Vorlagen des Senats an das Abgeordnetenhaus beizufügen. Bei abstimmungsbedürftigen Angelegenheiten oder in Konfliktlagen haben Beauftragte des Rats der Bürgermeister das Recht, „mit dem Ziel der Verständigung, auch für ähnliche künftige Fälle" mit beratender Stimme an der Erörterung und Beschlussfassung des Senats teilzunehmen. Seit dem Verwaltungsreformgesetz von 1998 kann der Rat der Bürgermeister sogar eine gemeinsame Sitzung mit dem Senat verlangen. Dadurch soll eine enge Konsultation der beiden Berliner Verwaltungsebenen erreicht werden. Auch wenn die Stellungnahmen des Rats der Bürgermeister den Senat rechtlich nicht binden, haben sie doch beachtliche politische Bedeutung. In den Ortsverbänden der politischen Parteien, die unter anderem über die Kandidatenlisten zum Abgeordnetenhaus entscheiden, können die Bezirksbürgermeister beträchtlichen politischen Einfluss haben.

5   Das Verhältnis von Senat und Bezirken

Im Verhältnis von Haupt- und Bezirksverwaltung ist die Berliner Verwaltung mit ihren Zielen, sowohl Effektivität als auch Bürgernähe zu verwirklichen, einem ständigen, zum Teil mit Konflikten beladenen Veränderungsprozess unterworfen. Ein gewisser Höhepunkt war 1998 mit Änderungen der Verfassung und einer Reihe von Verwaltungsreformgesetzen erreicht. Einerseits sollten die Kompetenzen von Hauptverwal-

tung und Bezirken deutlicher getrennt werden mit dem Ziel, die Selbstverwaltungs-
funktion der Bezirke zu stärken und Doppelarbeit zu vermeiden. Als Ergebnis sollten
die Hauptverwaltungen „schlanker" werden und – soweit in einem Stadtstaat möglich
– verstärkt die Struktur und das Verhalten von Ministerien annehmen. Andererseits
sollte der Charakter der Einheitsgemeinde Berlin nicht verändert werden. Seitdem gilt,
dass die Hauptverwaltung Aufgaben wahrnimmt, „die von gesamtstädtischer Bedeutung sind oder wegen ihrer Eigenart zwingend einer einheitlichen Durchführung bedürfen". Im Übrigen gilt bezirkliche Zuständigkeit. Im neuen Verfassungstext ist
gleichzeitig ein Eingriffsrecht der Hauptverwaltung in alle bezirklichen Aufgaben vorgesehen (Art.67 Abs.1 VvB).

Im Allgemeinen Zuständigkeitsgesetz in der neuen Fassung von 1996 werden die
Aufgaben der Hauptverwaltung mit allgemeinen Hinweisen auf die Leitungsaufgaben
(„Planung, Grundsatzangelegenheiten, Steuerung und Aufsicht") sowie einem Zuständigkeitskatalog in der Anlage beschrieben. Alle anderen Aufgaben der Verwaltung
nehmen die Bezirke wahr. Im Konfliktfall stehen dem Senat als Korrektur- und Steuerungsinstrumente die Bezirksaufsicht und das Eingriffsrecht zur Verfügung.

Die Bezirksaufsicht – im Regelfall vom Senator für Inneres oder dem Senat insgesamt wahrgenommen – hat nach dem Allgemeinen Zuständigkeitsgesetz sicherzustellen, dass „die Rechtmäßigkeit der Verwaltung gewahrt bleibt und Verwaltungsvorschriften eingehalten werden", auch gegen Beschlüsse und Anordnungen bezirklicher
Gremien. Andererseits darf sie „Entschlusskraft und Verantwortungsfreude der bezirklichen Organe nicht beeinträchtigen." So sind Situationen denkbar, in denen die
Bezirksaufsicht zum Bezirksschutz aufgefordert ist. Das gilt insbesondere für das Eingriffsrecht. Hier stehen dem zuständigen Mitglied des Senats in dem Fall, dass Handeln oder Unterlassen eines Bezirksamtes im Einzelfall „dringende Gesamtinteressen
Berlins" beeinträchtigen, Informations-, Weisungs- und Eintrittsrecht zu. Allerdings
muss der Fachsenator vorher die Senatsverwaltung für Inneres als Bezirksaufsichtsbe-
hörde informieren, die ihrerseits dafür zu sorgen hat, dass die verfassungsmäßigen
Mitwirkungsrechte der Bezirke geschützt bleiben. In Fällen von „grundsätzlicher Bedeutung" bedarf der Eingriff sogar eines Senatsbeschlusses. Von jeder Eingriffsent-
scheidung ist außerdem der Rat der Bürgermeister zu unterrichten. In der Praxis sind
das angesichts der verfassungsmäßigen Garantie der bezirklichen Teilhabe an der
Selbstverwaltung heikle Vorgänge. Im politischen Alltag endet die Macht des Senats
oder eines Senatsmitglieds oft an der Bezirksgrenze.

Ob es sich bei dem Eingriffsrecht um ein effektives Instrument handelt, wird sich
auf längere Sicht erst zeigen müssen. Ebenso steht es mit der Eindeutigkeit der Aufgabenzuweisung. Der neue Zuständigkeitskatalog enthält nur noch „Aufgaben der
Hauptverwaltung außerhalb der Leitungsaufgaben", während gerade das „Ministeriel-
le" an den Senatätigkeiten durch die allgemeinen Hinweise im Klammerzusatz zu
dem Begriff der „Leitungsaufgaben" als zureichend beschrieben gilt.

In diesem Zusammenhang ist bedeutsam, dass der Gesetzgeber beim Kataloganh-
hang des Allgemeinen Zuständigkeitsgesetzes an zwei Punkten besonders um Klarstel-

lung bedacht war: Bei den Eingriffsvoraussetzungen wird der Begriff des „dringenden Gesamtinteresses Berlins" ausdrücklich erweitert um „Belange Berlins als Bundeshauptstadt" und um Senatsbefugnisse, die sich aus Bundes- und europäischem Recht oder aus Staatsverträgen ergeben sowie um das Befolgen von Weisungen der Bundesregierung in Fällen der grundgesetzlich gesicherten Bundesaufsicht. Im kommunalpolitisch zentralen Bau- und Verkehrsbereich tauchen bei einer Reihe von Regelungen vermehrt Begriffe wie „dringendes Gesamtinteresse Berlins" und „außergewöhnliche stadtpolitische Bedeutung" auf, die regelmäßig einen Übergang der Befugnisse auf den Senat zur Folge haben. Im Gegensatz zur sonst üblichen Zuständigkeit der Bezirke in Widerspruchsverfahren bei eigenen Aufgaben bleibt hier die Senatsfachverwaltung Widerspruchsbehörde; beim („verschärften") Eingriffsverfahren kann sie allein tätig werden. Der Berliner Gesetzgeber folgt dabei dem Vertrag über die Zusammenarbeit der Bundesregierung und des Senats von Berlin zum Ausbau Berlins als Hauptstadt der Bundesrepublik Deutschland und zur Erfüllung seiner Funktion als Sitz des Deutschen Bundestages und der Bundesregierung vom August 1992 (Hauptstadtvertrag) und dessen Vorgaben für das Ausführungsgesetz zum Baugesetzbuch. Zentrale Fragen der Stadtentwicklung und mit der Hauptstadtfunktion zusammenhängende Planungen und Maßnahmen sind dadurch den Bezirken entzogen. Soweit parlamentarische Zustimmungen erforderlich sind, tritt das Abgeordnetenhaus an die Stelle der Bezirksverordnetenversammlung.

Offen ist, wieweit die unbestimmten Rechtsbegriffe wie „gesamtstädtische Bedeutung" und „Gesamtinteresse Berlins" im Konsens gedeutet werden können oder im Konflikt geklärt werden müssen. Das Gleiche gilt für die allgemein gehaltene Beschreibung der ministeriellen Kernaufgaben der Senatsverwaltungen („Planung, Grundsatzangelegenheiten, Steuerung, Aufsicht"), um deren Reichweite und Grenzen sich Konflikte denken lassen. Das neue Instrument des Eingriffsrechtes muss sich ebenso erst „einspielen" wie der neue, in manchen Bereichen zugunsten der Bezirke reduzierte Aufgabenkatalog der Hauptverwaltung. Das Thema Hauptverwaltung und Bezirke wird trotz der Reformschritte der letzten Jahre die Stadt auch künftig beschäftigen.

6   Kommunalpolitische Divergenzen

Seit den jüngsten Reformen wird den Bezirken für ihren Haushalt eine Globalsumme zur Erfüllung ihrer Aufgaben aus dem Landeshaushalt zugewiesen, Fehlbeträge und Überschüsse werden auf das nächste Haushaltsjahr übertragen. Der Globalhaushalt soll mit den Möglichkeiten, eigene Schwerpunkte zu setzen, wesentlich zur Stärkung bezirklicher Eigenverantwortung beitragen. Dadurch sind auch der Bezirksverordnetenversammlung (BVV), die über den Bezirkshaushaltsplan und dessen Abrechnung entscheidet, neue Aufgaben zugewachsen.

Die neuen Zuständigkeiten erreichten die Bezirke just in einem Moment, in dem die strukturellen Probleme der Finanzen und der Haushaltswirtschaft in Berlin endgültig die Oberhand gewannen. Die den Bezirken zugeteilten globalen Mittel waren nach deren Meinung zu gering, um die dringenden Aufgaben erfüllen zu können. An eine Schwerpunktbildung war nur in dem Sinne von gehäuften Streichungen zu denken, um andere Bereiche schonen zu können. Als Bezirke von dem Recht, Mittel umzuverteilen, Gebrauch machten, protestierten einige Fachsenatoren und kündigten striktere Vorgaben an. Die Konflikte konnten im Frühjahr 2002 nur mit Mühe kurz vor dem Erreichen der Ebene einer Klage beim Verfassungsgerichtshof beigelegt werden.

Anlässlich der Errichtung des Landesschulamts als nachgeordnete Behörde der Hauptverwaltung hatte man sich schon 1994/95 vor dem Verfassungsgerichtshof wieder gefunden. Die Mehrheit der Bezirke wollte die Personalhoheit über die damals 36.000 Lehrerinnen und Lehrer (und den Einfluss auf die zahlreichen Beförderungsstellen) nicht verlieren. Senat und Abgeordnetenhausmehrheit verwiesen, insbesondere angesichts der Vereinigungsprobleme, auf die Notwendigkeit einheitlicher Handhabung der Personalwirtschaft. Der Verfassungsgerichtshof erkannte im Kriterium der „gesamtstädtischen Bedeutung" einen unbestimmten Rechtsbegriff, der einem gewissen Wandel unterworfen sei und unterschiedliche Auslegungen ermögliche, die aber jeweils nachvollziehbar begründet sein müssten. Mit Mehrheit sah der Verfassungsgerichtshof diese Begründung als gegeben an und wies die Bezirke ab.

Im März 1997 erklärte der Verfassungsgerichtshof die Fünf-Prozent-Sperrklausel bei den Wahlen zur BVV mit Mehrheit für verfassungswidrig. Es gebe, so hieß es in der Urteilsbegründung, hier im Gegensatz zu den Wahlen für das Abgeordnetenhaus keinen „zwingenden Grund", das Prinzip des Verhältniswahlrechts („gleicher Zählwert" und „gleicher Erfolgswert" aller Stimmen) aufzugeben. Die Funktionsfähigkeit der BVV sei durch den Wegfall der Sperrklausel nicht ernsthaft gefährdet. Dass – hinzunehmende – Störungen der Funktionsfähigkeit sich auf das „Staatsganze" auswirken könnten, sei bei den „besonderen Berliner Verhältnissen" ausgeschlossen. Dabei verwies die Urteilsbegründung ausdrücklich auf die begrenzten Zuständigkeiten der Bezirke und der BVV, die eben nicht „die alleinigen Träger der örtlichen Verwaltung", sondern – als Teile der Verwaltung der Einheitsgemeinde Berlin – nur an ihr beteiligt seien. Wie die Reaktionen von Politikern zeigten, war damit die rechtliche und politische Problematik der Bezirke insgesamt angesprochen. Die seit 1999 geltende Drei-Prozent-Sperrklausel für Wahlen zu den Bezirksverordnetenversammlungen ist nicht mehr verfassungsgerichtlich angefochten worden.

Im Herbst 2000, kurz vor der Zusammenlegung der meisten Bezirke, fasste das Abgeordnetenhaus den Beschluss, neun der elf in Bezirksregie verwalteten städtischen Berliner Krankenhäuser zu einer (ebenfalls städtischen, aber zentral verwalteten) GmbH zusammen zu fassen. Mit Vivantes – Netzwerk für Gesundheit war einer der größten Klinikbetriebe Deutschlands entstanden. Die Bezirke fühlten sich „kalt entmachtet". Im Rat der Bürgermeister gab es in der entscheidenden Abstimmung 15 Gegenstimmen und sieben Enthaltungen. Zu diesem Zeitpunkt hatten die Klinkbetriebe

227 Millionen DM Verluste angehäuft; täglich kamen 250.000 DM hinzu. Es mögen diese Zahlen gewesen sein, die die Bezirke von einem Gang vor den Verfassungsgerichtshof abhielten. Wenig später strebte die Stadt eine völlige Privatisierung der Vivantes Kliniken an. Davor waren bereits die bisher von den Bezirken verwalteten städtischen Bäder auf ähnliche Weise in eine gesamtstädtische Anstalt des öffentlichen Rechts – die Berliner Bäder-Betriebe (BBB) – übergegangen.

7 Wahlrecht

1975 bildete sich im Bezirk Zehlendorf eine Bürgerinitiative, deren Ziel es war, einen bereits von der Bezirksverordnetenversammlung beschlossenen Bau eines Straßentunnels im Ortskern Zehlendorf zu verhindern. Im selben Jahr kandidierte sie als Wählergemeinschaft Unabhängiger Bürger (WUB) für die Zehlendorfer BVV und erreichte 12,9 Prozent der Stimmen. Die WUB verstand sich als „Teil einer breiten Bürgerbewegung". Schwerpunkte der politischen Arbeit lagen in der Bau- und Verkehrspolitik, Stadtbildpflege sowie Schule und Volksbildung. Sowohl in der Zielsetzung als auch in der betonten Ferne zu den „etablierten" Parteien waren Parallelen zu der 1979 gegründeten Alternativen Liste für Demokratie und Umweltschutz (AL) unverkennbar. Letztere trat aber von Anfang an bezirksübergreifend auf. Die WUB überlebte vorerst das Auftreten der AL. Die Unterstützung durch die Basis im Bezirk hielt für die WUB noch bis zum Ende der neunziger Jahre des 20. Jahrhunderts an, dann waren die Themen und ihr Personenreservoir erschöpft. Die WUB löste sich auf. Ähnliche erfolgreiche und verhältnismäßig langlebige Wählergemeinschaften hat es in anderen Bezirken nicht gegeben.

Als der Berliner Verfassungsgerichtshof 1997 die Fünf-Prozent-Sperrklausel für die Wahlen zu den Bezirksverordnetenversammlungen aufhob, hatte die Entscheidung Erwartungen und Befürchtungen zur Folge. Einige sahen die Möglichkeit, neue politische An- und Absichten in Listen und als Einzelbewerber zu erproben und die Willensbildungsebene der bestehenden Parteien gewissermaßen zu überspringen. Andere befürchteten, die Funktionsfähigkeit der BVV könne durch ein Wahlrecht ohne Sperrklausel gefährdet sein. Mit den Änderungen verfassungsrechtlicher, wahlrechtlicher und bezirksverwaltungsrechtlicher Vorschriften von 1998 ist daher nicht nur eine Drei-Prozent Sperrklausel eingeführt, sondern auch die Mindeststärke der BVV-Fraktionen von zwei auf drei Mitglieder erhöht und das Berechnungssystem Hare-Niemeyer wieder durch das System d´Hondt ersetzt worden. Fraktionslosen Verordneten wird ein Recht zur Mitarbeit in einem Ausschuss ihrer Wahl eingeräumt.

Betrachtet man sich die Ergebnisse der Wahlen zu den Bezirksverordnetenversammlungen im Jahre 2001, so ist von einer Entwicklung zu Neuerungen und Besonderheiten kaum etwas zu erkennen. Nutznießer der Drei-Prozent-Regelung sind etablierte Parteien: Fünf Mal bekam die PDS in einem Westbezirk ein oder zwei Mandate, die sie sonst nicht erhalten hätte, drei Mal die FDP in einem Ostbezirk, zwei Mal Bündnis90/DIE GRÜNEN, jeweils auf Ost und West gleichmäßig verteilt. In einem Ostbezirk profitierte die STATTPartei (STATTPartei – DIE UNABHÄNGIGEN).

Das Ergebnis der Wahlen 2006 sieht gegenüber dem von 2001 differenzierter aus. Bündnis90/DIE GRÜNEN errang in sämtlichen Bezirken über fünf Prozent Stimmenanteil (die Ergebnisse lagen zwischen 5,1 und 33,0 Prozent). Die FDP hat sich inzwischen in sämtlichen Bezirken etablieren können (davon in vier Bezirken dank der Drei-Prozent-Regelung). Die Linkspartei.PDS (seit Vereinigung mit der WASG 2007 DIE LINKE) lag in zwei Bezirken unter drei Prozent Stimmenanteil. Die 2005 gegründete Partei WASG (Arbeit & soziale Gerechtigkeit – Die Wahlalternative) gelangte in sechs BVV (davon in eine mit über fünf Prozent Stimmenanteil). Die Partei DIE GRAUEN (2001 noch ohne Bedeutung und 2008 aufgelöst) zog in acht Bezirksverordnetenversammlungen ein (davon in drei mit über fünf Prozent Stimmenanteil). Auch die extrem Rechts stehenden Parteien, die Republikaner (REP) und die Nationaldemokratische Partei Deutschlands (NPD), profitierten von der Drei-Prozent-Regelung: Die REP erhielt in einem Bezirk zwei Mandate, und die NPD ist in vier BVV (davon in drei Bezirken mit über fünf Prozent Stimmenanteil) vertreten.

Für die Wahlen zur Bezirksverordnetenversammlung gibt es keine Wahlkreise. Das Wahlsystem ist hier ein reines (nicht personalisiertes) Verhältniswahlrecht mit starren Listen. Der Wähler muss sich für einen Wahlvorschlag entscheiden, in dem die Kandidaten in einer unveränderlichen Reihenfolge aufgezählt sind. Vergleicht man diese knappen Regeln mit den fantasiereichen Ausgestaltungen des kommunalen Wahlrechts einiger anderer Länder, so kann man Defizite erkennen oder aber sagen, für Selbstverwaltungseinheiten, die eben keine Gemeinden sind, sei hier das Notwendigste getan.

8   Bürgerbeteiligung

Seit der Reform der Volksgesetzgebung (2005/06) hat das plebiszitäre Element im politischen Leben Berlins sowohl auf Landes- als auch auf Bezirksebene wesentlich an Bedeutung gewonnen, weil die Quoren für das Zustandekommen eines Volksbegehrens und Volksentscheids sowie einer Volksinitiative erheblich herabgesetzt wurden (Art. 61 – 63 VvB). Die neue Verfassung von Berlin von 1995 enthielt zwar bereits Regelungen für unmittelbar-demokratische Verfahren, doch hing die Latte für deren Zustandekommen ziemlich hoch.

Auf Landesebene wurden seit 2006 elf Volksbegehren durchgeführt oder initiiert; einige Verfahren sind noch nicht abgeschlossen (Datenbank des Vereins Mehr Demokratie e.V.). Zwei Volksbegehren führten zu Volksentscheiden. Der Entscheid „Tempelhof bleibt Verkehrsflughafen" scheiterte Anfang Mai 2008, weil das Zustimmungsquorum von 25 Prozent der Stimmberechtigten nicht erreicht wurde. Der Entscheid über den Gesetzentwurf zur Einführung des Wahlpflichtbereichs Ethik/Religion (Mai 2009) erreichte zwar das erforderliche Quorum, doch lehnte die Mehrheit der Stimmberechtigten den Gesetzentwurf ab.

Eine direkte Bürgerbeteiligung auf Bezirksebene ist im Bezirksverwaltungsgesetz 2001 und in dessen Neufassung 2005 geregelt. Alle wahlberechtigten Bürger eines Bezirks können ein Bürgerbegehren beantragen in allen Angelegenheiten, in denen die BVV Beschlüsse fassen kann. Es kommt zustande, wenn es innerhalb von sechs Monaten von drei Prozent der Wahlberechtigten zur Bezirksverordnetenversammlung unterstützt ist. Auch die ortsansässigen Bürger der Europäischen Union können sich an der politischen Initiative beteiligen. Stimmt die BVV dem Bürgerbegehren nicht zu, wird über das Begehren ein Bürgerentscheid durchgeführt. Auch hierzu sind alle wahlberechtigten Bürger eines Bezirks zugelassen. Die Vorlage des Entscheids gilt als angenommen, wenn sich mindestens 15 Prozent der Abstimmungsberechtigten beteiligt und mehrheitlich zugestimmt haben. Der erfolgreiche Bürgerentscheid hat die Rechtswirksamkeit eines BVV-Beschlusses. Die BVV kann auch von sich aus die Durchführung eines Bürgerentscheids beschließen.

Seit 2005 hat sich eine rege Beteiligung an Bürgerbegehren zur Lösung lokalpolitischer Probleme entwickelt. Bis Mitte 2009 hat es 29 mehr oder minder erfolgreiche Bürgerbegehren gegeben, von denen acht zu Bürgerentscheiden führten (Datenbank des Vereins Mehr Demokratie e.V.). Weitere Bürgerbegehren befinden sich in der Planung.

Die Bezirksverwaltungsreform von 2005 sieht ferner eine verstärkte Mitwirkung der Einwohnerschaft an der Verwaltung eines Bezirks vor: unter anderem Einwohnerversammlungen und -fragestunden sowie einen so genannten Einwohnerantrag. Letzteren kann von allen Einwohnern des Bezirks, die mit Hauptwohnsitz gemeldet sind und das 16. Lebensjahr vollendet haben, beantragt werden. Der Antrag muss von einem Prozent der Einwohner unterschrieben sein. Die BVV ist verpflichtet, ihn zu behandeln und über ihn zu entscheiden. Zur Bürgerbeteiligung an der bezirklichen Verwaltung gehören auch die Bürgerdeputierten in den Ausschüssen der BVV.

Man könnte, wie das auch bereits geschehen ist, das Bürgerbegehren in seinen Funktionen als eine Art Massenpetition bezeichnen. Bei eindrucksvollen Beteiligungsquoten entstände durchaus ein politischer Druck mit entsprechenden Folgen, der sich auch auf Landesebene auswirken könnte. Eine fundierte Untersuchung der Wirkungsmöglichkeiten des Bürgerbegehrens und –entscheids steht noch aus.

9   Zusammenfassung

Im Land Berlin existiert keine kommunale Selbstverwaltung, da Berlin selbst ein Land und zugleich eine Stadt, das heißt eine Gemeinde, ist (Art.1 Abs.1 VvB). Die Organisation der Bezirke ähnelt nur der der Gemeinden eines Flächenstaats und steht darum auch nicht unter dem Schutz des Grundgesetzes (Art.28 GG). Beim Organisationsrecht der Bezirke handelt es sich um Verwaltungsrecht und nicht um kommunales Verfassungsrecht. In der Verfassung von Berlin sind die Bezirksämter lediglich als Unterstufen der Landesverwaltung definiert (Art.67 Abs.2 VvB). Ob das „politische Bezirksamt" – wenn es denn kommt – zu einer Gebietskörperschaft unterhalb der stadtstaatlichen Ebne mutiert und ob das dann mit dem Grundgesetz vereinbar wäre, bleibt abzuwarten.

Anhang

Tabelle 1:   Bevölkerungszahlen und Flächen der Bezirke von Berlin 2009

Bezirke	Bevölkerungszahl	Fläche in ha
Mitte	328.400	3.947
Friedrichshain-Kreuzberg	267.900	2.016
Pankow	363.600	10.301
Charlottenburg-Wilmersdorf	316.900	6.472
Spandau	223.700	9.191
Steglitz-Zehlendorf	290.300	10.250
Tempelhof-Schöneberg	332.800	5.309
Neukölln	306.700	4.493
Treptow-Köpenick	237.800	16.842
Marzahn-Hellersdorf	249.400	6.174
Lichtenberg	258.100	5.229
Reinickendorf	241.700	8.946
Berlin insgesamt	3.416.300	*in km²: 892*

(Quelle: Berlin in Zahlen, Statistik Berlin Brandenburg [Faltblatt] 2009)

Tabelle 2: Ergebnisse der Wahlen zu den Bezirksverordnetenversammlungen am 17. September 2006

Bezirke	Mandate	CDU	SPD	Linkspar-tei. PDS*	Bünd-nis90/ DIE GRÜ-NEN	FDP	Die Grauen	WASG	REP	NPD
Mitte	BVV-Sitze	11	19	7	11	3	2	2	-	-
	Stadträte	1	3	1	1					
Friedrichshain-Kreuzberg	BVV-Sitze	5	15	10	20	2	-	3	-	-
	Stadträte	1	2		3					
Pankow	BVV-Sitze	7	17	14	10	2	2	2	1	-
	Stadträte	1	2	2	1					
Charlottenburg-Wilmersdorf	BVV-Sitze	16	20	2	10	5	2	-	-	-
	Stadträte	2	3		1					
Spandau	BVV-Sitze	24	20	1	4	3	3	-	-	-
	Stadträte	3	3							
Steglitz-Zehlendorf	BVV-Sitze	22	18	-	9	6	-	-	-	-
	Stadträte	3	2		1					
Tempelhof-Schöneberg	BVV-Sitze	17	19	1	11	4	2	1	-	-
	Stadträte	2	3		1					
Neukölln	BVV-Sitze	17	21	3	6	3	3	-	-	2
	Stadträte	2	3		1					
Treptow-Köpenick	BVV-Sitze	7	19	16	4	2	2	2	-	3
	Stadträte	1	3	2						
Marzahn-Hellersdorf	BVV-Sitze	7	15	22	3	3	-	2	-	3
	Stadträte	1	2	3						
Lichtenberg	BVV-Sitze	5	17	23	3	2	-	2	-	3
	Stadträte		2	4						
Reinickendorf	BVV-Sitze	26	18	-	4	3	4	-	-	-
	Stadträte	4	2							

(Quelle: Die kleine Berlin-Statistik 2006, hrsg. vom Statistisches Landesamt Berlin, Berlin 2006)

* Seit der Vereinigung der Linkspartei.PDS mit der WASG 2007: DIE LINKE.

- Stimmenanteil unter drei Prozent oder nicht angetreten.

Literaturhinweise

Driehaus, Hans-Joachim (Hrsg.), Verfassung von Berlin. Taschenkommentar, 3. Aufl., Baden-Baden 2009

Hoffmann, Hansjoachim: Berlin – Eine politische Landeskunde, hrsg. von der Landeszentrale für politische Bildungsarbeit Berlin, Opladen 1998

Hurnik, Wolfgang, Berlin, [Artikel] in: Handbuch der kommunalen Wissenschaft und Praxis, hrsg. von Thomas Mann und Günter Püttner unter Mitarb. von Torsten Elvers, [u.a.]: Springer, Bd.1, Grundlagen und Kommunalverfassung, 3., völlig neu bearb. Aufl., Berlin 2007. S. 717 – 742

Musil, Andreas und Sören Kirchner, Das Recht der Berliner Verwaltung unter Berücksichtigung kommunalrechtlicher Bezüge, 2., überarb. und aktualisierte Aufl., Berlin, Heidelberg und New York 2007

Verfassung von Berlin und Grundgesetz für die Bundesrepublik Deutschland [Textausgabe], mit einer Einführung zur Verfassung von Berlin von Gero Pfennig und Manfred J. Neumann, hrsg. von der Landeszentrale für politische Bildungsarbeit, 9., erw. Aufl., Berlin 2008

Zawatka-Gerlach, Ulrich, Parlament, Regierung und Verwaltung des Landes Berlin. Politische Kurzinformationen, [Bearb. und Red. Jörg Schmidt und Andreas Schmidt von Puskás], hrsg. von der Landeszentrale für politische Bildungsarbeit, Berlin 2005

Zivier, Ernst R.: Verfassung und Verwaltung von Berlin, 4. neubearb. Aufl., Berlin 2008

Kommunalpolitik in Brandenburg

Werner Künzel

1   Wechselvolle Geschichte

Im Zuge der deutschen Kolonialisierung der bis dahin slawischen Gebiete westlich der Elbe entstand im 12. und 13. Jahrhundert die Mehrzahl der Brandenburger Dörfer und Städte. Während in den Dörfern meist die Lokatoren, die im Auftrag des Markgrafen bzw. anderer Landes- oder Grundherren die Ansiedlung geleitet hatten, das Dorfschulzenamt übernahmen, gestaltete sich die Entwicklung der inneren Ordnung in den Städten vielschichtiger und komplizierter. Da die neu gegründeten Städte anfänglich verschiedenen Landesherren – den Askaniern, die später die alleinigen Herren der Mark waren, aber auch den Erzbischöfen von Magdeburg, den Wettinern, den Herzögen von Pommern oder Schlesien und anderen Fürsten – unterstanden, waren die Stadtrechte in jener Zeit unterschiedlich ausgestaltet. Eine gewisse Einheitlichkeit entstand, weil neue Städte oft das Recht älterer übernahmen. Ratsverfassungen bildeten sich heraus, nach denen die Herrschaft des Rats die anfängliche Mitbestimmung der Bürgergemeinde ablöste. Die Ratsherrenstellen wechselten innerhalb weniger Familien. Bald kam es deshalb zu Auseinandersetzungen mit den Zünften.

In der Folgezeit wuchs die Macht der Städte. Das in der Goldenen Bulle 1356 enthaltene Verbot, in den Kurlanden städtische Vereinigungen zu bilden, konnten Brandenburgs Städte noch lange Zeit ignorieren. Nicht zuletzt wegen der Zugehörigkeit zu verschiedenen Städtebündnissen in der Mark, gegründet zum Schutz des Handels vor Übergriffen des niederen Adels, und sogar zur Hanse setzten die Städte gegenüber den Kurfürsten weitgehende Rechte durch, insbesondere eine eigene Gerichtsbarkeit. An den Einnahmen der 1488 eingeführten ersten indirekten Steuer, dem Biergeld, waren die Städte beteiligt.

Unter den frühen Hohenzollernherrschern entstanden zwei Rechtsinstitute, die für die weitere Entwicklung bis in die Gegenwart hinein von Bedeutung sein sollten. Das erste waren die *Ämter*, in denen ab dem 16. Jahrhundert die Domänen zum Zwecke der gemeinsamen Verwaltung zusammengefasst wurden. An ihrer Spitze standen Amtshauptleute oder Kommissare. Das zweite war der 1702 in Brandenburg eingeführte Titel des *Landrates*. Dieser vereinte in seiner Person die landesherrliche Vertretung auf Kreisebene mit der ständischen Vertretung des jeweiligen Kreises. 1713 weitete Friedrich Wilhelm I. das Amt des Landrates als einheitliches Organisationsmuster der unteren staatlichen Verwaltungsebene auf das gesamte Königreich Preußen aus.

Auf der unteren Verwaltungsebene war die Mark Brandenburg in Kreise und Städte gegliedert. Letztere waren vielfach kreisfrei und hatten eine eigene Verwaltung. Mit dem fortschreitenden Absolutismus verloren die Städte immer mehr diese Selbständigkeit. Endgültig war die städtische Selbstverwaltung mit der Einsetzung von commissarii loci, der Steuerräte, ab 1723 gebrochen. Die städtische Verwaltung blieb auf das Zunft- und Korporationswesen beschränkt.

Eine der markantesten Zäsuren in der Entwicklung der kommunalen Selbstverwaltung war die unter dem Einfluss der Französischen Revolution am 19. November 1808 erlassene *Stein-Hardenbergsche Städteordnung*. Mit ihr erhielten die Städte das Recht, ihre Angelegenheiten in eigener Verantwortung zu erledigen, und damit die Selbstverwaltung, wenngleich dieser Terminus expressis verbis nicht verwendet wurde. Eine wichtige Errungenschaft der Städteordnung war die Ausdehnung des Bürgerrechts auf alle Einwohner. Das Wahlrecht als zentrales Element kommunaler Willensbildung war aber durch einen Einkommenszensus beschränkt und stand Frauen überhaupt nicht zu. Oberstes kommunales Organ war die Stadtverordnetenversammlung. Der Magistrat fungierte als deren Vollzugsorgan. Das Polizeiwesen (im damaligen Verständnis die Ordnungsverwaltung) blieb staatliche Aufgabe, konnte jedoch dem Magistrat „vermöge Auftrags" übertragen werden. Damit wurde erstmals die Trennung von Selbstverwaltungs- und Auftragsangelegenheiten normativ verwirklicht.

Nach dem Wiedererstarken der Reaktion wurde die Städteordnung am 17. März 1831 revidiert. Die Angelegenheiten der Selbstverwaltung wurden eingeschränkt. Die Stellung des Magistrats wurde gestärkt, indem nunmehr die Gültigkeit von Beschlüssen die Übereinstimmung von Stadtverordnetenversammlungs- und Magistratsvotum voraussetzte; bei Meinungsverschiedenheiten fiel der Obrigkeit das Entscheidungsrecht zu. Ferner wurde die kommunale Verwaltung zusätzlichen Genehmigungsvorbehalten der Staatsaufsicht unterworfen. Außerdem wurde der Wahlzensus erhöht.

Der Versuch, im Gefolge der Revolution von 1848 ein einheitliches liberales Gemeinderecht für Städte und Gemeinden zu schaffen, blieb ohne dauerhaften Erfolg. Die am 11. März 1850 erlassene Gemeindeordnung wurde schon nach drei Jahren wieder aufgehoben. Die 1853 eingeführte *Städteordnung für die sechs östlichen Provinzen* Preußens, zu denen Brandenburg gehörte, war durch eine Verschärfung der Staatsaufsicht über die Kommunen und das Dreiklassenwahlrecht gekennzeichnet. Sie galt bis 1918. Eine gewisse Ausdehnung der Selbstverwaltung brachte die *Kreisordnung* von 1872. In den preußischen Landgemeinden galten bis 1891 das Allgemeine Landrecht sowie partikulares Gemeinderecht mit Dreiklassenwahlrecht und Gutsherrschaft. Erst die *Landgemeindeordnung für die sieben östlichen Provinzen* von 1891 und die Weimarer Reichsverfassung von 1919 brachen die Macht der Gutsherrschaft. Willensbildendes Hauptorgan in den Kommunen wurde nun die demokratisch gewählte Gemeindevertretung.

Diese Selbstverwaltung wurde durch das nationalsozialistische *Gemeindeverfassungsgesetz von 1933* wieder beseitigt. Es galt nunmehr das „Führerprinzip". Bürgermeister und Gemeinderäte wurden von Partei und Staat ernannt. Die Gemeindevertretung verkümmerte zu einem Beratungsgremium ohne nennenswerte eigene Kompetenzen. Der Bürgermeister war nur noch den Staatsbehörden verantwortlich.

Das Ende der NS-Diktatur 1945 ließ die Hoffnung auf eine Wiederbelebung kommunaler Selbstverwaltung auch in Brandenburg keimen. Die Erwartungen schienen durch den Erlass der *Demokratischen Gemeindeordnung* und der *Demokratischen Kreisordnung* 1946 bestätigt zu werden. Im Herbst 1946 fanden Wahlen zu Gemeindevertretungen und Kreistagen statt. Der ebenfalls neugewählte Landtag verabschiedete am 6. Februar 1947 die Landesverfassung, welche die Gemeinden und Kreise als „Selbstverwaltungskörper" definierte. In der Praxis standen diese demokratischen Ansätze aber bereits zu diesem Zeitpunkt in einem unüberbrückbaren Gegensatz zum Hegemonialanspruch der SED und den damit verbundenen Zentralisierungsmaßnahmen. Die sowjetische Besatzungsmacht setzte ein Übergewicht der KPD/SED-Funktionäre in den Kommunalverwaltungen durch. Trotz Bestehens der Länder wurden die Kommunen immer mehr zu Vollzugsgehilfen der SED-dominierten gesamtzonalen Zentralverwaltungen bzw. ab Oktober 1949 der DDR-Regierung. Bei den Kommunalwahlen am 15. Oktober 1950 und allen folgenden Wahlen konnten sich die Bürger nicht mehr zwischen verschiedenen Kandidaten entscheiden, da ihnen *Einheitslisten der Nationalen Front* präsentiert wurden, die a priori ein SED-Übergewicht sicherstellten. Das „Gesetz über die weitere Demokratisierung des Aufbaus und der Arbeitsweise der staatlichen Organe im Land Brandenburg", mit dem sich der Landtag am 25. Juli 1952 selbst auflöste, enthielt auch die Beseitigung der gewachsenen Kreisstruktur zugunsten kleinerer Kreise, die keine substanzielle Grundlage einer kommunalen Selbstverwaltung mehr waren. Das „Gesetz über die örtlichen Organe der Staatsmacht" vom Januar 1957 setzte das Prinzip des demokratischen Zentralismus auch für die Kommunen formal durch. Die Gemeinden wurden zu unteren staatlichen Verwaltungseinheiten mit erheblich eingeschränktem eigenem Wirkungskreis und ohne Rechtsfähigkeit.

Dieser Zustand endete erst mit der friedlichen Revolution 1989/90. Bei den letzten Kommunalwahlen nach Einheitslisten am 7. Mai 1989 hatten Bürgerrechtler Widersprüche zwischen den offiziellen Wahlergebnissen und eigenen Zählungen öffentlich kritisiert. Am 6. Mai 1990 fanden dann die ersten freien Kommunalwahlen statt. Die neue Kommunalverfassung vom 17. Mai 1990 basierte wieder auf dem Grundsatz der kommunalen Selbstverwaltung.

2   Die Wiederherstellung kommunaler Selbstverwaltung nach der friedlichen Revolution vom Herbst 1989

2.1   Komplizierte strukturelle Ausgangsbedingungen

Der Aufbau einer leistungsstarken kommunalen Selbstverwaltung war einer Reihe spezifischer geografischer und historischer Bedingungen unterworfen. Diese bestimmen bis in die Gegenwart hinein in nicht unwesentlichem Maße die Ziele notwendiger kommunaler Reformgedanken. Zugleich beeinflussen sie die grundsätzliche Haltung der Brandenburger zu deren Realisierung und werden auch künftig von der Politik zu berücksichtigen zu sein.

Brandenburg ist ein großes Flächenland. Hinsichtlich seiner territorialen Ausdehnung steht es an fünfter Stelle unter allen 16 Bundesländern. Seine Bevölkerungszahl ist dagegen vergleichsweise niedrig. Bundesweit weist nur Mecklenburg-Vorpommern eine geringere Bevölkerungsdicht auf.

Der größere Teil der Brandenburger ist im ländlichen Raum ansässig. *Kleine* und *kleinste Orte* überwiegen. Von den 1.793 selbständigen Gemeinden, die es 1900 gab, hatten nicht weniger als 65 % unter 500 Einwohner. In 18 % betrug die Einwohnerzahl zwischen 500 und 1.000 und in 7 % zwischen 1.000 und 2.000. Lediglich in zwei Städten – der Landeshauptstadt Potsdam und der Lausitzer Metropole Cottbus – übertraf sie die Zahl 100.000 und übertrifft sie noch heute. Einen steten Anstieg verzeichnete die Einwohnerzahl der Landeshauptstadt; 2008 überstieg sie die Marke von 150.000.

Von *Kleinräumigkeit* war auch die *Kreisstruktur* gekennzeichnet. Als Folge der Zerschlagung der gewachsenen Kreisgliederung 1952 gab es 38 Kreise und sechs kreisfreie Städte. Hinsichtlich territorialer Größe und Einwohnerzahl, aber auch der ökonomischen Leistungskraft wiesen die Kreise erhebliche Unterschiede auf. Die Kreise im engeren Verflechtungsraum zu Berlin hatten wirtschaftlich und damit auch kommunalpolitisch erheblich bessere Ausgangsbedingungen als die im peripheren Raum.

2.2   Kommunale Selbstverwaltung in Brandenburg auf der Grundlage von DDR-Recht

Mit dem Vollzug der staatlichen Einheit Deutschland am 3. Oktober 1990 erlangte die vom Grundgesetz gewährleistete kommunale Selbstverwaltung auch für das neuerstandene Land Brandenburg Verfassungsrang. Auch die Landesverfassung, die am 20. August 1992 in Kraft trat, garantierte in Art. 97 die kommunale Selbstverwaltung. Das neue Land Brandenburg verfügte aber noch nicht über eine eigene Kommunalverfassung. Der Einigungsvertrag hatte deshalb bestimmt, dass die *Kommunalverfassung der DDR* vom 17. Mai 1990 mit ihren Folgeregelungen so lange in Kraft bleiben sollte, bis die Landtage der neuen Länder sie durch eigene Kommunalgesetze ersetzen würden.

Es bestand die dem formalen Anschein nach sehr ungewöhnliche, geradezu skurrile Situation, dass unter dem Schirm des Grundgesetzes der Bundesrepublik Deutschland Recht der inzwischen untergegangenen DDR weiterhin Bestand hatte. Dieser scheinbare Gegensatz relativierte sich jedoch insofern, als die aus der friedlichen Revolution hervorgegangene Kommunalverfassung des Jahres 1990 wieder auf den Grundsätzen der kommunalen Selbstverwaltung basierte. Zum Zeitpunkt ihres Inkrafttretens konnte davon ausgegangen werden, dass die staatliche Einheit Deutschlands in der Form des Beitritts der DDR zum Geltungsbereich des Grundgesetzes gemäß dessen Artikel 23 zustanden kommen würde. Die Normen der DDR-Kommunalverfassung waren in Abstimmung mit bundesdeutschen Experten erarbeitet worden. Sie entsprachen in ihren maßgeblichen Regelungen dem rechtsstaatlichen Verständnis kommunaler Selbstverwaltung und konnten deshalb langfristig als Grundlage für deren Ausgestaltung dienen. In Brandenburg erstreckte sich dieser Zeitraum über mehr als drei Jahre.

Die Kommunalverfassung der DDR vom 17. Mai 1990 definierte die Gemeinde als eine Bürgergemeinschaft, die „in bürgerschaftlicher Selbstverantwortung das Wohl und das gesellschaftliche Zusammenleben ihrer Einwohner fördert". Die kommunale Selbstverwaltung wurde insbesondere durch die Finanzhoheit, die Satzungshoheit sowie durch einen umfassenden Katalog von Selbstverwaltungsaufgaben gesichert. Letzterer wurde durch die Möglichkeit ergänzt, öffentliche Aufgaben per Gesetz zu übertragen. Selbstverwaltungsorgane der Gemeinde waren die Gemeindevertretung und der Bürgermeister. Ausführlich ausgestaltet waren die demokratischen Mitwirkungsrechte der Bürger am Gemeindeleben bis hin zu Bürgerantrag, -begehren und -entscheid. Gebietskörperschaft und zugleich Gebiet der unteren staatlichen Verwaltungsbehörde war der Landkreis. Seine Organe waren Kreistag und Landrat.

3 Die Kommunalreformen Anfang der 1990er Jahre

3.1 Bildung von Ämtern: Verwaltungseinheiten mehrer selbständiger Gemeinden

Die geografischen Ausgangsbedingungen beeinflussten notwendige kommunalpolitische Reformen in ambivalenter Weise. Einerseits waren nach den Erfahrungen in den alten Bundesländern mehr als 90 % der Gemeinden Brandenburgs wegen ihrer geringen Einwohnerzahl nicht in der Lage, allein eine leistungsfähige Selbstverwaltung aufzubauen. Andererseits waren Diktatur und Zentralismus soeben überwunden. Die Bewohner auch der kleinen Orte konnten sich wieder zu ihrer lokalen Identität bekennen und waren nicht bereit, auf diese gleich wieder zu verzichten. Diese scheinbar einander ausschließenden Faktoren galt es bei notwendigen strukturellen Entscheidungen miteinander in Übereinstimmung zu bringen. Bei der Suche nach Lösungen erwiesen sich insbesondere das Vorbild der in Preußens Geschichte bewährten Institution der Amtsverwaltung, aber auch die Erfahrungen des ebenso wie Brandenburg dünn besiedelten Landes Schleswig-Holstein als nützlich. So fiel die Entscheidung zur *Bildung von Ämtern*, die in der Amtsordnung vom 19. Dezember 1991 geregelt war. Danach behielten die einem Amt angehörenden Gemeinden ihre Entscheidungsbefugnis über Selbstverwaltungsangelegenheiten, übertrugen aber deren Vollzug in die Zuständigkeit einer gemeinsamen Verwaltungseinheit: des Amtes. Einem Amt sollten mindestens fünf Gemeinden mit insgesamt mindestens 5.000 Einwohnern angehören.

Im Gegensatz zur Kreisneugliederung (s. 3.2.) war die Ämterbildung von einem hohen Maß an Kooperationswillen geprägt. Die Bildung der Ämter war in der Regel das Ergebnis freiwilliger Entscheidungen der Gemeinden. Nur in 60 Fällen, nicht einmal vier Prozent aller kreisangehörigen Gemeinden, war eine Zuordnung durch den Innenminister erforderlich, weil die Gemeinden nicht den erforderlichen Kriterien gemäß oder gar nicht entschieden hatten. Ende 1992 war die Ämterbildung abgeschlossen. Es gab 152 Ämter und 56 amtsfreie Städte, daneben vier kreisfreie Städte.

Etliche Gemeinden präferierten schon zum Zeitpunkt der Ämterbildung eine weitergehende organisatorische Vereinigung. Mit 43 Zusammenlegungen kreisangehöriger Gemeinden, 63 Eingliederungen in kreisangehörige Städte und 17 Eingliederungen in kreisfreie Städte entschieden sich immerhin sieben Prozent der kreisangehörigen Gemeinden für den Verzicht auf formelle Selbständigkeit zugunsten größerer Selbstverwaltungseinheiten und nahmen damit künftige Entwicklungen voraus. Einen Trend in diese Richtung markierte auch die Möglichkeit amtsangehöriger Gemeinden, dem Amt nicht nur den Vollzug, sondern auch die Entscheidungskompetenz über bestimmte Selbstverwaltungsangelegenheiten zu übertragen. Dies setzte sich vielfach auf dem Gebiet der Wirtschaftsförderung durch. Ferner nahmen die Ämter bald Aufgaben wahr, die den Gemeinden vom Land als „Pflichtaufgaben zur Erfüllung nach Weisung" und als „Auftragsangelegenheiten" übertragen wurden, z. B. das Meldewesen oder den Denkmalsschutz.

3.2   Neue leistungsstarke Großkreise

Nach der Entscheidung über die Neustrukturierung auf Gemeindeebene war die Neugliederung der Kreise der nächste wichtige Reformschritt. Die SED hatte 1952 die traditionelle Kreisstruktur beseitigt und eine Vielzahl kleinerer Kreise gebildet. Dies entsprach dem zentralistischen Herrschaftssystem und markierte die endgültige Liquidierung der kommunalen Selbstverwaltung. Dass deren Wiedererstehen auch die Bildung *größerer und leistungsfähiger Kreise* erforderte, unterlag deshalb für alle Beteiligten keinem Zweifel. Schon bald setzte eine öffentliche, teils sehr emotional geführte Debatte über die Gestalt der neuen Kreise ein. Weil sich die Akteure rasch einig waren, dass aus Gründen der Praktikabilität die Kreisneubildung in der Regel durch Zusammenlegung der bestehenden Kreise erfolgen würde, richteten sich die Kontroversen anfänglich darauf, welche Altkreise miteinander eine „Ehe" eingehen sollten. Als Partner begehrt waren insbesondere die Kreise im „Speckgürtel" Berlins.

Die Entscheidung musste schließlich der Gesetzgeber treffen. Am 16. Dezember 1992 verabschiedete der Landtag ein Gesetz zur *Neugliederung der Kreise* und kreisfreien Städte. Die Zahl der Landkreise wurde von 38 auf 14 reduziert, die der kreisfreien Städte von sechs auf die vier Städte Potsdam, Frankfurt/Oder, Cottbus und Brandenburg an der Havel; Eisenhüttenstadt und Schwedt/Oder verloren ihren Status als kreisfreie Stadt. In der Regel blieben alte Kreisgrenzen bestehen. In wenigen Fällen entschieden sich einzelne Gemeinden für einen Wechsel der Kreiszugehörigkeit.

Brandenburg hatte als erstes der neuen Länder die Kreisgebietsreform abgeschlossen. Es bestanden Voraussetzungen für leistungsfähige Einheiten, die mit durchschnittlich 120.000 Einwohnern im zweistufigen Verwaltungsaufbau wichtige Aufgaben übernehmen konnten. Wegen der spezifischen geografischen Gestalt der meisten Landkreise wird gern von „Tortenstücken" gesprochen, denn acht der 14 Landkreise grenzen an Berlin und erstrecken sich bis tief ins Landesinnere, bis auf eine Ausnahme sogar bis an die Landesgrenze. Mit über 3000 km² war der Kreis Uckermark der größte Landkreis Deutschland, dessen Territorium das des Saarlandes übertraf.

Die im Vorfeld der Kreisneugliederung ausgefochtenen Meinungsverschiedenheiten waren mit der Landtagsentscheidung zum Kreiszuschnitt nicht beigelegt. Die von den Kreistagen gegen die Zusammenlegung erhobenen Verfassungsbeschwerden wurden aber vom Landesverfassungsgericht als unbegründet zurückgewiesen. Die Auseinandersetzungen konzentrierten sich nun auf einen anderen Schwerpunkt. Das Kreisneugliederungsgesetz hatte den Namen der Kreise und auch den *Sitz der Kreisverwaltungen* der Entscheidung der Beteiligten überlassen. Die erhoffte Konsensbereitschaft blieb jedoch aus. Erneut entbrannten heftige Streitigkeiten. Immer mehr Städte meldeten Ansprüche am Kreisstadtstatus an. Schließlich musste der Landtag 1993 in 14 Einzelgesetzen selbst über Kreisnamen und Verwaltungssitze entscheiden. In den ökonomisch heterogenen Sektoralkreisen um die Bundeshauptstadt fiel die Entscheidung für den Verwaltungssitz in der Regel zugunsten von Städten in strukturschwachen Gebieten abseits Berlins. Die Anfechtung der Entscheidung durch die Volksinitiative „Kreisstadtentscheidung durch den Kreistag" blieb vor dem Landesverfassungsgericht ohne Erfolg.

3.3   Die Kommunalverfassung von 1993

Die bisher vollzogenen Schritte bei der Durchsetzung der Kommunalreform wurden durch die „Kommunalverfassung des Landes Brandenburg" vom 15. Oktober 1993 in komplexer gesetzlicher Form sanktioniert. Die Kommunalverfassung zählte zu den bedeutendsten Gesetzeswerken in der ersten Wahlperiode des Landes Brandenburg. Sie bestand aus drei Teilen. Die beiden ersten gestaltete die Gemeinde- und die Kreisordnung aus; der dritte war die weitgehend unveränderte Amtsordnung von 1991. In ihrer Gesamtheit stellten sie ein umfassendes Regelwerk kommunalpolitischer Strukturen und Aufgaben im Land Brandenburg dar, das sich durch drei Besonderheiten auszeichnete.

Erstens: Bereits mit der Bildung des Landes Brandenburg 1990 waren die ineffizienten Bezirksverwaltungen Potsdam, Frankfurt/Oder und Cottbus aufgelöst worden. Nicht zuletzt wegen der politischen Vorbelastung der Bezirke als Bestandteile des „demokratischen Zentralismus" der SED kam ihre Wiederherstellung nicht in Frage. Vielmehr sollte ein den strukturellen Bedingungen Brandenburgs mit seiner niedrigen Bevölkerungszahl entsprechender *zweistufiger Verwaltungsaufbau* Bürgernähe und Effizienz gewährleisten. In diesem Rahmen mussten die Kommunen *weitgehende Kompetenz* bei der Entscheidung und dem Vollzug kommunaler Aufgaben erhalten. Die Kommunalverfassung enthielt deshalb einen umfassenden Katalog von Selbstverwaltungsaufgaben, welche die Gemeinden in eigener Verantwortung mit dem Ziel der „harmonischen Gestaltung der Gemeindeentwicklung einschließlich der Standortentscheidungen" wahrnehmen konnten.

Zweitens: Ein wesentliches Charakteristikum von Brandenburgs Kommunalverfassung ist eine breite Palette an Möglichkeiten für Bürger und in vielen Fällen darüber hinaus auch für nicht wahlberechtigte Einwohner, in vielfältigen Formen *unmittelbarer Demokratie* kommunale Politik mitzugestalten. Das (im 7. Kapitel beschriebene) Instrumentarium erstreckt sich vom kommunalen Petitionsrecht über Einwohnerfragestunden in der Sitzung der Vertretung bis zu kommunaler Willenbildung durch Bürgerbegehren und Bürgerentscheid.

Drittens: Das verbreitete System kommunaler Organe mit dualer Anordnung von Vertretungskörperschaft einerseits und Landrat bzw. Oberbürgermeister (jetzt Hauptverwaltungsbeamte) andererseits bei festgelegter Kompetenzaufteilung weist in Brandenburg eine Weiterentwicklung auf, die der spezifischen Situation des Landens entspricht. Dem herkömmlichen Regelungsmechanismus wurde ein weiteres Element mit spezifischen Aufgaben zugeordnet: der Haupt- bzw. Kreisausschuss, so dass Brandenburgs Kommunalverfassung auf dem Zusammenwirken *dreier Willensbildungs- und Entscheidungsträger* basiert. Das Zentrum kommunaler Willensbildung befindet sich bei der Gemeindevertretung bzw. beim Kreistag. Mit diesem Zusammenwirken dreier Willenbildungs- und Entscheidungsträger ist Brandenburgs Kommunalverfassung am ehesten als ein Konglomerat zwischen der süddeutschen Rats-/Bürgermeisterverfassung mit direkt gewählter Gemeindevertretung und ebenfalls direkt gewähltem Bürgermeister und der niedersächsischen Kommunalverfassung mit den drei Willensbildungsträgern Gemeindevertretung/Rat, Haupt-/Verwaltungsausschuss und Bürgermeister zu charakterisieren.

3.4 Erfolge und Defizite der Funktionalreform

Die im Verlauf des kommunalen Reformwerkes vollzogene Stärkung der kommunalen Selbstverwaltung war die Voraussetzung für die *Übertragung wichtiger Willensbildungs- und Entscheidungskompetenzen auf die Kommunen*. Der Landtag beschloss deshalb am 30. Juni 1993 das Erste Funktionalreformgesetz, das die Neuverteilung von Zuständigkeiten von der Landes- auf die Kreisebene sowie von den Kreisen auf die Gemeinden und Ämter regelte. Weitere Reformgesetze folgten in den nächsten Jahren.

Ziel der Funktionalreform war ein orts- und bürgernaher Vollzug der Verwaltung bei größtmöglicher Aufgabenbündelung vor Ort. Es sollte das Prinzip gelten, dass Aufgabenübertragung an die Kommunen nur dann unterbleiben sollte, wenn diese eine sachgerechte, wirtschaftliche und effektive Erfüllung nicht gewährleisten konnten. Nach Möglichkeit sollte auch die Erteilung von Privatisierungsaufträgen geprüft werden.

Die Ergebnisse der Kommunalreform erscheinen auf den ersten Blick beeindruckend. Mit der Vielzahl von Funktionalreformgesetzen wurde eine Fülle von bislang von den Landesbehörden wahrgenommenen Aufgaben auf die Kommunen, viele davon auf die Landkreise und kreisfreien Städte, übertragen. Die Zahl der in kommunale Trägerschaft übergegangenen Einzelaufgaben war im Zuge der Reform auf etwa 300 angewachsen. Ihre inhaltlichen Schwerpunkte lagen vor allem in den Bereichen der Sozialhilfe, des Naturschutzes, der Landschaftspflege, der Immissionsschutzes, der Wasserwirtschaft, des Kataster- und Vermessungswesens und der Bauaufsicht.

Trotz dieser imposant erscheinenden Zahlen erreichte die Funktionalreform ihre ursprünglichen Zielsetzungen nicht vollständig. In einer Vielzahl von Fällen endeten Einzelprüfungen mit der Empfehlung, die Aufgabe nicht an die Kommunen zu übertragen, so dass mehr Aufgaben als erwartet bei Landesbehörden verblieben. Insbesondere blieb der erwartete Effekt einer markanten Reduzierung des Apparates der Landesverwaltung aus. Dort wo Aufgaben an die Kommunen übertragen wurden, entstanden nicht selten Konflikte, weil nach Auffassung der kommunalen Träger die mit der Übertragung verbundenen finanziellen und personellen Mittel für die Erfüllung in notwendigem Umfang und gebotener Qualität zu gering waren. Für die im Gesetz vorgesehene Aufgabenübertragung an Private ergaben die Prüfungen keine wesentlichen Möglichkeiten. Schon bald wurde deutlich, dass neben der Fortführung der Funktionalreform bei der Suche nach einer effektiven und starken kommunalen Selbstverwaltung noch andere Wege beschritten werden mussten.

4   Neue kommunale Strukturen

4.1   Bilanz und Neuausrichtung

Die Bilanz nach einem Jahrzehnt kommunaler Selbstverwaltung in Brandenburg machte Erfolge – insbesondere in der Demokratieentwicklung, bei der Sanierung der Dörfer und des kommunalen Straßennetzes, auch im Denkmalschutz – für jedermann augenfällig. Dennoch gab es zahlreiche Probleme, welche die Überprüfung kommunaler Strukturen und Aufgaben einschließlich der politischen und rechtlichen Rahmenbedingungen geboten.

Kernpunkt kritischer Überlegungen musste insbesondere die ausreichende Finanzausstattung der Kommunen für die Wahrnehmung sowohl der Selbstverwaltungsaufgaben als auch der wachsenden Zahl von Pflichtaufgaben sein. Die immer noch geringe Kraft der Brandenburger Wirtschaft mit entsprechend niedrigen Steuereinnahmen hatte zur Folge, dass trotz erheblicher Zuweisungen die kommunalen Einnahmen pro Einwohner erheblich unter denen der Kommunen in den alten Bundesländern lagen. Ungeklärte Eigentumsverhältnisse geben diesem Sachverhalt eine zusätzliche Dimension. Dem standen wachsende Ausgaben gegenüber. Diese lagen in erster Linie im Personalbereich, da Brandenburgs Kommunen in großem Umfang Träger kommunaler Einrichtungen, insbesondere von Kindertagesstätten und Kulturstätten, sind. Aber auch die Ausgaben für notwendige soziale Leistungen stiegen erheblich.

Diese Probleme stellten sich regional differenziert dar. Während die Gemeinden im Berliner „Speckgürtel" vom Boom in der Bundeshauptstadt profitierten, hat der Strukturwandel an der Peripherie des Landes zu einem hohen Arbeitslosenstand geführt, der die Dörfer schwer traf. Die kleinen Kommunen konnten die Aufgaben im Kernbereich kommunaler Selbstverwaltung kaum noch bewältigen.

Diese kleinen, zumeist finanzschwachen, Gemeinden gab es nach der Ämterbildung immer noch in großer Zahl. Wenngleich etliche von den Möglichkeiten freiwilliger Gebietsneugliederungen Gebrauch machten, gab es mit Stand vom 31. Dezember 2000 immer noch 1.474 Gemeinden. Davon hatten 861, also weit mehr als die Hälfte, unter 500 Einwohner. Gerade diesen kleinen Gemeinden verblieben kaum finanzielle Handlungsspielräume. Zwar hatten sich innerhalb der Ämter oft enge Kooperationen zwischen den Gemeinden entwickelt, Selbstverwaltungsaufgaben waren auf das Amt und in großem Umfang auch auf Zweckverbände mit eigener Verwaltung übertragen worden. Dies aber hatte andererseits doppelte und damit teurere Verwaltungsstrukturen zur Folge.

Als diskussionsbedürftig erwies sich auch die Aufsplitterung politischer Entscheidungen in Gemeindevertretungen, Amtsausschuss und – zumeist mehreren – Zweckverbänden. Missstimmungen resultierten zudem aus der nicht einwohneradäquaten Besetzung der Amtsausschüsse. Etliche größere amtsangehörige Gemeinden fühlten sich nicht ihrem Gewicht entsprechend repräsentiert, während kleinere Gemeinden Benachteiligungen bei Schwerpunktsetzungen befürchteten. Immerhin waren bei den Kommunalwahlen 1998 in den kleinen Gemeinden erhebliche Defizite bei der Bereitschaft offenbar geworden, politische Verantwortung zu übernehmen. In rund einem Drittel der kleinen Gemeinden gab es gerade einmal so viele Bewerber, wie Mandate in den Gemeindevertretungen zu vergeben waren, so dass sich die Wähler nicht zwischen mehreren Kandidaten entscheiden konnten. In elf Gemeinden – davon in neun mit weniger als 500 Einwohnern – konnte wegen fehlender Bewerber keine Gemeindevertretung gewählt werden. In 152 Gemeinden (davon 128 unter 500 Einwohner) war niemand bereit, für das Bürgermeisteramt zu kandidieren; in 63 % aller Gemeinden gab es nur einen Bewerber.

Diese Problemhäufung hatte dazu geführt, dass der Landtag schon in der 2. Legislaturperiode eine *Enquetekommission „Gemeindegebietsreform im Land Brandenburg"* eingesetzt hatte, die kommunalen Reformbedarf konstatierte und verschiedene neue Strukturmodelle (Bildung von Großgemeinden, Weiterentwicklung des Amtsmodells mit Direktwahl von Amtsausschuss und Amtsdirektor) debattierte. Ein zentraler Punkt der Regierungserklärung zu Beginn der 3. Wahlperiode war die Feststellung, dass bürgernahe, professionelle und effiziente Kommunalverwaltungen nur mit leistungsfähigen Strukturen erreicht werden könnten. Am 11. Juli 2000 beschloss die Landesregierung die Leitlinien für Entwicklung der Gemeindestruktur im Land Brandenburg „Starke Gemeinden für Brandenburg".

Die Leitlinien gaben den Kommunen auf, sich für neue effektive und leistungsstarke Formen der kommunalen Selbstverwaltung zu entscheiden. Als dafür am meisten geeignet präferierten sie das Modell der *amtsfreien Gemeinde*. Die neuen amtsfreien Gemeinden sollten möglichst in den Grenzen der bestehenden Ämter gebildet werden. Sie sollten mindestens 5.000 Einwohner haben, in dicht besiedelten Gebieten möglichst mehr. Unterschreitungen dieses Mindestwertes sollten nur in dünn besiedelten Landesteilen zugelassen werden. Dem Erhalt der Identität und des dörflichen Lebens in den bisher selbständigen Gemeinden sollte die Einführung einer *Ortschaftsverfassung* dienen. Die bisherigen Ortsnamen sollten erhalten bleiben. Ein Ortsbürgermeister und ggf. ein in Abhängigkeit von der Einwohnerzahl aus drei bis neun Mitgliedern bestehender Ortsbeirat mit begrenztem Budgetrecht und mit Entscheidungsrechten für die Ortschaft sollte von den Bürgern direkt unmittelbar gewählt werden.

Als kommunale Verwaltungseinheit sollte auch das Amt weiterhin bestehen bleiben, vor allem in den äußeren Entwicklungsräumen des Landes, sofern die Bedingungen nicht für die Bildung einer amtsfreien Gemeinde sprächen. Zu den neuen Ämtern sollten regelmäßig mindestens drei und nicht mehr als sechs amtsangehörige Gemeinden gehören. Die Mindesteinwohnerzahl sollte in der Regel nicht weniger als 5.000 betragen. Die Verwaltungs- und Leistungskraft kleiner Ämter sollte durch deren Zusammenschluss zu größeren gestärkt werden. Auch innerhalb der Ämter sollte auf den Zusammenschluss kleiner Gemeinden zu leistungsfähigen größeren hingewirkt werden. Amtsangehörige Gemeinden sollten künftig nicht weniger als 500 Einwohner haben.

Schließlich sollte die Gemeindestrukturreform auch zur Lösung von Stadt-Umland-Problemen beitragen. Dort wo bereits enge Verflechtungen bestanden und sich deshalb die zentrale Erledigung wichtiger Verwaltungsaufgaben als opportun anbot, sahen die Leitlinien die Möglichkeit vor, *Umlandgemeinden* in städtische Zentren einzugliedern.

Die Gemeindestrukturreform sollte möglichst durch *freiwillige Zusammenschlüsse* umgesetzt werden. Unter Koordination der Landräte und beratender Begleitung des Innenministeriums sollten die Bürgermeister und Amtsdirektoren Vorschläge zur Neuordnung der Gemeinden und Ämter erarbeiten. Bis zum 31. März 2002 verblieb den Gemeinden die Möglichkeit, leitbildgerechte Strukturen herbeizuführen. Die Leitlinien sahen in dieser „Freiwilligkeitsphase" vor, die Bildung größerer Gemeinden mit einer Zuwendung von 200 bis 300 DM pro Einwohner finanziell zu unterstützen. Nach dem Ende dieser Phase sollte das Innenministerium Vorschläge für das weitere Verfahren unterbreiten.

4.2   Vom Amt zur Einheitsgemeinde

Im Herbst 2002 hatte die Gemeindestrukturreform einen gewissen Abschluss erreicht. Am 30. Oktober 2002 hatte sich die Zahl der Gemeinden seit Beginn der Reform nahezu halbiert und betrug nun 756. 318 Neugliederungsverträge mit 937 beteiligten Gemeinden waren genehmigt worden. Dennoch waren die „Leitlinien" noch nicht voll umgesetzt. Noch immer gab es im Oktober 2002 etwa 250 Gemeinden mit weniger als 250 Einwohnern. Der Landtag beschloss deshalb sechs Gesetze, die – nach Anhörung der betroffenen Gemeinden – die Neugliederung für weitere Kommunen regelten. Infolge dieser Gesetze reduzierte sich die Zahl der Gemeinden noch einmal erheblich. 2004 hatte das Land Brandenburg noch 421 Gemeinden. 214 von ihnen, also mehr als die Hälfte, hatten zwischen 500 und 2.000 Einwohner. Lediglich sechs Gemeinden hatten weniger als 500 Einwohner.

Diesem Resultat waren verbissen geführte propagandistische und juristische Auseinandersetzungen vorausgegangen. Erfolgreich war die Verfassungsklage von 70 Kommunen gegen die Verlagerung der Flächennutzungsplanung von den Gemeinden auf die Ämter. Das Landesverfassungsgericht entschied am 21. März 2002, dass die Übertragung kommunaler Planungshoheit auf die Ämter die kommunale Selbstverwaltung beeinträchtige und deshalb verfassungswidrig sei. Danach erreichte eine Klageflut das Gericht. Allein im Jahr 2003 waren 532 kommunale Einsprüche gegen die Gebietsreform – als kommunale Verfassungsbeschwerden oder Anträge auf Erlass einstweiliger Verfügungen – anhängig. Bis Ende 2005 hatte das Gericht in 506 Verfahren entschieden, allein im Jahr 2005 172, davon 161 Hauptsacheverfahren, ein Rekord im Arbeitsaufwand des Landesverfassungsgerichts. In den danach noch ausstehenden 36 Verfahren wurde 2006 entschieden. Sämtliche kommunalen Verfassungsbeschwerden wurden abgewiesen. Auch ein 2003 angestrengtes Volksbegehren „gegen Zwangseingemeindungen und für die Stärkung der kommunalen Selbstverwaltung" führte nicht zu dem von den Initiatoren erhofften Erfolg. Lediglich zwei Dörfer im Kreis Ostprignitz-Ruppin setzten den Wechsel von der Stadt Wittstock zur amtsfreien Gemeinde Heiligengrabe durch. Zu den Unterlegenen gehörten auch jene Gemeinden, die als selbständige Orte im Umland kreisfreier Städte einen beträchtlichen Wirtschaftsaufschwung genommen hatten und diesen als Ortsteile nun einzubüßen fürchteten. Auch das Argument der bekannten Gemeinde Himmelpfort, sie müsse als „Heimat des Weihnachtsmannes" eigenständig bleiben, überzeugte die Verfassungsrichter nicht. Der Erfindungsreichtum einiger Gemeinden, um der Reform zu entgehen, führte ebenfalls nicht zum gewünschten Effekt. So wollte eine Gemeinde im unmittelbaren Umfeld der Landeshauptstadt mit der abgelegeneren Stadt Werder fusionieren, was verworfen wurde. Im Amt Michendorf (Potsdam-Mittelmark) fusionierten zwei amtsangehörige

Gemeinden; mit dieser Vergrößerung der Einwohnerzahl der Amtsgemeinden hätte das Amt eine für seinen Weiterbestand notwendige Voraussetzung erreicht – eine von Innenministerium jedoch als „Abwehrzusammenschluss" klassifizierte Entscheidung. Aufsehen erregte die kleine Gemeinde Quappendorf, Kreis Märkisch Oderland. Mit ihren 130 Einwohnern war sie der Gemeinde Neuhardenberg im gleichnamigen Amt als Ortsteil angegliedert worden. Dagegen wehrte sich der Ortsbeirat. Er erklärte den Innenminister zur „Persona non grata" und reichte als einziges Dorf des Landes Brandenburg Verfassungsbeschwerde beim Bundesverfassungsgericht ein, die jedoch erfolglos war, da sie nicht zur Entscheidung angenommen wurde. Pikanterweise konnte Quappendorf die Kosten für die Klage nicht aus eigenen Mitteln aufbringen und ließ sich den größeren Teil des erforderlichen Betrages von Neuhardenberg vorstrecken. Doch inzwischen haben die meisten Orte ihren Frieden mit der „Zwangsfusion" gemacht, wenngleich die Herausbildung einer gemeinsamen Identität sicher noch längere Zeit dauern wird.

4.3   Die Kommunalverfassung von 2007

Das letzte große Reformvorhaben der Großen Koalition aus SPD und CDU der Wahlperiode 2004 – 2009 war die neue Kommunalverfassung. Die bisher geltende aus der Jahr 1993 war insgesamt zwölfmal zum Teil erheblich geändert worden. Der Koalitionsvertrag vom Oktober 2004 hatte die Gesamtnovellierung der Kommunalverfassung vereinbart. Die bislang separaten Gemeinde-, Amts- und Landkreisordnungen sollten zu einem komplexen Gesetzeswerk zusammengefasst werden, deren zentrales Anliegen es war, die Eigenverantwortlichkeit der Kommunen zu stärken. Dabei sollten auch „Reibungsverluste zwischen Verwaltung und Mandatsträgern" abgebaut und „klare Verantwortungsstrukturen nach außen geschaffen werden". Ferner gab der Koalitionsvertrag auf, durch ein effektives Krisenmanagement „Fehlentwicklungen in verschiedenen Bereichen der Kommunalen Betätigung" zu beheben.

Die *Erarbeitung* des Gesetzeswerkes erwies sich – wenngleich die Mehrzahl der vom Innenministerium vorgelegten Änderungen unstrittig waren – als *langwierig* und in vielen Punkten *konfliktbeladen*. Obwohl Konsens darüber bestand, dass die Mitwirkungsrechte der Bürger erweitert, die Gemeindepolitik transparenter und die kommunale Finanzpolitik überschau- und kontrollierbarer werden sollten, kam es über die konkrete Gestaltung dieser Zielsetzungen zu erheblichen Auseinandersetzungen nicht nur zwischen Regierungsparteien und Opposition, zwischen Regierung und Kommunalverbänden, sondern auch zwischen den Koalitionsparteien SPD und CDU. Noch zwei Wochen vor der Verabschiedung musste sich der Koalitionsausschuss mit einzelnen Streitpunkten befassen. Wie prekär die Materie war, wurde nicht zuletzt darin deutlich, dass das im CDU-geführten Innenministerium erarbeitete „Eckpunktepapier zur Gesamtnovellierung der Kommunalverfassung" vom November 2005 datierte, doch erst im März 2007 der Öffentlichkeit präsentiert wurde – ein von der Presse als „geheime Kommandosache" gerügtes Verfahren.

Grundlegende Konflikte resultierten letztlich aus der strittigen Position der Hauptverwaltungsbeamten. So bestand zwischen den Koalitionsparteien lange Zeit eine gegensätzliche Position über die Frage, ob die bislang gesetzlich fixierte *Inkompatibilität* zwischen *hauptamtlichen Bürgermeistern, Beigeordneten und Amtsdirektoren* mit *Kreistagsmandaten* aufzuheben sei. Innenministerium und auch Städte- und Gemeindebund befürworteten dies im Interesse der Fachkompetenz der Kreistage. Die SPD hingegen machte die Gefahr von Interessenkonflikten geltend, weil die Hauptverwaltungsbeamten als Kreistagsabgeordneten an Entscheidungen mit Auswirkungen auf die eigene Kommune beteiligt wären, etwa bei der Festlegung der Kreisumlage. Dagegen wiederum wurde argumentiert, dass einer solchen „Gratwanderung" auch andere Mandatsträger mit gleichzeitigen Mandaten auf Kreis- und Gemeindeebene ausgesetzt wären. Außerdem regelten acht der dreizehn deutschen Flächenländer solche Unvereinbarkeiten ebenso wenig wie die Landesverfassung. Letztlich blieb den Hauptverwaltungsbeamten die Mitgliedschaft in den Kreistagen weiterhin verwehrt. Eine Lockerung der Regelung wurde für die nächste Wahlperiode in Aussicht gestellt. Ein weiterer Streitpunkt war die CDU und FDP angestrebte *Direktwahl der Landräte*, deren Brisanz mit aktuellen Machtinteressen verbunden war. Denn für den Zeitraum 2009/10 waren etliche Landratsposten neu zu besetzen, die bis dahin Domänen der SPD waren. Bei einer Wahl durch die Kreistage galt eine Mehrheit von SPD und Linke als sicher und die Gewählten würden dann bis 2017/18 im Amt bleiben. Eine Direktwahl würde diesen Vorteil zumindest in Frage stellen. Deshalb brachen innerhalb der Koalition heftige Auseinandersetzungen aus, in die auch die FDP mit einer Volksinitiative eingriff. Diese wurde aber abgebrochen, als sich ihre Erfolglosigkeit abzeichnete. Ein Kompromiss beendete den Streit. Die SPD sperrte sich letztlich nicht mehr generell gegen die Direktwahl der Landräte, die dafür auf den 1. Januar 2010 verschoben wurde. Damit schienen der SPD die umstrittenen Landratsposten längerfristig sicher, zumal die Kommunalverfassung erlaubte, die für 2010 anstehenden Landratswahlen ein halbes Jahr vorzuziehen. Doch die Kreistage der neun betroffenen Landkreise entschieden sich für einen unterschiedlichen Umgang mit dem Problem, was wiederum zu Konflikten führte. So zwang im Kreis Oberspreewald-Lausitz ein Bürgerbegehren den Kreistag zur Revision seiner ursprünglichen Entscheidung, selbst den Landrat zu wählen. Im Landkreis Uckermark hatte der eindeutige Ausgang einer Bürgerinitiative die gleiche Konsequenz. Im Landkreis Prigwitz hingegen kam der Kreistag einem Bürgerbegehren zuvor und wählte frühzeitig selbst den Landrat. Kritik war der Entwurf der neuen Kommunalverfassung auch ausgesetzt, weil er bestimmte Eckpunkte der noch gültigen nicht enthielt. Dazu gehörten u. a. die Zuständigkeit der Kommunen für die Kulturförderung oder die Vorgabe, beim Erlass kommunaler Satzungen etwa für Müllabfuhr, Abwasser oder Straßenbau die wirtschaftliche und soziale Lage der Betroffenen zu berücksichtigen. Auseinandersetzungen gab es ferner um das Wahlalter des hauptamtlichen Bürgermeisters sowie um befürchtete Hürden für die *wirtschaftliche Betätigung der Kommunen*. Die Kontroversen hatten eine Vielzahl von Änderungen am ursprünglichen Entwurf zur Folge.

Am 13. Dezember 2007 verabschiedete der Landtag schließlich das „Gesetz zur Reform der Kommunalverfassung und zur Einführung der Direktwahl der Landräte sowie zur Änderung sonstiger kommunalrechtlicher Vorschriften". Es trat am Tag der folgenden landesweiten Kommunalwahl, also am 28. September 2008, in Kraft; einzelne Regelungen z. B. zur Doppik erlangten bereits am 1. Januar 2008 Rechtskraft.

Die neue, nunmehr schlankere Kommunalverfassung weist wegen der Reduzierung von Normen und Standards ein höheres Maß an *Übersichtlichkeit* und *Verständlichkeit* aus. *Bürokratie* wird *abgebaut, Rechtsunsicherheiten* werden *beseitigt.* Durch die Zusammenführung von Gemeinde-, Kreis- und Amtsordnung entfallen Doppelungen. Beschlüsse, Abstimmungen und Wahlen sind klar voneinander abgegrenzt, ebenso Benennungen und Bestellungen. Verantwortungen und Zuständigkeiten sind übersichtlicher, die Gesetzessprache ist klarer. Für den hauptamtlichen Bürgermeister, den Landrat und den Amtsdirektor wird der einheitliche Begriff des Hauptverwaltungsbeamten eingeführt. Die Reduzierung der pflichtigen Regelungen der Kommune auf ein Mindestmaß vereinfacht die Hauptsatzung. Satzungen werden bei Formfehlern nicht mehr generell ungültig; vielmehr können solche Fehler nunmehr unbürokratisch geheilt werden. Zu den entbürokratisierenden Rechtsnormen gehört auch die Verschlankung der Amtsordnung.

Mit der Einführung der neuen Kommunalverfassung erhielten die Kommen mehr *Eigenverantwortlichkeit.* Für die Hauptsatzung wurde ihnen eine Vielzahl kommunalpolitischer Handlungsspielräume eröffnet, deren konkrete Ausgestaltung ihnen selbst überlassen bleibt. Dazu gehören u. a. die Wahl oder Benennung von Beiräten oder bestimmter Gruppen in der Gemeinde einschließlich der Gründzüge ihrer inneren Organisation oder der unmittelbaren Wahl von Beiräten, die Rechte der Gleichstellungsbeauftragten, Ortsteilrechte oder die Förderung der Sorben im sorbisch-wendischen Siedlungsgebiet. Selbst allgemeingültige gesetzliche Regelungen kann die Kommune entsprechend der konkreten Bedürfnisse modifizierend ausgestalten. Das betrifft z. B. ein Quorum von unter 5 % für Einwohneranträge oder den Ausschluss der Möglichkeit zur Briefwahl bei Bürgerentscheiden. Erweitert wurden die Möglichkeiten der Gemeinden, den Anschluss- und Benutzungszwang vorzuschreiben; dieser kann z. B. auch im Umwelt- und Ressourcenschutz begründet sein. Auch die Heraufsetzung des Lebensalters, in dem sich Bürgermeister zur Wiederwahl stellen oder im Amt verbleiben dürfen – eine Reaktion auf die demografische Entwicklung – protegiert letztlich wegen ihres kontinuitätsfördernden Effekts die kommunale Eigenverantwortlichkeit. Dieselbe Auswirkung kann die Abschaffung der Mittleren kreisangehörigen Städte (mit Bestandsschutz des Status quo) und dafür die Reduzierung der für den Status der Großen kreisangehörigen Stadt erforderliche Einwohnerzahl von 45 000 auf 35 000 haben. Solchen Städten können besondere Aufgaben übertragen werden, die bislang der Landkreis wahrnimmt. Von dieser Regelung profitieren landesweit fünf kreisangehörige Städte.

In Rahmen vermehrter Eigenverantwortlichkeit der Kommunen wurden auch die *Bürger- und Einwohnerrechte* gestärkt und damit das bürgerschaftliche Engagement begünstigt. Der Grundsatz der Öffentlichkeit von Sitzungen der Vertretungen einschließlich der Ausschüsse wurde weiter gefasst. Die durch die Hauptsatzung zu treffende Regelung, die Öffentlichkeit für bestimmte Aufgabengruppen auszuschließen, wurde gestrichen und damit mehr Transparenz für die Tätigkeit der Vertretung geschaffen. Die Hauptsatzung kann darüber hinaus die Einsicht der Bürger und Einwohner in Beschlussvorlagen öffentlicher Sitzungen regeln. Ein sachkundiger Einwohner hat das Recht der aktiven Teilnahme in dem Ausschuss, in den er berufen ist. Die bisher bestehenden Formen der Unterrichtung und Beteiligung der Einwohner wurden grundsätzlich beibehalten, können aber auch durch andere Formen ersetzt werden. Dies kann sich effizient auf die Umsetzung der neugefassten Regelung auswirken, die *betroffenen* Einwohner über wichtige Fragen der Gemeinde zu unterrichten. Bürger- und Einwohnerrechte werden auch durch die Befugnis der Kommunen gestärkt, außer den – bislang vorgesehenen – Ausländerbeiräten noch weitere Beiräte und Beauftragte für bestimmte Bereiche zu benennen (s. 7.2.). Und schließlich wurde das Recht, öffentliche Einrichtungen der Gemeinde zu benutzen, als Jedermannsrecht ausgestaltet; der bisherige Wortlaut hatte die Beschränkung des Nutzungsrechts auf Einwohner der Gemeinde suggeriert.

Von zentraler Bedeutung für die weitere Ausgestaltung der kommunalen Eigenständigkeit ist die *Stärkung der Gemeindevertretung*. Die Zuständigkeiten der kommunalen Hauptorgane Gemeindevertretung, Hauptausschuss und Hauptverwaltungsbeamter sind klar voneinander abgegrenzt und ergänzen zugleich einander. Während der Hauptverwaltungsbeamte für alle Pflichtaufgaben zuständig ist, wirkt die Vertretung gestaltend und grundsätzlich entscheidend. Die Gemeindevertretung kann sich die Entscheidung über Gruppen von Angelegenheiten vorbehalten. Die Kommunalverfassung regelt das Auskunftsrecht und das Recht der Akteneinsicht einheitlich; bisher gültige Vorbehalte wurden aufgehoben. Verschiedene Verfahren wurden vereinfacht. So wurde die zwingende Kopplung von ordnungsgemäßer Ladung und Beschlussfähigkeit aufgehoben. Die Mindesteinberufungsfrist nach der Wahl ist entfallen, die Ladungsfrist wurde verkürzt. Es gibt die Möglichkeit der Fortsetzungssitzung. Neu geregelt wurden Verfahren zu den Fraktionen. Die Fraktionslosen, die in Brandenburg etwa die Hälfte der Gemeindevertreter ausmachen (s. 6.3.) können bei Ausschusssitzungen mit Fraktionen korrespondieren. Dies war von Bedeutung, weil die neue Kommunalverfassung die Zahl der für eine Fraktionsbildung notwendigen Abgeordneten in den Gemeindevertretungen ab 32 Abgeordneten auf drei und in den Kreistagen auf vier erhöhte, was Konsequenzen für die Mitwirkung in Ausschüssen, aber auch für finanzielle Zuwendungen hat. Wenngleich zu dem nunmehrigen Zugeständnis an die kleinen Gruppen der Vorwurf der „Parteioligarchisierung" aufkam, ist der erzielte Bündelungseffekt für die Arbeit der Vertretung unbestritten. Der Hauptverwaltungsbeamte kann nicht Mitglied einer Fraktion sein.

Reformiert wurde das Gemeindehaushaltsrecht durch die Einführung der *Doppik*, der doppelten Haushalts- und Rechnungsführung der Kommunen. Diese löste die traditionelle Verwaltungskameralistik ab, die auf das Verhältnis von Einnahmen und

Ausgaben ausgerichtet war, jedoch nicht Erträge und Aufwendungen berücksichtigte. Es entstand mehr Transparenz über die Ressourcen der Gemeinde und deren Verbrauch sowie über das kommunale Vermögen einschließlich der in Eigengesellschaften und Gesellschaftsbeteiligungen sowie in Eigenbetrieben und Zweckverbänden ausgelagerten Verwaltungsaufgaben. Das neue Verfahren ermöglichte u. a. ein zeitnahes Berichtswesen als Steuerungsinstrument oder eine verstärkte Dezentralisierung der Bewirtschaftungsbefugnis.

Trotz der erzielten Kompromisse im Entstehungsprozess der neuen Kommunalverfassung und die überwiegend positive Bewertung stießen bestimmte Teile immer noch auf massive Ablehnung. Ein Kritikpunkt war die Erhöhung der Fraktionsstärke. So argumentierte die FDP, dass sie zum Erreichen des Fraktionsstatus beispielsweise in der Stadt Brandenburg acht Prozent der Wählerstimmen und damit erheblich mehr als im Landtag benötige. Auch der Landesvorsitzende von Bündnis 90/Die Grünen kritisierte die Regelung: „Kommunalpolitisch aktive Menschen, die nicht der SPD, der CDU oder den Linken angehören, werden ausgebootet." Nach dem Inkrafttreten der Kommunalverfassung legten Abgeordnete dieser Parteien und Gruppierungen wie „Die Andere" aus der Landeshauptstadt Potsdam Verfassungsbeschwerde ein, weil die Kommunalverfassung gegen den Gleichheitsgrundsatz verstoße. Nachdem das Landesverfassungsgericht die Klage dieser Abgeordneten für unzulässig erklärte, weil die Verfassungsbeschwerde ein spezifischer Rechtsbehelf des Bürgers gegen den Staat sei, die Beschwerdeführer aber nicht als Bürger sondern als Mandatsträger betroffen seien, erwogen die Betroffenen weitere juristische Schritte. Die Wählergruppe „Die Andere" setzte immerhin den Gruppenstatus in der Potsdamer Stadtverordnetenversammlung und rückwirkende Finanzierung durch. Neben der Kritik an der Fraktionsregelung kam der Vorwurf auf, dass bei der Anwendung der neuen Kommunalverfassung die Stärkung der Hauptverwaltungsbeamten auf Kosten der Vertretung gezielt betrieben werde. So werde in Potsdam das Fragerecht der Abgeordneten eingeschränkt, indem z. B. Begründungen gestellter Fragen gefordert oder die Fristenregelung zum Zeitpunkt der Beantwortung außer Kraft gesetzt werden. Auch die Doppik stieß anfangs auf geteilte Resonanz. Während einige Kommunen schon früh auf freiwilliger Basis danach arbeiteten, machten andere Vorbehalte geltend: soziale und kulturelle Aufgaben des Öffentlichen Dienstes wären mit rein wirtschaftlichem Handeln nicht zu lösen; nicht zuletzt wurden hohe Umschulungs- und Softwarekosten kritisiert.

So gibt es bereits *Erwartungen* für die Zukunft, weil – ähnlich wie bei der Funktionalreform 1993 – ihr Anliegen nur in Teilbereichen realisiert werden konnte. Am Ende der Wahlperiode 2009 musste konstatiert werden, dass von 89 Vorschlägen zur Aufgabenübertragungen an die Kommunen nur 21 befürwortet und davon 11 bereits umgesetzt seien. Dabei handele es sich um Teilaufgaben, nicht um Aufgabenkomplexe. SPD und Linke, seit Herbst 2009 Koalitionspartner, vereinbarten deshalb, die Kommunalverfassung bis Ende 2011 zu evaluieren, die Funktionalreform fortzusetzen sowie Aufgabenverlagerungen vom Land auf die Landkreise und von diesen auf die Gemeinden zu prüfen. Evaluiert werden sollten auch Ergebnisse und Tragfähigkeit der Gemeindegebietsreform von 2003. Dazu gehörte auch ein möglicher Verzicht auf die Organisationsform der Ämter.

5   Die drei Willensbildungs- und Entscheidungsträger

5.1   Zentrale Stellung der gewählten Vertretung

Als oberstes Willensbildungs- und Beschlussorgan ist die gewählte Vertretung im Rahmen der Gesetze für alle grundlegenden Angelegenheiten zuständig und kontrolliert die Durchführung ihrer Entscheidungen. Die *Gemeindevertretung* – in Städten führt sie die Bezeichnung *Stadtverordnetenversammlung* – besteht aus den Gemeindevertretern und dem Bürgermeister, der *Kreistag* aus den Kreistagsabgeordneten und dem Landrat. Die Zahl der Vertreter hängt von der Einwohnerzahl der Gemeinde bzw. des Kreises ab. Sie beträgt in Gemeinden und kreisangehörigen Städten zwischen sechs und 40, in Landkreisen und kreisfreien Städten zwischen 46 und 56. Die Gemeindevertreter üben ihr Amt „nach ihrer freien, dem Gemeinwohl verpflichteten Überzeugung im Rahmen des geltenden Rechts aus. Sie sind an Aufträge nicht gebunden."

Die Kommunalverfassung bestimmt, dass die Vertretung für alle Angelegenheiten zuständig ist, „soweit gesetzlich nichts anderes bestimmt ist". Der Katalog der ausschließlichen Zuständigkeiten der Gemeindevertretung, die nicht auf andere Organe übertragen werden dürfen, enthält 25 Positionen. Deren wichtigste sind die allgemeinen Grundsätze, nach denen die Verwaltung geführt werden soll, die Hauptsatzung, die Geschäftsordnung der Gemeindevertretung, die Wahl des Bürgermeisters, wenn dieser nicht unmittelbar durch die Bürger gewählt wird, die Wahl der Beigeordneten, die Bildung von Ausschüssen zur Vorbereitung ihrer Beschlüsse und zur Kontrolle der Verwaltung, die Aufstellung allgemeiner Grundsätze zur Personalplanung und -entwicklung, die Bestellung der Vertreter der Gemeinde in wirtschaftlichen Unternehmen, Vereinen und sonstigen Einrichtungen sowie Geschäfte über Vermögensgegenstände der Gemeinde. Adäquat sind die Zuständigkeiten des Kreistages.

Die zentrale Stellung der Vertretung im kommunalen Macht- und Entscheidungsgefüge kommt auch darin zum Ausdruck, dass sie sich über ihre gesetzlich fixierten Zuständigkeiten hinaus in der Hauptsatzung die Beschlussfassung über bestimmte Gruppen von Angelegenheiten vorbehalten kann, für die ansonsten der Hauptausschuss (s. 5.2.) zuständig ist. Auch in Einzelfragen kann die Gemeindevertretung eine Entscheidung an sich ziehen. Ferner ist der Hauptverwaltungsbeamte gegenüber den Gemeindevertretern auskunftspflichtig. Diesen steht außerdem ein weitgehendes Recht auf Akteneinsicht zu.

In der Vergangenheit konnte in Gemeinden bis zu 100 Einwohnern an die Stelle der Gemeindevertretung die *Einwohnerversammlung* treten. Seit der Bildung größerer leistungsstarker Gemeinden gibt es dieses Spezifikum der Brandenburger Kommunalverfassung nicht mehr.

5.2 Der Haupt- bzw. Kreisausschuss, Amtsausschuss

Die Kommunalverfassung weist in der Gemeinde dem *Hauptausschuss* eine starke Position in der Willens- und Entscheidungsfindung zu. Damit wird die Vertretung von Angelegenheiten minderen Ranges entlastet. Außerdem ist dieser Ausschuss auf Grund seiner Zusammensetzung und Aufgaben in der Lage, die Zusammenarbeit zwischen den beiden anderen Entscheidungsträgern zu erleichtern und möglichen Spannungen vorzubeugen. Analog zum Hauptausschuss in der Gemeinde wird im Kreis der *Kreisausschuss* gebildet, für den die im Folgenden beschriebenen Vorschriften entsprechend gelten. Amtsangehörige Gemeinden können ebenfalls einen Hauptausschuss bilden, sind aber – im Gegensatz zu amtsfreien Gemeinden – gesetzlich nicht dazu verpflichtet. In Ämtern kann ein Hauptausschuss mit beschließender und verfahrenskoordinierender Funktion nicht gebildet werden.

Die Gemeindevertretung legt die Zahl der Mitglieder des Hauptausschusses fest und wählt diese aus ihrer Mitte. Mitglied des Hauptausschusses ist auch der Bürgermeister. Der Ausschuss bestimmt seinen Vorsitzenden, sofern die Gemeindevertretung nicht beschlossen hat, dass der Bürgermeister den Vorsitz des Hauptausschusses führt.

Im Gegensatz zu anderen Ausschüssen besitzt der Hauptausschuss Entscheidungsbefugnis. Er fasst Beschlüsse, die nicht der Vertretung oder dem Bürgermeister vorbehalten sind. Die Kommunalverfassung gestattet eine flexible Zuständigkeitsverteilung. Die Vertretung kann sich die Entscheidung über Details der Selbstverwaltung selbst vorbehalten, sie kann diese, sofern keine ausschließliche Zuständigkeit vorgeschrieben ist (s. 5.1.), aber auch auf den Hauptausschuss übertragen. Der Hauptausschuss wiederum kann bestimmte Zuständigkeiten auf den Hauptverwaltungsbeamten übertragen. Ferner kann er in Einzelfällen Angelegenheiten der Gemeindevertretung zur Entscheidung vorlegen. Der Hauptausschuss stimmt die Arbeiten der Ausschüsse aufeinander ab; er kann zu jeder Stellungnahme eines Ausschusses gegenüber der Vertretung eine eigene Stellungnahme abgeben.

Eine wichtige Aufgabe des Hauptausschusses besteht darin, nach Ablauf der Wahlperiode oder nach Auflösung der Gemeindevertretung seine Tätigkeit bis zur ersten Sitzung des neu gebildeten Ausschusses fortzuführen und so Entscheidungspermanenz zu gewährleisten.

Dem Hauptausschuss der Gemeinde entspricht hinsichtlich der Aufgaben und Zuständigkeiten im Amt der *Amtsausschuss*. Er besteht aus den Bürgermeistern der Gemeinden und Vertretern der amtsangehörigen Gemeinden, die nach einem in der Kommunalverfassung festgelegten Schlüssel von den Gemeindevertretungen gewählt werden.

5.3   Bürgermeister, Amtsdirektor und Landrat

An der Spitze der amtsfreien Gemeinde – seit der letzten Kommunalreform die Mehrzahl der Brandenburger Kommunen – steht als Hauptverwaltungsbeamter der *hauptamtliche Bürgermeister*. Als Leiter der Gemeindeverwaltung, rechtlicher Vertreter und
Repräsentant der Gemeinde konzentriert er in seinen Händen eine umfangreiche Verantwortung und hat insofern im Willensbildungs- und Entscheidungsprozess eine
beträchtliche Machtstellung. Er bereitet die Beschlüsse der Gemeindevertretung und
des Hauptausschusses vor, führt diese aus, nimmt die ihm vom Hauptausschuss übertragenen Aufgaben wahr, trifft Entscheidungen zur Erfüllung von Pflichtaufgaben und
Auftragsangelegenheiten, setzt Maßnahmen der Aufsichtsbehörden um und führt die
Geschäfte der laufenden Verwaltung. In den Sitzungen der Ausschüsse der Vertretung
hat er ein aktives Teilnahmerecht.

Ihm steht das Recht der internen Willenbildung zu. Allerdings können sich Vertretung bzw. Hauptausschuss im Einzelfall die Entscheidung vorbehalten. Dies könnte
sich möglicherweise dann auf die kommunale Praxis auswirken, wenn auf Grund unterschiedlicher Wahlperioden politische Differenzen zwischen Bürgermeister und der
Mehrheit der Vertretung bestehen. In Pflichtaufgaben zur Erfüllung nach Weisung und
in Auftragsangelegenheiten trifft der Hauptverwaltungsbeamte die Entscheidung in
eigener Verantwortung, es sei denn, auf Grund gesetzlicher Vorschriften ist im Einzelfall die Vertretung zuständig. Der Hauptverwaltungsbeamte führt die Weisungen der
Kommunalaufsichtsbehörde aus, wenn er im Einzelfall keinen Ermessensspielraum
hat. Er hat die Pflicht, Beschlüsse der Vertretung bzw. des Hauptausschusses zu beanstanden, wenn er diese für rechtswidrig hält. In dringenden Angelegenheiten, wenn
zur Abwehr einer Gefahr oder eines erheblichen Nachteils für die Gemeinde eine Erledigung nicht bis zu einer vereinfacht einberufenen Sitzung der Vertretung aufgeschoben werden kann, entscheidet der Hauptverwaltungsbeamte im Einvernehmen mit
dem Vorsitzenden der Vertretung und legt diese Entscheidung dem zuständigen Organ bei dessen nächster Sitzung zur Genehmigung vor. Die Kommunalverfassung
weist an vielen Stellen dem hauptamtlichen Bürgermeister Aufgaben, Kompetenzen
und Verantwortung zu. Dazu gehören neben vielem anderen die Unterrichtung und
Beteiligung der Gemeindeeinwohner, Hilfestellung bei der Einleitung von Verwaltungsverfahren und Bürgerbegehren, Beantwortung von Auskünften und Gewährung
von Akteneinsicht, Mitwirkung bei der Festsetzung der Tagesordnung der Gemeindevertretung mit eigenem Antragsrecht, Abwahlantragsrecht gegen Beigeordnete.

In Gemeinden mit mehr als 15 000 Einwohnern und in kreisfreien Städten können
Beigeordnete gewählt werden. Die Wahl erfolgt durch die Gemeindevertretung auf Vorschlag des Bürgermeisters für einen Zeitraum von acht Jahren. Die Abwahl bedarf einer
Mehrheit von zwei Dritteln der gesetzlichen Mitglieder der Vertretung. Die Beigeordneten sind Stellvertreter des Bürgermeisters und tragen die Verantwortung für ein
bestimmtes Segment der Verwaltung.

In der amtsangehörigen Gemeinde ist der *ehrenamtliche Bürgermeister* gesetzlicher Vertreter seiner Gemeinde, Ansprechpartner und Fürsprecher ihrer Bürger. Er führt den Vorsitz in der Gemeindevertretung und kann zum Vorsitzenden des Hauptausschusses bestimmt werden. In der Praxis ist von besonderer Bedeutung, dass er die Gemeinde im Amtsausschuss vertritt

Hauptverwaltungsbeamter des Amtes ist der *Amtsdirektor*. Die den hauptamtlichen Bürgermeister betreffenden Regelungen der Kommunalverfassung treffen für ihn entsprechend zu.

Allgemeine untere Landesbehörde des Landkreises ist der *Landrat*. Er hat darauf hinzuwirken, dass die im Landkreis tätigen Landesbehörden „in einer dem Gemeinwohl dienlichen Weise zusammenarbeiten". Der Landrat übt die Rechts-, Sonder- und Fachaufsicht über die kreisangehörigen Gemeinden und die Ämter aus. Seine Zuständigkeiten entsprechen im Übrigen denen des hauptamtlichen Bürgermeisters. Dem Landrat entspricht der *Oberbürgermeister* der kreisfreien Stadt. Die Vorschriften über die Beigeordneten gelten entsprechend für den Landkreis.

5.4 Die Ortsteilvertretungen

Zu den neugebildeten großen amtsfreien Gemeinden gehört in der Regel eine Vielzahl kleinerer, meist ehemals amtsangehöriger Gemeinden, die vom neuen zentralen Ort räumlich weit getrennt sind und deren Bewohner auch in der Einheitsgemeinde ihr eigenes Identitätsgefühl bewahrt sowie spezifische Interessen haben. Um diesen zu entsprechen, ermöglicht die Kommunalverfassung die Bildung von *Ortsteilen* mit eigenen Vertretungen. Der größte Teil der kleinen Orte macht von dieser Möglichkeit Gebrauch.

Die Interessen des Ortsteils gegenüber der Gemeindevertretung vertritt der *Ortsbeirat*. Gemeindevertretung bzw. Hauptausschuss haben ihn in allen wichtigen Angelegenheiten des Ortsteils – insbesondere der Haushaltsplanung, der Flächennutzung, der Investitionen – zu hören. Er kann Vorschläge unterbreiten und Anträge stellen. Darüber hinaus können Hauptsatzung oder Gebietsänderungsvertrag dem Ortsbeirat Entscheidungskompetenzen in bestimmten Angelegenheiten – z. B. beim Straßenbau oder der Nutzung der öffentlichen Einrichtungen – übertragen. Zur Förderung von Vereinen und Verbänden oder für die Durchführung von Veranstaltungen sowie für Ehrungen kann die Gemeindevertretung dem Ortsbeirat ein Budget zur Verfügung stellen, was sehr häufig geschieht.

Der *Ortsvorsteher* vertritt den Ortsteil gegenüber den Organen der Gemeinde. Wenn Angelegenheiten des Ortsteils berührt sind, hat er an allen Sitzungen der Gemeindevertretung aktives Teilnahmerecht.

6   Wahlen und Wahlergebnisse

6.1   Differenziertes Wahlsystem

Da es zwischen den einzelnen Willensbildungs- und Entscheidungsträgern hinsichtlich
ihrer Kompetenz, ihrer Aufgabenschwerpunkte und ihrer Rechtsstellung maßgebliche
Unterschiede gibt, gestaltet die Kommunalverfassung den Modus ihrer demokratischen Legitimation sehr differenziert aus. Insbesondere sieht sie erhebliche Unterschiede vor bei der Amtsdauer, den Entscheidungsträgern für die Wahl und die Abwahl
sowie Details der Wahlmodalitäten.

Die Mitglieder der *Gemeindevertretung* sowie des *Kreistages* werden in allgemeiner,
unmittelbarer, freier, gleicher und geheimer Wahl für die Dauer von fünf Jahren gewählt. Sperrklauseln gibt es nicht. Wahlberechtigt sind die Bürger der Gemeinde bzw.
des Kreises. Das Wahlalter beginnt mit 18 Jahren. Vor einigen Jahren eingeleitete Initiativen, das Wahlalter auf kommunaler Ebene auf 16 Jahre zu senken, blieben erfolglos.
Jeder Wähler hat drei Stimmen, die er beliebig auf die Bewerber aufteilen (kumulieren
oder panaschieren) kann. Seit 1998 ist das aktive und passive kommunale Wahlrecht
von Deutschen im Sinne des Grundgesetzes auch auf Staatsangehörige der anderen
Mitgliedstaaten der Europäischen Union ausgedehnt. Im Vorfeld der Kommunalwahlen 2008 gewannen Debatten um das kommunale Wahlrecht für Menschen aus Nicht-
EU-Staaten an Aktualität. Von den mehr als 46.000 Ausländern, die 2008 in Brandenburg lebten, stammten über 28.000 aus solchen Ländern. Diesen hohen Anteil machten
vor allem ehemalige DDR-Vertragsarbeiter aus Vietnam sowie Russen und Ukrainer
aus. Um das kommunale Wahlrecht auf diese Ausländer auszudehnen, wäre eine Änderung von Art. 28 des Grundgesetzes erforderlich. Brandenburg hatte deshalb bereits
1997 gemeinsam mit Sachsen-Anhalt und Schleswig-Holstein eine darauf gerichtete
Bundestagsinitiative auf den Weg gebracht, jedoch ohne Erfolg. Nunmehr hatten
Rheinland-Pfalz und Berlin einen erneuten Vorstoß unternommen. SPD und Linke
vereinbarten im Koalitionsvertrag vom 5. November 2009 dieses Anliegen zu unterstützen. Ferner sollte eine Senkung des kommunalen Wahlalters auf 16 Jahre geprüft
werden.

Der *hauptamtliche Bürgermeister* wird von den Bürgern der Gemeinde für acht Jahre
direkt gewählt. Wahlvorschläge können von Parteien, politischen Vereinigungen, Wählergruppen und Einzelbewerbern eingereicht werden. Wie bei allen kommunalen Wahlen haben auch Bürger anderer Mitgliedsstaaten der Europäischen Union das aktive
und passive Wahlrecht. Anders als bei der Wahl zur Vertretung ist das passive Wahlalter erheblich eingegrenzt. Wählbar ist nur, wer am Wahltag mindestens 25 Jahre alt ist.
Der Kandidat darf das 59. Lebensjahr noch nicht überschritten haben; lediglich im Fall
einer Wiederwahl ist diese Altergrenze auf 62 heraufgesetzt. Die Wahl setzt ein Min-
destquorum von 15 % aller Wahlberechtigten voraus. Als Konsequenz der direkten

demokratischen Legitimierung des hauptamtlichen Bürgermeisters gibt es nur eine einzige Möglichkeit seiner Abwahl: den Bürgerentscheid.

Ebenfalls acht Jahre beträgt die Amtsdauer des *Landrats*. Dieser wird vor dem 1. Januar 2010 vom Kreistag gewählt, ab diesem Zeitpunkt direkt von den Bürgern des Landkreises (s. die Kontroversen dazu unter 4.3.). Den Modalitäten der Wahl und Abwahl des Landrates (ab 2010) entsprechen die des *Oberbürgermeisters* der kreisfreien Stadt.

Der *Amtsdirektor* wird vom Amtsausschuss für den Zeitraum von acht Jahren gewählt. Eine Direktwahl sieht die Kommunalverfassung (auch für einen späteren Zeitpunkt) nicht vor. Der *ehrenamtliche Bürgermeister* einer amtsangehörigen Gemeinde wird zugleich mit der Gemeindevertretung für fünf Jahre gewählt. Scheidet er vor Ablauf dieser Frist aus dem Amt aus, findet eine Neuwahl für die Zeit der Wahlperiode durch die Gemeindevertretung statt.

Von den Bürgern des Ortsteils direkt gewählt wird der *Ortsbeirat*. Dieser wählt aus seiner Mitte für die Dauer seiner Wahlperiode den *Ortsvorsteher*. Bestimmt die Hauptsatzung der Gemeinde für den Ortsteil keinen Ortsbeirat, aber einen Ortsvorsteher, ist für diesen Direktwahl vorgeschrieben. Als Brandenburger Sonderregelung lässt das Kommunalwahlgesetz für den Fall der gescheiterten Wahl des Ortsvorstehers (kein gültiger Wahlvorschlag, Verfehlen der erforderlichen Mehrheit usw.) zwei Optionen zu. Entweder die Gemeindevertretung bzw. Stadtverordnetenversammlung wählt den Ortsvorsteher selbst oder sie nimmt dessen Aufgaben für den Rest der Wahlperiode selbst wahr. Adäquate Optionen gibt es für den Fall einer gescheiterten Wahl des Ortsbeirates.

Ein Spezifikum des Brandenburger Wahlrechts ist die als „*Scheinkandidatur*" umstrittene Praxis, hochrangige Verwaltungsbeamte wie Landräte für Kommunalparlamente zu nominieren. Kritiker warfen ihnen Wählertäuschung vor, weil sie für den Fall ihres Wahlsieges niemals vorhätten, ihren lukrativen Verwaltungsposten für einen Abgeordnetensitz aufzugeben. Außerdem seien sie bereits von Amts wegen Mitglied ihrer jeweiligen Vertretung. Es gehe ausschließlich darum, mit ihrem Prominentenbonus Stimmen zu gewinnen, die unbekannteren Nachrückern zu Mandaten verhelfen sollten. Während diese strittige, doch nach Brandenburger Recht legitime Praxis schon bei früheren Wahlen angewandt worden war, erregte 2008 die Nominierung von drei SPD-Ministern – zwei für Kreistage und einer sogar für eine Gemeindevertretung – erheblichen Unmut. Nach Beteuerungen aus Führungskreisen der Partei, alle drei Minister hätten die Absicht, das angestrebte Mandat anzunehmen, wurden die Nominierungen als unvereinbar mit dem Ministergesetz beanstandet, das jedem Minister aufgebe, dem Land seine ganze Kraft zu widmen. Trotz der Proteste blieb es bei den „Scheinkandidaturen", doch war der Erfolg geringer als erhofft. Alle drei von der SPD nominierten Minister erhielten weniger Stimmen als die konkurrierenden Bewerber der Linken. In einigen Fällen war der Abstand blamabel: der Landrat des Kreises Märkisch Oderland bekam nicht einmal ein Viertel der Stimmen seiner linken Rivalin; der linke Spitzenkandidat für den Kreistag Prignitz erhielt fast dreimal soviel Stimmen wie die

SPD-Sozialministerin. Aufsehen erregte der Wahlausgang in Brandenburg a. d. Havel. Hier errang die beliebte CDU-Oberbürgermeisterin 7.157 Stimmen; von ihrem Mandatsverzicht profitierte ein Nachrücker, der nur 148 Stimmen bekommen hatte. Ähnlich stellte sich die Situation in der Stadt Treuenbrietzen dar. Auch hier nahm der Hauptverwaltungsbeamte (FDP) das errungene Mandat nicht an. Ein Kandidat der FDP-Liste rückte nach, obwohl elf Kandidaten anderer Parteien mehr Stimmen errungen hatten.

Als logistisches Problem für Wähler und auch für die Organisatoren erwiesen sich nicht selten die wegen der Vielzahl der Kandidaten (s. 7.2.) *übergroßen Wahlzettel.* So war in einem Wahlkreis der Landeshauptstadt das Papier mit 117 aufgeführten Kandidaten fast einen Meter lang. *Wahlcomputer* könnten darum hilfreich sein. Bei der Kommunalwahl 2008 waren in insgesamt 10 Brandenburger Orten solche Computer zum Einsatz gekommen. Die dabei gemachten Erfahrungen könnte auch für die bundesweite Debatte über die Verwendung der Wahlcomputer nützen. Experten der Interessengemeinschaft „Chaos Computer Club" hatten deshalb in einigen Wahllokalen die Computerwahl verfolgt und legten dazu einen kritischen Bericht vor mit dem Ergebnis, dass „Wahlcomputer nicht nur unter Sicherheitsgesichtspunkten, sondern auch hinsichtlich ihrer Benutzungseigenschaften nicht als brauchbare Alternative zur Wahl mit Stift und Papier angesehen werden können". Die Wahlergebnisse wären relativ einfach zu manipulieren. Manche Vorstände hingegen, z. B. in Cottbus, wo schon zum zweiten Mal elektronisch gewählt wurde, lobten Spareffekte und zeitnahe Auswertungsmöglichkeiten. Doch am 3. März 2009 erklärte das Bundesverfassungsgericht die Computer in ihrer bei der letzten Bundestagswahl eingesetzten Form für verfassungswidrig und verlangte für deren künftigen Einsatz eine verlässliche Kontrolle. In Brandenburg wird vorerst überall wieder nach der alten Methode gewählt. Gestritten wurde mancherorts auch darüber, ob in Ortsteilen mit sehr niedriger Einwohnerzahl eigene *Wahllokale* einzurichten wären. Wenngleich Befürworter einer solchen Regelung deren Bürgerfreundlichkeit geltend machten, konnten sie sich kaum durchsetzen, denn in Orten mit nur wenigen Dutzend Wählern drohe damit eine Unterhöhlung des Wahlgeheimnisses.

6.2   Vom Erbe der friedlichen Revolution zu traditionellen Parteienstrukturen

Insbesondere die Gemeindevertretungen weisen noch heute eine markante kommunalpolitische Bandbreite auf, deren Wurzeln teilweise in den Bürgerbewegungen der friedlichen Revolution von 1989/90 liegen. Als am 6. Mai 1990 die ersten freien Wahlen in der DDR stattfinden konnten, hatten die Wähler innerhalb eines sehr breiten, teilweise bunten Spektrums von Parteien und Vereinigungen zu entscheiden. Zu ihm gehörten sowohl die sich neu etablierten Bürgerbewegungen wie das Neue Forum oder die Initiative Frieden und Menschenrechte als auch die auf den Osten ausgedehnte Parteienlandschaft der alten Bundesländer mit CDU, SPD und FDP. Die Umweltbewegung war noch aufgesplittert; es gab die Grüne Partei in der DDR, die Grüne Liga, die Deutsche Umweltschutzpartei usw. Überkommende Bestandteile des Systems von Parteien und Vereinigungen der DDR waren insbesondere PDS, aber auch etliche der so genannte Massenorganisationen wie die Freie Deutsche Jugend, der Kulturbund der DDR u. a. Auch die Demokratische Bauernpartei Deutschlands – eine ehemalige Blockpartei, die bald in der CDU aufgehen sollte – trat noch zur Wahl an. Daneben warb um die Wählergunst eine Vielzahl neu gegründeter linker Organisationen, z. B. der Bund Sozialistischer Arbeiter/Deutsche Sektion der 4. Internationale, die Kommunistische Partei Deutschlands, Die Nelken/Marxistische Partei. Auch verschiedene Berufs- und andere Interessenvertretung (Ärzte, Berufssoldaten, Behinderte usw.) präsentierten sich. Sogar die Evangelische Kirche stellte eigene Kandidaten auf. Im Siedlungsgebiet der Sorben/Wenden konnte deren Organisation Domowina Wahlerfolge erzielen. Exot auf den Kandidatenlisten ohne ernste Aussicht auf Bestand war die vielbelächelte Deutsche Biertrinkerunion. Dort wo all diese Parteien und Vereinigungen nicht (oder noch nicht) Fuß fassen konnten, übernahmen vielfach die traditionellen ländlichen Interessenvereine, z. B. der Verband der Kleingärtner, Siedler und Kleintierzüchter, politische Verantwortung.

Insgesamt stellten sich zu den Kommunalwahlen im Bezirk Potsdam – ohne die Einzelwahlvorschläge und die Bürgervereinigungen – nicht weniger als 56 Parteien, politische Organisationen, Bürgerbewegungen und Listenvereinigungen zur Wahl. Im Bezirk Frankfurt/Oder waren es 33, im Bezirk Cottbus 32. Exemplarisch für die Vielgestaltigkeit der Wahlergebnisse und zugleich als Besonderheit von Ortstypen seien die Resultate in einer mittleren Kreisstadt und in einem kleinen Dorf aufgeführt.

In den Wahlergebnissen der größeren Orte wie der Kreisstadt Bad Freienwalde spiegelt sich bereits der hohe Etablierungsgrad der großen Parteien mit einer Mehrheit von Stimmen für die SPD (31,37 %), die CDU (23,41 %), PDS (20,67 %) und den Bund Freier Demokraten (7,43 %) wider. Weitere Sitze errangen die Demokratische Bauernpartei Deutschlands, der Demokratische Frauenbund Deutschlands und das Neue Forum. Ohne Mandat blieben die Deutsche Soziale Union, die Freie Deutsche Jugend und die KPD. Im Gegensatz zu diesen städtischen Verhältnissen hatten in Wildenbruch, einem Dorf im Kreis Potsdam/Land mit 837 Wahlberechtigten die Parteien offenkundig noch nicht Fuß gefasst. Wahlsieger waren hier der Deutsche Anglerverband (27,90 %) und die Feuerwehr (21,81 %) vor der CDU (19,60 %) und der SPD (14,64 %).

Immer noch sehr vielgestaltig – wenn auch nicht mehr mit solch extremer Variationsbreite wie 1990 – waren die Listen der kandidierenden Parteien und Organisationen bei den *Wahlen zu den Gemeindevertretungen 1993* und *1998*. Die Statistik wies 1993 14 Positionen auf, 1998 zeigte sich mit 18 Positionen wieder eine ansteigende Tendenz. Die meisten Mandate errangen bei beiden Wahlen die Einzelbewerber und Wählergruppen – ein charakteristisches Phänomen für die Vielzahl kleiner und kleinster Gemeinden. Unter den Parteien errang die SPD beide Male die meisten Stimmen, gefolgt von der CDU und der PDS.

Mehr als in den Gemeindevertretungen dominierten in den *Kreistagen der Landkreise und den Stadtverordnetenversammlungen der kreisfreien Städte* von 1990 an die großen Parteien. So wurden auf Kreisebene bei den Wahlen 1990 im Bezirk Frankfurt/Oder über zwei Drittel der Stimmen für die SPD (30,23 %), die PDS (19,65 %) und die CDU

(18,32 %) abgegeben. Dagegen erhielten 19 der zur Wahl angetretenen Organisationen nicht einmal 0,5 % der Gesamtstimmen.

Bei dem Übergewicht der großen Parteien blieb es auch bei den *Wahlen 1993* und *1998*. Landesweite Siegerin war die SPD, gefolgt von PDS und CDU. Ein Vergleich beider Wahlergebnisse zeigt sogar eine generell steigende Tendenz der Stimmen für die großen Parteien zu Ungunsten der anderen Kandidaten, auch der Einzelbewerber und ihrer Bündnisse:

	Stadtverordneten-versammlungen der kreisfreien Städte		Kreistage der Landkreise		Insgesamt	
	1993	1998	1993	1998	1993	1998
SPD	56	69	265	298	321	367
PDS	58	51	143	153	201	204
CDU	29	35	163	165	192	200
FDP	10	5	57	33	67	38
Grüne/B 90	9	11	29	27	38	38
Bauernverbände	-	0	29	27	29	27
Bürger/Bündnisse	6	5	10	6	16	11
Sonstige	24	16	46	41	70	57

Der Trend, dass sich für die Gemeindevertretungen eine Vielzahl kleinerer Gruppierungen zur Wahl stellte, nahm bei den *Kommunalwahlen vom 26. Oktober 2003* weiter zu. Zwar blieb es bei dem Übergewicht der drei großen Parteien. Doch ging der Stimmenanteil der SPD erheblich zurück. Gegenüber 1998 sank er um mehr als ein Drittel von 38,97 % auf 23,54 %. Die PDS verfehlte ihr Ergebnis von 1998 nur unwesentlich. Wahlsieger war die CDU. Ihr Stimmenanteil stieg von 21,42 % auf 27,80 %. Nutznießer der Einbußen der SPD waren FDP, Grüne/Bündnis 90 und vor allem – wie bei den vorangegangenen Wahlen – einige der freien Wählergruppen, deren Zahl mit über 60 einen neuen Höchststand erreichte und die wiederum mancherorts die stärkste politische Kraft waren. Auf Grund der regionalen Interessenausrichtung der meisten von ihnen waren ihre Erfolge lokal begrenzt. Landesweit errangen 10 der 23 Gruppierungen weniger als 0,01 % aller Stimmen. Doch waren andernorts ihre Erfolge beträchtlich. So errangen sie in der Uckermark mehr als 31 %. Großen Anteil an diesem Erfolg hatte das Bündnis „Rettet die Uckermark", dessen Ziel es war, die Aufstellung euer Windräder zu verhindern. Den politischen Fokus so intensiv auf lokale oder regionale Probleme zu richten, sei großen Parteien nicht möglich, wie einer ihrer Landesvorsitzenden beklagte; sie könnten sich nicht in einer Region gegen Windräder, in einer anderen aber für eine Abkehr von der Braunkohle einsetzen. Doch Politologen nannten wachsende Parteienverdrossenheit als Grund für den Erfolg der Wählergruppen. Deren Kandidaten hatten sich bewusst von den Parteien abgewandt und mitunter sogar damit geworben, parteilos zu sein. Marginal blieben auf Gemeindeebene die Wahlerfolge der drei Parteien aus dem rechten Spektrum (DVU, Republikaner, Schill-Partei); zusammen erhielten alle drei den bescheidenen Anteil von 0,6 % aller Stimmen.

Aufschlussreich ist ein Vergleich der Ergebnisse dieser Wahlen mit denen der Landtagswahlen, die weniger als ein Jahr danach stattfanden. Offensichtlich beeinflusste ein sehr breites Spektrum heterogener Kriterien das Wählerverhalten, die parallele Tendenzen, aber auch beträchtliche Unterschiede in den Ergebnissen bewirkten. So gewann die CDU in den Kommunen 6 % der Stimmen dazu, während sie im Landtag 7 % einbüßte. Die SPD verlor auf beiden Ebenen Stimmen, auf der kommunalen jedoch deutlich mehr als auch Landesebene. Die PDS konnte sich auf konstante Wählergunst stützen. Die FDP blieb bei der Landtagswahl weit unter der für einen Einzug ins Landesparlament erforderlichen 5 %-Grenze, in den kommunalen Vertretungen hatte sie Stimmen hinzugewonnen. Erstmals errang 2003 auch die DVU Sitze in den Kreisparlamenten; ihr Gesamtstimmenanteil betrug mit 1,03 % aber nicht einmal ein Sechstel der auf Landesebene erreichten Stimmen.

Gemeinsamkeiten mit, aber auch Unterschiede zu den Wahlen der Vertretungen wiesen die die Ergebnisse der *Direktwahlen der Oberbürgermeister sowie der haupt- und ehrenamtlichen Bürgermeister* auf, die – wegen Rücktritten, einer Vielzahl von Abwahlen oder anderer Gründe – an unterschiedlichen Terminen stattfanden. Einerseits besaßen auch bei diesen Personenwahlen die großen Parteien ein beträchtliches Gewicht, andererseits hatten lokale bzw. lokale Spezifika oder sogar das Persönlichkeitsbild der Bewerber einen hohen Rang als Entscheidungsmotiv der Wähler. Die beiden großen Parteien SPD und CDU besetzten mit 68 bzw. 59 etwa gleich viele Bürgermeisterposten. Erfolgreicher als auf Landesebene war die FDP. Sie überflügelte sogar die PDS, die weit hinter ihren Landtagswahlergebnissen zurückblieb. Kandidaten der Grünen/Bündnis 90 hingegen konnten sich in keinem einzigen Fall durchsetzen. Gewinner der Bürgermeisterwahlen waren die Einzelbewerber und Wählergemeinschaften, die erfolgreicher waren als alle anderen Kandidaten zusammengenommen. Eine Ausnahme bildeten die acht hauptamtlichen Bürgermeister des Landkreises Spree-Neiße; sieben von ihnen waren von der CDU, einer von der FDP nominiert worden.

Ein ernstes Problem bei diesen Direktwahlen und ein augenfälliger Indikator der häufig beklagten Politikverdrossenheit in Brandenburg war die Verweigerung von Bürgern, in den Kommunen politische Verantwortung als ehrenamtliche Bürgermeister – und noch häufiger als hauptamtliche Bürgermeister der neugebildeten Großgemeinden – zu übernehmen. In insgesamt 19 Gemeinden wurde der Bürgermeister durch die Vertretung bestimmt. Dazu gehörten solch einwohnerstarke und regional bedeutsame Gemeinden wie Wiesenburg (Potsdam-Mittelmark), Mühlberg (Elbe-Elster), Wustermark (Havelland) oder Müncheberg (Märkisch-Oderland). In vielen dieser Fälle fungierten Direktoren ehemaliger, zu Gemeinden umgewandelte Ämter als Bürgermeister. Lediglich in vier der 14 Landkreise fanden sich in allen Gemeinden Bürgermeisterkandidaten.

Politikmüdigkeit im Allgemeinen – vielleicht auch der gesunkene Stellenwert der Kommunalpolitik in der Wählermeinung oder Misstrauen gegenüber Politik und Politikern in den Kommunen – führten auch zu einem eklatanten Absinken der *Wahlbeteiligung* bei den Kommunalwahlen 2003. Bei keiner der drei vorangegangenen Kommunalwahlen seit der friedlichen Revolution waren so wenig Bürger zu den Urnen gegangen wie 2003. Hatten 1998 noch 77,89 % der Wahlberechtigten ihre Stimmen abgegeben, so waren es 2003 nur noch 45,83 %. Damit verzichtete erstmalig mehr als jeder zweite Wähler auf sein Wahlrecht. Am niedrigsten war die Wahlbeteiligung mit 28,41 % bzw. 38,22 % in den beiden kreisfreien Städten Cottbus und Frankfurt/Oder. Die Wahlbeteiligung lag erheblich niedriger als bei den letzten Landtags- und Bundestagswahlen, die mit einer Quote von 56,41 % bzw. 74,94 % die jeweils vorangegangene Wahlbeteiligung sogar übertroffen hatte. Lediglich bei der letzten Wahl zum Europäischen Parlament war die Beteiligung mit 26,91 % noch niedriger als auf kommunaler Ebene. Und selbst bei der Direktwahl der Oberbürgermeister entsprach die Wahlbeteiligung nicht dem großen Aufwand, mit dem das Thema in Presse und kontroversen öffentlichen Debatten bedacht worden war. So betrug sie bei Oberbürgermeisterwahl in der Stadt Brandenburg 2003 lediglich 47,74 %, bei der Stichwahl sogar nur 44,07 %.

Ein Vergleich der Wahlen zu den ehrenamtlichen mit denen der hauptamtlichen Bürgermeister macht deutlich, dass sich die Bürger in kleineren, seinerzeit noch amtsangehörigen Gemeinden mit ehrenamtlichen Bürgermeistern nach eindeutigeren Kriterien – auch personenbezogenen – abstimmten, während die Wahlen zu den hauptamtlichen Bürgermeistern von heterogenen Interessenlagen dominiert waren. Stichwahlen zu ehrenamtlichen Bürgermeistern bildeten deshalb die Ausnahme; in sechs Landkreise gab überhaupt keine. Dagegen fielen Entscheidungen über hauptamtliche Bürgermeister oft erst über Stichwahlen, in manchen Landkreisen in mehr als der Hälfte der Gemeinden, ebenso in drei der vier kreisfreien Städte.

Die im November 2006 amtierenden Bürgermeister gingen – ohne die von den Vertretungen direkt benannten – aus den folgenden Nominierungen hervor:

	Ehrenamtliche	Hauptamtliche	Zusammen
SPD	30	38	68
CDU	30	29	59
Die Linke(bis 17. 7. 2005 PDS)	10	9	19
FDP	11	9	20
Listen-/ Politische Vereinigung	2	5	7
Wählergemeinschaft	89	10	99
Einzelbewerber	97	31	128

Die Landeshauptstadt Potsdam wird seit 1990 von einem SPD-Bürgermeister regiert. Ein Bürgerentscheid hat zwar 1998 zu einem Wechsel der Person, nicht aber der Partei geführt. Auch aus der letzten Wahl des Oberbürgermeisters – sie war notwendig wegen des Wechsels des bisherigen Funktionsinhabers Matthias Platzeck in das Amt des Ministerpräsidenten – ging der SPD-Kandidat, wenn auch mit knapper Mehrheit, als

Sieger hervor. Die kreisfreien Städte Frankfurt (Oder) und Brandenburg an der Havel werden von CDU-Politikern regiert, Cottbus von einem SPD-Oberbürgermeister.

6.3   Aktuelle Wahlergebnisse

Am 28. September 2008 fanden die letzten Kommunalwahlen in Brandenburg statt. Parteien und politische Verantwortungsträger hatten sich intensiv darauf vorbereitet. Umfragen ließen nach dem Rekordtief bei den Kommunalwahlen 2003 ein weiter sinkendes Interesse – vor allem bei jüngeren Wählern – befürchten. Nicht nur die großen Parteien warben deshalb, diesmal das Wahlrecht zu nutzen. Auch der Städte- und Gemeindebund trat mit einem entsprechenden Appell an die Öffentlichkeit; es gelte auch zu verhindern, „dass die Extremisten in den Vertretungen Fuß fassen". Außerdem befürchteten die Parteien einen erneuten Erfolg der freien Wählergruppen, zumal sich diese nun auch überregional zu organisieren begannen. 51 Bürgerinitiativen schlossen sich sogar landesweit zur „Listenvereinigung Vereinigte Bürgerbewegungen/50Plus" zusammen. Die Parteien begegneten dem Trend, indem sie viele Parteilose auf Parteilisten nominierten. Und sie stellten deutlich mehr Kandidaten auf als 2003. Die Linken nominierten etwa 30 % mehr Kandidaten, die FDP ca. 25 %. Generell war die Zahl der Wahlvorschlagsträger sehr hoch. Nicht weniger als 88 stellten sich den Wählern. Neben den im Bundestag und im Landtag vertretenen Parteien CDU, SPD, Die Linke, DVU, FDP und Grüne/Bündnis 90 traten auch Parteien an, die in Brandenburg weniger oder fast nicht bekannt waren wie die Deutsche Kommunistische Partei, die Deutsche Soziale Union oder die Familien-Partei Deutschlands. Allein für die Kreistage standen landesweit zehn Parteien, drei politische Vereinigungen, 14 Listenvereinigungen, 50 Wählergruppen und außerdem elf Einzelbewerber zur Auswahl. Insgesamt traten bei den Kommunalwahlen neben den Parteien und Einzelbewerbern elf politische Vereinigungen, 44 Listenverbindungen und 925 Wählergruppen an. Die Wählergruppen und Vereinigungen wiesen in der Regel einen starken regionalen Bezug auf wie z. B. die Wählergruppen Aktionsbündnis Potsdam Nord/West, Bauernverband Märkisch-Oderland, Bündnis Schorfheide, die Listenvereinigung Unabhängige Wählergemeinschaft Elbe-Elster oder die Politische Vereinigung BürgerBündnis freier Wähler Hennigsdorf e. V. Doch resultierte gerade aus dieser regionalen Bindung ihre Überlegenheit gegenüber den etablierten Parteien. Landesweit traten auch die rechtsextremen Parteien DVU und NPD an; für Kreistage bewarben sich – mit einer Ausnahme – nur Kandidaten jeweils einer dieser Parteien. Insgesamt stellten sich ca. 22 000 Bewerber dem Wählervotum. Auch 14 Bürger anderer EU-Staaten kandidierten. Im Gegensatz zu dieser Bereitschaft, kommunalpolitische Verantwortung zu übernehmen, mussten in vier Gemeinden die Wahlen zu den ehrenamtlichen Bürgermeistern mangels Bewerbern abgesagt werden. Dort musste die Gemeindevertretung einen Bürgermeister aus ihrer Mitte ernennen.

    Die *Wahlbeteiligung* betrug bei den Kommunalwahlen am 28. September 2008 49,7 %. Der befürchtete Abwärtstrend im Vergleich zu den Wahlen 2003 war damit nicht eingetreten. Auch eine Auswirkung sozioökonomischer Unterschiede zwischen den

Regionen auf die Wahlbeteiligung war nicht erkennbar, wenngleich Wahlverweige-
rung als Mittel politischen Protestes – wie von Mutigen in der DDR gehandhabt – im
Vorfeld der Wahlen häufig angedroht worden war. So war im wirtschaftlichen Problemkreis Elbe-Elster die Wahlbeteiligung mit 53,7 % deutlich höher als im Kreis Barnim
(45,8 %), obwohl dieser von „Speckgürtel"-Effekt der Bundeshauptstadt eher profitierte. Die Anzahl der ungültigen Stimmen – ebenfalls als Protestmethode in der Diskussion – lag etwa 25 % niedriger als 2003.

Zwischen der Kreis- und der Gemeindeebene wiesen die *Wahlergebnisse* deutliche
Unterschiede auf. In den *Kreistagen der Landkreise* und den *Stadtverordnetenversammlungen der kreisfreien Städte* nahmen die Parteien eine starke Position ein:

Wahlvorschlag	Prozent der Stimmen
SPD	25,8
Die Linke	24,7
CDU	19,8
FDP	7,3
Grüne/Bündnis 90	4,6
DVU	1,6
Sonstige Parteien/ Politische Vereinigungen	3,0
Listenverbindungen	4,1
Einzelbewerber	0,3

Außer der CDU errangen sämtliche Parteien mehr Stimmen als 2003. All diese Stimmengewinne gingen auf Kosten der CDU. Mit einem Verlust von 8,8 % war diese der
deutliche Wahlverlierer. In den Kreisen Spree-Neiße und Havelland war die Verlust-
quote sogar zweistellig. In anderen Kreisen hingegen behielt die CDU ihre führende
Position, so in Brandenburg a. d. Havel mit 30,2 % oder im Landkreis Elbe-Elster mit
27,4 %. Landesweit hatte die CDU nur noch in vier Kreisparlamenten die Mehrheit;
2003 waren es noch zehn gewesen. Mit 3,4 % gewann die Linke im Vergleich mit 2003
die meisten Stimmen hinzu und war landesweit fast ebenso erfolgreich wie die SPD.
Doch konzentrierten sich die Stimmengewinne auf bestimmte Regionen; nur in vier der
18 Kreise errang die Linke mehr Sitze als die SPD und stellte die Mehrheit in den
Kreisparlamenten, darunter in der Landeshauptstadt Potsdam (31 %, SPD 27,1 %) und
im Landkreis Märkisch-Oderland mit 30,6 % (SPD 23,4 %). Die SPD wurde die stärkste
Partei in insgesamt zehn Kreisparlamenten; 2003 waren es nur drei gewesen. Mehr als
verdreifachen – wenn auch nur von 0,5 auf 1,8 % – konnte die rechtsextreme NPD ihren
Stimmenanteil.

Auf *Gemeindeebene* waren Wahlentscheidungen in weit höherem Maße personen-
bezogen. Die landesweiten Zahlen illustrieren dies:

Wahlvorschlag	Prozent	Sitze
Wählergemeinschaften	27,0	2410
SPD	20,5	971
Die Linke	20,1	898
CDU	17,9	950
FDP	5,6	268
Einzelbewerber	3,5	433
Grüne/Bündnis 90	2,5	77
Listenverbindungen	1,4	89
NPD	0,4	11
DVU	0,3	12
Sonstige	0,8	42

Auf acht Wahlvorschläge entfiel ein Stimmenanteil von rund 0,0 % (jeweils ein Anteil
von weniger als 1 300 Stimmen) bei landesweit einem bis drei Sitzen. Die Wendische
Volkspartei errang als einzige Bewerberin keinen Sitz.

Eindeutige Wahlsieger waren die Wählergemeinschaften, die in manchen Regionen ein Drittel der Stimmen und mehr errangen. Die Parteien hatten ihr Ziel, die Erfolge der Wählergruppen einzudämmen, nicht erreicht. Vielmehr errangen in etlichen
Orten die Wählergruppen Stimmen in einem für die Beteiligten selbst überraschenden
Ausmaß. Die Stimmengewinne gingen auf Kosten der konventionellen Parteien selbst
in Orten mit etablierten Parteiensystemen. So sank in Stahnsdorf nahe der Landeshauptstadt der Stimmenanteil der Parteien von 83,1 % bei der Wahl 2003 auf 63,8 %,
während das Ergebnis der Wählergruppe „Bürger für Bürger" von 4,9 % auf 29,3 %
anstieg. In Beelitz, ebenfalls unweit Potsdams, erhielt das erstmals antretende Bürger-
Bündnis-Beelitz 15 % und das Unabhängige Kommunalbündnis 27,6 %, die fünf Partei-
en zusammen nur 54,2 %. Die CDU verlor die Hälfte der Sitze. Die Wählergruppen
führten ihre Erfolge auf die Popularität ihrer kommunalpolitisch aktiven Kandidaten
zurück. In kleineren Orten waren Wählerentscheidungen noch sichtbarer an Personen
als an Parteien orientiert. Dies führte sogar dazu, dass selbst Mitglieder großer Parteien
nicht auf deren Listen kandidierten, sondern auf denen kommunaler Wählergemeinschaften mit populären Kandidaten. Ein markantes Beispiel dafür, das überregional
Aufmerksamkeit erregte, lieferte die Gemeinde Pessin (Amt Friesack, Kreis Havelland).
Dort ist in der Vertretung keine etablierte Partei mehr vertreten, denn 38,4 % aller
Stimmen gingen an die Wählergemeinschaft Pessiner Carnevals Club Rot-Weiß, 34,4 %
an die Wählergemeinschaft Blau-Weiß Pessin (den örtlichen Sportverein). Beide Gemeinschaften besetzten je drei der insgesamt acht Sitze und die restlichen zwei Einzelbewerber. Einer der Gemeindevertreter, ein CDU-Mitglied, hatte es vorgezogen, als
Karnevalist zu kandidieren. In welch hohem Maße auch bei Entscheidungen für Partei-
en starke Persönlichkeiten Wahlergebnisse beeinflussten, verdeutlicht das Beispiel der

Stadt Werder (Potsdam-Mittelmark), wo die CDU entgegen dem Landestrend etwa jede zweite Stimme erhielt, was allgemein dem erfolgreichen kommunalpolitischen Wirkens des CDU-Bürgermeisters zugeschrieben wurde. Das Verlangen nach Sicherheit und Kontinuität kam nicht zuletzt darin zum Ausdruck, dass nur in wenigen Fällen junge Kandidaten den Einzug in die Kommunalparlamente schafften. Die drei rechtsextremen Parteien NPD, DVU und Republikaner errangen zusammen landesweit lediglich 0,8 % aller Stimmen (24 Sitze).

Zugleich mit den Wahlen zu den Kommunalvertretungen fanden in 270 der insgesamt 416 kreisangehörigen Gemeinden *Bürgermeisterwahlen* statt. Davon fiel in 240 Gemeinden die Entscheidung in der Hauptwahl, in 28 Gemeinden in einer Stichwahl. In zwei Gemeinden erhielt kein Bewerber die erforderliche Stimmenzahl. Dort wurde der Bürgermeister – ebenso wie da, wo sich erst gar kein Bewerber gefunden hatte – durch die kommunale Vertretung gewählt. Wie bei den Vertretungen favorisierten die Wähler oft die ihnen vertrauten Kandidaten von Wählergruppen und die Einzelbewerber. Insgesamt erhielten diese mehr als zwei Drittel der Stimmen, davon 34,4 % Kandidaten der Wählergruppen (93 Bürgermeister) und 37 % die Einzelbewerber (100 Bürgermeister). CDU und SPD erhielten je 10,7 % und konnten damit je 29 Bürgermeister stellen. Die FDP erhielt 3 % der Stimmen und stellte acht Bürgermeister, ebenso die Linke. Ein Bürgermeister war von einer Listenvereinigung nominiert worden. Auch in der Folgezeit mussten Bürgermeister aus verschiedenen Gründen gewählt werden. So lief im Herbst 2009 in 39 Städten und Gemeinden die achtjährige Amtszeit von Bürgermeistern aus. Bei den aktuellen Bürgermeisterwahlen waren die Wählerentscheidungen erneut stark personen- und weniger parteibezogen. Erfolgreiche Bürgermeister, die sich wieder zur Wahl stellten, wurden vielfach mit großer Mehrheit im Amt bestätigt. In manchen kleineren Orten trat gar kein Gegenkandidat an..

7   Direkte Demokratie in der Kommune

7.1   Vielfältige Formen direkter Demokratie

Ein vielgestaltiges Instrumentarium direkter Demokratie bietet Möglichkeiten, kommunale Politik nicht nur zu beeinflussen, sondern – weit über Wahlen hinaus – auch mitzugestalten. Im Unterschied zu den Kommunalwahlen können bei einer Reihe dieser Formen unmittelbarer Meinungsäußerung und Entscheidung nicht nur die wahlberechtigten Bürger, sondern auch die übrigen Einwohner ihren Willen demokratisch artikulieren, in manchen Fällen auch vor Vollendung des 18. Lebensjahrs.

Die im Vergleich zu anderen Bundesländern umfassender ausgestaltete direkte Demokratie war im Vorfeld der Annahme von Brandenburgs erster Kommunalverfassung Anlass kontroverser Debatten gewesen. Kritiker befürchteten, dass insbesondere die vergleichsweise niedrigen Quoren für Bürgerbegehren, Bürgerentscheid und Einwohnerantrag zum Missbrauch führen könnten. Die neue Kommunalverfassung gibt den Kommunen sogar das Recht, das Quorum bei einem Einwohnerantrag von 5 % abzusenken.

Die Kommunalverfassung setzt die Information der Einwohner über wichtige kommunale Angelegenheiten als Grundlage für eine fundierte Ausübung demokratischer Mitbestimmungsrechte voraus. Sie schreibt deshalb die *Unterrichtung und Beteiligung* der betroffenen Einwohner vor. Die Formen der Einwohnerbeteiligung müssen in der Hauptsatzung geregelt werden. Darüber hinaus ist die Regelung von Einzelheiten in einer gesonderten Satzung möglich. Rechtliche Instrumente der Unterrichtung und Beteiligung sind

- die *Öffentlichkeit der Sitzungen* der Vertretung und ihrer Ausschüsse (mit Ausnahme bestimmter Tagesordnungspunkte);
- das Recht der *Einsichtnahme* in Beschlussvorlagen der von der Vertretung in öffentlicher Sitzung behandelten Tagesordnungspunkte;
- die *Einwohnerfragen* als Tagesordnungspunkt der öffentlichen Sitzung der Vertretung, hier können Einwohner nicht nur Fragen stellen, sondern auch Vorschläge und Anregungen unterbreiten;
- die *Anhörung von Einwohnern*, die von kommunalpolitischen Entscheidungen betroffen sind,
- *Einwohnerversammlungen* und weitere gemeindespezifische Formen der Unterrichtung betroffener Einwohner,
- *Bürgerinitiativen* als zwar nicht durch die Kommunalverfassung abgedeckte, aber intensiv genutzte Möglichkeit demokratischer Interessenvertretung.

Weitere der spezifischen Formen, z. B. besondere Beteiligungsformen für Kinder und Jugendliche, kann die Gemeinde festlegen.

Die von Bürgern häufig in Anspruch genommenen bedeutendsten Formen demokratischer Mitbestimmung sind *Bürgerbegehren* und *Bürgerentscheid*. Die letzte Kommunalverfassung der DDR hatte bereits die Erfahrungen der friedlichen Revolution reflektiert und in den Gemeinden Bürgerbegehren und -entscheid vorgesehen. Die Brandenburger Kommunalverfassung bewahrte dieses Erbe und dehnte es auch auf die Kreisebene aus. Über eine kommunale Angelegenheit kann die Bürgerschaft einen Bürgerentscheid mittels eines Bürgerbegehrens herbeiführen. Das Bürgerbegehren kann sich auch gegen einen Beschluss der Gemeindevertretung bzw. des Kreistages oder des Haupt- bzw. Kreisausschusses richten. Es muss neben der zu entscheidenden Frage und ihrer Begründung „einen nach den gesetzlichen Bestimmungen durchführbaren Vorschlag zur Deckung der voraussichtlichen Kosten der verlangten Maßnahme im Rahmen des Gemeindehaushalts enthalten". Bei der Einleitung eines Bürgerentscheids besteht Anspruch auf Hilfe durch die Gemeinde bzw. den Landkreis. Ist das Bürgerbegehren von mindestens 10 % der Bürger unterzeichnet, führt es – sofern ihm die Vertretung nicht bereits entsprochen hat – zu einem Bürgerentscheid. Dieser bedarf für einen

Erfolg einer Mehrheit von 25 % der gültigen Stimmen. Ein so zustande gekommener Bürgerentscheid hat die Wirkung eines endgültigen Beschlusses der Gemeindevertretung.

Ein zehn Punkte umfassender Katalog bestimmt, in welchen Angelegenheiten ein Bürgerentscheid nicht stattfinden kann. Die wichtigsten ausschließenden Sachverhalte sind – außer selbstredend der Verfolgung gesetzwidriger Ziele – Pflichtaufgaben zur Erfüllung nach Weisung und Auftragsangelegenheiten, Rechtsverhältnisse der Gemeindevertreter, des Bürgermeisters und der Gemeindebediensteten, Gemeindeabgaben, kommunale Umlagen und Tarife, Satzungen zur Regelung des Anschluss- und Benutzungszwanges sowie Entscheidungen nach dem Baugesetzbuch und Angelegenheiten, über die im Rahmen eines Planfeststellungsverfahrens oder im Rahmen eines förmlichen Verwaltungsverfahrens zu entscheiden ist.

In zwei Fällen kann ein Bürgerentscheid durch die Gemeindevertretung herbeigeführt werden. Dies sind zum einen Gemeindezusammenschlüsse; zum anderen kann die Vertretung beschließen, über die Änderung eines Bürgerentscheids, der noch nicht zwei Jahre zurückliegt, einen neuen Entscheid durchzuführen.

Mittels eines Bürgerentscheids kann auch ein Bürgermeister bzw. Oberbürgermeister vor Ende der Amtszeit abberufen werden. Gegen eine mögliche inflationäre Handhabung dieses Mittels hat der Gesetzgeber Schranken eingebaut. Für das dem Entscheid vorausgehende Bürgerbegehren sind wesentlich höhere Quoren vorgegeben als bei einem Begehren, das auf einen Sachentscheid abzielt. In Abhängigkeit von der Einwohnerzahl betragen sie zwischen 15 und 25 %. Im Bürgerentscheid muss mindestens ein Viertel der wahlberechtigten Bürger für die Abwahl des Bürgermeisters stimmen. Entsprechende Vorschriften gelten für die Abwahl des Landrats.

Nicht nur wahlberechtigte Bürger, sondern alle Einwohner ab dem 16. Lebensjahr können über einen *Einwohnerantrag* veranlassen, dass die Gemeindevertretung über eine bestimmte Angelegenheit der Gemeinde berät und entscheidet. Der Antrag bedarf zu seiner Wirksamkeit der Unterschriften von mindestens 5 % dieser Einwohner, sofern die Vertretung dieses Quorum nicht herabgesetzt hat. Der Einwohnerantrag greift in die Hoheitsbefugnisse der Vertretung nicht ein, gibt dieser einen Beratungsgegenstand jedoch verbindlich vor. Sie muss darüber spätestens in ihrer nächsten ordentlichen Sitzung beraten und entscheiden.

Bedurften alle bisher genannten Möglichkeiten direkter Demokratie der Willensartikulation einer Mindestzahl von Bürgern oder Einwohnern, so kann das *Petitionsrecht* auch von einzelnen Personen wahrgenommen werden. Jeder hat das Recht, sich mit Vorschlägen, Hinweisen oder Beschwerden an die Gemeindevertretung oder den Bürgermeister, den Kreistag oder den Landrat zu wenden. Damit hat das Petitionsrecht in Brandenburgs Kommunalverfassung einen Impulscharakter und geht so über die adäquate Regelung des Grundgesetzes hinaus, das in Art. 17 lediglich ein Recht auf „Bitten oder Beschwerden" zugesteht. Der Einreicher muss innerhalb von vier Wochen eine Stellungnahme oder – ist dies nicht möglich – einen Zwischenbescheid bekommen. Das Petitionsrecht kann nicht nur von einzelnen, sondern auch von mehreren Personen gemeinschaftlich ausgeübt werden. Diese Regelung hat für die neuen Länder besonderes Gewicht, weil in der DDR die dem Petitionsrecht vergleichbaren Rechte – einen staatsfeindlichen Hintergrund bei dessen gemeinsamer Wahrnehmung argwöhnend – nur dem einzelnen Bürger und (seit Inkrafttreten der Verfassung von 1968) auch den „den Gemeinschaften der Bürger" ein Recht zum Einreichen von Eingaben zubilligten.

Zu den unmittelbaren Gestaltungsmöglichkeiten gehört die Mitarbeit als *sachkundige Einwohner"* in den Ausschüssen der Vertretung. Sie werden in diese Funktion durch die Vertretung berufen. Sachkundige Einwohner haben im jeweiligen Ausschuss ein aktives Teilnahmerecht, können jedoch nicht Ausschussvorsitzende bzw. Stellvertreter sein. Ferner sind die Bürger durch die Übernahme *ehrenamtlicher Tätigkeit* in der Kommune gestaltend tätig. Sie können dazu verpflichtet werden. Die Übernahme ehrenamtlicher Tätigkeit kann nur aus einem wichtigen Grund abgelehnt werden.

Das Instrumentarium unmittelbarer Demokratie erfreut sich bei den Brandenburgern reger Resonanz. Es kam zu zahlreichen Sachbegehren. Sie waren beispielsweise gegen den Ausbau der Wasserstraße Havel (Potsdam, April 1996 oder gegen die Auflösung der Brandenburgischen Philharmonie (Potsdam, Juli 1999) gerichtet. Eine Vielzahl von Bürgerbegehren und –entscheiden gab es im Zusammenhang mit der Gemeindestrukturreform. Eines der jüngsten Beispiele zu eingeleiteten Bürgerbegehren ist auf eine Direktwahl des Landrats im Kreis Oberspreewald-Lausitz gerichtet(s. 4.3). In einer Reihe von Kommunen wurden haupt- oder ehrenamtliche Bürgermeister abgewählt. Beispiele dazu reichen bis in die Zeit unmittelbar nach den Kommunalwahlen von 2008. Nur wenige Monate nach diesen Wahlen wurden die Bürger dreier Brandenburger Orte nochmals zu den Urnen gerufen. Weil dort gegen die Bürgermeister – jedoch unter ambivalenten Umständen – Vorwürfe erhoben wurden, für das Ministerium für Staatssicherheit der DDR gearbeitet zu haben, sollten Bürgerentscheide über deren Verbleib im Amt entscheiden. In Friesack (Havelland) war der Bürgermeister erst im September 2008 gewählt worden. MfS-Kontakte während seiner Armee-Zeit vor über einem Vierteljahrhundert hatte er nicht bestritten. Beim Bürgerentscheid am 1. März 2009 votierten mehr als drei Viertel der Abstimmenden für seinen Verbleib im Amt. Die Arbeit des Bürgermeisters von Milower-Land (Havelland) für das MfS war erst im November 2008 bekannt geworden. Dennoch votierte die Mehrheit der abstimmenden Bürger gegen seine Amtsenthebung. In Welzow (Kreis Spree-Neiße) wurde der Bürgermeister nach zehnjährigen Auseinandersetzungen über die Stasi-Problematik, auch einem Rechtsstreit, im Februar 2009 durch Bürgerentscheid abgewählt. All diese Beispiele machen deutlich, dass sich die Befürchtungen über einen Missbrauch unmittelbarer Demokratie, die vor allem wegen der niedrigen Quoren geäußert worden waren, als unbegründet erwiesen.

In Brandenburg machen Bürger häufig vom Instrument der *Bürgerinitiative* Gebrauch. Es handelt es sich um kein rechtlich sanktioniertes, aber wegen der erheblichen Öffentlichkeits- und Langzeitwirkung sehr effizientes Mittel der Interessenvertretung, das eine Vielzahl Betroffener erfasst. Bei den unterschiedlichsten kommunalen Anliegen, auf die solche Initiativen gerichtet sind, geht es häufig um verkehrspolitische

Probleme wie Ortsumgehungen oder -durchfahrten, Bahnanbindungen, Trassenfüh-rungen oder Schallschutzwände. Viele Themen verfolgen darüber hinaus Ziele, die auch überregionale Auswirkungen haben und deshalb die Aufmerksamkeit der Lan-despolitik finden. Dazu gehörten in den letzten Jahren die Bürgerinitiativen „Wind-kraftanlagen in der Nauener Platte" (2005), „Pro Flughafen Neuhardenberg" (2006), „Überprüfung der Notwendigkeit vollbiologischer Kleinkläranlagen" (2008) oder „Be-zahlbares Wasser" (2008). Bundesweit bekannt wurde die Bürgerinitiative „Freie Hei-de" gegen das Bombodrom in der Kyritz-Ruppiner Heide.

Nach dem Vorbild anderer Bundesländer gewinnt in jüngster Zeit auch in Bran-denburg die *Bürgerbefragung* als Form unmittelbarer Demokratie an Gewicht. Die Kommunalaufsicht hat Anträgen, diese in die Hauptsatzung – z. B. der Landeshaupt-stadt Potsdam – aufzunehmen, bereits zugestimmt. Bei der Bürgerbefragung kann die Kommune zu umstrittenen Themen per Post, Internet oder Telefon Bürgervoten einho-len. Obwohl diese nicht verbindlich sind, bleiben sie nicht ohne Einfluss auf kommuna-le Entscheidungen.

7.2   Beauftragte und Beiräte

Eine spezielle Form des von der Kommunalverfassung legitimierten und forcierten bürgerschaftlichen Engagements ist das Wirken der Beauftragten und Beiräte. Die Kommunalverfassung gibt vor, dass in den amtsfreien Gemeinden *Gleichstellungsbeauf-tragte* durch die Gemeindevertretung zu benennen sind. Ihnen obliegt es, für den in der Kommunalverfassung (§ 19) formulierten Grundsatz der Gleichstellung von Frau und Mann hinzuwirken. Der Gleichstellungsbeauftragte ist dem hauptamtlichen Bürger-meister unmittelbar unterstellt und in Gemeinden mit mehr als 30.000 Einwohnern hauptamtlich tätig. Er nimmt zu kommunalen Maßnahmen und Beschlüssen Stellung, die Auswirkungen auf die Gleichstellung von Frau und Mann haben. Ist er anderer Meinung als der hauptamtliche Bürgermeister, hat er das Recht, sich an die Gemeinde-vertretung oder deren Ausschüsse zu wenden.

Die Hauptsatzung kann ferner einen *Beauftragten* oder *Beirat zur Integration* von Einwohnern vorsehen, die nicht über die deutsche Staatsangehörigkeit verfügen. Auch für die Interessen *anderer Gruppen* können Beiräte oder Beauftragte gewählt oder be-nannt werden. Den Beiräten ist Gelegenheit zu geben, gegenüber der Gemeindevertre-tung zu Maßnahmen und Beschlüssen Stellung zu nehmen, die Auswirkungen auf ihr Aufgabengebiet haben.

Neuerdings kamen Forderungen nach juristischer Etablierung der Jugendarbeit in den Kommunen auf. Die vom Landestreffen Brandenburgischer Jugendbeteiligungs-gruppen Anfang September 2009 verabschiedete „Seddiner Erklärung" verlangte, nach dem Vorbild Schleswig-Holsteins die Kommunalverfassung um eine Regelung zu er-gänzen, dass Kinder und Jugendliche bei Vorgängen beteiligt werden, die ihre Interes-sen berühren.

7.3   Seniorenvertretungen

Ein Fünftel der Brandenburger ist älter als 65 Jahre. Für 2030 wird prognostiziert, dass dieser Anteil auf ein Drittel ansteigen wird. Auch die Kommunalpolitik musste sich auf diesen Umstand einstellen. 2007 beschloss die Landesregierung deshalb *Seniorenpolitische Leitlinien* als Orientierungshilfe für Kommunen, Verbände und Unternehmungen im Umgang mit dem demografischen Wandel. Darauf basierend hatten Mitte 2008 bereits 25 Kreise, Städte und Gemeinden eigene Seniorenpolitische Leitlinien entwickelt, in weiteren 38 Kreisen, Städten und Gemeinden waren sie in Vorbereitung. Diese Leitlinien zielen darauf ab, unter den konkreten örtlichen Verhältnissen die sozial- und wirtschaftspolitischen, aber auch bildungs- und kulturpolitischen Bedürfnisse älterer Menschen zu formulieren und entsprechende kommunalpolitische Maßnahmen einzuleiten.

Eine wichtige Funktion in der Interessenvertretung älterer Menschen haben die *Seniorenbeiräte*. Diese Beiräte gibt es seit Mitte 2008 in sämtlichen Landkreisen und kreisfreien Städten und in mehr als drei Viertel der amtsfreien Gemeinden. In weiteren Orten gibt es Aktivitäten, Seniorenbeiräte zu bilden. In der Mehrzahl dieser Vertretungen haben sich Senioren informell zusammengefunden, um kommunale Entwicklungen mitzugestalten. Manche können sich aber auch auf die Legitimation durch die kommunale Vertretung stützen, einige sogar auf die Direktwahl durch die Senioren des Ortes. Landesweit waren im September 2007 1.949 Senioren ehrenamtlich in den Beiräten aktiv. Während die Seniorenbeiräte der Landkreise und kreisfreien Städte zwischen 12 und 25 Mitglieder haben, schwanken die Zahlen auf lokaler Ebene zwischen 3 und 94. Signifikant ist mit 66,4 % das Überwicht der Frauen. Viele kommunale Abgeordnete sind Mitglieder der Seniorenbeiräte der Städte und Gemeinden. In den Beiräten der Landkreise sind Kreistagsabgeordnete jedoch die Ausnahme; Stadtverordnete der kreisfreien Städte fehlen in den Seniorenbeiräten gänzlich.

Seniorenbeiräte beeinflussen als Institutionen politischer Teilhabe und ehrenamtlicher Mitwirkung Entscheidungen der Vertretungen, indem sie in deren Vorfeld wirken und – in vielen Fällen mit Rederecht – an der Arbeit der Ausschüsse teilnehmen. Sozial- und Gesundheitspolitik haben einen erheblichen Stellenwert im Wirken der Beiräte, doch erfasst dieses mittlerweile eine Vielzahl anderer Wirkungsbereiche wie in der Bildung durch Zeitzeugenprogramme und Generationendialoge, in kommunikativen Bereichen z. B. nach dem Vorbild der in Nordrhein-Westfalen und Schleswig-Holstein entwickelten Projekte „Markt-Treff", in der Kriminalitätsprävention oder in Kultur- und Sportprojekten. Wegen des breiten Aufgabenspektrums häuften sich schon bald Forderungen, die Beiratsarbeit auch formell zu stärken. Zwar die empfiehlt die neue Kommunalverfassung die Einrichtung von Beiräten als Regelungsbereich der Hauptsatzung und erhöht dadurch den kommunalpolitischen Stellenwert auch der Seniorenbeiräte. Doch ist die Entscheidung, ob ein Seniorenbeirat gebildet und welche Kompetenz ihm eingeräumt wird, Gegenstand der kommunalen Selbstverwaltung. 2008 waren die Rechte der Seniorenbeiräte bereits in den Hauptsatzungen von 30 Kreisen, Städten und Gemeinden fixiert. Als beispielhaft gilt die Hauptsatzung der Stadt Falkensee

(Kreis Havelland). Sie enthält die Rechte des Seniorenbeirates, u. a. Rederecht in den Ausschüssen der Stadtverordnetenversammlung und eine finanzielle Unterstützung durch die Stadt. Doch in einigen Orten wehren sich Bürgermeister immer noch gegen die Installation von Seniorenbeiräten oder sie versuchen, die ehrenamtlichen Aktivitäten von Senioren auf soziales Engagement zu beschränken. Selbst in der Landeshauptstadt musste sich der Seniorenbeirat noch Anfang 2009 gegen Bestrebungen wehren, bei der anstehenden Änderung der Hauptsatzung bereits erreichte Regelungen über seine Teilhabe zu reduzieren.

8   Offene Probleme

8.1   Finanzausstattung der Kommunen

Permanent klagen Kommunen über ihre nicht auskömmliche Finanzausstattung. Wenngleich dieses Problem nicht auf Brandenburg beschränkt ist, wirken hier spezifische Aspekte. Während etliche Kommunen im Berlin nahen „Speckgürtel" über ein attraktives Budget verfügen, klafft ein signifikanter Kontrast zu den ländlichen Regionen fern der Hauptstadt, so dass weit über die Hälfte der selbständigen Gemeinden 2007 keinen ausgeglichenen Haushalt vorlegen konnte. 2008 hatten von den 14 Landkreisen lediglich vier, die sämtlich an Berlin grenzen, einen ausgeglichenen Haushalt. Anschaulich wird die Kluft im Vergleich der beiden benachbarten Spreewaldkreise. Der an Berlin grenzende Landkreis Dahme-Spreewald verzeichnete infolge hoher Steuereinnahmen 2007 einen Haushaltsüberschuss und ging sogar mit einer Rücklage in das Haushaltsjahr 2008. Seinen Einwohnern stand ein Sozialpaket zur Verfügung, das u. a. kostenfreies letztes Kitajahr oder Gebührenbefreiung vom Schulessen für die Kinder von Geringverdienern enthielt. Zusätzliche Bildungsangebote in Englisch und musikalischer Früherziehung wurden geschaffen. Der Haushalt des Berlin-fernen Nachbarkreises Oberspreewald-Lausitz wies dagegen das landesweit höchste Defizit auf und musste auf dergleichen Vergünstigungen verzichten. Nach Befürchtung der Betroffenen könnten diese Differenzen dazu führen, dass sie an Attraktivität einbüßen und der Abstand sich noch weiter vermehrt. Außerdem werden die Schlüsselzuweisungen gemäß dem kommunalen Finanzausgleichsgesetz nach Fläche und Einwohnerzahl bemessen. Infolgedessen erhielt der finanz-, doch zugleich auch einwohnerschwache Kreis Oberspreewald-Lausitz 2008 weniger Zuweisung als der „wohlhabende" Nachbar.

Die Situation eskalierte weiter, als der Landtag im April 2008 infolge einer Volksinitiative den Beitragszwang für den Schülertransport aufhob und den Kreisen die Regelung überließ. Kreise im „Speckgürtel" führten nun den kostenlosen Schülertransport ein, während er in anderen Kreisen mit einem höheren Anteil sozial Schwacher von den Eltern bezahlt werden musste. Ein Hilfsfonds des Innenministeriums für in Not geratene

Kommunen in Höhe von 58,9 Millionen Euro konnte zwar die Differenzen teilweise ausgleichen, aber nicht grundsätzlich beheben. Der Landrat des besonders betroffenen Kreises Uckermark erhob der Vorwurf, dass Brandenburg durch die Politik der Landesregierung „zweigeteilt" würde. Dieser Kreis, der seit 1998 keinen ausgeglichenen Haushalt mehr aufgestellt hatte, klagte vor dem Landesverfassungsgericht gegen die aus seiner Sicht zu geringe Finanzausstattung durch das Land. Die Klage scheiterte jedoch. Die Schlüsselzuweisungen seien angemessen, befanden die Richter.

Diese Spannungssituation führte auch zu Differenzen über die den Kommunen vom Land übertragenen Aufgaben. Exemplarisch dafür war ein Rechtsstreit über die Finanzierung weitreichender Aufgaben bei der Betreuung behinderter und pflegebedürftiger Menschen, die die Kommunen im Auftrag des Landes wahrnehmen. Das Land hätte sich gelegentlich einer Änderung der Bundessozialgesetzgebung, so der Vorwurf des Landkreistages, „aus der Verantwortung gestohlen". Es entschädigte seit 2007 die Kommunen in Form einer Pauschale, die sich an der Einwohnerzahl und Finanzkraft der Kreise, nicht aber an der Zahl der real anfallenden Pflegefälle bemaß, mit der Folge, dass die Kreise mit starker Abwanderung Arbeitsfähiger und folglich hohem Altersdurchschnitt Kosten in Millionenhöhe aus eigenem Budget begleichen mussten. In der Regel betraf dies die ohnehin finanzschwachen Kreise. Fünf Landkreise und zwei kreisfreie Städte erhoben deshalb Verfassungsbeschwerde. Am 15. Dezember 2008 entschied das Landesverfassungsgericht zugunsten der Kommunen. In der Öffentlichkeit wurde das Urteil als Signal an die Landesregierung gewertet. Sie könne, so schrieb eine verbreitete Zeitung, „mit den Kommunen nicht einfach umspringen, wie es ihr in den Haushalt passt".

In welchem Ausmaß die aktuelle Wirtschafts- und Finanzkrise kommunale Handlungsfelder beeinflusst, ist noch nicht vollständig absehbar. Einen möglichen Eindruck davon vermittelten Anfang 2009 die massiven Kontroversen um die Mittel des Konjunkturpakets II. Die Kommunen verlangten deren allgemeine Aufteilung, um damit eigenständig über Investitionen zu entscheiden. Die Landesregierung hingegen befürchtete, dass bei diesem „Gießkannenprinzip" das Gros der Gelder im Sande verlaufen würde, und präferierte eine – von den kommunalen Verbänden wiederum als „Leuchtturmpolitik" verworfene – Konzentration auf Schwerpunktprojekte. Beobachter sprachen von dem seit Jahren schwersten Zerwürfnis zwischen den Kommunen und der Landesregierung. Da die Kommunalverbände zudem noch befürchteten, nicht angemessen in die Erarbeitung des Konzepts zur Mittelaufteilung einbezogen zu werden, warfen sie der Regierung „zentralistische Tendenzen" vor. Mit der schließlich erzielten Einigung, etwa die Hälfte der Mittel ohne Zweckbindung an die Kommunen zu überwiesen, hatten sich zwar die Kommunen partiell durchgesetzt, doch die Verteilungskämpfe über den restlichen Teil der Finanzen sollten bald erneut einsetzen, zumal viele Kommunen geltend machten, den geforderten Eigenanteil von 15 % nicht aufbringen zu können. Diesen finanzschwachen Kommunen stellte das Land eine Senkung des Eigenanteils auf 10 % und zinslose Vorfinanzierung vorgesehener Projekte in Aussicht. Für finanzschwach erklärten sich Anfang August 2009 drei der vier kreisfreien Städte, sieben Landkreise und 42 Gemeinden.

8.2   Anschluss- und Benutzungszwang.

In verschiedenen Regionen gewinnen Bestrebungen an Gewicht, aus dem Zwang zur Benutzung der Anfang der 1990er-Jahre errichteten überdimensionalen Abwasserbeseitigungsanlagen auszubrechen. Dies aber stellt den Anschluss- und Benutzungszwang als Element der Kommunalverfassung in Frage. Insbesondere die Familien oder Ortsteile, die an zentrale Netze noch nicht angeschlossen sind, präferieren die Abwasserverwertung auf dem eigenen Anwesen oder in kleinen dezentralen Gemeinschaftsanlagen. Sie machen geltend, dass kleine Anlagen billiger sind, und führen vor allem ökologische Argumente an: das kostbare Abwasser solle im niederschlagsarmen Brandenburg in der jeweiligen Region verbleiben. Die kommunalen Abwasserzweckverbände jedoch benötigen für die Rentabilität und Funktionstüchtigkeit ihrer langen Rohrleitungen viele Anschlüsse. Dennoch konnten Bürgergruppierungen auch mit Hilfe von Kommunalpolitikern bereits erste Erfolge erzielen. Bereits 2009 gibt es Orte, in dem die Hälfte aller Grundstücke mit Kleinkläranlagen ausgestattet ist.

Landesweites Aufsehen erregte der „Güllekrieg von Rauen" (Landkreis Oder-Spree). Dort stritt eine Familie über einen Zeitraum von etwa einem Jahrzehnt mit dem Abwasserzweckverband Fürstenwalde um den Anschlusszwang. Obwohl die Familie eine eigene Nutzwasser-Rückgewinnungsanlage hat, ließ der Zweckverband mit Polizeigewalt und auf Kosten der Eigentümer einen Kanalanschluss anlegen und Klärschlamm unter Anwaltsaufsicht und Polizeischutz abpumpen. Eine Klage vor dem Verwaltungsgericht wurde abgewiesen. Es folgten eine spektakulär inszenierte öffentliche Selbstmorddrohung der Betroffenen und die Ankündigung des Zwecksverbandes, das Grundstück zwangsweise zu versteigern. Eine Klage beim Bundesverfassungsgericht wurde aus formalen Gründen abgelehnt.

8.3   Zweite Kreisreform

Unter den Überlegungen für künftige Reformvorhaben als Reaktion auf massive Strukturprobleme in den ländlichen Regionen und die demografische Entwicklung sind Pläne über eine Reduzierung der Landkreise die einschneidendsten. Der Koalitionsvertrag von SPD und CDU sah eine solche Reform jedoch für die im Herbst 2009 endende Legislaturperiode noch nicht vor. Dennoch gab es wiederholt Anregungen zur Zusammenlegung von Kreisen. So kursierte Anfang 2007 ein Vorschlag, der zwischen dem engeren Verflechtungsraum zu Berlin und dem ländlich geprägten Raum differenzierte. Doch im Juli 2007 hatte das Landesverfassungsgericht Mecklenburg-Vorpommern die Bildung von fünf Großkreisen, gegen die nahezu alle Kreise geklagt hatten, als Verstoß gegen die kommunale Selbstverwaltung und deshalb für verfassungswidrig erklärt. Brandenburgs Innenminister reagierte darauf mit der Äußerung, das Urteil schaffe auch für Brandenburg Klarheit darüber, „dass bei der Modernisierung der öffentlichen Verwaltung nicht die Bildung weniger Großkreise die Lösung sein kann, sondern dass es auf die Stärkung einer bürgernahen Verwaltung vor Ort ankommt".

Doch die vollzogenen Kreisreformen in den Nachbarländern Sachsen und Sachsen-Anhalt und das erneute Aufgreifen des Problems in Mecklenburg-Vorpommern 2009 gaben auch entsprechenden Überlegungen in Brandenburg neuen Auftrieb. Spitzenpolitiker beider Koalitionsparteien bekundeten Einigkeit über die Notwendigkeit einer Kreisreform. Bei den Landräten stießen solche Überlegungen jedoch auf Skepsis. Je größer der Kreis, so machten sie geltend, desto schwieriger sei es, Demokratie zu gestalten, regionale Identität zu entwickeln und eine funktionierende Infrastruktur aufrechtzuerhalten. Ungeachtet der Reformdebatten begannen Nachbarkreise mit parallelen Problemlagen grenzübergreifend zu kooperieren, z. B. die Kreise Uckermark und Barnim im Gesundheitswesen. In der „Energieregion Lausitz-Spreewald" koordinieren die Stadt Cottbus und vier Landkreise die regionale Wirtschaftspolitik. Einen organisatorischen Zusammenschluss aber lehnten sie ab. So scheiterten Pläne des Landkreises Spree-Neiße zu einer Fusion mit der Stadt Cottbus an deren Widerstand, weil sie ihre Kreisfreiheit nicht aufgeben wollte. Im Koalitionsvertrag zu Beginn der 5. Wahlperiode des Landtags vom November 2009 hieß es zu diesem Problemkreis: „Die Koalition hält eine flächendeckende Kreisgebietsreform nicht für notwendig. Die Landesregierung wird die Leistungsfähigkeit der kreisfreien Städte hinsichtlich der Aufgabenerfüllung als untere staatliche Landesbehörde überprüfen. Die Koalition unterstützt freiwillige Zusammenschlüsse von Landkreisen bzw. von Landkreisen mit kreisfreien Städten.".

Literaturhinweise

Bogumil, Jörg/Holtkamp, Lars: Kommunalpolitik und Kommunalverwaltung. Eine policyorientierte Einführung, Wiesbaden 2009.

Böttcher, Karl-Ludwig/Graf, Jens: Kommunalverfassung des Landes Brandenburg. Textsammlung mit einer erläuternden Einführung, Dresden 2008.

Büchner, Christiane/Franzke, Jochen: Das Land Brandenburg. Kleine politische Landeskunde. 5., überarbeitete und erweiterte Auflage, Potsdam 2010.

Büchner, Christiane/Franzke, Jochen/Nierhaus, Michael (Hrsg.): Verfassungsrechtliche Anforderungen an Kreisgebietsreformen: zum Urteil des Landesverfassungsgerichts Mecklenburg-Vorpommern, KWI-Gutachten, Heft 2, Potsdam 2008.

Mann, T./Püttner, G.: Handbuch der kommunalen Wissenschaft und Praxis, Band I: Grundlagen und Kommunalverfassung, 3., völlig neu bearbeitete Auflage. Berlin, Heidelberg 2007.

Nassmacher, H. und Nassmacher, K.: Kommunalpolitik in Deutschland, Wiesbaden 2007.

Kommunalpolitik in Bremen

Michael Scherer

1   Einleitung

Die Präambel der Landesverfassung der Freien Hansestadt Bremen lautet:

> „Erschüttert von der Vernichtung, die die autoritäre Regierung der Nationalsozialisten unter Missachtung der persönlichen Freiheit und der Würde des Menschen in der jahrhundertealten Freien Hansestadt Bremen verursacht hat, sind die Bürger dieses Landes willens, eine Ordnung des gesellschaftlichen Lebens zu schaffen, in der die soziale Gerechtigkeit, die Menschlichkeit und der Friede gepflegt werden, in der der wirtschaftlich Schwache vor Ausbeutung geschützt und allen Arbeitswilligen ein menschenwürdiges Dasein gesichert wird."

Die Bremer Landesverfassung geht zurück auf das Jahr 1947. Die erste wieder frei gewählte Bremische Bürgerschaft, das Landesparlament, hat diese Verfassung am 15. September 1947 beschlossen, der die Wahlberechtigten in Bremen und Bremerhaven in einer Volksabstimmung am 12. Oktober 1947 mit großer Mehrheit zugestimmt haben. Am 21. Oktober 1947 trat die Verfassung in Kraft. Aus diesem Jahr datiert auch die Grundlegung für die kommunale Selbstverwaltung des entstehenden Zwei-Städte-Staates Bremens, der innerhalb des Verfassungssystems der Bundesrepublik Deutschland eine Ausnahmeerscheinung ist und bleibt. Zwei Städte bilden zusammen das Bundesland mit der offiziellen Bezeichnung „Freie Hansestadt Bremen": bestehend aus Bremen und Bremerhaven, regiert als Land und Stadt Bremen vom Senat der Freien Hansestadt Bremen sowie die Stadt Bremerhaven, die vom Magistrat der Stadt Bremerhaven geführt wird. Das erscheint auf den ersten Blick als sehr kompliziert, ist aber eigentlich recht überschaubar. Das gilt auf den zweiten Blick besonders für die Kommunalpolitik.

2   Historischer Abriss

Den Anfang bildete die Siedlung Bremen am Ufer der Weser. Im Jahre 787 unter Karl dem Großen zum Bischofssitz erhoben, entwickelte sich aus der Marktsiedlung die

Stadt Bremen, welcher 965 aus der Hand Kaiser Ottos I. das Marktprivileg verliehen wurde. Ein verbrieftes eigenes Stadtrecht erhielt Bremen mit der so genannten Barbarossa-Urkunde durch Kaiser Friedrich I. im Jahre 1186, die den Weg von der landesherrlichen Bischofsstadt zur freien Reichsstadt eröffnete.

Anfang des 13. Jahrhunderts bildete sich in Bremen ein Rat mit einem Bürgermeister an der Spitze, der dem geistlichen Stadtherrn, dem Erzbischof, zunehmend das Herrschaftsrecht bestritt. Bremen gab sich ein eigenes Stadtrecht, das als so genannte „Eintracht" in der Fassung von 1433 Jahrhunderte lang die Grundlage einer bremischen Verfassung bildete.

Bereits 1358 war Bremen der Hanse beigetreten. Bremen hatte zwar formal noch nicht den Status einer unmittelbar freien Reichsstadt, wurde aber bereits ab 1461 vom Kaiser zu den Reichstagen geladen. Kaiserliche Privilegien aus den Jahren 1541 und 1542 vertieften Bremens Unabhängigkeit vom erzbischöflichen Landesherrn.

Durch das Linzer Diplom vom Jahre 1646, gegen Ende des Dreißigjährigen Krieges, wurde Bremen aus der Hand Kaiser Ferdinands III. die Reichsunmittelbarkeit bestätigt. 1741 erkämpfte sich Bremen im so genannten Stader Vergleich die volle Landeshoheit. Mit der Auflösung des alten deutschen Kaiserreiches im Jahre 1806 wurde Bremen ein selbstständiger und souveräner Freistaat, der sich Freie Hansestadt nannte. Auf dem Wiener Kongress im Jahre 1815 vereinigte sich die Freie Hansestadt Bremen mit den Fürsten und den anderen freien Städten zum Deutschen Bund.

Zur Sicherung der wirtschaftlichen Lebensgrundlagen Bremens gehörte auch die Verfügung über seeschifftiefes Wasser, was durch die Versandung der Weser immer wieder gefährdet war. Zur Lösung dieses Problems kaufte Bremen unter dem Bürgermeister Johann Smidt ein Stück Land an der Wesermündung von Hannover und ließ dort 1827 einen Hafen mit Zugang zum offenen Meer bauen. Mit Bremerhaven, 1851 zur Stadt erhoben, trat neben Bremen ein zweites städtisches Gebilde, womit die noch heute bestehenden Strukturen des Landes Bremen geschaffen wurden.

Mit der Gründung des neuen Deutschen Reiches im Jahre 1871 trat Bremen als Freie Hansestadt dem Bundesstaat bei und war im Bundesrat mit voller Einzelstimme vertreten. Aber erst 1888 erfolgte die volle wirtschaftliche Integration in das übrige Deutschland und der Beitritt zum Zollverein, nachdem Bremen ein Freihafen garantiert und damit ein wesentlicher Bereich der bremischen Wirtschaft abgesichert worden war.

Am Ende des Ersten Weltkrieges erreichte am 6. November 1918 die von Kiel ausgehende Matrosenrevolte auch Bremen. Ein Arbeiter- und Soldatenrat übernahm die Macht und setzte am 14. November 1918 Senat und Bürgerschaft ab. Am 10. Januar 1919 wurde die Bremer Räterepublik ausgerufen, die aber schon am 4. Februar 1919 durch den Einsatz von Reichstruppen blutig niedergeworfen wurde. Eine aus fünf Mitgliedern der Mehrheitssozialdemokratie bestehende Regierung verwaltete provisorisch die politische Macht in Bremen und amtierte bis zum 10. April 1919, als auf Grund der Wahlen zur Bremer Nationalversammlung ein aus Mehrheitssozialdemokraten und zwei bürgerlichen Parteien gebildeter Senat die Regierungsgeschäfte in

Bremen übernahm. Die in der Nationalversammlung erarbeitete Verfassung trat am 18. Mai 1920 in Kraft und sah eine Bürgerschaft aus 120 Abgeordneten vor, die in allgemeiner und gleicher Wahl auf Grund von Parteilisten auf drei Jahre gewählt wurde. Mit der Verabschiedung der Bremer Landesverfassung hatte die parlamentarische Demokratie auch in Bremen Einzug gehalten.

Auf Grund des Bürgerschaftswahlergebnisses vom November 1927 wurde Bremen seit dem April 1928 von einem Senat der „großen Koalition" aus je drei Senatoren der Deutschen Demokratischen Partei (DDP) und der Deutschen Volkspartei (DVP) sowie aus fünf Senatoren der Sozialdemokratischen Partei Deutschlands (SPD) regiert. Nach der Machtübernahme Adolf Hitlers am 30. Januar 1933 und der Reichstagsauflösung am 1. Februar 1933 war auch in Bremen eine schwierige Lage entstanden. Am Tag der Reichstagswahl am 5. März 1933 war Bremen das einzige Land, in dem noch so genannte „Marxisten" in der Landesregierung saßen. Bereits am Tag darauf erfolgte die Machtübernahme der Nationalsozialisten in Bremen. Nur wenige Tage später wurde der übrig gebliebene Rumpf-Senat durch einen aus sechs Nationalsozialisten und drei Deutschnationalen bestehenden kommissarischen Senat nach den Vorstellungen der Reichsregierung ersetzt. Eine Neubildung der Bürgerschaft wurde nach den Ergebnissen der Reichstagswahl vorgenommen. Die Eröffnungssitzung am 28. April 1933 war zugleich die erste und auch letzte Zusammenkunft. Schließlich wurde Bremens Parlament am 14. Oktober 1933 aufgelöst, und auch die letzten Befugnisse gingen auf den Senat über. Zu diesem Zeitpunkt hatte Bremen bereits seine Selbstständigkeit verloren, nachdem der oldenburgische Ministerpräsident am 5. Mai 1933 zum Reichsstatthalter in Bremen und Oldenburg ernannt worden war.

Der Zweite Weltkrieg und das nationalsozialistische „Dritte Reich" endeten für Bremen schon vor dem 8. Mai 1945. Am 27. April 1945 zogen britische Truppen in Bremen ein, die aber schon nach wenigen Wochen verabredungsgemäß der amerikanischen Besatzungsmacht Platz machten, die damit Zugriff auf die Hafenanlagen hatte, um ihren Nachschub nach Süddeutschland abwickeln zu können.

Schon im August 1945 wurde der ehemalige sozialdemokratische Wohlfahrtssenator Wilhelm Kaisen von der amerikanischen Militärregierung zum Bürgermeister und Präsidenten des Senats gemacht. Dem Senat – bestehend aus Sozialdemokraten, Bürgerlich-Liberalen und Kommunisten – wurde im April 1946 ein erstes ebenfalls noch ernanntes bremisches Parlament an die Seite gestellt. Eine der Hauptaufgaben dieser Gremien war staatlicher Neuaufbau und hier insbesondere die Entwicklung einer Landesverfassung. Mit der Ausrufung des Landes Bremen am 21. Januar 1947, bestehend aus Bremen, Bremerhaven und Wesermünde, wurde dieses Ziel erreicht. Unter dem gewachsenen Namen „Bremerhaven" vereinigten sich dann am 7. Februar 1947 die beiden Städte Bremerhaven und Wesermünde.

3   Leitmaximen der Bremer Landesverfassung

Am 21. Oktober 1947 trat mit der Verkündung die „Landesverfassung der Freien Hansestadt Bremen" in Kraft. Gegenüber dem gut anderthalb Jahre später erst entwickelten
Bonner Grundgesetz enthielt die Bremer Landesverfassung Besonderheiten, die sich
aus der liberalen Tradition und den politischen Auffassungen der Zeit ergaben. Sie ist
eine der sogenannten Vollverfassungen, die nicht nur die staatliche Organisation regeln, sondern auch das politische und soziale Leben und die Stellung des Einzelnen in
diesen Zusammenhängen definieren. Die Bremer Landesverfassung hat – in der Tradition der ersten umfassenden demokratischen Verfassung Bremens aus dem Jahre 1920
– 1947 den einzigartigen Versuch gemacht, das Bild einer gerechten und insbesondere
den Menschenrechten und der sozialen Gerechtigkeit verpflichteten Gesellschaftsord-
nung zu entwerfen, wie es die bereits zitierte Präambel aussagt. Artikel 1 der Bremer
Landesverfassung stellte die Maxime künftigen und dauerhaften Handelns politischer
Herrschaft klar mit der Formulierung: „Gesetzgebung, Verwaltung und Rechtsprechung sind an die Gebote der Sittlichkeit und Menschlichkeit gebunden."

Nach Artikel 2 sind alle Menschen vor dem Gesetz gleich, niemand darf „wegen
seines Geschlechts, seiner Abstammung, seiner Rasse, seiner Sprache, seiner Heimat
und Herkunft, seines Glaubens, seiner sozialen Stellung, seiner sexuellen Identität,
seiner religiösen und politischen Anschauungen bevorzugt oder benachteiligt werden."
Dies gilt auch für Menschen mit Behinderungen, die unter dem besonderen Schutz des
Staates stehen. Frauen und Männer sind nicht nur gleichberechtigt, sondern Land, die
Stadtgemeinden und die anderen Träger der öffentlichen Verwaltung sind sogar verpflichtet, für die gleichberechtigte Teilhabe der Geschlechter in Staat und Gesellschaft
durch wirksame Maßnahmen zu sorgen.

Zur Wirtschaftsordnung ging die Bremer Verfassung weit über das hinaus, was
später im Grundgesetz festgeschrieben wurde. Zwar war das Eigentum auch in der
Bremer Verfassung gesichert. Außerdem aber wurde der Staat verpflichtet, „die Wirtschaft zu fördern, eine sinnvolle Lenkung der Erzeugung, der Verarbeitung und des
Warenverkehrs durch Gesetz zu schaffen, jedermann einen gerechten Anteil an dem
wirtschaftlichen Ertrag aller Arbeit zu sichern und ihn vor Ausbeutung zu schützen".
Neben der sittlichen Verpflichtung zur Arbeit schreibt die Landesverfassung auch ein
Recht auf Arbeit fest ebenso wie die Pflicht zum Widerstand, wenn „die in der Verfassung festgelegten Menschenrechte durch die öffentliche Gewalt verfassungswidrig
angetastet werden", so heißt es in Artikel 19, der zum ersten Hauptteil der Verfassung
mit der Überschrift „Grundrechte und Grundpflichten" gehört.

Der zweite Hauptteil widmet sich der „Ordnung des sozialen Lebens" und enthält
Aussagen zu den Bereichen „Familie", „Erziehung und Unterricht", „Arbeit und Wirtschaft" sowie „Kirchen und Religionsgemeinschaften". Der dritte und letzte Hauptteil
ist dem Komplex „Aufbau und Aufgaben des Staates" gewidmet. Darin bezeichnet sich
der bremische Staat als „Glied der deutschen Republik und Europas", „bekennt sich zu

Demokratie, sozialer Gerechtigkeit, Freiheit, Schutz der natürlichen Umwelt, Frieden und Völkerverständigung". Nach Artikel 66 geht die Staatsgewalt vom Volke aus, unmittelbar durch Abstimmung als Volksentscheid und Wahl zur Volksvertretung (dem Landtag), mittelbar durch den Landtag (die Bürgerschaft) und den Senat als Landesregierung. Artikel 67 gilt der Gewaltenteilung: „Die gesetzgebende Gewalt steht ausschließlich dem Volk (Volksentscheid) und der Bürgerschaft zu. – Die vollziehende Gewalt liegt in den Händen des Senats und der nachgeordneten Vollzugsbehörden. – Die richterliche Gewalt wird durch unabhängige Richter ausgeübt."

Noch vor den Bestimmungen über Landtag und Landesregierung finden sich in der Landesverfassung die Bestimmungen über den Volksentscheid, womit sicherlich der Volksgesetzgebung ein hoher symbolischer Stellenwert verliehen werden sollte. Ein Volksentscheid war durchzuführen, wenn 20% der Wahlberechtigten ein entsprechendes Volksbegehren unterstützen. Eine Beteiligung von mehr als der Hälfte der Stimmberechtigten an der Abstimmung war die Voraussetzung für einen Erfolg des Volksentscheids. Auch wenn die Hürden für einen Volksentscheid sehr hoch gelegt waren, korrespondierten diese Vorschriften mit den Vorgaben für eine Verfassungsänderung. Diese konnte nämlich nur durch einen einstimmigen Bürgerschaftsbeschluss oder durch Volksentscheid, bei dem die Mehrheit der Stimmberechtigten zustimmen musste, erfolgen.

Initiiert von der Bürgerschaft, wurde im Herbst 1994 die Landesverfassung in diversen Artikeln geändert. Zur Verfassungsänderung wird dadurch nur noch eine Zweidrittelmehrheit der Bremischen Bürgerschaft benötigt. Auch die Vorschriften für ein Volksbegehren und einen Volksentscheid wurden vereinfacht und die Quoren gesenkt, wobei Abstimmungen über den Haushaltsplan, über Dienstbezüge sowie über Steuern, Abgaben und Gebühren unzulässig sind.

Neu eingeführt als plebiszitäres Element wurde im Jahre 1994 der Bürgerantrag, mit dem das Parlament bei Erfolg rechtlich verpflichtet wird, sich mit einem bestimmten Thema zu beschäftigen. Anträge zu den Bereichen Haushalt, Dienst- und Versorgungsbezüge, Abgaben und Personalentscheidungen sind nicht zulässig. Ein Bürgerantrag muss von mindestens 2% der Einwohner des Landes Bremen, bei Anträgen an die Stadtbürgerschaft „zwei vom Hundert der Einwohner der Stadtgemeinde Bremen", unterschrieben sein, die älter als 16 Jahre alt sind, wodurch auch Ausländer und Jugendliche zur Teilnahme berechtigt sind.

Zu den Besonderheiten der Bremer Verfassung gehört auch die Regelung des Religionsunterrichts an öffentlichen Schulen, der nach Art. 32 als „Biblische Geschichte" überkonfessionell „auf allgemein christlicher Grundlage" zu gestalten ist und damit im Widerspruch zu Art 7 Abs. 3 des Grundgesetzes steht. In das Grundgesetz wurde daraufhin in Art. 141 die „Bremer Klausel" aufgenommen.

4 Der Senat

Die Landesregierung der Freien Hansestadt Bremen ist der Senat, bestehend aus dem Präsidenten des Senats und Bürgermeister, einem weiteren Senator, der den Titel Bürgermeister trägt und weiteren Fachsenatoren. Die Anzahl der Senatoren wird durch ein Ortsgesetz geregelt. Zum Senatsmitglied gewählt werden kann, wer auch in die Bürgerschaft wählbar ist: „Er braucht weder seine Wohnung noch seinen Aufenthalt in der Freien Hansestadt Bremen gehabt zu haben."

Anders als im Deutschen Bundestag oder in manchen anderen Ländern der Bundesrepublik Deutschland kann ein Senatsmitglied nicht gleichzeitig dem Bremer Landesparlament zugehörig sein. Auch ist die Ausübung eines anderen öffentlichen Amtes oder einer anderen Berufstätigkeit „in der Regel" unvereinbar, doch kann die Beibehaltung der Berufstätigkeit durch den Senat gestattet werden. Ebenso muss der Senat die Wahl in einen Vorstand, Verwaltungsrat oder auch Aufsichtsrat genehmigen, was dem Präsidenten der Bürgerschaft mitgeteilt werden muss.

Der Präsident des Senats und ein weiteres gewähltes Senatsmitglied sind Bürgermeister. Dem Präsidenten des Senats obliegt die Leitung der Geschäfte des Senats. Für eine Beschlussfassung im Senat ist die einfache Stimmenmehrheit erforderlich; bei Stimmengleichheit entscheidet in den nicht öffentlichen Senatssitzungen die Stimme der Präsidenten, der allerdings nicht über eine „Richtlinienkompetenz" verfügt.

5 Drei Ebenen der Kommunalpolitik in Bremen

Für die Kommunalpolitik in Bremen gibt es drei Ebenen: Land, Gemeinden (Bremen und Bremerhaven) und Ortsteile, dies allerdings nur in der Stadt Bremen. Die Landesregierung mit dem offiziellen Titel „Senat der Freien Hansestadt Bremen" ist zugleich in Personalunion der Magistrat der Stadtgemeinde Bremen, während Bremerhaven einen eigenen Magistrat hat, der von einer Stadtverordnetenversammlung gewählt wird und an dessen Spitze ein Oberbürgermeister steht. Während also die Stadt Bremen und die Stadt Bremerhaven jede für sich eine Gemeinde des bremischen Staates bilden, ist die Freie Hansestadt Bremen ein aus den Gemeinden Bremen und Bremerhaven zusammengesetzter Gemeindeverband höherer Ordnung (Art. 142 Landesverfassung).

6 Bremerhaven

Gemessen an den Regelungen für die Gemeinden in den anderen Länder der Bundesrepublik Deutschland gilt Bremerhaven als die freieste Gemeinde. Als Gebietskörperschaft des öffentlichen Rechts verwaltet die Stadt in ihrem Gebiet alle kommunalen öffentlichen Aufgaben in eigener Verantwortung als Selbstverwaltungsangelegenheiten innerhalb der Schranken der Gesetze und unter der Aufsicht des Senats, die sich auf die Gesetzmäßigkeit der Verwaltung beschränkt. Die Organe der Stadt sind die Stadtverordnetenversammlung und der Magistrat.

Die Stadtverordnetenversammlung besteht aus 48 Abgeordneten, die über die Angelegenheiten der Stadt im Rahmen der Vorschriften der „Verfassung für die Stadt Bremerhaven" beschließen. Die Versammlung überwacht die Amtsführung des Magistrats und verfügt dabei über die klassischen parlamentarischen Rechte.

Mit einem „Einwohnerantrag" können die Bürgerinnen und Bürger, die das 16. Lebensjahr vollendet haben, beantragen, dass die Stadtverordnetenversammlung bestimmte „ihr obliegende Selbstverwaltungsangelegenheiten" behandelt. Mindestens 2% der Einwohner der Stadt müssen diesen Antrag unterschrieben haben.

Aber auch die Stadtverordnetenversammlung kann mit einer Mehrheit von zwei Dritteln beschließen, dass die Bürgerinnen und Bürger über wichtige Selbstverwaltungsangelegenheiten in einem Bürgerentscheid selbst entscheiden, sofern die Angelegenheit nicht in die in der Verfassung festgelegte „ausschließliche Zuständigkeit" der Stadtverordnetenversammlung fällt. Über wichtige Selbstverwaltungsangelegenheiten können die Bremerhavenerinnen und Bremerhavener aber auch ein Bürgerbegehren unter bestimmten Umständen beantragen. Mindestens 10% der Bevölkerung muss den Antrag unterschrieben haben. Ein Bürgerbescheid ist dann positiv entschieden, wenn die Mehrheit der gültigen Stimmen dafür ist, sofern diese Mehrheit mindestens 30% der Stimmberechtigten beträgt.

Bremerhaven wird regiert von einem Magistrat als Verwaltungsbehörde der Seestadt, der aus einem Oberbürgermeister, einem Bürgermeister als seinem Vertreter sowie weiteren haupt- und ehrenamtlichen Stadträten besteht. Die Zahl der ehrenamtlichen Magistratsmitglieder muss höher als die der hauptamtlichen Mitglieder sein. Durch ein Ortsgesetz wird die Zahl der Magistratsmitglieder festgelegt. Die hauptamtlichen Magistratsmitglieder werden von der Stadtverordnetenversammlung auf acht Jahre gewählt, die ehrenamtlichen für die Dauer der Wahlzeit der Stadtverordnetenversammlung.

7   Die Bremische Bürgerschaft

Das Landesparlament heißt „Bremische Bürgerschaft (Landtag)" und besteht aus insgesamt 100 Abgeordneten, 80 aus Bremen und 20 aus Bremerhaven. Die 80 Abgeordneten aus der Stadt Bremen bilden gleichzeitig die „Stadtbürgerschaft" als kommunale Vertretung. Die Abgeordneten des Landesparlaments werden in den beiden Wahlbereichen Bremen und Bremerhaven in allgemeiner, gleicher, unmittelbarer, freier und geheimer Wahl nach dem Verhältniswahlsystem auf vier Jahre gewählt. Dazu werden in beiden Wahlbereichen Listenvorschläge aufgestellt. Seit 1995 erfolgt die Sitzverteilung nach dem Hare-Niemeyer-Verfahren. Dabei gilt die Fünf-Prozent-Klausel für jeden der beiden Wahlbereiche getrennt. Somit kann eine Partei, die im Land Bremen weniger als die erforderlichen 5% der Stimmen erhalten hat, dennoch in die Bürgerschaft gelangen, wenn sie in Bremen oder Bremerhaven 5% der gültigen Stimmen errungen hat.

Seit 1947 fand am Tag der Bürgerschaftswahl auch die Wahl der Stadtverordnetenversammlung in Bremerhaven statt. Nachdem die Bremische Bürgerschaft (Landtag) die – erst 1994 durch Gesetz eingeführte – vorzeitige Beendigung ihrer Wahlperiode zum 7. Juni 1995 beschlossen hatte und vorgezogene Neuwahlen am 14. Mai 1995 stattfanden, wurde das Prinzip der verbundenen Landtags- und Kommunalwahl durchbrochen, sodass die Bremerhavener Bürgerinnen und Bürger erst einmal ihre Gemeindevertretung in einem gesonderten Wahlgang zeitlich versetzt bestimmten. Nach den getrennten Wahlen zur Stadtverordnetenversammlung Bremerhavens am 24. September 1995, am 26. September 1999 und am 28. September 2003 beschlossen die Seestädter allerdings im Frühjahr 2004 die Wiederherstellung der Übereinstimmung der Wahlperioden von Bürgerschaft und Stadtverordnetenversammlung und der Wahltage, sodass es im Mai 2007 wieder zu einer Verbundwahl kommen konnte.

Die Mitglieder der Bürgerschaft sind nach dem Wortlaut der Landesverfassung Vertreter der ganzen bremischen Bevölkerung und verpflichtet, die Gesetze zu beachten. Sie sind nur ihrem Gewissen unterworfen und an Aufträge und Weisungen nicht gebunden. Die Abgeordneten haben Anspruch auf ein „angemessenes Entgelt" für ihre Tätigkeit als Mitglieder eines Landtages, der sich selbst als Teilzeitparlament versteht.

Bis zum Jahre 1995 wählte die Bürgerschaft (Landtag) mit der Mehrheit der abgegebenen Stimmen die Mitglieder des Senats für die Dauer der Wahlperiode der Bürgerschaft. Der so gewählte Senat bestimmte aus seiner Mitte in geheimer Wahl zwei Bürgermeister, einen davon zum Präsidenten des Senats, der damit die Funktion eines Ministerpräsidenten wahrnahm. Durch eine Verfassungsänderung aus dem Jahre 1994 wurde eine neue Regelung getroffen: Seitdem wird der Präsident des Senats in einem gesonderten Wahlgang zunächst gewählt, anschließend die weiteren Mitglieder des Senats.

Neben der Wahl des Senats gehört es zu den Aufgaben der Bürgerschaft, Gesetze zu erlassen, zu ändern oder aufzuheben, allgemeine Richtlinien für die Landespolitik aufzustellen, Abgaben und Tarife festzusetzen und wirtschafts- wie finanzpolitische Entscheidungen (beispielsweise über die Kreditaufnahme) zu treffen. Das gilt besonders für den weit zu fassenden Bereich der sogenannten Eigenbetriebe. Zu den Gesetzen zu rechnen sind auch die jeweiligen Haushaltsgesetze. Dadurch entscheidet die Bürgerschaft über Einnahmen und Ausgaben des Landes und der Stadtgemeinde Bremen, während für diese Angelegenheiten in Bremerhaven die dortige Stadtverordnetenversammlung zuständig ist.

8   Deputationen als Zwischenebene

Zu den ständigen Ausschüssen der Bremischen Bürgerschaft gehören die Deputationen, die eine Kombination aus Verwaltungs- und Parlamentsausschüssen darstellen
und die es in dieser Form als Verzahnung zwischen Legislative und Exekutive in keinem anderen Land der Bundesrepublik Deutschland gibt. Sie bilden eine Zwischen-
ebene zwischen Parlament und Bevölkerung, haben aber noch eine andere Funktion als
die Beiräte, die ja ebenfalls zwischen Landesparlament und Stadtbürgerschaft sowie
den Bürgerinnen und Bürgern angesiedelt sind. Die Deputationen werden aus Vertretern der Bürgerschaft und Bürgerinnen und Bürgern gebildet, die in der Regel von den
im Parlament vertretenen Parteien vorgeschlagen werden. Den Vorsitz einer Deputation bekleidet der jeweilige Fachsenator. Es gibt je nach Aufgabenbereich staatliche, also
landespolitische, oder stadtbremische Deputationen. Unter bestimmten Konstellationen
gehören den Deputationen auch Vertreter aus Bremerhaven an. Eine besondere Bedeutung – auch innerhalb des Machtgefüges im Parlament – hat die Finanzdeputation, die
den Haushaltsausschuss bestimmt. Dieser ist für die Haushaltspläne für das Land
Bremen und die Stadtgemeinde Bremen zuständig und in ihm werden Einnahmen und
Ausgaben kontrolliert sowie der Schuldendienst überwacht, was angesichts der Sanie-
rungsbemühungen des Landes Bremen noch eine weitere hervorgehobene Bedeutung
hat. Der Haushaltsausschuss besteht allerdings wegen der Budgetrechte lediglich aus
Abgeordneten der Bürgerschaft.

9   Ortsämter und Beiräte

Zur Sicherstellung einer bürgernahen Verwaltung dienen 17 Ortsämter als Behörden
und 22 stadtteilbezogene Beiräte als direkt gewählte Verwaltungsausschüsse mit Mit-
wirkungs-, Beratungs- und Anhörungsrechten.

        Für das Land „Freie Hansestadt Bremen" ist Kommunalpolitik ein schwierig zu
definierendes Feld der Politik. Die Besonderheit ergibt sich aus der Struktur des kleinsten Landes der Bundesrepublik Deutschland als Glied des Staates mit zwei Städten,
während die anderen Stadtstaaten Berlin und Hamburg aus lediglich einer Stadt bestehen. Bremen besteht also aus drei Gebietskörperschaften: dem Land und den beiden
Gemeinden Bremen und Bremerhaven. Für das Land gibt es die Landesverfassung, für
Bremerhaven die „Verfassung für die Stadt Bremerhaven" und für Bremen als Stadtgemeinde nur das Recht, sich nach der Landesverfassung eine eigene Verfassung zu
geben. Darauf ist aber verzichtet worden. Die Beteiligung an den kommunalen Entscheidungsvorgängen wird auf andere Art und Weise geregelt, nämlich durch die Beiräte, die damit die unterste Ebene der politischen Beteiligung der Bevölkerung bilden.

        Mit der Verabschiedung am 14. Dezember 1946 wurde das „Gesetz über die Orts-
ämter und Außenstellen der bremischen Verwaltung" noch vor der 1947 entstandenen

Landesverfassung für das Land Bremen gültig. Nach diesem Gesetz dienen die Ortsämter „zur Sicherung einer volksnahen Verwaltung", sollen den „Verkehr der Bevölkerung ihres Bezirkes mit der Verwaltung erleichtern und durch ihre Arbeit dazu beitragen, das Gefühl der Verbundenheit der Einwohner ihres Bezirks mit den übrigen Teilen der Hansestadt Bremen auf der Grundlage des gemeindlichen Lebens zu stärken.".

10   Historische Gemeindestrukturen

Schon ein Jahrhundert zuvor gab es erste Ansätze zur Beteiligung der Bürgerinnen und
Bürger an den kommunalen Angelegenheiten, die mit den jeweiligen historischen Ent-
wicklungsschritten und Erweiterungen der Freien Hansestadt Bremen zu tun hatten.
Die ersten Regelungen gehen zurück auf das Jahr 1849, als Bremen noch eine kleine
Stadt mit besonderem Rechtsstatus war. Bremen bestand aus der Stadtgemeinde mit
der Alt- und der Neustadt, dem bremischen Landgebiet und dem bremischen Staatsgebiet, also der Zusammenfassung des Landgebietes und der Städte Bremerhaven und
Vegesack. Den bremischen Landgebieten bot das damals zuständige Parlament mit
dem Gesetz von 1849 die Möglichkeit, die Angelegenheiten der jeweiligen Gemeinde
selber zu organisieren und zu regeln. Allerdings wurde davon ausweislich der Akten
nur wenig Gebrauch gemacht, was wiederum das Landesparlament zu einer Revision
der Vorschriften veranlasste.

Nach längeren Beratungen wurden 1871 die Regelungen verändert – mit offensichtlich nur mäßigem Erfolg. Den Gemeinden wurde die Wahrnehmung der gemeinschaftlichen Aufgaben förmlich übertragen. Dazu wurden elf Landgemeinden gebildet.
Diese Gemeinden wurden regelrecht verpflichtet, für die örtlichen Angelegenheiten
Gemeindebüros einzurichten. Und Gemeinden von mindestens „1.500 Seelen" mussten
gesetzlich einen Ausschuss bilden. Allerdings zeigte die 1884 vom Senat gezogene
Bilanz dieser Gesetzesänderungen, dass es erhebliche Probleme in den kleineren Gemeinden gab, für die Tätigkeiten Vorsteher und Beigeordnete zu finden. Nach mehreren Anläufen beschloss das Bremer Parlament im Jahre 1888, die Gemeinden von 35 auf
20 zu verringern.

1939 wurde die Stadtgemeinde Bremen durch die Eingemeindung ehemals preu-
ßischer Gemeinden im Norden (Lesum, Grohn, Schönebeck, Aumund, Blumenthal,
Farge) und im Bremer Osten (Hemelingen und Mahndorf) sowie weiterer drei Gemeinden des Landkreises Bremen und um die Stadt Vegesack im Norden vergrößert.
Grundlage war die „Vierte Verordnung über den Neuaufbau des Reiches" vom 28.
März 1939, die aus Bremen eine Stadt mit einer Länge von 40 Kilometern machte. Das
brachte diverse Probleme mit sich, nicht zuletzt lange Wege bei vollkommen unzurei-
chenden öffentlichen Verkehrsverbindungen. Zudem bedeutete die Ausweitung des
stadtbremischen Gebietes die Zerstörung der bisher vorhandenen Beziehungen zur
alten Gemeindeverwaltung. Als Folge dieser neuen Schwierigkeiten wurde 1941 eine

„Verordnung über die Außenstellen der bremischen Verwaltung" erlassen, die zur
Einrichtung örtlicher Verwaltungsdienststellen in den Ortsteilen Hemelingen, Burg-
Lesum, Vegesack und Blumenthal führte. Damit sollte die Distanz zwischen den Bürgerinnen und Bürgern einerseits und der notwendigen Verwaltung andererseits verringert werden, was allerdings auch der Kontrolle über die Bevölkerung hilfreich war.
Denn die Außenstellen waren zuständig für die Wahrnehmung polizeilicher Aufgaben,
das Meldewesen, Zahlungsvorgänge und auch die Entgegennahme von Beschwerden
der Bürger. Beigeordnete Organe oder Gemeindeausschüsse gab es nicht.

Nach der Befreiung Bremens Ende April 1945 wurde mit Billigung der Militärregierung das „Gesetz über die Vereinigung des bremischen Landgebietes mit der Stadt
Bremen" am 19. September 1945 beschlossen und der Landkreis Bremen aufgelöst sowie die Landgemeinden Osterholz, Oberneuland, Rockwinkel, Borgfeld, Lehester
Deich, Blockland, Seehausen, Strom, Lankenau, Huchting, Arsten und Habenhausen
der Stadt Bremen eingemeindet.

11   Neue Strukturen nach 1945

Nach 1945 wurden zunächst durch die Besatzungsbehörden, dann in den folgenden
Monaten auch in zunehmendem Maße durch die wieder entstehenden deutschen Verwaltungsebenen neue Hierarchien und Strukturen im Einvernehmen sowie auch im
Auftrag der Besatzungsbehörden geschaffen. Die ersten Regelungen in Bremen betrafen die untersten Ebenen der Verwaltung. Hierbei handelt es sich um direkt bei der
Bevölkerung angesiedelte Ortsämter und Außenstellen der bremischen Verwaltung.
Erst 15, später dann ab 1950 wurden 13 Ortsämter mit einheitlichen Verwaltungsaufgaben eingerichtet, zuständig beispielsweise für das Wohlfahrtswesen, für ordnungs- und
verwaltungspolizeiliche Angelegenheiten, für Steuerfragen und statistische Angelegenheiten, für das Wohnungswesen, für Ernährungs- und Wirtschaftsfragen. Nach
dem Gesetz vom 14. Dezember 1946 dienten die Ortsämter „der Sicherung einer volksnahen Verwaltung" und der Erleichterung des Verkehrs der Bevölkerung ihres Bezirks
mit der Verwaltung. Andererseits sollte jedoch auch umgekehrt auf die Bürgerinnen
und Bürger eingewirkt werden: „Die Ortsämter haben sich in dauernder Fühlung mit
allen Schichten der Bevölkerung ihres Bezirkes zu halten und den Maßnahmen der
bremischen Verwaltung in der Bevölkerung Verständnis zu schaffen."

Für die Ortsämter wurden Ortsbeiräte aus fünf bis neun Mitgliedern geschaffen,
zusammengesetzt aus sachkundigen Bürgern, die auf Vorschlag des jeweiligen Orts-
amtsleiters durch die Bürgerschaft gewählt wurden. Die Ortsbeiräte sollten den Ortsamtsleiter in allen ortsteilbezogenen Aufgaben in nicht öffentlichen Sitzungen als demokratisches Element der örtlichen Verwaltung beraten.

12   Beiräte als parlamentarisches Dauerthema

Am 3. Juli 1951 wurden mit einem neuen Ortsamtsgesetz die Kompetenzen der Beiräte erhöht. Die Mitglieder wurden nun von den politischen Organisationen – den Parteien – vorgeschlagen und von der Bürgerschaft gewählt. Die Zahl der Mitglieder erhöhte sich auf bis zu 19 Personen. Die Beiratssitzungen waren öffentlich abzuhalten, und bei allen Verwaltungsvorhaben mit Auswirkungen für den betroffenen Stadtteil hatte der Beirat ein Anhörungsrecht. Auch konnten die Beiräte eigene Vorschläge einbringen, die allerdings keine bindende Wirkung für die oberste Verwaltung hatten. Beim zuständigen Senator für Inneres wurde ein Gesamtbeirat gebildet, der für beiratsübergreifende Fragestellungen zuständig war.

Diese Regelungen waren 20 Jahre lang gültig, auch wenn es in dieser Zeit immer wieder Bemühungen gab, den Beiräten mehr Rechte zu gewähren. Rechtlich gesehen waren die Ortsamtsbeiräte lediglich beratende Ausschüsse der Verwaltung, keinesfalls aber Selbstverwaltungsorgane des Bezirkes oder gar örtliche parlamentarische Gremien. Erst am 14. Juni 1971 kam es nach dreijährigen Beratungen eines Bürgerschaftsausschusses zur Verabschiedung von zwei novellierten Gesetzen, dem „Ortsgesetz über Ortsämter und Außenstellen der bremischen Verwaltung" und dem „Ortsgesetz über die Beiratstätigkeit im ortsamtsfreien Gebiet der Stadtgemeinde Bremen".

Durch die Einrichtung von vier neuen Ortsämtern in den bisher nicht von den Gesetzen betroffenen innerstädtischen Bereichen gab es nun 17 Ortsämter. Die Gesamtzahl der Ortsamtsbeiräte wurde auf 22 erhöht, ohne allerdings die Kompetenzen dieser Ausschüsse zu verstärken. Nachdem die Diskussion darüber nicht nachließ und zum Dauerthema in der Bürgerschaft wurde, kam es wiederum zu einer Novellierung. Am 1. Oktober 1979 trat ein neues „Gesetz über Beiräte und Ortsämter im Gebiet der Stadtgemeinde Bremen" in Kraft, das die seit 1971 geltenden zwei Gesetze zusammenfasste und den Beiräten weitere Rechte übertrug. So durften die Beiräte über die dem Ortsamt zur Verfügung gestellten Haushaltsmittel für stadtteilbezogene Maßnahmen selbst entscheiden, bei Meinungsverschiedenheiten mit Behörden vor der jeweils zuständigen Deputation der Bürgerschaft die abweichende Position erläutern und einen eigenen Ausschuss für Ausländerangelegenheiten einsetzen. Im Gesetz wurde die besondere Bedeutung der Beiräte nicht nur bereits im Titel durch die Voranstellung deutlich, sondern auch im Gesetzestext, in dem die Bestimmungen über die Beiräte am Anfang noch vor den Ausführungen über die Aufgaben der Ortsämter sehr detailliert dargestellt werden. In all den Diskussionen spielte die Funktion der Ortsämter auch so gut wie keine Rolle, da deren Zuständigkeiten als Außenstellen der Verwaltung sich im Laufe der Jahrzehnte nicht wesentlich geändert hatten. Sie haben die wirtschaftliche Sozialhilfe zu bearbeiten sowie Melde- und Passangelegenheiten, Angelegenheiten der Lohnsteuer und der Wohnungsförderung wahrzunehmen. Der Ortsamtsleiter hat den Beirat in Absprache mit dem gewählten Sprecher des Beirats einzuladen. Er leitet auch die Beiratssitzungen, ohne allerdings selbst über ein Stimmrecht zu verfügen.

Die Debatte um die Funktionen und Rechte der Beiräte war mit den Veränderungen aus dem Jahre 1979 aber nicht beendet. 1989 wurde das „Ortsgesetz über Beiräte und Ortsämter" erneut reformiert. Dadurch wurden die Rechte der Beiräte gestärkt und die erstmals vorgeschriebene Direktwahl der Beiräte durch die im Stadtteil wahlberechtigte Bevölkerung eingeführt: „Die Beiratsmitglieder werden auf Vorschlag der Parteien und Wählervereinigungen in allgemeiner, unmittelbarer, freier, gleicher und geheimer Wahl für die Dauer von vier Jahren gewählt." Mit dem Gesetz von 1989 wurden den Beiräten umfangreiche Anhörungs-, Beteiligungs- und Entscheidungsrechte über alle Angelegenheiten, die in ihrem Bereich von öffentlichem Interesse sind, zugebilligt. Die Mitglieder der Beiräte sind an Aufträge nicht gebunden und üben ihre Tätigkeit ehrenamtlich aus, haben aber Anspruch auf Sitzungsgeld. Sie dürfen sich bei ihrer Beiratsarbeit nur durch ihre freie, das Allgemeinwohl bestimmte Überzeugung leiten lassen. Sie haben sich mit den Wünschen und Anregungen aus der Bevölkerung zu befassen und die im Beiratsgebiet tätigen Vereine, Initiativen und sonstigen demokratischen Vereinigungen im Sinne eines Interessenausgleichs zu unterstützen. Der Beirat berät und beschließt über Bebauungspläne sowie sonstige bau- und verkehrsrechtliche Planungen. Durch die Vergabe von öffentlichen Zuschüssen können Vereine und Einrichtungen im Stadtteil finanziell gefördert werden.

Ursprünglich enthielt das Beiratsgesetz von 1989 zudem eine Regelung, mit der erstmals auch ausländische Mitbürgerinnen und Mitbürger das aktive und passive Wahlrecht bei Beiratswahlen bekommen sollten. Diese Regelung wurde aber nach einer Klage der CDU-Bürgerschaftsfraktion vom Staatsgerichtshof der Freien Hansestadt Bremen für nicht verfassungskonform erklärt und war damit nichtig.

Die Anzahl der Beiratsmitglieder richtet sich nach der melderechtlich festgestellten Einwohnerzahl des Beiratsgebietes und kann zwischen sieben und 19 betragen. Diese anlässlich der ersten Direktwahl der Beiräte im Jahre 1991 erhobenen Daten wurden durch eine Änderung des Ortsgesetzes über Beiräte und Ortsämter vom 23. Februar 1995 festgeschrieben. Gleichzeitig wurde mit dieser Änderung des Gesetzes die Wahlperiode der Beiräte, die bisher auf einen Zeitraum von vier Jahren festgelegt war, an die Wahl zur Bürgerschaft gekoppelt, nachdem durch eine Änderung der Landesverfassung die Möglichkeit eingeführt wurde, die Wahlperiode der Bürgerschaft durch Bürgerschaftsbeschluss oder durch einen Volksentscheid vorzeitig zu beenden. Bei den Beiratswahlen gilt die Fünf-Prozent-Sperrklausel nicht.

Mit einer weiteren Änderung des Beiratsgesetzes vom Juni 1996 wurde entsprechend den Vorschriften der Europäischen Union festgelegt, dass nicht nur alle Deutschen, die im jeweiligen Beiratsgebiet zur Bürgerschaft wahlberechtigt sind, sondern auch „alle Staatsangehörigen der übrigen Mitgliedstaaten der Europäischen Gemeinschaft (Unionsbürger)" zur Wahl des Beirats wahlberechtigt sind.

Seit der Einführung der Direktwahl der Beiräte gibt es plebiszitäre Elemente auch auf Beiratsebene. In beiratsbezogenen Angelegenheiten können Bürgerinnen und Bürger Anträge an den Beirat stellen, die binnen sechs Wochen vom Beirat zu beraten sind. Das Ergebnis ist unverzüglich schriftlich vom Ortsamt mitzuteilen.

13   Ein neues Wahlrecht für das Land Bremen

In den 1990er Jahren erstarkten Kräfte, denen daran gelegen war, mehr basisdemokra-
tische Elemente in den vorhandenen parlamentarischen und repräsentativen Stil der
bundesdeutschen Demokratie einzubringen.

Die Fakten der Vereinigung der beiden deutschen Staaten nach 1989 und 1990,
insbesondere der Verzicht auf die Erarbeitung einer eigenständigen Verfassung, waren
Antriebskräfte in diesem Prozess. Hinzu kam ein Unbehagen mit der Parteiendemokratie, wie sie sich in der alten Bundesrepublik Deutschland etabliert hat, geprägt für viele
durch von der Öffentlichkeit nicht durchschaubare innerparteiliche Kandidatenaufstellungen für die jeweiligen Parlamente, durch unkontrollierbare Vorgänge bei der Besetzung von lukrativen Posten und durch das Gefühl, nur unzureichend auf politische
Prozesse lediglich durch die Wahlen zu den kommunalen Vertretungen, den Landes-
parlamenten und dem Bundestag Einfluss nehmen zu können.

Dieser Verdruss an der Politik fand seinen Ausdruck auch in der zunehmenden
Verweigerung bei den Wahlen, also der rapide sinkenden Wahlbeteiligung, die in der
Zunahme der Gruppe der Nichtwähler zu Buche schlug.

Gleichzeitig fanden ein Prozess der Ablösung traditioneller Parteibindungen und
die Entwicklung neuer Parteikonstellationen statt. In Bremen trat im Jahre 1985 der
bisherige Vorsitzende der SPD-Bürgerschaftsfraktion Klaus Wedemeier die Nachfolge
von Hans Koschnick, dem langjährigen und überaus beliebten Bürgermeister und Präsident des Senats, an. Die Landtagswahl am 13. September 1987 bestätigte Klaus Wedemeier und die bremische SPD mit 50,5 Prozent der Stimmen und 54 von 100 Mandaten, also der absoluten Mehrheit. Bundesweit Aufsehen errang diese Wahl durch den
Einzug eines Abgeordneten der DVU (Deutsche Volksunion) aus Bremerhaven durch
die Besonderheiten des Wahlrechts, wonach die Fünf-Prozent-Klausel für die beiden
Wahlbereiche Bremen und Bremerhaven getrennt angewendet wird.

Die 12. Wahlperiode der Bremischen Bürgerschaft stand im Zeichen wirtschaftlicher und finanzieller Schwierigkeiten sowie der politischen Umwälzungen durch die
„Friedliche Revolution" von 1989 und deren Folgen. Bei der Bürgerschaftswahl am 29.
September 1991 musste die Sozialdemokratie in Bremen gravierende Verluste hinnehmen. Sie verlor mit 38,8 Prozent ihre absolute Mehrheit und bildete schließlich mit FDP
und Grünen eine sogenannte Ampelkoalition. Die Zusammenarbeit in dieser Konstellation gestaltete sich nicht einfach und wurde dominiert von den Bemühungen um eine
Sanierung der bremischen Finanzen durch Bundeshilfe. Im Parlament war die rechte
DVU mit sechs Abgeordneten vertreten.

Innerhalb der Koalition waren die Abläufe auch nicht einfach. Schließlich scheiterte die Ampelkoalition im Frühjahr 1995 an der so genannten „Piepmatzaffäre", bei der
es um die EU-Schutzbestimmungen für Naturräume ging.

Im Frust um die politischen Abläufe im Zeichen der Ampelkoalition bildete sich
ein Sammlungsbecken abtrünniger Sozialdemokraten und anderer enttäuschter Akti-

visten, die nun den allseits beliebten ehemaligen Bremer Sparkassen-Direktor Friedrich Rebers für die neu gegründete Initiative „Arbeit für Bremen und Bremerhaven e.V." in die Frontposition brachten. Mit einer Mischung aus Verärgerung, Protest und Populismus wurde die „AFB" zum Sammelbecken vieler Unzufriedener und kam bei der Bürgerschaftswahl am 14. Mai 1995 auf 10,7 Prozent und 12 Sitze. Die DVU schaffte angesichts dieser politischen Konkurrenz nicht mehr den Einzug in den Landtag. Die SPD erreichte das bisher schlechteste Ergebnis mit 33,4 Prozent. Sie errang 37 Mandate, die CDU ebenfalls.

Klaus Wedemeier erklärte daraufhin nach zehn Jahren Regierungszeit seinen Rücktritt als Präsident des Senats und Bürgermeister. In einer SPD-internen Ausscheidung konnte sich Henning Scherf durchsetzen und wurde zum Präsidenten des Senats einer Großen Koalition gewählt. Damit begann in Bremen eine neue Form der Kommunikation. SPD und CDU bemühten sich demonstrativ um Harmonie im Regierungshandeln, was zunehmend auf Schwierigkeiten in der praktischen Umsetzung stieß. Ex-Sparkassendirektor Ulrich Nölle als Finanzsenator und CDU-Bürgermeister erschien überfordert und forcierte als ehemaliger Quereinsteiger seinen Ausstieg.

Der Hamburger Zuwachs Hartmut Perschau bemühte sich mit seinen Kolleginnen und Kollegen um die Nähe zur Bevölkerung, konnte aber nur eingeschränkt in Bremen für positive Reaktionen sorgen. Dies zeigte sich bei den Ergebnissen der Bürgerschaftswahl am 6. Juni 1999. Die SPD stieg wieder von 37 auf 47 Mandate, die CDU errang 42 Abgeordnetensitze, Bündnis 90/Die Grünen kamen auf 10 Sitze. Die „AFB" stürzte von 10,67 auf 2,44 Prozent ab, während die DVU wieder über den Wahlbereich Bremerhaven mit einem Abgeordneten im Parlament vertreten war.

Die Große Koalition konnte gestärkt nach der Wahl vom Juni 1999 ihre Arbeit fortsetzen. Im Mittelpunkt standen nach wie vor die Finanznöte und die hohe Arbeitslosigkeit. Und auch aus der Bürgerschaftswahl im Mai 2003 ging die Große Koalition erneut als Sieger hervor. Henning Scherf war erfolgreich mit seiner demonstrativen Distanz zur Bundespolitik und zum Bundeskanzler. So fand der Wahlkampf des sozialdemokratischen Spitzenkandidaten im Land Bremen ohne Gerhard Schröder statt. Die SPD erreichte 42,3 Prozent.

Die chronischen Finanzprobleme Bremens fanden ihren Niederschlag nicht nur in Klagen vor dem Bundesverfassungsgericht, sondern auch in Diskussionen um die Kosten der Politik. So war bereits 1995 die Anzahl der Ressorts des Senats der Freien Hansestadt Bremen auf sieben verringert worden. Unter Kostengesichtspunkten fand in Bremen auch eine Auseinandersetzung um die Verringerung der Mandate des Parlaments statt. Schließlich wurde beschlossen, die Sitze des Bremer Landesparlaments von 100 auf 83 zu verkleinern. Davon sollten 67 auf Bremen entfallen, 16 auf Bremerhaven. Die Stadtbremer Abgeordneten bildeten auch weiterhin die Stadtbürgerschaft, also das Kommunalparlament als Vertretung der Stadt Bremen. Diese Regelung wurde ab der 16. Legislaturperiode nach 2003 gültig. Ebenfalls zu diesem Zeitpunkt wurde statt des bisherigen Zuteilungsverfahrens Hare/Niemeyer das Divisorverfahren mit Standardrundung nach Sainte-Laguë/Schepers eingeführt.

Ab der 15. Wahlperiode, also ab 1999, war aufgrund des kommunalen Wahlrechts der ausländischen Unionsbürgerinnen und -bürger, das nur für die Zusammensetzung der Stadtbürgerschaft gilt, eine abweichende Sitzverteilung in Stadtbürgerschaft und Landtag für den Bereich Bremen möglich. Dies war ab 2003 der Fall. In der 16. Legislaturperiode waren nur 66 Landtagsabgeordnete aus Bremen auch Mitglied der Stadtbürgerschaft. Die wahlberechtigten EU-Bürgerinnen und -bürger hatten zu einem hohen Teil die Grünen gewählt, allerdings zählten und zählen diese Stimmen nicht für den Landtag. So war von 2003 bis 2007 eine Grünen-Abgeordnete lediglich in der Stadtbürgerschaft, ein Bremer Abgeordneter der SPD nur im Landtag, jedoch nicht in der Stadtbürgerschaft.

Auch bei der Bürgerschaftswahl 2007 ergab sich eine ähnliche Konstellation. Ein CDU-Abgeordneter aus der Stadt Bremen durfte sein Mandat nur bei Landtagssitzungen der Bürgerschaft wahrnehmen, musste aber in der Stadtbürgerschaft einer Grünen-Mandatsträgerin Platz machen.

Eine andere Änderung des Wahlrechts machte sich ebenfalls bei der Bürgerschaftswahl 2007 bemerkbar. Nach einer Wahlprüfungsbeschwerde hatte der Staatsgerichtshof im November 2004 die Bremische Bürgerschaft zu einer regelmäßigen Überprüfung der Mandatsverteilung zwischen Bremen und Bremerhaven nach der Anzahl der deutschen Staatsangehörigen rund zwei Jahre vor einer Wahl aufgefordert. Nach dem Stand vom 31. Dezember 2004 war das Verhältnis von 67 zu 16 nicht mehr zu halten, sodass der Landtag im Februar 2006 das Wahlgesetz auf das Verhältnis 68 – für Bremen – zu 15 Sitzen – für Bremerhaven – änderte.

Im Jahre 1998 trat die Initiative „Mehr Demokratie e.V." mit einem neuen Versuch auf den Plan, durch eine Änderung des Wahlrechts per Volksabstimmung mehr Einfluss der Wahlbevölkerung zu erreichen. Ziel war eine Vereinfachung des Volksentscheids unter anderem durch die Einführung einer Vorstufe in Form einer Volksinitiative, die Zulassung aller politischen Themen zum Volksbegehren einschließlich haushaltspolitischer Fragen sowie die Abschaffung von Abstimmungsquoren.

Der Senat der Freien Hansestadt Bremen erklärte das Volksbegehren für unzulässig und wurde vom Urteil des Staatsgerichtshofs vom Februar 2000 in dieser Auffassung bestätigt.

Die Initiative „Mehr Demokratie e.V." gab nicht auf und legte im Herbst 2004 einen Gesetzentwurf „Mehr Demokratie beim Wählen – Mehr Einfluss für Bürgerinnen und Bürger" zur Novellierung des bremischen Wahlrechts vor. Vorgeschlagen wurde dabei, im Land Bremen Wahlkreise einzuführen und Kumulieren und Panaschieren zu ermöglichen.

Die 2003 gewählte Bürgerschaft nahm die Anregungen entgegen und setzte einen Ausschuss ein, der ab Herbst 2004 intensiv die vorgebrachten Vorschläge von „Mehr Demokratie e.V." beriet. In der Debatte über den Bericht des Ausschusses am 15. Dezember 2005 verwarfen die Abgeordneten der Großen Koalition die Änderungsvorschläge. Die Abgeordneten der Fraktion Bündnis 90/Die Grünen sowie der FDP-Abgeordnete brachten als Konsequenz der Beratungen im Ausschuss einen gemeinsamen Gesetzentwurf ein, der neben fünf Stimmen für jeden Wahlberechtigten auch das Kumulieren und Panaschieren vorsah, nicht aber die Einführung von Wahlkreisen.

Nachdem dieser Entwurf aber von den Fraktionen der Großen Koalition abgelehnt worden war, wurde mit Unterstützung der Grünen ein Volksbegehren in Gang gebracht.

Inzwischen hatte es einen Wechsel im Amt des Bürgermeisters und Präsidenten des Senats gegeben. Im September 2005 kündigte Henning Scherf an, von seinem Amt als Bremer Regierungschef zurückzutreten. Innerhalb der SPD gab es am 15. Oktober 2005 eine Mitgliederbefragung zur Nachfolgerauswahl zwischen dem amtierenden Senator für Bildung und Wissenschaft Willi Lemke und dem Vorsitzenden der SPD-Bürgerschaftsfraktion Jens Böhrnsen. Überraschend deutlich konnte sich der Jurist Böhrnsen mit 1.924 zu 721 Stimmen – 72 zu 27 Prozent – durchsetzen. Am 8. November 2005 wurde er zu Scherfs Nachfolger gewählt.

Jens Böhrnsen setzte die bestehende Große Koalition fort und hatte gut eineinhalb Jahre Zeit bis zur nächsten Landtagswahl, um eine eigene Linie und ein eigenes Profil zu entwickeln. Dabei zeichnete sich allmählich eine Präferenz der Sozialdemokratie ab, bei den nächsten Bürgerschaftswahlen eher für eine rot-grüne Zusammenarbeit zu votieren, also das Bündnis mit der CDU nach dann zwölf Jahren zu beenden.

Noch aber war die alte Konstellation im Amt, die sich nun mit dem angekündigten Volksbegehren für die Durchführung eines Volksentscheids konfrontiert sah. In einem ersten Schritt mussten die Initiatoren 5.000 Unterschriften von Bürgerinnen und Bürgern aus Bremen und Bremerhaven sammeln, um überhaupt einen Antrag für ein Volksbegehren stellen zu können.

Diese Hürde wurde im Mai 2006 bewältigt, woraufhin es zu einem Volksbegehren kam, wofür in Bremen die Unterschriften von zehn Prozent der wahlberechtigten Bevölkerung innerhalb einer Frist von drei Monaten gesammelt werden mussten; für verfassungsändernde Vorschläge sind 20 Prozent Unterstützung notwendig. Rund 50.000 Unterschriften waren nötig, erreicht wurden bis zum Oktober 2006 mehr als 71.000, von denen rund 65.000 Unterschriften gültig waren. Nun waren Senat und Bürgerschaft verpflichtet, sich mit den vorgeschlagenen Wahlrechtsänderungen der Initiative „Mehr Demokratie e.V." erneut zu befassen. Dabei waren zwei Alternativen denkbar, nämlich die Übernahme des Entwurfes „Mehr Demokratie beim Wählen", wodurch das Verfahren zu einem Ende gekommen wäre. Die zweite Möglichkeit war die Ablehnung der Vorschläge, wodurch dann die Durchführung eines Volksentscheides erforderlich wäre, die zusammen mit der Bürgerschaftswahl im Mai 2007 stattfinden sollte. Für einen erfolgreichen Volksentscheid ist die Mehrheit der Stimmen bei einem Quorum von 25 Prozent der Wahlberechtigten nötig. Für Verfassungsänderungen gilt ein Quorum von 50 Prozent, die Hälfte der Wahlberechtigten muss also zugestimmt haben.

Nachdem der Landeswahlausschuss festgestellt hatte, dass das Volksbegehren „Mehr Demokratie beim Wählen – Mehr Einfluss für Bürgerinnen und Bürger" wirksam zustande gekommen war, brachte der Senat den Gesetzentwurf innerhalb der

gesetzlichen zweiwöchigen Frist am 12. Dezember 2006 in die Bürgerschaft zur weiteren Behandlung ein, wofür dem Landtag eine Frist von zwei Monaten zur Verfügung
gestanden hätte. Wenn das Landesparlament den Gesetzentwurf nicht in dieser Zeit
unverändert annimmt, muss spätestens vier Monate nach dieser Entscheidung oder
nach dem Ablaufen der Frist der Volksentscheid durchgeführt werden.

Da nun aber die rot-schwarze Landesregierung den Entwurf übernommen und die
Bürgerschaft daraufhin durch Gesetz vom 19. Dezember 2006 das Bremische Wahlgesetz mit großer Mehrheit geändert hatte, musste ein Volksentscheid nicht mehr stattfinden. Mit dem neuen Wahlgesetz wurde neben der Einführung von fünf Stimmen für
jeden Wahlberechtigten und des Kumulierens und Panaschierens auch die Fünf-
Prozent-Sperrklausel für die Wahl der Stadtverordnetenversammlung der Stadt Bremerhaven abgeschafft. Das neue Recht trat zwar am Tage nach ihrer Verkündung in
Kraft, sollte aber erst auf die erste nach Ablauf einer Frist von 15 Monaten nach dem
Inkrafttreten stattfindende Wahl angewendet werden, also nicht bereits bei der Wahl
des Jahres 2007.

Die SPD- und die CDU-Landtagsabgeordneten aus Bremerhaven hatten im Dezember 2006 gegen die Wahlrechtsänderung votiert, weil sie mit der Abschaffung der
Fünf-Prozent-Hürde für die Kommunalwahlen in der Seestadt nicht einverstanden
waren. Im Februar 2008 sprach sich die Mehrheit der Stadtverordnetenversammlung
Bremerhaven für die Wiedereinführung der Sperrklausel aus. Diese Anregung nahmen
die Fraktionen von SPD und Bündnis 90/Die Grünen im Landtag auf, worauf das Parlament im Juni 2008 den Gesetzentwurf zur weiteren Beratung an den nichtständigen
Ausschuss „Erleichterung der Volksgesetzgebung und Weiterentwicklung des Wahlrechts" überwies. SPD und Bündnis 90/Die Grünen bildeten inzwischen seit dem
Sommer 2007 eine Regierungskoalition und hatten im Oktober 2007 diesen nichtständigen Ausschuss eingesetzt. Dieser Ausschuss hatte auftragsgemäß zwei Schwerpunkte mit sieben Aufgaben laut Einsetzungsbeschluss, neben dem Wahlrecht auch die Erleichterung der Volksgesetzgebung durch mehr Bürgerbeteiligung.[1] Dort wurde verfassungsrechtlicher Klärungsbedarf festgestellt und per Beschluss der Bürgerschaft eine
Überprüfung durch den Staatsgerichtshof beantragt. Nach einem ausführlichen Verfahren, in dem auch die beteiligten Instanzen und Gremien zu Wort kamen, entschied
der Staatsgerichtshof am 14. Mai 2009, dass die Wiedereinführung der Fünf-Prozent-
Sperrklausel für die Wahl der Stadtverordnetenversammlung Bremerhaven verfassungswidrig ist.

Andere Regelungen des bremischen Wahlrechts in der Fassung vom Dezember
2006 führten zu erneuten verfassungsrechtlichen Überprüfungen, die der Wahlrechts-
ausschuss im Frühjahr 2009 formuliert hatte. Dabei ging es um die Gewichtung der Per-
sonenstimmen bei der Wahl, also um die Möglichkeit, über das Sitzverteilungsverfahren
einzelne Kandidaten an der Rangfolge der Liste vorbei ins Parlament zu bringen. Ob
diese Regelung mit der Verfassung vereinbar ist, muss noch geklärt werden.

---

[1] Siehe 14.

Nachdem der nichtständige Ausschuss „Erleichterung der Volksgesetzgebung und Weiterentwicklung des Wahlrechts", errichtet mit Beschluss vom 18. Oktober 2007, zwei Aufträge von sieben mit dem am 27. August 2009 beschlossenen „Gesetz zur Neuregelung des Volksentscheids" erarbeitet hatte, blieben noch die Aufträge 1 bis 5 entsprechend des Einsetzungsbeschlusses. Bei den Anpassungen im Landeswahlrecht – Beschluss Nr. 1 – sind noch Fragen in Bezug auf die Stimmengewichtung, das bereits genannte Sitzverteilungsverfahren und bei der Berufung von Listennachfolgern zu klären. Bei der Nr. 2, der Absenkung des Wahlrechts auf 16- und 17-Jährige für die Wahlen zur Stadtbürgerschaft Bremen und zur Stadtverordnetenversammlung Bremerhaven sowie für die Landtagswahlen, wurden entsprechende Vorschläge von den Fraktionen der SPD, von Bündnis 90/Die Grünen und Die Linke unterstützt, von den Fraktionen der CDU und FDP hingegen abgelehnt

Das Bemühen, ein Wahlrecht für EU-Ausländer zur Bürgerschaft (Landtag) – so Einsetzungsbeschluss Nr. 3 – einzuführen, war bereits im Jahre 1996 Verfahrensgegenstand, als eine spezielle „Bremer Klausel" im Grundgesetz beantragt worden war. Gegen den Widerstand der CDU wurde nun der Senat aufgefordert, auf die Einführung dieses Wahlrechts im Rahmen einer Bundesratsinitiative hinzuwirken.

Das „kommunale Wahlrecht für Nicht-EU-Ausländer" war Thema von Einsetzungsbeschluss Nr. 4. In diesem Bereich empfiehlt der Ausschuss gegen die Stimmen der CDU ebenfalls, den Senat zu einer Bundesratsinitiative zur Einführung dieses Wahlrechts aufzufordern.

Einsetzungsbeschluss Nr. 5 hatte das „Wahlrecht für Nicht-EU-Ausländer zu den Beiräten" zum Gegenstand. Auch hier empfiehlt der Ausschuss eine Bundesratsinitiative mit dem Ziel der Einführung eines Ausländerwahlrechts im Grundgesetz.

In der Sitzung der Bremischen Bürgerschaft am 1. Oktober 2009 wurden diese Beschlussempfehlungen zur „Weiterentwicklung des Wahlrechts" in erster Lesung mit den Stimmen der rot-grünen Regierungskoalition als Auftrag an den Senat verabschiedet. Damit übernahm Bremen bundesweit beim aktiven Wahlrecht ab 16 Jahre eine Vorreiterrolle – gegen das Votum der CDU. Das Wahlrecht für Bürger mit ausländischem Pass soll vom Senat über zwei Bundesratsinitiativen auf den Weg gebracht werden, allerdings wohl mit wenig Aussicht auf Erfolg.

Am 29. Oktober 2009 beschloss die Bürgerschaft mit großer Mehrheit in zweiter Lesung ohne Debatte das neue Wahlrecht und stellte damit sicher, dass bei der nächsten Bürgerschaftswahl im Mai 2011 auch 16- und 17-Jährige ihre Stimme abgeben dürfen. Die CDU-Abgeordneten blieben bei ihrer Ablehnung unter Hinweis auf das Jugendstrafrecht oder auch die eingeschränkte Geschäftsfähigkeit der jungen Menschen dieser Altersgruppe.

In der öffentlichen Debatte und auch in der Presse fanden die Neuerungen der rotgrünen Regierung zögernde Unterstützung, wobei auch in Zusammenhang mit den anderen Wahlrechtsänderungen durch Kumulieren und Panaschieren darauf verwiesen wurde, dass diese Reformen eine intensive Information der wahlberechtigten Bevölkerung jeden Alters notwendig machten, wolle man nicht riskieren, dass die schon besorgniserregende Wahlbeteiligung noch weiter sinke.

14   Volksnähe durch mehr Bürgerbeteiligung

Die eher restriktiven Vorschriften der Bremer Landesverfassung über den Volksentscheid mit recht hohen Beteiligungsvorschriften beim vorgeschalteten Volksbegehren wurden im Herbst 1994 durch die Einführung eines Bürgerantrags ergänzt, doch konnte dies nur ein Anfang sein. Mit dem Bürgerantrag war es möglich, das Landesparlament zur Beschäftigung mit einem Thema zu zwingen. Eine Entscheidungsfunktion enthielt dieser Antrag nicht.

Am 13. Mai 2007 fand als einzige Landtagswahl des Jahres die Wahl zur Bremischen Bürgerschaft statt. Bei einer mit 57,58 Prozent historisch niedrigsten Wahlbeteiligung verloren die Koalitionäre von SPD und CDU zwar erheblich, dennoch blieb die SPD mit 36,72 Prozent die stärkste Kraft in Bremen. Die Grünen erreichten bundesweit mit 14 Prozent ein Rekordergebnis. Die Partei „Die Linke" zog mit 8,44 Prozent erstmals in ein Landesparlament der westdeutschen Bundesländer ein. Die FDP, die drei Legislaturperioden nicht mehr in Fraktionsstärke auftreten konnte, erreichte mit 5,98 Prozent fünf Mandate. Die Besonderheit der zwei getrennten Wahlbereiche Bremen und Bremerhaven sorgte dafür, dass erneut auch die DVU mit einem Mandat im Bremer Landesparlament vertreten war.[2]

Im Zusammenhang mit dem Wahlbereich Bremerhaven und der Bürgerschaftswahl von 2007 gab es noch eine weitere Besonderheit neben der unterschiedlichen Zusammensetzung des Bremen-Bereichs von Landtag und Stadtbürgerschaft.

Die rechtspopulistische Wählervereinigung „Bürger in Wut" (BiW) trat mit ihrem Vorsitzenden Jan Timke zur Bürgerschaftswahl an und gewann 2.216 Wählerstimmen für sich, was 4,998 Prozent der Stimmen entsprach. Damit fehlte eine Wählerstimme zur Überwindung der Fünf-Prozent-Hürde. Die Vereinigung BiW legte Einspruch gegen die Wahl ein; das Wahlprüfungsgericht ordnete eine Neuauszählung der Stimmen im Wahlbereich Bremerhaven an. Sowohl BiW als auch der Landeswahlleiter riefen darauf den Staatsgerichtshof an, der eine Nachzählung in zwei Bremerhavener Wahlbezirken für den 21. April 2008 anordnete.

Da in einem Stimmbezirk erhebliche Unregelmäßigkeiten im Umgang mit den Stimmzetteln festgestellt worden waren, musste eine Wiederholungswahl durchgeführt werden. Bei dieser Wahl am 6. Juli 2008 – mehr als ein Jahr nach der regulären Bürgerschaftswahl – kam die Vereinigung BiW im Wahlbereich Bremerhaven auf 5,29 Prozent

---

[2] Der gewählte Abgeordnete Siegfried Tittmann verlies im Juli 2007 ohne Begründung die DVU und nahm fortan als Parteiloser das Mandat wahr. Es wurde gemunkelt, die Partei habe erwogen, zur Wahl 2011 einen anderen Spitzenkandidaten aufzubauen.

und damit zu einem Sitz im Bremer Landtag. Damit verlor die Sozialdemokratie ein Mandat in der Bürgerschaft.

Nach der Bürgerschaftswahl am 13. Mai 2007 und den ersten Sondierungsgesprächen sprach sich der SPD-Spitzenkandidat für eine rot-grüne Koalition aus, nachdem bereits zuvor die Bremer CDU den Gang in die Opposition angekündigt hatte.

Nachdem Anfang Juni 2007 SPD und Grüne sich auf einen gemeinsamen Koalitionsvertrag verständigt hatten, konstituierte sich der neue Landtag am 28. Juni 2007 und wählte einen Tag später den neuen Senat einer rot-grünen Koalition. In dieser parteipolitischen Konstellation wurde das Thema der direkten Demokratie wieder aufgegriffen.

„Wir unterstützen das wachsende Interesse der Bürgerinnen und Bürger an bürgerschaftlichem Engagement und politischer Teilhabe" – so hieß es im Koalitionsvertrag der beiden Partner. Die unmittelbaren Einflussmöglichkeiten der Bevölkerung auf die Staatsgeschäfte sollten ausgebaut und auch die Beteiligung an Entscheidungen über die Verwendung öffentlicher Mittel verbessert werden, bestimmte Themen wie Dienstbezüge, Steuern und Gebühren sowie der Haushaltsplan aber ausgeschlossen bleiben. Die Zugangsvoraussetzungen, Volksbegehren und Volksentscheid als Instrumente der direkten Demokratie anzuwenden, sollten laut Koalitionsvertrag erleichtert werden. Zu diesem Zwecke – so die Absicht – war an eine Absenkung der bisher geltenden Quoren gedacht.

Um diese Zielsetzungen in praktische Politik umzusetzen, wurde im Oktober 2007 ein nichtständiger Landtagsausschuss „Erleichterung der Volksgesetzgebung und Weiterentwicklung des Wahlrechts" installiert. Die Erarbeitung eines neuen Wahlrechts war bereits weit gediehen.[3] Im Antrag von Bündnis 90/Die Grünen und SPD wurde die Teilhabe der Bürgerinnen und Bürger an politischen Entscheidungen „als Chance für die Weiterentwicklung des demokratischen Prozesses und als identitätsstiftend für das demokratische Gemeinwesen" bezeichnet und die Beseitigung bestehender Partizipationshindernisse als Aufgabe definiert. Zur direkten Demokratie wurde ausgeführt: „Bürgerantrag, Volksbegehren und Volksentscheid haben gerade in den letzten Jahren das politische Leben im Land bereichert. Um dieses Teilhabeinstrument auszubauen, sind die Zugangshürden noch einmal zu senken."

Konkret sollte der am 18. Oktober 2007 beschlossene Ausschuss das Landeswahlrecht weiter anpassen, das Wahlrecht auf 16- und 17-Jährige für die Wahlen zu den Kommunalvertretungen erarbeiten und für den Landtag prüfen, das Landtagswahlrecht für EU-Bürgerinnen und –Bürger prüfen sowie das kommunale Ausländerwahlrecht bearbeiten. Ferner war ein Wahlrecht für Ausländer für die Beiräte zu entwickeln, die Volksgesetzgebung zu erleichtern und – so der letzte Auftrag des Einsetzungsantrags – die Erweiterung der Volksgesetzgebung auch auf finanzielle Auswirkungen zu bearbeiten

Zunächst einmal aber stand das Projekt „Gesetz zur Neuregelung des Volksentscheides" im Mittelpunkt der Arbeit des nichtständigen Ausschusses „Erleichterung

---

[3] Siehe 13.

der Volksgesetzgebung und Weiterentwicklung des Wahlrechts". In den Beratungen der Aufträge 6 und 7 ging es vor allem um Vorschläge zur „Erleichterung der Voraussetzungen der Volksgesetzgebung insbesondere durch Erleichterungen bei den Eingangsvoraussetzungen und durch Absenkung der Zustimmungsquoren" mitsamt den entsprechenden rechtlichen Änderungen sowie – so Punkt 7 – um „Vorschläge zur Erweiterung der Zulässigkeit von Volksbegehren und Volksentscheiden hinsichtlich ihrer finanziellen Auswirkungen". Hier war die zentrale Frage des Haushaltsvorbehaltes zur Diskussion gestellt.

Nach intensiven Beratungen kam der Ausschuss nicht in allen Punkten zu einer einheitlichen Auffassung, legte allerdings im November 2008 einen Gesetzentwurf für ein „Gesetz zur Neuregelung des Volksentscheids" vor, das aus drei Artikeln bestand, der notwendigen Änderung der Landesverfassung, der Änderung des bisherigen Gesetzes über das Verfahren beim Volksentscheid und schließlich noch der Änderung des Gesetzes über das Verfahren beim Bürgerantrag.

Mit diesen Vorlagen wurden die Quoren gesenkt und damit die Voraussetzungen für Volksentscheide erleichtert. Für das Volksbegehren als Vorstufe des Volksentscheids war nur noch ein Zwanzigstel der Wahlberechtigten nötig – bisher ein Zehntel. Und ebenfalls gesenkt wurde das Beteiligungsquorum von vorher ein Viertel auf nun ein Fünftel der Stimmberechtigten. Die Quoren für die Zustimmung zur Änderung der Landesverfassung wurden nicht gesenkt. Verändert wurde jedoch, dass die Vertrauenspersonen eines Volksbegehrens einen Antrag auf Durchführung eines Volksentscheids stellen müssen, womit der bisherige Automatismus aufgehoben wurde. Zusätzlich wurde nun auch eingeführt, dass es nach einem erfolgreichen Volksbegehren möglich sein wird, zwischen den Vertrauenspersonen und der Bürgerschaft eine den Entwurf zwar verändernde, aber im Konsens erfolgte Lösung zu finden, wodurch das aufwendige Verfahren eines Volksentscheids vermieden werden kann. Eine weitere Veränderung der bisherigen Vorschriften war die inhaltliche Erweiterung zulässiger Volksentscheide mit finanzwirksamem Inhalt, wenn bestimmte restriktive und verfassungsrechtlich bindende Bedingungen eingehalten werden.

In der Sitzung der Bürgerschaft (Landtag) am 19. Februar 2009 wurden diese Änderungen, beantragt vom nichtständigen Ausschuss „Erleichterung der Volksgesetzgebung und Weiterentwicklung des Wahlrechts", in erster Lesung mit den Stimmen der Fraktionen der SPD, Bündnis 90/Die Grünen, der FDP und Die Linke sowie des Vertreters von „Bürger in Wut" beschlossen.

Da der Gesetzentwurf vom 4. November 2008 auch Änderungen der Landesverfassung enthielt, musste nach den Vorschriften der Verfassung ein nichtständiger Ausschuss zwingend eingesetzt werden. Dieser Ausschuss mit dem Titel „Neuregelung des Volksentscheids" wurde ebenfalls am 19. Februar 2009 zur Beratung und Berichterstattung beschlossen. In der Sitzung am 19. April 2009 übernahm der nichtständige Ausschuss, gebildet nach Art. 125 der Bremer Landesverfassung, mit dem Namen „Neuregelung des Volksentscheids" die Vorschläge des anderen nichtständigen Ausschusses „Erleichterung der Volksgesetzgebung und Weiterentwicklung des Wahlrechts" vom 4. November 2008 und empfahl mehrheitlich und gegen die Stimmen der Fraktionen der CDU und Die Linke die Übernahme der Verfassungsänderungen. Mit Antrag vom 8. Mai 2009 wurde das „Gesetz zur Änderung der Landesverfassung der Freien Hansestadt Bremen" mit dem Bezug „Erleichterung der Volksgesetzgebung" in die Bürgerschaft (Landtag) eingebracht.

Noch einmal gab es weitere – auch öffentlich ausgetragene – Debatten um Einzelheiten des Wahlrechts, speziell um die Frage, unter welchen Bedingungen die Landesverfassung per Volksentscheid geändert werden kann. Die SPD war nicht bereit, in dieser Frage die Hürden zu senken. In der abschließenden Bürgerschaftssitzung am 27. August 2009 stimmten 57 Abgeordnete von SPD, Grünen, FDP und „Die Linke" für die Verfassungsänderung ohne Absenkung des Quorums; 56 Abgeordnete sind für die „Zwei-Drittel-Mehrheit" nötig.

15   Kommunalpolitik – Politik vor Ort: Mehr Rechte für die Beiräte

Die nach der Bürgerschaftswahl vom 13. Mai 2007 im Herbst gebildete rot-grüne Koalition unternahm neue Anstrengungen, die Bürgerinnen und Bürger an der Gestaltung der Politik zu beteiligen.

„Ein wichtiger Baustein für die Stärkung der lokalen Demokratie ist die Erweiterung der Rechte der Beiräte" – so steht es im Koalitionsvertrag von 2007, der die Novellierung des Beirätegesetzes mit dem Ziel, mehr Bürgernähe zu erreichen, ankündigte. Als Einzelmaßnahme wurden beispielsweise benannt: Die Ortsamtsleiter werden durch die Beiräte gewählt und vom Senat ernannt, bestimmte Verantwortlichkeiten werden den Beiräten zugewiesen, die Entscheidungskompetenzen der Beiräte im lokalen Bereich sollen ausgeweitet werden, die Beiräte dürfen über bestimmte Budgets verfügen. Im Stadtteil sollten Schlichtungsverfahren in Streitfällen durchgeführt werden, jährliche gemeinsame Planungskonferenzen von Beiräten und Senatsressorts sollten der besseren Abstimmung dienen und bei Konflikten zwischen Beirat und Deputation, also dem zuständigen Parlamentsausschuss, sollte sogar die Stadtbürgerschaft selbst befasst werden. Über die Einzelheiten dieser Veränderungen sollte letztlich ein besonderer Ausschuss bestimmen.

Weiter wurden die Beiräte im Koalitionsvertrag als „Akteure lokaler Demokratie" bezeichnet, deren Auftrag darin bestehe, „konkrete Beteiligungsprojekte zusammen mit den Menschen in den Stadtteilen zu entwickeln und umzusetzen."

Die Koalitionäre hoben die Beiräte besonders hervor und formulierten in ihrem Vertrag: „Die Beiräte sind als Ort der kommunalen Demokratie nicht einem Fachressort zuzuordnen. Dem Stellenwert der Beiräte und ihrer Querschnittsaufgabe entsprechend wird die Zuständigkeit für Bürgerbeteiligung, Ortsämter und Beiräte vom Senator für Inneres auf die Senatskanzlei übertragen."

Die Beiräte erhielten den Auftrag, sich über Möglichkeiten zur Beteiligung von Kindern und Jugendlichen Gedanken zu machen. Außerdem wurde beschlossen, in der Stadtbürgerschaft als Ersatz für den bisher vorhandenen Gesamtbeirat einen ständigen Ausschuss für Bürgerbeteiligung und Beiratsangelegenheiten zu installieren.

Die Einsetzung dieses Ausschusses fand im Juli 2007 statt. Als Aufgaben wurden definiert:

„1. die Angelegenheiten der Beiräte, insbesondere deren Unterstützung und Förderung als Instrumente der lokalen Demokratie sowie die Koordinierung und die Vertretung ihrer Interessen,

2. die Angelegenheiten der Ortsämter als Stadtteilmanagement,

3. die Förderung der Bürgerbeteiligung in Bremen als Aktive Bürgerstadt."

Eine zentrale Aufgabe des neuen Ausschusses aber war es, die Überarbeitung des Beirätegesetzes durch den Senat mit dem Ziel, mehr Bürgernähe für stadtteilbezogene Entscheidungen zu sichern, zu begleiten.

Im Frühsommer 2008 gab es nach einem umfassenden Beratungsprozess einen ersten Referentenentwurf, der in den Beiräten und den Ortsamtsleitungen sowie auch im Internet zur Diskussion gestellt wurde. Aus den Beiräten kam eine Vielzahl von Anregungen, die ab November 2008 in den Entwurf eingearbeitet wurden. In dieser Fassung wurde der Entwurf zur weiteren rechtlichen und fachlichen Prüfung in die senatorischen Dienststellen geräuschlos und ohne besonders auffälliges öffentliches Interesse geleitet. In dieser Phase gab es im Frühjahr 2009 in der allgemeinen Öffentlichkeit lediglich einige Berichte über noch strittige Punkte, so die Frage, wie bei Meinungsverschiedenheiten und bei Streitfällen zwischen Beirat und Verwaltung eine Einigung hergestellt werden kann und welches Organ letztlich gesetzlich verantwortlich zuständig ist.

Hier wurde einerseits juristisch argumentiert, andererseits aber befürchtet, Konflikte auf Beiratsebene würden in die Stadtbürgerschaft verlagert und dort zu einer Blockade führen.

Im Sommer 2009 beschäftigte sich der Senat der Freien Hansestadt Bremen mit dem Entwurf eines neues Beirätegesetzes. Am 18. August 2009 wurde das neue Gesetz vom Senat beschlossen, um es der Bürgerschaft zur Beschlussfassung vorzulegen. Mit dem neuen Beirätegesetz sollten aus reinen Verwaltungsausschüssen mit beschränkten Befugnissen kommunalpolitische Stadtteilparlamente mit konkreten Rechten werden. Eines war jedoch nie beabsichtigt: Die Einheitlichkeit der Stadtgemeinde, ihrer Verwaltung durch den Senat und ihrer Vertretung durch die Stadtbürgerschaft sollte nicht durch Einführung einer zweiten Ebene durchbrochen werden. Die Beiräte haben daher zwar weitgehende Beteiligungs-, Mitwirkungs- und Informationsrechte bekommen, haben aber weiterhin nur wenige eigene Entscheidungsrechte. Sie sind weiterhin in die einheitliche Verwaltung der Gemeinde eingebunden und sind keine zweite politische

Ebene mit eigener Verwaltungsstruktur und weitgehenden eigenen sachlichen Zuständigkeitsbereichen oder eigenem Haushalt.

Die Umstrukturierung der politischen Entscheidungsprozesse betraf drei zentrale
Komplexe. Vor allem die Beteiligungs- und Informationsrechte der Stadtteilparlamente
sollten erstens gestärkt werden, zweitens sollten die Beiräte über die Verwendung eigener Stadtteilbudgets mitreden können und drittens können sie Streitfragen vor der
Bürgerschaft austragen. In einem abgestuften Verfahren werden die Informations-,
Beteiligungs-, Planungs- und Entscheidungsrechte der Beiräte gestärkt, um durch mehr
Beteiligung und durch mehr Rechte die Demokratie vor Ort zu stärken. Erweiterte
Informationsrechte ergaben sich auch durch die Stärkung von Minderheitenrechten bei
Auskunftsbegehren oder auch die Verpflichtung der Ressorts, Einladungen zu Sitzungen folgen zu müssen. Jährliche gemeinsame Planungskonferenzen sollen der Verbesserung der Koordination von Beiräten, Ortsämtern und zentralen Dienststellen dienen.
Mit dem Haushalt 2010/2011 sind nun auch die Stadtteilbudgets beschlossen worden,
wodurch bestimmte Mittel im Haushalt unter Zustimmungsvorbehalt der Beiräte stehen. Diese Regelung betrifft vor allem Bereiche wie Kinderspielplätze, Jugendeinrichtungen, Unterhaltung von Wegen, Plätzen und Grünflächen. Das neue Beirätegesetz
wies auch den Ortsamtsleitungen neue Kompetenzen zu, stärkte diese in ihrer Funktion als Stadtteilmanagement, betonte deren Planungs- und Koordinierungsfunktionen
und auch deren Möglichkeiten, im Stadtteil selbst Lösungen zu entwickeln durch Moderations- und Schlichtungsverfahren. Insgesamt soll durch das neue Beirätegesetz die
Demokratie vor Ort gestärkt und mehr Transparenz in das Handeln von Politik und
Verwaltung gebracht werden, aber auch das Interesse an der Beiratsarbeit wieder gestärkt und das bürgerschaftliche Engagement der Bevölkerung in diesem untersten
Politikbereich gefördert werden.

16   Grundlegende Reformen

Einmal in Bewegung gesetzt, fanden die Reformschritte im Bereich des Wahlrechts und
der Volksgesetzgebung immer wieder neue Themen, Aspekte, Teilziele und Ziele. Zum
Teil aber wurden auch Anregungen in die öffentliche Diskussion eingebracht, um lediglich parteipolitische Profilierungen zu erreichen. So schlug der CDU-Fraktions- und
Landesvorsitzende Thomas Röwekamp, in der Großen Koalition immerhin Innensenator und stellvertretender Bürgermeister, als Teil eines umfassenderen Sparvorschlages
unter anderem eine weitere Verkleinerung des Landesparlamentes vor.

Andere Entwicklungen wurden ernster genommen. Es folgte nämlich ein neues
Petitionsgesetz, mit dem Bremen zum „Petitions-Vorreiter" werden sollte, wie die
CDU-Abgeordnete Elisabeth Motschmann, Vorsitzende des Petitionsausschusses der
Bremischen Bürgerschaft, formulierte. Mit dem neuen Gesetz, gültig ab 1. Januar 2010,
wurde die öffentliche Petition eingeführt, also die Veröffentlichung von Eingaben mit

einem Anliegen von allgemeinem Interesse, von Bitten und Beschwerden auf der Internetseite des Landtages. Damit sollte jeder Bürger die Möglichkeit haben, sich der Petition anzuschließen und sich mit Diskussionsbeiträgen im Forum an der Auseinandersetzung zu beteiligen.

Im Frühherbst 2009 führten führende Abgeordnete der Landtagsfraktionen der Bremischen Bürgerschaft öffentlich Klage über die mangelnde Präsenz der Mitglieder der Landesregierung bei den Sitzungen des Parlaments. Die Rede war von einer Missachtung der Legislative, was der Senat nicht auf sich sitzen lassen wollte. Fortan sollten die Termine besser abgestimmt und auswärtige Verpflichtungen der Senatoren möglichst vermieden werden, wenn sie mit Landtagssitzungen zeitlich kollidieren sollten.

Mit einem „Paukenschlag" setzte der ehemalige Präsident des Bremer Staatsgerichtshofs Günther Pottschmidt einen fundamentalen Veränderungsprozess in Gang, der an Bedeutung und Tiefe im Verlauf der Diskussion weiter zunahm. Anfang Dezember 2009 hatte Pottschmidt es in einem Gutachten als verfassungswidrig bezeichnet, dass Abgeordnete des Bremer Halbtagsparlaments, die aus dem öffentlichen Dienst kommen und ihren Beruf während des Mandats aus Gründen der Inkompatibilität nicht ausüben dürfen, weiter ein halbes Gehalt ohne Arbeit erhalten, also eine Ausgleichszahlung. Die Unvereinbarkeit von Mandat und Anstellung als Staatsbedienstete ergibt sich aus der Kontrollfunktion des Parlaments gegenüber den Behörden und Verwaltungsinstanzen. Abgeordnete aus anderen Berufsfeldern können weiter ihrer erwerbsmäßigen Tätigkeit neben der Mandatsausübung im Bremer Teilzeitparlament nachgehen.

Das Gutachten löste nicht nur bei den Parlamentariern eine heftige Diskussion aus, sondern fand auch im öffentlichen Raum Resonanz, denn einige Punkte der bestehenden Parlamentsorganisation wurden schon seit Jahren immer wieder kritisiert. Von CDU, Grünen und der FDP wurde nun eine umfangreiche Parlamentsreform gefordert, die auch die Bezahlung und die Frage der Inkompatibilität neu klären sollte. Bei den Sozialdemokraten wurde erst einmal abwartend reagiert, aber dann nach der Sitzung des rot-grünen Koalitionsausschusses der Weg in Richtung Reform eingeschlagen. Zur Debatte stehen Fragen wie die Wandlung vom Teilzeit- in ein Vollzeitparlament oder gar in ein reines Feierabendparlament. Auch das Problem der Unvereinbarkeit von Mandat und Anstellung im öffentlichen Dienst – die Inkompatibilität – musste zügig geregelt werden. Der Staatsgerichtshof sollte angerufen werden, um zur gutachterlichen Äußerung auch eine schnelle richterliche Entscheidung zu erwirken. Denn es müssen alle Schritte rasch vollzogen werden, da im Frühjahr 2010 bereits in den Parteien die Kandidatenaufstellungen für die nächste Bürgerschaftswahl im Mai 2011 beginnen werden.

Innerhalb weniger Tage war aber auch diese Position überholt, denn die SPD verzichtete auf die Anrufung des Staatsgerichtshofes. Stattdessen einigten sich die Fraktionen auf ein gemeinsames Vorgehen zur Lösung des Vorhabens auf politischem Wege. Bürgerschaftspräsident Christian Weber nannte die grundlegende Reform der Abgeordnetenbezahlung „die umfassendste Reform der letzten Jahrzehnte" und die Presse

kommentierte, man könne „für die politische Kultur in Bremen von einer zeitgeschicht-
lichen Zäsur sprechen".[4]

Unter den Grundzügen von Klarheit und Eigenverantwortlichkeit soll ein einheitliches zu versteuerndes Bruttogehalt für alle Abgeordneten festgelegt und alle Neben-
zahlungen von der steuerfreien Aufwandspauschale über das Sitzungsgeld bis zur
Fahrkostenerstattung abgeschafft werden. Die Inkompatibilität soll ebenfalls weitgehend abgeschafft werden und nur noch in wenigen Ausnahmefällen gelten. Die bisher
über das Mandat geregelte Altersversorgung müssen die Abgeordneten nach den Re-
formplanungen selbst organisieren. In kürzester Zeit formulierten die Experten ein
Reformpapier, das dann am 17. Dezember 2009 die Fraktionsvorsitzenden von SPD,
Grünen, CDU und FDP unterzeichneten. Die Fraktion der Partei Die Linke beteiligte
sich nicht.

Wie sich nun die Wahlrechtsänderungen bei den Landtagswahlen 2011 nieder-
schlagen werden, wie sich Volkswahlen zukünftig darstellen werden, wie sich die
Wahlbeteiligung entwickeln wird – all das lässt sich nicht ermessen oder erahnen. Die
Veränderungen bis hinein in die Ebene der Stadtteile enthalten viele Angebote an die
Bevölkerung, sich zu beteiligen und einzumischen in die Entscheidungsprozesse vor
Ort. Ob es gelingt, über die kommunalpolitische Ebene wieder mehr qualifiziertes Personal für eine Kandidatur für den Landtag und für andere politische Ebenen zu erreichen und zu bewegen, muss ebenfalls offenbleiben. Angesichts der Krise der vergangenen Jahre waren Karrieren innerhalb der klassischen Parteiwege allzu leicht zu bewerkstelligen, was sich in allen Parlamenten, in allen Gremien und in allen Parteien
mehr als deutlich zeigte.

Der Mitgliederschwund bei allen klassischen Parteien – wie auch der Verlust der
Bindungsfähigkeit gesellschaftlicher Organisationen wie beispielsweise der Kirchen
oder der Gewerkschaften – wird sicherlich nicht durch veränderte Wahlrechtsbestim-
mungen oder neue Beteiligungsformen bei der Volksgesetzgebung gestoppt werden
können. Zu lange haben die Parteien sich von Sachzwängen leiten lassen, ohne ihre
Politik ausreichend zu vermitteln und zu erklären. Der so entstandene Verlust an
Glaubwürdigkeit schlug sich nachhaltig nieder in der Weigerung, sich parteipolitisch
zu engagieren, oder in der Entscheidung, in einer Protestbewegung wie „Attac" mit-
zumachen, denen in der Regel ein konkretes positives Konzept fehlt. Wenn die Wahlbeteiligung der Gradmesser für die Legitimation des demokratischen Systems ist, dann
sind die Wahlergebnisse der letzten Jahre eine eindrucksvolle Misstrauenserklärung
der Bevölkerung gegen das parteipolitische Establishment, das diese Botschaft allerdings nicht hören oder verstehen wollte.

Die andere Seite ist der Ton der Auseinandersetzung um die richtige Politik, gestaltet auch von Medien, Handelskammern und anderen Interessenverbänden, die so
tun, als seien sie nur dem allgemeinen Besten verpflichtet, aber nicht ihren besonderen
Klientelen. Für die Öffentlichkeit, unabdingbares Element des demokratischen Prin-

---

[4] Bremer Nachrichten, Mittwoch, 16. Dezember 2009, Kommentar Wigbert Gerling, S. 2

zips, sind die Formen geprägt durch Anklagen, Unterstellungen, Häme und Abgrenzungen. Das gemeinsame Bemühen um eine positive Lösung von Problemen im Interesse des Gemeinwesens erscheint als die Ausnahme.

Wenn es der Kommunalpolitik gelingt, das Prinzip der Problemlösung möglichst nahe am Problem umzusetzen, also dem Subsidiaritätsprinzip zu entsprechen, dann kann Politik ein neues Profil gewinnen. Dann kann es auch möglich sein, die Verlagerung von Entscheidungskompetenzen auf niedrigere Ebenen zu akzeptieren, ohne darauf mit der eifersüchtigen Besorgnis von Bedeutungsverlust zu reagieren.

Es bleibt eine zentrale Aufgabe, möglichst frühzeitig schon Kindern, Jugendlichen und jungen Erwachsenen vertraut zu machen und zu vermitteln, dass das demokratische System von Teilhabe und Engagement, von eigener Meinungsbildung und einmischender Beteiligung lebt. Diese Vermittlungsarbeit muss stetig und dauerhaft sein.

Literaturhinweise

Facklam, Rolf-Gerhard/Sakuth, Peter: Ortsamtsbeiräte in Bremen. Ein Modell für Bürgerbeteiligung, 2. Auflage, Bremen 1984

Freie Hansestadt Bremen, Handbuch für die Beiratsarbeit, herausgegeben vom Senator für Inneres, Kultur und Sport, Bremen 1999

Schwarzwälder, Herbert: Bremer Geschichte, Bremen 1993

Statistisches Landesamt Bremen: Bremen in Zahlen 2001, Bremen 2001

Kommunalpolitik in Hamburg

Andreas Fraude und Matthias Lloyd

1   Stadtstaat Freie und Hansestadt Hamburg: Begriffsbestimmung und historische Entwicklung

Nach Artikel 1 der Hamburgischen Verfassung (im Weiteren: HV) ist Hamburg – der Präambel des Grundgesetzes folgend – ein Land der Bundesrepublik Deutschland. Darin spiegelt sich das Bekenntnis zum föderalen Aufbau der Bundesrepublik Deutschland wider. Das Land Hamburg besitzt – wie alle Länder Deutschlands – Staatsqualität mit eigener, nicht vom Bund abgeleiteter, sondern von ihm lediglich anerkannter staatlicher Hoheitsmacht. Die Freie und Hansestadt Hamburg ist damit sowohl Stadt als auch Staat zugleich. Der Begriff *Stadtstaat* ist ein Rechtsbegriff, der in Gesetzen,[1] nicht aber in der HV verwendet wird. In der staatsrechtlichen Literatur des Deutschen Reiches von 1871 kam der Terminus des Stadtstaates auf und fand fortan Anwendung für die von den Freien Reichsstädten des Heiligen Römischen Reiches deutscher Nationen „übriggebliebenen" Hansestädte Lübeck, Bremen und Hamburg.[2]

Mit dem Begriff wird ein Staat bezeichnet, dessen Territorium im Wesentlichen auf ein Stadtgebiet – welches sich durch eine weitestgehend geschlossene respektive dichte Bau- und Siedlungsstruktur auszeichnet – begrenzt ist. Glatz und Haas definieren den Stadtstaat-Begriff insbesondere für Hamburg wie folgt: „Ein Stadtstaat ist eine ungeteilte Gebietskörperschaft, die ein Land ist und für ihre Bürger alle Funktionen erfüllt, die in Flächenländern auf Land und kommunale Gebietskörperschaften verteilt sind."[3] Grundlage dieser Begriffsbestimmung ist die veränderte Rechtslage in Hamburg seit dem 1. April 1938.[4] Seitdem ist von einer ungeteilten Gebietskörperschaft auszugehen,

---

[1] So z.B. in den Stadtstaatklauseln, die Übergangs- und Schlussvorschriften von Bundesgesetzen, welche die bundesrechtlichen Zuständigkeitszuweisungen an die Länder auf die stadtstaatlichen Verwaltungsbesonderheiten zuschneiden.

[2] Anna Deutelmoser: Die Rechtsstellung der Bezirke in den Stadtstaaten Berlin und Hamburg, Berlin 2000, S. 25.

[3] Carl Heinrich Glatz/ Diether Haas: „Die Verfassung der Freien und Hansestadt Hamburg vom 6. Juni 1952", in: Jahrbuch des öffentlichen Rechts der Gegenwart (JöR) 6 (1957), S. 223 ff.

[4] Mit Wirkung vom 1. April 1937 wurde das Gebiet Hamburgs durch das „Gesetz über Groß-Hamburg und andere Gebietsbereinigungen", kurz *Groß-Hamburg-Gesetz*, um die bis dahin preußischen Städte Altona/Elbe, Hamburg-Wilhelmsburg und Wandsbek sowie die hamburgische Stadt Bergedorf erwei-

was eine Aufteilung des Gebietes in rechtsfähige Untergliederungen ausschließt. Artikel 4 (1) der HV fasst diese Gegebenheiten der „Einheitsgemeinde" so zusammen: „In der Freien und Hansestadt Hamburg werden staatliche und gemeindliche Aufgaben nicht getrennt".

Die Reichsunmittelbarkeit, das heißt, die Unabhängigkeit von anderweitiger Territorialherrschaft, wurde Hamburg über Jahrhunderte formell versagt. Zwischen 1356 und 1618 fanden diesbezüglich vier so genannte Immedietätsprozesse statt. Die Verfahren dauerten fast 70 Jahre an und endeten am 6. Juli 1618. Nach dem vierten Prozess stellte das Reichskammergericht fest, dass Hamburg eine Freie Reichsstadt mit allen damit verbundenen Rechten und Pflichten sei. Dies war die formelle Anerkennung als Freie Reichsstadt und damit als Stadtstaat im weiteren Sinn, denn mit der Reichsunmittelbarkeit wurden Hamburg auch staatliche Rechte zugestanden. Dänemark erkannte den Status im Gottorper Vergleich am 27. Mai 1768 an. Allerdings endete diese Freiheit vorläufig, als Hamburg 1810 dem napoleonischen Kaiserreich einverleibt wurde.

Am 8. Juni 1815 unterzeichnete Hamburg neben den beiden anderen Hansestädten Lübeck und Bremen sowie Frankfurt am Main und 34 anderen souveränen Staaten die Bundesakte, mit der der Deutsche Bund gegründet wurde. Damit war Hamburg neben den übrigen Unterzeichnern der Bundesakte zu einem souveränen Staat geworden. Der Status der Eigenstaatlichkeit überdauerte die Gründung des Norddeutschen Bundes im Jahr 1866 und auch die Gründung des Deutschen Reichs 1871. Auch in der Weimarer Republik wurde der Staatscharakter Hamburgs nicht angetastet: Artikel 1 der HV von 1921 bezeichnete den Hamburgischen Staat als eine Republik, die unter dem Namen „Freie und Hansestadt Hamburg" ein Land des Deutschen Reichs bildet.[5]

Zwischen 1933 und 1945 blieb Hamburg seine Reichsunmittelbarkeit erhalten, wurde aber – wie alle Gliedstaaten im nationalsozialistischen Einheitsstaat – durch das Gesetz über den Neuaufbau des Reiches seiner Staatlichkeit beraubt.[6] Mit dem Groß-Hamburg-Gesetz vom 1. April 1937 fand eine territoriale Neugliederung Hamburgs statt. Für eine Übergangszeit bestand die Hansestadt aus den Städten Hamburg und Bergedorf, den bis dahin preußischen Städten Altona, Harburg-Wilhelmsburg und Wandsbek sowie 44 Landgemeinden. Das Gesetz über die Verfassung und Verwaltung der Hansestadt Hamburg schloss diese Städte und Landgemeinden mit Wirkung vom 1. April 1938 zu einer einheitlichen Stadt Hamburg zusammen. Dadurch verloren die eingemeindeten Städte und althamburgischen Gemeinden ihr Recht auf kommunale Selbstverwaltung und – vice versa – die neu geschaffene Einheitsgemeinde Hamburg, die weder Bezirke noch Ortsämter aufwies, war zentral organisiert. Mit der Bekanntmachung über die Gebietseinteilung der Hansestadt Hamburg vom 26. Oktober 1938 wur-

---

tert, die zum 1. April 1938 Teil der Einheitsgemeinde Hamburg wurden und ihre Selbstständigkeit verloren (vgl. dazu auch die Ausführungen weiter unten im Text).

[5] Hans-Wilhelm Eckhardt: Privilegien und Parlament. Die Auseinandersetzung um das allgemeine und gleiche Wahlrecht in Hamburg, Landeszentrale für politische Bildung, Hamburg 1980, S. 125 f.

[6] Vgl. Hans-Peter Ipsen: Hamburgs Verfassung und Verwaltung, Hamburg 1988.

de das gesamte Gebiet der Stadt entsprechend den Parteikreisen der NSDAP in zehn Kreise eingeteilt. Nach den schweren Bombenangriffen im Rahmen der „Operation Gomorrah" im Juli 1943 wurden die zehn Kreisverwaltungen jedoch untergliedert: Es hatte sich gezeigt, dass die Kriegsverhältnisse eine dekonzentrierte Wahrnehmung von Verwaltungsaufgaben erforderten.[7] Dieses hatte die Einführung des Ortsamtssystems zur Folge, das bis 1945 vollständig etabliert war und bis zur Bezirksverwaltungsreform 2006 galt.

2   Das politische System der „Einheitsgemeinde" Hamburg: Senat, Bürgerschaft, Bezirksämter und Bezirksversammlungen

Das heutige politische System der Freien und Hansestadt folgt dem Typus eines parlamentarischen Regierungssystems. Dabei bildet die Hamburgische Bürgerschaft das Landesparlament und setzt sich aus mindestens 120 Abgeordneten zusammen (Art. 6 HV), die sowohl über Parteilisten als auch über Wahlkreise gewählt werden und neben ihrem parlamentarischen Mandat einen Beruf ausüben („Feierabendparlament"). Der Ausdifferenzierung eines politischen Steuerungsorgans aus dem Parlament folgend, bilden der Erste Bürgermeister bzw. die Erste Bürgermeisterin (Präsident des Senats) und die Senatorinnen und Senatoren den Senat und damit die Kernexekutive.[8] Eine Besonderheit stellt die verfassungsrechtlich normierte Trennung von Amt und Mandat dar. Dies bedeutet, dass die Senatsmitglieder nicht gleichzeitig Mitglieder der Bürgerschaft sein dürfen. Der Senat bildet die Landsregierung, führt und beaufsichtigt die Verwaltung (Art. 33 (2) HV) und vertritt Hamburg nach außen (Art. 43 HV). Die Anzahl der Senatsmitglieder wird gesetzlich bestimmt. Der Erste Bürgermeister beruft seine(n) Stellvertreterin bzw. Stellvertreter (Zweite(r) Bürgermeister(in)) und die übrigen Senatorinnen und Senatoren. Danach bedarf der Senat als Ganzes der Bestätigung durch die Bürgerschaft, die der Erste Bürgermeister beantragt. Die Verfassungsänderung von 1996 glich das Hamburgische Regierungssystem den Regelungen des Grundgesetzes weiter an. Analog zu den Kompetenzen der Bundeskanzlerin und der Ministerpräsidenten in den Flächenländern besitzt der Erste Bürgermeister seitdem eine Richtlinienkompetenz (Art. 42 (1) HV), während für die Senatorinnen und Senatoren das Ressortprinzip gilt. Der Senat fasst seine Beschlüsse mit Stimmenmehrheit, wobei es jedem Mitglied des Senats frei steht, seine abweichende Auffassung zu Protokoll zu geben. Bei Stimmengleichheit entscheidet die Stimme des Vorsitzenden, also des Senatspräsidenten. Eine „Hamburgensie" stellen die bei den Fachbehörden angesiedelten

---

[7] Anna Deutelmoser (siehe Anmerkung 2), S. 143.
[8] Der in der britischen Politikwissenschaft entwickelte Begriff der „Kernexekutive" („core executive") wird hier als Definition von Regierung verwendet.

„Deputationen" dar. In dieses noch aus einer alten Verfassungstradition stammende Gremium entsendet die Bürgerschaft für die Dauer einer Wahlperiode jeweils 15 nach Parteienproporz gewählte Personen, die in „ihren" Behörden u.a. über den Haushalt und über Personalfragen entscheiden.

Der Aufbau der Hamburger Verwaltung gliedert sich in drei Ebenen: Der Senat als oberste Landesbehörde mit Assistenzeinheiten, die zentralen, nach Ressorts aufgegliederten Fachbehörden und die dezentralen nach Stadtbezirken abgegrenzten Bezirksämter. Den einzelnen Verwaltungseinheiten aller drei Ebenen sind bestimmte Aufgaben und Zuständigkeiten mit rechtlicher Außenwirkung zugewiesen, die sie selbstständig wahrnehmen. Das Gesetz über die Bezirksverwaltung aus dem Jahr 1949 teilt das Gebiet Hamburgs in sieben Bezirke, für die je ein Bezirksamt eingerichtet ist. Die Bezirksämter sind die Verwaltungsorgane der Bezirke und werden von einem Bezirksamtsleiter bzw. einer -leiterin geführt. Da in Hamburg staatliche und gemeindliche („kommunale") Tätigkeiten nicht getrennt werden, kommt den Bezirken lediglich die Funktion von „Verwaltungseinheiten" zu. Der Bezirksverwaltung werden eine Reihe selbstständig und dezentral wahrzunehmender Aufgaben *übertragen* (vgl. Art. 4 (2) HV), insbesondere im Sozial-, Gesundheits-, Bau-, Melde-, und Wohnungswesen sowie im Bereich der Wirtschaftsförderung. Die in den einzelnen Bezirken gebildeten Bezirksversammlungen bestehen bei Bezirken bis zu 150.000 Einwohnern aus 45 Mitgliedern, bei mehr als 150.000 und bis zu 400.000 Einwohnern aus 51 Mitgliedern und bei mehr als 400.000 Einwohnern aus 57 Mitgliedern. Diese Festlegungen sind Teil der jüngsten Reform des Bezirksverwaltungsgesetzes (im Weiteren: BezVG; hier § 4 (1)); zuvor gehörten *allen* Bezirksversammlungen jeweils 41 Mitglieder an. Wegen der beschränkten Funktion der „Bezirksparlamente" sind deren Mitglieder de jure lediglich Vertreter eines Verwaltungsausschusses; sie üben ihre Tätigkeit ehrenamtlich aus.

Die Bezirksversammlung wählt ein Mitglied für den Vorsitz und bis zu zwei Mitglieder für dessen Stellvertretung (§ 8 BezVG). Der/Die Vorsitzende vertritt die Bezirksversammlung gegenüber der Öffentlichkeit, dem Bezirksamt und den übrigen Behörden der Freien und Hansestadt Hamburg. Er/Sie leitet die Sitzung der Bezirksversammlung und übt, analog zu den Gepflogenheiten in Parlamenten mit vollen legislativen Befugnissen, während der Sitzungen das Hausrecht aus (§ 8 (1), 9 (1) und 12 (1) BezVG). Die in der Bezirksversammlung vertretenen Fraktionen müssen aus mindestens drei Mitgliedern bestehen; bei einer darunter liegenden Zahl von Abgeordneten kommt ihnen lediglich ein „Gruppen"-Status zu. Neben einem/einer Fraktionsvorsitzenden können Fraktionen bis zu neun Mitgliedern eine Stellvertretung, Fraktionen ab zehn Mitgliedern bis zu zwei stellvertretende Fraktionsvorsitzende wählen (§ 10 (2) BezVG). Die Bezirksversammlung und ihre Ausschüsse beschließen mit einfacher Stimmenmehrheit und sind beschlussfähig, wenn mehr als die Hälfte der Mitglieder anwesend sind. Sie können zur Vorbereitung ihrer Beschlüsse ständige Fachausschüsse sowie Regional- und Sonderausschüsse mit jeweils höchstens 15 Mitgliedern einsetzen (§ 13 sowie 16 (1) und (2) BezVG).

Vor der Bezirksverwaltungsreform von 2006 nahmen die sieben Bezirksämter für räumliche Teilgebiete bestimmte Aufgaben, wie z.B. Einwohnermeldeangelegenheiten, durch insgesamt 15 Ortsämter/Ortsdienststellen – als Untereinheiten des Bezirksamtes – wahr. Die Ortsämter wurden durch Ortsamtsleiter bzw. -leiterinnen als Spitze der regionalen Verwaltungseinheiten geführt. Das Gesetz verpflichtete die Bezirksversammlungen, bei jedem Ortsamt einen Ortsausschuss einzusetzen, der aus 15 Mitgliedern bestand. Der Ortsausschuss hatte für den kleineren Ortsamtsbereich etwa die Bedeutung wie die Bezirksversammlung für den gesamten Bezirk. Ein zentrales Element der Bezirksverwaltungsreform von 2006 (mit der auch eine Gebietsreform einherging) war die Hamburg-weite Auflösung der Ortsämter als kleinste Verwaltungsorganisation. Allerdings wurden der angestrebten Zweistufigkeit der Verwaltung regionale Spezifika gleichsam als eine Art Kompensation beigegeben: An die Stelle der Ortsämter traten zum Teil ebenfalls örtlich angesiedelte Dienststellen, die damit Außenstellenstandorte des jeweiligen Bezirksamtes sind. Die Funktion der früheren Ortsamtleitungen nehmen nun sogenannte Regionalbeauftragte wahr und die „regionalen Parlamente" – Ortsausschüsse – wurden durch Regionalausschüsse ersetzt. Ein Regionalausschuss kann je angefangene 90.000 Einwohner des Bezirks eingesetzt werden, wobei die Grenzen der Stadtteile zu beachten sind. Regionalausschüsse befassen sich mit Angelegenheiten, die ihre Region in besonderem Maße betreffen (§ 16 (3) BezVG); ihre Beschlüsse bedürfen allerdings der Bekräftigung durch die Bezirksversammlung.

3   Die sieben Bezirke in Hamburg: Entwicklung, Funktionen und (erweiterte) Kompetenzen

Im Nachkriegsjahr 1948 lehnte der Senat in einer Mitteilung an die Bürgerschaft weitere verwaltungsorganisatorische Dezentralisierungstendenzen ab: „Das geschlossene relativ kleine Gebiet der Freien und Hansestadt Hamburg stellt eine einheitliche Siedlungsstruktur in gemeinsamer Wirtschafts- und Siedlungsaufgabe dar. Jede Trennung in wirklich selbständige Gebietskörperschaften muss zur Trennung von vorhandenen Bindungen außerstaatlicher Art führen. Gemeindegrenzen innerhalb der Freien und Hansestadt Hamburg würden immer natürliche Zusammenhänge, die sich aus der gemeinsamen Aufgabe ergeben, in höherem Maße zerreißen müssen, als es in anderen Ländern der Fall ist und als es vor 1933 in Hamburg der Fall war."[9] Nach Kriegsende war die hamburgische Verwaltung unübersichtlich und augenscheinlich den Aufgaben der Zukunft nicht gewachsen. Vor diesem Hintergrund beauftragte der Senat im Jahre 1947 den früheren Präsidenten des preußischen Städtetages, Dr. Oskar Mulert, ein Gutachten zu erstellen, wie die Neuordnung der kommunalen Verwaltung zukünftig organisiert werden solle. Dieser legte Ende 1948 seine Ergebnisse vor, nach denen das

---

[9] Mitteilung des Senats an die Bürgerschaft vom 13. Januar 1948, Drs. 15/5357.

Gebiet Hamburg in sieben bzw. acht Bezirke aufgeteilt werden sollte. Obwohl das Konzept heftige Diskussionen auslöste, wurde es schließlich nach einjähriger Erörterung im Wesentlichen als Grundlage der Neuordnung der Verwaltung übernommen. Das Gesetz über die Bezirksverwaltung von 1949 teilte Hamburg in sieben Bezirke, die in den darauf folgenden Jahren eingerichtet wurden.[10]

Altona: Der westlichste Bezirk von Hamburg umfasst 14 Stadtteile. Er verläuft längs zur Elbe von Altona-Altstadt und Ottensen bis zu den „Elbvororten" Blankenese und Rissen. Am 1. April 1938 wurde die bis dahin selbstständige und bis April 1937 holsteinische Großstadt Altona mit dem Groß-Hamburg-Gesetz eingemeindet. Das Gebiet Altona ist größtenteils identisch mit der bis 1938 selbstständigen Stadt.

Bergedorf: Dieser Bezirk ist der südöstlichst gelegene in Hamburg und vereinigt insgesamt 13 Stadtteile. Neben der ehemaligen Stadt (dem heutigen Stadtteil Bergedorf) zeichnet er sich diametral dazu durch das Landgebiet der Vier- und Marschlande mit der umfangreichsten Grün- und Landwirtschaftsfläche aus. Der Bezirk zählt die wenigsten Einwohner auf der zweitgrößten Fläche.

Eimsbüttel: Der Bezirk liegt im Nordwesten von Hamburg, umfasst neun Stadtteile und grenzt an die Bezirke Altona, Nord und Mitte. Im Nordwesten bildet die Landesgrenze zu Schleswig-Holstein die Grenze des Bezirks. Bis zur Eingemeindung im Rahmen des Groß-Hamburg-Gesetzes waren einzelne Stadtteile Vororte von Altona. Der Bezirk wurde 1951/52 zusammen mit den sechs anderen Bezirken eingerichtet und nach dem Stadtteil Eimsbüttel benannt. Typisch in städtebaulicher Hinsicht sind die dort anzutreffenden Gründerzeitbauten. In den „vornehmen" Stadtteilen Harvestehude und Rotherbaum sind zudem Konsulate in repräsentativen Bauten untergebracht. Rotherbaum beherbergt außerdem die Universität Hamburg.

Hamburg-Mitte: Dieser „Mischbezirk" umfasst – schon am Namen ablesbar – das Kerngebiet Hamburgs und hier vor allem die ehemalige Altstadt (die heutige „City"). Zudem teilt der Bezirk das Gebiet Hamburg horizontal von der östlichen bis zur westlichen Landesgrenze und besteht aus 21 Stadtteilen. Dazu zählt als Besonderheit auch die 120 Kilometer von der Hansestadt entfernte und 13 Kilometer vor Cuxhaven (Niedersachsen) gelegene Nordseeinsel Neuwerk. Die Stadtteilreform von 2008 bestimmte, dass neben der Elbinsel Finkenwerder nun auch die Elbinsel Wilhelmsburg – vorher Teil des Bezirks Harburg – zu Mitte gehört. Damit soll Wilhelmsburg ebenfalls besser an die Stadtmitte angebunden werden („Sprung über die Elbe"). Schließlich wurde auch das zukunftsträchtige innerstädtische Stadtentwicklungsprojekt „Hafencity" neuer Stadtteil von Mitte.

---

[10] Die folgenden Beschreibungen beziehen sich auf den heutigen Aufbau und die gegenwärtige Struktur der Bezirke.

Hamburg-Nord: Der Bezirk grenzt im Norden an das Bundesland Schleswig-Holstein, im Osten an den Bezirk Wandsbek, im Süden an den Bezirk Hamburg-Mitte und im Westen an den Bezirk Eimsbüttel. Der Bezirk ist in 13 Stadtteile gegliedert. In Nord liegt der Hamburger Flughafen sowie der Stadtpark. Außerdem siedelten sich in dieser Region eine Reihe großer Unternehmen an.

Harburg: Der Bezirk Harburg liegt im Süden von Hamburg und besteht aus 17 Stadtteilen. Namensstiftend ist der heutige Stadtteil Hamburg-Harburg als Zentrum des Bezirkes und ehemals eigenständige Stadt. Seit dem Groß-Hamburg-Gesetz setzt sich Harburg aus den aus der preußischen Provinz Hannover in die Hansestadt Hamburg eingegliederten Gebieten zusammen. Der Bezirk grenzt im Norden und Osten an „Mitte", im Süden an den Landkreis Harburg und im Westen an den Landkreis Stade (beide zum Land Niedersachsen gehörig). Bis zur Stadtteilreform 2008 – mit der Ausgliederung von Wilhelmsburg – war Harburg der flächengrößte Bezirk Hamburgs.

Wandsbek: Im Nordosten von Hamburg liegt der ca. 412.000 Einwohner zählende und damit bevölkerungsreichste Stadtbezirk Hamburgs. Der aus 18 Stadtteilen bestehende Bezirk Wandsbek umfasst unter anderem die ehemals selbstständige Stadt Wandsbek und ihre Ortsteile Hinschenfelde sowie Wandsbek Gartenstadt. Der Bezirk umfasst auch die sogenannten „Walddörfer", deren Stadtteile zu den vergleichsweise schnell wachsenden in Hamburg gehören.

Mulerts seinerzeitiger Vorschlag zur Ausgestaltung der Bezirksverfassung lag die Vorstellung zugrunde, dass der Forderung nach Teilhabe der Bürgerinnen und Bürger am ehesten durch eine dezentralisierte Verwaltung entsprochen werden könne. Gleichwohl war im BezVG von 1949 vorgesehen, dass die Bezirksämter Aufgaben wahrnehmen, die ihnen vom Senat *zugewiesen* werden. An dieser Konstruktion änderte sich in der Substanz auch nichts durch die häufigen Novellierungen des BezVG in den Folgejahren. So heißt es komplementär zu dem schon erwähnten Artikel 4 der HV in der aktuellen Fassung des BezVG (§ 42): „Die Bezirksämter unterstehen der Aufsicht (...) Unberührt bleibt die Befugnis des Senats, allgemein oder im Einzelfall Weisungen zu erteilen und Angelegenheiten selbst zu erledigen. Das zuständige Senatsamt oder die zuständige Fachbehörde übermittelt dem betroffenen Bezirksamt und der jeweiligen Bezirksversammlung die Weisung des Senats. Der Senat kann die Erledigung (...) auch den Senatsämtern und Fachbehörden übertragen." Das letztgenannte Recht zur „Evokation" ermächtigt den Senat, als „übergeordnet" angesehene Bezirksangelegenheiten an sich zu ziehen. Dieses Vorrecht nahmen (und nehmen) vor allem die Bezirksabgeordneten bisweilen als Einschränkung ihrer Befugnisse und ihres Selbstverständnisses als gewählte Vertreterinnen und Vertreter der Bezirksversammlung wahr. Im Jahr 1974 vereinbarten die Koalitionäre von SPD und FDP, im Laufe der 8. Legislaturperiode den Status der Bezirksversammlungen zu überprüfen und deren Zuständigkeiten zu erweitern. In der Folge wurde 1978 ein Passus in das BezVG aufgenommen, nach dem die

Bezirksämter selbstständig jene Aufgaben der Verwaltung durchführen, „die nicht wegen ihrer übergeordneten Bedeutung oder ihrer Eigenart einer einheitlichen Durchführung bedürfen". Gleichzeitig wird aber auch festgelegt, dass eine Abgrenzung zwischen zentralen und bezirklichen Aufgaben „abschließend durch den Senat" erfolgt (§ 2 der aktuellen Fassung). Schließlich erhöhte man im Bereich der Haushaltswirtschaft die Einflussmöglichkeiten der Bezirksversammlungen, ohne ihnen allerdings eine eigene Etathoheit zuzubilligen.

Den Anstoß für eine neuerliche Reformdiskussion löste der sogenannte „Stoltzenberg-Skandal" im Jahre 1979 aus. Auf dem frei zugänglichen Gelände des gleichnamigen Betriebes lagerten hochgiftige Chemikalien, Kampfstoffe und Munition, durch die ein Junge zu Tode kam. Verschiedenen Dienststellen war die Situation bekannt, aufgrund unklarer Zuständigkeit wurde aber nicht eingeschritten. Daraufhin setzte man eine Experten-Kommission, die sogenannte Haas-Kommission ein, welche Ende 1981 ihren Abschlussbericht vorlegte. Der Bericht stützte sich im Wesentlichen auf zwei – spannungsreiche – Grundziele. Zum einen sollte eine weitere Dezentralisierung die Bezirke stärken, zum anderen eine Straffung und Effizienzsteigerung der „zentralen" Verwaltung durch mehr generelle Steuerung und Koordinierung erreicht werden. Insgesamt hatte die Haas-Kommission 48 Verbesserungsvorschläge vorgelegt, wovon zwölf die Umsetzung des Ziels einer verstärkten Trennung zwischen der verflochtenen Verantwortung der zentralen und örtlichen Stellen sowie die Stärkung der Eigenständigkeit der Bezirke betrafen. Letztlich wurden aber bis auf die Rahmenzuweisung an die Bezirke[11] keine Vorschläge der Haas-Kommission umgesetzt.

Im Hinblick auf die Befugnisse der Bezirksversammlung ist vor allem die neueste, hier schon erwähnte Novellierung des BezVG aus dem Jahre 2006 bedeutsam. Während im Zusammenhang mit der zweimaligen Reform des Jahres 1997 noch von einer „Schwächung" der bezirklichen Ebene und eher „zentralistischen" Bestrebungen die Rede war, ist mit jener des Jahres 2006 insgesamt eine Stärkung der Bezirke allgemein und der Bezirksversammlungen im Besonderen einhergegangen. Die deutlich veränderte Struktur des BezVG widmet beispielsweise dem vorsitzenden Mitglied der Bezirksversammlung, ihren Befugnissen sowie den Fraktionen erstmals einen eigenen Abschnitt. Die gewachsene Bedeutung der Bezirksversammlung wird auch daran deutlich, dass die Ernennung des Bezirksamtsleiters bzw. der -leiterin für den Senat quasi zu einer „Pflicht" geworden ist, wenn diese(r) zuvor mehrheitlich von der Bezirksversammlung dem Senat vorgeschlagen wurde.[12] Der Erlass der Geschäftsordnung bedarf

---

[11] In Bezug auf das Haushaltswesen war die Kommission der Auffassung, dass die Bezirke auch unter den besonderen Bedingungen der Einheitsgemeinde weitgehend selbstständig den für ihren Verwaltungsbereich geltenden Haushaltsplan aufstellen und bewirtschaften sollten. Deshalb müssten sie für ihre eigenen Angelegenheiten das Etatrecht im Rahmen globaler Zuweisungen der Bürgerschaft erhalten; vgl. den Bericht der Kommission zur Überprüfung von Verbesserungsmöglichkeiten in der Hamburger Verwaltung („Haas-Kommission"), Hamburg 1981.

[12] Helmut Raloff/Hans-Peter Strenge: Das neue Bezirksverwaltungsgesetz 97, Landeszentrale für politische Bildung, Hamburg 1997, S. 5; Dr. Detlef Gottschalck/Dr. Stephan Stübner: „Ein neues Bezirksver-

nun nicht mehr der Genehmigungspflicht des Senats. Die Einsetzung von Ausschüssen und die Anzahl der Mitglieder sind zwar immer noch an das BezVG gebunden, geben der Bezirksversammlung aber mehr Gestaltungsspielräume.

In §19 (2) des BezVG heißt es: „Die Bezirksversammlung kontrolliert die Führung der Geschäfte des Bezirksamts. Sie kann in allen Angelegenheiten, für die das Bezirksamt zuständig ist, das Bezirksamt bindende Beschlüsse fassen. Dabei soll sie sich auf Angelegenheiten von grundsätzlicher Bedeutung beschränken". Gleichwohl sind die Grenzen des Entscheidungsrechts der Bezirksversammlungen in §21 des Gesetzes klar definiert: Danach ist die Bezirksversammlung bei ihren Entscheidungen „an Recht und Gesetz, den Haushaltsbeschluss, Globalrichtlinien nach § 46, Zuständigkeitsanordnungen und sonstige Entscheidungen des Senats sowie Fachanweisungen und Einzelweisungen nach § 45 gebunden."[13]

4   Das Wahlrecht in Hamburg: Weitgehende Identität auf Landes- und Bezirksebene

Nicht zufällig – Hamburg befand sich unter britischer Militärherrschaft – wurde die Bürgerschaft im Jahre 1946 nach dem in Großbritannien angewandten relativen Mehrheitswahlsystem gewählt. So gewann die SPD mit 43% 83 Mandate und 75% aller Bürgerschaftssitze. Noch während dieser bis 1949 dauernden Wahlperiode wurde eine Wahlrechtsänderung vorgenommen, nach der nun lediglich noch 60% der Mandate weiterhin nach dem alten Prinzip und die übrigen 48 Sitze unter Berücksichtigung der „restlichen Stimmen" nach dem Verhältniswahlprinzip verteilt wurden. Dieses „Mischsystem", das nur noch bei den Bürgerschaftswahlen in den Jahren 1949 und 1953 zur Anwendung kam, sollte explizit dem Effekt der reinen Mehrheitswahl entgegenwirken, den Mandatsanteil der Opposition über Gebühr zu verringern. Im Jahre 1956 wurde in Hamburg das Verhältniswahlrecht inklusive einer 5%-Sperrklausel für Kleinstparteien bei der Mandatsverteilung eingeführt; damit folgte der Stadtstaat weitgehend dem Wahlrecht des Bundes und der meisten anderen Länder in Deutschland.[14] Fast ein halbes Jahrhundert lang, bis zur (vorgezogenen) Bürgerschaftswahl am 29. Februar 2004, gab es bei den Wahlen zur Bürgerschaft und zu den sieben Bezirksversammlungen eine

---

waltungsgesetz für Hamburg", in: Zeitschrift für öffentliches Recht in Norddeutschland (NordÖR), Heft 12/2006, S. 475-481, hier: S. 480.

[13] § 46 des BezVG bestimmt, dass der Erlass von Globalrichtlinien dem Senat vorbehalten ist: „Globalrichtlinien sind ausfüllungsfähige und –bedürftige Vorgaben für die Umsetzung von politischen Zielen und Programmen in Angelegenheiten, in denen keine Rechtsvorschriften vorhanden sind oder in denen auf Grund der maßgeblichen Rechtsvorschriften ein Entscheidungsspielraum besteht, in dem örtliche Belange Berücksichtigung finden müssen oder dürfen. Die Bezirksämter und die Bezirksversammlungen sind bei der Aufgabenerledigung an die Globalrichtlinien gebunden."

[14] Frank Decker: „Hamburg", in: Jürgen Hartmann (Hrsg.): Handbuch der deutschen Bundesländer, Frankfurt/Main 1997, S. 248 f.

reine Listenwahl mit jeweils nur einer Stimme für die Wählerinnen und Wähler, womit dem Stadtstaat Hamburg ein – unter partizipatorischen Gesichtspunkten kritisch zu betrachtendes – Alleinstellungsmerkmal im Bundesländervergleich zukam.

Nachdem noch 1996 eine Wahlrechtsreform gescheitert war, die mit der Einführung von Wahlkreisen eine Einflussvermehrung für die Wählerschaft in Bezug auf die Auswahl der Abgeordneten zur Folge gehabt hätte, verlief ein neuerlicher Anlauf dazu acht Jahre später erfolgreich. Zeitgleich mit der Europawahl am 13. Juni 2004 wurde ein Volksentscheid durchgeführt, der 66,5% Ja-Stimmen für den Gesetzentwurf des Volksbegehrens unter dem Titel „Mehr Bürgerrechte – Ein neues Wahlrecht für Hamburg" – Initiator war der Verein „Mehr Demokratie" – erbrachte. Konkret sah dieser Entwurf vor, dass jede(r) Wahlberechtigte zwei Mal fünf Stimmen haben sollte: Fünf Kreuze für die Kandidatinnen und Kandidaten des Wahlkreises sowie fünf für jene auf der Landesliste – inklusive der Möglichkeit des „Panaschierens" (Verteilung der Stimmen über die Parteigrenzen hinweg) und des „Kumulierens" (Häufeln auf einzelne Bewerber). Von den 121 Bürgerschaftsabgeordneten sollten 71 über 17 Mehrmandatswahlkreise und 50 über die Landesliste der Parteien gewählt werden. Die Wahlen zu den Bezirksversammlungen sollten grundsätzlich nach gleichem Recht wie die Bürgerschaftswahlen stattfinden, wobei man auf bezirklicher Ebene die 5%-Sperrklausel für verzichtbar hielt. Die Wahlrechtsinitiatoren begründeten dieses mit der Tatsache, dass die Bezirksversammlungen keine gesetzgeberische Funktion im eigentlichen Sinne hätten und daher dem Grundsatz der Wahlgleichheit Vorrang eingeräumt werden solle. Zudem sollten die Bezirksversammlungs- von den Bürgerschaftswahlen entkoppelt werden und fortan gleichzeitig mit den Wahlen zum Europäischen Parlament stattfinden.

Bevor dieses (stark) personalisierte Verhältniswahlrecht bei der Bürgerschaftswahl am 24. Februar 2008 zur Anwendung kommen konnte, wurde es im Sommer 2006 seitens der seit 2004 mit absoluter Mehrheit regierenden CDU in zum Teil wesentlichen Punkten verändert. So wurde für die Landesliste das Einstimmenwahlrecht wieder eingeführt, was dem Ziel dienen sollte, die Handlungsfähigkeit des Parlaments zu sichern und den Wahlvorgang zu vereinfachen. Es bestand jetzt also nur noch die Möglichkeit, insgesamt sechs Stimmen zu vergeben. Durch die Einführung einer sogenannten Relevanzschwelle wurde zudem die Möglichkeit erschwert, die Reihenfolge der Wahlkreisliste zu verändern. Für die Wahlen zu den Bezirksversammlungen wurde die 5%-Klausel wieder eingeführt, um eine Zersplitterung des Parteiensystems auch auf lokaler Ebene zu verhindern; auch wurde die „sachfremde" Koppelung an die Europawahl aufgehoben und die Parallelität der Wahlen in den Bezirken und zur Bürgerschaft wieder verankert.[15] Dieses Gesetz und seine Begründungen stießen auf heftige Kritik bei den Initiatoren des Volksentscheids und bei den Oppositionsparteien SPD und GAL. Trotz der von der CDU-Parlamentsmehrheit herbeigeführten Einschränkungen bedeuteten die Wahlen des Jahres 2008 eine radikale Veränderung im Vergleich zu den gebun-

---

[15] Antrag der CDU-Bürgerschaftsfraktion vom 19. Juni 2006 (Betr.: Wahlrecht zur hamburgischen Bürgerschaft und zu den Bezirksversammlungen), Drs. 18/4339 (Neufassung).

denen Listen, über die in den Jahrzehnten zuvor in Hamburg abgestimmt wurde. Nicht zuletzt wurde durch die Möglichkeit der Direktwahl von Kandidatinnen und Kandidaten die politische Legitimation der Bezirksversammlungen deutlich gestärkt.

Mit dem Verlust der absoluten CDU-Mehrheit bei der Bürgerschaftswahl im Februar 2008 und der Etablierung einer CDU/GAL-Koalition gelangte das Thema Wahlrecht erneut auf die politische Agenda. In ihrem Koalitionsvertrag konstatierten beide Parteien, dass sie bezüglich der im Januar gestartete Volksinitiative „Mehr Demokratie – ein faires Wahlrecht für Hamburg" unterschiedlicher Meinung seien und die divergenten Positionen „im Rahmen des am Tag der Bundestagswahl 2009 stattfindenden Volksentscheids vertreten werden und damit in die Entscheidung des Volkes einfließen" sollten. Die neue Wahlrechtsinitiative begründeten ihre Protagonisten damit, „die massiven Änderungen" aus dem Jahr 2004 wieder aufheben zu wollen, zumal diese vollzogen wurden, ohne dass das durch einen Volksentscheid zustande gekommene neue Wahlrecht jemals angewendet worden sei. Aufgrund der Ermittlung ausreichender unterstützender Eintragungen stellte der Senat am 10. März 2009 das Zustandekommen eines entsprechenden Volksbegehrens fest. Um es nicht zu einem Volksentscheid kommen zu lassen, mit dem sich die Initiative mit ihren Vorstellungen möglicherweise voll durchgesetzt hätte, starteten die in der Bürgerschaft vertretenen Parteien einen Einigungsversuch mit den Initiatoren – was insbesondere der CDU viele Zugeständnisse abverlangte. Noch rechtzeitig vor Ablauf der Frist zur Beantragung eines Volksentscheids einigte man sich auf einen Kompromiss, der als Antrag aller Fraktionen im Juni 2009 in die Bürgerschaft eingebracht wurde. Dieser legte fest, dass nun auch wieder auf den Landeslisten fünf Stimmen vergeben werden können. Während in den Wahlkreisen allerdings ausschließlich eine Wahl der dort genannten Personen möglich ist, kann alternativ zu einer „Personenwahl" die Landesliste auch in ihrer Gesamtheit gewählt werden. In den Bezirksversammlungen wurde die Fünf- durch eine Drei-Prozent-Hürde ersetzt, um sowohl der „Wahlgleichheit" einen hohen Stellenwert zuzubilligen als auch einer „völligen Zersplitterung" Vorschub zu leisten. Dazu heißt es: „Gerade vor dem Hintergrund, dass die Bezirksversammlungen neben wichtigen Sachentscheidungen auch bedeutsame Personalentscheidungen – zum Beispiel Wahl des Bezirksamtsleiters – zu treffen haben (...), ist die Sicherung der Funktionsfähigkeit (...) auch weiterhin für die Einheitsgemeinde Hamburg ein staats- und verwaltungsorganisatorischer Belang von zentraler Bedeutung." Eine Abtrennung der Bezirksversammlungs- von den Bürgerschaftswahlen und eine Koppelung ersterer an die Wahlen zum Europäischen Parlament wird mit einer positiven Wirkung auf die Wahlbeteiligung begründet und auch damit, dass den Bezirksversammlungswahlen ein höheres politisches Gewicht verliehen werde. Auch soll es für die Wahlen auf bezirklicher Ebene künftig eigene Wahlkreise geben. Alle anderen Modalitäten gelten gleichermaßen für Bürgerschaft und Bezirksversammlung.[16]

---

[16] Antrag der CDU-, GAL-, SPD- und DIE LINKE-Bürgerschaftsfraktion vom 24. Juni 2009 (Betr.: Viertes Gesetz zur Änderung wahlrechtlicher Vorschriften), Drs. 19/3280 (Neufassung).

Mit der Wahlrechtsreform war gleichfalls eine Verfassungsänderung verbunden, die in Artikel 6 (4) der HV festlegt, dass auf das Wahlrecht zielende Gesetzesbeschlüsse künftig einer Zwei-Drittel-Mehrheit bedürfen. Damit ist sichergestellt, dass künftige Wahlrechtsänderungen nur noch im großen Konsens beschlossen werden können. Somit findet das neue Wahlrecht wohl erstmals im Februar 2012, nach dem regulären Ablauf der 19. (Bürgerschafts-) Wahlperiode, Anwendung. Nachdem Bürgerschafts- und Bezirksversammlungswahlen dann noch einmal gemeinsam abgehalten werden, finden letztere erstmals 2014 und dann alle fünf Jahre gemeinsam mit den Europawahlen statt.

5 Direktdemokratische Elemente auf der Landesebene und in den Bezirken[17]

Zwar gab es bereits in den 1970er Jahren Bestrebungen für die Verankerung einer Volksgesetzgebung in Hamburg, doch konkretisierte sich dieses erst in den 1990er Jahren durch die Tätigkeit einer Enquete-Kommission „Parlamentsreform", die im Oktober 1992 der Bürgerschaft einen Bericht mit entsprechenden Vorschlägen vorlegte. Nachdem Erfahrungen in anderen Bundesländern gezeigt hatten, dass direktdemokratische Elemente keinen Missbrauch bewirkten oder gar das repräsentativ-demokratische System aushöhlten, betrachtete man Formen direkter Beteiligung gerade für die Einheitsgemeinde und Großstadt Hamburg als sinnvoll. Mit der Verabschiedung eines Hamburgischen Gesetzes über Volksinitiative, Volksbegehren und Volksentscheid (HmbVVVG) vom 20. Juni 1996 hatte Hamburg als letztes der sechzehn Bundesländer die Möglichkeit direktdemokratischer Mitbestimmung geschaffen.[18] In seinem ersten Paragraphen bestimmt es, dass das „Volk (...) auf Gebieten, die der Zuständigkeit der Bürgerschaft unterliegen", durch eine dreistufige Volksgesetzgebung „an der Gesetzgebung und an der politischen Willenbildung" teilnimmt, wobei „Haushaltsangelegenheiten, Abgaben, Tarife der öffentlichen Unternehmen sowie Dienst- und Versorgungsbezüge" nicht deren Gegenstand sein könnten.

Den Vertreterinnen und Vertretern des im Zusammenhang mit dem Wahlrecht bereits erwähnten Trägerkreises „Mehr Demokratie" gingen die mit der Verfassungsreform von 1996 normierten Bestimmungen allerdings nicht weit genug – vielmehr interpretierten sie diese als Zeichen dafür, dass der direkte Bürgerwille von den maßgeblichen politischen Kräften im Rathaus (nach wie vor) nicht gewollt sei. So arbeitete die Gruppierung einen Gesetzentwurf zur Änderung der Volksgesetzgebung aus, der am

---

[17] Vgl. dazu auch Andreas Fraude: „Direkte Demokratie in Hamburg", in: Andreas Kost (Hrsg.): Direkte Demokratie in den deutschen Ländern, Wiesbaden 2005, S. 113-132.

[18] Michael Efler: „Der Kampf um ‚Mehr Demokratie in Hamburg'", in: Hans Peter Bull (Hrsg.): Fünf Jahre direkte Bürgerbeteiligung in Hamburg – unter Berücksichtigung von Berlin und Bremen, Hamburg 2001, S. 77.

27. September 1998 – allerdings erfolglos – selbst Gegenstand eines Volksentscheids war. Da es aber eine insgesamt große Unterstützung für die Novellierungsvorschläge gegeben hatte, ergriffen die Bürgerschaftsfraktionen schließlich die Reforminitiative, die den Vorschlägen von „Mehr Demokratie" Rechnung trug und im Verfassungsausschuss intensiv debattiert wurden. Mit der Novellierung vom Juni 2001 wurden – zusammengefasst – die Quoren für das dreistufige Volksgesetzgebungsverfahren gesenkt und der Anwendungsbereich der direkten Demokratie erweitert.

Während der 18. Wahlperiode ab 2004 entzündete sich am Thema Volksgesetzgebung eine teils erbittert geführte politische Diskussion, wozu vor allem ein Antrag der mit absoluter Mehrheit ausgestatteten CDU-Bürgerschaftsfraktion Anlass bot.[19] Dieser wollte zwar expressis verbis lediglich „ein einfacheres und kostengünstigeres Volksabstimmungsverfahren ermöglichen ohne dabei die Beteiligungsrechte der Bürger einzuschränken" und ersuchte den Senat, einen entsprechenden Gesetzentwurf vorzulegen.[20] Die darin enthaltenen Regelungen stießen aber gerade seitens der Vertreterinnen und Vertreter von „Mehr Demokratie" auf Kritik, die die Befürchtung äußerten, dass die Volksgesetzgebung in der bisherigen Form in Hamburg abgeschafft werden sollte. Würde das Gesetz Anwendung finden, sei vorauszusehen, dass die Beteiligung an Volksentscheiden geringer werde und die entsprechenden Quoren schwieriger zu erfüllen seien. Schließlich führte auch die Tatsache, dass die CDU-Mehrheit mit der Privatisierung des Landesbetriebes Krankenhäuser (LBK) im Jahre 2004 und der Änderung des Wahlrechts 2006 (vgl. vorheriges Kapitel) zwei Mal die Ergebnisse von Volksentscheiden revidiert hatte, zu heftiger Kritik; ein am 14. Oktober 2007 durchgeführter Volksentscheid, der die *Verbindlichkeit* von Volksentscheiden regeln sollte, fand allerdings nicht die notwendige Mehrheit.

Wie schon beim Wahlrecht bedeutete die nach den Bürgerschaftswahlen 2008 geschlossene Koalition zwischen CDU und GAL eine politische Kehrtwende auch beim Thema Volksgesetzgebung. In der Koalitionsvereinbarung hieß es dazu: „Die Vertragspartner streben an, mit den Vertrauenspersonen der Volksinitiative für faire und verbindliche Volksentscheide sowie mit den Fraktionen Gespräche über Regelungen für die Verbindlichkeit von Volksentscheiden und über die Festlegung von Zustimmungsquoren für die Änderung der Verfassung und den Beschluss von Gesetzen zu führen. Ziel ist es, gemeinsam zu einer Verfassungsänderung zu kommen, die die Fortsetzung des von der Volksinitiative angestoßenen Volksgesetzgebungsverfahrens überflüssig macht." Noch im selben Jahr wurde aufgrund einer Gesetzesinitiative der Koalitionspartner CDU und GAL eine Änderung des Artikels 50 der HV beschlossen, welche ausdrücklich auf „eine wesentlich höhere Verbindlichkeit von Volksentscheiden" zielt.

---

[19]Antrag der CDU-Bürgerschaftsfraktion vom 27. Oktober 2004 (Betr.: Novellierung des Volksabstimmungsgesetzes), Drs. 18/1101.

[20] Mitteilung des Senats an die Bürgerschaft vom 28. Dezember 2004 (Stellungnahme des Senats zu dem Ersuchen der Bürgerschaft vom 10./11. November 2004 Novellierung des Volksabstimmungsgesetzes [Drucksache 18/1101]).

Zwar sind Veränderungen durch Bürgerschaft und Senat weiterhin möglich, allerdings benötigen diese dazu wiederum die Zustimmung des Volkes. Wenn 2,5 % der Wahlberechtigten (rund 30 000 Personen) per Unterschrift erklären, dass sie Veränderungen eines schon erfolgreichen Volksentscheids nicht akzeptieren, müssen Legislative bzw. Exekutive ihre Wünsche den Bürgerinnen und Bürger gern in einem neuen Volksentscheid vortragen. Künftig sollen Volksentscheide grundsätzlich an Wahltagen stattfinden können; wegen der dann höheren Wahlbeteiligung können die erforderlichen Quoren leichter übersprungen werden. Statt der Hälfte aller Wahlberechtigten ist für eine Verfassungsänderung durch das Volk die Zustimmung von zwei Drittel der Abstimmenden erforderlich. Schließlich „können und dürfen" Volksentscheide zukünftig auch monetäre Auswirkungen haben.[21] Seit Einführung der Volksgesetzgebung sind in Hamburg bisher 26 Volksinitiativen durchgeführt worden, wovon fünf bis zu einem Volksentscheid gelangten (Stand: August 2009).

Das Bestreben, direktdemokratische Elemente auch auf der bezirklich-"kommunalen" Ebene zu verankern, geht auf die 1980er Jahre – gerade im Zusammenhang mit dem Entstehen von Bürgerinitiativen und der Konstituierung der Grün-Alternativen Liste (GAL) – zurück. In Gesetzesform gegossen wurden diese aber erst wesentlich später: Gekoppelt an den Termin der Bundestagswahl votierte eine Mehrheit am 27. September 1998 für einen – wiederum von „Mehr Demokratie" initiierten – Volksentscheid zur Einführung von Bürgerentscheiden und Bürgerbegehren in den Bezirken. Mit diesem Gesetz gibt es ein zweistufiges politisches Instrument, mit dem die Mehrheit der Wahlberechtigten in den Bezirken im Kompetenzrahmen der Bezirksversammlung Beschlüsse des Bezirksamtes plebiszitär erwirken oder schon getroffene Entscheidungen zu Fall bringen kann. Konkretisiert wird das Gesetz in § 32 des BezVG; ausgenommen von direktdemokratischen Beteiligungsformen sind „Personalentscheidungen und Beschlüsse über den Haushalt" (§ 32 (1)). Bis September 2009 wurden 73 Bürgerbegehren angezeigt, wobei allerdings die wenigsten bis zum Stadium eines Bürgerentscheids gelangten und damit angenommen werden konnten. Manche Begehren erledigten sich, weil es mittlerweile einen (gleichlautenden) Beschluss der Bezirksversammlung gegeben hatte, dem die jeweiligen Initiatoren zustimmen konnten. Auffällig ist die hohe Zahl von Anmeldungen unmittelbar nach der Einführung von plebiszitären Elementen in den Bezirken und ihre relative Rückläufigkeit in den Folgejahren, was mit dem „Problemstau" aus der Zeit, als es diesen Partizipationskanal noch nicht gab, erklärt wird.[22] Am häufigsten gab es bisher Bürgerbegehren im einwohnerstärksten Hamburger Bezirk Wandsbek (27), gefolgt von Eimsbüttel (15), Altona (12), Nord (7), Harburg (5), Bergedorf (4) und Mitte (3). In sechs Fällen wurde eine durch ein Bürger-

---

[21] Antrag der CDU- und GAL-Bürgerschaftsfraktion vom 14. November 2008 (Betr.: 11. Gesetz zur Änderung der Verfassung der Freien und Hansestadt Hamburg), Drs. 19/1476 (Neufassung).

[22] Karsten Vollrath: „'Ohne Bürger geht dat nich!': Anwendung und Wirkungen von Bürgerbegehren in den Hamburger Bezirken – aus Sicht der Gesetzesinitiatoren", in: Hans Peter Bull (Hrsg.), (siehe Anmerkung 18), S. 142.

begehren erwirkte Entscheidung durch den Senat evoziert, davon vier Mal in Wandsbek und zwei Mal in Altona.

Eine weitere Form direkter Bürgerbeteiligung findet sich ebenfalls, und zwar exklusiv, auf der Bezirksebene. So heißt es in § 17 (3) des BezVG: „Jede Fraktion kann für
die Hälfte ihrer Sitze in jedem Ausschuss mit Ausnahme des Hauptausschusses an
Stelle von Mitgliedern der Bezirksversammlung andere Einwohnerinnen und Einwohner des Bezirks benennen (...)." Diese „zugewählten Bürger" nehmen auch an den „er-
weiterten" Sitzungen der Fraktion teil, die sie für den jeweiligen Ausschuss benannt
hat. Schließlich gibt es in den Bezirksversammlungen vor Sitzungsbeginn auch Bürger-
fragestunden, bei denen Fragen zu kommunalpolitischen Themen „direkt" an die
Mandatsträger herangetragen werden können.

Anhang

Wahlen zu den Bezirksversammlungen 1966 bis 2004 (Hamburg insgesamt)

Jahr	SPD	CDU	FDP	GAL	DVU	STATT*	Schill**
1966	58,2%	30,5%	7,0%				
1970	54,6%	33,0%	7,2%				
1974	44,3%	40,5%	12,0%				
1978	51,2%	37,9%	5,7%				
1982(Juni)	40,8%	42,4%	5,6%	9,0%			
1982(Dez.)	49,8%	38,3%	2,7%	8,4%			
1986	39,9%	41,3%	4,8%	12,7%			
1987	43,0%	39,8%	6,9%	9,3%			
1991	45,6%	35,0%	5,3%	9,9%			
1993	38,3%	25,6%	4,0%	16,3%	2,9%	5,9%	
1997	34,7%	30,8%	3,5%	17,3%	5,3%	4,0%	
2001	34,3%	27,0%	4,5%	10,4%	0,8%	0,6%	18,5%
2004	30,0%	44,7%	3,3%	15,2%			

*STATT = STATT Partei – Die Unabhängigen
**Schill = Partei Rechtsstaatlicher Offensive
Quelle: Statistikamt Nord

Wahlen zu den Bezirksversammlungen am 24. Februar 2008

Ergebnisse der Bezirkslisten-Stimmen („Zweitstimme")

Bezirk	CDU	SPD	GAL	FDP	Die Linke	Sonstige
Hamburg-Mitte	31,6%	37,2%	13,2%	4,2%	10,2%	3,6%
Altona	34,6%	29,8%	18,3%	5,9%	9,2%	2,3%
Eimsbüttel	36,6%	30,1%	18,8%	5,6%	7,1%	1,7%
Hamburg-Nord	36,6%	32,6%	16,7%	5,6%	7,1%	1,4%
Wandsbek	43,5%	30,8%	11,5%	6,2%	6,0%	1,9%
Bergedorf	42,1%	34,5%	9,9%	4,8%	6,6%	2,0%
Harburg	40,0%	35,8%	10,1%	6,0%	8,1%	0,0%

Quelle: Statistikamt Nord

Ergebnisse der Parteistimmen in den Wahlkreisen („Erststimme")

Wahlkreis	CDU	SPD	GAL	FDP	Die Linke
Hamburg-Mitte	29,6%	34,9%	17,3%	5,1%	11,0%
Billstedt-Wilhelmsburg-Finkenwerder	37,1%	39,6%	7,7%	3,6%	9,8%
Altona	26,5%	29,5%	25,2%	5,3%	12,2%
Blankenese	46,5%	28,4%	10,8%	7,4%	5,8%
Rotherbaum-Harvestehude-Eimsbüttel-Ost	32,0%	26,4%	26,0%	6,9%	8,1%
Stellingen-Eimsbüttel-West	32,4%	33,4%	20,0%	4,8%	8,5%
Lokstedt-Niendorf-Schnelsen	42,4%	30,9%	13,7%	6,3%	5,4%
Eppendorf-Winterhude	37,6%	28,3%	21,2%	7,0%	5,5%
Barmbek-Uhlenhorst-Dulsberg	33,6%	33,0%	17,6%	6,0%	8,8%
Fuhlsbüttel-Alsterdorf-Langenhorn	39,2%	33,3%	14,3%	5,5%	6,6%
Wandsbek	41,2%	33,5%	10,9%	5,8%	7,2%
Bramfeld-Farmsen-Berne	39,2%	36,3%	9,8%	5,3%	8,3%
Alstertal-Walddörfer	48,5%	25,7%	15,0%	6,9%	3,5%
Rahlstedt	44,5%	33,1%	9,4%	5,1%	6,4%
Bergedorf	43,1%	34,6%	9,7%	4,2%	6,7%
Harburg	38,5%	36,7%	9,5%	5,2%	8,7%
Süderelbe	42,6%	34,3%	9,6%	5,5%	6,7%

Quelle: Statistikamt Nord

Flächen und Bevölkerung der Bezirke (Stand: 1.3.2008)

Bezirk	Fläche [ha]	Bevölkerung	Einwohner/ha
Altona	7790,3	257 250	33
Bergedorf	15475,8	119 750	8
Eimsbüttel	4979,9	252 000	51
Hamburg-Mitte	14226,4	289 100	20
Hamburg-Nord	5776,9	287 850	50
Harburg	12520,3	152 600	12
Wandsbek	14754,4	412 050	28
Hamburg insgesamt	**75524,5**	**1 770 600**	**23**

Quelle: Hamburg-Handbuch 2008/2009, S. 8

Literaturhinweise

Bake, Rita / Hennings, Lars / Kiupel, Birgit: Einblicke. Hamburgs Verfassung und politischer Alltag leicht gemacht (5. aktualisierte Auflage), Landeszentrale für politische Bildung, Hamburg 2008.

Blumenthal, Julia von: „Land (Freie und Hansestadt) Hamburg", in: Andersen, Uwe/Woyke, Wichard (Hrsg.): Handwörterbuch des politischen Systems der Bundesrepublik Deutschland (Fünfte, aktualisierte Auflage), Opladen 2003, S. 314-319.

Bull, Hans Peter (Hrsg.): Fünf Jahre direkte Bürgerbeteiligung in Hamburg (unter Berücksichtigung von Berlin und Bremen), Hamburg 2001.

Decker, Frank: „Hamburg", in: Hartmann, Jürgen (Hrsg.): Handbuch der deutschen Bundesländer, 3., erweiterte und aktualisierte Neuauflage, Frankfurt/Main 1997, S. 235-268.

Deutelmoser, Anna: Die Rechtsstellung der Bezirke in den Stadtstaaten Berlin und Hamburg, Berlin 2000.

Eckardt, Hans Wilhelm: Privilegien und Parlament. Die Auseinandersetzung um das allgemeine und geheime Wahlrecht in Hamburg, Landeszentrale für politische Bildung, Hamburg 1980.

Fraude, Andreas: „Direkte Demokratie in Hamburg", in: Kost, Andreas (Hrsg.): Direkte Demokratie in den deutschen Ländern, Wiesbaden 2005, S. 113-132.

Gottschalck, Dr. Detlef/Stüber, Dr. Stephan: „Ein neues Bezirksverwaltungsgesetz für Hamburg", in: NordÖR (Zeitschrift für öffentliches Recht in Norddeutschland), Heft 12/2006, S. 475-481.

Hamburgische Bürgerschaft (Hrsg.): Die Bürgerschaft der Freien und Hansestadt Hamburg (Band 2 Rechtliche Grundlagen), 2. Auflage (Stand: 1. Februar 2009).

Ipsen, Hans-Peter: Hamburgs Verfassung und Verwaltung, Hamburg 1988.

Lange, Rolf: Selbstverwaltung in Hamburg. Geschichte, Struktur und Funktion der Hamburger Bezirksversammlungen, Stuttgart 1980.

Raloff, Helmut/Strenge, Hans-Peter: Das neue Bezirksverwaltungsgesetz 97, Landeszentrale für politische Bildung, Hamburg 1997.

Tilgner, Daniel: „Freie und Hansestadt Hamburg, ‚Metropole des Nordens'", in: Wehling, Hans-Georg (Hrsg.): Die deutschen Länder. Geschichte, Politik, Wirtschaft (3., aktualisierte Auflage), Wiesbaden 2004, S. 133-144.

Kommunalpolitik in Hessen

Ulrich Dreßler

1   Einleitung

Das Land Hessen hat sich nach seiner Entstehung 1945 für die Magistratsverfassung als „Grundgesetz" für seine Gemeinden und Landkreise (Kommunen) entschieden. In der Folgezeit ist die Kommunalverfassung bis heute – trotz wechselnder Regierungskoalitionen im Landtag – im Kern unverändert geblieben.

Durch die sog. Demokratisierungsnovellen wurde im letzten Jahrzehnt des vergangenen Jahrhunderts die formale Vielzahl der Gemeindeordnungen in den deutschen Bundesländern de facto auf einen einheitlichen Grundtyp mit unterschiedlichen Ausprägungen eingeschmolzen. Auch die Bürgerinnen und Bürger in Hessen können daher bei der Wahl ihres für die wichtigen Entscheidungen zuständigen „Kommunalparlaments" (Gemeindevertretung, Kreistag) Persönlichkeiten durch Kumulieren und Panaschieren in besonderer Weise berücksichtigen, Sachthemen selbst entscheiden (durch Bürgerbegehren und Bürgerentscheid) und den Hauptverwaltungsbeamten (Bürgermeister/Landrat) unmittelbar wählen.

Die Besonderheit der hessischen Kommunalverfassung besteht darin, dass an der Spitze der Verwaltung, welche die laufenden Geschäfte zu erledigen und die Beschlüsse der Vertretungskörperschaft vorzubereiten hat, nicht der Bürgermeister allein, sondern ein Kollegium steht. Dieses Kollegialorgan heißt in Städten „Magistrat" (von daher rührt die Bezeichnung „Magistratsverfassung"), in den übrigen Gemeinden „Gemeindevorstand" und in den Landkreisen „Kreisausschuss".

In Hessen gibt es 426 Gemeinden und 21 Landkreise. 189 Gemeinden dürfen auf Grund ihrer Geschichte oder durch Verleihungsakt der Landesregierung die Bezeichnung „Stadt" führen, ohne dass dieser Umstand Änderung auf ihren kommunalverfassungsrechtlichen Status hätte. Die fünf hessischen Großstädte mit mehr als 100.000 Einwohnern (Darmstadt, Frankfurt am Main, Kassel, Offenbach am Main und Wiesbaden) sind kreisfrei, gehören also keinem Landkreis an. Diesen fünf Städten obliegen sowohl die Aufgaben der Gemeinde als auch des Kreises (Stadtkreise). Die sieben hessischen Städte mit mehr als 50.000 Einwohnern (Bad Homburg v. d. Höhe, Fulda, Gießen, Hanau, Marburg, Rüsselsheim und Wetzlar) nehmen einzelne Aufgaben der Kreisebene auf ihrem Hoheitsgebiet wahr; auch in diesen „Sonderstatus-Städten" steht an der Spitze des Magistrats und der Gemeindeverwaltung ebenso wie in den kreis-freien Städten ein Oberbürgermeister bzw. eine Oberbürgermeisterin.

Oberhalb der Kreisebene sind in Hessen Kommunen durch Gesetz in drei höheren Kommunalverbänden zusammengeschlossen worden. 1953 wurde der Landeswohl-fahrtsverband Hessen gebildet, dessen Aufgaben auf dem überörtlichen Sozialleis-tungssektor liegen; ihm gehören alle kreisfreien Städte und Landkreise Hessens an. Zur Bewältigung der Stadt-Umland-Problematik, insbesondere auf dem Gebiet der Raum-planung, wurden 1972 der (Zweck-)Verband Raum Kassel und 2000 der Planungsver-band Ballungsraum Frankfurt/Rhein-Main (als Rechtsnachfolger des 1974 gebildeten Umlandverbands Frankfurt) geschaffen. Die Vertretungskörperschaft dieser höheren Kommunalverbände setzt sich nicht aus unmittelbar vom Volk gewählten Abgeordne-ten, sondern aus von den Kommunen entsandten Vertretern zusammen (keine dritte kommunale Ebene).

In den 1970er Jahren ist in Hessen – wie in allen anderen „alten" Bundesländern – eine Gebietsreform auf kommunaler Ebene durchgeführt worden, um die Effektivität der Gemeinde- und Kreisverwaltungen zu steigern. Dabei wurde die Zahl der Ge-meinden von 2.642 (Stand: 31.12.1969) auf 426 reduziert; die Zahl der Landkreise ver-ringerte sich von 39 auf 21. Zuvor hatte Hessen vergeblich versucht, sein Staatsgebiet und damit auch die Zahl seiner Kommunen zu vergrößern. Betroffen von diesen Be-mühungen war das aus der französischen Besatzungszone hervorgegangene „Kunst-gebilde" Rheinland-Pfalz. Hessen ging es insbesondere um die Wiederangliederung des nassauischen Kernlands beiderseits der Lahn sowie des linksrheinischen Rheinhes-sen. Die nach dem Grundgesetz notwendigen Volksentscheide wurden in diesen Ge-bieten aber erst im Jahr 1975 durchgeführt. Nach so langer Zeit konnte es nicht überra-schen, dass sich die Mehrheit der Abstimmenden gegen die Rückgliederung an Hessen aussprach. Alle weiteren Versuche einer Länderneugliederung mit dem Ziel, das „alte" Bundesgebiet in (nur) fünf oder sechs strukturell homogene, finanzwirtschaftlich gleich starke und jeweils etwa 10 Mio. Einwohner umfassende Länder aufzuteilen, sind be-kanntlich gescheitert. Für Hessen ergaben sich daraus nicht nur territoriale, sondern vor allem wirtschaftliche Konsequenzen, weil es sich zum führenden Geberland im bundesweiten Länderfinanzausgleich entwickelt hat.

Mit 426 Gemeinden bei rund 6.065.000 Landeseinwohnern (Stand: 31.12.2008) ist die örtliche Struktur in Hessen von recht großen Verwaltungseinheiten geprägt. Die hessische Gemeinde hat im Schnitt 14.237 Einwohner. In den deutschen Flächenländern haben nur die Gemeinden im Saarland und in Nordrhein-Westfalen eine höhere durch-schnittliche Einwohnerzahl. Nur 59 Gemeinden in Hessen haben allerdings mehr als 20.000 Einwohner. In diesen 59 Städten lebt mehr als die Hälfte der hessischen Bevölke-rung. Mehr als ein Fünftel der Bevölkerung wohnt in den kreisfreien Städten. Ver-gleicht man die drei Regierungsbezirke Darmstadt, Gießen und Kassel, so liegt der Bevölkerungsschwerpunkt in Südhessen: Zum Regierungsbezirk Darmstadt gehören 187 Gemeinden (43% aller hessischen Gemeinden); hier leben aber rund 3.785.000 Men-schen, also mehr als 60% der hessischen Bevölkerung. Der Regierungsbezirk Darmstadt

hat mithin auch nach der Abspaltung des Regierungsbezirks Gießen („Mittelhessen")
im Jahre 1981 immer noch mehr Einwohner als viele deutsche Flächenländer und gehört zu den wirtschaftsstärksten Regionen der Europäischen Union.

Die frühere Freie Reichsstadt Frankfurt am Main nimmt schon allein wegen ihrer
Einwohnerzahl von knapp 665.000 eine Sonderstellung unter den hessischen Gemeinden ein. Die Frankfurter Stadtverordnetenversammlung ist mit 93 Mandatsträgern das
größte „Kommunalparlament" in der Bundesrepublik Deutschland und größer als
mancher Landtag. Frankfurt galt als Wahl- und Krönungsstadt der deutschen Kaiser
und Könige und als Stadt der Paulskirche, dem Symbol deutscher Demokratiegeschich-
te schlechthin und galt bei der Schaffung der Bundesrepublik Deutschland 1949 lange
Zeit als Favorit bei der Entscheidung über die (vorläufige) Hauptstadt. Der Parlamentarische Rat bestimmte jedoch am 10.5.1949 mit 33 zu 29 Stimmen Bonn zum künftigen
Sitz der Bundesorgane, um das Provisorische der Weststaatsgründung hervorzuheben
und den Hauptstadtanspruch Berlins zu wahren. Die Hauptstadtfrage stand in Hessen
selbst bereits nach der Proklamation der amerikanischen Militärregierung vom
19.9.1945 über die Bildung von Staaten in ihrer Zone auf der Tagesordnung. Die Ame-
rikaner erklärten Wiesbaden zum Sitz der zivilen Landesregierung, weil die ehemalige
nassauische Residenzstadt relativ wenig – zu etwa 25% – zerstört war. Seit 1952 darf
sich Wiesbaden auch offiziell mit der Zusatzbezeichnung „Landeshauptstadt" schmü-
cken. Bezeichnenderweise unterstehen Frankfurt und (seit 1970) auch Wiesbaden –
trotz des dreistufigen Verwaltungsaufbaus in Hessen – unmittelbar der Rechtsaufsicht
des Innenministeriums.

Die Magistratsverfassung gilt einheitlich für alle Gemeinden in Hessen, also insbesondere auch für die 259 Gemeinden unter 10.000 Einwohnern bis hin zur kleinsten
Gemeinde, die nicht einmal 1.000 Einwohner umfasst. In Gemeinden mit nicht mehr als
1.500 Einwohnern kann das Amt des Bürgermeisters ehrenamtlich wahrgenommen
werden; tatsächlich ist dies nur noch in einer Gemeinde der Fall. Die Entwicklung der
Kommunalverfassung wurde im Übrigen maßgeblich von der Kommunalpolitik in den
großen Städten, insbesondere von dem in den 1970er Jahren um sich greifenden Trend
zur Parteipolitisierung, beeinflusst.

Außerhalb Hessens gilt die Magistratsverfassung nur noch in der zum Stadtstaat
Bremen gehörenden Seestadt Bremerhaven. Dies verdient jedoch hervorgehoben zu
werden, weil die Stadt Bremerhaven nach der Landesverfassung der Freien Hansestadt
Bremen berechtigt ist, sich selbst eine eigene Gemeindeverfassung zu geben („Freieste
Gemeinde in Deutschland"). Die Stadt Bremerhaven hat sich mithin im Jahr 1947 in
Fortsetzung ihrer früheren Stadtverfassung aus freien Stücken für die Magistratsver-
fassung entschieden und sie – im Kern unverändert – bis heute beibehalten.

2   Tradition und Entwicklung der kommunalen Selbstverwaltung in Hessen

Die Anfänge der modernen Selbstverwaltung, wie wir sie heute kennen und wie sie den deutschen Kommunen verfassungsrechtlich durch Art. 28 Grundgesetz garantiert wird, gehen zurück auf die preußische Städteordnung vom 19.11.1808. Diese Städteordnung legte die sog. unechte Magistratsverfassung fest: Ihre konstitutiven Elemente waren die wahlberechtigte Bürgerschaft, die von den Bürgern gewählte Stadtverordnetenversammlung als oberstes Organ (Beschluss- oder Willensbildungsorgan) und der für die Verwaltung der laufenden Angelegenheiten zuständige Magistrat (Verwaltungsorgan), bestehend aus dem Bürgermeister und den Beigeordneten.

Die Magistratsverfassung (zurückgehend auf den legendären Freiherrn vom und zum Stein) schlug auf dem Gebiet des heutigen Bundeslands Hessen besonders kräftige Wurzeln. Zunächst galt sie zwar nur in einigen Städten, die schon in der ersten Hälfte des 19. Jahrhunderts zu Preußen gehörten – insbesondere in Wetzlar – und das auch nur in der revidierten Form, der sog. echten Magistratsverfassung, in der die Beschlüsse der Stadtverordnetenversammlung von der Zustimmung des Magistrats abhängig sind. Nach dem deutschen Krieg von 1866 verleibte Preußen jedoch seinem Staatsgebiet auch Kurhessen, Nassau, Frankfurt, Hessen-Homburg sowie Teile von Hessen-Darmstadt ein und bildete die Provinz Hessen-Nassau. Zudem wurde 1929 auch Waldeck in diese Provinz eingegliedert.

Die Grundstruktur des preußischen Kommunalverfassungsrechts blieb auch erhalten, als in der Weimarer Zeit das allgemeine, gleiche, geheime und unmittelbare Wahlrecht eingeführt wurde. Eine einschneidende Zäsur brachte jedoch für alle Kommunen in Deutschland die Machtübernahme durch die Nationalsozialisten. Durch die Deutsche Gemeindeordnung (DGO) 1935 wurde das Führerprinzip auch auf der kommunalen Ebene verankert. Der Bürgermeister führte die Gemeindeverwaltung danach in voller und ausschließlicher Verantwortung und übte insbesondere auch die Satzungsgewalt aus. Entschließung und Ausführung aller Gemeindeangelegenheiten waren in der Hand des (auf Vorschlag der Partei berufenen) Bürgermeisters vereinigt; ausdrücklich wurde er in einer Durchführungsverordnung als „Führer der Gemeinde" bezeichnet. Der (von der Partei berufene) Gemeinderat hatte lediglich die Aufgabe, ihn zu beraten und bei der Bevölkerung Verständnis für seine Maßnahmen zu wecken. Beigeordnete als Vertreter des Bürgermeisters waren zwar möglich, jedoch stand es dem Bürgermeister frei, jede Angelegenheit zu jeder Zeit an sich zu ziehen.

Nach der deutschen Kapitulation am 8.5.1945 verfügte die amerikanische Militärregierung für das Gebiet des heutigen Hessen zunächst am 24.6.1945 die Bildung von zwei Ländern: Hessen-Nassau und Hessen(-Darmstadt). Erst am 19.9.1945 verkündete General Eisenhower die Gründung eines einheitlichen Landes „Groß-Hessen". Die von den Amerikanern eingesetzte erste Hessische Landesregierung erließ bereits am 21.12.1945 eine neue Gemeindeordnung, die Groß-Hessische Gemeindeordnung (G-

HGO). Hessen war damit das erste Bundesland nach dem Zusammenbruch des Dritten Reiches, das seinen Gemeinden eine neue Gemeindeordnung „zur Verfügung stellte". Dies war ein entscheidender Schritt, um den von den Amerikanern gewünschten Aufbau eines demokratischen Staats von unten nach oben – von den Gemeinden und Kreisen über die Länder bis zum föderalistischen Gesamtstaat – zu bewerkstelligen. Dementsprechend fanden bereits zu Beginn des Jahres 1946 Kommunalwahlen statt. Am 1.12.1946 nahm das Volk durch Volksabstimmung die Landesverfassung an (und wählte gleichzeitig den ersten Landtag). Die Hessische Verfassung ist die älteste noch in Kraft befindliche Verfassung in Deutschland. Mit ihrer Annahme wurde der Name des neuen Landes in „Hessen" geändert.

Die Groß-Hessische Gemeindeordnung begnügte sich in Anbetracht der Zeitknappheit verständlicherweise damit, die Bestimmungen der DGO 1935 unter Ausschaltung der rein nationalsozialistischen Vorschriften zu übernehmen. Damit war dem praktischen Bedürfnis der Gemeinden, eine sichere Rechtsgrundlage für ihre Verwaltung zu erhalten, einstweilen genügt. Nach dem Inkrafttreten des Grundgesetzes vom 23.5.1949 und nachdem die Gesetze nicht mehr der Zustimmung der amerikanischen Militärregierung bedurften, wuchs aber (auch) in Hessen die Überzeugung, dass man die mehr oder weniger oberflächliche Überarbeitung der DGO 1935 durch eine grundlegend neue Gemeindeordnung ersetzen müsse. Dieser maß man kaum geringere Bedeutung zu als der Staatsverfassung, denn mit ihr sollten die „Graswurzeln" der Demokratie in dem noch jungen West-Deutschland dauerhaft angesät werden. Daher rührt der Begriff „Kommunalverfassung". Wie in der Zeit nach 1806 so genoss die kommunale Selbstverwaltung auch in den Jahren nach 1945 größte Wertschätzung. Die Kommunen trugen den größten Teil der verwaltungsmäßigen Last des Wiederaufbaus; vor allem die Gemeinden halfen den Menschen zu überleben. In Wiesbaden würdigte der erste Bundespräsident Theodor Heuss am 7.12.1949 dieses Verdienst mit dem klassischen Satz: „Gemeinden sind wichtiger als der Staat".

Nach intensiver Diskussion beschloss der zweite Hessische Landtag am 20.2.1952 die im Kern bis heute geltende Hessische Gemeindeordnung (HGO). Nunmehr wurde die Magistratsverfassung, die schon durch die G-HGO wieder erlaubt war, für die hessischen Kommunen als Regelfall festgelegt, nur kleinen Gemeinden unter 3.000 Einwohnern wurde das Recht zugestanden, stattdessen die Bürgermeisterverfassung zu wählen. Zur Begründung wurde insbesondere Bezug genommen auf das Unheil, das die Machtfülle von Einzelpersonen während der Nazizeit sowohl für die Gesamtheit, als auch für die einzelne Gemeinde angerichtet habe. Außerdem verwies man auf die Tradition der Magistratsverfassung; der ehemalige preußische Landesteil des Bundeslandes Hessen wurde mit „etwa zwei Dritteln des Landes" bemessen bzw. als „übergroß" bezeichnet. Schließlich führte man an, dass die kollegiale Verwaltungsspitze der demokratischen Gestaltung der kommunalen Selbstverwaltung eher entspreche als die monokratische Leitung durch den Bürgermeister.

1976 wurde das Wahlrecht zwischen Magistrats- und Bürgermeisterverfassung für die kleinen Gemeinden im Zuge der kommunalen Gebietsreform konsequenterweise gestrichen; seitdem gilt die Magistratsverfassung einheitlich für alle hessischen Gemeinden. Gleichzeitig wurde das Mitwirkungsrecht der hessischen Bevölkerung auf kommunaler Ebene gestärkt. Die unmittelbare Wahl der Ortsbeiräte wurde ebenso eingeführt, wie die Bürgerversammlung zur Unterrichtung über wichtige gemeindliche Angelegenheiten, der Bürgerantrag sowie der Grundsatz der Öffentlichkeit auch bei Ausschusssitzungen.

In den 1970er Jahren setzte auch die Polarisierung der Kommunalpolitik ein. Die kommunalen Vertretungskörperschaften wurden parlamentarisiert, die Fraktionsdisziplin gewann an Bedeutung. Mitte der 1980er Jahre erreichte diese Bewegung in Hessen ihren Höhepunkt. In den großen Städten mit mehr als 50.000 Einwohnern und in den Kreisen durften die hauptamtlichen Mitglieder des Verwaltungsorgans nunmehr innerhalb von sechs Monaten nach Beginn der Kommunalwahlperiode von der jeweiligen Vertretungskörperschaft bereits mit der absoluten Mehrheit – und nicht wie früher (nur) mit der Zwei-Drittel-Mehrheit – abberufen werden.

Die 1990er Jahre des letzten Jahrhunderts gelten als das Jahrzehnt der Demokratisierungsnovellen. Alle Bundesländer haben ihre Gemeinde- und Landkreisordnungen zur Bekämpfung der „Politikverdrossenheit" (Wort des Jahres 1992) und in der Hoffnung auf eine Gesundung der Kommunalfinanzen nach dem Vorbild der als besonders bürgernah geltenden baden-württembergischen Kommunalverfassung reformiert. Auch in Hessen wurden die Direktwahl der Bürgermeister und Landräte, der Bürgerentscheid auf Gemeindeebene und „flexible Listen" bei der Wahl der kommunalen Vertretungskörperschaften eingeführt. Der „Siegeszug" der baden-württembergischen Kommunalverfassung hatte allerdings in Hessen Grenzen. Insbesondere die Abschaffung des Magistrats, des kollegialen Verwaltungsorgans, zu Gunsten eines die Verwaltung monokratisch leitenden Bürgermeisters nach baden-württembergischem Vorbild stand nicht zur Diskussion. Man hat den Bürgermeistern und Landräten im Zuge der Einführung der Direktwahl mehr Rechte zugestanden, die Magistratsverfassung jedoch nicht abgeschafft. Ein Bürgermeister, der die Verwaltung allein leitet, noch dazu kraft Amtes gleichzeitig Vorsitzender der Bürgervertretung und aller ihrer Ausschüsse, gewählt für acht und nicht nur für sechs Jahre und nach der Amtseinführung unter keinen Umständen von den Bürgern wieder abwählbar, fand bei keiner der vertretenen Fraktionen im Hessischen Landtag Anklang. So wird denn auch die baden-württembergische Kommunalverfassung in Hessen üblicherweise nicht als Rats-, sondern als Bürgermeisterverfassung bezeichnet, um jeglichen falschen Anschein über die tatsächlichen Machtverhältnisse zu vermeiden.

Die bisherigen Erfahrungen belegen, dass der Hessische Landtag bei seiner Entscheidung, die in Hessen verwurzelte und bewährte Magistratsverfassung behutsam und überlegt zu reformieren, gut beraten war. Das gilt gerade mit Blick auf Schleswig-Holstein, wo in den 1990er Jahren die Magistratsverfassung mit der Einführung der Direktwahl der Bürgermeister und Landräte kurzer Hand abgeschafft wurde, was zu anhaltenden Turbulenzen zwischen Ehren- und Hauptamtlichen geführt hat, die nunmehr in der Rückkehr zur mittelbaren Wahl auf der Kreisebene gipfeln. Es ist leicht, die baden-württembergische Gemeindeordnung abzuschreiben. Damit übernimmt man aber noch lange nicht die dem dortigen System zugrunde liegenden Traditionen und Strukturen, wie z.B. die Zurückhaltung der Parteien bei der Normierung von Bürgermeisterkandidaten, das Misstrauen der Wähler gegenüber Parteikandidaten bei Direktwahlen und die Enthaltsamkeit der Bürgermeister bei (Schein-)Kandidaturen für „ihre Partei" im Rahmen der Gemeindeparlamentswahlen. Auch die Bundesregierung und die Mehrheit der Länder im Bundesrat haben die Modernisierung der hessischen Magistratsverfassung gewürdigt: Durch eine Änderung der Kommunalbesoldungsverordnung des Bundes im Oktober 2001 wurden die Bürgermeister mit Magistratsvorsitz ihren Amtskollegen mit Ratsvorsitz besoldungsrechtlich gleichgestellt.

3   Die gemeindlichen Organe in der Praxis

3.1   Die Gemeindevertretung (in Städten: Stadtverordnetenversammlung)

Die Gemeindevertreter sind die Repräsentanten der örtlichen Bevölkerung, sie werden von den wahlberechtigten Einwohnern, den Bürgern, an einem Sonntag im Monat März (zuletzt des Jahres 2006) für die Dauer von fünf Jahren gewählt. Aufgabe der Gemeindevertretung ist es, insbesondere in ihren mindestens alle zwei Monate einmal stattfindenden Sitzungen, die für die Gemeinde wichtigen Entscheidungen zu treffen. Dies entspricht dem Grundsatz der repräsentativen Demokratie, wie er in Art. 28 Abs. 1 S. 2 GG auch für die Gemeinden und die Kreise festgelegt ist. Die Gemeindevertretung wird folgerichtig in der HGO ausdrücklich als das oberste Organ der Gemeinde bezeichnet. Sie trägt die rechtliche und politische Verantwortung dafür, wie die Geschicke der Gemeinde gelenkt werden sollen. Die Beschlüsse der Vertretungskörperschaft bedürfen (selbstverständlich) zu ihrer Wirksamkeit nicht der Zustimmung des – für ihre Ausführung zuständigen – Verwaltungsorgans (Gemeindevorstand, in Städten: Magistrat). Die Hessische Kommunalverfassung ist daher eine unechte Magistratsverfassung. Die Gemeindevertretung trifft die wichtigen Entscheidungen für die Gemeinde. Was dazu zählt, kann nicht einheitlich beurteilt werden, sondern hängt von der Einwohnerzahl, der Verwaltungs- und insbesondere auch der Finanzkraft der Gemeinde ab. Was in einer kleinen Gemeinde durchaus wichtig ist, wird in einer Großstadt oft als laufende Verwaltungsangelegenheit angesehen. Kraft Gesetzes ist jede Gemeindevertretung aber insbesondere zuständig für die Verabschiedung und die Änderung des gemeindlichen Ortsrechts (Satzungen, Gefahrenabwehrverordnungen), die Festsetzung des Gemeindehaushalts (eine Haushaltssatzung für jedes Haushaltsjahr ist Pflicht) und für die Wahl der Beigeordneten.

Entscheidungs- und Ausführungsebene sind nach der hessischen Kommunalverfassung auch in personeller Hinsicht strikt getrennt. Anders als auf der staatlichen Ebene, wo oft beklagt wird, dass Parlamentarier nach einer Ernennung zum Minister

ihr Parlamentsmandat nicht aufgeben und sich damit entgegen dem Gewaltenteilungs-
prinzip gleichsam selbst kontrollieren, dürfen Gemeindevertreter, die in den Magistrat
einziehen wollen, nicht länger dem Beschlussorgan angehören. Auch der Bürgermeister hat keinen Sitz, geschweige denn den Vorsitz in der Gemeindevertretung. Vielmehr
wählen die Gemeindevertreter in der konstituierenden Sitzung aus ihren eigenen Reihen einen eigenständigen Vorsitzenden. Im Bewusstsein der Gemeinden und der
Kommunalpolitiker ist der selbständige „Parlamentsvorsteher" als ein wesentlicher
Bestandteil der Magistratsverfassung offensichtlich fest verankert. Als die erste von
den Amerikanern eingesetzte Hessische Landesregierung im Dezember 1945 den Gemeinden erlaubte, die Verwaltung der Gemeinde (wieder) in die Hände eines kollegialen Gemeindevorstands zu legen, machten fast alle kreisfreien Städte sowie zahlreiche
mittlere und kleinere Gemeinden von dieser Möglichkeit alsbald Gebrauch. Die meisten dieser Städte und Gemeinden gingen sogar noch einen Schritt weiter, indem die
Stadtverordnetenversammlungen abweichend vom Wortlaut der provisorischen Groß-
Hessischen Gemeindeordnung den Bürgermeister nicht als ihren Vorsitzenden akzep-
tierten, sondern der Tradition folgend aus ihrer Mitte einen eigenen Vorsitzenden
wählten. Der erste Hessische Landtag sah sich daraufhin gezwungen, im Jahr 1950 ein
Reparaturgesetz zu verabschieden, um das eigenmächtige Verhalten der traditionsbe-
wussten Städte und der selbstbewussten Bürgervertreter nachträglich zu erlauben.

Die Gemeindevertreter üben ihr Mandat – auch in den Großstädten – ehrenamtlich
aus. Dies wird in der Praxis heute häufig als Hauptunterschied zwischen den Gemeindevertretungen und Kreistagen einerseits sowie dem Landtag und dem Bundestag
andererseits bezeichnet. Offiziell ist die Gemeindevertretung natürlich kein Parlament,
sondern Organ einer Selbstverwaltungskörperschaft; die Rechtssetzungstätigkeit der
Gemeinden wird im System der Gewaltenteilung „trotz eines gewissen legislativen
Charakters" dem Bereich der Verwaltung zugeordnet. Gerade in Hessen wird der Begriff „Kommunalparlament" im allgemeinen Sprachgebrauch aber häufig benutzt. Denn
in Hessen hat die (Partei-) Politisierung der kommunalen Vertretungskörperschaften,
die in den 1970er Jahren eingesetzt hat, besonders deutliche Spuren hinterlassen. Hier
zog nicht nur die Fraktionsdisziplin ein, die in der Praxis die Entscheidungsfindung
des einzelnen Mandatsträgers oftmals sehr viel mehr beeinflusst als sein freies, nur
durch die Rücksicht auf das Gemeinwohl bestimmtes Gewissen. Die HGO erkannte
vielmehr auch sog. „Ein-Personen-Fraktionen" an. Das war eigentlich ein Widerspruch
in sich, denn die Fraktion ist nach ihrer Definition ein Zusammenschluss von mehreren
politisch gleich gesinnten Mandatsträgern. Nach dem Gesetz erhielt aber jede Partei
oder Wählergruppe, die nach dem Ergebnis der Kommunalwahl in der (neuen) Gemeindevertretung vertreten war, automatisch Fraktionsstatus, also auch dann, wenn
sie im Extremfall nur mit einem Vertreter in das „Kommunalparlament" einzog. Dieses
sog. Parteienprivileg wurde, nachdem 1999 die sog. Fünf-Prozent-Hürde im Kommunalwahlrecht gänzlich gestrichen wurde, (zeitverzögert nach dem Ausscheiden der
FDP aus der Landesregierung) im Rahmen der Kommunalrechtsnovelle 2005 wieder
gestrichen. Die Zuerkennung der Fraktionsrechte an die „Einzelkämpfer" sowie ihre

Teilnahme an den Fraktionszuwendungen aus kommunalen Haushaltsmitteln wurde nunmehr für eine Überbetonung des Minderheitenschutzes erachtet: Nach den Kommunalwahlen vom März 2001 hatten in 128 Gemeindevertretungen und acht Kreistagen Ein-Personen-Fraktionen Einzug gehalten; im Frankfurter Römer waren bei zehn Fraktionen, darunter drei Ein-Personen-Fraktionen, „Weimarer Verhältnisse" beklagt worden.

Bei den Kommunalwahlen am 26.3.2006 hatten die Wählerinnen und Wähler zum zweiten Mal die Möglichkeit, bei der Wahlentscheidung nicht nur einen Wahlvorschlag anzukreuzen, sondern durch Kumulieren und Panaschieren auf die Platzierung einzelner Kandidaten Einfluss zu nehmen (personalisiertes Verhältniswahlrecht). Dabei hat jeder Wähler so viele Stimmen, wie Gemeindevertreter zu wählen sind. Man kann einem Kandidaten bis zu drei Stimmen geben (Kumulieren), die Stimmen beliebig auf mehrere Wahlvorschläge verteilen (Panaschieren) oder auch Kandidaten streichen. Die Wähler erhalten dadurch natürlich einen größeren Einfluss auf die Zusammensetzung der kommunalen Parlamente als zuvor bei der reinen Listenwahl und haben diese Möglichkeit des Personalisierens auch ohne weiteres angenommen. Bei den Gemeinde(parlaments)wahlen sowohl 2001 als auch 2006 haben mehr als die Hälfte der gültig Wählenden kumuliert oder panaschiert. Die Rangfolge der Bewerber auf den Vorschlagslisten wird gerade bei der hessischen Form des Kumulierens und Panaschierens erheblich verändert. Trotz des Wegfalls der Fünf-Prozent-Sperrklausel errangen radikale Parteien keine nennenswerten Stimmenanteile. Die FDP und die Freien Wähler haben am stärksten von Kumulieren und Panaschieren profitiert. Stärkste kommunalpolitische Kraft in Hessen ist erstmals nach 21 Jahren wieder die CDU. Parteiunabhängige Wählergruppen waren in den kreisangehörigen Gemeinden durchaus erfolgreich, in den kreisfreien Städten ist ihr politisches Gewicht geringer.

Das neue bürgerfreundliche Wahlrecht wurde durch das Volk selbst bereits am 9.5.1950 bei einer Volkabstimmung zur Streichung des Art. 137 Abs. 6 Hessische Verfassung ermöglicht. Anders als bei den Landtagswahlen hat der Gesetzgeber jedoch noch ein halbes Jahrhundert an der starren Listenwahl, die den Parteien mehr Einfluss einräumt („sichere Listenplätze"), festgehalten.

Die Wahlbeteiligung bei den Kommunalwahlen 2006 war mit 45,6% (von ca. 4,5 Mio. Wahlberechtigten) so niedrig wie noch nie seit der Entstehung des Landes im Jahr 1946. Alle Fachleute sind sich allerdings darüber einig, dass nicht das neue Wahlrecht die Ursache für den Rückgang der Wahlbeteiligung ist. Der Trend zur sinkenden Wahlbeteiligung ist im gesamten Bundesgebiet zu beobachten; bei den Kommunalwahlen anderer Länder waren in jüngster Zeit ebenfalls starke Rückgänge zu verzeichnen. Auch bei der 18. Hessischen Landtagswahl im Januar 2009 war die Wahlbeteiligung mit 61% so niedrig wie noch nie. Tendenziell war die Wahlbeteiligung bei den Kommunalwahlen umso höher, je weniger Einwohner die Gemeinde hatte. Die niedrige Wahlbeteiligung ist offenbar nicht zuletzt das Ergebnis der allgemeinen gesellschaftlichen Entwicklung zu mehr Individualität und zum Rückzug in die Privatheit, denn die Neigung eines Wahlberechtigten, seine Stimme abzugeben, ist umso größer, je größer seine Kontakte zu anderen Menschen sind und er Anteil am Gesellschaftsleben hat. Mit zunehmender Anonymität und abnehmender sozialer Integration des Einzelnen sinkt also die Bereitschaft zu wählen.

Wie viele Abgeordnete in die Gemeindevertretungen und Kreistage einziehen, richtet sich nach der Einwohnerzahl der Kommune. Erstmals konnten die Gemeindevertretungen und Kreistage im Jahr 2000 selbst durch eine entsprechende Festlegung in der Hauptsatzung ihre Mitgliederzahl mit Wirkung für die nächste Kommunalwahlperiode in einem bestimmten Rahmen senken. Im Zuge der kommunalen Gebietsreform waren die „Kommunalparlamente" nämlich erheblich vergrößert worden. Nachdem die neu gebildeten Gemeinden und Landkreise zwischenzeitlich zusammengewachsen sind, haben die kommunalen Vertretungskörperschaften nunmehr die Möglichkeit erhalten, ihre Arbeitsfähigkeit und die Effizienz ihrer Beratungen durch eine Verringerung der Zahl der Mandatsträger zu steigern. Von dieser Verkleinerungsmöglichkeit haben bisher 79 Gemeinden Gebrauch gemacht; andere haben (vorsorglich) beschlossen, dass die Gemeindevertretung bei Überschreitung des nächsten Einwohnerschwellenwertes nicht vergrößert werden soll. Der anhaltende Diskussionsprozess darüber, wie die Parlamentsarbeit weiter gestrafft werden kann und ob nicht die allseits propagierte Verschlankung der Verwaltung zunächst eine Verschlankung der Parlamente – nach dem Motto „Die Treppe muss von oben gekehrt werden" – voraussetzt, wird sicher weitere Gemeinden und Landkreise vor der nächsten Kommunalwahl im März 2011 zu entsprechenden Verkleinerungsbeschlüssen bewegen. Das gilt jedenfalls dann, wenn sich der Hessische Landtag doch noch entschließen sollte, insofern entsprechend dem Vorbild des Bundes und anderer Bundesländer selbst mit gutem Beispiel voranzugehen. Entsprechende Forderungen werden in Hessen insbesondere seit dem Volksentscheid in Bayern (u.a. zur Verkleinerung des Landtags) vom Februar 1998 immer wieder diskutiert.

3.2   Der Gemeindevorstand (in Städten: Magistrat) und der Bürgermeister

Das für die Erledigung der laufenden Verwaltungsangelegenheiten, insbesondere für die Vorbereitung und die Ausführung der Beschlüsse der Gemeindevertretung sowie für die Anstellung, Beförderung und Entlassung der Gemeindebediensteten zuständige Organ, ist in Hessen ebenfalls ein Kollegialorgan. Diese Regierungsmannschaft heißt in Gemeinden „Gemeindevorstand", in Städten „Magistrat". Sie besteht aus Wahlbeamten, dem Bürgermeister und mindestens zwei von der Gemeindevertretung zu wählenden Beigeordneten. Die Magistratsverfassung weist zwei typische Merkmale auf. Zum einen fasst der Gemeindevorstand seine Beschlüsse in den grundsätzlich wöchentlich stattfindenden Sitzungen mit Stimmenmehrheit, d.h. die Stimme des Bürgermeisters zählt grundsätzlich nicht mehr als die Stimme eines Beigeordneten; lediglich bei Stimmengleichheit gibt seine Stimme den Ausschlag. Der Bürgermeister ist also (nur) Erster unter Gleichen.

Zum anderen erledigen Bürgermeister und Beigeordneten mit eigenem Geschäftsbereich (Dezernenten) selbstständig Verwaltungsgeschäfte von geringerer Bedeutung,
zu deren Entscheidung nicht der Gemeindevorstand im Ganzen notwendig ist. Für die
betroffenen Beigeordneten bedeutet das, dass sie in Sachfragen nicht einer Weisungsbefugnis des Bürgermeisters unterliegen.

Kritiker der Magistratsverfassung, die über keine Detailkenntnisse und keine Pra-
xiserfahrung verfügen, neigen daher leicht zu dem Schluss, die Magistratsverfassung
sei schwerfällig und mit der Urwahl des Bürgermeisters kaum zu vereinbaren, weil die
Erwartungen der Bürgerschaft an einen von ihr direkt gewählten Bürgermeister wegen
dessen Machtlosigkeit zwangsläufig enttäuscht werden müssten.

In Wahrheit wurde der Bürgermeister in Hessen schon vor der Einführung der Direktwahl als „ungeschriebenes" drittes Organ der Gemeinde bezeichnet, denn er war
schon immer Träger eigener nicht zu entziehender Rechte. Nachdem durch die Volksabstimmung vom 20.1.1991 die Hessische Verfassung geändert und die Direktwahl der
leitenden kommunalen Wahlbeamten eingeführt wurde, hat der Hessische Landtag in
den folgenden Jahren ihre Position weiter verstärkt. Heute gilt daher mehr als je zuvor,
dass die zwei typischen Merkmale der Magistratsverfassung die hessischen Bürgermeister keineswegs zur Ohnmacht verurteilen:

Beigeordnete sind in der Regel, jedenfalls in kleinen und mittleren Gemeinden, ehrenamtlich tätig (Ehrenbeamte) und werden von der Gemeindevertretung nach den
Grundsätzen der Verhältniswahl für die Dauer ihrer fünfjährigen Wahlperiode gewählt. Der Bürgermeister, der seine politische Vorstellung durchsetzen möchte, sieht
sich insofern im Gemeindevorstand den gleichen Mehrheitsverhältnissen wie in der
Gemeindevertretung gegenüber und muss hier wie dort mit der Kraft seiner Argumente um Zustimmung werben. Bei der von ihm im Gemeindevorstand zu leistenden
Überzeugungsarbeit ist es natürlich ein Vorteil, dass er in aller Regel hauptamtlich
fungiert und seine Amtsperiode zur Gewährleistung einer gewissen Kontinuität der
Verwaltungsgeschäfte sechs Jahre beträgt. Sollte der Bürgermeister aber einmal im
Gemeindevorstand eine Abstimmungsniederlage erleiden, so kann er, wenn es sich um
eine wichtige Angelegenheit handelt, in der öffentlichen Sitzung der Gemeindevertretung neben der Empfehlung des Gemeindevorstands eine von der (Mehrheits-)Auf-
fassung abweichende persönliche Meinung vertreten. Er hat darüber hinaus einen Anspruch auf Aufnahme seiner Anträge auf die Tagesordnung der Gemeindevertretung
und im Extremfall kann er sogar die Einberufung der Gemeindevertretung zu einer
Sondersitzung verlangen. Im Übrigen kontrolliert er die Beschlüsse sowohl des Gemeindevorstands als auch der Gemeindevertretung darauf, dass sie nicht dem Recht
widersprechen oder das Wohl der Gemeinde gefährden. Ordnungsbehördliche Aufgaben nimmt der Bürgermeister ohnehin alleinverantwortlich wahr, d.h. er muss seine
Entscheidungen insofern nicht mit dem Gemeindevorstand, ja nicht einmal mit der
Gemeindevertretung abstimmen, sondern er ist nur den Aufsichtsbehörden zur Re-
chenschaft verpflichtet. Diese Durchbrechung der Magistratsverfassung für besondere

Aufgaben der Gefahrenabwehr hat praktische Auswirkungen insbesondere auf dem Gebiet des Straßenverkehrs, z.B. bei der Einrichtung von Tempo-30-Zonen.

Auch gegenüber den Beigeordneten mit eigenem Geschäftsbereich ist der Bürgermeister alles andere als machtlos. Ob ehrenamtliche Beigeordnete mit einem eigenen (naturgemäß nicht allzu belastenden) Arbeitsgebiet betraut werden, hängt ausschließlich vom Bürgermeister ab. Denn die Geschäftsverteilungsbefugnis liegt allein in seinen Händen. Sofern die Gemeindevertretung dem Bürgermeister einen oder mehrere hauptamtliche Beigeordnete durch Mehrheitswahl (Persönlichkeitswahl) zur Seite stellt – was insbesondere eine entsprechende Finanzkraft der Gemeinde voraussetzt und daher in der Praxis selten in Gemeinden mit weniger als 20.000 Einwohnern vorkommt –, haben diese Beigeordneten zwar nach dem Beamtenrecht einen Anspruch auf eine dem Amt angemessene Beschäftigung, aber auch hier obliegt der erste Zuschnitt ebenso wie später evtl. die Korrektur des Geschäftsbereichs allein dem Bürgermeister. Im Übrigen bestimmt in Zweifelsfällen der Bürgermeister durch Weisung, ob eine Verwaltungsangelegenheit von den Dezernenten noch selbstständig erledigt werden kann oder ein Beschluss des Kollegiums notwendig ist. Außerdem ist der Bürgermeister Dienstvorgesetzter aller Gemeindebediensteten mit Ausnahme der Beigeordneten und leitet den Geschäftsgang der gesamten Verwaltung („Behördenchef"). In Eilfällen kann er an Stelle des Gemeindevorstands entscheiden. Auch ist der Bürgermeister nur vom Volk wieder abwählbar, während hauptamtliche Beigeordnete von der Gemeindevertretung zwar ebenfalls für sechs Jahre gewählt werden, von dieser aber auch vorzeitig abberufen werden können. Während dafür normalerweise eine sehr anspruchsvolle Mehrheit erforderlich ist (2/3 der gesetzlichen Mitgliederzahl), reicht in den Städten mit mehr als 50.000 Einwohnern innerhalb der ersten sechs Monate nach Beginn einer neuen Kommunalwahlperiode bereits die Mehrheit der gesetzlichen Zahl der Mitglieder aus. Mit dieser in den 1980er Jahren eingeführten und sich ursprünglich auch auf die (mittelbar gewählten) Oberbürgermeister erstreckenden „erleichterten" Abwahl sollte in den Großstädten die politische Gleichgestimmtheit zwischen der (neuen) Gemeindevertretung und (auch) dem hauptamtlichen Teil des Gemeindevorstands ermöglicht werden, um den Mehrheitsfraktionen in der Vertretungskörperschaft einen stärkeren Einfluss auf die Kommunalpolitik zu verleihen.

Der Trend zur Politisierung der Kommunalverwaltung und zur Polarisierung der Kommunalpolitik wurde durch die Direktwahl der Bürgermeister und durch die Ausweitung ihrer Befugnisse zu Lasten der hauptamtlichen Beigeordneten entscheidend abgeschwächt. Wahlvorschläge für die Bürgermeisterwahl dürfen eben nicht nur von den Parteien, sondern auch von Einzelbewerbern abgegeben werden. Auch ist in Hessen die Bürgermeisterwahl wegen der Inkongruenz von Amtszeit und Wahlzeit nicht zwingend verbunden mit der Wahl der Bürgervertretung, was den Charakter der Direktwahl als Persönlichkeitswahl unterstreicht und verhindert, dass sie zur Begleiterscheinung eines Parteienwahlkampfs herkömmlicher Art verkommt.

Das Land Hessen hat nach den bisherigen Erfahrungen gut daran getan, beim „Siegeszug der Baden-Württembergischen Kommunalverfassung von Süd nach Nord"

in den 1990er Jahren die eigene Kommunalverfassung, die sich über Jahrzehnte bewährt hat, nicht auszuwechseln oder radikal zu verändern, sondern unter Beibehaltung
ihrer Grundprinzipien behutsam weiterzuentwickeln. Im Ergebnis ist es in Hessen
gelungen, einerseits in der Kommunalverfassung eine überzeugende Machtbalance
zwischen dem Kollegialprinzip bei der Verwaltungsleitung und dem eigenständigen
Vorsitzenden der Gemeindevertretung sowie einem starken (direkt gewählten) Bürgermeisters andererseits zu finden. Hessen nimmt heute mit der Magistratsverfassung
entsprechend seiner geografischen Lage eine vermittelnde Position zwischen der besonderen Betonung des Bürgermeisters in Süddeutschland und der Hervorhebung der
Bürgervertretung (auch gegenüber dem urgewählten Bürgermeister) in Norddeutschland ein. In der Praxis haben die Bürgermeister in Hessen keine nennenswerten Durch-
setzungsprobleme oder Profilierungsnöte gegenüber Beigeordneten oder Parlaments-
vorstehern. Sie sind unbestritten „Dreh- und Angelpunkt" der Kommunalpolitik und
die „zentralen Politiker" in den Gemeinden. Ihrer so gekennzeichneten Stellung entspricht es, dass sie in Art. 138 Hessische Verfassung als „Leiter der Gemeinden" bezeichnet werden.

Andererseits sind ihre Machtbefugnisse aber nicht nahezu grenzenlos; den Satz
„Was der Bürgermeister nicht wünscht, erblickt nie das Licht einer Sitzung" will man
in Hessen nicht hören. Nach wie vor bietet die Magistratsverfassung einen „dürftigen
Nährboden" für überzogene Herrschaftsansprüche eines Einzelnen. Im kollegialen
Leitungsteam „Magistrat" mag der Weg von der Idee bis zur Entscheidung etwas länger dauern als bei der monokratischen Verwaltungsspitze, dafür werden Probleme
aber unter Beteiligung aller demokratischen Kräfte und daher umfassend, komplex
und ausgewogen bewältigt. Die Hessische Kommunalverfassung fordert nach alledem
insbesondere in den größeren Gemeinden heute mehr denn je Bürgermeister mit Ko-
ordinationsgeschick und kooperativem Führungsstil. Die Attraktivität des Amtes hat
darunter in keiner Weise gelitten. Nach Einführung der Direktwahl ist die Zahl der
parteilich ungebundenen Bürgermeister in Hessen gewaltig angestiegen; bemerkenswert ist auch der Erfolg von Frauen und allgemein von jungen Leuten.

4   Der Bürgerentscheid als Element der direkten Demokratie

Im Zuge der revolutionären Veränderungswelle des letzten Jahrzehnts nach baden-
württembergischen Vorbild – quasi unter dem Motto „Gegen Politikverdrossenheit –
von der Parteiendemokratie zur Bürgergemeinde" – wurde in Hessen auch der Bürgerentscheid eingeführt. Dadurch kann die Bürgerschaft Sachentscheidungen an sich ziehen und an Stelle der Vertretungskörperschaft selbst entscheiden. Voraussetzung für
die Durchführung eines Bürgerentscheids ist ein Bürgerbegehren, d.h. der Antrag einer
ausreichenden Zahl von Bürgern auf Durchführung eines Bürgerentscheids. Für das
Zustandekommen eines Bürgerbegehrens sind die Unterschriften von mindestens 10%

der wahlberechtigten Einwohner erforderlich. In der Praxis verfolgt die weit überwiegende Zahl der Bürgerbegehren das Ziel, einen von der Gemeindevertretung gefassten Beschluss wieder aufzuheben; in diesem Fall muss die Unterschriftensammlung innerhalb von sechs Wochen durchgeführt werden. Über die Zulässigkeit des Bürgerbegehrens entscheidet die Gemeindevertretung; bei entsprechender Zustimmung ist der Bürgerentscheid unverzüglich an einem Sonntag innerhalb der nächsten sechs Monate durchzuführen.

Bereits 1952 bei der Verabschiedung der Hessischen Gemeindeordnung hatte die CDU (erfolglos) versucht, wenigstens bei Ein- und Ausgemeindungen den Bürgerentscheid und damit mehr „echte lebendige Demokratie in der Selbstverwaltung" zu ermöglichen: Das Volk müsse an die Demokratie herangebracht werden, es solle daher nicht immer nur sein „Vormund", die Gemeindevertretung, entscheiden; auch das Vorbild der Schweiz spreche gegen eine rein repräsentative Kommunaldemokratie.

Bis zur Einführung des Bürgerentscheids dauerte es dann aber noch 40 Jahre; der neue § 8b HGO trat am 1.4.1993 in Kraft. Dafür schuf man aber auch eine durchaus anwenderfreundliche und ausgewogene Regelung. Anders als bei der „Vorbildregelung" aus Baden-Württemberg, dem „Mutterland" des Bürgerentscheids, wurden Bürgerentscheide nicht nur zu einigen speziellen Themen zulässig erklärt (Positivkatalog), sondern grundsätzlich zu allen wichtigen Angelegenheiten der Gemeinde. Die relativ wenigen Gegenstände, zu denen ein Bürgerbegehren und -entscheid nicht zulässig ist, sind in einem Negativkatalog abschließend aufgezählt. Das Abstimmungsquorum, das die Stimmenmehrheit beim Bürgerentscheid erreichen muss, damit der Bürgerentscheid die Wirkung eines endgültigen Beschlusses der Gemeindevertretung hat, beläuft sich nicht auf 30%, sondern lediglich auf 25% der Stimmberechtigten. Selbst in den hessischen Großstädten hat sich gezeigt, dass dieses Abstimmungsquorum eine durchaus überwindliche Hürde darstellt. In drei Städten mit mehr als 50.000 Einwohnern und in einer kreisfreien Stadt gab es Bürgerentscheide, mit denen jeweils ein Stadtverordnetenversammlungsbeschluss wirksam aufgehoben wurde.

§ 8b HGO ist damit alles andere als eine „von Dornen umrankte Vorschrift, die niemand zum Leben erwecken kann". Bis zum Sommer des Jahres 2009 wurden in den hessischen Gemeinden insgesamt 97 Bürgerentscheide durchgeführt. Nach dem Bürgerbegehrensbericht 1956 – 2007 des Vereins „Mehr Demokratie e.V." wird ein Bürgerbegehren in einer bayerischen Gemeinde durchschnittlich alle 14 Jahre, in einer nordrhein-westfälischen Gemeinde alle 12 Jahre und in einer hessischen Gemeinde (immerhin noch) alle 22 Jahre eingereicht, während es beispielsweise in Baden-Württemberg dazu nur alle 101 Jahre kommt. Der verfassungsrechtliche Grundsatz, dass das Volk die Staatsgewalt nicht nur bei Wahlen, sondern auch bei Abstimmungen ausübt (Art. 20 Abs. 2 Grundgesetz, Art. 71 Hessische Verfassung) wird also auf der kommunalen Ebene in Hessen durchaus verwirklicht. Ein entscheidendes Motiv für den Landesgesetzgeber, den Negativkatalog beim Bürgerbegehren nicht allzu weit zu fassen und das Abstimmungsquorum beim Bürgerentscheid nicht allzu hoch zu setzen, war sicherlich auch das „schlechte Beispiel" der unmittelbaren Demokratie auf Landesebene. Denn das in der Hessischen Verfassung (Art. 124) vorgesehene Mitwirkungsinstrument des Volksentscheids wird durch die Festsetzung eines Einleitungsquorums von 20% der Wahlberechtigten für ein erfolgreiches Volksbegehren quasi vereitelt. In der Praxis wurde dieses Quorum seit 1946 noch nie erreicht, was zu viel „Bürgerfrust" geführt hat.

Die hessische Regelung über den Bürgerentscheid ist aber nicht nur anwenderfreundlich, sie beugt auch einer missbräuchlichen Inanspruchnahme vor. Insbesondere wurde auf die Aufnahme des von den Anhängern der direkten Demokratie oft kritisierten „Finanztabus" in den Negativkatalog des § 8b HGO nicht verzichtet. Danach sind die Haushaltssatzung, die Gemeindeabgaben und die Tarife der Versorgungs- und Verkehrsbetriebe der Gemeinde einem Bürgerentscheid nicht zugänglich. Anders als in Bayern muss das Bürgerbegehren auch einen nach den gesetzlichen Bestimmungen durchführbaren Vorschlag für die Deckung der Kosten der verlangten Maßnahme enthalten. Schließlich hat die Forderung nach einem gänzlichen Verzicht auf das Abstimmungsquorum keine Berücksichtigung gefunden; dafür hat ein Bürgerentscheid, bei dem die Stimmenmehrheit über dem erforderlichen Abstimmungsquorum von 25% der Wahlberechtigten liegt, in Hessen eine recht lange Bindungswirkung. Er kann von der Gemeindevertretung frühestens nach drei Jahren abgeändert werden. Unter dem Strich enthält die Hessische Kommunalverfassung eine ausgewogene Regelung zum Bürgerentscheid auf Gemeindeebene, angesiedelt in der Mitte zwischen dem zurückhaltenden Traditionsmodell aus Baden-Württemberg, das nach der dortigen Modernisierungsnovelle 2005 heute in seiner reinen Form vor allem noch in Rheinland-Pfalz weiterlebt, und der fortschrittlichen, bundesweit in wesentlichen Fragen (insbesondere beim Abstimmungsquorum) einmaligen Variante in Bayern.

Der Bürgerentscheid hat die Kommunalpolitik in Hessen sicherlich in noch größerem Umfang verändert und belebt als die Direktwahl der Bürgermeister. Denn dieses Instrument wirkt nicht nur im konkreten Anwendungsfall, sondern es sorgt wegen seiner möglichen Anwendbarkeit ständig für eine hohe Durchlässigkeit des Systems für den Common Sense der Bürger. Es hat sich auch in Zeiten der sog. Politikverdrossenheit gezeigt, dass es durchaus möglich ist, die Gemeindeöffentlichkeit für bestimmte Sachthemen zu mobilisieren. Die Befürchtung, der Bürger interessiere sich ohnehin nicht für Mitwirkungsmöglichkeiten und lasse sich lieber passiv verwalten, hat keine Bestätigung gefunden. Die Parteien werden auf ihre eigentliche grundgesetzliche Rolle zurückgedrängt, bei der politischen Willensbildung mitzuwirken (anstatt sie völlig zu beherrschen).

Bürgerentscheide haben auf Grund ihrer hohen demokratischen Legitimation eine große Befriedungsfunktion. Im Übrigen fördern sie in vielen Fällen auch das bürgerschaftliche Element der kommunalen Selbstverwaltung, d.h. die ehrenamtliche Mitwirkung der Bürger an den gemeindlichen Angelegenheiten. In einer Gemeinde wurde z.B. die Übernahme eines kreiseigenen Hallenbades aus Kostengründen per Bürgerentscheid abgelehnt, das Hallenbad konnte jedoch durch die ehrenamtliche Arbeit eines Fördervereins, der sich anschließend vor Ort bildete, erhalten werden. Oftmals berühren Bürgerentscheide auch die staatliche Ebene, denn sie sind nicht nur in Angelegenheiten zulässig, in denen die letzte Entscheidungsbefugnis bei der Gemeinde liegt. Bürgerentscheide gibt es vielmehr auch in überörtlichen Angelegenheiten, an den die Gemeinde (lediglich) zur Mitwirkung aufgerufen ist. Rein rechtlich gesehen haben der Mitwirkungsakt der Gemeinde und damit auch der Bürgerentscheid in diesen Fällen oft nur eine unverbindliche Wirkung, in politischer Hinsicht ist seine Bedeutung aber meistens ungleich größer. So hat z.B. die Landesregierung 1997 auf die Ausweisung eines Nationalparks „Kellerwald" in Nordhessen verzichtet, nachdem sich in den betroffenen Gemeinden die Bürgerschaft durch Bürgerentscheid für die Ablehnung dieses Vorhabens ausgesprochen hatte. Umgekehrt hat ein Bürgerentscheid in einer osthessischen Kleinstadt im Jahr 2001 – freilich nach massiven Finanzversprechen des Justizministeriums – den Weg freigemacht für die erste teilprivatisierte Justizvollzugsanstalt in Deutschland. Zu Beginn des Jahres 2002 ermöglichte es ein Bürgerentscheid dem Land Hessen, den Bau einer Klinik für suchtkranke Straftäter in einer nordhessischen Kurgemeinde zu genehmigen.

Bürgerentscheide erregen immer wieder weit über die Gemeindegrenzen hinaus Aufsehen. Im Jahr 2001 sorgte z.B. der Stadion-Bürgerentscheid in München monatelang gar für bundesweite Schlagzeilen. Sehr bedeutsam waren aus heutiger Sicht die zunächst heftig als fortschrittsfeindlich kritisiertem Bürgerbegehren zu Beginn des Jahrzehnts gegen Privatisierungsbeschlüsse der Kommunalparlamente. Nach dem Ausbruch der Weltwirtschaftskrise im Jahr 2008 hat in Hessen insbesondere die Stadt Frankfurt am Main allen Anlass, den Initiatoren des Bürgerbegehrens „Rettet die U-Bahn", das die Stadtverordnetenversammlung am 18.9.2003 dazu veranlasste, dem Cross-Border-Leasing umfassend abzuschwören, dankbar zu sein. Es ist nach alledem nicht verwunderlich, dass die Ermöglichung des Bürgerentscheids in der jeweiligen Kommunalverfassung in vielen Ländern nicht ohne Folgen für die staatliche Ebene blieb. In vielen Landesverfassungen wurden die Bestimmungen über die unmittelbare Mitwirkung des Volkes an der Politik des Landes überarbeitet. Der Hessische Landtag hat sich bisher mit der Modernisierung der Hessischen Verfassung, der ältesten in Kraft befindlichen Verfassung in Deutschland, sehr schwer getan. Die Notwendigkeit, dass eine vom Landtag beschlossene Verfassungsänderung zur Wirksamkeit der Mehrheit in einer anschließenden Volksabstimmung bedarf, vermag das allein nicht genügend zu erklären, wie die Praxis im Nachbarland Bayern zeigt.

5   Beiräte und Beauftragte

Zur Vorbereitung ihrer Beschlüsse kann die Gemeindevertretung nicht nur aus ihrer Mitte Ausschüsse bilden, sondern auch Ortsbeiräte einrichten. Dies geschieht dadurch, dass sie in der Hauptsatzung Ortsbezirke festlegt. Die flächendeckende Unterteilung des Gemeindegebiets in Ortsbezirke ist nicht notwendig, theoretisch kann auch nur ein

Ortsbezirk – z.B. für einen „problematischen Vorort" – festgelegt werden und selbstverständlich kann auf die Bildung von Ortsbezirken auch gänzlich verzichtet werden. Erst mit der Einleitung der kommunalen Gebietsreform gewann die Einrichtung von Ortsbeiräten an Bedeutung, und zwar als Instrument zur Wahrung der Interessen der Einwohner der aufgelösten und eingegliederten Gemeinden. Seit 1972 werden die Ortsbeiratsmitglieder ebenso wie die Gemeindevertreter am Tag der Kommunalwahlen von der Bevölkerung (des Ortsbezirks) unmittelbar gewählt und zwar ebenfalls für fünf Jahre. 1981 hatten 315 der 426 hessischen Gemeinden Ortsbeiräte eingerichtet. Die Ortsbeiräte haben allerdings grundsätzlich keine Entscheidungs-, sondern nur Beratungsfunktion. Die besonderen Anliegen des Ortsbezirks und seiner Einwohner sollen bei den Entscheidungen der Gemeindevertretung gebührende Berücksichtigung finden. Dem Vorsitzenden des Ortsbeirats kann außerdem die Leitung der Außenstelle der Gemeindeverwaltung im Ortsbezirk – falls eine solche eingerichtet wurde – übertragen werden.

Ein weiteres verankertes Hilfsorgan der Gemeindevertretung ist in der Hessischen Gemeindeordnung der Ausländerbeirat. In Gemeinden mit mehr als 1.000 gemeldeten ausländischen Einwohnern muss ein Ausländerbeirat eingerichtet werden. Davon betroffen waren Ende 2005 130 Gemeinden, mit anderen Worten fast jede dritte Gemeinde. Für die übrigen Gemeinden ist dies eine freiwillige Angelegenheit. Durch den Ausländerbeirat soll die nicht wahlberechtigte ausländische Bevölkerung eine institutionalisierte Form der Beteiligung an der Kommunalpolitik erhalten; allerdings haben – für viele ein Ärgernis – die in Hessen wohnenden Bürger der Europäischen Union, obwohl sie 1995 das volle Kommunalwahlrecht erhalten haben, auch das aktive und passive Wahlrecht zu den gemeindlichen Ausländerbeiräten behalten. Hessen hat mit rund 12% einen im Ländervergleich sehr hohen Anteil von Ausländern an seiner Bevölkerung. Nur durch die Zuwanderung hat Hessen in den 1990er Jahren die 6 Mio.Einwohnergrenze überschritten. Rund jeder vierte Einwohner Frankfurts ist Ausländer; gut ein Fünftel aller in Hessen lebenden Ausländer wohnt somit in Frankfurt am Main. Die Stadt Kelsterbach bei Frankfurt hat mit 30% wohl den prozentual höchsten Ausländeranteil an der Gemeindebevölkerung in Deutschland.

Der gesetzliche Zwang zur Einrichtung von gemeindlichen Ausländerbeiräten wurde allerdings als erheblicher Eingriff in die kommunale Organisationshoheit von Anfang an kontrovers diskutiert. Die Gemeinden werfen dem Land u.a. vor, bei der Normierung des Einrichtungszwangs das Kosten-Nutzen-Verhältnis ausgeblendet zu haben. Denn die durchschnittliche Wahlbeteiligung bei den gemeindlichen Ausländerbeiratswahlen war von Anfang an niedrig, zuletzt erreichte sie im November 2005 gerade einmal 7,8%! In 37 Gemeinden konnte mangels Wahlvorschlags gar keine Wahl durchgeführt werden. Das geringe Interesse ist offenbar das Ergebnis einer allmählichen Normalisierung: Die Politik hat Fortschritte gemacht bei der Integration der Zuwanderer, und diese haben sich selbst zunehmend den deutschen Verhältnissen angepasst. Nachdem der Landtag im Jahr 2000 das Gesetz über den Landesausländerbeirat wieder aufgehoben hat, sind die hessischen Gemeinden nach wie vor darauf gespannt,

ob nunmehr auch ihnen wieder eine größere Gestaltungsfreiheit in der Frage eingeräumt wird, wie sie die Integration ausländischer Einwohner bewerkstelligen wollen.
Dies fordern im Übrigen mittlerweile durchaus auch kritische Ausländer, weil die gemeindlichen Ausländerbeiräte de facto in den letzten Jahren größtenteils islamisiert
worden seien.

Weiterhin sind die Gemeinden nach der Hessischen Gemeindeordnung verpflichtet, durch die Einrichtung von Frauenbüros, die Einsetzung von Frauenbeauftragten
oder durch ähnliche organisatorische Maßnahmen das Wohl ihrer Einwohnerinnen zu
fördern. Damit wird Art. 3 Abs. 2 Grundgesetz Rechnung getragen, der seit 1994 bestimmt: „Der Staat fördert die tatsächliche Durchsetzung der Gleichberechtigung von
Frauen und Männern und wirkt auf die Beseitigung bestehender Nachteile hin". Auch
in Hessen ist mehr als die Hälfte der Bevölkerung weiblich. Allerdings bestehen Zweifel, ob dem berechtigten Anliegen der – wahlberechtigten – Frauen nicht auf andere
Weise besser gedient wäre, als durch eine neue bürokratische Sonderbetreuung.

Wenn Planungen und Vorhaben wiederum die Interessen von Kindern und Jugendlichen berühren, soll die Gemeinde diese in angemessener Weise beteiligen. Das
geschieht z.B. durch Kinder- und Jugendparlamente, Kinder- und Jugendbeiräte oder
-beauftragte oder durch projektbezogene Mitgestaltungsmöglichkeiten. In einer
schrumpfenden und vergreisenden Gesellschaft sollen gerade die noch nicht erwachsenen Mitglieder die Möglichkeit haben, ihre Interessen wenigstens beratend gegenüber den Entscheidungsträgern geltend zu machen, wenn schon eine Umgestaltung
des Wahlrechts zur Erzeugung von mehr Kinder-und Familienfreundlichkeit abgelehnt
wird (Familienwahlrecht, Minderjährigenwahlrecht etc.). Deutschland verzeichnet von
allen EU-Nationen mit den größten Rückgang der Bevölkerung, gleichzeitig nimmt die
durchschnittliche Lebenserwartung zu. Auch im wirtschaftsstarken Hessen wird die
Bevölkerung – wenn auch regional sehr unterschiedlich – schrumpfen und im Jahr 2050
wahrscheinlich nur noch 5,15 Mio. betragen. Ein Drittel der hessischen Bevölkerung
wird dann mindestens 65 Jahre alt sein. Ungeachtet dessen, dass der Staat das Steuer-
und Sozialversicherungssystem familienfreundlicher gestalten muss, steht die Kommunalpolitik vor der Herausforderung, die Interessen von Kindern und Jugendlichen
in der alternden Gesellschaft nicht zu vergessen.

Insgesamt hat sich gerade in den 1990er Jahren, in denen der Gesetzgeber allzu
leichtfertig bereit war, modischen Trends zu folgen, statt sich Zeit für Analysen und
Diskussionen zu lassen, auf der kommunalen Ebene ein beachtliches „Beirats- und
Beauftragtenunwesen" gebildet. Dies liegt nicht nur an gesetzlichen Verpflichtungen,
auch außerhalb der Kommunalverfassung (Naturschutzbeiräte, Denkmalschutzbeiräte,
Frauenbeauftragte nach dem Landesgleichberechtigungsgesetz, Datenschutzbeauftrag-
te), sondern auch an freiwilligen Einrichtungen dieser Art auf Grund des kommunalen
Selbstverwaltungsrechts (Seniorenbeiräte, Behindertenbeauftragte o.ä.). Dadurch be-
steht die Gefahr, dass die Einheit der Verwaltung und die umfassende parlamentarische Verantwortung der Gemeindevertretung, die anders als ein Beauftragter oder ein
Beirat der Gesamtheit der Einwohnerschaft gegenüber verantwortlich ist, zunehmend

ausgehöhlt werden. Im Übrigen wird durch solche Gestaltungen insgesamt die Kommunalverwaltung als öffentliche Aufgabenerbringungsorganisation immer schwerfälliger, rational undurchdringlicher und teurer und steuert damit tendenziell ihrer Selbstblockade, dem Infarkt als Verwaltungsträger, entgegen.

6   Landkreise und Regionalreform

Die 21 hessischen Landkreise werden ebenfalls nach den Prinzipien der unechten Magistratsverfassung regiert. Das oberste Organ des Landkreises ist der von den wahlberechtigten Kreisangehörigen gewählte Kreistag mit dem eigenständigen (Kreistags-) Vorsitzenden. Der Landrat wird – weitergehend als in Baden-Württemberg – ebenfalls direkt von der Bevölkerung gewählt; er ist der Vorsitzende des kollegialen Verwaltungsorgans, des Kreisausschusses.

Die hessischen Landkreise sehen sich nach der kommunalen Gebietsreform in den 1970er Jahren erneut einer Diskussion über eine weitere Territorialreform ausgesetzt. Der Hessische Städte- und Gemeindebund, in dem 399 Gemeinden zusammengeschlossen sind, hat mit dem im Jahr 2000 vorgelegten „Diskussionspapier für eine Regionalreform", in dem die Überlegung angestellt wird, zur Verringerung der kaum noch überschaubaren Verwaltungs-und Zuständigkeitsebenen auf die staatlichen Regierungspräsidien zu verzichten und die Zahl der Landkreise drastisch zu verringern (5 Regionalkreise), eine immer wieder aufflackernde Diskussion ausgelöst. Die Befürworter des Regionalkreismodells verweisen auch auf die Wahlbeteiligung bei den Landratsdirektwahlen, aus der sich ergebe, dass in den Kreisen, anders als in den Gemeinden, kein echtes Zusammengehörigkeitsgefühl der Einwohner, damit keine wirkliche Kreisidentität bestehe, so dass unter dem Gesichtspunkt der „Bürgernähe" keine Bedenken bestünden, die Landkreise (noch) größer zu schneiden. In Nordhessen gibt es zumindest unter den Sozialdemokraten bereits konkrete Überlegungen – nach dem Vorbild des Regionalkreises Hannover – die „Fusion" der Stadt Kassel mit ihrem Umland zu einem Regionalkreis zu bewerkstelligen, in dem die Lasten der Großstadt für über ihre Grenzen hinaus beliebte Infrastruktureinrichtungen solidarisch verteilt werden sollen.

Die weitere Entwicklung wird maßgeblich bestimmt werden vom Schicksal des „Ballungsraums Frankfurt/Rhein-Main". Zu Mitgliedern des entsprechenden Planungsverbandes hat der Hessische Landtag Ende des Jahres 2000 durch Gesetz neben der Stadt Frankfurt 74 weitere Gemeinden bestimmt. 22 dieser Gemeinden haben allerdings gegen den gesetzlichen Zwangszusammenschluss ein Jahr später Kommunalverfassungsbeschwerde beim Landesverfassungsgericht eingereicht. Dass das Gebiet des Planungsverbands einige Landkreise durchschneidet, war in diesem Zusammenhang wenig akzeptanzfördernd. Der Staatsgerichtshof des Landes Hessen hat am 4.5.2004 die verfassungsrechtliche Zulässigkeit der gesetzlichen Anordnung des Planungsverbands bejaht.

Der Landtag hat in dem Ballungsraumgesetz allerdings auch weiteren Pflichtverbänden – wenn in der (nahen) Zukunft keine freiwillige kommunale Zusammenarbeit zustande kommen sollte – den Weg geebnet, wobei der Gesetzgeber selbst den Zwangszusammenschluss im Einzelfall (z.B. für die Errichtung von Sportanlagen und von kulturellen Einrichtungen mit überörtlicher Bedeutung) nicht als wesentliche Entscheidung ansieht, die er selbst vornehmen müsste, sondern insofern der Landesregierung eine Verordnungsermächtigung eingeräumt hat. Zwei sog. Dringlichkeitserklärungen der Landesregierung aus den Jahren 2004 und 2005 („Standortmarketing" und „Kultur") haben allerdings letztlich keine entsprechenden Verordnungen nach sich gezogen. Die Diskussion darüber, ob Landkreise, Regionalverbände und Regierungsbezirke nicht zu viele Ebenen darstellen, wird nach alledem in den nächsten Jahren nicht verstummen.

7   Ausblick

Die Kommunalpolitik in Hessen – wie auch in den anderen Bundesländern steht in unmittelbarer Zukunft vor gewaltigen Herausforderungen, denn auch eine moderne und ausgewogene, gleichermaßen verwaltungs- wie demokratiegeeignete Kommunalverfassung kann die kommunale Selbstverwaltung nicht wirksam vor Gefahren von außen schützen. Der kommunale Gestaltungsspielraum droht finanziell auszubluten bzw. an staatlicher Regelungswut zu ersticken. Als Gegenmaßnahme ist eine Modernisierung des Grundgesetzes zur Entflechtung der staatlichen Aufgaben und Einnahmen (Gemeindefinanzreform) sowie – jedenfalls in Hessen – der (antiquierten) Landesverfassung angezeigt.

Der Stabilitäts- und Wachstumspakt hat mit der Einführung des Euro im Jahr 2002 das Problem der Neuverschuldung des Bundes in den Blickpunkt des öffentlichen Interesses gerückt. Die konkreten Zahlen sprengen nach den kreditfinanzierten Bekämpfungsmaßnahmen gegen die Weltwirtschaftskrise im Jahr 2009 die Vorstellungskraft der meisten Bürger. Auch das wirtschaftsstarke Hessen, das führende Geberland im (nicht sonderlich gerecht ausgestalteten) Länderfinanzausgleich, hat in den letzten Jahren deutlich mehr Schulden gemacht als geplant und dabei in der Endabrechnung die von der Verfassung gezogene Grenze überschritten: Die Netto-Neuverschuldung überstieg die Summe der Netto-Investitionen.

Nach heftiger kommunaler Kritik hat der Bund nunmehr den Kommunen im Jahr 2006 einen gewissen Schutz davor eingeräumt, dass seine Gesetze im Einzelfall ungebremst verwaltungs- und kostenmäßig auf sie durchschlagen. Nach der Neufassung des Grundgesetzes im Rahmen der Föderalismusreform I darf der Bund den Kommunen keine Aufgaben mehr unmittelbar übertragen, er muss sich an die Länder halten.

Hessen selbst hat (als drittletztes Flächenland in Deutschland) das Prinzip der Konnexität, der Verbindung zwischen Aufgabenübertragung und Finanzierungsverantwortung, in die Landesverfassung aufgenommen (Art. 137 Abs. 6); die hierfür erforderliche Volksabstimmung hat zusammen mit der Bundestagswahl im September 2002 stattgefunden. Die schon bisher bestehende Konnexitätsregelung in der Kommunalverfassung aus dem Jahr 1952 hatte sich als unzureichend erwiesen, weil sie nach den Prinzipien der Normenhierarchie von jedem späteren Gesetz ausgehebelt werden konnte.

In Baden-Württemberg können hauptamtliche Bürgermeister (noch) gleichzeitig auch Landtagsabgeordnete sein und auf diese Weise kommunale Interessen effektiv in das Gesetzgebungsverfahren einbringen. Diese – bundesweit einmalige – Vereinbarkeit von Amt und (Landtags-)Mandat stärkt die Stellung der Bürgermeister in Baden-Württemberg ganz entscheidend. In Hessen ist diese Doppelfunktion seit 1970 verboten; eine gleichzeitige Mandatstätigkeit ist den Bürgermeistern nur in den Kreistagen erlaubt. Auch hat man von der in Art. 155 Hessische Verfassung ausdrücklich eingeräumten Möglichkeit, neben dem Landtag eine Zweite Kammer – ganz oder teilweise aus kommunalen Vertretern bestehend – in das Gesetzgebungsverfahren einzuschalten, nie Gebrauch gemacht. Anders als in den meisten deutschen Flächenländern ist in Hessen weiterhin die Anhörung der kommunalen Spitzenverbände im Vorfeld der Landesgesetzgebung nicht verfassungsrechtlich abgesichert, so dass die Unterlassung einer gebotenen Beteiligung auch nicht mit der kommunalen Verfassungsbeschwerde vor dem Staatsgerichtshof des Landes gerügt werden kann.

Sogar die kommunale Verfassungsbeschwerde zum Landesverfassungsgericht selbst ist in Hessen 1994 nicht durch eine Ergänzung der Landesverfassung, sondern nur des Staatsgerichtshofsgesetzes eingeführt worden. Dieser Umstand führte zu dem (aberwitzigen) Ergebnis, dass die Zulässigkeit dieser Verfahrensart bis zum Jahr 2004 ungeklärt war und die 22 hessischen Gemeinden, die – wie oben erwähnt – das Ballungsraumgesetz zu Fall bringen wollen, daher nicht nur den Staatsgerichtshof angerufen, sondern gleichzeitig zur Fristwahrung auch noch beim Bundesverfassungsgericht in Karlsruhe entsprechende Klagen erhoben haben. Für die hessischen Kommunen ist es immerhin schmeichelhaft, dass das Gesetz über den Staatsgerichtshof von einer „Grundrechtsklage" spricht, denn nach der offiziellen Lehre handelt es sich bei der kommunalen Selbstverwaltung nicht um ein Grundrecht der Gemeinden und Landkreise, sondern nur um eine institutionelle Garantie.

Die Finanznot der öffentlichen Kassen in Deutschland geht letztendlich zu Lasten der Lebensqualität in der Gemeinde. Der Alltag in so mancher Kommune wird kälter und härter werden. Die Fortentwicklung des kommunalen Finanzrechts steht heute daher sehr viel mehr im Blickpunkt des allgemeinen Interesses als die innere Kommunalverfassung; die Frage, inwieweit die Bürger bei der Gestaltung des kommunalen Haushalts eingebunden werden sollen und können („Bürgerhaushalt"), nimmt dabei einen breiten Raum ein.

Literaturhinweise

Die Hessische Kommunalverfassung: Online-Publikation der Hessischen Landeszentrale für politische Bildung (http://www.hlz.hessen.de) (aus der Reihe „Hessen – einst und jetzt); aktualisiert von Ulrich Dreßler, zuletzt im November 2005

Dreßler, Ulrich / Adrian, Ulrike: Hessische Kommunalverfassung (Textausgabe mit Anmerkungen und Hinweisen sowie einer erläuternden Einführung), 18. Auflage, Wiesbaden 2006

Dreßler, Ulrich: Die kommunale Selbstverwaltung, in: Heidenreich, Bernd / Böhme, Klaus (Hrsg.), Hessen. Land und Politik, Stuttgart/ Berlin/ Köln 2003

Direktwahl: Mehr Bürgerbeteiligung, Faltblatt des Hessischen Ministeriums des Innern und für Sport, Wiesbaden 2000

Hessen-ABC (Nachschlagewerk zur hessischen Landespolitik), herausgegeben von der Hessischen Staatskanzlei, Wiesbaden 2000.

Hessische Landesregierung (Hrsg.): Hessisches Gemeinde-Lexikon, Neuauflage, Wiesbaden 1999, im Internet fortgeführt unter http://www.hessen-gemeindelexikon.de

Kennen Sie die Europäische Charta der kommunalen Selbstverwaltung?, Faltblatt des Kongresses der Gemeinden und Regionen Europas (KGRE) beim Europarat, Straßburg 1998.

Kommunalpolitik in Mecklenburg-Vorpommern

Hubert Meyer

1 Einleitung

„Die Selbstverwaltung in den Gemeinden und Kreisen dient dem Aufbau der Demokratie von unten nach oben." Mit dieser programmatischen, von der Rechtsprechung des Landesverfassungsgerichts aufgenommen, Aussage in Art. 3 Absatz 2 unterstreicht die Landesverfassung von Mecklenburg-Vorpommern den hohen Stellenwert der kommunalen Selbstverwaltung. Sie war schon vor der Neugründung der Bundesländer wieder hergestellt und trotz schwierigster äußerer Umstände handlungsfähig. Beim demokratischen Neuanfang hat sie eine tragende Rolle gespielt. Das rechtliche Gerüst hierzu lieferte kurz darauf die von der ersten demokratisch gewählten Volkskammer beschlossene Kommunalverfassung vom Mai 1990. Der Landesgesetzgeber in Mecklenburg-Vorpommern hat bei der seit Juni 1994 geltenden Kommunalverfassung des Landes (KV M-V) unter Hinzufügen eigener Erfahrungen und Wertungen bewusst an grundlegende Strukturelemente dieses Werkes angeknüpft, aber auch verschiedene eigene Akzente gesetzt. Nach über 15 Jahren praktischer Anwendung verfügt sie in den prägenden Grundzügen über ein hohes Maß an Akzeptanz. Das erste Jahrzehnt des 21. Jahrhunderts war daher kommunalpolitisch weniger von Diskussionen um die innere Kommunalverfassung, sondern von teilweise zermürbenden Auseinandersetzungen um den Zuschnitt der kommunalen Strukturen, insbesondere auf der Kreisebene geprägt.

Ein Spezifikum der Gemeindeebene besteht in der Übernahme des aus Schleswig-Holstein bekannten Modells des *Amtes* zur Verwaltung der kleineren Gemeinden im kreisangehörigen Raum. Da eine umfassende Gebietsreform nach der Wiedergewinnung der Selbstgestaltungsmöglichkeiten politisch schwer zu vermitteln, andererseits aber eine eigenständige Verwaltung der zunächst über 1000 kreisangehörigen Gemeinden äußerst unzweckmäßig gewesen wäre, wurden die kleineren Gemeinden – weitgehend auf freiwilliger Basis – flächendeckend zu Ämtern zusammengeschlossen. Das Modell des Amtes gewährleistet die volle politische Selbständigkeit der amtsangehörigen Gemeinden. Ein nicht zu unterschätzender demokratischer Gewinn gerade für ein junges Bundesland bildet die dadurch ermöglichte unmittelbare Verantwortung von etwa 10.000 ehrenamtlichen Mandatsträgern für das Gemeinwesen. Die hauptamtliche Verwaltung wird allerdings nur auf Amtsebene vorgehalten. Eine – immer wieder diskutierte – Direktwahl findet auf Ebene des Amtes bisher nicht statt, um die Stellung der amtsangehörigen Gemeinden nicht zu schwächen. Zentrales Koordinierungsgremium ist der Amtsausschuss. Ihm gehören kraft Amtes die Bürgermeister an. Die größeren Gemeinden entsenden weitere Mitglieder. Verwaltungsleitendes Organ ist der aus der Mitte des Amtsausschusses gewählte ehrenamtliche Amtsvorsteher. Bei der Führung der hauptamtlichen Verwaltung wird er unterstützt durch den Leitenden Verwaltungsbeamten des Amtes, der nicht den Status eines Wahlbeamten innehat.

2   Entwicklungslinien der Selbstverwaltung in Mecklenburg und Vorpommern

Von kommunaler Selbstverwaltung im heutigen Verständnis einer eigenverantwortlichen Aufgabenwahrnehmung der Gebietskörperschaften, die gleichzeitig Ausdruck der mittelbaren Staatsverwaltung ist, kann erst seit Beginn des 19. Jahrhunderts gesprochen werden. Vorläufer im Sinne einer örtlichen Verwaltung finden sich in der Geschichte der Städte. In Mecklenburg und in Pommern kam es erst im 13. Jahrhundert zu Stadtgründungen in höherer Anzahl. Bis heute blieb jedoch die relativ dünne Besiedlungsdichte des Raumes Struktur bestimmend. Die Geschichte der kommunalen Selbstverwaltung verlief in den beiden heutigen Landesteilen durchaus unterschiedlich.

Die Gemeinden in Vorpommern hatten als Teil der *preußischen Provinz Pommern* teil an der in Verwaltungsentwicklung dieses viele Jahrzehnte größten deutschen Staates. Mehr oder minder ausgeprägt spiegelten sich in den preußischen Städteordnungen Vorstellungen des Freiherrn vom Stein wieder, der die grundlegende Preußische Städteordnung 1808 maßgeblich mit gestaltete. In ihr erhielten die preußischen Städte – abgestuft nach Größenordnungen – das Recht, ihre Angelegenheiten in eigener Verantwortung und im eigenen Namen zu erledigen. Eine landeseinheitliche Selbstverwaltung auf der örtlichen Ebene war damit aber selbst in Preußen nicht beabsichtigt, da die feudalen Strukturen unangetastet blieben und auf dem flachen Lande weiterhin die Gutsherrschaft dominierte. Wie auf staatlicher Ebene galt ab 1853 auch für die Wahl der Stadtverordneten das Dreiklassenwahlrecht. Eine preußische Besonderheit bildete die frühzeitige Einführung der Landkreise. Bereits in den Jahren 1825 bis 1828 wurden nacheinander in den damals acht preußischen Provinzen Kreisordnungen erlassen. Dem Kreistag gehörten alle Rittergutsbesitzern des Kreises sowie die Kreisdeputierten der kreisangehörigen Städte und des Bauernstandes an. Seit 1872 wurde der Kreistag unmittelbar von der Bevölkerung gewählt, wenn auch nach dem in Preußen üblichen Dreiklassenwahlrecht. Zentrale Bedeutung im preußischen Verwaltungsgefüge kam dem *Landrat* zu, der sowohl Organ der Staatsregierung als auch Vorsitzender der kreislichen Kollegialorgane war, nämlich des Kreistages und des Kreisausschusses.

Die staatsrechtliche Entwicklung in den *beiden mecklenburgischen Herzogtümern* war seit 1755 geprägt durch den Landesgrundgesetzlichen Erbvergleich, den Herzog Christian Ludwig von Mecklenburg – Schwerin abschloss. Der Erbvergleich beschnitt die Macht der Herzöge und sicherte die Privilegien der Stände. Eine staatsrechtliche Besonderheit stellt es dar, dass sich an den grundlegenden Prinzipien ungeachtet aller seinerzeitigen kontinentalen Umwälzungen wie dem Ende des Heiligen Römischen Reiches Deutscher Nation 1806 oder der Neuordnung der Machtverhältnisse durch den Wiener Kongress 1815 nichts änderte. Solche staatsrechtlichen Voraussetzungen konnten nicht ohne Rückwirkungen auf die rechtliche Ausgestaltung der örtlichen Verwaltungen bleiben. Für ihre Zeit als fortschrittlich zu bewertende Selbstverwaltungsideen nach preußischem Muster passten nicht in ein solches System. Zudem war das Recht der Lokal- bzw. Kommunalverwaltung stark zersplittert. Echte Selbstverwaltungsstrukturen bildeten sich in den beiden mecklenburgischen Herzogtümern allenfalls ansatzweise in den Städten heraus.

Die *Weimarer Reichsverfassung* (WRV) vom 11. August 1919 brachte wesentliche Neuerungen für die kommunale Selbstverwaltung. Im gesamten Reich galten die Grundsätze der allgemeinen, gleichen, unmittelbaren und geheimen Wahl zu den Gemeindevertretungen. Damit war insbesondere die wahlrechtliche Diskriminierung der Frauen und das vornehmlich in Preußen bis dahin praktizierte Dreiklassenwahlrecht überwunden. Von der WRV ging ein Modernisierungsschub aus, der zur Demokratisierung der Kommunalverwaltungen, insbesondere zur Stärkung des Einflusses der politischen Parteien führte. Diese Entwicklung erfasste auch die beiden mecklenburgischen Staaten. Die neuen Landesparlamente in Schwerin und Neustrelitz standen ferner erstmals vor der Aufgabe, eine leistungsfähige übergemeindliche Selbstverwaltungsebene zu schaffen. Dabei entschied man sich für eine zweigeteilte Lösung. Die Selbstverwaltungsaufgaben wurden in Mecklenburg – Schwerin den neu formierten Ämtern übertragen. Die staatlichen Auftragsangelegenheiten blieben zunächst den Landdrosteien vorbehalten, deren Zuschnitt derjenigen der Ämter folgte. Die Landdrosteien büßten jedoch schnell an Aufgaben ein und wurden 1928 aufgehoben. In Mecklenburg – Strelitz wiesen die drei Ämter die Besonderheit auf, dass sie sich nicht auf die Städte erstreckten. Organe dieser Ämter waren der Amtsausschuss und der Landdrost, der ab 1922 Landrat genannt wurde. Der Landrat verkörperte zunehmend die in Preußen übliche Doppelfunktion, einerseits des Funktionsträgers des Amtes für Selbstverwaltungsaufgaben, andererseits des staatlichen Beamten.

Gegen Ende der Weimarer Republik befand sich die kommunale Selbstverwaltung in einer schweren Krise. Augenscheinlicher Beleg dafür war das Tätigwerden von Staatskommissaren allein in über 600 preußischen Gemeinden. Ursachen waren die sich zuspitzende Konfrontation zwischen den politischen Parteien, die Schwerfälligkeit der auf breiten Konsens angelegten Magistratsverfassungen in zahlreichen Ländern des Reiches, insbesondere aber die katastrophale, oftmals auf kurzfristigen Anleihen beruhende Verschuldung der Kommunen. Diese Rahmenbedingungen erleichterten den Nationalsozialisten nach der Machtübernahme 1933 den Zugriff auf die kommunale

Ebene. Die *Gleichschaltung* der Gemeinden und Gemeindeverbände erfolgte in den Jahren 1933 und 1934 und äußerte sich in der Ablösung der frei gewählten leitenden Persönlichkeiten und die Rückführung der Bedeutung der Vertretungskörperschaften.

Nach dem Zweiten Weltkrieg wurde in der damaligen sowjetischen Besatzungszone die *Demokratische Gemeindeverfassung* maßgebend. Sie knüpfte an die WRV von 1919 und die herkömmlichen Begriffe und Elemente der kommunalen Selbstverwaltung an. Das Prinzip der Selbstverwaltung wurde als Grundlage der demokratischen Ordnung bezeichnet, die herkömmliche Unterscheidung zwischen Selbstverwaltungs- und Auftragsangelegenheiten wieder aufgenommen. Die beiden vormaligen Freistaaten Mecklenburg und das ehemals preußische Vorpommern wurden zu einem gemeinsamen Bundesland Mecklenburg zusammengelegt.

Auch die erste DDR – Verfassung vom 7. Oktober 1949 bekannte sich formal zum Prinzip der kommunalen Selbstverwaltung. Die entscheidende Zäsur bildete das Gesetz vom 23. Juli 1952 über die weitere Demokratisierung des Aufbaus und der Arbeitsweise der staatlichen Organe in den Ländern der DDR. Das erklärte Ziel bestand in dem Zerschlagen der gewachsenen Strukturen. Es sollte der *demokratische Zentralismus* als dominierendes Grundprinzip der künftigen Staats- und Gesellschaftsentwicklung durchgesetzt werden. Faktisch wurden die bestehenden fünf Länder abgeschafft. An ihre Stelle traten 14 neu gebildete Bezirke, die neben der Hauptstadt der DDR nunmehr das administrative Grundgerüst bildeten. Die Zahl der bis dahin landesweit 132 Land- und sog. Stadtkreise wurde auf 217 erhöht. Die kleineren Kreiseinheiten sollten einen verbesserten Durchgriff von oben und eine einheitliche Leitung zur Stärkung des sozialistischen Aufbaus gewährleisten. Den Abschluss des Zentralisierungsprozesses bildete das Gesetz über die örtlichen Organe der Staatsmacht vom 18. Januar 1957. Es führte den Grundsatz der doppelten Unterstellung der örtlichen Räte und deren Fachorgane ein. Beschlüsse der Räte konnten danach sowohl von den zuständigen Volksvertretungen, wie von den übergeordneten Räten aufgehoben werden. Das Kassationsrecht bestand nicht nur bei Rechtsverstößen, sondern auch, wenn die Beschlüsse nur ungenügend den politischen, ökonomischen, sozialen und kulturellen Zielen und Zwecken staatlicher Leitung gerecht wurden.

Die Neukonstituierung der kommunalen Selbstverwaltung im Zuge der Wende 1989/90 verlief unter dramatisch anmutenden äußeren Umständen. Spätestens seit den Herbstdemonstrationen 1989 und dem Fall der Berliner Mauer im November 1989 hatten die einst übermächtig scheinenden staatlichen Organe jede Autorität eingebüßt. Die tatsächliche öffentliche Gewalt wurde durch die sich spontan bildenden diversen »runden Tische« ausgeübt. Die erste tatsächlich aus freien Wahlen hervorgegangene Volkskammer verabschiedete knapp zwei Wochen nach den freien Kommunalwahlen die *Kommunalverfassung vom 17. Mai 1990.* Sie galt nach dem Einigungsvertrag bis zum Verabschieden eigener Gemeinde- und Kreisordnungen durch die erst am 3. Oktober 1990 wiedererrichteten Länder als Landesrecht fort. Inhaltlich wies sie gewisse Parallelen zum süddeutschen Kommunalverfassungsrecht auf. Hervorzuheben sind die Elemente unmittelbarer Demokratie. Ein Problem bildete die unzureichende Verwaltungskraft vieler kleiner Gemeinden, in denen ein politisch legitimierter, aber fachlich in der Regel nicht vorgebildeter Bürgermeister oftmals als Einzelkämpfer wirkte.

Um eine Professionalisierung der Verwaltungskraft auf der Gemeindeebene zu erreichen, wurde in Mecklenburg – Vorpommern die *Amtsordnung vom 18. März 1992* erlassen. Im Übrigen wurde jedoch bewusst die gemeindliche Verwaltungsstrukturreform und die Landkreisneuordnung abgewartet, bevor eine *eigene Kommunalverfassung* vorgelegt wurde. Diese trat am 12. Juni 1994 gleichzeitig mit dem Wirksamwerden der Kreisgebietsreform am Tag der zweiten freien Kommunalwahlen in Kraft. Sie besteht aus der Gemeinde-, der Landkreis- und der Amtsordnung und enthält im vierten Teil Vorschriften über die verschiedenen Formen der kommunalen Zusammenarbeit. Die bedeutendste inhaltliche Zäsur stellt die Urwahl der Bürgermeister und Landräte seit dem Jahr 1999 dar.

3   Kommunale Strukturen in Mecklenburg-Vorpommern

Das Land Mecklenburg-Vorpommern hat etwa 1,7 Mio. Einwohner, nach der aktuellen Bevölkerungsprognose wird bis zum Jahr 2020 ein weiterer Rückgang auf 1,54 Mio. Einwohner erwartet. Sie leben derzeit in sechs kreisfreien Städten und 12 Landkreisen. Die Landkreise weisen nach der Gebietsreform von 1994 durchschnittlich etwa 97.000 Einwohner auf, verfügen aber trotz dieser relativ geringen Zahl über eine Fläche von durchschnittlich fast 2000 qkm. Die größten Flächenlandkreise erreichen nahezu die Größe des Saarlandes. Die kreisfreien Städte wurden in die Landkreisneuordnung nicht einbezogen. Ihre durchweg rückläufigen Einwohnerzahlen reichen von noch knapp über 200.000 in der Hansestadt Rostock bis zu 45.000 in der Hansestadt Wismar.

Auch die Gemeindestruktur im kreisangehörigen Raum ist eher kleinteilig, was indes nicht unbedingt für die Verwaltungsstrukturen zutrifft. Die 35 amtsfreien Gemeinden unterhalten eine eigenständige Verwaltung und müssen eine Mindesteinwohnerzahl von 5000 aufweisen. Elf dieser Gemeinden erreichen die Mindesteinwohnerzahl derzeit nicht, unterfallen aber einer Bestandskraft- oder Ausnahmeregelung des Gesetzes. Von den 777 daneben politisch selbständigen, amtsangehörigen Gemeinden verfügen 293 immer noch über weniger als 500 Einwohner. Sie verfehlen damit das seit einigen Jahren geltende gesetzliche Leitbild einer solchen *Mindesteinwohnerzahl*. Gleichwohl will nach einer Umfrage des Innenministeriums der weitaus größte Teil dieser kleinen Gemeinden auch perspektivisch an seiner Selbständigkeit festhalten. Diese Gemeinden beschäftigen aber kein hauptamtliches Verwaltungspersonal. Vielmehr sind sie administrativ zusammengefasst zu 78 sog. Ämtern. Von ihnen liegen zwar noch 17 Ämter unterhalb der von der Kommunalverfassung vorgesehenen *Regel-Einwohnerzahl* von 8.000 Einwohnern, jedoch kein Amt unterhalb der *Mindesteinwohnerzahl* von 6.000 Einwohnern. 31 Ämter verwalten noch mehr als die im Gesetz angestrebte Richtzahl von zehn Mitgliedsgemeinden.

4   Grundzüge des Wahlrechts

Die wirkungsvollste Form der Mitgestaltung des kommunalen Gemeinwesens liegt in
der Ausübung des Wahlrechts. Die in Art. 28 Abs. 1 S. 2 GG niedergelegten Wahl-
rechtsgrundsätze der allgemeinen, unmittelbaren, freien, gleichen und geheimen Wahl
gelten unmittelbar für die Gemeinden und Landkreise. Europarechtlich vorgeprägt
sind bei Wahlen in Kreisen und Gemeinden neben deutschen Staatsbürgern auch Personen, die die *Staatsangehörigkeit eines Mitgliedsstaates der Europäischen Gemeinschaft*
besitzen wahlberechtigt und wählbar. Aufgrund landesrechtlicher Entscheidung ist
wahlberechtigt zu den Gemeindevertretungen und Kreistagen bereits, wer das 16. Lebensjahr vollendet hat. Abweichend von der Regelung für den Landtag beträgt die
Wahlperiode der Gemeindevertretungen und Kreistage fünf Jahre.

Die Anzahl der *Mitglieder der Gemeindevertretung* beträgt in den Gemeinden			
bis zu 500 Einwohnern			7
von 501 bis zu 1.000 Einwohnern			9
von 1.001 bis zu 1.500 Einwohnern			11
von 1.501 bis zu 3.000 Einwohnern			13
von 3.001 bis zu 4.500 Einwohnern			15
von 4.501 bis zu 6.000 Einwohnern			17
von 6.001 bis zu 7.500 Einwohnern			19
von 7.501 bis zu 10.000 Einwohnern			21
von 10.001 bis zu 20.000 Einwohnern			25
von 20.001 bis zu 30.000 Einwohnern			29
von 30.001 bis zu 50.000 Einwohnern			37
von 50.001 bis zu 75.000 Einwohnern			43
von 75.001 bis zu 100.000 Einwohnern			45
von 100.001 bis zu 150.000 Einwohnern			47
über 150.000 Einwohner			53
Die Anzahl der *Mitglieder des Kreistages* beträgt in Landkreisen			
bis zu 100.000 Einwohnern			47
über 100.000 Einwohner			53

Der Landesgesetzgeber in Mecklenburg – Vorpommern hat sich für ein *personalisiertes
Verhältniswahlrecht* entschieden. Ein *personalisiertes* Element wird erreicht durch die für
jeden Wähler eröffnete Möglichkeit, bis zu drei Stimmen abzugeben. Eine reine Listenwahl gibt es nicht, der Wähler muss sich stets für konkrete Wahlbewerber entscheiden. Er kann diese Stimmen gehäuft einem Kandidaten zukommen lassen (»kumulieren«), auf Kandidaten desselben Wahlvorschlags verteilen, aber auch Kandidaten unterschiedlicher Wahlvorschläge berücksichtigen (»panaschieren«). Letztlich entschei-

dend für die Verteilung der Mandate auf die einzelnen Wahlvorschläge ist, wie viele Stimmen der entsprechende Wahlvorschlag im Verhältnis zur Gesamtzahl der abgegebenen Stimmen im Wahlbereich bzw. -gebiet auf sich vereinen kann. Seit der Kommunalwahl 2004 ist die 5%-Sperrklausel entfallen. Der Gesetzgeber hat damit verfassungsrechtlichen Bedenken gegen die frühere Durchbrechung des wahlrechtlichen Gleichheitsgrundsatzes Rechnung getragen. Die Berechnung der Sitzverteilung erfolgt nach dem *Proportionalverfahren Hare-Niemeyer*.

Seit 1999 werden die *Bürgermeister und Landräte* unmittelbar vom Volk gewählt. Dies gilt auch für die *ehrenamtlichen Bürgermeister* der kleineren Gemeinden. Ihre Amtszeit entspricht der Wahlperiode der Gemeindevertretung. Der ehrenamtliche Bürgermeister erhält – unabhängig davon, ob er ein Mandat erringt oder nicht – kraft Amtes die Stellung eines Gemeindevertreters. Die Wahlperiode der *hauptamtlichen Bürgermeister und Landräte* ist hingegen nicht an die Wahlperiode der Vertretungskörperschaft gekoppelt. Sie werden vielmehr entsprechend der jeweiligen Regelung in der Hauptsatzung für eine Amtszeit von sieben bis neun Jahren gewählt. Eine bestimmte fachliche Vorbildung fordert die Kommunalverfassung nicht. Allerdings muss nach dem Beamtenrecht des Landes die Eignung der Bürgermeister und Landräte für die Ernennung zum Beamten in persönlicher und gesundheitlicher Hinsicht vorliegen. Zu den Voraussetzungen der Wählbarkeit zählt das jederzeitige Eintreten für die freiheitliche demokratische Grundordnung. Liegen Zweifel hieran vor, ist seit dem Jahr 2009 die Rechtsaufsichtsbehörde in das Prüfungsverfahren eingeschaltet. Die unmittelbare Wahl der Bürgermeister und Landräte erfolgt nach den Grundsätzen der Mehrheitswahl. Jeder Wähler hat eine Stimme. Erreicht im ersten Wahlgang kein Bewerber mehr als die Hälfte der abgegebenen gültigen Stimmen, so findet am 2. Sonntag nach dem Tag der Hauptwahl eine Stichwahl zwischen den beiden Bewerbern mit der höchsten Stimmenzahl statt. Verzichtet einer von diesen beiden, so tritt an seine Stelle der Bewerber mit der nächst höheren Stimmenzahl. Im Rahmen der Stichwahl ist der Bewerber gewählt, der die höchste Stimmenzahl erhalten hat. Sonderregelungen gelten, wenn nur ein Bewerber zur Verfügung steht. Ein alleiniger Bewerber ist gewählt, wenn er mehr als die Hälfte die gültigen Stimmen erhalten hat, sofern dieser Stimmenanteil mindestens 15% der Wahlberechtigten umfasst. Erhält der Bewerber diese Mehrheit nicht, so findet eine Neuwahl statt.

Die KV M-V sieht für die *Abberufung* von Bürgermeistern und Landräten ein gestuftes Verfahren vor. Die Initiative zur Durchführung eines Bürgerentscheids zur Abberufung kann nur von der Gemeindevertretung bzw. dem Kreistag ausgehen und bedarf der Mehrheit von zwei Dritteln aller Gemeindevertreter bzw. Kreistagsmitglieder. Neben dieser qualifizierten Mehrheit sieht auch die Abberufungsentscheidung selbst hohe Hürden vor. Ein Bürgerentscheid zur Abberufung bedarf der Mehrheit von zwei Dritteln der gültigen Stimmen, um Erfolg zu haben, wobei diese Mehrheit mindestens einem Drittel der Stimmberechtigten entsprechen muss.

5 Gemeindevertretung und Kreistag

Die KV M-V könnte am ehesten als eine *Bürgermeisterverfassung* bezeichnet werden, für die die organisatorische Trennung von beschließendem (Gemeindevertretung) und ausführenden (Bürgermeister) Organ charakteristisch ist. In den ehrenamtlich verwalteten Gemeinden findet sich die »echte« Bürgermeisterverfassung, da der Bürgermeister gleichzeitig den Vorsitz in der Gemeindevertretung innehat. In Gemeinden mit hauptamtlichen Bürgermeistern dagegen, wo der Bürgermeister weder Mitglied noch Vorsitzender der Vertretungskörperschaft ist, handelt es sich um eine Form der »unechten« Bürgermeisterverfassung.

Die Bezeichnung *„Gemeindevertretung"* für das gewählte Vertretungsorgan ist gesetzlich festgelegt. In den Städten heißt sie Stadtvertretung. Die kreisfreien Städte können in der Hauptsatzung die Bezeichnung als Bürgerschaft festlegen, soweit sich hierfür Anknüpfungspunkte in der Stadtgeschichte finden, wie dies in den Hansestädten der Fall ist. Die Gemeindevertretung und der Kreistag sind für alle *wichtigen Angelegenheiten* der Gemeinde bzw. des Landkreises zuständig. Damit ist der Gemeindevertretung kein generelles Zugriffsrecht eröffnet. Als politische Steuerungsgremien sollen sich auf die Wahrnehmung wichtiger Angelegenheiten konzentrieren. Wichtig sind neben den der Gemeindevertretung gesetzlich zugewiesenen Aufgaben, nur diejenigen Angelegenheiten, die aufgrund ihrer politischen Bedeutung, ihrer wirtschaftlichen Auswirkungen oder als Grundlage für Einzelentscheidungen von grundsätzlicher Bedeutung für die Gemeinden sind. Insbesondere rechnen Einzelentscheidungen, die nicht von grundsätzlicher Bedeutung sind, nicht zum Zuständigkeitsbereich der Gemeindevertretung. Diese im Gesetz verankerte Klarstellung ist im Interesse des Erhalts der Ehrenamtlichkeit der Kommunalpolitik zu begrüßen. Die vielfach beklagte zeitliche Überforderung der kommunalen Mandatsträger und die »Ohnmacht« der Vertretungskörperschaften scheint auch durch eine Beschäftigung der gewählten Repräsentanten mit zu vielen Detailfragen bedingt. Die politische Steuerungsfunktion der Gemeindevertretung und des Kreistages geraten damit zwangsläufig in den Hintergrund. Gerade nach der zum 01.01.2008 in Kraft getretenen Reform des Gemeindehaushaltsrechts mit der verpflichtenden Einführung der doppischen Haushaltsführung spätestens bis zum Haushaltsjahr 2012 kommt dem Begriff der „wichtigen Angelegenheit" eine Schlüsselfunktion zu.

Die durch die Bürger gewählten Repräsentanten werden als *Gemeinde- bzw. Stadtvertreter* bezeichnet. Die in den Kreistag gewählten Bürger führen die Bezeichnung *Kreistagsmitglieder*. Sie können sich für die Wahrnehmung ihrer Aufgaben auf ein verfassungsrechtlich abgesichertes *freies Mandat* berufen. Die Freiheit des Mandats ist jedoch nicht mit Bindungslosigkeit gleichzusetzen. Entschließt sich der Gemeindevertreter nicht zuletzt im eigenen Interesse zur Mitarbeit in einer *Fraktion*, geht er damit notwendigerweise Beschränkungen ein. Der Zweck einer Fraktion liegt gerade darin, gemeinsame politische Ziele zu verwirklichen. Eine Fraktionsdisziplin ist für das Funkti-

onieren der Gemeindevertretung bzw. des Kreistages unverzichtbar. Die Grenze zulässiger Einflussnahme der Fraktionen gegenüber ihrem Mitglied wird überschritten,
wenn ein Fraktionszwang ausgeübt wird. Unter Fraktionszwang ist die durch Mehrheit
oder dem Vorstand der Fraktion gegenüber einem Fraktionsmitglied auferlegte Verpflichtung einer bestimmten Ausübung seines Mandats unter Androhen einer Sanktion
für den Fall eines Nichtbefolgens zu verstehen. Einem Fraktionszwang muss sich der
Gemeindevertreter nicht beugen.

Die KV M-V gewährleistet dem *einzelnen Gemeindevertreter* eine Reihe von Rechten.
So ist jeder Gemeindevertreter berechtigt, in der Gemeindevertretung und in den Ausschüssen, denen er angehört, Anträge zu stellen und die Aufnahme eines Beratungsgegenstandes in die Tagesordnung zu beantragen. Zu nennen sind ferner das Rederecht,
das Recht auf umfassende Information über entscheidungsrelevante Angelegenheiten
und die Möglichkeit, Anfragen an die hauptamtliche Verwaltung zu stellen. In Gemeinden mit bis zu 1.500 Einwohnern stehen die grundsätzlich nur Fraktionen oder
einem Viertel aller Gemeindevertreter zukommenden Rechte jedem Gemeindevertreter
zu. Im Einzelnen handelt es sich um die Pflicht des Bürgermeisters zur Stellungnahme
vor der Gemeindevertretung, das Recht zu Beantragung namentlicher Abstimmung,
zur Auskunftserteilung und zur Akteneinsicht. Trotz damit möglicherweise einhergehenden erhöhten Aufwandes auf Seiten der Verwaltung ist diese Stärkung der Individualrechte im Grundsatz zu begrüßen. Die Möglichkeit der unmittelbaren Bürgerbeteiligung, die zunehmende Bestellung von Beauftragten und Beiräten (zuletzt wurden im
Jahr 2006 Behindertenbeiräte verpflichtend eingeführt), der starke Einfluss der Fraktionseliten, insb. aber die starke Position des Bürgermeisters durch die Urwahl rechtfertigen die Aufwertung des unmittelbar legitimierten Gemeindevertreters.

In hauptamtlich verwalteten Gemeinden wird aus der Mitte der Gemeindevertretung ihr *Vorsitzender* gewählt. Die KV M-V sieht keine andere Funktionsbezeichnung
vor, als die wenig griffige Umschreibung als »*Vorsitzender der Gemeindevertretung*« bzw.
Stadtvertretervorsteher. Die Funktionsbezeichnung für den Vorsitzenden des Kreistages
lautet *Kreistagspräsident*. Die wichtigste Aufgabe besteht in der Leitung der Sitzung.
Hierzu zählt auch das Aufrechterhalten der Ordnung und das Ausüben des Hausrechts
während der Gemeindevertretersitzungen. Der Vorsitzende vertritt die Gemeindevertretung. Die Repräsentation ist auf dieses Organ beschränkt und erstreckt sich nicht auf
die Gemeinde als solche, die durch den Bürgermeister vertreten wird. Der Vorsitzende
der Gemeindevertretung setzt im Benehmen mit dem Bürgermeister die Tagesordnung
fest und beruft die Sitzung der Gemeindevertretung schriftlich unter Mitteilen der
Tagesordnung ein.

In allen hauptamtlich verwalteten Gemeinden ist ein sog. *Hauptausschuss* zu bilden. Der entsprechende Ausschuss in den Landkreisen führt die Bezeichnung *Kreisausschuss*. Der Hauptausschuss koordiniert die Arbeit aller Ausschüsse der Gemeindevertretung. Innerhalb der von der Gemeindevertretung festgelegten Richtlinien entscheidet er abschließend über die Planung der Verwaltungsaufgaben von besonderer Bedeutung. Er entscheidet auch in Angelegenheiten, die ihm durch die Hauptsatzung oder

Beschluss der Gemeindevertretung übertragen worden sind. Schließlich entscheidet er in dringenden Angelegenheiten, deren Erledigung nicht bis zu einer Dringlichkeitssitzung der Gemeindevertretung aufgeschoben werden kann. Die Hauptsatzung legt fest, wie viele Mitglieder der Hauptausschuss hat und ob stellvertretende Mitglieder zu wählen sind. Die Besetzung erfolgt nach den Grundsätzen der Verhältniswahl. Stimmberechtigter Vorsitzender des Haupt- bzw. des Kreisausschusses ist der Bürgermeister bzw. Landrat. Diese Konzeption verleiht dem Haupt- bzw. Kreisausschuss eine besondere Integrationsfunktion. Es wird sichergestellt, dass die politischen Initiativen aus der Vertretungskörperschaft und die Zuarbeiten aus der hauptamtlichen Verwaltung in dem entscheidenden oder koordinierend vorbereitenden Ausschuss zusammengeführt werden. Die Hauptsatzung kann bestimmen, dass die Sitzungen des Haupt- bzw. Kreisausschusses öffentlich stattfinden.

Zur Vorbereitung der Beschlüsse können die Gemeindevertretung bzw. der Kreistag *beratende Ausschüsse* bilden. Abgesehen von den Pflichtausschüssen ist die Kommune sowohl hinsichtlich der Anzahl der zu bildenden Ausschüsse als auch dem Aufgabenzuschnitt frei. Die Bildung, Zusammensetzung und Aufgaben der Ausschüsse regelt die Hauptsatzung. Wenn die Hauptsatzung dies vorsieht, können neben einer Mehrheit von Gemeindevertretern/ Kreistagsmitgliedern weitere sachkundige Einwohner in die Ausschüsse berufen werden. Sie haben für die Arbeit im Ausschuss die gleichen Rechte und Pflichten wie die Ausschussmitglieder mit einem Mandat in der Vertretungskörperschaft. Der Ausschussvorsitzende wird mit Mehrheit aus der Mitte des Ausschusses gewählt. In der Hauptsatzung kann vorgesehen werden, dass die Ausschusssitzungen öffentlich stattfinden. Pflichtausschüsse sind der Finanzausschuss und in hauptamtlichen Gemeinden ein Rechnungsprüfungsausschuss, soweit die Rechnungsprüfung nicht durch kommunale Zusammenarbeit sichergestellt wird. Eine besondere Stellung nach Aufgabenzuschnitt und Zusammensetzung nimmt der in den Landkreisen und kreisfreien Städten zu bildende Jugendhilfeausschuss nach § 71 SGB VII ein.

Die politischen Schaltstellen in den Kommunen bilden die *Fraktionen*. Die Bildung einer Fraktion beruht auf der Geschäftsautonomie der Gemeindevertretung und dem freien Mandat der Gemeindevertreter. Die Fraktionen sind Gliederungen der Gemeindevertretung, deren Mitglieder sich an gleichen politisch-normativen Grundentscheidungen orientieren. Der Zusammenschluss dient der gemeinsamen Vorbereitung und Durchsetzung politischer Ziele. Fraktionen sind Organe oder Organteile einer Gebietskörperschaft. In der Regel gehören ihnen die Mitglieder derselben Partei/Wählergruppe an. Weder hat aber eine Partei Anspruch darauf, dass alle ihr angehörenden Mitglieder sich auch »ihrer« Fraktion anschließen, noch kann die Fraktion gezwungen werden, einen Beitrittswilligen tatsächlich aufzunehmen. Mitglieder einer Fraktion können nach der KV M-V nur Gemeindevertreter sein. Die gesetzliche Festsetzung der Fraktionsmindeststärke auf zwei Mitglieder ist verfassungsrechtlich unbedenklich. Für die seit 2004 geltende Fraktionsmindeststärke in Städten mit mehr als 25 Stadtvertretern von mindestens drei und in Städten mit mehr als 37 Stadtvertretern von mindestens vier Mitgliedern gilt diese Einschätzung indes nicht. Anknüpfend an Art. 21 Abs. 1 S. 3 GG zu den politischen Parteien fordert die KV M-V, dass die innere Ordnung der Fraktionen demokratischen und rechtsstaatlichen Grundsätzen entsprechen muss. Soll die Konsensgemeinschaft einer Fraktion nicht auf Dauer um ihre Wirksamkeit gebracht werden, muss die Möglichkeit für die Fraktionen bestehen, sich von solchen Mitgliedern zu trennen, die die gemeinsamen Positionen nicht mehr vertreten. Da ein Fraktionsausschluss aber mit dem Verlust bestimmter Rechte und Einflussmöglichkeiten verbunden ist, darf ein Ausschluss nur bei Vorliegen eines wichtigen Grundes erfolgen. Eine finanzielle Unterstützung der Fraktionen wird in der KV M-V als zulässig vorausgesetzt.

6   Bürgermeister und Landrat

Kreisfreie Städte, amtsfreie Gemeinden sowie sog. geschäftsführende Gemeinden, die die hauptamtliche Verwaltung für ein Amt vorhalten, haben einen *hauptamtlichen Bürgermeister*. In den kreisfreien Städten führt er in der Regel die Bezeichnung *Oberbürgermeister*. Die dem Bürgermeister eingeräumten Rechten stehen in gleicher Weise auf Landkreisebene dem *Landrat* zu. Der Bürgermeister/Landrat ist gesetzlicher Vertreter der Gemeinde/des Landkreises. Er leitet die Verwaltung und ist für die sachgerechte Erledigung der Aufgaben und den ordnungsgemäßen Gang der Verwaltung verantwortlich. Ihm obliegt die Geschäftsverteilung. Er ist Dienstvorgesetzter aller Beamten und tariflich Beschäftigten der Gemeinde und gegenüber allen Mitarbeitern der Verwaltung fachlich weisungsbefugt. Letzteres gilt in den kreisfreien Städten und Landkreisen auch gegenüber den Beigeordneten, die als weitere politische Wahlbeamte von den Vertretungskörperschaften gewählt werden. Im eigenen Wirkungskreis der Gemeinde obliegt dem Bürgermeister/Landrat die Pflicht, die Beschlüsse der Selbstverwaltungsgremien vorzubereiten und auszuführen. Er ist allein zuständig für Geschäfte der laufenden Verwaltung. Soweit die Selbstverwaltungsgremien eine eigentlich ihnen vorbehaltene wichtige Angelegenheit nicht wahrnehmen, begründet das Gesetz eine Handlungsalternative für den Bürgermeister bzw. Landrat. Der Bürgermeister bzw. Landrat entscheidet schließlich in Fällen äußerster Dringlichkeit anstelle des Haupt- bzw. Kreisausschusses (Eilkompetenz).

Das Gesetz weist die Durchführung der Aufgaben des *übertragenen Wirkungskreises*, also der ursprünglich staatlichen, den Kommunen zur Wahrnehmung zugewiesenen Aufgaben, ausdrücklich (und ausschließlich) dem Bürgermeister zu. Damit ist ein wesentlicher Teil der Tätigkeit der hauptamtlichen Verwaltung den Selbstverwaltungsgremien weitgehend entzogen. Die Abgrenzung ist allerdings nicht kategorisch. Die Übertragung der Aufgabe auf die Gebietskörperschaft bietet allein durch die Notwendigkeit der Bereitstellung von Geld, Personal- und Sachmittel Berührungspunkte mit den Selbstverwaltungsgremien. Über den Haushalt und den Stellenplan entscheidet die Gemeindevertretung. Eine besonders große praktische Bedeutung hat die entsprechende Parallelvorschrift für die Landkreise. Diese nehmen in dem Flächenbundesland Mecklenburg-Vorpommern ohne staatliche Mittelbehörden eine Vielzahl solcher Aufgaben zur Erfüllung nach Weisung wahr.

Der Bürgermeister bzw. der Landrat hat schließlich eine wichtige Aufgabe im Rahmen einer *verwaltungsinternen Kontrolle* der Beschlüsse der Selbstverwaltungsgremien. Verletzt ein Beschluss der Gemeindevertretung/des Kreistages das Recht, so hat der Bürgermeister/der Landrat dem Beschluss zu widersprechen. Der Widerspruch entfaltet aufschiebende Wirkung. Die Vertretungskörperschaft muss über die Angelegenheit in der nächsten Sitzung erneut beschließen. Verletzt auch der neue Beschluss das Recht, so hat ihn der Bürgermeister schriftlich unter Darlegung der Gründe binnen zweier Wochen zu beanstanden und die Beanstandung der Rechtsaufsichtsbehörde anzuzeigen. Die Beanstandung hat aufschiebende Wirkung. Weniger stringent sind die Einwirkungsmöglichkeiten, wenn der Hauptverwaltungsbeamte eine Entscheidung zwar für unzweckmäßig erachtet, aber nicht für rechtswidrig. Hier kann er nur eine erneute Befassung erzwingen, nicht aber die Ausführung auf Dauer verhindern.

Die Stellung des *ehrenamtlichen Bürgermeisters* unterscheidet sich in einigen Punkten deutlich von der eines hauptamtlichen Bürgermeisters. Dies folgt aus dem Umstand, dass die amtsangehörigen Gemeinden grundsätzlich keine eigenständige Verwaltung unterhalten. Soweit es um politisch geprägte Entscheidungen geht, ist die Stellung des ehrenamtlichen Bürgermeisters derjenigen eines hauptamtlichen vergleichbar. Steht demgegenüber der verwaltungsmäßige Vollzug im Vordergrund, tritt an die Stelle der amtsangehörigen Gemeinden das Amt mit seinen Organen. Die Vorbereitung der Beschlüsse der Gemeindeorgane und deren Ausführung in Angelegenheiten des eigenen Wirkungskreises obliegt dem Amt im Einvernehmen mit dem Bürgermeister. Zuständige Behörde wird anstelle des Bürgermeisters der Amtsvorsteher. Während dem Amt die technische Durchführung zufällt, bleibt das politische Initiativ- und Entscheidungsrecht allein bei den zuständigen Gremien der Gemeinde. Dies gilt auch für die verwaltungsinterne Rechtmäßigkeitskontrolle. Der Amtsvorsteher hat insoweit kein Widerspruchs- oder Beanstandungsrecht, sondern kann lediglich die Gemeinde auf fehlerhafte Entscheidungen hinweisen. Bereits seit 1994 ist das Amt Träger der Aufgaben des übertragenen Wirkungskreises für die amtsangehörigen Gemeinden. Eine Beeinträchtigung der gemeindlichen Selbstverwaltungsgarantie ist hierin nicht zu sehen, da die Aufgaben des übertragenen Wirkungskreises nicht zum verfassungsrechtlich verbürgten eigenen Wirkungskreis rechnen und es dem Land grundsätzlich freisteht, die sachgerechte Zuordnung dieser Aufgaben vorzunehmen.

In den kreisangehörigen Gemeinden sind zwei *Stellvertreter des Bürgermeisters* zu wählen, die ihn im Fall seiner Verhinderung vertreten. Gewählt ist, wer mehr als die Hälfte der Stimmen aller Gemeindevertreter erhält. In ehrenamtlich verwalteten Gemeinden wählt die Gemeindevertretung für die Dauer der Wahlperiode aus ihrer Mitte die beiden stellvertretenden Bürgermeister. In hauptamtlich verwalteten Gemeinden werden die Stellvertreter des Bürgermeisters ebenfalls für die Dauer der Wahlperiode

gewählt, müssen aber aus dem Kreis der dem Bürgermeister unmittelbar nachgeordneten leitenden Mitarbeiter stammen. In den kreisfreien Städten sind die Stellvertreter des
Oberbürgermeisters hauptamtlich tätige Beigeordnete. Die Zahl der Beigeordneten
beträgt grundsätzlich zwei, in den größeren kreisfreien Städten kann die Hauptsatzung
zwischen einem bis zwei weitere Beigeordnete vorsehen. Ihre Amtszeit wird in der
Hauptsatzung zwischen sieben und neun Jahren festgelegt. Beigeordnete müssen die
für ihr Amt erforderliche Eignung, Befähigung und Sachkunde besitzen. Die gewählten
Beigeordneten sind zum Beamten auf Zeit zu ernennen. In den Landkreisen wählt der
Kreistag bis zu zwei hauptamtlich tätige Beigeordnete.

7   Bürgerbegehren und Bürgerentscheid

Um den aus den Bürgerbewegungen vorgetragenen Forderungen nach einer möglichst
weitgehenden Beteiligung der Bürger an der Gestaltung des Gemeinwesens zu entsprechen, enthielt bereits die KV vom 17. Mai 1990 die Möglichkeit zur Durchführung
von Bürgeranträgen, Bürgerbegehren und Bürgerentscheiden in der Gemeinde.
Durchweg haben die Gesetzgeber der fünf neuen Länder dieses Element mit im Detail
unterschiedlicher Ausgestaltung in ihre landesrechtlichen Kommunalverfassungen
übernommen. Mit Ausnahme Thüringens gilt dies ebenso für die Kreisebene. Diese
Entwicklung dürfte maßgeblich den „Siegeszug" der direkten Demokratie auf kommunaler Ebene auch in den westlichen Bundesländern beflügelt haben.

Ausdrücklich eröffnet Art. 72 Abs. 2 S. LV MV die Möglichkeit, durch Gesetz Formen unmittelbarer Mitwirkung der Bürger an Aufgaben der Selbstverwaltung vorzusehen. Den Elementen unmittelbarer Demokratie kommt eine Ergänzungs- und Kor-
rekturfunktion zur repräsentativen Demokratie auf kommunaler Ebene zu. Ein »demokratischer Mehrwert« solcher Entscheidungen ist der Verfassung allerdings fremd und
sachlich nicht zu begründen.

Ein *Bürgerentscheid* kann auf zwei Wegen herbeigeführt werden. Zum einen kann
die Gemeindevertretung mit der Mehrheit aller Gemeindevertreter im Benehmen mit
der Rechtsaufsichtsbehörde die Durchführung eines Bürgerentscheides beschließen
(»Vertreterbegehren«). Nur in Ausnahmefällen wird die Gemeindevertretung diesen
Weg wählen, denn im Regelfall ist sie durch das Gesetz zur Entscheidung aufgerufen.
Zum anderen können die Bürger aber auch selbst die Initiative ergreifen und mit einem
Bürgerbegehren die Durchführung eines Bürgerentscheides beantragen. Dieser Konstel-
lation dürfte in der Praxis die größere Bedeutung zukommen, weil sie eine Korrektur
von Entscheidungen ermöglicht, wenn die Mehrheit der Bürger in einer bestimmten
Sachfrage anders urteilt als diejenige der Gemeindevertretung.

Das *Bürgerbegehren* muss schriftlich an den Vorsitzenden der Gemeindevertretung
gerichtet werden und die zu entscheidende Frage, eine Begründung sowie einen durchführbaren Vorschlag zur Deckung der Kosten der verlangten Maßnahme enthalten. Ein

Kostendeckungsvorschlag ist erforderlich, um ein Vorgehen nach dem St. Florians – Prinzip zu vermeiden. Die zur Entscheidung gestellte Frage muss sich mit ja oder nein beantworten lassen. Das Bürgerbegehren muss in Gemeinden bis zu 50.000 Einwohnern von mindestens 10 % der Bürger, in Städten mit mehr als 50.000 Einwohnern von mindestens 4.000 Bürgern unterzeichnet sein.

Ein *Bürgerentscheid* ist nach § 20 Abs. 1 S.1 KV zulässig über wichtige Entscheidungen des eigenen Wirkungskreises, über die andernfalls die Gemeindevertretung beschließen würde. Hat eine gemeindliche Angelegenheit nur unbedeutenden Einfluss auf eine an sich wichtige Angelegenheit, scheidet wegen des damit verbundenen beträchtlichen Verwaltungsaufwandes ein Bürgerentscheid aus. Neben einem beispielhaften Positivkatalog enthält die KV M-V einen Negativkatalog von Angelegenheiten, über die ein Bürgerentscheid nicht stattfindet. Dadurch werden insbesondere solche Materien einem Bürgerentscheid entzogen, die so vielschichtige Abwägungsprozesse enthalten, dass sie nicht auf eine mit ja oder nein zu beantwortende Frage reduziert werden können oder weitestgehend durch höherrangiges Recht geprägt sind (z. B. Entscheidungen über die Aufstellung, Änderung und Aufhebung von Bauleitplänen; Haushalts-, Rechnungsprüfungs- und Abgabenwesen; Übernahme von Bürgschaften; Entscheidungen in Rechtsbehelfs- und Rechtsmittelverfahren). In kleineren Gemeinden kann ein Bürgerentscheid auch im Rahmen einer Einwohnerversammlung in offener Abstimmung durchgeführt werden.

Der Erfolg eines Bürgerbegehrens ist von zwei Voraussetzungen abhängig:

- es müssen mehr gültige Ja- als Nein-Stimmen abgegeben werden;
- die Zahl der gültigen Ja-Stimmen muss mindestens 25% der Stimmberechtigten betragen.

Ist ein Bürgerentscheid durchgeführt worden, kann die Initiative zu einem neuen Bürgerentscheid innerhalb von zwei Jahren nur von der Gemeindevertretung ausgehen. Ein angemessenes Beteiligungs- und Zustimmungsquorum und eine damit einhergehende maßvolle Bindungswirkung, innerhalb dessen eine positive Entscheidung nicht durch die Selbstverwaltungsorgane geändert werden kann, entspricht den verfassungsrechtlichen Grundsätzen des kommunalen Selbstverwaltungsrechts i. V. m. dem Demokratieprinzip.

Besonderheit gelten für einen Bürgerentscheid zur *Abberufung des hauptamtlichen Bürgermeisters*, vgl. dazu oben unter Ziff. 4.

Gemäß § 102 Abs. 2 KV können auch auf Ebene der *Landkreise* wichtige Angelegenheiten des eigenen Wirkungskreises statt durch Beschluss des Kreistages durch die Bürger selbst entschieden werden. Für *Zweckverbände*, die nicht über unmittelbar legitimierte Organe verfügen, sind diese Instrumentarien direkter Demokratie nicht vorgesehen und auch nicht entsprechend anwendbar.

8 Rechte und Pflichten der Bürger und Einwohner

Die Möglichkeiten aktiver Mitgestaltung in der Kommunalpolitik beschränken sich nicht auf die Ausübung des Wahlrechts oder die Teilnahme an den formalisierten Verfahren unmittelbarer Demokratie. Der Landesgesetzgeber hat auch den Einwohnern – darunter sind neben den wahlberechtigten Bürgern alle diejenigen zu verstehen, die in der Gemeinde wohnen, also z. B. auch Minderjährige, Ausländer von außerhalb der EU und Zweitwohnungsinhaber – zahlreiche Rechte eingeräumt, die im Ergebnis die Unterschiede zu den Bürgern deutlich relativieren.

Hinzuweisen ist zunächst auf das bereits in Art. 17 GG und Art. 10 der LV M-V für jedermann gewährleistete Grundrecht, sich einzeln oder in Gemeinschaft mit anderen schriftlich mit Bitten oder Beschwerden an die zuständigen Stellen und an die Volksvertretung zu wenden *(Petitionsrecht)*. Die Einwohner sollen weitestgehend in das politische Leben ihrer Gemeinde einbezogen werden. Um dies zu gewährleisten, *unterrichtet der Bürgermeister* die Einwohner über allgemein bedeutsame Angelegenheiten der Gemeinde. In welcher Form und Intensität die Unterrichtung erfolgt, bleibt weitgehend dem Bürgermeister überlassen. Das Gesetz nennt ausdrücklich *Einwohnerversammlungen*, lässt aber auch andere geeignete Formen einer bürgernahen kommunalen Öffentlichkeitsarbeit zu.

Auch in die Sitzungen der Gemeindevertretung können die Einwohner aktiv einbezogen werden. Im Rahmen einer *Einwohnerfragestunde* kann Einwohnern, die das 14. Lebensjahr vollendet haben, die Gelegenheit eingeräumt werden, zu Angelegenheiten der örtlichen Gemeinschaft Fragen zu stellen sowie Vorschläge und Anregungen zu unterbreiten. Über die *Anhörung* von Sachverständigen und Einwohnern, die von dem Gegenstand der Beratung betroffen sind, ist im Einzelfall zu entscheiden. Eine Anhörung soll dazu dienen, die Sachkunde der Gemeindevertreter zu erhöhen. Die Beratung und Entscheidung bleibt den Gemeindevertretern vorbehalten.

An der Grenze zur plebiszitären politischen Mitgestaltung bewegt sich der *Einwohnerantrag*. Ein Einwohnerantrag kann von jedem Einwohner unterstützt werden, der das 14. Lebensjahr vollendet hat. Er hat Erfolg, wenn er in Gemeinden bis zu 40.000 Einwohnern von mindestens 5% der wenigstens 14 Jahre alten Einwohner durch Unterschrift mitgetragen wird. In Städten über 40.000 Einwohner reicht unterschiedslos ein Quorum von wenigstens 2.000 teilnahmeberechtigten Einwohnern. Inhaltlich ist der Einwohnerantrag darauf gerichtet, eine wichtige Angelegenheit, die zum eigenen Wirkungskreis der Gemeinde gehört, in der Gemeindevertretung zu behandeln. Es handelt sich um ein Anregungsrecht, dessen tatsächliche Bedeutung eher gering ist.

9   Kommunalpolitische Parteienlandschaft

Das parteipolitische Spektrum in den Kommunen des Landes wird wie auf Landesebe-ne von den drei Parteien CDU, SPD und DIE LINKE geprägt, die aber keine Dominanz (mehr) ausüben. Kommunalpolitisch stärkste Kraft ist nach wie vor die CDU. Sie er-reichte 2009 auf der Kreisebene trotz deutlicher Verluste mit 31,8% mit Abstand die stärkste Position vor der Partei DIE LINKE mit 21,6%, die die noch bei den letzten Landtagswahlen als stärkste Partei erfolgreiche SPD mit 19,3% hinter sich ließ. Über-wiegend in den kommunalen Vertretungen präsent sind auch die FDP (8,7%), die GRÜNEN (5,0%) und die NPD (3,2%). In 17 von 18 Kreistagen und Stadtvertretungen haben zudem sonstige Parteien und Wählergruppen sowie Einzelbewerber Mandate errungen (insgesamt 10,5%). Bemerkenswert nach wie vor, dass sich darunter neun erfolgreiche Einzelbewerber befinden. Bei den direkt gewählten Landräten stellt sich das Bild übrigens durchaus abweichend zu den Mehrheiten in den Stimmverhältnissen in den Kreistagen dar. Im gleichen Jahr 2009 stellte die SPD fünf, die CDU und die LINKE jeweils drei Amtsinhaber, ein Landrat ist parteilos.

10   Bilanz und Perspektiven

Die kommunale Landschaft in Mecklenburg-Vorpommern hat sich insgesamt als leis-tungsfähig erwiesen. Im gemeindlichen Raum erfolgte durch Umsetzen der auf breiter Basis beruhenden Empfehlungen einer Enquete-Kommission „Zukunftsfähige Ge-meinden und Gemeindestrukturen" im Jahr 2004 eine moderate Nachsteuerung zu den Zielgrößen unter grundsätzlicher Beibehaltung der Grundstrukturen.

Geradezu lähmend für die Entwicklung des Landes hat sich indes die überra-schend im Herbst 2002 seitens der damals neu gewählten SPD/PDS-Landesregierung initiierte Diskussion zur Landkreisneuordnung ausgewirkt. Kernstück einer umfassen-den Verwaltungsreform sollte die Zusammenfassung der bisher zwölf Landkreise und sechs kreisfreien Städte zu zunächst vier, im späteren Gesetzentwurf dann fünf Groß-kreisen („Regionalkreise") bilden. Die Kreise sollten zwischen 243.000 (Südvorpom-mern) und 449.000 Einwohner (Westmecklenburg) haben und wiesen eine Flächenaus-dehnung zwischen 3.182 qkm (Nordvorpommern-Rügen) bis 6.979 qkm (Westmeck-lenburg) auf. Das ungeachtet der Ablehnung durch alle Kreistage und der Mehrzahl der kreisfreien Städte beschlossene Gesetz wurde auf eine Verfassungsbeschwerde von elf der zwölf Landkreise im Jahr 2007 vom Landesverfassungsgericht in Greifswald im Kern für verfassungswidrig erklärt. Das Landesverfassungsgericht erkannte die von der Fachöffentlichkeit mit großer Spannung beobachtete Frage, ob Gebietskörperschaf-ten mit bis zu 6.997 qkm noch als Landkreise im Sinne der Verfassung zu qualifizieren sind, als „logisch vorrangig" an, ließ sie trotz kritischer Fingerzeige aber im Ergebnis dahinstehen. Scheitern ließ das Landesverfassungsgericht die Reform letztlich an der von der Landesregierung und dem Landtag verkannten *politisch-demokratischen Funktion* der kommunalen Selbstverwaltung. Die bürgerschaftlich-demokratische Dimension der kommunalen Selbstverwaltung sei nicht mit dem vollen, ihr von Verfassung wegen zukommenden Gewicht in eine Abwägung eingestellt worden. Die Kreise müssten so gestaltet sein, dass es ihren Bürgern möglich sei, nachhaltig und zumutbar ehrenamtliche Tätigkeit im Kreistag und seinen Ausschüssen zu entfalten. Hierauf aufbauend führte die *mangelnde Prüfung schonender Alternativen* und die fehlende Abwägung verfassungsrechtlich relevanter Aspekte dazu, den verfassungsrechtlichen Stab über das Reformwerk zu brechen.

Daraufhin hat der Landtag im April 2008 einen „Gesamtrahmen für die umfassende Verwaltungsmodernisierung in Mecklenburg-Vorpommern" beschlossen (LT-Drs. 5/1409). Er enthält auch Ziele, ein Leitbild sowie Leitlinien für eine Kreisgebietsreform. Auf dieser Basis hat die jetzt aus SPD/CDU gebildete Landesregierung im Jahr 2009 einen Gesetzentwurf in den Landtag eingebracht (LT-Drs. 5/2683), der nach Prüfung zahlreicher Alternativen auf einem „6+2-Modell" beruht. Die Hansestadt Rostock und die Landeshauptstadt Schwerin (ca. 96.000 Einwohner) sollen kreisfrei bleiben. Die übrigen vier bisher kreisfreien Städte sollen eingekreist und mit den zwölf Landkreisen zu sechs neuen Landkreisen zusammengefasst werden. Die Landkreise würden eine relativ homogene durchschnittliche Einwohnerzahl von 230.000 Einwohnern aufweisen. Die Flächenausdehnung erstreckt sich von 2.117 qkm („Landkreis Nordwestmecklenburg") bis zu beachtlichen 5.028 qkm im besonders dünn besiedeltem Landesteil („Landkreis Mecklenburgische Seenplatte"). Auch dieser Vorschlag stößt auf Widerstände. Die kreisfreien Städte, die künftig (nur) Sonderrechte als „große kreisangehörige Stadt" haben sollen, verteidigen ihren bisherigen Status. Im Landkreisbereich ist insbesondere die Enttäuschung über den bescheidenen Umfang der von Beginn an als wesentlich herausgestellten Funktionalreform ausgeprägt. War im Jahr 2002 von Aufgaben im Umfang von 1.800 Stellen die Rede, die auf die dann noch leistungsfähigere Kreisebene übergehen sollten, stehen nunmehr etwa 200 Stellen zur Diskussion. Anders als im gescheiterten Verwaltungsmodernisierungsgesetz ist die Funktionalreform zudem nicht Teil eines einheitlichen Artikelgesetzes mit der Kreisstrukturreform. Zur Jahreswende 2009/2010 hatten die Anhörungen zum Kreisstrukturgesetz stattgefunden. Wird das Gesetz im Wesentlichen unverändert beschlossen, bleibt abzuwarten, ob die unterschiedlichsten rechtspolitischen Bedenken auch verfassungsrechtliche Relevanz aufweisen. Politisch scheint es wünschenswert, die langwierige Debatte zum Abschluss zu bringen. Sollte der Entwurf Bestand haben, wäre das Land gut beraten, die Chance für eine umfassende Funktionalreform konsequent zu nutzen.

Literaturhinweise:

Darsow, Thomas/Gentner, Sabine/Glaser, Klaus-Michael/Meyer, Hubert (Hrsg.): Schweriner Kommentierung der Kommunalverfassung des Landes Mecklenburg-Vorpommern, 3. Aufl., 2005.

Glaser, Klaus-Michael: Kommunalwahlgesetz Mecklenburg-Vorpommern, 3. Aufl., 2009.

Landeszentrale für politische Bildung (Hrsg.): Historischer und geographischer Atlas von Mecklenburg und Pommern, Bd. 2, 1996.

Meyer, Hubert: Kommunalrecht Mecklenburg-Vorpommern, 2. Auflage, 2002.

Schütz, Hans-Joachim: Kommunalrecht, in: Gerrit Manssen/Hans-Joachim Schütz (Hrsg.), Staats- und Verwaltungsrecht für Mecklenburg-Vorpommern, 1999, S. 319 ff..

Kommunalpolitik in Niedersachsen

Peter Hoffmann

1 Einleitung

Bis zum Ende des Zweiten Weltkrieges war die einheitlich im Deutschen Reich geltende Deutsche Gemeindeordnung vom so genannten Führerprinzip gekennzeichnet. Das bedeutete im Wesentlichen, dass allein der Bürgermeister zu Entscheidungen befugt war. Dem Rat oblag lediglich die Beratung des Bürgermeisters.

Dieses Prinzip beendete die revidierte Deutsche Gemeindeordnung (rev. DGO), die die britische Besatzungsmacht durch eine Militärregierungsverordnung vom 01.04.1946 erließ, völlig. Sie legte die gesamte Verwaltung der Gemeinde in die Hand des vom Volk gewählten Rates. Als die britische Militärregierung mit ihrer Verordnung Nr. 55 vom 8.11.1946 das Land Niedersachsen gründete, galt die rev. DGO weiter fort. Ihre Geltung wurde durch Gesetz vom 28.5.1947 auf die Landkreise ausgeweitet.

Die Niedersächsische Gemeindeordnung (NGO) löste in den Gemeinden am 1.4.1955 die rev. DGO ab. Mit Wirkung vom 1.6.1963 wurde sie an die fortentwickelte Niedersächsische Landkreisordnung angepasst. Diese geänderte NGO zeichnete sich durch eine zweigleisige Struktur aus. Dem Bürgermeister oblag als ehrenamtlichem Vorsitzenden des Rates nur die repräsentative Vertretung der Kommune, während der vom Rat berufene Gemeindedirektor (in Städten: Stadt- oder Oberstadtdirektor) Chef der Gemeinde war, der seine Kommune zugleich auch rechtlich nach außen vertrat.

Die parteipolitische Bindung des Bürgermeisters bot Anlass zur Kritik, da sie häufig eine zu starke parteipolitische Einflussnahme auf die Kommunalpolitik zur Folge hatte, die gelegentlich dem Gemeinwohl widersprach. Ein weiterer Einwand gegen die Zweigleisigkeit betraf die schwache Position der ehrenamtlich tätigen Ratsmitglieder gegenüber der professionalisierten Verwaltung.

Um Empfehlungen für eine Reform des Kommunalverfassungsrechts zu bekommen, setzte der Niedersächsische Landtag 1991 eine Enquete-Kommission ein, die im Mai 1994 einen Abschlussbericht vorlegte. Auf dessen Grundlage – aber im Gegensatz zu seinem Votum gegen die Eingleisigkeit verabschiedete der Niedersächsische Landtag am 6. März 1996 das Gesetz zur Reform des niedersächsischen Kommunalverfassungsrechts. Sein Kernbestandteil wurde die neue NGO, die am 1.11.1996 in Kraft trat. Die Mehrheit für das neue Gesetz war im Landtag äußerst knapp, denn nur die die Landesregierung tragende SPD-Fraktion stimmte mit ihren 81 Abgeordneten dafür, die in Opposition stehenden Fraktionen von CDU und Bündnis 90/Die Grünen votierten mit ihren 80 Abgeordneten dagegen.

Mit dem neuen Prinzip der Eingleisigkeit, die bereits in den meisten Bundesländern galt, wurde eine weitere direktdemokratische Komponente in die Kommunalverfassung eingeführt: Sie ist verbunden mit einer Stärkung der Mitwirkungsrechte der Bürger, die den Bürgermeister unmittelbar selbst wählen können. Vorbehalte gegenüber der Eingleisigkeit erhob vor allem die CDU, die eine neue Machtteilung zwischen dem Bürgermeister und dem Rat zu Lasten des Letzteren befürchtete. Der Übergang auf das neue Recht wurde gleitend vollzogen, und zwar immer dann, wenn der amtierende Gemeindedirektor ausschied.

Städte und Gemeinden sind die Verwaltungseinheiten, die von der Bevölkerung wegen ihrer Überschaubarkeit am ehesten als Teil ihrer engeren Heimat akzeptiert werden. Die Gemeinde prägt den Alltag der Bürger, sie regelt die örtlichen, die bürgernahen Angelegenheiten, während der Landkreis die Aufgaben übernimmt, die überörtlich bedeutsam sind. Deshalb sind die meisten der 1023 Städte und Gemeinden in Niedersachsen in 37 Landkreise und die Region Hannover als kommunale Körperschaft eigener Art eingegliedert. Zur Stärkung ihrer Verwaltungskraft sind 736 kleinere Gemeinden in 138 „Samtgemeinden" zusammengefasst, während 287 größere Gemeinden als selbständige „Einheitsgemeinden" bestehen. Hinzu kommen noch 18 gemeindefreie Gebiete, zu denen u.a. das Wattenmeer, unbewohnte Inseln, Flächen des Harzes und des Sollings sowie Waldgebiete im Landkreis Lüchow-Dannenberg sowie die beiden gemeindefreien Bezirke Loheide und Osterheide auf dem Truppenübungsplatz Bergen-Hohne gehören.

Die Einheitsgemeinden bestehen aus 229 einfachen, d.h. nicht privilegierten Gemeinden, 41 selbstständigen Gemeinden sowie 17 bedeutenden Städte, deren eigene Finanz- und Verwaltungskraft für alle ihnen obliegenden Aufgaben ausreicht. Zu Letzteren gehören die neun kreisfreien Städte Braunschweig, Delmenhorst, Emden, die Landeshauptstadt Hannover, Oldenburg, Osnabrück, Salzgitter, Wilhelmshaven und Wolfsburg und die sieben großen selbständigen Städte Celle, Cuxhaven, Goslar, Hameln, Hildesheim, Lingen (Ems) und Lüneburg. Die Universitätsstadt Göttingen nimmt einen Sonderstatus ein. Die bedeutenden Städte übernehmen zusätzlich alle Aufgaben, die sonst die Landkreise erfüllen, und zwar die kreisfreien Städte generell, die großen selbständigen Städte in allen Fällen, soweit nichts anderes bestimmt ist.

Die Mehrheit der Niedersachsen (73%) wohnt in Orten mit weniger als 50.000 Einwohnern. Lediglich zwei Städte (Hannover und Braunschweig) haben mehr als 200.000 Einwohner, und weitere sechs (Göttingen, Hildesheim, Oldenburg, Osnabrück, Salzgitter und Wolfsburg) sind ebenfalls Großstädte mit mehr als 100.000 Einwohnern. Trotz dieser für kommunalpolitisches Interesse zunächst günstigen Verteilung der Bevölkerung auf kleinere Orte ist die Wahlbeteiligung immer weiter zurückgegangen und lag bei den Kommunalwahlen im September 2006 nur noch knapp über 50 Prozent. Starke Gewinne verbuchten bei diesen Wahlen die freien Wählergemeinschaften, die mehr als zehn Prozent der Wählerstimmen auf sich zogen.

2   Elemente kommunaler Selbstverwaltung in Niedersachsen

Die Städte und Gemeinden sind in ihrem Gebiet die ausschließlichen Träger der gesamten öffentlichen Aufgaben, soweit die Gesetze nicht ausdrücklich etwas anderes bestimmen. Das Grundgesetz und die Landesverfassung garantieren ihnen das Recht, ihre Angelegenheiten im Rahmen der Gesetze in eigener Verantwortung zu regeln. Schätzungsweise 80% aller Angelegenheiten, die die Bürger in Kontakt zu Behörden bringen, werden von der Gemeinde erledigt.

Deshalb bestimmt die Niedersächsische Verfassung (NV): „Gemeinden und Landkreise ... verwalten ihre Angelegenheiten im Rahmen der Gesetze in eigener Verantwortung". Außerdem ist in der NV festgelegt, dass in den Gemeinden das Volk eine Vertretung haben muss, die aus allgemeinen, unmittelbaren, freien, gleichen und geheimen Wahlen hervorgegangen ist.

Die wesentlichen Elemente der kommunalen Selbstverwaltung, ihre Struktur und ihre Organisation, sind in der Niedersächsischen Gemeindeordnung (NGO) geregelt. Sie verpflichtet die Gemeinden und die Ratsmitglieder, dem Gemeinwohl zu dienen, zu dem u.a. auch eine sparsame und wirtschaftliche Haushaltsführung gehört.

Als eigene Einnahmen verfügen die Gemeinden über die mit eigenem Hebesatzrecht ausgestatteten Realsteuern; dies sind die Grundsteuer A, die Grundsteuer B und die Gewerbesteuer. Daneben werden die Kommunen am Lohn- und Einkommensteueraufkommen und an der Umsatzsteuer beteiligt. Schließlich erzielen die Gemeinden noch Einnahmen aus Gebühren und Beiträgen, Mieten und Pachten sowie aus Verkaufserlösen und Konzessionsabgaben. Soweit die eigenen Einnahmen nicht ausreichen, stellt das Land die erforderlichen Mittel durch einen übergemeindlichen Finanzausgleich bereit.

Die Selbstverwaltung der Gemeinden soll Dezentralisation, Bürgernähe und Flexibilität der Verwaltung fördern, sie ist aber auch einer der tragenden Pfeiler des freiheitlichen demokratischen Staates. Eine wichtige Basis der eigenverantwortlichen Selbstverwaltung ist die Garantie von Hoheitsrechten, zu denen die folgenden gehören:

- Aufgabenhoheit: das Recht der Gemeinden, alle Angelegenheiten der örtlichen Gemeinschaft zu regeln,
- Gebietshoheit: das Recht, im Gebiet der Gemeinde gegenüber Personen und Sachen Anordnungen durchzusetzen,
- Organisationshoheit: zur eigenverantwortlichen Bestimmung des Verwaltungsaufbaues und -ablaufs,
- Personalhoheit: das Recht, das erforderliche Personal zu beschäftigen,
- Finanzhoheit: die die Freiheit zur Erhebung von Abgaben und zur Ausgabe der Finanzmittel umfasst,
- Planungshoheit: zur eigenverantwortlichen Beplanung des Hoheitsgebiets,

- Satzungshoheit: das Recht, die eigenen Angelegenheiten durch Rechtsvorschriften zu regeln.

In diese Hoheitsrechte darf der Staat nur in zwei Fällen eingreifen:

1. auf Grund eines Gesetzes und
2. wenn tragfähige Gründe des öffentlichen Wohls dies rechtfertigen.

Dabei darf der Kern der Hoheitsrechte unter keinen Umständen verletzt werden. So sahen z.B. die Gemeinden ihre Organisations- und Personalhoheit gefährdet, als sie durch das Niedersächsische Gleichberechtigungsgesetz vom 15. Juni 1994 dazu ver- pflichtet wurden, in Gemeinden ab 20.000 Einwohnern hauptberuflich und in den an- deren Gemeinden auch nichthauptberuflich tätige Frauenbeauftragte zu bestellen, de- nen eine ganze Reihe von Mitwirkungs- und Beteiligungsrechten gegenüber dem Rat, seinen Ausschüssen, dem Verwaltungsausschuss und dem Bürgermeister eingeräumt wurde. Die rechtlichen Vorbehalte der Gemeinden wurden allerdings hinfällig, als der Niedersächsische Staatsgerichtshof die grundsätzliche Verfassungsmäßigkeit des Gleichberechtigungsgesetzes bestätigte.

Mit der Niedersächsischen Gemeindeordnung in der Fassung vom 28. Oktober 2006 haben Gemeinden, die nicht Mitgliedsgemeinden von Samtgemeinden sind, statt einer Frauenbeauftragten eine Gleichstellungsbeauftragte zu bestellen. Sie soll zur Verwirklichung der Gleichberechtigung von Frauen und Männern beitragen und ist in den kreisfreien Städte, den großen selbständigen Städten, der Landeshauptstadt Han- nover und der Stadt Göttingen hauptberuflich zu beschäftigen. In den übrigen Ge- meinden regelt der Rat durch Satzung die Berufung und Abberufung sowie die Aufga- ben, Befugnisse und Beteiligungsrechte der Gleichstellungsbeauftragten.

Dem Selbstverwaltungsprinzip entsprechend haben die Kommunen einen eigenen Wirkungskreis. Zu den Aufgaben des eigenen Wirkungskreises der Gemeinden, die sie freiwillig erfüllen, gehören z. B. die Schaffung und Unterhaltung von Frei- und Hallen- bädern, Sportanlagen, Museen, Musikschulen, Freizeiteinrichtungen, Grünanlagen, die Schuldner- und die Drogenberatung, die Durchführung von Orts- und Stadtfesten. Zu den Pflichtaufgaben des eigenen Wirkungskreises der Gemeinden gehören u. a. die Schulträgerschaft für Grundschulen, die Aufstellung und Unterhaltung einer Freiwilli- gen Feuerwehr.

Mit dem Niedersächsischen Gesetz über kommunale Zusammenarbeit vom 19. Februar 2004 wurde für die Kommunen die Möglichkeit geschaffen, untereinander durch Abschluss von öffentlich-rechtlichen Verträgen (Zweckvereinbarungen), Grün- dung von Zweckverbänden (z.B. Wasser- und Abwasserzweckverbände, Schulzweck- verbände, Wegeunterhaltungsverbände) oder durch Errichtung einer gemeinsamen kommunalen Anstalt zu kooperieren, um Aufgaben wirtschaftlicher und wirksamer wahrnehmen zu können. Gegenstand einer solchen kommunalen Zusammenarbeit kann jede Aufgabe des eigenen oder übertragenen Wirkungskreises sein. Mit Übertragung der Aufgabe gehen alle mit ihr verbundenen Rechte und Pflichten auf den neuen Träger über.

Zu den freiwilligen Aufgaben der kreisfreien Städte gehören zusätzlich die Trägerschaft von Volkshochschulen und von Museen, Theatern und Sportstätten mit nicht nur örtlicher Bedeutung. Ihre Pflichtaufgaben und im eigenen Wirkungskreis sind u. a. die Abfallbeseitigung, der öffentliche Personennahverkehr, die Schulträgerschaft für andere als Grundschulen, die Schülerbeförderung.

Soweit die Gemeinden im eigenen Wirkungskreis für die wirtschaftliche, soziale und kulturelle Betreuung ihrer Einwohner öffentliche Einrichtungen schaffen, können sie deren Benutzung durch Satzung regeln und für bestimmte dem öffentlichen Wohl dienende Leistungen, wie z. B. Wasserleitungen, Kanalisation, Straßenreinigung, Abfallbeseitigung und Friedhöfe, den Anschluss- und Benutzungszwang vorschreiben. Dies hat zur Folge, dass die Einwohner sich an die Abwasserkanalisation anschließen und diese auch benutzen müssen. Bei den Aufgaben des eigenen Wirkungskreises übt das Land nur die Rechtsaufsicht (Kommunalaufsicht) aus, d.h. es überwacht die Rechtmäßigkeit, aber nicht die Zweckmäßigkeit des Handelns.

Selbstverwaltung bedarf ausreichender Finanzmittel. Deshalb verpflichtet die NV das Land, den Gemeinden durch Erschließung eigener Steuerquellen und im Rahmen seiner finanziellen Leistungsfähigkeit durch übergemeindlichen Finanzausgleich Mittel zur Verfügung zu stellen, die sie zur Erfüllung ihrer Aufgaben benötigen. Das geschieht vorrangig durch das Niedersächsische Finanzausgleichsgesetz. Deshalb können staatliche Aufgaben den Gemeinden zur weisungsgebundenen Durchführung nur übertragen werden, wenn gleichzeitig die Deckung der Kosten geregelt wird.

Neben ihren eigenen nehmen die Gemeinden diejenigen staatlichen Aufgaben wahr, die ihnen durch Gesetz übertragen sind. Dazu gehört insbesondere die Ausführung von Bundesgesetzen im Auftrag des Bundes (Melde- und Ausweiswesen, Unterbringung von Asylbewerbern, Genehmigung von Sammlungen in der Gemeinde, Entgegennahme von Kirchenaustrittserklärungen, Zulassung von Brenntagen bei Gartenabfällen, Regelungen über Sperrzeiten für Gastwirtschaften, Ausstellung von Lohnsteuerkarten). In diesem übertragenen Wirkungskreis sind die Gemeinden an die staatlichen Weisungen gebunden. Diese Mitverantwortung des Staates findet ihren Ausdruck darin, dass er die Aufsicht über die Kommunen führt und damit sicherstellt, dass die Kommunen bei ihren eigenen Aufgaben die Gesetze beachten (Kommunalaufsicht). Bei den staatlichen Aufgaben, die sie praktisch als Behörden des Landes und des Bundes erfüllen, unterliegen sie neben der Rechtskontrolle auch der Zweckmäßigkeitsprüfung (Fachaufsicht).

Die kreisfreien Städte (früher: Stadtkreise) sind außerdem zuständig für Verkehrsregelungen, für den Katastrophenschutz, für die Bauaufsicht, für wasserrechtliche Regelungen, für die Tierseuchenbekämpfung. Für die kreisfreien und die großen selbständigen Städte ist das das Ministerium für Inneres und Sport Kommunalaufsichtsbehörde. Für alle anderen Gemeinden sind Kommunalaufsichtsbehörden die Landkreise, oberste Kommunalaufsichtsbehörde das Ministerium für Inneres und Sport. Diese Zuordnung der Aufsicht gilt auf Grund des jeweiligen Fachgesetzes auch für die Fachaufsicht bei Aufgaben des übertragenen Wirkungskreises. Allerdings können auch staatliche Sonderbehörden für die Wahrnehmung der Fachaufsicht zuständig sein.

Um die Kommunalaufsicht effektiv wahrnehmen zu können, stehen folgende Mittel zur Verfügung:

- Unterrichtung der Aufsichtsbehörde durch Berichte der Gemeinde oder Entsendung eines Beauftragten,
- Beanstandung rechtswidriger Beschlüsse und Maßnahmen, die danach nicht vollzogen werden dürfen,
- Anordnung und Ersatzvornahme, wenn eine gesetzliche Pflicht oder Aufgabe nicht erfüllt wird,
- Bestellung eines Beauftragten, wenn der geordnete Gang der Verwaltung nicht gewährleistet ist und die anderen Befugnisse der Kommunalaufsicht nicht ausreichen.

Gegen förmliche Maßnahmen der Kommunalaufsicht kann Widerspruch eingelegt und notfalls Klage erhoben werden. Gegen fachaufsichtliche Weisungen sind Widerspruch und Klage nicht erlaubt.

Die Organe, denen Entscheidungszuständigkeiten obliegen, sind in Gemeinden mit dem Eingleisigkeitsprinzip der Rat, der Verwaltungsausschuss und der Bürgermeister. Dabei gilt für die Verteilung der Entscheidungszuständigkeiten auf diese drei Organe grundsätzlich Folgendes: Für besonders wichtig angesehene Entscheidungen ist ausschließlich der Rat zuständig, d. h. er hat nicht die Möglichkeit, sie auf ein anderes Organ zu delegieren. Wegen seiner zentralen Stellung erhält der Rat im Unterschied zu den übrigen Organen die Bezeichnung Hauptorgan.

Entscheidungen in bestimmten Angelegenheiten des übertragenen Wirkungskreises und in Geschäften der laufenden Verwaltung, die keine große politische oder wirtschaftliche Bedeutung haben und nach feststehenden Grundsätzen wahrzunehmen sind, obliegen dagegen dem Bürgermeister. Entscheidungen, die keinem der anderen Organe zugewiesen sind, trifft der Verwaltungsausschuss (sog. Lückenzuständigkeit).

Der Rat kann sich aber in Angelegenheiten, für die eines der anderen Organe zuständig ist, grundsätzlich die Beschlussfassung vorbehalten; dasselbe gilt für den Verwaltungsausschuss bezüglich der Zuständigkeit des Bürgermeisters für die Geschäfte der laufenden Verwaltung.

Entscheidungszuständigkeiten haben auch bestimmte Ausschüsse der Gemeinde im Rahmen des Wirkungsbereiches, für den sie eingerichtet sind. Dazu gehören insbesondere der Jugendhilfeausschuss als Teil des Jugendamtes, das für die öffentliche Jugendhilfe zuständig ist, ferner der Umlegungsausschuss, der nach den Vorschriften des Baugesetzbuchs über die Neuordnung von Grundstücken zu entscheiden hat und der Werkausschuss, der für den Eigenbetrieb, für den er gebildet worden ist, bestimmte Entscheidungen treffen muss.

3   Der Bürgermeister

Der hauptamtlich tätige Bürgermeister ist Chef der gesamten kommunalen Verwaltung. Sein besonderer Einfluss zeigt sich im Bereich der Personalauswahl, denn bei der Wahl der leitenden Wahlbeamten kann der Rat nur solche Personen wählen, die der Bürgermeister vorgeschlagen hat. Bei den übrigen Beamten müssen die Ratsmitglieder ebenfalls im Einvernehmen mit dem Bürgermeister entscheiden. Durch dieses Verfahren soll gewährleistet werden, dass es der Hauptverwaltungsbeamte in seiner täglichen Arbeit ausschließlich mit Mitarbeitern seines Vertrauens zu tun hat.

Die Pflicht des Hauptverwaltungsbeamten zur unparteiischen Amtsführung sowie zur Mäßigung und Zurückhaltung bei politischer Betätigung ist zwar im Niedersächsischen Beamtengesetz festgelegt, doch endet in der Praxis die parteipolitische Distanzierung spätestens in Wahlkampfzeiten. Dann greifen die Bewerber um das Bürgermeisteramt meistens auf die Organisationsstrukturen „ihrer" Partei zurück. Daher ist die These fragwürdig, die langjährige politische Vorherrschaft einer Partei könne durch den Kandidaten einer anderen bei einer Eingleisigkeits-Wahl leichter gebrochen werden. Die parteipolitische Bindung wird also weiterhin eine wesentliche Bedeutung auch im Zuge der Eingleisigkeit behalten.

Der Bürgermeister wird von den Bürgern im Regelfall zugleich mit dem Rat gewählt. Wählbar ist, wer am Wahltag das 23., aber noch nicht das 65. Lebensjahr vollendet hat, Deutscher oder Staatsbürger eines anderen Mitgliedsstaates der Europäischen Union ist. Außerdem muss er die allgemeinen Wahl- und Wählbarkeitsvoraussetzungen für den Rat besitzen sowie die Gewähr dafür bieten, dass er jederzeit für die freiheitlich demokratische Grundordnung eintritt. Auf die Wohnsitzvoraussetzung ist verzichtet worden, um nicht die Bewerbung kompetenter auswärtiger Kandidaten zu erschweren.

Eine besondere Vor- und Ausbildung muss der Bürgermeister ebenso wenig aufweisen wie die übrigen Ratsmitglieder. Der Gesetzgeber geht davon aus, dass sich bei der Volkswahl nur ein Kandidat mit der erforderlichen persönlichen und fachlichen Eignung durchsetzen wird. Allerdings ist vorgeschrieben, dass ein anderer leitender Beamter eine besondere fachliche Qualifikation aufweisen muss, wenn der Bürgermeister sie nicht hat. In kreisfreien und großen selbständigen Städten und selbständigen Gemeinden ist das die durch Prüfung erworbene Befähigung zum höheren allgemeinen Verwaltungsdienst oder zum Richteramt, in den übrigen Gemeinden mindestens die Befähigung für die Laufbahn des gehobenen allgemeinen Verwaltungsdienstes. Die reguläre Amtszeit des Bürgermeisters beträgt acht Jahre.

Die Stelle des Bürgermeisters wird von der Gemeinde nicht ausgeschrieben; der Gesetzgeber vertraut darauf, dass die Interessenten insbesondere durch die öffentliche Bekanntgabe ihres Termins von der Wahl durch den Gemeindewahlleiter erfahren. Wahlvorschläge können von Parteien, Wählergruppen und Einzelpersonen eingereicht werden, doch darf jeder Vorschlag nur einen Bewerber enthalten. Um nicht ernstgemeinten Vorschlägen vorzubeugen, müssen für sie Unterstützungsunterschriften Wahlberechtigter beigebracht werden, deren Zahl von der Einwohnergröße der Kommune abhängig ist und bei Gemeinden zwischen 18 und 340 Unterschriften beträgt. Von der Beibringung sind die im Bundestag, im Niedersächsischen Landtag, im Rat vertretenen Parteien, Wählergruppen, Einzelbewerber und diejenigen befreit, die vorschlagen, den Amtsinhaber wiederzuwählen.

Der Bürgermeister (in kreisfreien sowie großen selbstständigen Städten: Oberbürgermeister) ist hauptamtlich tätiger kommunaler Wahlbeamter auf Zeit und er tritt grundsätzlich mit Ende des Monats in den Ruhestand, in dem er das 68. Lebensjahr vollendet. Der Wähler hat bei der Wahl des Hauptverwaltungsbeamten nur eine Stimme. Das Besondere dabei ist, dass nur derjenige Bewerber gewählt ist, der mehr als die Hälfte der abgegebenen Stimmen erhalten hat. Die Wahl verläuft also nach dem Prinzip der absoluten Mehrheit. Überwindet keiner der Bewerber diese Hürde, findet zwei Wochen später eine Stichwahl zwischen den beiden Erstplatzierten des ersten Durchgangs statt. Dabei entscheidet die relative Mehrheit, bei Stimmengleichheit das Los.

Die gleichzeitige Mehrfachkandidatur um mehrere Ämter des Bürgermeisters und des Landrates ist gesetzlich ausgeschlossen; bei der gleichzeitigen Wahl in das Amt und in den Rat muss sich der Gewählte entscheiden, welche Wahl er annimmt. Der Bürgermeister kann vorzeitig aus seinem Amt wieder abgewählt werden. Dazu bedarf es eines Antrages im Rat, der mit einer Dreiviertelmehrheit der Ratsmitglieder gestellt und beschlossen werden muss. Über die Abwahl entscheiden die wahlberechtigten Einwohner durch Abstimmung.

Bei den Bürgermeisterwahlen im September 2006 besetzten zwar CDU und SPD die Mehrzahl der zu vergebenden Bürgermeisterposten, doch stieg gleichzeitig der Anteil der als parteiunabhängige Kandidaten gewählten Einzelbewerber.

Der Bürgermeister ist nicht nur der Verwaltungschef seiner Gemeinde, er ist auch gleichzeitig Ratsmitglied. Als solches hat er grundsätzlich alle Mitgliedschaftsrechte, insbesondere das Stimmrecht. Lediglich bei wenigen Entscheidungen, die nur von den Ratsfrauen und Ratsherren getroffen werden dürfen, ist der Bürgermeister ausgeschlossen. Dies gilt z. B. bei der Bildung von Ausschüssen.

Als Verwaltungschef entscheidet er

- ausschließlich in allen Angelegenheiten auf dem Gebiet der Verteidigung und des Zivilschutzes, in allen sog. Bundesauftragsangelegenheiten, über gewerbe- und immissionsschutzrechtliche Genehmigungen sowie in allen der besonderen (militärischen) Geheimhaltung unterliegenden Angelegenheiten,
- in den Geschäften der laufenden Verwaltung,
- in Angelegenheiten der Organisation und Geschäftsverteilung der Verwaltung.

Darüber hinaus

- bereitet er die Beschlüsse des Verwaltungsausschusses und damit mittelbar auch die des Rates unter Beteiligung der Fachausschüsse vor. Er muss an den Sitzungen von Gremien, denen er nicht als Mitglied angehört, selbst teilnehmen oder sich durch Mitarbeiter der Verwaltung vertreten lassen, um in allen Sitzungen selbst oder durch seine Mitarbeiter Rede und Antwort zu stehen,
- führt er die Beschlüsse der anderen Organe und die Weisungen der Kommunal- und Fachaufsichtsbehörden aus,
- überwacht er die Rechtmäßigkeit der Beschlüsse der anderen Organe und berichtet gegebenenfalls der Aufsichtsbehörde oder erhebt Einspruch, wenn er einen Beschluss für rechtswidrig hält,
- trifft er in Eilfällen zusammen mit seinem Vertreter die notwendigen Maßnahmen, falls die Entscheidung des Rates oder des Verwaltungsausschusses nicht rechtzeitig eingeholt werden kann und der Eintritt erheblicher Nachteile und Gefahren droht,
- unterrichtet er die anderen Organe und die Öffentlichkeit über wichtige Angelegenheiten. Für Gemeinden ist bei wichtigen Planungen und Vorhaben eine intensive Information der Einwohner durch den Bürgermeister vorgeschrieben, die auch die Diskussion ermöglicht.

Der Bürgermeister vertritt die Gemeinde bei repräsentativen Anlässen sowie in Rechts- und Verwaltungsgeschäften und im gerichtlichen Verfahren. Er ist die Behörde der Gemeinde.

Die Vertretung des Bürgermeisters ist unterschiedlich geregelt. Bei der repräsentativen Vertretung der Gemeinde und bei seinen Aufgaben im Zusammenhang mit den Sitzungen des Rates und des Verwaltungsausschusses (Einberufung, Aufstellung der Tagesordnung, Vorsitz) wird er von dem ehrenamtlich tätigen stellvertretenden Bürgermeister vertreten; dieser wird in der ersten Sitzung des Rates aus dem Kreis der stimmberechtigten Mitglieder des Verwaltungsausschusses gewählt; es können auch zwei und in größeren Kommunen sogar drei solcher Vertreter gewählt werden.

Bei seinen Aufgaben als Verwaltungschef und bei der rechtlichen Außenvertretung wird der Bürgermeister von seinem allgemeinen Vertreter vertreten, der vom Rat auf Vorschlag des Bürgermeisters aus dem Kreis der Beamten berufen wird, und zwar durch Beschluss oder durch Wahl, wenn die Berufung des allgemeinen Vertreters als Beamter auf Zeit (Erster Stadt- oder Gemeinderat) zulässig und in der Hauptsatzung vorgesehen ist. Der allgemeine Vertreter ist nicht nur wie der stellvertretende Bürgermeister Verhinderungsvertreter, sondern ständiger Vertreter, der den Bürgermeister zu dessen Entlastung auch bei dessen Anwesenheit vertritt; den Umfang dieser Vertretung kann der Bürgermeister als Verwaltungschef durch Dienstanweisung festlegen.

Dem allgemeinen Vertreter kann seine Befugnis auch wieder entzogen werden. Ist sie ihm durch Beschluss des Rates übertragen worden, genügt für die Entziehung ein entsprechender Beschluss.

4   Der Rat

Oberste Organe aller Kommunen sind die alle fünf Jahre (zuletzt im September 2006) gewählten Stadträte, Samtgemeinderäte und Gemeinderäte – in Hannover und Braunschweig zusätzlich Stadtbezirksräte, in größeren Gemeinden noch Ortsräte für einzelne Gemeindeteile. Diesen stehen, bezogen auf ihren Stadtbezirk oder ihre Ortschaft, neben Anhörungsrechten bestimmte gesetzliche Entscheidungszuständigkeiten bei Aufgaben des eigenen Wirkungskreises zu.

Der Rat wird als das Hauptorgan der Gemeinde bezeichnet. Damit sollen Zweifel über das Rangverhältnis der Organe ausgeräumt werden. Als gewählter Vertretungskörperschaft der Gemeindebürger obliegen dem Rat verschiedene parlamentarische Kontrollfunktionen, wie z.B. das Recht zur Abberufung der Beamten auf Zeit und der Gleichstellungsbeauftragten sowie das Initiativrecht zur Abwahl des Bürgermeisters. Außerdem gehören zu den Kontrollrechten auch das Auskunfts- und Untersuchungsrecht gegenüber dem Bürgermeister, das Budgetrecht sowie der Beschluss über die Jahresrechnung incl. der damit verbundenen Entlastung des Bürgermeisters.

Ratsmitglieder sind die in den Rat gewählten Ratsfrauen und Ratsherren sowie kraft Amtes der Bürgermeister. Für das Wahlverfahren, das sich erheblich von dem für die Landtagswahl unterscheidet, gelten die Vorschriften des Niedersächsischen Kommunalwahlgesetzes (NKWG). Die Ratsfrauen und Ratsherren werden für eine Wahlperiode von fünf Jahren gewählt. Die Zahl der Ratsfrauen und Ratsherren ist abhängig von der Einwohnergröße der Gemeinde. Sie beträgt in der kleinsten Gemeinde mit bis zu 500 Einwohnern sechs und in der größten Stadt mit über 500.000 Einwohnern 64. Hinzu kommt der Bürgermeister, so dass die Anzahl der Ratsmitglieder immer eine ungleiche ist.

Die erste Wahlperiode begann am 1.11.1976. Wahlberechtigt sind Deutsche und Staatsangehörige von Mitgliedstaaten der Europäischen Union, die das 16. Lebensjahr vollendet haben. Außerdem müssen sie seit mindestens drei Monaten in der Gemeinde ihren Wohnsitz haben. Die wahlberechtigten Einwohner der Gemeinde werden als Bürger bezeichnet. Wählbar ist, wer mindestens 18 Jahre alt ist, wenigstens ein halbes Jahr im Wahlgebiet wohnt und Deutscher oder Unionsbürger ist.

Für jede zu wählende Vertretung gibt es einen besonderen Stimmzettel (z.B. in Einheitsgemeinden für die Gemeinderats- und evtl. Ortsratswahl), auf dem Vorschläge von Parteien, Wählergruppen und Einzelpersonen stehen. Man kann entweder einen Wahlvorschlag als Gesamtliste pauschal oder einzelne Personen wählen. Dafür hat man drei Stimmen. Diese kann man auf verschiedene Listen oder Personen verteilen

(„panaschieren") oder auch einer Liste oder Person bis zu drei Stimmen geben („kumu-lieren"). Ausgezählt wird auch hier nach dem Prinzip der Verhältniswahl (System Ha-re/Niemeyer). Im Unterschied zur Landtagswahl werden auch Wahlvorschläge berück-sichtigt, die weniger als 5% der Stimmen erhalten haben.

Personen, die ein öffentliches Amt in der Gemeinde bekleiden, dürfen nicht gleich-zeitig Ratsfrau oder Ratsherr sein. Sie müssen sich gegebenenfalls innerhalb bestimm-ter Fristen für das Amt oder das Mandat entscheiden (Unvereinbarkeit oder Inkompa-tibilität). Die Ratsfrauen und Ratsherren haben grundsätzlich ein freies Mandat, d. h. sie üben ihre ehrenamtliche Tätigkeit im Rahmen der Gesetze nach ihrer freien, nur durch die Rücksicht auf die Gemeinwohl geleitete Überzeugung aus. Sie sind ebenso wie Parlamentsabgeordnete an Aufträge und Weisungen, die die Freiheit ihrer Ent-scheidungen beeinträchtigen, nicht gebunden. Allerdings fehlt ihnen der Schutz der Immunität und Indemnität.

Der Rat wählt in seiner ersten Sitzung der neuen Wahlperiode (konstituierende Sitzung) aus seiner Mitte den Vorsitzenden für die Dauer der Wahlperiode. Da der Bürgermeister Mitglied des Rates ist, kann er zum Vorsitzenden gewählt werden.

Die wichtigsten Angelegenheiten, über die der Rat ausschließlich zu beschließen hat, sind folgende:

- Aufstellung von Richtlinien, nach denen die Gemeinde geführt werden soll,
- Entscheidungen über Satzungen und Verordnungen, insbesondere die Haushalts-satzung,
- Festsetzung von Gebühren, Beiträgen, Steuern und Entgelten,
- Entscheidungen von grundsätzlicher Bedeutung im Rahmen des Wirtschafts-rechts, wie z. B. die Errichtung, Gründung, Veräußerung, Verpachtung und Auf-hebung von Unternehmen und Einrichtungen,
- Aufnahme von Krediten und Übernahme von Bürgschaften,
- Mitgliedschaft in kommunalen Zusammenschlüssen, z. B. Zweckverbänden,
- Benennung von Straßen und Plätzen,
- Übernahme neuer freiwilliger Aufgaben,
- Wahl der leitenden Beamten auf Zeit, die Gemeinden mit mehr als 10.000 Einwoh-nern haben dürfen,
- Berufung der Gleichstellungsbeauftragten.

Der Rat kann sich außerdem im Einzelfall oder durch die Hauptsatzung auch darüber hinaus die Entscheidung in Angelegenheiten vorbehalten, für die der Verwaltungsaus-schuss und im Bereich der laufenden Verwaltungsgeschäfte der Bürgermeister zustän-dig ist. Im personalrechtlichen Bereich ist der Rat oberste Dienstbehörde der Beamten; er beschließt im Einvernehmen mit dem Bürgermeister über ihre Ernennung, ihren Ruhestand und ihre Entlassung. Er kann diese Befugnisse aber auf den Verwaltungs-ausschuss oder den Bürgermeister delegieren.

Schließlich hat der Rat die Aufgabe, das gesamte Verwaltungsgeschehen zu überwachen. Dazu kann er vom Verwaltungsausschuss die erforderlichen Auskünfte verlangen und Akteneinsicht nehmen. Um die Wirksamkeit der Überwachung zu steigern, hat jedes Ratsmitglied Auskunftsanspruch und jede Fraktion und jede Gruppe Akteneinsichtsrecht. Unabhängig von Kontrollabsichten, also z. B. zur Vorbereitung eines Antrags im Rat, kann jedes Ratsmitglied zur eigenen Unterrichtung Auskünfte in allen Angelegenheiten der Gemeinde verlangen.

4.1 Die Fraktionen und Gruppen

Nur über die Mitgliedschaft in Fraktionen und Gruppen können Ratsfrauen und Ratsherren bei der Willensbildung und Entscheidungsfindung im Rat, im Verwaltungsausschuss und in den Ausschüssen mitwirken, denn nur diesen sind gesetzlich Rechte eingeräumt, die einzelne Ratsmitglieder nicht haben. Eine Fraktion oder Gruppe muss aus mindestens zwei Mitgliedern bestehen; der Bürgermeister darf sich wegen seiner beamtenrechtlichen Pflicht zur unparteiischen Amtsführung keiner Fraktion oder Gruppe anschließen.

Dabei macht das Gesetz keinen Unterschied zwischen Fraktionen und Gruppen; in der Praxis wird als Fraktion ein Zusammenschluss von Ratsmitgliedern bezeichnet, die derselben Partei angehören. Andere Zusammenschlüsse, auch die von zwei oder mehreren Fraktionen, werden als Gruppe bezeichnet.

4.2 Fachausschüsse

Der Rat kann zur Vorbereitung seiner Beschlüsse aus seiner Mitte Ausschüsse bilden. Welche Ausschüsse er bildet und wie viele Mitglieder sie haben, ist in der NGO nicht vorgegeben. Nur wenn im Rahmen der wirtschaftlichen Betätigung, z. B. für die Abfallbeseitigung, die Wasserversorgung oder den öffentlichen Personennahverkehr, ein Eigenbetrieb gegründet wird, muss ein Werkausschuss gebildet werden. Ebenso schreiben andere Gesetze die Bildung von Ausschüssen der Gemeinde vor und regeln ihre Zusammensetzung (Schulausschuss, Jugendhilfeausschuss, Jugendausschuss, Umlegungsausschuss).

Die Ausschusssitze werden, wenn die Ratsfrauen und Ratsherren nicht einstimmig ein anderes Verfahren festlegen, auf die Vorschläge der Fraktionen und Gruppen in der Reihenfolge nach dem Höchstzahlenverfahren nach Hare/Niemeyer verteilt. Eine Fraktion oder Gruppe, die bei der Sitzverteilung leer ausgegangen ist, kann ein Mitglied mit beratender Stimme in den Ausschuss entsenden (sog. Grundmandat).

Zu Ausschussmitgliedern mit beratender Stimme können weitere Personen berufen werden, die nicht dem Rat angehören und deshalb auch kein Stimmrecht in den Ausschüssen haben. Die Berufenen sollen zusätzlichen Sachverstand in die Ausschussarbeit bringen, obwohl die NGO keinerlei Qualifikationskriterien vorgibt. Ausgeschlossen von der Berufung sind lediglich Bedienstete der Gemeinde. Die bisherige Erfahrung zeigt, dass die Mitarbeit berufener Personen zur Stärkung der kommunalen Selbstverwaltung beiträgt. Allerdings hält das fehlende Stimmrecht manchen Interessenten von der Mitarbeit ab, obwohl es andererseits auch Ausschussmitglieder ohne Stimmrecht gibt, die gerade in dieser Sonderstellung eine Chance sehen, ihre als richtig angesehenen Argumente uneingeschränkt und unbehindert vorzutragen.

Der Rat kann Fachausschüsse jederzeit auflösen und neu bilden. Wenn sich die Stärkeverhältnisse der Fraktionen und Gruppen, z. B. durch den Ein- und Austritt von Mitgliedern, so verändert haben, dass die Zusammensetzung eines Ausschusses ihnen nicht mehr entspricht, dann muss er neu gebildet werden, wenn das beantragt wird. Außerdem kann jede Fraktion und Gruppe Ausschussmitglieder, die sie benannt hat, jederzeit ohne Angabe von Gründen gegen andere austauschen.

4.3   Verfahren im Rat und seinen Ausschüssen

Eine Reihe von Geschäftsordnungsregelungen, die gesetzlich sind, soll insbesondere dem Schutz von Minderheiten dienen. Dazu gehören

- Regelungen über die Mindestzahl der Fraktions- und Gruppenmitglieder,
- die Bestimmung, dass die Ausübung des Antragsrechts jedes Ratsmitgliedes nicht an die Unterstützung durch andere gebunden ist,
- die Regelung, dass ein Ratsmitglied sich an den Ausschussberatungen über einen von ihm gestellten Antrag auch dann beteiligen kann, wenn es dem Ausschuss nicht angehört.

Für öffentliche Sitzungen kann der Rat Einwohnerfragestunden zulassen, in denen Zuhörer zu den Beratungsgegenständen und anderen Gemeindeangelegenheiten Fragen stellen können. Gegebenenfalls müssen die Einzelheiten des Ablaufs in der Geschäftsordnung geregelt werden. Mit einfacher Mehrheit kann der Rat beschließen, anwesende Sachverständige zu hören, und mit Dreiviertelmehrheit kann er die Anhörung von anwesenden Einwohnern zulassen. Diese Bestimmungen gelten auch für öffentliche Ausschusssitzungen.

4.4   Der Verwaltungsausschuss

Das zweite kollegiale Organ neben dem Rat ist der Verwaltungsausschuss, dem neben dem Bürgermeister je nach Größe des Rates zwei bis zehn weitere stimmberechtigte Ratsmitglieder (Beigeordneten) angehören.

Dem Verwaltungsausschuss obliegt die Entscheidung

- in Angelegenheiten im Falle der sog. Lückenzuständigkeit,
- in Angelegenheiten, für die er sich aus dem Zuständigkeitsbereich des Bürgermeisters im Einzelfall die Entscheidung vorbehalten hat,

- über Widersprüche in Angelegenheiten des eigenen Wirkungskreises. (über Widersprüche im übertragenen Wirkungskreis entscheidet regelmäßig die fachlich zuständige Aufsichtsbehörde),
- in personalrechtlichen Angelegenheiten der Angestellten und Arbeiter, soweit er seine Befugnisse nicht auf den Bürgermeister übertragen hat.

Außerdem nimmt der Verwaltungsausschuss zentrale Steuerungs- und Koordinierungsaufgaben im Rahmen der Gemeindeverwaltung wahr.

- Er bereitet die Beschlüsse des Rates vor,
- er wirkt darauf hin, dass die Tätigkeit der Fachausschüsse aufeinander abgestimmt wird,
- er kann unabhängig von den Zuständigkeiten der anderen Organe in allen Verwaltungsangelegenheiten der Gemeinde vom Bürgermeister Auskünfte verlangen und zu allen Verwaltungsangelegenheiten Stellung nehmen.

Im Hinblick auf diese Rechte und Aufgaben des Verwaltungsausschusses verfügen seine Mitglieder über einen sehr viel höheren Informationsstand als die übrigen Ratsmitglieder, der ihnen eine umfassende Sicht aller kommunalen Probleme vermittelt, wodurch ihre allgemeinpolitische Verantwortlichkeit besonders herausgestellt wird. Zu den Mitgliedern des Verwaltungsausschusses zählen deshalb regelmäßig die führenden Politiker des Rates.

5   Die Samtgemeinde

Die Wurzeln der Samtgemeinde liegen in den Vogteien und Kirchspielverbänden des 19. Jahrhunderts, insbesondere im Raum Osnabrück. Damals schlossen sich Gemeinden zum Zwecke der gemeinsamen Aufgabenerledigung zusammen. Ihre Organe waren ein Samtgemeinderat oder -ausschuss. Dieser bestand aus Ratsmitgliedern der beteiligten Gemeinden und einem Samtgemeindevorsteher. Die rev. DGO enthielt keine Regelungen über Samtgemeinden und die NGO von 1955 enthielt nur die Bestimmung über den Fortbestand der Samtgemeinden sowie eine Ermächtigung für die Landesregierung, ihre Verfassung und Verwaltung durch Verordnung zu regeln. Dies holte die Samtgemeindeverordnung von 1961 nach, durch die die Samtgemeinden in jeweiliger Anlehnung an das Recht der Einheitsgemeinden organisiert wurden. Danach stieg bis zum Beginn der Gemeindereform 1971 die Zahl der Samtgemeinden von zunächst etwa 30 auf etwa 280.

Im Zuge der Gemeindereform zwischen 1971 bis 1974 wurde die Samtgemeinde grundsätzlich der Einheitsgemeinde gleichgestellt und die Regelung ihrer Verfassung und Verwaltung in die NGO übernommen. Samtgemeinden sind Kommunalverbände.

Zu ihnen können sich Gemeinden eines Landkreises, die mindestens 400 Einwohner haben, durch Vereinbarung einer Hauptsatzung zusammenschließen, um ihre Verwaltungskraft zu stärken. Eine Samtgemeinde soll mindestens 7.000 Einwohner haben. Sie darf nicht mehr als zehn Mitgliedsgemeinden umfassen. Seit der Gemeindereform haben sich erst wenige Samtgemeinden in Einheitsgemeinden umgewandelt. Dies ist angesichts der bestehenden Voraussetzungen bezüglich der gesetzlich erforderlichen Einwohnergröße von Samtgemeinden und der auch für Einheitsgemeinden bei der Gemeindereform zugrunde gelegten Regeleinwohnerzahl von 7.000 bis 8.000 verständlich. Für die Samtgemeinden und ihre Mitgliedsgemeinden gelten die Vorschriften für Einheitsgemeinden, soweit die NGO nicht ausdrücklich abweichende Regelungen vorsieht.

Die Samtgemeinde erfüllt wesentliche Aufgaben des eigenen Wirkungskreises ihrer Mitgliedsgemeinden, die in der NGO im Einzelnen genannt sind und nicht auf die Mitgliedsgemeinden zurückübertragen werden können. Zu diesen Angelegenheiten gehören u. a. der Flächennutzungsplanung, die Schulträgerschaft, der Brandschutz, der Betrieb von Einrichtungen, für die der Anschluss- und Benutzungszwang vorgeschrieben werden kann oder die mehreren Mitgliedsgemeinden dienen. Des Weiteren erfüllt die Samtgemeinde diejenigen Aufgaben des eigenen Wirkungskreises, die ihr von allen Mitgliedsgemeinden übertragen werden. Bei deren Übertragung müssen die einzelnen Aufgaben in der Hauptsatzung der Samtgemeinde bezeichnet werden. Sollen diese Aufgaben wieder auf alle Mitgliedsgemeinden zurückübertragen werden, muss dies einvernehmlich erfolgen.

Darüber hinaus nimmt die Samtgemeinde alle Aufgaben des übertragenen Wirkungskreises ihrer Mitgliedsgemeinden wahr. Sie unterstützt und berät ihre Mitgliedsgemeinden in allen Aufgaben und führt deren Kassengeschäfte. Um all diese Aufgaben erfüllen zu können, erhält die Samtgemeinde wie die Einheitsgemeinde Finanzmittel auf der Grundlage des Niedersächsischen Finanzausgleichsgesetzes. Außerdem kann sie Gebühren und Beiträge wie eine Einheitsgemeinde, aber keine Steuern erheben. Reichen aber diese Einnahmen für die Erledigung der Aufgaben nicht aus, kann sie von den Mitgliedsgemeinden eine Samtgemeindeumlage einfordern. Die Organe der Samtgemeinde sind der Samtgemeinderat, der Samtgemeindeausschuss und der Samtgemeindebürgermeister. Das Verfahren ihrer Wahl, ihre Rechtsstellung, ihre Kompetenzen im Rahmen der Aufgaben der Samtgemeinde entsprechen denen des Rats, des Verwaltungsausschusses und des Bürgermeisters in Einheitsgemeinden.

5.1   Mitgliedsgemeinden

Der Bürgermeister wird in Mitgliedsgemeinden allerdings nicht unmittelbar von den Bürgern, sondern vom Rat aus seiner Mitte gewählt. Der Bürgermeister ist Vorsitzender nicht nur des Verwaltungsausschusses, sondern auch des Rates. Er kann mit Zweidrittelmehrheit des Rates abgewählt werden. Der Bürgermeister ist ehrenamtlich tätig und seine Kompetenzen entsprechen denen des hauptamtlichen Bürgermeisters. Der

Rat kann jedoch für die Dauer der Wahlperiode beschließen, dass der ehrenamtliche Bürgermeister nur die repräsentative Vertretung seiner Gemeinde und den Vorsitz in dessen Rat und Verwaltungsausschuss wahrnimmt. In diesem Fall nimmt die anderen Aufgaben des Bürgermeisters, insbesondere seine Verwaltungsaufgaben, entweder der Samtgemeindebürgermeister oder ein anderer leitender Bediensteter der Samtgemeinde wahr. Der Betroffene wird dann in das Ehrenbeamtenverhältnis der Mitgliedsgemeinde berufen und führt die Amtsbezeichnung Gemeindedirektor. Seine Handlungsfähigkeit ist z.T. eingeschränkt, da er bei bestimmten Maßnahmen die Mitwirkung des Bürgermeisters benötigt.

Die Verwaltungsspitze der Mitgliedsgemeinden ist ehrenamtlich organisiert, denn ihre wesentlichen Aufgaben werden von der Samtgemeinde wahrgenommen. Meistens haben die Mitgliedsgemeinden darüber hinaus kein hauptberufliches Personal, da sie Unterstützung durch ihre Samtgemeinde erhalten. Die Diskussion über die Vor- und Nachteile von Einheits- bzw. Samtgemeinde geht unter den jeweiligen Anhängern bzw. Gegner weiter. Pro Einheitsgemeinde wird angeführt, dass die Verwaltungsarbeit viel einfacher sei, da alles im Rathaus zusammenlaufe, die Akzeptanz dieser Gemeindeform bei den Bürgern besonders hoch und andererseits der politische Entscheidungsprozess in Samtgemeinden sehr langwierig sei. Pro Samtgemeinde wird argumentiert, die Ausgaben ließen sich bei ihnen reduzieren, die Lebensqualität in den Mitgliedsgemeinden sei höher als in einer Einheitsgemeinde und zudem seien die Kompetenzen von Ortsräten der Einheitsgemeinden sehr begrenzt.

6   Ortschaften und Stadtbezirke

Mit den Eingemeindungen und Gemeindezusammenschlüssen im Rahmen der Gemeindereform 1971 bis 1974 erlangte das Ortschaftsrecht eine besondere Bedeutung. Sein Ziel ist es, den Verlust von gemeindlicher Selbstständigkeit zu überwinden, die Integration der neuen Gemeinden zu beschleunigen und die Identifizierung der Bürger mit ihrer örtlichen Gemeinschaft zu stärken. Ähnlich soll die erst 1980 geschaffene Stadtbezirksverfassung helfen, in den großen Städten die kommunale Selbstverwaltung zu verbessern.

6.1   Ortschaften

Ortschaften sind Teile einer Gemeinde, die eine engere Gemeinschaft bilden. In ihnen sind Ortsräte zu wählen oder Ortsvorsteher zu bestellen. Die Änderung ihrer Grenzen und ihre Aufhebung sind nur am Ende einer Wahlperiode zulässig. Der Ortsrat wird für die Dauer der allgemeinen Wahlperiode zusammen mit dem Gemeinderat gewählt. Die Rechtsstellung der Ortsratsmitglieder entspricht der der Gemeinderatsmitglieder. Vorsitzender ist der Ortsbürgermeister, den der Ortsrat aus seiner Mitte wählt. Als

Ehrenbeamtem können ihm mit seinem Einverständnis Hilfsfunktionen für die Gemeindeverwaltung übertragen werden. Dazu gehören u.a. Unterschriftsbeglaubigungen, Überwachung gemeindlicher Einrichtungen, Mithilfe bei statistischen Erhebungen, Kontrollen im Rahmen der Verkehrssicherungspflicht.

Der Ortsrat soll die Belange der Ortschaft wahren und auf ihre gedeihliche Entwicklung hinwirken. Über bestimmte ortschaftsbezogene Angelegenheiten wie z.B. die Unterhaltung und Benutzung von öffentlichen Einrichtungen in der Ortschaft, die Pflege des Ortsbildes, die Vereins- und Brauchtumsförderung kann er selbstständig entscheiden. Dafür muss ihm der Gemeinderat die erforderlichen Haushaltsmittel zur Verfügung zu stellen. Die Etathoheit des Gemeinderates bleibt dadurch jedoch unberührt.

Ferner hat der Ortsrat ein Anhörungsrecht in allen wichtigen die Ortschaft berührenden Fragen des eigenen und übertragenen Wirkungskreises, wie z. B. bei Investitionsvorhaben in der Ortschaft, bei der Bauleitplanung, bei der Einrichtung, Änderung und Aufhebung von öffentlichen Einrichtungen. Die Entscheidungszuständigkeiten des Ortsrates können durch die Hauptsatzung ausgeweitet werden. Schließlich kann der Ortsrat gegenüber den Gemeindeorganen in ortschaftsbezogenen Angelegenheiten Vorschläge machen. Bei der Beratung dieser Angelegenheiten in den Kollegialgremien der Gemeinde hat der Ortsbürgermeister oder sein Stellvertreter ein Anhörungsrecht.

6.2   Ortsvorsteher

Wenn in der Hauptsatzung die Bestellung eines Ortsvorstehers vorgesehen ist, wird dieser für die Dauer der Wahlperiode vom Gemeinderat durch Beschluss bestimmt, und zwar auf Vorschlag der Fraktion, deren Mitglieder der bei der Wahl in der Ortschaft stärksten Partei oder Wählergruppe angehören. Der Ortsvorsteher, der in der Ortschaft wohnen muss, soll die Belange der Ortschaft gegenüber den Gemeindeorganen zur Geltung bringen und Hilfsfunktionen für die Gemeindeverwaltung erfüllen. Er kann ebenso wie der Ortsrat Vorschläge machen und ist dann wie der Ortsbürgermeister anhörungsberechtigt.

6.3   Stadtbezirke

In kreisfreien Städten und Städten mit mehr als 100.000 Einwohnern können durch Ratsbeschluss Stadtbezirke gebildet werden. Von dieser Möglichkeit haben allerdings bisher nur Braunschweig und Hannover Gebrauch gemacht. Im Unterschied zu Ortschaften müssen die Stadtbezirke, über deren Zahl und Abgrenzungen es keine gesetzlichen Vorschriften gibt, das gesamte Stadtgebiet erfassen. Gesetzliche Vorgaben für ihre Zahl und ihre Abgrenzung bestehen nicht. Ihre Aufhebung und Grenzänderung ist nur zum Ende der Wahlperiode zulässig. Für jeden Stadtbezirk muss jedoch ein Stadtbezirksrat eingerichtet werden, dessen Mitglieder im Rahmen der Kommunalwahl zu wählen sind.

Die Stadtbezirksverfassung entspricht im Wesentlichen der Ortsratsverfassung, doch gibt es einige Abweichungen:

- die Zahl der Mitglieder des Stadtbezirksrates ist gesetzlich festgelegt,
- die Entscheidungszuständigkeiten des Stadtbezirksrates gehen geringfügig über die des Ortsrates hinaus,
- die Kompetenzen des Stadtbezirksrates können nicht eingeschränkt werden,
- der Bezirksbürgermeister nimmt keine Hilfsfunktionen wahr.

7   Bürger- und Einwohnerbeteiligung

Seit jeher besteht die Möglichkeit, dass sich Einwohner durch die Übernahme ehrenamtlicher Tätigkeiten an der Gestaltung der Lebensverhältnisse in ihrer Gemeinde beteiligen, insbesondere im kulturellen und sozialen Bereich. Neben dem freiwilligen Engagement können wahlberechtigte Einwohner jedoch auch zur Übernahme von Ehrenämtern und sonstigen ehrenamtlichen Tätigkeiten verpflichtet werden.

Auf Grund seiner Kompetenz, Richtlinien für die Verwaltungsführung aufzustellen, kann der Rat regeln, wie die Einwohner an der Verwaltung der Gemeinde zu beteiligen sind. Jedoch darf diese Beteiligung über eine Beratung der Organe, z. B. durch Beiräte, Kommissionen und ähnlich Einrichtungen, nicht hinausgehen. Denn verbindlichere Formen der Einwohnerbeteiligung bedeuten die Schaffung von Kommunalverfassungsrecht, für die nach der Kompetenzordnung des Grundgesetzes der Landtag zuständig ist.

Mit der Reform des niedersächsischen Kommunalverfassungsrechts im Jahr 1996 wurden Einwohnerantrag, Bürgerbegehren und Bürgerentscheid, Anregungen und Beschwerden sowie Bürger- bzw. Einwohnerbefragung in den Gemeinden zulässig.

7.1   Einwohnerantrag

Als einziges Beteilungsrecht ist der Einwohnerantrag, den man auch als Anregungsverfahren bezeichnen kann, nicht völlig neu, denn er fand sich bereits in der alten Gemeindeordnung als Bürgerantrag.

Mit dem Einwohnerantrag können die Einwohner direkt auf ihre gewählten Vertretungen einwirken. Wer mindestens 14 Jahre alt und seit mindestens drei Monaten in der Gemeinde gemeldet ist, kann mit einem schriftlichen Einwohnerantrag verlangen, dass der Rat bestimmte Angelegenheiten des eigenen Wirkungskreises berät, für die er zuständig ist oder für die er sich die Zuständigkeit vorbehalten kann. Der Einwohnerantrag gibt auch ausländischen Einwohnern und Jugendlichen von 14 bis 16 Jahren, also Bevölkerungsgruppen ohne Wahlrecht in den Kommunen, die Möglichkeit, Einfluss auf kommunalpolitische Angelegenheiten zu nehmen.

Um eine Inflation von Einwohneranträgen zu verhindern ist vorgegeben, dass innerhalb von zwölf Monaten in derselben Angelegenheit nur ein Einwohnerantrag gestellt werden darf. Sollte also ein Antrag aus Sicht der Initiatoren nicht zufriedenstellend beraten worden sein, müssen sie trotzdem insgesamt zwölf Monate warten, bis sie diesbezüglich wieder einen Antrag stellen dürfen.

Darüber hinaus soll mit dem Unterschriftenquorum, das nach der Einwohnerzahl gestaffelt ist, sichergestellt werden, dass sich der Rat lediglich mit Anträgen zu befassen hat, die ein Minimum an öffentlicher Aufmerksamkeit erreicht haben. Der Beratungspflicht kommt der Rat schon dann nach, wenn er den Sachverhalt des Antrags auf die Tagesordnung einer Sitzung setzt und damit Gelegenheit zu einer Aussprache gibt. Außerdem soll der Rat die drei Personen, die berechtigt sind, die Unterzeichnenden des Antrags gegenüber der Gemeinde zu vertreten, anhören. Um die Bevölkerung über das Ergebnis der Beratung zu informieren, ist dieses auf dem ortsüblichen Wege bekannt zu machen.

Seit Einführung des Einwohnerantrags hat sich gezeigt, dass allein seine Initiierung Ratsmitglieder und Fraktionen anregt, das Thema im Rat oder in den Ausschüssen auf die Tagesordnung zu setzen. Bewertet man das Instrument Einwohnerantrag nach den Kriterien Partizipation, Transparenz und Effizienz, so kann man alle als hoch bezeichnen, soweit der Antrag im Rat in öffentlicher Sitzung beraten wird und im Ergebnis Zustimmung findet. Somit geht von diesem Partizipationsinstrument eine potenzielle Druckwirkung aus.

7.2 Bürgerbegehren und Bürgerentscheid

Erst mit der Kommunalverfassungsreform von 1996 wurden die eng miteinander verbundenen Instrumente Bürgerbegehren und Bürgerentscheid geschaffen. Beide sind zwei selbstständige Abschnitte eines Verfahrens, das eine Entscheidung einer Gemeindeangelegenheit unmittelbar durch die wahlberechtigte Bevölkerung zum Ziel hat. Sie sind damit eine große Herausforderung für die repräsentative Willensbildung des Rates.

Für die Einführung des Bürgerbegehrens wurde im Niedersächsischen Landtag angeführt, dass es die Bürger motiviere, sich verstärkt in kommunalen Sachfragen zu engagieren. Darüber hinaus eröffne es ihnen die Möglichkeit, auch zwischen den Wahlen im Einzelfall Entscheidungen der Ratsmehrheit zu korrigieren. Außerdem könnte angesammelter Unmut in der Bevölkerung über nicht akzeptierte Entscheidungen abgebaut sowie die Integration der Bürger in den politischen Entscheidungsprozess gefördert werden.

Die Durchführung des Bürgerbegehrens liegt dabei ausschließlich in der Hand der Initiatoren, während der Bürgerentscheid von der Gemeinde durchzuführen ist. Dabei kann jedermann, auch wenn er nicht Einwohner oder Bürger des betreffenden Ortes ist, Initiator eines Bürgerbegehrens sein. Darüber hinaus können die Wahlberechtigten mit einem Bürgerbegehren beantragen, dass ihnen der Rat bestimmte Angelegenheiten des eigenen Wirkungskreises zur direkten Entscheidung (Bürgerentscheid) überlässt.

Das Begehren muss zunächst der Gemeinde schriftlich angezeigt werden, dann erst darf mit der Sammlung von Unterschriften begonnen werden. Sobald diese Anzeige bei der Gemeinde eingeht, beginnt eine Frist von sechs Monaten, innerhalb der das Bürgerbegehren mit den erforderlichen Unterschriften einzureichen ist. Je nach Einwohnerzahl der Gemeinde muss eine bestimmte Zahl von Unterschriften wahlberechtigter Einwohner beigebracht werden, und zwar unter Festlegung von Höchstzahlen von 10% der Wahlberechtigten. Durch das Unterschriftenquorum soll verhindert werden, dass kleine Interessengruppen das Bürgerbegehren dazu nutzen, mit von vornherein nicht mehrheitsfähigen Anträgen eine planvolle Kommunalpolitik zu behindern. Bisher erreichten 40 Prozent der Begehren das Quorum nicht.

Mit dem Bürgerentscheid kann beantrag werden, dass die Bürger einer Kommune über eine bestimmte Angelegenheit ihrer Gemeinde entscheiden. Der Sachverhalt muss wie beim Einwohnerantrag einer des eigenen Wirkungskreises in der Zuständigkeit des Rates sein. Eine Reihe von Angelegenheiten von grundsätzlicher Bedeutung, wie z. B. die Organisation der Verwaltung, die Rechtsverhältnisse der Mandatsträger und Bediensteten, die Bauleitplanung, die Haushaltssatzung sowie Abgaben und Entgelte, die Jahresrechnung, Planfeststellungs- und andere förmliche Zulassungsverfahren, sind jedoch ausgenommen. Allerdings darf über die im Bürgerbegehren aufgegriffene Angelegenheit in den letzten zwei vorangegangenen Jahren kein Bürgerentscheid durchgeführt worden sein.

Das Bürgerbegehren steht häufig in Konkurrenz mit der Politik des Rats bzw. dessen Mehrheitsfraktion. Es initiiert damit kontroverse politische Diskussionen in einer Gemeinde. Wenn sich das Bürgerbegehren gegen einen Ratsbeschluss richtet, dann muss es innerhalb von drei Monaten nach Bekanntmachung dieses Beschlusses mitsamt den Unterschriften eingereicht werden. Diese Frist bei der Einleitung eines Bürgerbegehrens gilt nicht, wenn sich dieses gegen einen nicht bekannt gemachten Ratsbeschluss oder gegen Entscheidungen des Verwaltungsausschusses oder des Hauptverwaltungsbeamten richtet.

Das Bürgerbegehren muss das Begehren so genau bezeichnen, dass darüber mit „Ja" oder „Nein" abgestimmt werden kann. Das schriftlich zu formulierende Begehren muss eine Begründung und einen durchführbaren Deckungsvorschlag für die entstehenden Kosten oder Einnahmeausfälle enthalten. Die Begründung soll den Bürgern helfen, eine sachgerechte Entscheidung zu fällen, ob sie das Begehren mit ihrer Unterschrift unterstützen wollen oder nicht. Dabei sollten sich Umfang und Inhalt der Begründung nach dem Sachverhalt des Begehrens richten. Wichtig ist, dass möglichst für jeden Bürger, der sich für die Belange der Gemeinde interessiert, auch schwierige Sachverhalte verständlich sind.

Ein Deckungsvorschlag für die bei Verwirklichung des Antrags entstehenden Kosten oder Einnahmeausfälle ist ebenfalls erforderlich. Über die Zulässigkeit des Antrags entscheidet der Verwaltungsausschuss. Ist er zulässig, muss der Rat ihn innerhalb von drei Monaten beraten; ein Anspruch auf eine Sachentscheidung besteht nicht. An den Deckungsvorschlag werden hohe Anforderungen gestellt. Er muss nicht nur die Höhe der Kosten angeben, vielmehr muss es sich auch auf die Finanzierung der Beschaffungs- und Herstellungskosten sowie auf die Deckung der Folgekosten erstrecken. Hat z.B. eine Gemeinde ihre Kreditmöglichkeiten ausgeschöpft, dann ist der Deckungsvorschlag, einen Kredit aufzunehmen, nach den gesetzlichen Bestimmungen nicht zu akzeptieren. Andererseits ist kein Deckungsvorschlag notwendig, wenn durch das Begehren Kosten eingespart werden oder dieses kostenneutrale Folgen hat.

Über die Zulässigkeit des Bürgerbegehrens muss der Verwaltungsausschuss unverzüglich entscheiden. Während der Einwohnerantrag lediglich eine Anstoßfunktion für den Rat besitzt und deshalb eine großzügigere Interpretation seiner Zulässigkeit keine weitreichende Folgen hat, ist beim Bürgerbegehren die strikte Rechtsanwendung geboten, weil die Zulässigkeit des Begehrens regelmäßig die Durchführung des Bürgerentscheids zur Folge hat.

Die Mitteilung über die Entscheidung des Verwaltungsausschusses ist ein Verwaltungsakt, der, falls er die Unzulässigkeit des Bürgerbegehrens feststellt, letztlich von jedem Bürger, der das Begehren unterschrieben hat, angefochten werden kann. Im Falle der Zulässigkeit kann dagegen das Begehren nicht angefochten werden, auch nicht von Gegnern des verfolgten Anliegens, da sie in ihren Rechten nicht beeinträchtigt wurden. Den Beschluss des Verwaltungsausschusses überprüft die Kommunalaufsicht, um unnötige Bürgerentscheide und die damit verbundenen Kosten zu vermeiden.

Die Durchführung des Bürgerentscheids organisiert die Gemeinde. Gesetzlich ist nur vorgeschrieben, dass er nicht am Tage einer Kommunalwahl stattfinden darf und dass – wie beim Begehren – Stimmzettel zu verwenden sind, auf denen durch ein Kreuz mit „Ja" oder „Nein" abgestimmt wird. Die Erfolgschancen sind umso höher, je eindeutiger eine Partei oder Interessengruppe sich der Sache annimmt.

Falls das Bürgerbegehren zulässig ist, muss der Bürgerentscheid spätestens drei Monate nach der Entscheidung des Verwaltungsausschusses durchgeführt werden, es sei denn, der Rat entscheidet vollständig oder im Wesentlichen im Sinne des Begehrens. Regelt die Gemeinde die Angelegenheit vorher unabänderbar anders, geht der Bürgerentscheid ins Leere.

Dem Bürgerentscheid ist entsprochen, wenn die Mehrheit der gültigen Stimmen auf „„Ja" lautet und diese Mehrheit mindestens 25 v. H. der wahlberechtigten Einwohner beträgt. Dieses Zustimmungsquorum wird von den Anhängern des Instruments Bürgerbegehren kritisiert, da dies insbesondere in den größeren Städten die Abstimmungsbereitschaft mindere. Außerdem fördere das Quorum die Boykottstrategie der Sachgegner, die ihre Nichtteilnahme an der Abstimmung wie eine Neinstimme wirken lassen könnten.

Der Bürgerentscheid hat die Wirkung eines Ratsbeschlusses und kann vor Ablauf von zwei Jahren nur auf Antrag des Rates durch einen neuen Bürgerentscheid geändert werden. Die Entscheidungs- und Handlungsfreiheit der Gemeinde ist bis zum Bürgerentscheid nicht eingeschränkt. Dennoch kann das langwierige Entscheidungsverfahren zu administrativen Effektivitätsverlusten sowie zu einer Verschiebung der politischen Gewichte zwischen den Bürgern und Rat und Verwaltung zu Lasten des Rats führen.

Beim Bürgerentscheid sind die Kriterien Partizipation vor allem wegen des Quorums nur relativ, Transparenz und Effizienz dagegen durchgehend hoch, es sei denn, der Entscheid scheitert. In Niedersachsen lässt sich seit Einführung des Bürgerbegehrens eine nahezu konstante Anzahl von knapp 20 jährlich konstatieren, von denen gut 10 Prozent von den Räten angenommen und fast die Hälfte als unzulässig zurückgewiesen wurden, Letzteres insbesondere wegen Themenausschlusses oder eines mangelnden Kostendeckungsvorschlags. Über ungefähr ein Drittel wurden in Bürgerentscheiden abgestimmt. Dabei betraf jeder zweite Entscheid thematisch den Bereich kommunaler Infrastruktur.

7.3   Anregungen und Beschwerden

Mit der neuen Kommunalordnung wurde erstmals auf kommunaler Ebene auch ein Petitionsrecht eingeführt, obwohl die Niedersächsische Verfassung dies bereits für die Landesexekutive, zu der auch die Gemeinden gehören, vorschreibt. Nunmehr hat jedermann, auch ein Minderjähriger, das Recht, sich mit Petitionen an den Rat, den Bürgermeister, den Verwaltungsausschuss oder einen sachlich zuständigen Fachausschuss zu wenden. Dabei ist die schriftliche Form zwingend vorgeschrieben.

Durch die Bestimmung der NGO ist dem Rat petitionsrechtlich eine Stellung verliehen worden, die die Parlamente verfassungsrechtlich schon lange besitzen. So hat der Rat als das Hauptorgan der Gemeinde die Möglichkeit, von Anregungen und Beschwerden auch dann zu erfahren, wenn sie Angelegenheiten betreffen, die nicht in seine Zuständigkeit fallen. Dadurch wird allerdings nicht die Entscheidungszuständigkeit verändert; dem Rat ist aber die Möglichkeit gegeben, sich im Rahmen seiner gesetzlichen Möglichkeiten einzuschalten.

Der Gemeindebevölkerung kann das Petitionsrecht als Instrument bürgerschaftlicher Teilhabe an der kommunalpolitischen Willensbildung dienen, insbesondere dann, wenn sie von Bürgerinitiativen als Sammel- oder Massenpetition eingesetzt wird. Partizipation, Transparenz und Effizienz von Anregungen und Beschwerden sind hoch, wenn der Rat diese öffentlich erörtert und letztlich den Anregungen folgt.

7.4   Bürger- und Einwohnerbefragung

Die NGO gibt weiterhin Gemeinden die gesetzliche Grundlage, in einer bestimmten Angelegenheit nicht nur Meinungsumfragen durchzuführen, sondern die wahlberechtigten Einwohner auch umfassend zu befragen. Derartige Bürgerbefragungen haben mit den Ratsreferenden in Baden-Württemberg und Schleswig-Holstein gemeinsam, Initiativen des Rats zu sein, doch ist das Ergebnis der Befragungen im Gegensatz zu dem von Referenden unverbindlich.

Hauptzweck der Befragungen ist es, dem Rat bei der Gewinnung von Informationen zu helfen, um seine Meinungs- und Willensbildung und damit seine Entscheidungsfähigkeit zu verbessern. Gleichzeitig können derartige Befragungen das Interesse der Bürger an den die Gemeinde betreffenden Angelegenheiten erhöhen und damit ihr kommunalpolitisches Engagement stärken. Allerdings gibt es auch Vorbehalte gegenüber der Bürgerbefragung. So kann der Rat mit diesem Instrument Druck auf den Bürgermeister und den Verwaltungsausschuss ausüben, wenn er Sachverhalte befragen lässt, die in den Kompetenzbereich dieser beiden Organe fallen. Bisher hat es freilich in Niedersachsen bei den wenigen Bürgerbefragungen solche Konfliktsituationen nicht gegeben.

7.5   Einwohnerversammlung

Bei wichtigen Planungen und Vorhaben in einer Gemeinde soll der Bürgermeister Einwohnerversammlungen für die gesamte Gemeinde bzw. für Teile des Gemeindegebietes einberufen, um die Einwohner rechtzeitig und ausreichend über die Grundlagen, Ziele und Auswirkungen der geplanten Vorhaben zu unterrichten und ihnen gleichzeitig die Möglichkeit zu einer umfassenden Erörterung zu geben. Damit ist die Einwohnerversammlung ein wichtiges Diskussionsforum, zu dem auch die nicht wahlberechtigten Einwohner zugelassen sind. Dennoch ist dieses Partizipationsinstrument – verglichen mit ähnlichen Einrichtungen in anderen Bundesländern – recht schwach, denn sie findet nicht in regelmäßigen Abständen statt und lässt auch keine Beschlüsse zu, die dem Rat Anregungen geben und von diesem in einer bestimmten Frist zu behandeln sind.

7.6   Beteiligung an der Bauleitplanung

Eine besondere Form der Beteiligung der Bürger ist die am Bauleitplanverfahren, die nach dem Baugesetz sowohl für den Flächennutzungsplan als auch für den Bebauungsplan vorgeschrieben ist. Dabei haben die Bürger bei der vorgezogenen Bürgerbeteiligung, die sich auf das Anfangsstadium eines Planungsvorhabens bezieht, und bei der förmlichen Bürgerbeteiligung nach Vorlage der Entwürfe der Bauleitpläne die Möglichkeit, ihre Vorstellungen einzubringen. Zu den Bürgern zählen dabei nach dem Baugesetz alle Personen, die durch den Bauleitplan betroffen sind, betroffen sein können oder irgendein Interesse an der Planung haben. Dies kann z.B. auch für einen Nichteinwohner gelten, der möglicherweise nur ein Grundstück in der Gemeinde hat.

Der Gemeinderat muss alle schriftlich vorgebrachten Anregungen prüfen und dann über Änderungen und Ergänzungen bis hin zur Aufhebung des Bauleitplans entscheiden. Dieses abschließende Entscheidungsrecht des Rats macht offenbar, dass den Bürgern nur eine begrenzte Mitwirkungsmöglichkeit an der Bauleitplanung gegeben ist. Andererseits kann eine nicht ordnungsgemäße Mitwirkung der Bürger an der Bauleitplanung dazu führen, dass höhere Verwaltungsbehörden den Plan nicht genehmigen und ihm damit die Rechtswirksamkeit verwehren.

7.7   Beiräte

Eine weitere Möglichkeit für die Bürger und insbesondere für bestimmte Gruppen der Einwohnerschaft, ihre spezifischen Belange dem Rat zu Gehör zu bringen, ist die Mitarbeit in Beiräten. Zu ihnen zählen vorzugsweise Personengruppen, die gewöhnlich wenige Einflussmöglichkeiten auf die Gemeindeorgane haben und die deshalb als benachteiligt angesehen werden.

Dies sind vor allem alte Menschen und Ausländer, Kinder und Jugendliche, die erst durch die Mitarbeit in den Beiräten zusätzliche Beteiligungschancen an der Kommunalpolitik erhalten. So gibt es Jugendgemeinderäte in erster Linie in kleineren Gemeinden mit bis zu 30.000 Einwohnern. In diesen Beiräten werden Jugendliche und Kinder in konkrete Planungsprozesse der Gemeinde einbezogen. In Foren und an „Runden Tischen" wird ihnen Gelegenheit zur Kritik gegenüber der Verwaltung und den Politikern gegeben, und als Jugendparlament können sie sogar über eng begrenzte Beschlussrechte und Haushaltsmittel verfügen. Allerdings ist das Partizipationsinstrument Jugendbeirat und -parlament in Niedersachsen noch gering entwickelt. Demgegenüber verfügen die in über 200 kommunalen Jugendringen zusammengeschlossenen öffentlich anerkannten Träger der Jugendarbeit (Jugendverbände, -gruppen und -initiativen) über entwickelte Strukturen zur Beteiligung und Vertretung von Kindern und Jugendlichen.

Weiter verbreitet sind die Seniorenvertretungen, die sich als Seniorenräte oder -beiräte in gut 150 Gemeinden finden. Die Mitglieder dieser Beiräte können entweder in Urwahl von den Einwohnern, die in der Regel das 65. Lebensjahr vollendet haben, gewählt oder durch die Gemeinde berufen werden. Sie beraten und unterstützen u.a. die Träger der freien Wohlfahrtspflege und entsenden darüber hinaus einzelne Mitglieder in die Ratsausschüsse, insbesondere in den Sozialausschuss.

Für die Ausländer, die nicht Bürger von Mitgliedsstaaten der EU sind und damit kein Wahlrecht für die Gemeindevertretungen haben, gibt es in den niedersächsischen Gemeinden drei Einrichtungen, durch die sie ihren Belangen Gehör verschaffen können. Dazu gehören gut ein Dutzend Ausländer- oder Integrationsbeauftragte als Bedienstete der Kommune, der Ausländerausschuss als Ausschuss des Rats und der Ausländer- oder Integrationsratsbeirat, dem als Initiativ- und Beratungsgremium keinerlei Entscheidungskompetenzen zustehen.

Die politische Kompetenz und Zusammensetzung sowie das Wahlrecht und der Wahlmodus der Ausländer- oder Integrationsratsbeiräte sind in den einzelnen Gemeinden sehr unterschiedlich geregelt. Manche Beiräte ähneln Verwaltungstreffen, andere Parlamenten ohne Entscheidungsbefugnis. Die meisten Beiräte haben jedoch ein Anhörungsrecht im Rat bei den die Ausländer betreffenden Angelegenheiten. Die meisten dieser Ausländerbeiräte finden sich in den Großstädten. Die geringe Beteiligung bei der Wahl der Räte lässt freilich gelegentlich Zweifel an deren Legitimität aufkommen.

Da die Beiräte in der NGO nicht erwähnt sind, fehlt ihnen eine rechtliche Grundlage. Sie bedürfen erst einer politischen Entscheidung des jeweiligen Rats, durch die ihre Kompetenzen und ihre personelle Besetzung festgelegt werden. Deshalb hängt es einerseits von der Sachkunde in den Beiräten, andererseits von der Haltung des Rats und der Verwaltung ab, welche reale Wirkung Empfehlungen von Beiräten entfalten können.

Die vorsichtige Haltung des Niedersächsischen Landtags gegenüber der Einführung von Beiräten, die auch durch die Empfehlungen der Enquete-Kommission gestützt wird, beruht auf der Sorge, die gesonderte Beteiligung einzelner Gruppen der Einwohnerschaft in Beiräten, gelegentlich auch „Nebengemeinderäte" genannt, könne die Einbindung der verschiedenen Einzelinitiativen in die kommunale Gesamtpolitik und damit die Wahrnehmung der Gesamtverantwortung durch den Rat erschweren. Deshalb haben bis heute Vorschläge, die die gesetzliche Verpflichtung zur Einführung von Beiräten vorsehen, im Niedersächsischen Landtag keine Mehrheit gefunden.

7.8 Projektorientierte Bürgerbeteiligung

Das geläufigste Beispiel für projektorientierte Bürgerbeteiligung ist die lokale Agenda 21, die auf der Agenda 21 von Rio de Janeiro beruht. Ziel ist es, Bürger, örtliche Organisationen und die Privatwirtschaft auf Foren ins Gespräch miteinander zu bringen, um so die gesamte Bevölkerung in die Diskussion über die nachhaltige umweltverträgliche Entwicklung des Gemeinwesens, die weit über die Bauleitplanung hinausgeht, einzubeziehen. Ca. 10 Prozent der niedersächsischen Gemeinden haben inzwischen Beschlüsse über eine lokale Agenda 21 gefasst, für deren Realisierung sie Fördermittel aus dem Europäischen Fonds für regionale Entwicklung für Kommunen in strukturschwachen Gebieten erhielten.

7.9 Bewertung plebiszitärer Entscheidungsverfahren und der Stärkung der Bürgerkommune

Die Einführung erweiterter plebiszitärer Entscheidungsverfahren mit der Reform des niedersächsischen Kommunalverfassungsrechts von 1996 hat bis heute keine demokratische Massenmobilisierung in den niedersächsischen Gemeinden bewirkt. Zu groß ist der Aufwand für die Organisation und den Kommunikationsprozess, den die Initiatoren leisten müssen, um die plebiszitären Instrumente effektiv zu machen. Die Sorge, die Funktion der Räte könne ausgehöhlt werden, hat sich bisher in Niedersachsen nicht bestätigt.

Angesichts fehlender finanzieller Mittel wird künftig die Förderung einer solidarischen Bürgergesellschaft kommunalpolitisch noch mehr Bedeutung gewinnen. Schon Anfang der 90er Jahre ließ sich absehen, dass die öffentlichen Leistungen auf der kommunalen Ebene auf Dauer nicht mehr finanzierbar sind. So gab es schon damals erste Appelle an die Bürgerinnen und Bürger, sich angesichts der abzeichnenden knappen

Kassen verstärkt für ihre Kommune zu engagieren, z.B. die „Bürgerinitiative mit Hacke und Spaten" des Niedersächsischen Städte- und Gemeindebundes.

Inzwischen hat die Bürgerkommune vielerorts eine ganz neue Qualität erfahren, indem sie das Kräftedreieck „Bürger, Rat und Verwaltung" umgestaltet hat. Repräsentative Entscheidungsformen haben sich vielfach mit direkten oder kooperativen und zumeist sehr spontan und ideenreich organisierten Elementen der Demokratie vermischt. Wichtig ist, dass die kommunalen Entscheidungsträger (Rat, Verwaltungsausschuss, Bürgermeister) eine aktive Informationspolitik betreiben, d. h. von sich aus auf die Bürger zugehen und deren Beteiligung eher als Bereicherung, denn als Beschneidung ihrer Kompetenzen empfinden.

Literaturhinweise

Detjen, Joachim: Demokratie in der Gemeinde – Bürgerbeteiligung an der Kommunalpolitik in Niedersachsen, Hannover 2000
Ipsen, Jörn: Niedersächsisches Kommunalrecht – Lehrbuch, Stuttgart u.a. 1999
Leder Gottfried / Friedrich, Wolfgang-Uwe: Kommunalpolitik und Kommunalwahlen in Niedersachsen, Hildesheim 1988
Thiele, Robert: Niedersächsische Gemeindeordnung. Kommentar, 4.Auflage, Hannover 1997

Kommunalpolitik in Nordrhein-Westfalen

Andreas Kost

1   Einleitung

Die innere Organisation der Gemeinden wird im Wesentlichen durch die jeweilige spezifische Gemeindeordnung in einem Bundesland festgelegt. Besondere Kennzeichen für die nach dem Zweiten Weltkrieg unter britischem Einfluss installierte Gemeindeordnung war in Nordrhein-Westfalen die doppelte Verwaltungsspitze. Sie sah einen ehrenamtlichen Bürgermeister vor, der vom Rat gewählt wurde und einen Gemeinde- bzw. Stadtdirektor, der die Verwaltung leitete. Dieses Organisationsmodell hatte den Nachteil, dass es häufig zu unklaren Machtverhältnissen zwischen Bürgermeister, Rat und Verwaltung kam und eine mangelnde Transparenz der Entscheidungsstrukturen die Bürger teilweise verwirrte. Nach langjähriger Kritik und vielen Diskussionen von und zwischen Wissenschaftlern, Politikern und kommunalpolitischen Praktikern am Typus der so genannten *Norddeutschen Ratsverfassung*, dem diese Strukturen immanent sind, gilt nach der Reform der Gemeindeordnung von 1994 (und der Beendigung einiger Übergangsregelungen 1999) eine „eingleisige" Kommunalverfassung. Die Aufgaben und die Funktionen der bisherigen „Doppelspitze" sind nun auf den hauptamtlichen Bürgermeister (in den kreisfreien Städten: Oberbürgermeister) übergegangen, der im September 1999 erstmalig von den Bürgern für fünf Jahre direkt gewählt wurde. Zeitgleich fanden für dieselbe Amtsperiode auch die Ratswahlen statt. Seit 2009 ist allerdings die Amtszeit des hauptamtlichen Bürgermeisters auf sechs Jahre verlängert und damit von der Ratswahl entkoppelt worden. Entsprechendes gilt für die Kreise, in denen seit 1999 ein unmittelbar gewählter hauptamtlicher Landrat an die Stelle der Doppelspitze Landrat und Oberkreisdirektor getreten ist.

Die reformierte Gemeindeordnung erlaubt in Nordrhein-Westfalen den Bürgern außerdem eine stärkere und effektivere Mitwirkung an der Kommunalpolitik. Hervorzuheben sind hierbei der Einwohnerantrag, mit dem der Rat gezwungen werden kann, über bestimmte Fragen zu beraten und zu entscheiden sowie insbesondere die Partizipationsinstrumente Bürgerbegehren und Bürgerentscheid, mit denen die Bürgerschaft selbst unmittelbare Sachentscheidungen (allerdings unter Ausschluss verschiedener kommunaler Sachthemen und mit Anbindung an spezifische Quoren) herbeiführen kann. Es darf dabei nicht vergessen werden, dass die kommunale Bürgerbeteiligung immer dann an ihre Grenzen stößt, wenn die kommunale Selbstverwaltung auf bundesstaatliche Politik und überörtliche Planungen angewiesen ist. Schließlich behielten und behalten sich die politischen Entscheidungsträger auf der nordrhein-westfälischen Landesebene vor, wofür sie die Bürgerentscheidungen öffnen, um aus einer Vielzahl von politischen Themen bestimmte Sachbereiche herauszufiltern. Die Erweiterung von Mitentscheidungsrechten auf kommunaler Ebene soll zumindest das Interesse an kommunalen Fragen respektive der Kommunalpolitik stärken und stellt rechtlich eine Ergänzung des repräsentativ-demokratischen Systems der Gemeindeordnung um Elemente unmittelbarer plebiszitärer Ausformungen dar. Auf jeden Fall haben die Aufnahme von Bürgerbegehren und Bürgerentscheid in die Gemeindeordnung und die Direktwahl des hauptamtlichen Bürgermeisters bzw. Landrates die Gemeindedemokratie in Nordrhein-Westfalen gestärkt.

2   Kommunalpolitik im Spiegelbild von Zahlen und Aufgaben

Nordrhein-Westfalen ist mit ca. 18 Mio. Einwohnern das bevölkerungsreichste und am dichtesten besiedelte, mit einer Fläche von 34.080 km² aber nur das viertgrößte Flächenland der Bundesrepublik Deutschland. In Nordrhein-Westfalen leben rund 528 Menschen auf einem Quadratkilometer, während es im gesamten Bundesgebiet nur durchschnittlich 236 sind. Allerdings schwankt die Siedlungsdichte innerhalb des Landes beträchtlich, da in den Kreisfreien Städten auf gleichem Raum etwa sechs Mal mehr Menschen als in den übrigen Landesteilen leben. Die Metropolregion Rhein-Ruhr ist mit ca. 10 Mio. Einwohnern dabei eine der 30 größten Metropolregionen der Welt. Heute zählt man in Nordrhein-Westfalen insgesamt 396 Gemeinden, darunter 23 Großstädte mit dem Status einer kreisfreien Stadt, die übrigen 373 Kommunen sind in die 31 Kreise des Landes eingegliedert worden. Die Kreise sind selbstverwaltete kommunale Gebietskörperschaften. Sie regeln die in ihrem Gebiet anfallenden überörtlichen Angelegenheiten, soweit sie nicht dem Staat vorbehalten sind und erfüllen im Interesse der kreisangehörigen Gemeinden kommunale Aufgaben, die über die Verwaltungs- und Finanzkraft der einzelnen Gemeinden hinausgehen und auch nicht von mehreren Gemeinden zusammen erledigt werden können, z.B. Wirtschaftsförderung, Fremdenverkehrswerbung, Unterhaltung eines Regionalmuseums. Seit dem 21. Oktober 2009 ist mit der StädteRegion Aachen ein Kommunalverband besonderer Art gegründet worden, der als Rechtsnachfolger den Kreis Aachen ablöste. Verbandsmitglieder sind die kreisfreie Stadt Aachen, der Kreis Aachen und dessen neun kreisangehörige Kommunen. Mit der Bildung einer solchen StädteRegion wird erstmalig ein Regionsmodell in Nordrhein-Westfalen erprobt. Von den 396 politisch selbständigen Städten und Gemeinden gelten 268 als Städte und 128 als sonstige kreisangehörigen Gemeinden. Darunter befinden sich 29 Großstädte mit über 100.000 Einwohnern – eine Größenordnung, die nicht annähernd in einem anderen Bundesland erreicht wird. Im Vergleich aller deutschen Flächenländer hat Nordrhein-Westfalen mit 45.586 Einwohnern die höchste durchschnittliche Gemeindegröße. Die größte Stadt ist Köln mit knapp 1 Mio. Einwohnern, die Landeshauptstadt ist Düsseldorf (ca. 580.000 Einwohner). Die kleinste Gemeinde des Landes im Gebiet des Nordrheins ist Dahlem im Kreis Euskirchen, im westfälischen Landesteil handelt es sich um Hallenberg im Hochsauerlandkreis. Im Westen des Landes gibt es mehr Großstädte als im Osten, der stärker durch Mittelstädte geprägt ist. Diese ungleiche räumliche Verteilung geht auf unterschiedliche ökonomische Bedingungen in den beiden Landesteilen zurück. Dies liegt nicht nur daran, dass der westliche Teil früher besiedelt wurde, sondern er ist gleichzeitig auch die Wiege der deutschen Industrialisierung im frühen 19. Jahrhundert.

Die 30 größten Städte in Nordrhein-Westfalen, 2008

Großstadt	Fläche (km^2)	Einwohner
Köln	405	995.397
Dortmund	280	586.909
Essen	210	582.140
Düsseldorf	217	581.122
Duisburg	233	496.665
Bochum	145	381.542
Wuppertal	168	356.420
Bielefeld	258	324.912
Bonn	141	316.416
Münster	303	272.951
Gelsenkirchen	105	264.765
Mönchengladbach	170	260.018
Aachen	161	259.030
Krefeld	138	236.516
Oberhausen	77	217.108
Hagen	160	193.748
Hamm	226	183.065
Mülheim/Ruhr	91	168.925
Herne	51	168.454
Solingen	89	162.575
Leverkusen	79	161.345
Neuss	99	151.449
Paderborn	179	144.181
Recklinghausen	66	120.536
Bottrop	101	118.597
Remscheid	75	113.935
Moers	68	107.111
Bergisch Gladbach	83	105.840
Siegen	115	105.049
Witten	72	99.598

Quelle: Landesamt für Datenverarbeitung und Statistik (LDS), Juni 2008

Da das Land selbst nur in einigen bestimmten Bereichen (siehe Lehrer, Polizei, Justiz-bedienstete) über eigene Unterbehörden verfügt, werden die meisten Verwaltungsauf-gaben von Kreisen und Gemeinden wahrgenommen. Es existiert aber eine allgemeine Weisungskette vom Innenministerium über den Regierungspräsidenten zu den haupt-amtlichen Bürgermeistern und Landräten und von dort in den kommunalen Bereich hinein. Auf der mittleren Stufe der staatlichen Verwaltung kommt den Bezirksregie-rungen in Düsseldorf, Köln, Münster, Detmold und Arnsberg eine besondere Bedeu-tung zu, da sie in ihrem Territorium für alle Verwaltungsaufgaben zuständig sind, die nicht ausdrücklich auf besondere Behörden übertragen werden. Sie unterstehen dem Innenminister und üben die Aufsicht über die Kreise und Gemeinden aus. So kann bei den Aufgaben der Gemeinden einerseits zwischen staatlichen Auftragsangelegenheiten (z.B. Durchführung von Wahlen) und andererseits den eigentlichen kommunalen An-gelegenheiten mit freier Entscheidungsverfügung (freiwillige Selbstverwaltungsaufga-ben wie Theater, Sportplätze, Jugendzentren) oder staatlich verordneten kommunalen Aufgaben (Pflichtaufgaben der Selbstverwaltung wie Bau und Unterhaltung von Schu-len, Sozialhilfe, Straßenreinigung) bzw. die Bindung an enge staatliche Vorgaben (Pflichtaufgaben zur Erfüllung nach Weisung wie Bauaufsicht, Gesundheitsämter, Zahlung von Wohngeld) unterschieden werden. Schließlich gibt es im sozialen (hierbei handelt es sich in erster Linie um Spezialkrankenanstalten) und kulturellen Bereich sowie dem Straßenwesen noch gemeinsame regionale Aufgaben, die bisher durch die beiden Landschaftsverbände Rheinland und Westfalen-Lippe abgedeckt werden, in denen die Kreise und Kreisfreien Städte zusammengeschlossen sind. Die Landschafts-verbände gelten verfassungsrechtlich als ein Teil der kommunalen Selbstverwaltung.

Doch werden auf der kommunalen Ebene immer wieder Unsicherheiten über die Kompetenzen und Aufgaben der Gemeinden geäußert, da es sich z.B. bei den Aufga-ben aus dem übertragenen Wirkungskreis um durch Bundes- oder Landesgesetze über-tragene Aufgaben handelt, die den Gemeinden meist keinen Spielraum mehr bei der Art der Durchführung der Aufgaben lassen. In diesem Kontext müssen bestimmte verfassungsrechtliche Grundlagen und politische Bedingungsfaktoren der Gemeinde berücksichtigt werden, da sie das Maß der staatlichen Abhängigkeiten von Bund und Land, aber auch politische Handlungs- bzw. Gestaltungsräume erkennen lassen. Gleichzeitig liegt darin eine Paradoxie der gegenwärtigen Situation. Für Städte und Gemeinden wird es immer schwieriger, politische Gestaltungsräume zu eröffnen, weil durch die wirtschaftliche Krisensituation die dramatisch zunehmenden finanziellen Belastungen die Kommunen immer stärker auf die Erfüllung ihrer von höherer Ebene zugewiesenen Pflichtaufgaben beschränken und an den Rand ihrer Handlungsfähig-keit führen.

So kann die Stellung der Gemeinden in Nordrhein-Westfalen im Wesentlichen an Aspekten bzw. Traditionslinien kommunaler Selbstverwaltung, an den institutionellen Gegebenheiten des politisch-administrativen Systems (z.B. Bürgermeister, Rat und Gemeindeverwaltung), am kommunalen Entscheidungsprozess, an den Ausformungen der Bürgerbeteiligung und nicht zuletzt an den Finanzen (siehe dazu eigenes Kapitel von Scherf über Kommunalfinanzen) festgemacht werden.

3   Der Prozess der Kommunalverfassungsreform

Die nordrhein-westfälische Gemeindeordnung ist seit ihrer Entstehung durch eine Vielzahl von Reformversuchen bzw. –vorhaben gekennzeichnet. Noch vor der Gründung des Bundeslandes Nordrhein-Westfalen setzte die Britische Militärregierung in ihrer Zone am 1. April 1946 die Verordnung Nr. 21 in Kraft, die als so genannte revidierte Deutsche Gemeindeordnung gültig wurde. In ihr wurde die Deutsche Gemeindeordnung von 1935 den britischen Vorstellungen angepasst. Vor allem sollte das „Führerprinzip" durch das Prinzip gemeinschaftlicher Verantwortung ersetzt werden. Das wirklich innovative Element bestand für die Kommunen in der Neugestaltung der „inneren Gemeindeverfassung". Eine „Parlamentarisierung" wurde dominierendes Merkmal, in der die politische Führung in den Händen der zukünftigen Stadt- bzw. Gemeindedirektoren liegen und der Bürgermeister primär ehrenamtliche Aufgaben übernehmen sollte. Im Auftrag dieses quasi allkompetenten Rates sollte die „unpolitisch-ausführende" Verwaltung von einem hauptamtlich handelnden Stadt- bzw. Gemeindedirektor geleitet werden.

Am 21. Oktober 1952 konnte dann der nordrhein-westfälische Landtag eine Gemeindeordnung beschließen, die sich der bis dahin entwickelten Verfassungswirklichkeit näher anpasste. Der Stadt- bzw. Gemeinderat (oder einfach Rat) blieb zwar weiter gesetzlicher Vertreter der Kommune in Rechts- und Verwaltungsgeschäften, doch wurde diese Vertretung auf den Gemeindedirektor übertragen, soweit nicht der Rat für bestimmte Aufgaben oder für einen Einzelfall etwas anderes bestimmte. Eine Loslösung von der absoluten Unterordnung der Verwaltung und vom Ausschließlichkeitsrecht des Rates setzte ein. Auf diese Weise erhielt die Verwaltung, vertreten durch den Hauptverwaltungsbeamten, bald eine eigene Organqualität, die bis zum heutigen Tage ein existierendes Nebeneinander von Rat und Verwaltung ermöglicht.

Im Laufe der folgenden Jahre wurden eine Reihe von Änderungen in der Gemeindeordnung herbeigeführt, wobei die kommunale Gebietsreform und die Einführung der Bezirksvertretungen am 19. Dezember 1974 besondere Einschnitte darstellten. Die 1975 abgeschlossene Gebietsreform hat in Nordrhein-Westfalen größere Gemeinden und Kreise geschaffen, um deren Verwaltungs- und Finanzkraft zu stärken. Diese Reform blieb nie ganz unumstritten, weil sie teilweise gegen heftigen Widerstand in der Bevölkerung durchgesetzt wurde, die in den Kommunen ihre Unabhängigkeit verloren sah. Die Zahl der Städte und Gemeinden wurde von 2.334 auf 396 und damit auf etwa ein Sechstel reduziert, die Zahl der Kreise von 57 auf 31 fast halbiert. Derzeit zielen organisatorische Reformversuche vor allem darauf die Effizienz und die Flexibilität der öffentlichen Verwaltung zu erhöhen, da Aufbau und Verfahrensweise der traditionellen Verwaltung oft nicht mehr den Erfordernissen der heutigen Zeit entsprechen.

Die Bezirksvertretungen stellen ein weiteres Element der kommunalen Selbstverwaltung dar (§§ 35 GO ff.). Die kreisfreien Städte sind verpflichtet, ihr Gemeindegebiet in Stadtbezirke einzuteilen. Für jeden Stadtbezirk wird eine Bezirksvertretung gewählt. Ihre Wahlzeit beträgt fünf Jahre, und die Wahl findet immer zeitgleich mit der Wahl des Rates statt. Die Bezirksvertretungen haben die Aufgabe, die Eigenart der Bezirke und ihrer Gebietsteile zu bewahren und fortzuentwickeln. Sie entscheiden in allen Angelegenheiten, deren Bedeutung nicht wesentlich über den Stadtbezirk hinausgeht (z.B. Unterhaltung und Ausstattung der im Stadtbezirk gelegenen Schulen und öffentlichen Einrichtungen, Angelegenheiten des Denkmalschutzes oder Grünpflege).

In den 1980er Jahren artikulierten allerdings Verwaltungswissenschaftler, Hauptverwaltungsbeamte und bekannte Lokalpolitiker (insbesondere aus den Großstädten) ihren Unmut über die bestehende Gemeindeordnung hinsichtlich der Diskrepanz von Norm und Wirklichkeit und forderten eine grundlegende Reform des Kommunalverfassungsrechts. Im Herbst 1987 wurde schließlich die Diskussion endgültig entfacht. Auslöser war wohl die Rede des damaligen Stadtdirektors der Stadt Köln, Kurt Rossa, der die „Verschrottung" der nordrhein-westfälischen Gemeindeordnung forderte. Eines der dringlichsten Probleme schien für viele Kritiker die so genannte Zweigleisigkeit oder „Doppelspitze" zu sein. Die nordrhein-westfälische Kommunalverfassung, die den Typus der Norddeutschen Ratsverfassung repräsentierte, sah vor, dass sich an der Spitze der Kommune zwei Personen die Aufgaben teilen: ein ehrenamtlicher Bürgermeister, der vom Rat gewählt wird und ein Gemeinde- bzw. Stadtdirektor, der die Verwaltung leitet. Dieses Organisationsmodell führte häufig zu unklaren Machtverhältnissen zwischen Bürgermeister, Verwaltungschef und Rat, und es wurde moniert, obwohl grundsätzlich der Rat der Gemeinde für die Verwaltung zuständig ist, dass sich eine mangelnde Transparenz der Entscheidungsstrukturen, ein Kompetenzgerangel, aber auch eine verminderte Steuerungsfähigkeit insbesondere in finanzieller Hinsicht entwickelt hatte, welche die Funktionsfähigkeit der Gemeinde gefährdete und von den Bürgern nicht mehr zu durchschauen war. Vielen blieb die „Doppelspitze" fremd. Der Bürgermeister wurde z.B. sogar fälschlicherweise oft als Chef der Verwaltung angesehen. Aber auch fehlende Formen direkter Bürgermitwirkung wurden thematisiert.

Nach langjährigen und wechselvollen Diskussionen verabschiedete schließlich der nordrhein-westfälische Landtag am 6. Mai 1994 das Gesetz zur Änderung der Kommunalverfassung (Gesetz- und Verordnungsblatt NRW (GVBl.) vom 17.5.1994). Zahlreiche wichtige Änderungen brachten in Nordrhein-Westfalen quasi eine neue Kommunalverfassung hervor. Es bleibt festzuhalten, dass insbesondere durch die Einführung des hauptamtlichen Bürgermeisters die innere Organisationsstruktur in den Kommunen nachhaltig umgestaltet wurde und die Elemente direkter Demokratie eine erhebliche Ausweitung und damit auch eine neue Qualität erfuhren. Das Gesetz trat einen Tag nach der Kommunalwahl am 17. Oktober 1994 (mit einigen Übergangsregelungen bis 1999) in Kraft.

Im Herbst 2007 wurden die Gemeindeordnung und auch das Kommunalwahlgesetz auf Initiative der Landesregierung in Teilbereichen wiederum recht umfassend novelliert. So wurde beispielsweise im Bereich der bürgerschaftlichen Mitwirkung der Ratsbürgerentscheid neu eingeführt sowie eine Sperrwirkung eines vom Rat für zulässig erklärten Bürgerbegehrens erlassen. Darüber hinaus kam es zur zeitlichen Entkoppelung der Bürgermeisterdirektwahl sowie der Ratswahl (analog Wahl der Landräte und der Kreistage). So werden seit der Kommunalwahl 2009 die Bürgermeister und Landräte auf sechs Jahre gewählt, während die jeweiligen Gemeinderäte und Kreistage weiterhin für fünf Jahre amtieren. Dazu wurden – nach heftigen politischen Kontroversen – auch die Stichwahlen für Bürgermeister und Landräte abgeschafft. Ferner wurde die Altersgrenze für gewählte Bürgermeister und Landräte aufgehoben. Wesentlich sind zudem Änderungen des Gemeindewirtschaftsrechts, in denen die wirtschaftliche Betätigung der Kommunen an strengere Voraussetzungen gebunden ist und zu einer stärkeren Konzentration der kommunalen Körperschaften auf Kernaufgaben der öffentlichen Daseinsvorsorge führen soll.

4   Hauptamtlicher Bürgermeister: zentraler kommunaler Akteur

Die seit 1999 in Nordrhein-Westfalen eingeführte Direktwahl des Bürgermeisters lehnt sich an das Modell der Süddeutschen Ratsverfassung an. Der Bürgermeister ist kein Ratsmitglied, besitzt allerdings Stimmrecht im Rat und hat den Status eines kommunalen Wahlbeamten auf Zeit. Er leitet und verteilt die Geschäfte. Dabei kann er sich bestimmte Aufgaben vorbehalten und die Bearbeitung einzelner Angelegenheiten selbst übernehmen.

Der nordrhein-westfälische Bürgermeister übt in den Gemeinden zwei wesentliche Funktionen aus. Er ist

- Chef der gesamten Verwaltung und
- Vorsitzender des Rates sowie des wichtigsten Ausschusses, des Hauptausschusses.

Seine Aufgabe als Chef der Verwaltung besteht darin, die Beschlüsse des Rates, der Bezirksvertretungen und der Ausschüsse zum einen vorzubereiten und sie zum anderen durchzuführen. Er entscheidet außerdem in allen Angelegenheiten, die ihm vom Rat und von den Ausschüssen zur Entscheidung übertragen worden sind. Welche Angelegenheiten dies sein mögen, kann natürlich in einer kreisangehörigen Kleinstadt ganz anders ausschauen als in einer Großstadt. Eine der herausragenden Aufgaben (welche in der Gemeindeordnung geregelt sind, vgl. § 62 GO) ist der Vorsitz im Rat. Der Bürgermeister gibt den Zeitpunkt und den Ort der Ratssitzungen bekannt und

setzt die Tagesordnungspunkte fest; allerdings können auch ein Fünftel der Ratsmitglieder oder eine Fraktion eine Einberufung verlangen. Dabei leitet er/sie die Sitzungen, achtet auf die ordnungsgemäße Durchführung und übt das Hausrecht aus. Entsprechend detaillierte Einzelheiten sind in der jeweiligen Geschäftsordnung des Rates
einer Gemeinde aufgeführt. Sollte ein Bürgermeister im Übrigen der Auffassung sein,
dass ein Ratsbeschluss das Allgemeinwohl der Gemeinde gefährdet, kann er einen
Widerspruch mit aufschiebender Wirkung einlegen. Die Beschlussdurchführung ist
damit aber nur erst einmal unterbunden bis der Rat über die entsprechende Angelegenheit neu befunden hat. Weitere Widersprüche sind dann unzulässig. Sollte jedoch
ein Ratsbeschluss geltendes Recht verletzen, muss der Bürgermeister diesen Beschluss
(mit aufschiebender Wirkung) beanstanden. Insofern der Rat seinen Entschluss dennoch aufrecht erhält, hat der Bürgermeister unverzüglich die Entscheidung der Aufsichtsbehörde einzuholen. Für kreisfreie Städte ist die Bezirksregierung und für kreisangehörige Gemeinden der Landrat (als untere staatliche Verwaltungsbehörde) die
Aufsichtsbehörde. Der Landrat übt die gleichen Funktionen auf der Ebene des Landkreises aus. Als Vorsitzender des Kreistages bereitet er die Sitzungen vor und leitet
diese. Neben der Beaufsichtigung der Gemeinden des Landkreises leitet er die Kreisverwaltung und führt deren Geschäfte. Dazu gehört auch, dass er den Kreis in rechtliche Fragen vertritt. Zudem muss er die Landesregierung über landespolitisch Relevan-
tes in seinem Landkreis informieren.

Der Bürgermeister vertritt außerdem als oberster kommunaler Repräsentant den
Rat und die Gemeinde nach außen, d.h. er repräsentiert bei Empfängen (z.B. für ausländische Delegationen), pflegt direkte Kontakte zur Presse, agiert sozusagen als ein
„kommunaler Außenminister" bei Städtepartnerschaften oder führt persönlich Ehrungen von verdienten Bürgern durch. Letztlich ist er für die innere Organisation der Gemeindeverwaltung (Aufbau- und Ablauforganisation), die Geschäftsverteilung, die
Erledigung der Geschäfte der laufenden Verwaltung und grundsätzlich auch für die
Erledigung der übertragenen staatlichen Aufgaben (Auftragsangelegenheiten) eigenverantwortlich zuständig.

Der für Nordrhein-Westfalen noch relativ neue Typus des hauptamtlichen Bürgermeisters übt mittlerweile in der Regel eine prägende Gestaltungskraft auf den
kommunalen Entscheidungsprozess aus. Im Vergleich zu den Ratswahlen ist der Einfluss der Parteiorientierung auf das Wahlverhalten bei Bürgermeisterwahlen eher gering. Die Kandidatenorientierung wird als stärkerer Einflussfaktor ausgemacht. Diese
ist wiederum von der Kandidatenkonstellation, dem taktischen und strategischen
Wahlverhalten der Anhänger kleinerer Parteien und dem Kandidatenprofil abhängig.
Hingegen kann man einen niedrigen Stammwähleranteil beobachten, weswegen man
die Bürgermeisterwahl in Abgrenzung zu den Ratswahlen eindeutig als Personenwahl
einstufen kann. Neu ist seit 2009 dabei allerdings, dass die Stichwahlen zur Bürgermeisterdirektwahl abgeschafft wurden und nicht mehr mit der Ratswahl verbunden
sind. Die Amtsperiode der hauptamtlichen Bürgermeister übertrifft mit sechs Jahren
nunmehr die gewählten Dauer der ehrenamtlichen Ratsmitglieder (nämlich fünf Jahre).

Analog gelten dazu die Regelungen für hauptamtliche Landräte und ehrenamtliche Kreistagsmitglieder. Ein Kandidat für die Bürgermeister- bzw. Landratswahl kann nur in einer Kommune antreten, mehrere Kandidaturen in verschiedenen Gemeinden bzw. Kreisen sind nicht möglich. Die Wählbarkeit für das Amt des Bürgermeisters und des Landrats ist ähnlich gefasst wie bei der Ratswahl. Allerdings muss der Kandidat mindestens 23 Jahre alt sein, wobei er oder sie keinen Wohnsitz in der Kommune haben muss, in der er oder sie antritt. Ein Hauptwohnsitz in der Bundesrepublik Deutschland genügt.

Hierbei ist nun die Frage zu stellen, ob die Bürgermeister in Nordrhein-Westfalen in der Lage sind, unabhängig von ihrer zumeist existierenden Parteizugehörigkeit eine eigenständige und starke Rolle zu spielen und sich nicht doch eher subjektiven Parteiinteressen unterordnen müssen. Es ist zu erkennen, dass die früheren „Vorentscheider" (bis 1999 ehrenamtliche Bürgermeister, Fraktions- und Ausschussvorsitzende, Führungspersonal der Verwaltung) ihre in der Vergangenheit wahrgenommene dominierende Stellung in der Kommunalpolitik Nordrhein-Westfalens zugunsten der kommunalen Einheitsspitze etwas eingebüßt haben. Außerdem ist nicht zu übersehen, dass ausgeprägte Persönlichkeiten unter den hauptamtlichen Bürgermeistern das „Licht der kommunalen Öffentlichkeit" auf sich ziehen und in den Mittelpunkt der lokalen Presseberichterstattung rücken. Man kann auch einen Zusammenhang zwischen Größe der Kommune, Kandidatenangebot und Parteieinfluss erkennen: Je kleiner die Kommune ist, desto konzentrierter ist das Kandidatenangebot. Je größer wiederum die Gemeinde indes ist, desto größer ist der Einfluss der Parteien auf die Bürgermeisterwahl und desto größer ist das Kandidatenangebot.

Das nordrhein-westfälische Bürgermeistermodell ist dann erfolgreich, wenn Personentypen bzw. Kandidaten hervorgebracht werden, die über verwaltungsfachliche Qualifikationen verfügen und Eigenschaften wie Bürgernähe (z.B. offenes Auftreten, Redegewandtheit, Glaubwürdigkeit) zeigen. Andererseits war in den bisherigen Wahlkämpfen 1999, 2004 und auch 2009 zu beobachten, dass die herausragende Position der Bürgermeisterkandidaten in den jeweiligen Kommunen zu einer dominierenden persönlichen Auseinandersetzung der Bewerber für dieses Amt führte. Die Wahl des Gemeinderates trat dabei etwas in den Hintergrund. Auch aus diesem Grund war es ratsam, die Amtszeit des Bürgermeisters in Nordrhein-Westfalen von der Ratswahl zu entkoppeln. Somit existiert keine Konkurrenz mit den Gemeinderatswahlen mehr und damit keine Dominanz eines Wahltyps, und die Bürgermeister erhalten ferner die Möglichkeit, Ihre Führungsaufgaben längerfristiger und unabhängiger wahrzunehmen. Sollten zusätzlich die bereits genannten qualifizierenden Kriterien und Eigenschaften bei den Bürgermeistern vorzufinden sein, ist es wahrscheinlich, dass sie den kommunalen Entscheidungsprozess tatsächlich aktiv gestalten und mit einem angemessenen Führungsanspruch versehen.

Bürgermeisterwahl in Nordrhein-Westfalen (Wahlbeteiligung und Stimmen der gewählten Bürgermeister in Prozent)

	Wahl-beteiligung	CDU	SPD	Unabhängige	Sonstige
1999	55,0 / 46,6[1]	66,4	19,9	11,9	1,8
2004	54,5 / 38,0[1]	57,1	25,0	16,9	1,0
2009[2]	52,3	54,3	29,3	15,3[3]	1,1[4]

[1]Diese Zahlen spiegeln die Wahlbeteiligung bei den Stichwahlen am jeweiligen zweiten Wahlsonntag zur Bürgermeisterdirektwahl wider. Mit 38 Prozent erreichte sie 2004 einen historischen Tiefstand.

[2]Bei der Bürgermeisterdirektwahl 2009 wurde nur in 379 Kommunen gewählt, weil in den restlichen 17 Kommunen bereits in der Wahlperiode 2004 – 2009 durch das Ausscheiden von Amtsinhabern Neu- bzw. Nachwahlen stattfinden mussten. Diese 17 bereits gewählten Personen brauchten nach nordrhein-westfälischem Kommunalrecht 2009 nicht zur Bürgermeisterdirektwahl antreten; so fanden in der kreisfreien Landeshauptstadt Düsseldorf und in 16 kreisangehörigen Gemeinden keine entsprechenden Wahlen statt. Von insgesamt 23 Oberbürgermeisterämtern in den kreisfreien Städten stellt die SPD 13 Oberbürgermeister und die CDU zehn.

[3]Hierbei handelt es sich um 58 unabhängige Einzelbewerber, die in das Bürgermeisteramt gewählt wurden; bei weiteren 14 Bürgermeisterwahlen unterstützten unabhängige Wählergruppen zumindest die erfolgreichen Kandidaten zusammen mit anderen Parteien. 2004 wurden 67 Einzelbewerber gewählt; 1999 waren es noch 52.

[4]Darunter befindet sich auch der Monheimer Bürgermeister Daniel Zimmermann von der Jugendpartei PETO.

Prägende Kennzeichen für die Bürgermeisterwahl als Personenwahl sind

- ein relativ niedriger Stammwähleranteil,
- ein schwächerer Einfluss der Parteiorientierung auf das Wahlverhalten,
- eine zunehmende Kommunalorientierung der Wähler und
- eine Profil- bzw. Kandidatenorientierung als stärkster Erklärungsfaktor.

5   Gemeinderat: wichtigstes Organ der Gemeinde

Der Rat bzw. Gemeinderat entscheidet grundsätzlich in allen Angelegenheiten der Gemeinde, die das Gesetz nicht ausdrücklich einem anderen Organ zugewiesen hat. Als politische Vertretung der Bürgerschaft obliegt dem Rat die Zuständigkeit für alle Grundsatz- und Leitungsentscheidungen. Er bildet für verschiedene Aufgabengebiete Ausschüsse, die entsprechend der Fraktionsstärke besetzt werden. In den meisten Ausschüssen können im Übrigen auch sog. „Sachkundige Bürger" bzw. Einwohner mitarbeiten (§ 58 GO). Die Aufgaben des Rates sind sehr umfangreich und bestehen u.a. darin, der Verwaltung Aufträge zu erteilen, diese zu kontrollieren, Richtlinien und Grundsätze vorzugeben, nach denen die Verwaltung arbeiten kann, Führungspersonal zu wählen bzw. zu ernennen (siehe Beigeordnete) sowie auch durch Satzungen örtliches Recht zu setzen. Aufgrund der Komplexität und der Vielzahl der Aufgaben (§ 41

GO) kann der Rat im Rahmen einer Arbeitsteilung Entscheidungskompetenzen an Ausschüsse und Bezirksvertretungen übertragen sowie auch an den Bürgermeister delegieren. Ein alleiniges Entscheidungsrecht besitzt der Rat jedoch über die Haushaltssatzung und den Stellenplan der Gemeinde. Ferner kann er auch Geschäfte der laufenden Verwaltung, die im Normalfall der Bürgermeister erledigt, wieder an sich ziehen – das sog. Rückholrecht des Rates. Dies bedeutet für den Rat eine relativ starke Stellung, und gleichzeitig muss er der Versuchung widerstehen, seine Aufgabenhoheit fälschlicherweise zu erweitern. Im Gegenzug ist es für die ehrenamtlichen Ratsmitglieder aber schwierig genug, die von der Kommunalverfassung beabsichtigte Kontrolle der hauptamtlichen Verwaltung zu leisten. Die nordrhein-westfälische Praxis zeigt nämlich, dass im kommunalen Willensbildungsprozess von der Gemeindeverwaltung sehr viele Initiativen ausgehen. Die Mehrheit der Vorlagen und der Anträge, die in den Kommunalvertretungen bzw. Räten beraten und beschlossen werden, stammen aus der Verwaltung. Die direkten Einflussnahmen der Verwaltungsmitglieder auf die kommunalen „Freizeitpolitiker und -aktivisten" bieten insbesondere über die Verwaltungsvorlagen ein erhebliches Steuerungspotenzial, das z.T. in dem Schlagwort „Expertokratie" zum Ausdruck kommt. So findet auch hier ein Balanceakt statt, in der sich die Verwaltung zurücknehmen muss, um nicht der Versuchung zu erliegen selber Politik zu machen. Die teilweise begonnenen Verwaltungsstrukturreformen in den Kommunen haben daher auch das Ziel, die existierenden engen Verflechtungen zwischen Rat und Verwaltung aufzulösen. So soll das (zugegebenermaßen abstrakte und nicht immer durchsetzbare) Postulat angestrebt werden, dass die Politik über das Was und die Verwaltung über das Wie zu entscheiden hat. In erster Linie stehen hierbei Fragen politisch-administrativer Transparenz und haushaltsrelevanter Kostenminimierung im Vordergrund.

Der Gemeinderat wird von der Bürgerschaft für die Dauer von fünf Jahren in freier und geheimer Wahl gewählt. Die Anzahl der gewählten Ratsmitglieder hängt dabei von der Größe der jeweiligen Kommune ab. Die Bestimmungen dafür sind im Kommunalwahlgesetz festgelegt. So ist beispielsweise für eine Stadt mit einer Bevölkerungszahl von über 700.000 Einwohnern wie Köln eine Ratsmitgliederzahl von mindestens 90 vorgeschrieben ist, während in dem Eifelort Heimbach mit weniger als 5.000 Einwohnern die Zahl der Ratsmitglieder bei mindestens 20 liegen muss. Schließlich kann sich im Einzelfall die Anzahl der Ratsmitglieder durch so genannte Überhangmandate noch erhöhen. Ein Überhangmandat ist das von einer Partei über die ihr nach dem Verhältniswahlrecht zustehenden Mandate hinaus durch die Mehrheitswahl erworbene Direktmandat.

Um als Ratsmitglied gewählt zu werden, muss man am Wahltag Deutscher nach Art. 116 Abs. 1 GG sein oder die Staatsbürgerschaft eines Mitgliedslandes der Europäischen Union besitzen und mindestens 18 Jahre alt sein. Außerdem verbietet das Kommunalwahlgesetz ausdrücklich die gleichzeitige Zugehörigkeit zu Rat und Kommunalverwaltung sowie die gleichzeitige Ausübung des Bürgermeisteramtes sowie des Amtes als Ratsmitglied. Diese Inkompatibilität ist damit begründet, dass die verschiedenen Gemeindeorgane nicht miteinander verflochten sein dürfen, weil die Verwaltung den Auftrag hat, dem Rat – dem Hauptorgan der Gemeinde – zuzuarbeiten und von diesem wiederum unabhängig kontrolliert werden muss. Im Kommunalwahlgesetz finden sich im Übrigen auch Details und Verfahrensvorschriften über die Wahlvorschläge, die durch die politischen Parteien, Wählergruppen oder auch einzelnen Wahlberechtigten eingebracht werden können.

6   Organisation und Modernisierung der Gemeindeverwaltung

Bis vor wenigen Jahren verstand man unter dem Begriff Gemeindeverwaltung den hierarchisch gegliederten Teil der Kommune aus Beamten, Angestellten und Arbeitern, der unter Führung eines Behördenchefs handelt, und die Gemeinden in Nordrhein-Westfalen wurden danach organisiert, welche Aufgaben sie zu erfüllen haben. Grundlage der Organisation war allgemein das Amt, das nur auf eine spezielle Aufgabe spezialisiert ist (z.B. Ordnungsamt, Sozialamt, Kulturamt). Dabei ist die Zahl der Ämter bei größeren Gemeinden naturgemäß höher als bei kleinen. Die Ämter werden außerdem zu Dezernaten gebündelt und in einem Verwaltungsgliederungsplan strukturiert. Diese Modelle gingen auf Empfehlungen der Kommunalen Gemeinschaftsstelle (KGSt) zurück, die verschiedenen Gemeindegrößen angepasst waren. Die KGSt ist ein Fachverband der Gemeinden/Städte der Bundesrepublik Deutschland mit Sitz in Köln. Seit Mitte der 1990er Jahre gibt sie aber keine Empfehlungen mehr für Aufbauorganisationsmodelle heraus, sondern rät den Gemeinden zu einem Produktplan, der alle Produkte enthält, die in einer Kommune realisiert werden können. Dies soll in Form eines Maximalkatalogs praktiziert werden, der jedoch individuelle organisatorische Lösungen für die Gemeinden berücksichtigt. Mittlerweile steht aber (auch) in Nordrhein-Westfalen nicht mehr die Einheitlichkeit der Verwaltung als Organisationsprinzip im Vordergrund, sondern im Rahmen der Verwaltungsmodernisierungskonzepte und - ideen, welche die KGSt mit initiiert hat, die Anforderungen der Bürgerinnen und der Bürger an die Verwaltung und deren Organisation. So haben sich viele Kommunalverwaltungen das Ziel gesetzt, kundenorientierter und flexibler zu werden. Voraussetzungen dafür sind modernere bzw. veränderte Strukturen des Organisationsaufbaus. So wurden z.B. in Wuppertal alle bisherigen Dezernate und Ämter der Stadtverwaltung aufgelöst und das „Unternehmen Stadtverwaltung" in Geschäftsbereiche und Ressorts gegliedert.

Betrachtet man nun die Lage der Kommunalverwaltungen in Nordrhein-Westfalen, so ist eine existenzielle Finanznot nicht mehr zu leugnen, gleichzeitig aber auch eine Erwartungshaltung der Bürger (zu Recht) nach qualitativ verbesserten sowie transparenten kommunalen Dienstleistungen zu beobachten. Auch von Seiten der Verwaltungsmitarbeiter werden verstärkt Forderungen nach Arbeitsinhalten laut, welche die Potenziale des Personals adäquat abrufen. In diesem Kontext stehen auch Fragen, ob neue Rechtsformen oder Privatisierungsbestrebungen Verbesserungen der aktuellen Situation hervorbringen können. Hierbei ist auf die Weiterentwicklung der kommunalen Selbstverwaltung (sog. Experimentierklausel) in der Gemeindeordnung (§ 129 GO) zu verweisen, welche zu mehr Flexibilität und Effizienz in der Verwaltungsarbeit führen soll. Bereits im Jahre 1999 hatte fast jede zweite Kommune Anträge auf Erteilung einer Ausnahmeregelung nach der Experimentierklausel gestellt. Die meisten Anträge befassen sich mit Ausnahmen von haushalts- und kassenrechtlichen Vorschriften und wurden bisher von der obersten Dienstaufsichtsbehörde – dem Innenministerium – positiv entschieden.

Reformmaßnahmen sind beispielsweise einerseits der Umbau einzelner Verwaltungsbereiche zu selbständig wirtschaftenden Fachbereichen oder andererseits gar die flächendeckende Einführung von neuen Organisationsstrukturen, z.T. unter Einsparung der klassischen Querschnittsämter (z.B. Hauptamt, Kämmerei, Personalamt). Als Ziele der Modernisierung der Verwaltung können unter anderem genannt werden

a. die Förderung der Wirtschaftlichkeit bzw. der Effizienz des Verwaltungshandelns, z.B. durch gezielten Einsatz des Kontrakt- oder Qualitätsmanagements,
b. die Handhabung einer funktionierenden Kosten- und Leistungsrechnung,
c. die Verbesserung der Infrastruktur, z.B. durch die planmäßige Ansiedlung von Gewerbe,
d. die Einführung von Budgetierung[1] und Controlling[2] in der Kommunalverwaltung,
e. die Integration bürger- und kundenorientierten Handelns durch die Verwaltung, z.B. durch Bürgerämter.

Die teilweise durchaus existierenden Widerstände gegen solche Verwaltungsreformmaßnahmen zeigen im Übrigen, dass auch auf der kommunalen Ebene bestehende Verhältnisse und Besitzstände nicht ohne Schwierigkeiten zu verändern sind und dass Beteiligte und Betroffene sowohl von der Notwendigkeit solcher Reformen überzeugt als auch zu aktiver Mitwirkung herangezogen werden müssen. Generell lässt sich zum jetzigen Zeitpunkt zusammenfassen, dass die Verwaltungsreformen noch längst nicht abgeschlossen sind. Es wurden zwar verschiedene Steuerungsinstrumente eingeführt, aber man kann sich auch nicht ganz des Eindrucks erwehren, dass dabei etwas der ganzheitliche Überblick verloren gegangen ist.

---

[1] Darunter versteht man in der Regel die Vorgabe von Budgetvolumina an Teilverwaltungen vor der Aufstellung von Haushaltsplänen im Einzelnen.
[2] Controlling ist ein System zur Führungsunterstützung (auch für Behördenleitung bzw. Verwaltungsführung) durch Bereitstellung von geeigneten Informationen im Rahmen des Managementprozesses Planung – Durchführung – Kontrolle.

7   Wer darf mitmachen? Beteiligungsmöglichkeiten in der Kommunalpolitik

7.1   Wahlen und Wahlsystem

Die Spielregeln einer Kommunalwahl bzw. das aktive Wahlrecht werden in dem vom nordrhein-westfälischen Landtag beschlossenen Kommunalwahlgesetz und in der die Details bestimmenden Kommunalwahlordnung festgelegt. Seit der Kommunalwahl 1999 wurden in zeitlichen Abständen kontinuierlich Neuerungen eingeführt, um verschiedene Gremien wie Rat, Bezirksvertretungen, Kreistag sowie Bürgermeister und Landrat für fünf und seit 2009 auch für sechs Jahre wählen zu können. Wahlberechtigt ist, wer die deutsche Staatsbürgerschaft nach Artikel 116 Abs. 1 des Grundgesetzes oder die Staatsbürgerschaft eines anderen Mitgliedslands der Europäischen Union besitzt sowie mindestens 16 Jahre alt ist. Die Wahlberechtigung ist außerdem daran geknüpft, mindestens seit dem 16. Tag vor der Wahl seinen Hauptwohnsitz in der Gemeinde gemeldet zu haben. Knapp 560.000 EU-Bürgerinnen und Bürger sowie über 900.000 Erst- und Jungwähler erhielten dabei in Nordrhein-Westfalen im August 2009 die Möglichkeit, von ihrem Kommunalwahlrecht Gebrauch zu machen. Insgesamt waren über 14 Mio. Männer und Frauen wahlberechtigt.

Bis 1999 konnten nur die Ratsparteien gewählt werden. In der Regel stellte dann die stärkste Fraktion den (ehrenamtlichen) Bürgermeister. Die Direktwahl des (hauptamtlichen) Bürgermeisters seit September 1999 ergab jedoch erstmals die Möglichkeit, zwischen der Wahl einer Person und einer Partei zu unterscheiden und auf diese Weise auch die Stimme auf dem Wahlzettel unterschiedlich zu vergeben. Die Direktwahl der Bürgermeister und der Landräte funktioniert nach den Prinzipien der Mehrheitswahl. Seit der Kommunalwahl 2009 ist außerdem derjenige gewählt, der die einfache Mehrheit der gültigen Stimmen erhalten hat und damit auch zum Sieger erklärt werden kann, wenn er weniger als 50% der Stimmen erzielt hat. Das Kommunalwahlgesetz von 2007 hob die bisherige Stichwahl zwischen den beiden stärksten Kandidaten auf, die es bei der Kommunalwahl 2004 noch in immerhin 106 nordrhein-westfälischen Kommunen gegeben hatte.

Bei der Ratswahl in Nordrhein-Westfalen geht die Hälfte der insgesamt zu vergebenen Mandate im Rat an die Bewerber in den Wahlbezirken, die jeweils die einfache Mehrheit der gültigen Stimmen erreicht haben. Die andere Hälfte der Sitze wird unter Zuhilfenahme eines Verhältnisausgleichs den Reservelisten der Parteien und der Wählergruppen zugewiesen. Mit dem seit August 2009 gültigen Verfahren nach Sainte-Laguë kann die Umsetzung nach verschiedenen Berechnungsarten erfolgen. Beim Höchstzahlverfahren werden die Stimmen der Parteien zunächst durch 0,5 – 1,5 – 2,5 – 3,5 etc. dividiert und die Sitze in der Reihenfolge der größten sich ergebenen Höchstzahlen zugeteilt. Dabei können ebenso gut die ungeraden Zahlen 1,3,5,7,9 etc. benutzt werden. Bei der Bestimmung der Ausschussbesetzung im Deutschen Bundestag bedient man sich beispielsweise des sog. Rangmaßzahlverfahrens. Zudem können die Stimmen der Parteien auch nach dem Divisorverfahren bestimmt werden. In diesem Fall werden die Stimmen durch einen geeigneten Divisor (Stimmen pro Sitz) dividiert und nach der Standardrundung gerundet. Falls im Ergebnis zu viele Sitze verteilt wurden, muss die Berechnung mit einem größeren Divisor wiederholt werden, im umgekehrten Fall mit einem kleineren Divisor. Das Verfahren hat den Vorteil, dass weder große noch kleine Parteien tendenziell bevorzugt werden. In den meisten Fällen ergibt sich eine identische Verteilung zum Verfahren Hare/Niemeyer. Obwohl das bis zur Kommunalwahl 2004 angewendete Verfahren nach Hare/Niemeyer bei der Verteilung des letzten Sitzes in bestimmten Fällen kleinere Parteien begünstigte, hatte der nordrhein-westfälische Landesverfassungsgerichtshof in Münster mit seinem Urteil vom 6. Juli 1999 auch die Fünf-Prozent-Klausel bei Kommunalwahlen für verfassungswidrig erklärt, weil sie die Chancengleichheit der kleineren Parteien verletze. Daraufhin hob der Landtag am 14. Juli 1999 einstimmig die Fünf-Prozent-Klausel mit sofortiger Wirkung auf. Damit erhöhte sich, bedingt durch die Zahl der zu vergebenden Mandate, einschließlich der Gemeindegröße, der Anteil der in den Gemeinden vertretenen kleineren Parteien und Wählergruppen. Eine erneute Sperrklausel mit der Sitzzahl 1 aus dem reformierten Kommunalwahlgesetz von 2007 erklärte das Landesverfassungsgericht am 16. Dezember 2008 für verfassungswidrig, da es in einem Gemeinderat mit 20 Sitzen faktisch wieder eine Fünf-Prozent-Sperrklausel bedeutet hätte.

Ratswahlen in den kreisfreien Städten und Kreisen Nordrhein-Westfalens 1946-2009 (Wahlbeteiligung und Stimmenanteile der Parteien in Prozent)

	Wahl-beteiligung	SPD	CDU	FDP	Grüne	Sonstige
1946	74,4	33,4	46,0	4,3	-	16,3
1948	69,0	35,9	37,6	6,9	-	19,6
1952	76,0	36,1	35,6	12,6	-	15,7
1956	76,9	44,2	38,2	9,6	-	8,0
1961	78,2	40,7	45,0	10,2	-	4,1
1964	76,2	46,6	43,1	8,0	-	2,3
1969	68,6	45,6	45,7	6,3	-	2,4
1975	86,4[1]	45,5	46,1	7,1	-	1,3
1979	69,9	44,9	46,3	6,5	0,9	1,3
1984	65,8	42,5	42,2	4,8	8,2	2,3
1989	65,6	43,0	37,5	6,5	8,3	4,7
1994	81,7[1]	42,3	40,3	3,8	10,2	3,5
1999	55,0	33,6	49,1	4,2	6,7	6,4
2004	54,4	31,7	43,4	6,8	10,3	7,8
2009	52,3	29,4	38,6	9,2	12,0	10,8[2]

[1]Die hohen Wahlbeteiligungen bei den Kommunalwahlen 1975 und 1994 sind dadurch begründet, dass zum gleichen Zeitpunkt Landtagswahlen (1975) bzw. Bundestagswahlen (1994) stattfanden.
[2]Darauf entfielen auf Die Linke 4,4%, und die verschiedenen unabhängigen Wählergruppen erhielten 4,9%.

Kennzeichen für die Ratswahlen 2009 als Parteienwahlen in Nordrhein-Westfalen waren

- der abnehmende Stammwähleranteil bei den Parteienwahlen, der allerdings über dem Anteil der Direktwahlen der Bürgermeister lag,
- die geringe Wählermobilisierung, die zur niedrigsten Beteiligung an Kommunalwahlen in der Geschichte Nordrhein-Westfalens geführt hat,
- der Einfluss der Parteiorientierung auf das Wahlverhalten, der trotz einiger Unterschiede zwischen den Wahlebenen als gesamtsystemischer Faktor zu betrachten ist.

7.2   Bürgerbegehren und Bürgerentscheid – echte Formen unmittelbarer Demokratie!

Bürgerbegehren und Bürgerentscheid bilden das Kernstück unmittelbarer Demokratie in der nordrhein-westfälischen Gemeindeordnung und sind in den Bestimmungen des § 26 GO (analog § 23 KrO beim Kreis) enthalten. Alle wahlberechtigten Bürger können *beantragen*, dass sie an Stelle des Rates über eine Angelegenheit der Gemeinde selbst *entscheiden*. Der Antrag als solcher ist das Bürgerbegehren. Der Rat kann außerdem mit einer Mehrheit von zwei Dritteln der gesetzlichen Zahl der Mitglieder beschließen, dass über eine Angelegenheit der Gemeinde ein Bürgerentscheid stattfindet, der sog. Ratsbürgerentscheid.

Das Bürgerbegehren als Antrag muss *schriftlich* eingereicht werden. Weiterhin wird vorausgesetzt, dass das Bürgerbegehren die zur Entscheidung zu bringende *Frage* und eine *Begründung* enthält. Ein Bürgerbegehren muss einen nach den gesetzlichen Vorschriften durchführbaren Vorschlag für die *Deckung der Kosten* der verlangten Maßnahme beinhalten. Die Anforderungen an einen Kostendeckungsvorschlag lassen sich nicht nach einheitlichen Kriterien einordnen, so dass durch den Gesetzgeber nur darüber Konsens erzielt wurde, das Kostenbewusstsein der Bürger zu stärken, jedoch damit keine weiteren Erschwernisse für die Durchführung des Bürgerbegehrens zu begründen. Zumindest aber müssen die Finanzierungsvorstellungen im Rahmen des geltenden Haushaltsrechts angewendet werden und somit nach den gesetzlichen Vorschriften durchführbar sein. Das Bürgerbegehren verlangt außerdem eine *Mindestzahl von Unterschriften der Bürger* (gestaffelte Quoren je nach Einwohnerzahl der Kommunen):

bis 10.000 Einwohner von   10%,
bis 20.000 Einwohner von   9%,
bis 30.000 Einwohner von   8%,
bis 50.000 Einwohner von   7%,
bis 100.000 Einwohner von   6%,
bis 200.000 Einwohner von   5%,
bis 500.000 Einwohner von   4%,
über 500.000 Einwohner von 3%

der stimmberechtigten Bürgerinnen und Bürger. Eine weitere Zulässigkeitsvoraussetzung ist die Forderung, bei der bis zu drei Personen benannt werden müssen, die berechtigt sind, *die Unterzeichnenden zu vertreten*. Richtet sich ein Bürgerbegehren gegen einen Beschluss des Rates, muss es innerhalb von *sechs Wochen* nach Bekanntmachung des Beschlusses eingereicht werden bzw. innerhalb von *drei Monaten*, wenn der Beschluss keiner Bekanntmachung bedarf. Die gewählte *Frist* dient dazu, die Ausführung von Gemeinderatsbeschlüssen in wichtigen Gemeindeangelegenheiten nicht unnötig zu verzögern oder rückgängig zu machen. Sobald das Bürgerbegehren bei der Gemeinde eingereicht ist, stellt der Rat unverzüglich fest, ob dieses *zulässig* ist. Dabei muss der Rat als das politische Leitungsorgan in der Gemeinde die rechtlichen Anforderungen überprüfen, die § 26 GO an zulässige Bürgerbegehren stellt. Kernpunkt der inhaltlichen Zulässigkeitsregelungen ist die Frage, welche *Angelegenheiten* von Bürgerbegehren und Bürgerentscheid *ausgeschlossen* sind. In einem so genannten Negativkatalog werden die Angelegenheiten einzeln aufgelistet, über die ein Bürgerbegehren unzulässig ist. Dabei ist zunächst zu prüfen, ob das eingebrachte Thema in den gemeindlichen Wirkungskreis fällt und damit eine Angelegenheit der Gemeinde ist. Im Wesentlichen bleiben bei einem Bürgerbegehren die staatlich vorgegebenen und rechtlich feststehenden Angelegenheiten (Rechtsverhältnisse) ausgeschlossen sowie die innere Organisation der Gemeindeverwaltung.

Der Rat kann entweder die Sache im Sinne eines zulässigen Bürgerbegehrens entscheiden oder dieses ablehnen und die Bürgerinnen und Bürger über das Bürgerbegehren abstimmen lassen. Diese Abstimmung ist der *Bürgerentscheid*. Beim Bürgerentscheid wird über die zur Abstimmung gestellte Frage nur mit *Ja* oder *Nein* entschieden. Die Frage zu einem Bürgerentscheid ist in dem Sinne entschieden, in dem sie von der Mehrheit der gültigen Stimmen beantwortet wurde, sofern diese Mehrheit *mindestens 20 vom Hundert der Bürger* beträgt. Bis März 2000 betrug das Abstimmungsquorum in Nordrhein-Westfalen allerdings noch 25%. Bei Stimmengleichheit gilt die Frage als mit Nein beantwortet. Der Bürgerentscheid hat die *Wirkung eines Ratsbeschlusses*. Die Bürger und Bürgerinnen werden damit zum kommunalen Entscheidungsorgan.

In Nordrhein-Westfalen wurden seit 1994 bzw. seit Einführung dieses Partizipationsinstruments bis zum 30. Juni 2009 506 Bürgerbegehren eingereicht (die Angaben beruhen auf Erhebungen von Mehr Demokratie e.V.). Damit kommen weniger als ein Zehntel der Gemeinden und Städte in Nordrhein-Westfalen jährlich mit einem offiziellen Bürgerbegehren in Berührung. Außerdem wurden ca. 37% dieser Bürgerbegehren für unzulässig erklärt. Die tatsächliche Anzahl von Bürgerentscheiden aufgrund von Bürgerbegehren lag in Nordrhein-Westfalen für den identischen Zeitraum bei 141. Diese fallende Tendenz im Vergleich zu den Bürgerbegehren ergibt bei den Bürgerentscheiden eine Auslastungsquote für alle Kommunen (= 396) von etwas mehr als 2% pro Jahr. Mit anderen Worten: Durchschnittlich gut 2% der Kommunen haben in Nordrhein-Westfalen bisher pro Jahr einen Bürgerentscheid durchgeführt. Etwas über 30% der Bürgerentscheide waren dabei in Nordrhein-Westfalen im Sinne der Bürgerbegehren erfolgreich. Ihr Ziel verfehlten allerdings über 50% der Entscheide in Nordrhein-

Westfalen schon deswegen, weil die Mehrheit nicht mindestens 20% (bis März 2000 25%) der Abstimmungsberechtigten ausmachte. Mit dieser hohen Unzulässigkeitsquote liegt Nordrhein-Westfalen in einem negativen Sinne an der Spitze eines Ländervergleichs, denn der Anteil im Bundesdurchschnitt beträgt lediglich 13%. Wie bereits eine empirische Untersuchung vor einigen Jahren zeigte,[3] ist das Abstimmungsquorum bzw. die zur Wahl eines Sachverhaltes erforderliche Zahl von Wählern, neben dem Negativkatalog und dem Zwang eines Vorschlags zur Kostendeckung, eine beachtliche „institutionelle Hürde" bei der Realisierung eines Bürgerbegehrens bzw. eines Bürgerentscheids.

Auch wenn die Anzahl von Bürgerentscheiden recht überschaubar ist, stehen die Bürgerinnen und Bürger diesem Partizipationsinstrument durchaus aufgeschlossen gegenüber, gleichwohl die „institutionellen Hürden" eine gewisse abschreckende Wirkung beinhalten. Besondere Relevanz kommt aber dem Entscheidungsgegenstand zu. Hier trifft die Aussage zu: Je größer die Beachtung und der Informationsgehalt über den Sachbereichs eines Bürgerentscheids in einer Kommune sind, desto höher liegt das Mobilisierungspotenzial – unabhängig von der Gemeindegröße. In Münster (ca. 270.000 Einwohner) war bspw. das Bürgerbegehren zum Thema der Standortentscheidung einer Gesamtschule bzw. dem „Auslaufen lassen" zweier Schulen wohl auch erfolgreich, weil der ganze Sachverhalt sich zu einem Politikum mit erheblichem Öffentlichkeitscharakter entwickelte (überregionale Berichterstattung der Medien in NRW, Beschäftigung des Landtags mit dem Bürgerbegehren, Klage vor dem OVG Münster). Zweifellos konnten dadurch viele Bürger mobilisiert werden, und zwar 33,9% bzw. 69.372 wahlberechtigte Einwohner. Recht Aufsehen erregend war auch der vor einigen Jahren erfolgreiche Bürgerentscheid in Düsseldorf (ca. 580.000 Einwohner), in der sich die Bürger gegen eine Privatisierung der Stadtwerke aussprachen – und zwar mit einem Stimmenanteil von um die 90%. Auch der Bürgerentscheid vom September 2009, in dem die Bürger von Bad Honnef mit 61,1% gegen den Beitritt ihrer Stadt zu einem Zweckverband zur Gründung eines Nationalparks im Siebengebirge stimmten, stand unter spektakulären Vorzeichen. Die Abstimmungsbeteiligung lag dort bei 68%. Besondere Erwähnung verdient auch die Abwahl der früheren Meckenheimer CDU-Bürgermeisterin Yvonne Kempen. In einem Bürgerentscheid unterstützten im November 2007 mit 68,5% die stimmberechtigten Wähler einen entsprechenden Antrag des Rates. Die Wahlbeteiligung lag bei 60,7% Doch nicht nur spektakuläre Bürgerbegehren waren erfolgreich, auch wenn in der Vergangenheit gerne antizipiert wurde, dass der Bau eines Schwimmbades in einem Stadtteil kaum eine hinreichende Zahl von Bürgern einer Großstadt an die Urnen rufen dürfte. In Solingen (ca. 162.000 Einwohner) war z.B. das Bürgerbegehren gegen den Beschluss zur Schließung des Heidebades erfolgreich. Auch das geglückte Bürgerbegehren in Mönchengladbach (ca. 260.000 Einwohner) über die Einführung von Abfallgroßbehältern (sog. Rolltonnen)

---

[3] Andreas Kost, Demokratie von unten. Bürgerbegehren und Bürgerentscheide in NRW, Schwalbach/Ts. 2002

stand unter keinen besonders spektakulären Vorzeichen, sondern war Ausdruck der gestiegenen Teilnahmebereitschaft der Bürger im Zusammenhang mit Alltagsproblemen in einer Kommune. Die Relevanz der Themen bzw. Problembereiche ergibt sich in der Regel aus der unmittelbaren und persönlichen Betroffenheit vor Ort, die zwar z.B. durch ausführliche lokale Berichterstattungen gesteigert werden kann, sich aber nicht nur an der Publikumswirksamkeit eines Themas messen lässt.

Allerdings hat sich ebenfalls gezeigt, dass die Effizienz bzw. die Wirksamkeit von Bürgerbegehren sich nicht nur am formalen Ausgang der Bürgerbeteiligung messen lassen können. Über die unmittelbare Bürgermitwirkung hinaus konnten in Einzelfällen Sachverhalte neu überdacht und verhandelt werden, selbst wenn sie nicht den Zulässigkeitsvoraussetzungen entsprachen. So hob bspw. der Rat der Stadt Bielefeld, trotz Unzulässigkeitserklärung des Bürgerbegehrens durch das nordrhein-westfälische Innenministerium wegen eines nicht ausreichenden Deckungsvorschlags, seinen Beschluss zur Schließung eines öffentlichen Hallenbades wieder auf. Nach weitergehendem Beschluss des Rates zum Erhalt bzw. zur Substitution im Rahmen eines „Bäderkonzepts" erklärten die Initiatoren des Bürgerbegehrens ihr Anliegen für erledigt. Auch in Engelskirchen hob der Rat das ursprünglich für unzulässig erklärte Bürgerbegehren gegen die Einführung von Parkscheinautomaten (öffentliche Abgaben) wieder auf. Schließlich kamen nach einem Bürgerbegehren auch Kompromisse zustande. So wurde das Bürgerbegehren in Kamen mit dem Thema „Aufhebung der Durchfahrtssperre am Alten Markt" einerseits als unzulässig eingestuft (Frist nach § 26 Abs. 3 GO wurde nicht eingehalten), andererseits fand man eine gemeinsame Lösung, welche die Antragsteller bewegte, das Begehren freiwillig zurückzuziehen. Aufgrund der „Bargaining-Prozesse" konnten Bürgerbegehren und Bürgerentscheide damit auch eine integrative Wirkung entfalten und auf der Output-Seite des politischen Systems etwas bewirken. Die meisten Bürgerbegehrensverfahren fanden im Übrigen bisher in den Städten Düsseldorf und Wuppertal statt.

Aus den bisherigen empirischen Erhebungen lassen sich auf der thematischen Seite der Bürgerbegehren und der Bürgerentscheide gewisse inhaltliche Schwerpunkte erkennen, in denen häufig die Zukunft von Freizeit-, Sozial und Bildungseinrichtungen eine Rolle spielt. Es dominieren in Nordrhein-Westfalen Begehren über öffentliche Einrichtungen (insbesondere gegen die Schließung von Schulen und Schwimmbädern), Verkehrsfragen und Bauvorhaben. Die Privatisierung öffentlicher Unternehmen hat dabei im Laufe der Jahre immer mehr eine besondere Beachtung gefunden. Investitionsfördernde wie investitionshemmende Bürgerbegehren halten sich in etwa die Waage. Auf der einen Seite werden z.B. der Neubau kommunaler Bäder sowie von Sporthallen, Denkmalsanierungen, die Einführung eines Stadtbusses, eines Radwegeprogramms oder die Förderung des Einzelhandels gefordert, während auf der anderen Seite die Einführung von Parkscheinautomaten, eine Stromnetzübernahme, eine Rathauserweiterung oder der Bau einer Tiefgarage verhindert werden sollen. Insgesamt zeigt die direktdemokratische Politik in Nordrhein-Westfalen eher gering verändernde Bestrebungen bereits bestehender Politikinhalte.

Bis Juli 2004 war bei der Handhabung von Bürgerentscheiden zu bemängeln, dass z.B. verbindliche Regelungen über die Form der Briefwahl und der Wahlbenachrichtigung fehlten. Diesbezüglich hatten nämlich die Städte und Gemeinden die Satzungshoheit und konnten selbst entscheiden, ob sie Briefwahl zulassen oder eine Wahlbenachrichtigung versenden. Einige Kommunen agierten in dieser Hinsicht durchaus bürgerfreundlicher als andere. Allerdings hatte nicht einmal die Hälfte der Kommunen in Nordrhein-Westfalen bis zu diesem Zeitpunkt überhaupt eine Bürgerentscheid-Satzung. Dieser Umstand führte zu Ungleichheiten in den Städten und Gemeinden und übte zweifellos Einfluss auf die Wahlbeteiligung aus, die immerhin bei 20% der Wahlberechtigten liegen muss, um überhaupt einen gültigen Bürgerentscheid zu ermöglichen. Das nordrhein-westfälische Innenministerium erließ im Juli 2004 eine Verordnung, die den Städten und Gemeinden Standards für lokale Abstimmungen vorschreibt. Dies bedeutet, dass alle Kommunen sich diesbezüglich eine Satzung geben beziehungsweise die bestehenden Regelungen an die neue Verordnung anpassen müssen. Somit sind die schriftliche Wahlbenachrichtigung und die Möglichkeit zur Briefwahl Pflicht.

Diskussionswürdig ist auch der Umstand, dass das grundsätzlich anerkannte Repräsentationsprinzip kaum ausgehöhlt würde, wenn mehr materielle Sachthemen als bisher vorgesehen bei Bürgerentscheiden zur Abstimmung kämen. Ob nun über alle kommunalen Selbstverwaltungsangelegenheiten entschieden werden sollte oder bestimmte Verwaltungskernbereiche (z.B. Haushaltssatzung und innere Verwaltungsorganisation) wegen einer antizipierten funktionalen Handlungsautonomie und -fähigkeit ausgeblendet bleiben sollten, ist letztlich eine praktisch zu lösende Ermessensfrage. Warum sollte man den Bürgern nicht mehr Vertrauen schenken und sie in Nordrhein-Westfalen bspw. über kommunale Abgaben oder abfallrechtliche, immissionsschutzrechtliche und wasserrechtliche Zulassungsverfahren abstimmen lassen? In anderen Bundesländern, wie in Bayern, Hessen und Sachsen sind diese Themenfelder durchaus Gegenstand von Bürgerentscheiden und bilden einen beachtlichen Anteil bei den zur Abstimmung stehenden Sachfragen. Damit könnte bei den Bürgern weiteres politisches Interesse und auch ein erhöhtes Verantwortungsbewusstsein geweckt werden. Die Bürger haben bei den Bürgerbegehren und den Bürgerentscheiden durchaus Kostenbewusstsein gezeigt, so dass ihnen der Zugang zu den genannten Themenbereichen nicht verwehrt bleiben sollte.

Die bisher aufgetretenen Unzulänglichkeiten der „Strukturen" haben jedoch nicht dazu geführt, den demokratischen Fortschritt von Bürgerbegehren und Bürgerentscheid in Abrede zu stellen. Obwohl diese Partizipationsinstrumente kaum zum kommunalpolitischen „Alltagsgeschäft" gehören, haben nicht nur Parteien, sondern gerade auch Bürgerinitiativen und einzelne bzw. sich zusammenschließende aktive Bürger diese Form der unmittelbaren Bürgerbeteiligung für sich entdeckt. Insgesamt wurden Bürgerbegehren und Bürgerentscheid, nicht zuletzt wegen der vorhandenen Zulässigkeitsvoraussetzungen, von den aktiven Bürgern und Interessengruppen dosiert angewendet. Hin und wieder erinnerte diese Form der unmittelbaren Bürgerbeteiligung die kommunalpolitisch Verantwortlichen daran, dass auch deren Handlungssouveränität inhaltlich und zeitlich begrenzt ist und der Bürgerstatus im Hinblick auf eine ausgeweitete Dimension von politischer Partizipation eine neue Einflussnahme gegen (mögliche) Uneinsichtigkeit und Ignoranz gewonnen hat. Eine „direktdemokratische Anreicherung" durch das geschaffene institutionalisierte Partizipationsinstrument kommt jedoch bloß tendenziell zustande.

7.3 Unterrichtung der Einwohner, Anregungen und/oder Beschwerden, Einwohnerantrag – unechte Formen unmittelbarer Demokratie?

Die nordrhein-westfälische Gemeindeordnung stellt den Bürgern weitere Einwirkungsmöglichkeiten zur Verfügung, bei denen es sich allerdings nicht um verbindliche Personal- oder Sachentscheidungen handelt, sondern lediglich um unverbindliche Anregungen, Initiativen oder sonstige Mitwirkungen der Bürger an der Vorbereitung von Entscheidungen, die andere Gemeindeorgane in eigener Verantwortung treffen (z.B. Einwohnerversammlungen, Anregungen, Beschwerden, Einwohneranträge). Sie wurden sogar schon als „unechte Formen" unmittelbarer Demokratie bezeichnet.[4] Auch wenn unbestreitbar ist, dass diese Partizipationsformen durchaus Einflussmöglichkeiten für die Bürgerinnen und Bürger bieten, ist ein genauer Anwendungsüberblick – gerade durch die empirisch kaum zu erhebende Anzahl in Nordrhein-Westfalen – nicht zu gewinnen. Es lassen sich dennoch institutionelle Grundaussagen über diese Partizipationsformen treffen.

Als eine Vorstufe der Bürgerbeteiligung gilt die Gewinnung von Informationen auf kommunaler Ebene. Für jedermann zugänglich ist *die Unterrichtung der Einwohner* über wichtige kommunalpolitische Angelegenheiten durch den Rat. Sie kann primär in Einwohnerversammlungen (§ 23 GO) sowie dem Abhalten von Fragestunden (§ 48 GO) in Ratssitzungen erfolgen. Selbst wenn aber Gelegenheit zur Äußerung und Erörterung für die Bürger mit dem Rat besteht, haben diese Partizipationsformen ausschließlich Informationscharakter und schließen ein Mitspracherecht aus. Eine weitere Partizipationsform ist das Recht der Bürger, sich mit *Anregungen und/oder Beschwerden* an den Rat oder die Bezirksvertretung zu wenden (§ 24 GO). Wichtig ist hier, dass der Rat oder ein Ausschuss zu dem eingebrachten Antrag Stellung nehmen muss, nicht aber gezwungen werden kann, eine Entscheidung herbeizuführen. Auch in diesem Fall bleibt die Handlungskompetenz der Beschlussorgane unberührt, und es kann lediglich informeller Handlungsdruck ausgeübt werden. Dem so genannten *Einwohnerantrag*, auch schon als „kleines Bürgerbegehren" tituliert, der seit 1994 ebenfalls in der nordrhein-westfälischen Gemeindeordnung verankert ist (§ 25 GO), wurden recht große Erwartungen entgegen gebracht. Sein Antragsrecht liegt im Grenzbereich zwischen der Massenpetition und der plebiszitären Beteiligung des „Citoyen" an der Willensbildung. Durch den

---

[4] von Arnim, Möglichkeiten unmittelbarer Demokratie auf Gemeindeebene, in Die Öffentliche Verwaltung (DÖV) – Heft 9, 1990, S. 364-372

Einwohnerantrag wird der Rat verpflichtet, sich innerhalb von vier Monaten mit einer schriftlich eingereichten Angelegenheit zu befassen und auch darüber zu entscheiden. Die Aufforderung für den Rat zur Entscheidung gilt nicht in allen Gemeindeordnungen der Bundesrepublik, in denen ein Einwohnerantrag verankert ist. Der Passus in Absatz 1 ist daher in Nordrhein-Westfalen relativ weitgehend (man könnte auch sagen bürgerfreundlicher). Das Unterzeichnungsquorum ist deutlich niedriger als beim Bürgerbegehren (in kreisangehörigen Gemeinden mindestens 5 vom Hundert bzw. höchstens von 4.000 Einwohnern und in kreisfreien Städten mindestens 4 vom Hundert bzw. höchstens von 8.000 Einwohnern). Außerdem ist die Altersgrenze der Wahlberechtigten auf das 14. Lebensjahr herabgesetzt worden. Doch darf auch hier nicht übersehen werden, dass eine Beschlusswirkung vom Einwohnerantrag nicht ausgeht. Die Entscheidungskompetenz liegt weiterhin in den Händen der Kommunalvertretung.

An die Stelle des bisherigen Ausländerbeirates ist ferner ein Integrationsrat (§ 27 GO Integration) getreten, der auch Bürgern mit Zuwanderungsgeschichte ein Wahlrecht ermöglicht. Damit sind nicht nur Einwohner mit ausländischer Staatsangehörigkeit wahlberechtigt, sondern ebenso Eingebürgerte und Spätaussiedler, wenn sie die deutsche Staatsbürgerschaft frühestens fünf Jahre vor der Wahl erworben haben. Durch besonderen Beschluss des Rates kann außerdem ein beratender Integrationsausschuss gebildet werden, der den Integrationsrat ersetzt und mehrheitlich Ratsmitglieder umfasst. Die Änderungen mögen zukünftig evtl. eine etwas höhere Akzeptanz und auch Wahlbeteiligung ergeben, denn diese lag mit knapp über 11% im Februar 2010 bei den Integrationsratswahlen doch in einem bescheidenen Segment.

8   Parteienlandschaft in Nordrhein-Westfalen im Wandel

Die Parteien stehen scheinbar nicht mehr hoch im Kurs. Bei der Kommunalwahl 2009 gingen gerade einmal mehr oder weniger als die Hälfte der Wählerinnen und Wähler zu den Urnen, um bei den Parteien und ihren Kandidaten ihre Stimmen abzugeben. Die Wahlbeteiligung sank landesweit auf das Rekordtief von 52,3%. Die größte Wahlmüdigkeit war bei der Ratswahl in der Landeshauptstadt Düsseldorf mit 44,6% zu verzeichnen (minus 8,4 Prozentpunkte gegenüber 2004). Die höchste Wahlbeteiligung gab es im Kreis Coesfeld mit 61,7% (minus 0,7 Prozentpunkte). Läutet hier bereits auf kommunaler Ebene das Totenglöckchen für die Parteien? Nun, soweit ist es wohl doch noch nicht – auch weil einerseits die demokratischen Parteien ihren Gemeinwohlauftrag erfüllen und andererseits in Nordrhein-Westfalen keine monokulturelle Landschaft bilden sowie fest verankerte regionale Wurzeln aufweisen. Aber gewisse Setzrisse in einem fluide gewordenen Parteiensystem sind nicht zu übersehen. Im Laufe der nordrhein-westfälischen Wahlgeschichte haben neben der Konzentration auf die beiden großen Parteien CDU und SPD bisher noch FDP, Die Grünen, Zentrum, DKP sowie viele Rathausparteien in Form von Wählergruppen in den Kreisen, Städten und Gemeinden eine größere Rolle gespielt. Seit 1999 hat sich das bis dato vorherrschende Kräftegleichgewicht zwischen CDU und SPD auf kommunaler Ebene in Nordrhein-Westfalen (unter Berücksichtigung verschiedener regionaler Ausprägungen) zugunsten der CDU verschoben (siehe Tabelle „Kommunalwahlen in den kreisfreien Städten und Kreisen Nordrhein-Westfalens 1946-2009"). Dennoch legte die CDU nur in einer einzigen Stadt gegenüber den Kommunalwahlen 2004 zu – in Aachen erreichte sie ein kleines Plus von 0,4 Prozentpunkten. Bei der SPD hielten sich in den Großstädten Gewinne und Verluste etwa die Waage, aber die Partei sank landesweit unter 30%. Die Grünen erzielten in den Großstädten überproportional gute Ergebnisse – in Köln erreichten sie mit 21,7% ihr bestes Großstadtergebnis und wurden prozentual drittstärkste Kraft in Nordrhein-Westfalen. Auch die FDP konnte sich freuen: In keiner kreisfreien Stadt und in keinem Kreis schnitt sie schlechter ab als 2004. Die Linke blieb landesweit unter 5%. Rechtspopulistische bzw. rechtsextreme Parteien konnten zwar einige Mandate hinzugewinnen, erreichten aber zusammengenommen nur ca. 1% der Stimmen. Schließlich dokumentierten die freien und unabhängigen Wählergruppen mit einem landesweiten Ergebnis von 4,9%, dass sie insbesondere in kleineren Städten und Gemeinden eine durchaus wichtige Rolle spielen und die örtlichen Parteiensysteme auflockern. Eine vergleichbare Bedeutung wie bspw. die Wählergemeinschaften in Baden-Württemberg erringen sie jedoch nicht. Insgesamt sind die Wählerinnen und Wähler in Nordrhein-Westfalen beweglicher geworden, und die Bindungen an soziale Milieus haben sich gelockert – der Wechselwähler spielt eine zunehmend bedeutendere Rolle, und der „Nichtwähler" irritiert schon längst die Parteien.

9 Kommunalpolitik in Nordrhein-Westfalen im Umbruch

Zusätzlich haben sich die politischen Kräfteverhältnisse weiter verschoben, weil die Direktwahl der Bürgermeister und Ländräte sowie die direkten Partizipationsinstrumente Bürgerbegehren und Bürgerentscheid Persönlichkeiten und Sachthemen deutlicher in den Vordergrund gerückt haben. Dadurch wurde die Bedeutung der Parteien etwas relativiert, aber sie spielen dennoch als Akteure im politischen System einen wichtigen Part. Das nordrhein-westfälische Parteiensystem ist weiterhin recht stark ausgeprägt und in seinen Entscheidungslogiken immer noch überwiegend konkurrenzdemokratisch ausgelegt (im Gegensatz zur konkordanzdemokratischen Ausrichtung mit eher geringer Parteipolitisierung in Baden-Württemberg). Dadurch können z.B. in Nordrhein-Westfalen gerade dort Konfliktsituationen entstehen, wo die Parteizugehörigkeit eines Bürgermeisters von der Parteienmehrheit im Rat abweicht. Hier sind insbesondere in schwierigen Haushaltssituationen Bürgermeister mit Verwaltungsfachlichkeit gefragt, um gegenüber den Parteien bestehen zu können sowie Durchsetzungs- und Handlungsfähigkeit zu demonstrieren. Die Entkoppelung der Rats- und Bürgermeisterwahlen wird aber voraussichtlich dazu führen, dass sich einzelne Bürgermeister von ihrer Partei etwas abgrenzen. Erste Tendenzen dafür sind bereits erkennbar.

Vielleicht bieten ja auch die Reformdiskussionen, wie z.B. die Öffnung der bisher starren Parteilisten bei Wahlen für das Panaschieren und Kumulieren,[5] einen Anknüpfungspunkt für eine gerechtere und spannendere Beteiligung der Bürger an Wahlen bzw. der Parteiendemokratie. Nordrhein-Westfalen und das Saarland sind die beiden letzten Flächenländer, in denen nicht „à la carte" gewählt werden kann, also ein personenorientiertes Kommunalwahlrecht mit Kumulieren oder Panaschieren zur Verfügung steht. Ob dadurch der existierende Wählerfrust beseitigt werden kann, bleibt offen. Kumulieren und Panaschieren bieten aber zumindest ein größeres Beteiligungstableau und vielleicht auch eine etwas verstärkte Mitverantwortungsbereitschaft der Bürger. Aber genauso gilt, dass Parteien und Wahlen ein wichtiges Grundelement demokratischer Mitbestimmung sind. Schließlich ist es nie zu spät und gleichzeitig eine demokratische Kernaufgabe, durch eine glaubwürdige und überzeugende Politik die real existierende Verdrossenheit der Bürgerinnen und Bürger an den Parteien zu verringern. So werden weiterhin neben Rat und Bürgermeister (bzw. Verwaltung), die schwierige Situation der Gemeindefinanzen sowie gerade auch der für Nordrhein-Westfalen relevante Faktor der Gemeindegröße das politische Klima in den Kommunen des bevölkerungsreichsten Bundeslandes in den kommenden Jahren nachhaltig beeinflussen.

Literaturhinweise

Gehne David H.: Bürgermeisterwahlen in Nordrhein-Westfalen, Wiesbaden 2008

Günther, Albert / Beckmann, Edmund: Kommunal-Lexikon. Basiswissen Kommunalrecht und Kommunalpolitik, Stuttgart 2008

Höher-Pfeifer, Christa: Rat und Verwaltung in NRW, 2. Auflage, Münster 2000

Korte, Karl-Rudolf: Wahlen in Nordrhein-Westfalen, Schwalbach/Ts. 2009

Kost, Andreas: Demokratie von unten. Bürgerbegehren und Bürgerentscheide in NRW, Schwalbach/Ts. 2002

Kost, Andreas: Direkte Demokratie in Nordrhein-Westfalen, in: Ders. (Hrsg.): Direkte Demokratie in den deutschen Ländern, Wiesbaden 2005

---

[5] Die beiden Fachbegriffe lassen sich auch mit „Verteilen" und „Häufeln" der Stimmen übersetzen. So können beispielsweise die Wähler in Süddeutschland mehrere Stimmen auf unterschiedliche Parteilisten verteilen (panaschieren) oder bei einem Kandidaten aufhäufen (kumulieren).

Kommunalpolitik in Rheinland-Pfalz

Rudolf Oster †/ *Hubert Stubenrauch*

1 Einleitung: Entwicklung des Kommunalrechts und der Kommunalstrukturen in Rheinland Pfalz nach dem Zweiten Weltkrieg

1.1 Entwicklung des Kommunalrechts

Das Bundesland Rheinland-Pfalz ist eine Neugründung. Seine Entstehung verdankt es der Verordnung Nr. 57 der französischen Militärregierung vom 30. August 1946, mit der in der französischen Besatzungszone ein Land geschaffen wurde, das die Pfalz und die damaligen Regierungsbezirke Trier, Koblenz, Mainz und Montabaur umfasst.

Bis zur einheitlichen Deutschen Gemeindeordnung (DGO) von 1935 bestanden im Gebiet des heutigen Bundeslandes die fünf Rechtsgebiete Rheinland, Hessen-Nassau, Volksstaat Hessen, Pfalz (bayerisches Recht) und Birkenfeld (oldenburgisches Recht). In den vier größten galten vor der DGO und hinsichtlich der Amtsordnung (AmtsO) auch nach ihr

- in den ehemaligen preussischen Regierungsbezirken Koblenz und Trier die Gemeindeordnung (GemO) für die Rheinprovinz vom 23.07.1845/15.05.1856 (GS. S. 435), die rheinische Städteordnung vom 15.05.1856 (GS. S. 406) und die AmtsO vom 13.07.1935 (MBliV S. 893),
- im ehemaligen Regierungsbezirk Montabaur die Landgemeindeordnung vom 04.08.1897 (GS. S. 301) und die hessen-nassauische Städteordnung vom gleichen Tage (GS. S. 254),
- im ehemaligen Regierungsbezirk Rheinhessen die hessische GemO vom 10.07.1931 (RegBl. S. 115) und
- im ehemaligen Regierungsbezirk Pfalz die bayerische GemO vom 27.10.1927 (GVBl. S. 293).

Das System dieser Gesetze war in allen diesen Rechtsgebieten das der Bürgermeisterverfassung bzw. der mit ihr nahe verwandten süddeutschen Ratsverfassung.

Ein einheitliches demokratisches Gemeinderecht für das Land Rheinland-Pfalz wurde durch das Selbstverwaltungsgesetz für Rheinland-Pfalz vom 27.09.1948 (GVBl. S. 335) mit dem Teil A – GemO und dem Teil B – AmtsO geschaffen.

Gemäß Art. 49 der Verfassung für Rheinland-Pfalz vom 18.05.1947 sind die Gemeinden in ihrem Gebiet unter eigener Verantwortung die ausschließlichen Träger der gesamten örtlichen öffentlichen Verwaltung. Sie können jede öffentliche Aufgabe übernehmen, soweit sie nicht durch ausdrückliche gesetzliche Vorschrift anderen Stellen im dringenden öffentlichen Interesse ausschließlich zugewiesen werden. Die Gemeindeverbände haben im Rahmen ihrer gesetzlichen Zuständigkeit die gleiche Stellung. Ergänzend zu diesen verfassungsrechtlichen Grundaussagen konkretisiert und erweitert Art. 50 der Verfassung für Rheinland-Pfalz die in Art. 28 Abs. 1 Satz 2 GG enthaltenen Vorgaben hinsichtlich der Bestellung der kommunalen Organe.

1.2   Entwicklung der Kommunalstrukturen

Die kommunale Selbstverwaltung in Rheinland-Pfalz wies trotz des seit 1948 einheitlichen Kommunalverfassungsrechts mehrere regionale Besonderheiten auf:

- In der **Pfalz** waren die gemeindlichen Haushalts-, Kassen- und Rechnungsgeschäfte Sache der bis 1957 staatlichen, danach vom Pfälzischen Gemeindekassenverband getragenen Einnehmereien. Es gab auch dort für alle Landgemeinden hauptamtliche „Gemeindesekretäre" (Beamte des mittleren oder gehobenen Dienstes); die kleineren Gemeinden vor allem der Nord- und Westpfalz waren dabei zu gemeinschaftlichen Bürgermeistereien mit gemeinsamen ehrenamtlichen Bürgermeister, aber einem hauptamtlich besetzten Büro zusammengefasst.
- Dagegen galt in den **Bezirken Koblenz und Trier** die rheinische Amtsverfassung, bei der ein hauptamtlicher Amtsbürgermeister mit hauptamtlicher Verwaltung die gesamten Büro- und Kassengeschäfte und alle Auftragsangelegenheiten (Standesamt, Ortspolizeibehörde u.a.) für die amtsangehörigen Gemeinden ausführte.
- Rein ehrenamtlich war die Verwaltung in den Landgemeinden der **ehemaligen Regierungsbezirke Montabaur und Mainz** (Rheinhessen).

Da die kommunale Landschaft in Rheinland-Pfalz seit jeher von einer Vielzahl kleiner Gemeinden unter 1.000 Einwohnern gekennzeichnet ist, die weder nach Einwohnerzahl noch nach Finanzkraft in der Lage sind, die modernen öffentlichen Leistungen zu erbringen und Einrichtungen zu tragen, wie sie der gewachsene Wohlstand, der Strukturwandel in der Landwirtschaft und die Industrialisierung notwendig und die Massenmotorisierung und Technisierung möglich machen, wurde durch insgesamt 18 Landesgesetze zur Verwaltungsvereinfachung, deren erstes am 28.06.1966 und deren letztes am 12.11.1974 verkündet wurde, ein gewaltiges Reformvorhaben umgesetzt. Das zweite Gesetz verminderte die (damaligen) Regierungsbezirke von fünf auf drei, das elfte Gesetz brachte Aufgabenübertragungen, sechs Gesetze führten vor allem zu

Eingemeindungen in Städte, drei Gesetze brachten die Neugliederung der Landkreise und drei die Bildung der Verbandsgemeinden. Das Hauptstück der Verwaltungsreform (Territorialreform, Funktionalreform, Institutionalreform) war die landeseinheitliche Bildung von Verbandsgemeinden.

2 Kommunalstruktur in Rheinland-Pfalz

2.1 Einwohner und Fläche

Das Land hat nach dem Stand vom 31.12.2008 4.028.351 Einwohner, die auf einer Fläche von 19.853 km² leben. Die Bevölkerungsdichte beträgt damit 203 EW/km². Rund 1 Mio. Einwohner wohnen in den zwölf kreisfreien Städten des Landes und rund 3 Mio. in den 24 Landkreisen.

Kreisfreie Städte
Der Landesgesetzgeber stellt – anders als in anderen Bundesländern – für den Status als kreisfreie Stadt nicht auf eine bestimmte Mindesteinwohnerzahl ab. Insbesondere ist nicht erforderlich, dass es sich bei der Stadt um eine Großstadt (mindestens 100.000 EW) handelt.

Historisch bedingt gibt es in Rheinland-Pfalz **12 kreisfreie Städte**, von denen die meisten in der Pfalz liegen. Dort befindet sich mit Zweibrücken auch die kleinste kreisfreie Stadt Deutschlands.

Dass die rheinland-pfälzischen kreisfreien Städte verhältnismäßig klein sind, ergibt sich aus folgender Übersicht (Stand zum 31.12.2008):

Kreisfreie Stadt	Einwohner	Kreisfreie Stadt	Einwohner
Mainz	197.623	Neustadt a. d. Weinstr.	53.658
Ludwigshafen am Rhein	163.467	Speyer	49.930
Koblenz	106.293	Frankenthal (Pfalz)	46.948
Trier	104.640	Landau in der Pfalz	43.008
Kaiserslautern	97.436	Pirmasens	41.358
Worms	82.040	Zweibrücken	34.525

Landkreise

Auch die Landkreise sind nach ihrer Einwohnergröße im Vergleich zu anderen Bundesländern relativ klein (nachfolgende Angaben nach dem Stand vom 31.12.2008)

Landkreis	Einwohner	Fläche in km^2	Bevölkerungsdichte (EW/km^2)
Mayen-Koblenz	212.102	817,28	259,5
Mainz-Bingen	201.410	605,76	332,5
Westerwaldkreis	200.779	988,77	203,1
Neuwied	182.537	626,83	291,2
Bad Kreuznach	156.660	863,71	181,4
Rhein-Pfalz-Kreis	149.084	304,94	488,9
Trier-Saarburg	141.201	1.091,26	129,4
Altenkirchen	133.785	641,99	208,4
Bad Dürkheim	133.576	594,82	224,6
Ahrweiler	128.509	787,01	163,3
Germersheim	125.603	463,26	271,1
Rhein-Lahn-Kreis	125.477	782,46	160,4
Alzey-Worms	125.244	588,13	213,0
Bernkastel-Wittlich	112.452	1.177,73	95,5
Südliche Weinstraße	109.625	639,85	171,3
Kaiserslautern	107.192	639,86	167,5
Rhein-Hunsrück-Kreis	103.609	963,23	107,6
Südwestpfalz	100.508	953,67	105,4
Eifelkreis Bitburg-Prüm	94.828	1.626,10	58,3
Birkenfeld	85.217	776,62	109,7
Donnersbergkreis	77.350	645,43	119,8
Kusel	73.987	573,38	129,0
Cochem-Zell	64.489	719,99	89,6
Vulkaneifel	62.201	911,00	68,3

2.2   Kommunale Ebenen in Rheinland-Pfalz

Die kommunalen Ebenen in Rheinland-Pfalz gliedern sich wie folgt:

Kreisebene	24 Landkreise		12
Gemeindeebene	163 Verbandsgemeinden ———————— 2.258 Ortsgemeinden	36 verbandsfreie Städte / Gemeinden (darunter 8 große kreisangehörige Städte)	kreisfreie Städte

Der Status der Gemeinden und damit vor allem ihre Aufgaben hängen davon ab, ob sie kreisfrei oder kreisangehörig, und bei den kreisangehörigen Gemeinden, ob sie verbandsfrei oder verbandsangehörig sind.

Arten von Gemeinden

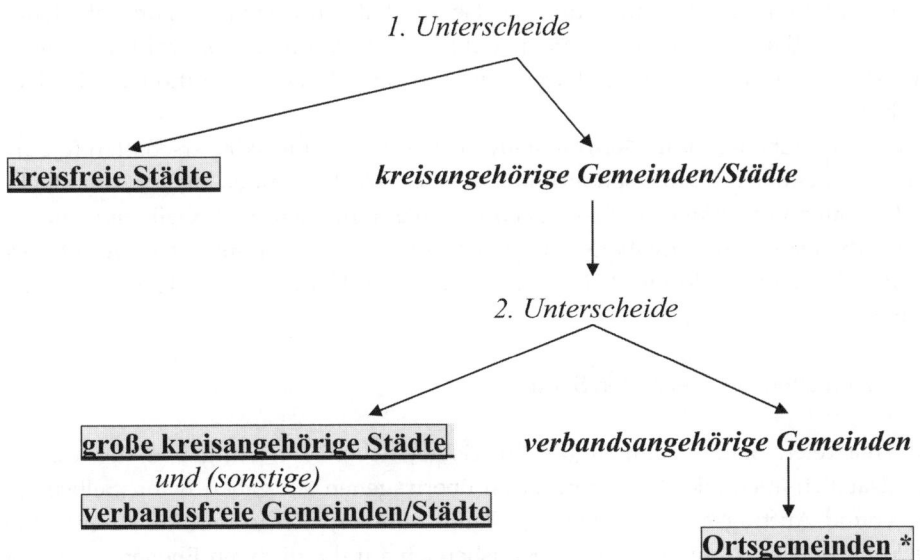

* Einer Reihe von Ortsgemeinden steht auf Grund bisherigen Rechts oder infolge Verleihung durch die Landesregierung die Bezeichnung „Stadt" zu.

2.3   Aufgaben der kommunalen Ebenen

2.3.1   Aufgabenstruktur

Nach der naturrechtlichen Auffassung des 19. Jahrhunderts wird in dualistischer Sichtweise unterschieden zwischen

- Selbstverwaltungsangelegenheiten und
- Auftragsangelegenheiten.

Bei den Selbstverwaltungsangelegenheiten unterscheidet man zwischen freiwilligen und pflichtigen (= gesetzlich vorgegebenen) Selbstverwaltungsaufgaben. Beide zusammen bilden den eigenen Wirkungskreis der Gemeinden und Gemeindeverbände. Die Auftragsangelegenheiten sind die vom Staat übertragenen administrativen Aufgaben.

Der 1948 von den Innenministerien der Länder erarbeitete Weinheimer Entwurf einer Deutschen Gemeindeordnung rückte von dieser Betrachtungsweise ab und sah eine monistische Aufgabenstruktur vor. Die Verfasser waren der Ansicht, der hergebrachte Dualismus, der die kommunalen Gebietskörperschaften als Fortsetzung der natürlichen Einheit der Familie und der Gesellschaft im Gegensatz zum (ehedem monarchischen) Staat sah, sei durch die demokratische Legitimation sowohl des Staates als auch der kommunalen Gebietskörperschaften und deren Integration in die Länder überholt.

Die Aufgabenstruktur der rheinland-pfälzischen Gebietskörperschaften folgt nicht dem Weinheimer Entwurf, sondern hält ebenso wie die Länder Bayern, Brandenburg, Mecklenburg-Vorpommern, Niedersachsen, Saarland, Sachsen-Anhalt und Thüringen an der dualistischen Aufgabenstruktur fest, so dass die kommunalen Gebietskörperschaften in Rheinland-Pfalz Selbstverwaltungs- und Auftragsangelegenheiten wahrnehmen.

2.3.2   Aufgaben der kreisfreien Städte

Die kreisfreien Städte nehmen für ihr Gebiet neben den Aufgaben der Gemeinde grundsätzlich auch alle den Landkreisen übertragenen Aufgaben wahr (Selbstverwaltungs- und Auftragsangelegenheiten). Damit bündeln sich in den kreisfreien Städten alle kommunalen Aufgaben, die im Kreisbereich auf die dortigen Ebenen der Gemeinden, Verbandsgemeinden und Landkreise aufgeteilt sind, in einer einzigen Gebietskörperschaft. Die Zuständigkeit für die Auftragsangelegenheiten liegt beim Oberbürgermeister, der – was die inhaltliche Erledigung der Aufgaben betrifft – insoweit dem unbeschränkten Weisungsrecht der zuständigen Fachaufsichtsbehörden des Landes untersteht.

2.3.3   Aufgaben der großen kreisangehörigen Städte

Kreisangehörige Gemeinden mit mehr als 25.000 Einwohnern können durch Gesetz oder auf ihren Antrag durch Rechtsverordnung der Landesregierung zu großen kreisangehörigen Städten erklärt werden.

In Rheinland-Pfalz gibt es derzeit acht große kreisangehörige Städte, von denen zwei sogar größer sind als kleine kreisfreie Städte in der Pfalz. Auf der anderen Seite gibt es auch zwei große kreisangehörige Städte, die deutlich weniger als 25.000 Einwohner haben und denen dieser Status in den 1970er Jahren im Zuge der Gebietsreform zuerkannt worden ist.

Gr. kreisangeh. Stadt	Einwohner (2008)	Gr. kreisangeh. Stadt	Einwohner (2008)
Neuwied	64.885	Bingen am Rhein	24.398
Bad Kreuznach	43.730	Ingelheim am Rhein	24.159
Idar-Oberstein	31.082	Mayen	18.961
Andernach	29.585	Lahnstein	18.056

Die großen kreisangehörigen Städte nehmen eine Stellung zwischen den kreisfreien Städten und den verbandsfreien Gemeinden ein: Sie sind verbandsfreie Städte, denen einige Aufgaben der Landkreise (überwiegend Auftragsangelegenheiten, z.B Bauaufsicht) übertragen sind. Ihr Bürgermeister führt – wie in kreisfreien Städten – die Amtsbezeichnung Oberbürgermeister.

2.3.4   Aufgaben der verbandsfreien Gemeinden und Städte

Die verbandsfreie Gemeinde ist nach der rheinland-pfälzischen Kommunalverfassung der **Grundtypus der Gemeinde**, auch wenn zurzeit nur 28 Städte und Gemeinden diesen Status aufweisen. Verbandsfreie Gemeinden sind **kreisangehörig** und erfüllen **alle Aufgaben der Gemeindeebene** (Selbstverwaltungs- und Auftragsangelegenheiten). Sie besitzen damit nicht die Zuständigkeiten, die die kreisfreien und großen kreisangehörigen Städte zusätzlich wahrzunehmen haben. Verbandsfreie Gemeinden verfügen – wie kreisfreie und große kreisangehörige Städte – über eine hauptamtliche Verwaltung.

2.3.5   Aufgaben der verbandsangehörigen Gemeinden (Ortsgemeinden)

Die weitaus überwiegende Zahl der rheinland-pfälzischen Gemeinden (2.258) ist verbandsangehörig: Diese Gemeinden, die die Bezeichnung „Ortsgemeinden" führen (wobei auch für Ortsgemeinden die Bezeichnung „Stadt" möglich ist), gehören nicht nur einem Landkreis, sondern auch einer der insgesamt 163 hauptamtlich verwalteten Verbandsgemeinden an. Die Verbandsgemeinden selbst sind keine Gemeinden, sondern im Sinne des Art. 28 Abs. 2 Satz 2 GG und des Art. 49 Abs. 2 der Landesverfassung Gemeindeverbände.

Die Ortsgemeinden, von denen die weitaus überwiegende Zahl (zum 31.12.2008: 1.610) weniger als 1.000 Einwohner hat (davon 617 sogar weniger als 300 Einwohner), weisen gegenüber den verbandsfreien Gemeinden im Wesentlichen folgende Besonderheiten auf:

- Sie verfügen – neben dem Ortsgemeinderat (Stadtrat) – über einen ehrenamtlichen Bürgermeister (Orts- bzw. Stadtbürgermeister), haben jedoch kein hauptamtliches Verwaltungspersonal; ihre Verwaltungsgeschäfte werden in ihrem Namen und ihrem Auftrag von der Verbandsgemeindeverwaltung geführt.
- Ein Teil der gemeindlichen Selbstverwaltungsangelegenheiten ist ihnen durch Gesetz entzogen und auf die Verbandsgemeinden übertragen worden (z.B. die Flächennutzungsplanung, der Brandschutz, die Wasserversorgung und die Abwasserbeseitigung). Im Übrigen gilt jedoch auch für die Ortsgemeinden der Grundsatz der Allzuständigkeit, insbesondere das Recht, sich aller örtlichen Angelegenheiten anzunehmen, die nicht ausdrücklich anderen Stellen zugewiesen sind. In der Praxis liegen die Schwerpunkte vor allem in der baulichen Entwicklung, der Entscheidung über Herstellung und Ausbau der Ortsstraßen und der Wirtschaftswege, der Dorferneuerung, der Unterhaltung und der Pflege der bestehenden Einrichtungen, der Gestaltung der Gemeinde als Kultur- und Lebensraum sowie dem Erlass des Haushaltsplans und dem Erlass von Abgabensatzungen und Bebauungsplänen.
- Auftragsangelegenheiten nehmen die Ortsgemeinden grundsätzlich nicht wahr. Dies ist Aufgabe der Verbandsgemeindeverwaltung.

2.3.6   Aufgaben der Verbandsgemeinden

Charakteristisch für die Verbandsgemeinden ist, dass sie als Gebietskörperschaften neben und anstelle der Ortsgemeinden gesetzlich zugewiesene Selbstverwaltungsaufgaben der örtlichen Gemeinschaft wahrnehmen. Ferner können die Verbandsgemeinden weitere Selbstverwaltungsaufgaben der Ortsgemeinden übernehmen, soweit bestimmte Voraussetzungen (dringendes öffentliches Interesse, qualifizierte Zustimmung) vorliegen.

Eigene Selbstverwaltungsaufgaben (anstelle der Ortsgemeinden)	Führen der Verwaltungs- geschäfte der Ortsgemeinden	Auftragsangelegenheiten (Wahrnehmung staatlicher Aufgaben für das Land)
• Flächennutzungsplanung • Trägerschaft von Grund- schulen • Brandschutz (Feuerwehr) • Zentrale Sport- und Freizeitanlagen • Überörtliche Sozialein- richtungen • Wasserversorgung • Abwasserbeseitigung • Ausbau und Unterhaltung von Gewässern dritter Ordnung (Bächen)	• Verwaltung der Abgaben • Sonstige Bescheide • Vollstreckung • Kassengeschäfte • Gerichtliche Vertretung • Vorbereitung von Entscheidungen der Ortsgemeinden	*Beispiele:* • Melderecht • Pässe, Personalausweise • Straßenverkehrsrecht • Gewerberecht • Gaststättenrecht
Nur Rechtsaufsicht des Landes	Bindung an Entscheidungen der Ortsgemeinden	Rechts- und Fachaufsicht des Landes

2.3.7 Aufgaben der Landkreise

Die Landkreise sind Gemeindeverbände im Sinne des Art. 28 Abs. 2 Satz 2 GG und des Art. 49 Abs. 2 der Landesverfassung. Im Aufbau des Kommunalsystems sind sie kommunale Gebietskörperschaften und Verwaltungseinheiten oberhalb der Gemeindeebene. Als Behörde des Landkreises nimmt die Kreisverwaltung **Selbstverwaltungsaufgaben** und **Auftragsangelegenheiten** wahr. Daneben ist die Kreisverwaltung für einen eng umgrenzten Aufgabenbereich (insbesondere Kommunalaufsicht über die kreisangehörigen Gemeinden und Verbandsgemeinden) auch staatliche Verwaltungsbehörde des Landes.

Unter Berücksichtigung der verfassungsrechtlichen Vorgaben kommen als Selbstverwaltungsaufgaben der Landkreise folgende Aufgabenbereiche in Betracht:

- Kommunale Aufgaben, die auf zulässige Weise auf die Landkreise „hochgezont" wurden und
- überörtliche, kreisgebietsbezogene Aufgaben, die durch die Landkreise eigenverantwortlich sachgerecht erfüllt werden können und die nicht anderen Verwaltungsträgern zur Entscheidung zugewiesen sind. Mit Blick auf die gemeindliche Zuständigkeit können diese Aufgaben originäre Kreisaufgaben (= kreisgebietsbezogene Aufgaben, die den Bestand und die Funktion der Landkreise erst begründen und gewährleisten), Ergänzungsaufgaben (= überörtliche Aufgaben, welche

die gemeindliche Aufgabenerfüllung ergänzen) oder Ausgleichsaufgaben (= Aufgaben, die in der Unterstützung gemeindlicher Erledigungskompetenz bestehen) sein.

staatliche Aufgaben der Kreisverwaltung	Selbstverwaltungsaufgaben des Landkreises
Kreisverwaltung als Landesbehörde: • Kommunalaufsicht, Gemeindeprüfung Auftragsangelegenheiten, z. B.: • Straßenverkehr, Kfz-Zulassung, Fahrerlaubnisse • Ausländer- und Staatsangehörigkeitsrecht • Bauaufsicht • Gewerberecht • Gesundheitsämter, Veterinäraufgaben, Lebensmittelüberwachung • Naturschutz, Landespflege • Denkmalschutz • Waffen-, Jagd- und Fischereirecht	Pflichtaufgaben der Selbstverwaltung, z. B.: • Abfallwirtschaft • Trägerschaft von Gymnasien, berufsbildenden Schulen und Förderschulen • Sozial- und Jugendhilfe • Rettungsdienst • Brand- und Katastrophenschutz • Bau und Unterhaltung von Kreisstraßen Freie Selbstverwaltungsaufgaben, z. B.: • Kulturförderung, Brauchtum • Musikschulen • überörtliche Wirtschaftsförderung • überörtliche Fremdenverkehrsförderung • Partnerschaften

3 Rheinische Bürgermeisterverfassung – Süddeutsche Ratsverfassung

3.1 Kommunalverfassungssysteme

Bis zum Ende der 1980er Jahre gab es große Unterschiede in den Kommunalverfassungen der acht westdeutschen Flächenstaaten. Man unterschied die Süddeutsche Ratsverfassung, die Bürgermeisterverfassung, die Magistratsverfassung und die Norddeutsche Ratsverfassung. Diese Systeme waren teils seit Jahrhunderten historisch gewachsen, teils nach dem Zweiten Weltkrieg unter dem Einfluss der Besatzungsmächte eingerichtet worden. Das Kommunalrecht wurde im Laufe der Jahre zwar häufig geändert, die Strukturmerkmale der Kommunalverfassungen aber schienen auf ewig fortzugelten. Es gab zwar auch damals bereits vergleichende Untersuchungen über Vorzüge und Nachteile der unterschiedlichen Kommunalverfassungssysteme. Von einer auch nur annäherungsweise abzusehenden Konvergenz der Auffassungen oder gar einer praktischen Annäherung der Gemeindeverfassungen war man lange jedoch weit entfernt. Jedes Land hatte sich an seine Gemeindeverfassung gewöhnt und wollte daran festhalten. Das änderte sich Ende der 1980er Jahre schlagartig: Was vorher utopisch erschienen war, rückte plötzlich zum Greifen nahe. Dabei gingen wichtige Impulse auch von den fünf neuen Ländern aus. Die Erfahrungen der Basisgruppen 1989/1990 und die daraus erwachsene hohe Bewertung der Bürgermitwirkung an der Politik strahlten auch auf Westdeutschland aus.

3.2   Baden-Württembergische Gemeindeverfassung als Modell

Will man die geänderten Gemeindeverfassungen mit einem Satz charakterisieren, so kann man von einer gewissen Annäherung an die Grundsätze der Süddeutschen Ratsverfassung nach baden-württembergischer Prägung sprechen. Viele ihrer Elemente, wenn auch mit mehr oder weniger großen Abstrichen und Ergänzungen, sind inzwischen auch in Rheinland-Pfalz eingeführt. Nach diesem Vorbild ist die rheinland-pfälzische Kommunalverfassung von **fünf Strukturmerkmalen** geprägt:

(1)   Das zentrale Merkmal ist die **starke Stellung des Bürgermeisters**. In seiner Position bündelt er die drei wichtigsten Führungsfunktionen. Er ist
- Vorsitzender des Gemeinderats, und zwar grundsätzlich mit Stimmrecht,
- Chef einer monokratisch strukturierten Verwaltung (im Gegensatz zur Magistratsverfassung, wie sie z.B. in Hessen gilt),
- Repräsentant und gesetzlicher Vertreter der Gemeinde nach außen.

(2)   Der Bürgermeister bereitet die Beschlüsse des Rates vor und führt sie aus. Die Ausführung von Beschlüssen des Rates und seiner Ausschüsse, die er für rechtswidrig hält, muss und kann er aussetzen.

(3)   Der Bürgermeister wird grundsätzlich direkt vom Volk gewählt, nicht wie früher vom Gemeinderat.

(4)   Bei der Wahl der Ratsmitglieder sind die Bürgerinnen und Bürger nicht darauf beschränkt, starre, von den Parteien oder Wählergruppen aufgestellte Listen anzukreuzen.

(5)   Die Bürgerinnen und Bürger können über wichtige Gemeindeangelegenheiten ein Bürgerbegehren initiieren, bei dessen Erfolg ein Bürgerentscheid durchzuführen ist.

4   Organe

Unter dem juristischen Begriff „Organe" sind die sich aus der Gemeindeordnung und der Landkreisordnung ergebenden Träger von Aufgaben zu verstehen, deren Wollen und Handeln unmittelbar der Gemeinde bzw. dem Landkreis als eigenes Wollen und Handeln zugerechnet werden. Die Gemeindeordnung nennt den Gemeinderat und den Bürgermeister, die Landkreisordnung den Kreistag und den Landrat als Organe.

4.1   Organe der Gemeinde / Stadt

Gemeinderat/Stadtrat	⇐ Bürger ⇒	Bürgermeister
(6 bis 60 Mitglieder, ehrenamtlich, 5 Jahre)	**wählen**	• verbandsfreie Gemeinden und kreisfreie Städte: hauptamtlich, 8 Jahre • Ortsgemeinden: ehrenamtlich, 5 Jahre
wählt ⇒ ⇓ **Ausschüsse**	⇒⇒⇒⇒⇒⇒⇒⇒⇒⇒	**Beigeordnete** (hauptamtlich: 8 Jahre ehrenamtlich: 5 Jahre)

4.2   Organe der Verbandsgemeinde

Verbandsgemeinderat	⇐ Bürger ⇒	Bürgermeister
(22 bis 40 Mitglieder, ehrenamtlich, 5 Jahre)	**wählen**	(hauptamtlich, 8 Jahre)
wählt ⇒ ⇓ **Ausschüsse**	⇒⇒⇒⇒⇒⇒⇒⇒⇒⇒	**Beigeordnete** (hauptamtlich: 8 Jahre ehrenamtlich: 5 Jahre)

4.3   Organe des Landkreises

Kreistag	⇐ Bürger ⇒	Landrat
(34 bis 50 Mitglieder, ehrenamtlich, 5 Jahre)	**wählen**	(hauptamtlich, 8 Jahre)
wählt ⇒ ⇓ **Ausschüsse**	⇒⇒⇒⇒⇒⇒⇒⇒⇒⇒	**Kreisbeigeordnete** (hauptamtlich: 8 Jahre ehrenamtlich: 5 Jahre)

4.4 Zuständigkeiten der Gemeindeorgane

Gemeinderat	Bürgermeister

• **legt Grundsätze für die Verwaltung fest** (z.B. Richtlinien für Selbstverwaltungs-angelegenheiten)
 	
• **beschließt über alle Selbstverwaltungs-angelegenheiten, soweit nicht**
  - er Entscheidungskompetenz auf einen Ausschuss oder auf den Bürgermeister überträgt
  - der Bürgermeister kraft Gesetzes zuständig ist
 	
• **überwacht die Ausführung seiner Beschlüsse**
	A. Leiter der Verwaltung und Repräsentant der Gemeinde
	
	I. Gesetzliche Aufgaben
	  1. Vertreter/Repräsentant der Gemeinde
	  2. Vorbereitung und Ausführung der Beschlüsse des Gemeinderats und seiner Ausschüsse
	  3. Geschäfte der laufenden Verwaltung
	  4. Auftragsangelegenheiten (=staatlich)
	  5. Vorgesetzter der Mitarbeiter
	
	II. Vom Gemeinderat auf ihn übertragene Aufgaben
	
	B. Vorsitzender des Gemeinderats

4.5 Bürgermeister und Beigeordnete

Ob der Bürgermeister hauptamtlich oder ehrenamtlich tätig ist, ist vom Gemeindetyp abhängig.

Gemeindetyp	Bürgermeister	Beigeordnete Grundsatz: ehrenamtlich	
		Anzahl	**max. hauptamtlich**
Ortsgemeinde	ehrenamtlich	1 – 3	0
Verbandsgemeinde und verbandsfreie Gemeinde	hauptamtlich	1 – 3 höhere Zahl möglich: ab 25.000 EW 4 ab 40.000 EW 5 ab 80.000 EW 6 ab 120.000 EW 7	bis 15.000 EW 0 ab 15.000 EW 1 ab 25.000 EW 2 ab 40.000 EW 3 ab 80.000 EW 4 ab 120.000 EW 5

4.6   Wahl des Gemeinderats / Stadtrats / Verbandsgemeinderats / Kreistags

Das seit 1989 in Rheinland-Pfalz geltende Kommunalwahlrecht gibt dem Wähler einen relativ großen Einfluss auf die personelle Zusammensetzung des Gemeinderats. Durch die Möglichkeit des Kumulierens und des Panaschierens können die Wähler die von den Gremien der Parteien und Wählergruppen angegebene Platzierung der Kandidaten auf den Listen wesentlich modifizieren. Das zwingt die Kandidaten in den Bürgerkontakt. Während starre Listen eine Binnenorientierung der Ratsmitglieder fördern, weil es für ihre Wiederwahl auf die Partei oder Wählergruppe ankommt, welche die Liste aufstellt, wird bei der vom Wähler veränderbaren Liste das Gewicht der Bürger erhöht; das veranlasst die Ratsmitglieder, wollen sie wiedergewählt werden, Kontakt zu den Wählern zu halten.

5   Beteiligung von Bürgern und Einwohnern außerhalb von Wahlen

Für die kommunale Selbstverwaltung von geradezu entscheidender Bedeutung ist die Aktivierung des bürgerschaftlichen Elements in den Gemeinden. Trotz ehrenamtlichen Engagements, insbesondere im sozialen Bereich, sowie der Bereitschaft, sich für eine anerkannte gute Sache einzusetzen, ist zu beobachten, dass häufig weniger Interesse besteht, für die Gemeinschaft Verantwortung zu übernehmen. Die Durchsetzung von Individual- und Partikularinteressen überwiegt verschiedentlich den Einsatz für das Gemeinwohl. Vor allem die Ausgestaltung von Partizipationschancen an Entscheidungsvorgängen der Verwaltung ist dazu geeignet, solchen Tendenzen entgegenzuwirken. Denn es ist nicht damit getan, dass die Bürgerschaft in bestimmten Abständen zur Wahl geht und dass auf Grund dieser Wahl alsdann einige Dutzend Bürgerinnen und Bürger sich in den Organen der Gemeinde betätigen. Es gilt also, die Bereitschaft der Bürgerinnen und der Bürger zur Mitarbeit an der gemeindlichen Politik durch neue Wege der Teilnahme an den Entscheidungsprozessen zu fördern.

Das Kommunalverfassungsrecht in Rheinland-Pfalz enthält eine Reihe bürgerschaftlicher Beteiligungsformen, die außerhalb von Wählern und Abstimmungen eine Teilhabe der Bürgerinnen und Bürger an den kommunalpolitischen Entscheidungen sichern.

5.1   Bürgerbegehren und Bürgerentscheid

Das Bürgerbegehren ist ein von einer Mindestzahl von Wahlberechtigten gestütztes Verlangen, zu einer bestimmten wichtigen Gemeindeangelegenheit einen Bürgerentscheid durchzuführen. Das Ergebnis des Bürgerentscheides, das im Wege der „Volksabstimmung" (wie bei einer Kommunalwahl) ermittelt wird, ist für die gemeindlichen Organe verbindlich. Der Bürgerentscheid hat dieselbe Qualität wie ein Gemeinderatsbeschluss.

5.2 Einwohnerantrag

Bei dem Einwohnerantrag handelt es sich um ein besonderes Antragsrecht der Einwohnerinnen und der Einwohner mit dem Ziel, dass der Gemeinderat über eine bestimmte Angelegenheit der örtlichen Selbstverwaltung beraten und entscheiden muss.

5.3 Einwohnerversammlung

Die Einwohnerversammlung dient der Unterrichtung der Einwohnerinnen und der Einwohner über wichtige Gemeindeangelegenheiten.

5.4 Einwohnerfragestunde

Der Gemeinderat kann bei seinen öffentlichen Sitzungen den Einwohnerinnen und Einwohnern Gelegenheit geben, Fragen aus dem Bereich der örtlichen Verwaltung zu stellen oder Anregungen und Vorschläge zu unterbreiten. Mit der Einwohnerfragestunde ist den Einwohnerinnen und Einwohnern im verstärkten Maße die Möglichkeit zur Information und laufende Beteiligung am gemeindlichen Willensbildungsprozess eröffnet.

5.5 Kommunales Petitionsrecht

Jedermann hat das Recht, sich mit Eingaben an die Behörden oder an die Volksvertretung zu wenden. Das kommunale Petitionsrecht konkretisiert dieses Verfassungsrecht auf kommunaler Ebene. Jeder hat das Recht, sich schriftlich mit Anregungen oder Beschwerden aus dem Bereich der örtlichen Verwaltung an den Gemeinderat zu wenden.

5.6 Amtliche Einwohnerbefragung

Die amtliche Einwohnerbefragung ist in der rheinland-pfälzischen Kommunalverfassung nicht ausdrücklich geregelt. Sie hat sich als – grundsätzlich zulässige – Beteiligungsform in der kommunalen Praxis herausgebildet. Die gemeindlichen Organe werden durch das Ergebnis der amtlichen Einwohnerbefragung, die ein momentanes Stimmungsbild der Einwohnerinnen und der Einwohner zu einer Gemeindeangelegenheit wiedergibt, nicht gebunden.

Literaturhinweis

Gemeinde- und Städtebund, Landkreistag, Städtetag (Hrsg.): Kommunalbrevier Rheinland-Pfalz, 2009

Kommunalpolitik im Saarland

Jürgen Wohlfarth

1 Einleitung

Vor dem Zweiten Weltkrieg galt im Saarland seit dem 01.08.1935 die Deutsche Gemeindeordnung. Nach dem Ende des Krieges gab es eine erste rechtliche Regelung in einer Verordnung der Militärregierung vom 05.08.1946 über Gemeindewahlen im Saarland. Diese fanden drei Wochen später statt. Eine eingerichtete Verwaltungskommission hob die zunächst fortgeltende Deutsche Gemeindeordnung zum 21.02.1947 auf. Ein am französischen „Code des Communes" orientiertes Übergangsrecht endete am 10.07.1951. Der Saarländische Landtag beschloss eine an westlichen Vorbildern orientierte Gemeindeordnung. Das heutige Kommunalselbstverwaltungsgesetz in seiner Grundfassung ist nach vierjähriger Beratung am 15.01.1964 in Kraft gesetzt worden. Eine bundesweit einmalige Besonderheit war die Zusammenfassung der Gemeinde-, Amts- und Kreisordnung in einem Gesetzeswerk.

1970 gab der Landtag Auftrag zu einer grundlegenden Gebiets- und Verwaltungsreform mit dem Ziel der Schaffung größerer und vor allem leistungsfähiger Verwaltungseinheiten. Das Gesetz zur Neugliederung der Gemeinden und Landkreise des Saarlandes vom 19.12.1973 löste von den seinerzeit bestehenden 345 Gemeinden insgesamt 341 auf und bildete 50 neu. Die Anzahl der Landkreise verringerte sich von fünf auf sieben. Daneben entstand als kreisähnliches Konstrukt eigener Art der Stadtverband Saarbrücken. Die Neugliederung wurde vor allem von folgenden konzeptionellen Elementen getragen: Landkreise mit ca. 8-15 Gemeinden und einer Regeleinwohnerzahl von 150.000; Gemeinden mit mindestens 8.000 Einwohnern in ländlichen und 15.000 Einwohnern in Ballungsgebieten; wenigstens 20 hauptamtlich Beschäftigte bei einer Verwaltung; Entfernung zwischen Ortsrand und Verwaltungssitz ca. 10 km. Auf dieser Basis gibt es derzeit 52 Gemeinden im Saarland. Gegenwärtig sind folgende Landkreise und Kreisverwaltungssitze eingerichtet: St. Wendel (Sitz: St. Wendel), Saar-Pfalz-Kreis (Sitz: Homburg/Saar), Saarlouis (Sitz: Saarlouis), Merzig-Wadern (Sitz: Merzig), Neunkirchen (Sitz: Neunkirchen mit Verwaltungsgebäude in Ottweiler).

Die im Jahr 2007 breit diskutierten und mit Gutachten unterlegten Überlegungen zu einer Funktionalreform mit Wirkungen auf den Zuschnitt der Gemeindeverbände waren politisch nicht durchsetzbar. Das am 01.01.2008 in Kraft getretene Verwaltungsstrukturreformgesetz erbrachte im Wesentlichen *Hochzonungen* staatlicher Aufgaben auf Stellen des Landes sowie eine Umfirmierung des früheren Stadtverbandes Saarbrücken in Regionalverband. Dieser ist Gemeindeverband und Gebietskörperschaft mit in Organisation und Aufgabenstellung landkreisähnlichen Merkmalen. Er dient der funktionsgerechten Ordnung des Stadtumlandbereiches im Großraum Saarbrücken. Ihm gehören die Landeshauptstadt Saarbrücken, die Städte Friedrichsthal, Püttlingen, Sulzbach und Völklingen sowie die Gemeinden Großrosseln, Heusweiler, Kleinblittersdorf, Quierschied und Riegelsberg an. Anstelle der ihm angehörigen Gemeinden stellt der Regionalverband durch sein Innenorgan Planungsrat den Flächennutzungsplan sowie den Landschaftsplan auf. Der Planungsrat besteht aus den Bürgermeistern der regionalverbandsangehörigen Gemeinden. Die Stimmkraft ist nach Größenordnung der Gemeinde abgestuft.

Seit dem 01.01.2008 nimmt ein neugebildetes Landesverwaltungsamt die Aufgaben der Kommunalaufsicht über die Gebietskörperschaften wahr. Oberste Kommunalaufsicht ist das Ministerium für Inneres und Sport.

2 Aufgabenwahrnehmung in den Gemeinden

Der Aufgabenbestand der saarländischen Gemeinden ist durch das Nebeneinander von originären Selbstverwaltungsangelegenheiten und übertragenen staatlichen (Fremdverwaltungs-)Aufgaben charakterisiert. Im Selbstverwaltungsbereich erfasst die so genannte Verbandskompetenz der Gemeinden alle Angelegenheiten der örtlichen Gemeinschaft. Dabei geht es um Bedürfnisse und Interessen, die in der örtlichen Gemeinschaft wurzeln oder einen spezifischen Bezug auf sie ausüben. Im freiwilligen Selbstverwaltungsbereich haben die Gemeinden im Rahmen der Rechtsordnung ein uneingeschränktes Aufgabenfindungsrecht. Die Hauptmenge an freiwilligen Selbstverwaltungsangelegenheiten wird im Bereich der Daseinsvorsorge erledigt. Pflichtige Selbstverwaltungsaufgaben sind durch Gesetz aufgegeben. Nur hinsichtlich der Durchführungsmodalitäten besteht ein Spielraum. Nach Maßgabe der internen Zuständigkeitsbestimmungen des Kommunalselbstverwaltungsgesetzes sind für die Erledigung von Selbstverwaltungsangelegenheiten – im Einzelfall jeweils ausschließlich – entweder der Gemeinderat, der Orts- bzw. Bezirksrat oder der Bürgermeister zuständig.

Bei den Fremdverwaltungsangelegenheiten handelt es sich um Aufgaben des Bundes oder des Saarlandes. Sie werden auf kommunaler Ebene bürgernah mit erledigt. Die Übertragung solcher Auftragsangelegenheiten steht unter Gesetzesvorbehalt. Nach Änderung der saarländischen Verfassung im Jahre 1999 hat der Gesetzgeber mit Aufgabenzuweisung eine Kostenregelung zu treffen. Die den Gemeinden und Gemeindeverbänden überantwortete Durchführungshoheit aufgrund von Bundes- und Landesrecht hat erhebliche Auswirkungen. Ca. zwei Drittel aller hoheitlichen Aufgaben sind aus der Perspektive der Gemeinde Fremdverwaltungsangelegenheiten. Sie beanspruchen etwa drei Viertel der Verwaltungskraft der Gemeinden und Landkreise.

Nach den gesetzlich festgelegten Zuständigkeitsgrenzen im Innenverhältnis ist immer die Gemeinde als Gebietskörperschaft ausführungsverpflichtet. Im Außenverhältnis wird allein der Bürgermeister tätig. Dies bedeutet, dass die kommunalen Gremien keine Befassungs- und Entscheidungsrechte haben. Mit dem Gesetz Nr. 1381 zur Kommunalisierung unterer Landesbehörden ist die frühere Konstellation einer Unteren staatlichen Verwaltungsbehörde im Wesentlichen gegenstandslos geworden. Die so genannte Organleihe, die einen Bürgermeister als Organ der Gemeinde mit staatlichen Befugnissen versieht, ist nur noch punktuell anzutreffen. Der wichtigste Fall ist die Funktion des Bürgermeisters als Ortspolizeibehörde.

Im Fremdverwaltungsbereich haben die zuständigen Behörden des Saarlandes Weisungsbefugnisse gegenüber den Gemeinden und Gemeindeverbänden. Auch wenn solche Rechte sehr selten beansprucht werden, ist dies ein wichtiger Unterschied zu den Autonomieprinzipien des Selbstverwaltungsrechtes.

3   Interkommunale und grenzüberschreitende Zusammenarbeit

Bei den Aufgaben der Abfallentsorgung und überörtlichen Entwässerung ist das Saarland nicht den Weg einer *Hochzonung* auf die Gemeindeverbände gegangen. Schon 1980 hat der saarländische Gesetzgeber alle Gemeinden zur Hausabfallentsorgung in einem Zwangszweckverband zusammengeschlossen, dem Kommunalen Abfallentsorgungsverband Saar (KABV). Allerdings sind einige Restzuständigkeiten bei den einzelnen Gemeinden verblieben. Dazu gehört das Einrichten und Betreiben von Deponien für Erdaushub und Bauschutt. Die Gemeinden müssen auch Einrichtungen zur Kompostierung von Grünschnitt und vergleichbaren Materialien vorhalten. Rechtswidrig abgelagerte Abfälle haben sie zu entsorgen. Für den Zweckverband setzen sie die Abfallentsorgungsgebühren fest und führen sie an den Verband ab. Schließlich müssen sie auch Abfallberater bestellen. Die früheren Gemeinden mit eigenem Fuhrpark stellen diesen dem Verband im Wege der Beauftragung zur Verfügung.

Die Pflicht zur Beseitigung des Abwassers ist auf Gemeinden und einen Abwasserzweckverband aufgeteilt. Bei dieser Pflichtenverteilung ist es Sache der Gemeinden, das auf ihrem Gebiet anfallende Abwasser zu sammeln und den Anlagen des Verbandes zuzuführen. Bau, Betrieb und Unterhaltung der Hauptsammler und Klärwerke fallen in den Verantwortungsbereich des Abwasserverbandes. Öffentlich geführte Debatten über Standortnachteile aufgrund zu hoher Abgaben begünstigten den im Detail umstrittenen Schritt des Saarländischen Landtages zur Zusammenlegung von Abfallentsorgungs- und Abwasserverband zu einem Entsorgungsverband (EVS) mit Wirkung vom 01.01.1998. Mittlerweile haben die Verbandsmitglieder eine Austrittsmöglichkeit mit der Option einer Selbsterledigung. Die strukturelle Finanzschwäche der saarländischen Gemeinden hat die freiwillige kommunale Gemeinschaftsarbeit in allen gesetzlich vorgesehenen Handlungsformen herausgefordert und beflügelt. Hauptsächliche Themenfelder sind Kooperationen bei Kultureinrichtungen, der Wassergewinnung, Energieversorgung, Datenverarbeitung und dem öffentlichen Personennahverkehr.

Im Westen und Süden fällt die Landesgrenze des Saarlandes mit der Staatsgrenze der Bundesrepublik Deutschland zu Luxemburg und Frankreich zusammen. In der Vergangenheit war die grenzüberschreitende Zusammenarbeit vor allem durch tatsächliches Verhalten auf Treu und Glauben und nicht durch ausgeklügelte rechtliche Regelungswerke bestimmt. Anfang der 1970er Jahre kam es zu interessanten rechtlichen Neuerungen im Saarland und in Frankreich. Seit dem am 31.03.1992 geänderten Art. 60 Abs. 2 der saarländischen Landesverfassung fördert das Saarland die europäische Einigung und tritt für die Beteiligung eigenständiger Regionen an der Willensbildung der Europäischen Gemeinschaft und des vereinten Europa ein. Es arbeitet mit anderen europäischen Regionen zusammen und unterstützt grenzüberschreitende Beziehungen zwischen benachbarten Gebietskörperschaften und Einrichtungen. Nach Ergänzung des Kommunalselbstverwaltungsgesetzes 1993 gilt das Programm der Landesverfassung für die Gemeinden und Gemeindeverbände in ihrem Wirkungskreis entsprechend. Auf französischer Seite gestattet das „Loi Joxe/Marchand" erstmals den französischen Gebietskörperschaften die grenzüberschreitende Zusammenarbeit unter Einbeziehung der Beteiligungsmöglichkeit ausländischer Gebietskörperschaften an französischen gemischt-wirtschaftlichen Unternehmen sowie an öffentlich-rechtlichen Verbänden. Aus französischer und saarländischer Sicht ist die Übertragung von Hoheitsrechten nur durch Abschluss eines Staatsvertrages möglich. Zu diesem Zweck wurde 1996 das so genannte „Karlsruher Übereinkommen" als Staatsvertrag zwischen Frankreich, der Bundesrepublik Deutschland, dem Großherzogtum Luxemburg und der Schweiz abgeschlossen. Ein zentraler Bestandteil ist die Schaffung eines grenzüberschreitenden örtlichen Zweckverbandes. Das Abkommen erlaubt den Abschluss verschiedener Kooperationsvereinbarungen und gestattet auch die Übertragung hoheitlicher Funktionen auf grenznachbarschaftliche Einrichtungen. Auf der Grundlage dieser Rechtsquellen entsteht derzeit zwischen Saarbrücken und der lothringischen Stadt Forbach der grenzüberschreitende Dienstleistungs- und Gewerbepark „Eurozone".

Erste praktische Kooperationsformen in den 1960er Jahren galten der Übernahme von Abwässern und dem Aufbau grenzüberschreitender Verkehre mit Linienbussen. Seit 1997 verkehrt im Halbstunden-Rhythmus eine Straßenbahn zwischen Saarbrücken und Sarreguemines. Die Förderung der Regionen durch Mittel der Europäischen Union war Anlass und Gründungsmotiv verschiedener Projekte. Der 1999 von den Städten und Metz gegründete „Eurodistrict" ist mit annähernd 20 Maßnahmen mittlerweile ausgelaufen. „Quattropole" ist eine Plattform zur Verbindung der Großregion Saar-Lor-Lux. Träger dieses interregionalen Netzwerkes sind die Städte Saarbrücken, Metz, Trier und Luxemburg. Im November 1997 haben 22 französische und zehn saarländische Gemeinden einen privatrechtlichen Verein „Zukunft Saar-Moselle Avenir" gegründet. Der Vereinszweck besteht in der Bearbeitung von Projekten und Initiativen auf den Gebieten Wirtschaft, Infrastruktur, Tourismus, Kultur, Bildung, Umweltschutz und kommunale Planung. Weiterhin stehen auf der Agenda die Gründung eines Euro-districtes Saar-Moselle (EVTZ) sowie die Konzeption „Das blaue Band" für eine Neu-orientierung der grenzüberschreitenden Agglomeration.

4   Bürgermeister und Beigeordnete

Neben dem Gemeinderat ist der Bürgermeister das andere Organ der dualistischen saarländischen Bürgermeisterverfassung. Das Kommunalselbstverwaltungsgesetz hat den beiden Organen Rat und Bürgermeister voneinander abgegrenzte Aufgaben zur Erledigung zugewiesen. Die Zuständigkeit des einen Organs schließt eine konkurrie-rende Zuständigkeit des anderen Organs aus. Beide Organe stehen sich rechtlich gleichgewichtig gegenüber. Durch Direktwahl werden beide Organe personalisiert. Sie haben damit die gleiche demokratische Legitimation. Das vom Gesetzgeber gewollte Prinzip der strikten Funktionstrennung schließt theoretisch Kompetenzkonflikte aus. Treten sie dennoch auf, müssen sie entweder über die Kommunalaufsicht oder ein Kommunalverfassungsstreitverfahren geklärt werden. Der Gemeinderat hat im Saar-land keine Allzuständigkeit und in Bürgermeisterangelegenheiten kein Kontroll- und Auskunftsrecht.

In Städten mit mehr als 30.000 Einwohnern führt der Bürgermeister die Amtsbe-zeichnung Oberbürgermeister. Vom Status des öffentlichen Dienstrechtes ist er Beam-ter auf Zeit. Durch Direktwahl der Bürger einschließlich der Unionsbürger wird er für die Dauer von zehn Jahren gewählt. Formales Eignungsmerkmal ist zunächst eine grundsätzliche Wählbarkeit. Es müssen vorliegen: die deutsche Staatsangehörigkeit bzw. die Unionsbürgerschaft, die Vollendung des 25. Lebensjahres am Tag der Wahl, die Wählbarkeit zum Deutschen Bundestag oder zum Europäischen Parlament und die Gewähr für ein jederzeitiges Eintreten zugunsten der freiheitlichen demokratischen Grundordnung im Sinne des Grundgesetzes. Wählbarkeitshindernis ist die Vollendung des 65. Lebensjahres am Tag des Beginnes der Amtszeit. Bei Gemeinden bis zu 20.000 Einwohnern schweigt das Gesetz zu Eignungsmerkmalen im Einzelnen. In der Praxis kostet die äußerliche Abschaffung der Eignungsvoraussetzung die Gemeinde zusätz-lich Ratgeber. In zweiter Reihe müssen sie die Hauptverwaltungsbeamten vor Wissens-lücken und Inkompetenzen beschützen. In Gemeinden mit mehr als 20.000 Einwohnern muss der Bürgermeister – ersatzweise – ein hauptamtlicher Beigeordneter oder ein anderer leitender Beamter der Gemeinde – die Befähigung zum höheren Verwaltungs-dienst oder zum Richteramt besitzen.

Der Bürgermeister ist geborener Vorsitzender des Gemeinderates und seiner Aus-schüsse ohne Stimmrecht. Er führt den Vorsitz in den Ausschüssen für Finanz- und Personalangelegenheiten mit Delegationsmöglichkeit an einen für diesen Sachbereich eingesetzten hauptamtlichen Beigeordneten. In den übrigen Ausschüssen des Rates kann er den Vorsitz für sich beanspruchen.

Der Bürgermeister als Organ ist auch gesetzlicher Vertreter der Gemeinde. Interessanterweise nimmt das Kommunalselbstverwaltungsgesetz von den Repräsentationserfordernissen des Bürgermeisters keine Notiz. Gleichwohl ist die Außendarstellung der Gemeinde durch den Bürgermeister eine gesellschaftlich wichtige und vom Arbeitsaufwand intensive Tätigkeit.

Der Bürgermeister ist Leiter der Verwaltung. Zu seiner Leitungsbefugnis gehört unverzichtbar das Recht, die Verwaltung zu organisieren, die Geschäfte zu verteilen und die Bediensteten auf den einzelnen Dienstposten einzusetzen. Organisatorische Handlungsmittel dabei sind Aufgabengliederungs- und Geschäftsverteilungsplan. Zur Steuerung des Verwaltungsablaufes erlässt der Bürgermeister allgemeine Dienstanweisungen sowie Einzelanordnungen. Die Aufbauorganisation in den saarländischen Gemeinden nennt horizontal als die größten Verwaltungseinheiten sogenannte Dezernate mit den Sparten: Allgemeine Verwaltung, Finanzverwaltung, Rechts- und Ordnungsverwaltung, Schul- und Kulturverwaltung, Sozial- und Gesundheitsverwaltung, Bauverwaltung, Öffentliche Einrichtungen, Wirtschaft und Verkehr. Ein Dezernat gliedert sich in Fachämter, zu denen wiederum verschiedene Abteilungen und Sachgebiete gehören. In der saarländischen Bürgermeisterverfassung läuft jeder Kontakt zwischen Organisationseinheit und Gremien über den Bürgermeister und umgekehrt. Dies fordert die sogenannte Mediatstellung des Bürgermeisters. Der Bürgermeister ist auch Dienstvorgesetzter und Oberste Dienstbehörde der Gemeindebediensteten. Personalvertretungsrechtlich ist allerdings Oberste Dienstbehörde der Gemeinderat.

Der Bürgermeister beruft den Gemeinderat und seine Ausschüsse ein und setzt die Tagesordnung fest. Dazu fertigt er Vorlagen mit Beschlussvorschlägen und Sachdarstellungen. Der Bürgermeister hat aber nicht nur die Beschlüsse des Rates und der Ausschüsse vorzubereiten. Er muss anschließend auch die getroffenen Entscheidungen ausführen. Dabei hat er ein formelles und materielles Prüfungsrecht. Rechtswidrigen Entscheidungen muss er unverzüglich widersprechen. Im Zweifel hat er die Kommunalaufsicht anzurufen.

Der Bürgermeister ist der alleinige Akteur im Fremdverwaltungsbereich. Befassungs- und Entscheidungsrechte der kommunalen Gremien bestehen nicht.

Im Selbstverwaltungsbereich bearbeitet der Bürgermeister mit seinem Apparat die ihm durch den Rat oder einen Ausschuss übertragenen Selbstverwaltungsangelegenheiten. Die Geschäfte laufender Verwaltung sind unentziehbare Bürgermeisterangelegenheiten. Solche Geschäfte lassen sich nicht zahlenmäßig oder katalogisiert umschreiben. Sie hängen von der Größe, Verwaltungs- und Finanzkraft der Gemeinde ab: Die Angelegenheit darf nicht von grundsätzlicher Bedeutung für die Gemeinde oder von größerer Tragweite für den Gemeindehaushalt sein. Sie muss mit einiger Regelmäßigkeit wiederkehrend vorkommen. Der Bürgermeister hat auch in Ratsangelegenheiten unter engen Voraussetzungen ein Eilentscheidungsrecht. In Gemeindeunternehmen, Zweckverbänden u. ä. ist der Bürgermeister für die Gemeinde geborenes Organmitglied.

Die Beigeordneten einer Gemeinde stellen die Verhinderungsvertretung des Bürgermeisters sicher und leisten einen Beitrag zur arbeitsteiligen Verwaltung. Sie sind entweder ehren- oder hauptamtlich tätig. Die ehrenamtlichen Beigeordneten werden aus der Mitte des neu konstituierten Gemeinderates gewählt. Die Berufsmäßigkeit unterscheidet die hauptamtlichen von den ehrenamtlichen Beigeordneten. Vom Status sind sie dem Bürgermeister stark angeglichen. Auch sie sind Beamte auf Zeit für die Dauer von zehn Jahren. Auf dem Papier werden sie nach dem Grundsatz der Bestenauslese vom Gemeinderat gewählt. Tatsächlich stehen sie im Grenzbereich zwischen Beamten- und Kommunalverfassungsrecht und damit auch im Schnittpunkt politischer Willensbildung und fachlicher Verwaltung. Das Gesetz fordert mindestens die Befähigung für den gehobenen Dienst in der allgemeinen Verwaltung bzw. eine vergleichbare Qualifikation. Im Zusammenwirken zwischen Bürgermeister und Rat werden üblicherweise sowohl ehren- als auch hauptamtlichen Beigeordneten bestimmte Geschäftszweige zur Erledigung übertragen. Allerdings geschieht dies im Saarland nicht weisungsfest. Die Beigeordneten bleiben an Dienstanweisungen und Einzelanordnungen des Bürgermeisters gebunden. Der Erste Beigeordnete ist tatsächlicher und/oder rechtlicher Verhinderungsvertreter des Bürgermeisters. Er übernimmt bei Abwesenheit des Bürgermeisters in toto dessen gesamte Funktion. Dies unterscheidet ihn von den übrigen Beigeordneten, auf die eine Vertretungsbefugnis nur in der vom Rat festgesetzten Reihenfolge entfallen kann.

5   Der Gemeinderat

Wie in anderen Bundesländern auch besteht der Gemeinderat im Saarland aus den durch Urwahl hervorgegangenen ehrenamtlichen Mitgliedern. Wahlberechtigt sind Deutsche und Unionsbürger, die am Wahltag das 18. Lebensjahr vollendet haben und seit mindestens drei Monaten in der Gemeinde wohnen. Bei der Wählbarkeit beträgt das Erfordernis des Wohnens in der Gemeinde sechs Monate. Die Anzahl der Ratsmitglieder ergibt sich aus der Größe der Gemeinde. Sie reicht von 27 bis 63 Personen. Die Amtszeit des Rates, der kein Parlament sondern Verwaltungsorgan ist, beträgt fünf Jahre. Die prinzipielle Unentgeltlichkeit der ehrenamtlichen Tätigkeit führt zugunsten der Ratsmitglieder nur zu einem geringfügigen Kostenerstattungsanspruch. Darunter fallen eine pauschalierte Aufwandsentschädigung, der nachgewiesene Verdienstausfall für die Teilnahme an Sitzungen und Sitzungsgelder. Das Kommunalselbstverwaltungsgesetz garantiert den Ratsmitgliedern Mitgliedschaftsrechte, die im Kommunalverfassungsstreitverfahren einklagbar sind. Im Mittelpunkt dieser Mitwirkungsansprüche stehen das Teilnahmerecht an Sitzungen, das Rede-, Antrags- und Stimmrecht. Die Gruppenarbeit im Gemeinderat und seinen Ausschüssen wird von Fraktionen unter faktischer Beanspruchung einer Fraktionsdisziplin geleistet. Leider ist das Recht der Ratsfraktionen im Gemeinderat bisher vom Gesetzgeber nicht näher definiert worden.

Eine Fraktion muss aus mindestens zwei Mitgliedern bestehen. Die Fraktionsarbeit finanziert sich aus gemeindlichen Zuwendungen, über die der Gemeinderat im Haushaltsplan selbst befindet. Auch wenn die Fraktionen rechtlich Teilorgane des Rates sind, verstehen sie sich politisch eher als Gliederungen ihrer Partei. Im Saarland dominieren die Traditionsparteien das Geschehen in den Räten. Nur vereinzelt ist es bisher zu tatsächlich frei handelnden Wählervereinigungen gekommen.

Die Erledigung der Selbstverwaltungsangelegenheiten verteilt die dualistische saarländische Bürgermeisterverfassung auf die gleichgewichtigen Organe Gemeinderat und Bürgermeister. Für die Kompetenzabgrenzung gilt: Die Angelegenheit darf nicht ohne die Möglichkeit der Entziehung dem Bürgermeister zugewiesen sein (Leitung der Verwaltung; Geschäft laufender Verwaltung). Dann kann der Rat durch Beschluss selbst entscheiden. Er darf aber auch per Geschäftsordnung, Satzung oder Einzelakt (Beschluss) an den Bürgermeister, einen Fachausschuss, Orts- bzw. Bezirksrat delegieren. Allerdings sind einige Aufgaben prinzipiell nicht delegationsfähig. Solche Vorbehaltsaufgaben zählt das Gesetz abschließend auf. Zu dem Vorbehaltskatalog gehören 29 Regelungspunkte, wie z. B. Satzungserlass, Errichtung von öffentlichen Einrichtungen und wirtschaftlichen Unternehmen, Übernahme neuer Aufgaben u. ä.

Die hauptsächliche Sacharbeit in Ratsangelegenheiten erfolgt in den Ausschüssen. Der Gemeinderat darf aus seiner Mitte vorberatende und mit Ausnahme der Vorbehaltsaufgaben auch beschließende Ausschüsse bilden. Anzahl der Ausschüsse und Mitglieder legt der Rat durch Beschluss oder Geschäftsordnung für eine Wahlperiode fest. Ein Ratsausschuss ist ein verkleinertes Abbild des Rates. Eine Zuwahl von sachkundigen Einwohnern ist im Saarland nicht vorgesehen. Geborener Vorsitzender des Rates ist der Bürgermeister ohne Stimmberechtigung. Er hat die Verhandlungsleitung im Sinne einer Verantwortlichkeit für unparteiische Steuerung des Beratungs- und Entscheidungsprozesses. Nur im Rahmen seiner Innenkompetenz gesteht das Gesetz dem Gemeinderat gegenüber dem Bürgermeister einen Kontroll- und Auskunftsanspruch zu. Vergleichbares gilt für Entscheidungen der Orts- bzw. Bezirksräte. In Geschäften laufender Verwaltung sowie bei Fremdverwaltungsangelegenheiten setzt sich dagegen informationell die Autonomie des Bürgermeisters durch.

6   Orts- und Bezirksratsverfassung

In den Ländern sind Anfang der 1970er Jahre zur Förderung der Eigenheit, bürgernahen Gestaltung von Ortspolitik, aber auch zur weiteren Verwaltungsdekonzentration Ortschaftsverfassungen entstanden. Der saarländische Gesetzgeber hat die durch die Gebietsreform im Jahre 1974 aufgelösten bisherigen Gemeinden mit mehr als 200 Einwohnern für die Dauer von fünf Jahren zu Gemeindebezirken erklärt. Nach Ablauf dieser Periode wurde die Unterteilung des Gemeindegebietes in das Ermessen der Kommune gestellt. Von dieser Möglichkeit machten damals 44 der vorhandenen 50 saarländischen

Gemeinden Gebrauch. Gegenwärtig sind 316 Stadt- und Gemeindebezirke gebildet. Besonderheiten gelten für die Landeshauptstadt Saarbrücken. Als einzige Stadt im Saarland mit mehr als 100.000 Einwohnern verfügt sie über echte Stadtbezirke und gegenwärtig einen Bezirk mit eigener Bezirksverwaltung, nämlich Dudweiler.

Die Wahl des Ortsrates findet zeitgleich mit der Gemeinderatswahl statt. Die Amtszeit beträgt fünf Jahre. Die Rechtsstellung der ehrenamtlich tätigen Ortsratsmitglieder ähnelt ganz wesentlich der der Ratsmitglieder. In Selbstverwaltungsangelegenheiten des Gemeindebezirkes hat der Ortsrat ein umfassendes Antrags- und Vorschlagsrecht. In allen wichtigen, den Gemeindebezirk betreffenden Angelegenheiten besteht ein rechtlich zwingendes Anhörrecht. Die Wichtigkeit der Angelegenheit ist nicht abschließend im Gesetz aufgeführt. Im Übrigen ist sie aus der sachlich-räumlichen Perspektive des Gemeindebezirkes zu definieren. Eine Verletzung des Anhörrechtes ist nicht heilbar. Die in einen Beschluss einzukleidende Stellungnahme des Ortsrates ist den Fachausschüssen des Gemeinderates sowie diesem selbst vor der abschließenden Entscheidung vorzulegen. Zur inhaltlichen Unterstreichung der Bezirksqualität räumt der Gesetzgeber dem Orts- bzw. Bezirksrat einzelne ausschließliche Entscheidungsbefugnisse ein. Eine sachliche Eingrenzung folgt aus dem Erfordernis der durch den Rat für den Bezirk bereitgestellten und im Haushaltsplan ausgewiesenen Mittel. Letztentscheidungsrechte in den Bezirken betreffen vor allem die Ausstattung von öffentlichen Einrichtungen, die Pflege des Ortsbildes, die Vereinsförderung, die Heimatpflege und auch die Benennung von Straßen. Der Ortsrat wählt aus seiner Mitte für die Dauer der Amtszeit einen Vorsitzenden. Dieser ist Ehrenbeamter und heißt Ortsvorsteher. Der Einheitlichkeit der Gesamtgemeinde dienen pflichtige Ortsvorsteherkonferenzen. In den Bezirken der Landeshauptstadt Saarbrücken wird die beschriebene Funktion von ehrenamtlichen Bezirksbürgermeistern wahrgenommen. Einzige Ausnahme ist der Stadtbezirk Dudweiler mit einem Laufbahnbeamten an der Spitze.

7   Sonstige Partizipations- und unmittelbare Demokratieformen

Durch Änderungsgesetz zum Kommunalselbstverwaltungsgesetz im Jahr 1989 wurde erstmals in einem Bundesland ein Ausländerbeirat gemeinderechtlich institutionalisiert. Er wurde nach den Grundsätzen des Kommunalwahlrechtes durch die ausländischen Einwohner direkt gewählt. Enttäuschende Wahlbeteiligungen führten 2008 zu einer Neukonzeption und Neubezeichnung. Der heutige Integrationsbeirat besteht zu 2/3 aus Nichtdeutschen, zu 1/3 aus hinzu gewählten Mitgliedern des Gemeinderates. Die nichtdeutschen Mitglieder werden nach Grundsätzen des Kommunalwahlrechtes auf der Basis einer Satzung durch die ausländischen Einwohner direkt gewählt. Die Bestimmung der Mitglieder aus der Mitte des Rates erfolgt im Wege der Einigung oder aufgrund eines Wahlverfahrens. Potentielle Betätigungsfelder des Integrationsbeirates sind nur Selbstverwaltungsangelegenheiten und zwar die Bereiche Schule und Kultur,

Sport, Freizeit, Bauleitplanung und Verkehr. Neben dem Befassungsecht des Integrationsbeirates besteht ein konkretes Antragsrecht gegenüber dem Gemeinderat auf Beratung und Entscheidung.

Das Gesetz zur Durchsetzung der Gleichberechtigung von Frauen und Männern vom 24.04.1996 bedeutete – allen Appellen nach Verschlankung und Vereinfachung der Verwaltung zum Trotz – eine beträchtliche Regelungs- und Verfahrensausweitung. Gemeinden mit mehr als 20.000 Einwohnern müssen hauptamtliche Frauenbeauftragte bestellen. Sie sind unmittelbar dem Bürgermeister unterstellt. Das Gesetz räumt ihnen bis zur Anerkennung einer eigenen Öffentlichkeitsarbeit ein hohes Maß an Autonomie ein. Selbst in Ratsangelegenheiten bestehen vielfältige Partizipationsrechte einschließlich eines Rederechtes bei spezifischen Verhandlungsgegenständen.

Durch Gremienbeschluss können Personen oder Personengruppen im Rat und seinen Ausschüssen zu bestimmten Beratungsgegenständen angehört werden. Dabei kann es nur darum gehen, die Gremien auf Sachverhaltsebene mit Informationen auszustatten, die anders nicht erreichbar sind. Über wichtige Angelegenheiten der Gemeinde soll der Bürgermeister die Einwohner in geeigneter Form unterrichten. Zu diesem Zweck können – gegebenenfalls beschränkt auf Gemeindeteile – Einwohnerversammlungen durchgeführt werden. Seit 1997 ist die Beteiligung von Kindern und Jugendlichen auf eine gesetzliche Grundlage gestellt. Sie erfolgt über interne oder externe Sachwalter bzw. Kinderbeauftragte. Für Jugendliche dürfen Gremien wie Jugendräte eingerichtet werden. Näheres hat die Gemeinde durch kommunale Satzung zu regeln. Der Gemeinderat kann bei öffentlichen Sitzungen Einwohnern und gleichgestellten Personen bzw. Personenvereinigungen Gelegenheit geben, Fragen aus dem Bereich der kommunalen Selbstverwaltung zu stellen, sowie Anregungen und Vorschläge zu unterbreiten. Keine Rechte bestehen hinsichtlich der in der Gemeinde wahrgenommenen Fremdverwaltungsangelegenheiten.

Das Auftreten von Bürgerinitiativen sowie der Wunsch nach Überwindung einer öffentlich konstatierten Politikverdrossenheit haben in allen Bundesländern zu einer stärkeren Einbindung der Einwohnerschaft geführt. Der Preis der Einführung zusätzlicher Beteiligungen ist eine Verlangsamung und Verteuerung von Verfahren. Die Gemeinde kann zu wichtigen Angelegenheiten eine Befragung der Einwohner durchführen. Voraussetzung ist die Regelung weiterer Einzelheiten in einer kommunalen Satzung. Aus Datenschutzgründen ist die Befragung ausschließlich in anonymisierter Form und auf freiwilliger Basis zulässig. Von einem Mehrheitsvotum dürfte eine stark präjudizierende Wirkung ausgehen. Die Bürger können auch beantragen (Bürgerbegehren), dass sie anstelle des Gemeinderates über eine Angelegenheit der Gemeinde selbst entscheiden (Bürgerentscheid). Das Sachanliegen muss dann in die Innenkompetenz des Gemeinderates fallen und über die vom Gesetz verlangten Unterstützungsunterschriften verfügen (zwischen 2.000 und 18.000). Die zu entscheidende Angelegenheit muss mit „Ja" oder „Nein" zu beantworten sein. Bei Finanzwirksamkeit ist ein Kostendeckungsvorschlag notwendig. In etlichen Angelegenheiten ist das Bürgerbegehren unzulässig. Dazu zählen Fragen der Organisations-, Personal-, Finanzhoheit, der Rech-

nungsprüfung, der Planfeststellungs- und Bauleitplanverfahren mit eigener Öffentlich-
keitsbeteiligung, Rechtsbehelfsverfahren und selbstverständlich Anträge mit gesetzes-
widrigen Zielen. Über die Zulässigkeit des Bürgerbegehrens hat der Gemeinderat zu
entscheiden. Er kann ihm durch eigenen Beschluss mit der Folge der Erledigung beitre-
ten. Andernfalls findet innerhalb von drei Monaten ein Bürgerentscheid – Urabstim-
mung der Bürger – statt. Seit Einführung solcher Regelungen im Jahr 1997 kam es nur
vereinzelt zu Einwohnerbefragungen und Bürgerbegehren.

8   Reform- und Entwicklungstrends

Wie in anderen Bundesländern auch haben Finanz- und Wirtschaftskrise die Innovati-
ons- und Experimentierbereitschaft der Gebietskörperschaften beschleunigt. Im Mittelpunkt steht dabei das Neue Steuerungsmodell der Kommunalen Gemeinschaftsstelle
(KGSt). Kernelemente sind eine neue Aufbauorganisation der Verwaltung nach Sparten, eine veränderte Managementkonzeption und Führungsphilosophie, ein an den
Ergebnissen orientiertes Planungs- und Berichtswesen. Ein wesentlicher Schritt zur
Kundenorientierung ist die Einführung von Produktbeschreibungen und einer Verwal-
tungskostenrechnung. Über besondere Indikatoren wird der Anspruch einer realisti-
schen Qualitätsmessung erhoben. Durch Gesetz Nr. 1598 vom 12.07.2006 hat das Saarland für den kommunalen Bereich ein neues Rechnungswesen eingeführt. Die Umstel-
lung von der Kameralistik auf die doppelte Buchführung soll spätestens zum
01.01.2010 erfolgen. Viele saarländische Gemeinden orientieren sich an der Bürgeramt-
sidee und bieten Verwaltungsdienstleistungen aus einer Hand an. Die Palette angebo-
tener Dienstleistungen via Internet ohne Medienbruch steht noch an ihrem Anfang.
Ebenfalls ist die Aufbauphase für virtuelle Poststellen in den Gemeinden noch nicht
abgeschlossen. Die Europäische Dienstleistungsrichtlinie 2006/123/EG verlangt von den
Mitgliedsstaaten die Einrichtung Einheitlicher Ansprechpartner (EA). Bei der Vereinfachung von Verwaltungsverfahren sowie zum Abbau von Hindernissen für Dienstleis-
tungsunternehmen soll der EA Lotse, Vermittler sowie Verfahrenskoordinator sein.
Das Saarland gestaltet den EA als neu zu schaffende Landesbehörde. Der EA-
Gesetzentwurf benennt als Träger die Mehrheit der Kammern und die Gemeinden. Der
EA handelt durch eine gemeinsame Geschäftsstelle. Der technische Betrieb erfolgt
durch den Zweckverband eGo-Saar als Auftragsangelegenheit. Inhaltlich verknüpft mit
der Idee des EA ist das Projekt einer einheitlichen Behördenrufnummer (D 115). Bund,
Länder und Gemeinden entwickeln gemeinsam. Das Saarland ist Pilotregion.

Dezentralisierungs- und Ausgründungstendenzen halten auch im Saarland an.
Freilich erfordern sie eine angemessene Betriebsgröße. Immerhin unterhalten die saarländischen Kommunen ca. 95 Eigenbetriebe und 191 Beteiligungen an Unternehmen in
privater Rechtsform. Für die Größe des Landes beachtlich ist die traditionelle kommunale Gemeinschaftsarbeit. So wurden bei einer Umfrage des Saarlandes 48 Zweckver-

bände mit 265 Beteiligten gezählt. Die hauptsächlich angewendeten Fälle für Zweckverbände sind: Versorgung, Entsorgung, Entwässerung, öffentlicher Personennahverkehr, Notfallrettung, Tierkörperbeseitigung, Informationstechnologie, Sparkassen.

Literaturhinweise

Bertelsmann-Stiftung / Ministerium des Innern (Hrsg.): Kommunales Management in der Praxis:
    Modern und bürgernah, Saarländische Kommunen im Wettbewerb, Gütersloh 1996.

Groß, Markus: Die Reform des Stadtverbandes Saarbrücken, Saarbrücken 2008.

Gröpl, Christoph / Guckelberger, Annette / Wohlfarth, Jürgen: Landesrecht Saarland, 1. Aufl.,
    Baden-Baden 2009.

Hesse, Joachim Jens: Überprüfung der kommunalen Verwaltungsstrukturen im Saarland, Berlin
    2004.

Hill, Hermann / Klages, Helmut (Hrsg.): Motor Qualität – Verwaltungsmodernisierung in der
    Landeshauptstadt Saarbrücken, Düsseldorf 1996.

Lehné, Hermann / Weirich, Rainer: Saarl. Kommunalrecht, Loseblattsammlung, St. Ingbert 2008.

Schoch, Friedrich: Verfassungsrechtlicher Schutz der kommunalen Finanzautonomie – Darstel-
    lung am Beispiel saarländischer Gemeinden, Stuttgart, 1997.

Walker, Klaus, in: Der Stadtverband, Das Jahrhundertwerk, Saarbrücken 1982.

Wohlfarth, Jürgen: Kommunalrecht, 3. Auflage, Baden-Baden 2003.

Kommunalpolitik im Freistaat Sachsen

Annette Rehfeld-Staudt und Werner Rellecke

1 Einleitung

Die Friedliche Revolution von 1989 und die Wiedervereinigung Deutschlands im Jahre 1990 änderten auch die Rahmenbedingungen für die Kommunalpolitik in Sachsen grundlegend. Die zurückeroberte Freiheit erfüllte die meisten Menschen im Lande mit Euphorie. Gleichzeitig herrschte große Unsicherheit über private, materielle und berufliche Perspektiven. Mit der Hoffnung auf eine Beseitigung der verkrusteten Bürokratie und der zentralistischen Verwaltungshierarchie der DDR sowie auf die Entfernung der vormaligen SED-Kader aus einflussreichen Positionen verbanden viele Bürger[*] den Wunsch, sich politisch zu engagieren und am politischen Leben im demokratischen Staat zu partizipieren. Die Strukturen der neuen politischen Ordnung waren den Bürgern jedoch nicht vertraut, insbesondere der Staatscharakter von Ländern und die Selbstverwaltungskompetenzen von Kreisen und Gemeinden. Der moderne demokratische Staat offenbarte sich als hochkomplexes politisches System. Trotz Meinungsfreiheit, Parteienvielfalt und umfangreicher Beteiligungsmöglichkeiten wurden erhebliche institutionelle und rechtliche Beschränkungen sowie ein Reformbedarf übernommener bundesdeutscher Rahmenbedingungen augenscheinlich. Die Bürger sahen sich vor die Aufgabe gestellt, ihre Hoffnungen und Wünsche mit den Möglichkeiten und den Notwendigkeiten praktischer Politik in Einklang zu bringen.

Vor diesem Hintergrund erfolgten eine demokratische Neuordnung sowie eine tiefgreifende Umstrukturierung der sächsischen Kommunen. Aufgrund des Zeitdrucks in der Übergangsphase ging es darum, die Ansprüche von „Demokratie und Effizienz"[1] gleichermaßen zu berücksichtigen. Die letzte, aber bereits frei gewählte DDR-Regierung unter Lothar de Maizière erließ am 17. Mai 1990 eine Kommunalverfassung, die eine angemessene Übergangsregelung anbot.

Das Ländereinführungsgesetz vom 22. Juli 1990 schrieb die Kommunalhoheit der Länder fest. Somit galt die Kommunalverfassung von 1990 bis zum Inkrafttreten von

---

[*] In diesem Beitrag wird aus stilistischen Gründen allein das generische Maskulinum für Personenbezeichnungen verwendet, bei denen das Geschlecht unwichtig ist.
[1] Albrecht Quecke, Grundzüge der sächsischen Kommunalverfassung, in: Siegfried Gerlach (Hrsg.), Sachsen. Eine politische Landeskunde, Stuttgart 1993, S. 259.

Landkreis- und Gemeindeordnungen der neuen Länder. Diese Transformation zog sich über einen Zeitraum von mehreren Jahren hin, wobei der Freistaat Sachsen am schnellsten den staatsrechtlichen Rahmen der Landesgesetzgebung schuf. Zuerst wurden eine Landesverfassung (27. Mai 1992) und Wahlgesetze formuliert und verabschiedet. Auf dieser Grundlage folgten dann die Sächsische Gemeindeordnung vom 1. Mai 1993 und die Sächsische Landkreisordnung vom 19. Juli 1993 sowie später Gemeinde- und Kreisgebietsreformen.[2] Während dieser Zeit waren zahlreiche Übergangsregelungen in Kraft. Bei der Etablierung des neuen politischen Systems auf kommunaler Ebene musste man sich ebenso an den Erfahrungen der westlichen Bundesländer orientieren, als auch an den historischen Gegebenheiten und politischen Traditionen des sächsischen Staatswesens. Die kommunale Neuordnung nahm in ihrer ersten Phase etwa zehn Jahre in Anspruch, so dass der Transformationsprozess hinsichtlich der Verwaltungsgliederung in den Jahren 1996 (Kreisgliederung) und 1998 (Gemeindegliederung) zu einem vorläufigen Abschluss kam. Es folgte eine zweite Kreisgebietsreform im Jahre 2008.

2   Siedlungsstruktur und historische Entwicklung des Städtewesens in Sachsen

Die Siedlungsgeschichte im Raum des heutigen Sachsens geht auf mehrere Entwicklungsstränge seit dem frühen Mittelalter zurück: Frühere germanische und dann slawische Siedlungen, welche seit etwa dem 6. Jahrhundert n. Chr. entstanden, lagen zumeist an Flüssen und in Ebenen, und zwar in so genannten Offenlandschaften. Slawische Ursprünge sind neben dem Sorbenland von der Ortsnamenforschung auch für viele weitere Städte und Dörfer nachgewiesen, wie zum Beispiel für Görlitz, Chemnitz, Leipzig, Dresden und Plauen. Die slawischen Orte waren weitgehend als Rundweiler angelegt. Erste dichtere Siedlungsgebiete entwickelten sich im Leipziger Land, in der Lommatzscher Pflege, im Dresdner Elbtal und in den Landschaften um Bautzen und Görlitz.[3]

Die politische Eroberung der Mark Meißen wurde von einer Christianisierung der Slawen begleitet, die maßgeblich über ein System von Burgwarden organisiert wurde. Zu einer Burg gehörten jeweils etwa 10-20 Dörfer und oftmals eine Pfarrkirche. Dieses kirchliche Verwaltungsnetz erfasste das gesamte Gebiet der Mark Meißen flächende-

---

[2] Die Gesetzesgrundlagen sind als Gesetz- und Verordnungsblätter beziehbar oder zum Teil im Internet frei zugänglich. Daneben existieren zahlreiche Gesetzessammlungen als laufende Publikationen oder in Buchform, so Peter Musall/Hans-Jörg Birk/Gabriele Hauser (Hrsg.), Landesrecht Sachsen, 14. Aufl., Baden-Baden 2009.

[3] Siehe: Lutz Maerker/Helge Paulig, Kleine sächsische Landeskunde, Dresden 1993, S. 61.

ckend.[4] Im 12. Jahrhundert setzte dann ein Schub neuer Siedlungen und Burggründungen ein, zumeist auf gerodeten Waldflächen (z.B. Waldheim) und nun auch in Bergregionen und fast ausschließlich mit eingewanderter Bevölkerung aus Altdeutschland und den Niederlanden. Im 13. Jahrhundert folgte die Entwicklung vieler bestehender deutscher Flecken zu stattlichen Orten, die mit Stadtrechten oder anderen Privilegien versehen wurden (z.B. Freiberg). Die ersten Stadterhebungen im Sinne von autonomen Bürgergemeinden gehen in Sachsen bis auf Kaiser Friedrich I. (Barbarossa) im 12. Jahrhundert zurück. Anders als bei den slawischen Siedlungen handelte es sich bei den deutschen Siedlungen jetzt um Straßen- oder Angerdörfer.[5] In vielen sächsischen Orten sind die alten Dorfanlagen noch heute deutlich erkennbar.

Im Kurfürstentum Sachsen wurde bereits im 16. Jahrhundert eine einheitliche Verwaltungsstruktur durchgesetzt, die den Wandel vom Personenverbandsstaat zum Territorialstaat vollzog. Auf der unteren Ebene bestanden Städte und Grundherrschaften, die in Ämtern mit territorialer Zuständigkeit zusammengefasst wurden. An der Spitze eines Amtsbezirkes stand der Amtmann als kurfürstlicher Beamter. Mehrere Ämter wurden wiederum zu Kreisen zusammengefasst, die dann der Landeshoheit direkt unterstanden.[6] Eine besondere Stellung nahmen in diesem Verwaltungssystem ab 1635 die Lausitzen ein, die über ein höheres Maß an Eigenständigkeit und Sonderrechten verfügten.

Die riesigen Gebietsverluste Sachsens, die durch den Wiener Kongress von 1815 staatsrechtlich zementiert wurden, legten eine Erneuerung der politischen Organisation des Königreichs nahe. Die bisher getrennt tagenden Landstände der Oberlausitz (die Niederlausitz und die neuen niederschlesischen Gebiete waren an Preußen gefallen) und die verbliebenen Teile der Erb- und Kurlande wurden zu einem gemeinsamen Landtag zusammengeführt, der erstmals 1817 zusammentrat. Wie zuvor wurde das Ständeparlament in drei Gremien unterteilt: die Prälaten, Grafen und Herren (Erster Corpus), die Ritterschaft (Zweiter Corpus) und die Städte (Dritter Corpus).[7] Die Vertretung erfolgte in einem Engeren Ausschuss mit Leipzig, Dresden, Bautzen, Zwickau, Freiberg, Zittau und Chemnitz sowie in einem Weiteren Ausschuss mit zusätzlichen elf Städten. Die politische Gliederung unterschied neben sieben Kreisen weiterhin gesondert die Oberlausitz.[8] Im Gefolge der Verabschiedung der ersten sächsischen Verfas-

---

[4] Siehe Walter Schlesinger (Hrsg.), Sachsen, in: Handbuch der historischen Stätten Deutschlands. Achter Band, ND der 1. Aufl. von 1965, Stuttgart 1990, S. XXIX.

[5] Siehe Karlheinz Blaschke, Geschichte Sachsens im Mittelalter, 2. Aufl., Berlin 1991, S. 117.

[6] Siehe Reiner Groß, Geschichte Sachsens, Sonderausgabe der Sächsischen Landeszentrale für politische Bildung, 4., aktualisierte Auflage, Dresden/Leipzig 2007, S. 82f.

[7] Siehe Josef Matzerath, Aspekte sächsischer Landtagsgeschichte, hrsg. vom Sächsischen Landtag, Dresden 2000, S. 7 sowie: Leszek Belzyt/Hans-Werner Rautenberg, Die Oberlausitz vom Wiener Kongreß bis zum Ende des Ersten Weltkriegs (1815-1918), in: Joachim Bahlcke (Hrsg.), Geschichte der Oberlausitz. Herrschaft, Gesellschaft und Kultur vom Mittelalter bis zum Ende des 20. Jahrhunderts, Leipzig 2001, S. 184ff.

[8] Siehe ebd., S. 12f.

sung im Jahre 1831 wurde die kommunale Ordnung auf eine neue und zeitgemäße Grundlage gestellt: „Die Gemeindeverfassung des bürgerlich-liberalen Staates war in Sachsen durch die Allgemeine Städteordnung von 1832 und die Landgemeindeordnung von 1838 in einem gemäßigt liberalen Sinne geregelt worden."[9]

In der ersten Hälfte des 19. Jahrhunderts setzte im Königreich Sachsen mit einem Schwerpunkt im Chemnitzer Raum die Industrialisierung ein; Sachsen entwickelte sich zur führenden Wirtschaftsregion Deutschlands. Den entscheidenden Beitrag hierzu leistete das neue Eisenbahnnetz, das auf den Knotenpunkt Leipzig ausgerichtet war und als das „dichteste Netz der deutschen Flächenstaaten"[10] gerühmt wurde. Dem Wachstum und der sozialen Veränderung der sächsischen Städte wurde mit einer erneuten Verwaltungsreform entsprochen, die nun die Gemeindebürgerrechte auf die Unterschichten ausdehnte.[11] Die allgemeine Zielstellung dieser Reformmaßnahmen vor dem Hintergrund des neu gegründeten deutschen Kaiserreiches darf als recht modern und dem Prinzip der Subsidiarität verpflichtet bezeichnet werden: „Es war eine wesentliche Absicht der neuen Ordnung, möglichst viele öffentliche Zuständigkeiten in die unterste Verwaltungsebene zu verlagern und die staatlichen Behörden der höheren Ebenen zu entlasten. Daher beschränkte sich die Oberaufsicht des Staates auf die Befolgung der gesetzlichen Vorschriften, die Wahrung der Rechte der Gemeinde und die Erhaltung des Stadtvermögens."[12]

Am 1. August 1923 erhielt Sachsen im demokratischen Rahmen der Weimarer Republik eine Gemeindeordnung (zugleich für Städte und Landgemeinden), die die Selbstverwaltungskompetenzen weiter stärkte und mit der die Eingliederung bis dahin noch selbständiger Gutsbezirke in benachbarte Gemeinden vollzogen wurde.[13] Der seit der Industrialisierung schon ausgesprochen städtische Charakter des Landes prägte sich noch stärker aus: „Der Freistaat war extrem verstädtert, weit mehr als das restliche Deutschland. Jeder dritte Einwohner lebte in einer der vier Großstädte mit über 100.000

---

[9] Karlheinz Blaschke, Die Verwaltung in Sachsen und Thüringen, in: Jeserich/Pohl/von Unruh (Hrsg.), Deutsche Verwaltungsgeschichte. Band 3. Das Deutsche Reich bis zum Ende der Monarchie, Stuttgart 1984, S. 791.

[10] Thomas Hänseroth, Sachsens industrielle Entwicklung im 19. Jahrhundert, in: König Johann von Sachsen. Zwischen zwei Welten, hg. von der Sächsischen Schlösserverwaltung/Staatlicher Schloßbetrieb Schloß Weesenstein, Halle (Saale) 2001, S. 394 f.

[11] Karlheinz Blaschke, Grundzüge sächsischer Geschichte zwischen der Reichsgründung und dem Ersten Weltkrieg, in: Simone Lässig/Karl Heinrich Pohl (Hrsg.), Sachsen im Kaiserreich. Politik, Wirtschaft und Gesellschaft im Umbruch, 1. Aufl., Dresden 1997, S. 21. Am 24. April 1873 trat eine Revidierte Städteordnung in Kraft, die für Städte mit mehr als 6.000 Einwohnern galt (etwa 50% der sächsischen Städte), gleichzeitig wurde eine zusätzliche Städteordnung für mittlere und kleine Städte erlassen, die eine vereinfachte Verwaltungsstruktur festschrieb. Die Revidierte Landgemeindeordnung – ebenfalls vom 24.4.1873 – vervollständigte als drittes Gesetzeswerk die Kommunalverfassung. Landgemeinden gewährte man nun im Vergleich zu den Städten weniger Selbstverwaltungskompetenzen.

[12] Blaschke, Verwaltung, a.a.O., S. 791.

[13] Siehe: Otto Kaemmel, Sächsische Geschichte. In der Überarbeitung von Manfred Kobuch und Weiterführung von Agatha Kobuch, 6. Aufl., Dresden 1999, S. 147.

Einwohnern."[14] In den 30er Jahren des 20. Jahrhunderts wurden weitere Strukturver-
änderungen und neue Bezeichnungen durchgesetzt: Zum Beispiel reduzierte sich
1931/32 die Anzahl der so genannten Kreishauptmannschaften von fünf auf vier, nämlich Dresden, Leipzig, Chemnitz und Zwickau (die Kreishauptmannschaft Bautzen
kam zu Dresden). 1939 wurden in Angleichung zum übrigen Reich die Kreishauptmannschaften zu Regierungsbezirken, die Amthauptmannschaften zu Landkreisen
und die kreisfreien Städte zu Stadtkreisen umbenannt.[15]

Nach Abschaffung der Länder der DDR im Jahre 1952 funktionierte der gesamte
Staatsapparat nach den Prinzipien des sogenannten „demokratischen Zentralismus".
Unter der staatlichen Zentralebene agierten die „Örtlichen Organe der Staatsmacht" als
Volksvertretungen und Volksvertretungsorgane innerhalb von Bezirken, Kreisen, Städten, Stadtbezirken und Gemeinden. Auch auf örtlicher Ebene sprach man folgerichtig
vom Staatsapparat, dem unter anderem die örtlichen Räte zuzuzählen waren. Das noch
in der Verfassung von 1949 zugestandene Recht auf Selbstverwaltung der Gemeinden
wurde ebenfalls mit dem „Gesetz über die weitere Demokratisierung des Aufbaus und
der Arbeitsweise der staatlichen Organe in den Ländern der DDR" von 1952 abgeschafft. Entsprechend dem zentralistischen Staatsaufbau waren die Beschlüsse überge-
ordneter Volksvertretungen für die untergeordneten allgemein bindend. Städte und
Gemeinden hatten laut DDR-Verfassung die Verantwortung für die Verwirklichung
ihrer „gesellschaftlichen Funktion"[16] zu tragen und zu erfüllen. Neben den staatlichen
Stellen spielte die SED eine allzuständige Rolle.[17] Es galt eine strikte Hierarchie, die den
direkten Zugriff von Berlin bis in die einzelnen Kommunen garantierte. Dies brachte
Otto Grotewohl 1952 deutlich zum Ausdruck: „... das Ziel unserer Reform besteht dar-
in, dass von der Spitze des Staatsapparates bis zu seiner Basis, den Gemeinden und
Kreisen, ein kurzer und schneller Weg geschaffen wird. Auf diesem Wege sind wie eine
Barriere die Länder mit Parlamenten und Regierungen dazwischen gelagert."[18] In den

---

[14] Claus-Christian W. Szejnmann, Vom Traum zum Alptraum. Sachsen in der Weimarer Republik,
Dresden und Leipzig 2000, S. 73.

[15] Blaschke, Karlheinz, Sachsen und Thüringen, in: Jeserich/Pohl/von Unruh (Hrsg.), Deutsche Verwaltungsgeschichte. Band 4. Das Reich als Republik und in der Zeit des Nationalsozialismus, Stuttgart
1985, S. 593f.

[16] Verfassung der Deutschen Demokratischen Republik vom 9. April 1968 in der Fassung vom 7. Oktober 1974, in: Dokumente des geteilten Deutschland. Quellentexte zur Rechtslage des Deutschen Reiches,
der Bundesrepublik Deutschland und der Deutschen Demokratischen Republik. Band II: seit 1968, hg.
von Ingo von Münch, Stuttgart (1975), S. 463ff.

[17] Hierzu sehr prägnant Günter Schabowski, Der Absturz, Berlin, 1991, S. 146: „Die Partei war Macher
und Revisor in einem. Sie spielte die Braut bei der Hochzeit und die Leiche bei der Beerdigung. Das war
zuviel, um gutzugehen. Letztlich wurde damit Initiative und Verantwortung erstickt, deren Sache in
Staat und Wirtschaft es war."

[18] Rede auf der 11. Parteikonferenz der SED vom 9.-12. Juli 1952, nach: Archiv der Gegenwart, Deutschland 1949-1999. Band 1: April 1948-September 1953, Sankt Augustin 2000, S. 761.

letzten Jahren der DDR existierten 191 Landkreise und 28 Stadtkreise in 15 Bezirken.[19] Im Gebiet des 1952 aufgelösten Landes Sachsen wurden 29 Landkreise und acht Stadtkreise in den Bezirken Chemnitz, Dresden und Leipzig eingerichtet. Diese blieben bis 1990 bestehen.

3 Gebietsgliederung von Gemeinden und Landkreisen

Im Freistaat Sachsen wird traditionell zwischen „Freistaat" und „Land" unterschieden.[20] Unter „Freistaat" ist die unmittelbare Staatsverwaltung zu verstehen, die einerseits von der Staatsregierung, andererseits von den ihr unterstehenden staatlichen Verwaltungsbehörden ausgeübt wird. Die staatliche Ebene reicht von Landtag und Landesregierung an der Spitze bis zu den Landesdirektionen (vergleichbar mit den vormaligen Regierungspräsidien) als den Kommunen nächst höherstehende Verwaltungsebene. Zur Landesverwaltung allgemein (aber nicht zur staatlichen Verwaltung) zählen dann zusätzlich die Träger der Selbstverwaltung als Gemeinden, Landkreise oder andere Gemeindeverbände (Sächsische Verfassung, Art. 82).

Im Freistaat Sachsen leben etwa 4.190.000 Einwohner (2009) auf einer Fläche von 18.413 Quadratkilometern (qkm). Die Bevölkerungsdichte je qkm beläuft sich auf 231 Personen gegenüber 529 in Nordrhein-Westfalen oder 73 in Mecklenburg-Vorpommern. Eine dominierende Stellung in der allgemeinen Infrastruktur des Freistaates nehmen die großstädtischen Räume um Chemnitz, Leipzig und Dresden ein.

Seit dem 1. August 2008 sind dies die drei einzigen Kreisfreien Städte im Freistaat Sachsen. Die Sächsische Gemeindeordnung ermöglicht auf Antrag die Etablierung von sogenannten Großen Kreisstädten (Voraussetzung: über 17.500 Einwohner) mit speziellen zusätzlichen Kompetenzen gegenüber kleineren Städten und Gemeinden. 1998 verabschiedete der Sächsische Landtag eine Gemeindegebietsreform, welche die Anzahl von 1.626 Städten und Gemeinden auf 537 reduzierte. Die Kreiseinteilung in Sachsen wurde seit 1990 bereits zweimal stark verändert. 1996 wurden die vormals bestehenden 48 Landkreise und sechs Kreisfreien Städte auf 22 Landkreise und sieben Kreisfreie Städte reduziert. Zum 1. August 2008 wurde eine zweite Kreisgebietsreform wirksam, welche lediglich zehn Landkreise und drei Kreisfreie Städte einrichtete.

Mit Stand vom 1. März 2009 gibt es im Freistaat Sachsen insgesamt 491 Städte und Gemeinden. Hierunter befinden sich neben den drei Kreisfreien Städten 175 kreisangehörige Städte und 313 kreisangehörige Gemeinden. Von den kreisangehörigen Städten tragen 50 den Titel einer Großen Kreisstadt. Die größeren Städte und Großstädte erzielten seit 1990 durch erhebliche Eingemeindungen bedeutende Gebietszuwächse.

---

[19] Nach: Enzyklopädie der DDR. Personen, Institutionen und Strukturen in Politik, Wirtschaft, Justiz, Wissenschaft und Kultur, Berlin 2000 (DDR-Handbuch: Stichworte Gemeinde, Bezirk).

[20] Siehe hierzu: Bernd Kunzmann/Michael Haas/Harald Baumann-Hasske, Die Verfassung des Freistaates Sachsen. Kommentierte Textausgabe, 2., überarb. Aufl., Berlin 1997, S. 84.

Tabelle 1:   Sächsische Gemeinden nach Größenklassen im Vergleich
               (nach jeweiligem Gebietsstand 1990, 1999/2000 und 2006, gerundet):

	1990		1999/2000		2006	
Größenklasse	*Gemeinden*	*in %*	*Gemeinden*	*in %*	*Gemeinden*	*In %*
unter 1.000	969	59,6	7	1,3	8	1,6
1.000-3.000	444	27,3	226	41,5	212	41,9
3.000-5.000	89	5,5	137	25,2	125	25,0
5.000-10.000	59	3,6	103	18,9	90	17,7
10.000-50.000	58	3,6	64	11,8	64	12,6
über 50.000	7	0,4	7	1,3	6	1,2
Summe:	**1.626**	100,0	**544**	100,0	**505**	100,0

Quelle: Sächsisches Staatsministerium des Innern (www.kommunale-verwaltung.sachsen.de)

Die kommunale Neuordnung von Gemeinden und Landkreisen stieß in Teilen der Bevölkerung und bei vielen aktiven Kommunalpolitikern auf erheblichen Widerstand. Trotzdem fielen die Maßnahmen bei weitem nicht so einschneidend aus, wie zum Beispiel in Nordrhein-Westfalen (18 Mio. Einwohner, 373 kreisangehörige Gemeinden, 23 kreisfreie Städte, 31 Landkreise[21]). Das Gegenbeispiel bietet Bayern, wo man eine sehr dezentrale Struktur aufrechterhält (12,4 Mio. Einwohner, 2.031 kreisangehörige Gemeinden, 25 Kreisfreie Städte, 71 Landkreise[22]).

Die sächsische Verwaltungsreform hat den größeren Verwaltungseinheiten den Vorzug gegeben, da man davon ausgegangen ist, dass sie effizienter arbeiten als kleinere Einheiten. Zugleich bergen größere Kommunen aber auch die Gefahr, dass die Identifikation der Bürger mit der eigenen Gemeinde oder dem eigenen Landkreis und die Mitwirkungsbereitschaft abnehmen. Inwiefern es den sächsischen Kommunen gelingt, als relativ große und effizient arbeitende Verwaltungen dennoch die nötige Bürgernähe zu praktizieren, bleibt abzuwarten.

Mit Einwohnerstand vom 31. 12. 2006 und Gebietsstand vom 1. 08. 2008 stellen sich Kreise und Direktionsbezirke wie folgt dar:

Direktionsbezirk Chemnitz (1.592.100 Einwohner):
1. Kreisfreie Stadt Chemnitz (245.700 Einw.)
2. Vogtlandkreis mit Kreisstadt Plauen (257.000 Einw.)
3. Landkreis Zwickau mit Kreisstadt Zwickau (357.000 Einw.)
4. Erzgebirgskreis mit Kreisstadt Annaberg-Buchholz (387.900 Einw.)
5. Landkreis Mittelsachsen mit Kreisstadt Freiberg (344.500 Einw.)

---

[21] Stand: Ende 2008; Quelle: Information und Technik Nordrhein-Westfalen unter www.it.nrw.de.
[22] Stand: 31.12.2007; Quelle: Bayerisches Staatsministerium des Innern unter www.stmi.bayern.de/buerger/kommunen.

Direktionsbezirk Leipzig (1.000.600 Einwohner):

1. Kreisfreie Stadt Leipzig (506.600 Einw.)
2. Landkreis Leipzig mit Kreisstadt Borna (277.100 Einw.)
3. Landkreis Nordsachsen mit Kreisstadt Torgau (216.900 Einw.)

Direktionsbezirk Dresden (1.657.100 Einwohner):

1. Kreisfreie Stadt Dresden, Landeshauptstadt (504.800 Einw.)
2. Landkreis Meißen mit Kreisstadt Meißen (261.700 Einw.)
3. Landkreis Sächsische Schweiz-Osterzgebirge mit Kreisstadt Pirna (259.700 Einw.)
4. Landkreis Bautzen mit Kreisstadt Bautzen (338.100 Einw.)
5. Landkreis Görlitz mit Kreisstadt Görlitz (292.800 Einw.)

Im Vergleich zu den aktuellen Zahlen ist der Verlust an Einwohnern fast aller sächsischen Kommunen seit dem Zweiten Weltkrieg bemerkenswert und für die heutige Stadtentwicklungsplanung höchst bedeutsam. So wohnten 1933 in Leipzig noch 713.000 Einwohner, in Dresden 642.000 und in Chemnitz 350.000. In ganz Sachsen lebten zu dieser Zeit etwa 5,2 Mio. Einwohner.[23] Die bisher höchste Einwohnerzahl hatte Sachsen im Jahr 1950 mit etwa 5.680.000 Menschen erreicht. Seither ist die Bevölkerungsentwicklung ständig rückläufig: 1979 lebten in den sächsischen Bezirken etwa 5,4 Mio. Menschen, 1989 waren es noch knapp über 5 Mio., 1990 nur noch 4,7 Mio. Einwohner, 2009 betrug die Einwohnerzahl 4,19 Mio.

Bis 2020 wird ein weiterer Rückgang der Einwohnerzahl Sachsens bis auf 3,9 Mio. Menschen prognostiziert.[24] Die Ursachen für diesen Bevölkerungsrückgang sind vielschichtig. Circa ein Drittel des Bevölkerungsverlustes, der zwischen 1990 und 2007 eingetreten ist, resultiert aus Wanderungsbewegungen in Höhe von rund 265.000 Menschen. Die bedeutsamere Ursache für den Rückgang der Einwohnerzahl Sachsens ist jedoch das Geburtendefizit. Allein im ersten Halbjahr 2008 starben zwei Personen je 1.000 Einwohner mehr, als lebend geboren wurden. In der Summe führen diese Faktoren dazu, dass die Bevölkerung im Freistaat auch im Jahr 2008 wieder um 0,4 Prozent gegenüber dem Vorjahr gesunken ist. Von allen Kreisfreien Städten und Landkreisen konnten nur Dresden und Leipzig Bevölkerungszuwächse verzeichnen, beide Städte profitierten von deutlichen Wanderungsgewinnen. Dresden weist darüber hinaus seit 2006 sogar eine leicht positive Geburtenbilanz auf. Die Bevölkerungsprognose bis 2020 geht für beide Städte von einem Einwohnerzuwachs von bis zu sieben Prozent aus. Landesweit sieht das Bild dagegen sehr viel anders aus: 26 Gemeinden müssen bis 2020 mit einem Bevölkerungsrückgang von 13 und mehr Prozent rechnen. Den größten

---

[23] Zwischen 1933 und 2009 sind zwar territoriale Veränderungen des Landes erfolgt, die aber die Aussagekraft der Vergleichswerte nicht beeinträchtigen.

[24] Siehe dazu: Statistisches Landesamt des Freistaates Sachsen (Hrsg.), Vierte regionalisierte Bevölkerungsprognose für den Freistaat Sachsen bis 2020, Kamenz 2008.

Einwohnerrückgang hat mit -28,2 Prozent die Stadt Hoyerswerda zu erwarten. Lediglich in neun Gemeinden wird der Rückgang der Einwohnerzahl bis 2020 mit weniger als fünf Prozent unter dem sächsischen Durchschnitt liegen.

4   Aufgabengliederung von Gemeinden und Landkreisen

Die Aufgaben von Kreisen und Gemeinden werden dreifach unterschieden. Zum ersten gibt es die Weisungsaufgaben oder weisungsgebundenen Pflichtaufgaben, welche die Kommunen in staatlichem Auftrag (Land/Bund) erfüllen müssen, und zwar in vorgegebener Art und Weise. Diese Aufgabenerfüllung belässt den Kommunen den geringsten Gestaltungsspielraum. Zum zweiten gibt es die freien Pflichtaufgaben, bei denen die Art und Weise der Erfüllung den Kommunen freigestellt ist. Zum dritten gibt es die freien Selbstverwaltungsaufgaben, bei denen die Kommunen über das Ob und das Wie selbständig entscheiden dürfen.

Tabelle 2:   Kommunale Selbstverwaltung

Freiwillige Aufgaben	Pflichtaufgaben	Weisungsaufgaben
Entscheidung über „ob" und „wie" obliegt der Kommune	Entscheidung über „wie" obliegt der Kommune	Auftragsangelegenheiten ohne Entscheidungsspielraum für die Kommunen
In Landkreisen:	In Landkreisen:	In Landkreisen:
Altenheime, Sportstätten, Förderung von Vereinen, allgemein bildende Schulen, Museen u.a.	Berufs- und Sonderschulen, Kreisstraßen, Abfallbeseitigung, Schülerbeförderung, Kinder- und Jugendhilfe u.a.	Ausbildungsförderung (BAföG), Kfz-Zulassung u.a.
In Gemeinden:	In Gemeinden:	In Gemeinden:
Krankenhäuser, Jugendzentren, Theater, Schwimmbäder, Bibliotheken u.a.	Straßen, allgemein bildende Schulen, Abwasserbeseitigung, Feuerwehr, Friedhöfe u.a.	Standesamt, Meldewesen, Ausstellung von Lohnsteuerkarten u.a.

Zu den umfangreichsten und aufwendigsten Aufgabenbereichen der Städte und Gemeinden im Freistaat Sachsen zählte nach 1990 die Stadtentwicklung. Durch die desolaten Zustände, die die DDR flächendeckend hinterlassen hatte, kam der Planung und Erschließung oder Umwidmung von Baugebieten und Gewerbeflächen sowie allen damit zusammenhängenden Verwaltungsaktivitäten eine außergewöhnliche Bedeutung zu. Hierbei waren soziale, wirtschaftliche, ökologische und kulturelle Aspekte angemessen zu berücksichtigen. Auch wenn der Entwicklungsstand in den sächsischen Gemeinden noch sehr unterschiedlich ist, so hat der Anpassungsprozess im Vergleich zu den westlichen Flächenländern große Fortschritte gemacht.

Landkreise haben die allgemeine Aufgabe, die kreisangehörigen Gemeinden bei der Erfüllung ihrer Aufgaben zu unterstützen und zu einem gerechten Ausgleich der

Lasten ihrer Gemeinden beizutragen (Sächsische Landkreisordnung/SächsLKrO, §1). Und weiter: „Die Landkreise erfüllen, soweit die Gesetze nichts anderes bestimmen, alle überörtlichen und alle die Leistungsfähigkeit der einzelnen kreisangehörigen Gemeinden übersteigenden Aufgaben in eigener Verantwortung. Zur Erfüllung dieser Aufgaben schaffen die Landkreise die für das soziale, kulturelle und wirtschaftliche Wohl ihrer Einwohner erforderlichen öffentlichen Einrichtungen." (SächsLKrO §2) Die Landkreise können sich somit Fragen der Schulplanung und kreiseigener Schulträgerschaft annehmen, die medizinische Versorgung durch eigene Krankenhäuser absichern oder ergänzen und eigene Straßen unterhalten. Je nach geographischen, wirtschaftlichen und sozialen Gegebenheiten, insbesondere aber in Abhängigkeit ihrer jeweiligen Gemeindestruktur, müssen die Landkreise angemessene Maßnahmen treffen.

Die Aufgabenerfüllung durch die Kommunen wird jeweils von übergeordneten Stellen überwacht (Rechtsaufsicht). Für die kreisangehörigen Gemeinden ist das jeweilige Landratsamt die zuständige (untere) Rechtsaufsichtsbehörde, die Landkreise und die Kreisfreien Städte unterstehen der Rechtsaufsicht der Landesdirektionen (obere Rechtsaufsichtsbehörde); oberste Rechtsaufsichtsbehörde ist das Staatsministerium des Innern. In strittigen Fällen können Entscheidungen an jeweils höherer Stelle geprüft und bestätigt oder neu gefällt werden. Die Rechtsaufsicht bezieht sich auf die Gesetzmäßigkeit kommunalen Handelns. Bei Weisungsaufgaben gibt es zusätzlich die Prüfung der Zweckmäßigkeit der Aufgabenerfüllung; dies nennt man Fachaufsicht.

5   Institutioneller Rahmen der kommunalen Ebene

Im Freistaat Sachsen wird auf kommunaler Ebene zwischen **Gemeinden** und **Landkreisen** unterschieden. Hinsichtlich der Gebietszuständigkeit gehören also alle Einwohner einer politischen Gemeinde an, die wiederum zu einem Landkreis zählt, es sei denn, man lebt in einer Kreisfreien Stadt.

Daneben besteht für Städte und Gemeinden die Möglichkeit zur Bildung von Verwaltungsverbänden und Verwaltungsgemeinschaften. Ein Verwaltungsverband besteht aus Nachbargemeinden eines Landkreises und ist eine Körperschaft öffentlichen Rechts. 32 Städte und Gemeinden Sachsens haben sich zu 10 Verwaltungsverbänden zusammengeschlossen.

Eine Verwaltungsgemeinschaft besteht in der Regel aus dem Zusammenschluss kleinerer Gemeinden mit einer größeren „Erfüllungsgemeinde". Die größere erfüllt hierbei Aufgaben für die kleineren. 226 sächsische Städte und Gemeinden bilden derzeit 91 Verwaltungsgemeinschaften.[25]

Drei zentrale Institutionen sind auf kommunaler Ebene zu unterscheiden: 1. der **Gemeinderat** (bzw. der **Kreistag** in Landkreisen) als demokratisch gewähltes politi-

---

[25] Angaben mit Stand zum 1. März 2009. Nähere Ausführungen finden sich im Gesetz über kommunale Zusammenarbeit/SächsKomZG.

sches Vertretungsorgan der Bürger; 2. die **Gemeindeverwaltung** (bzw. das **Landratsamt** in Landkreisen) als ausführende Behörde mit Beamten und Angestellten nach
öffentlichem Dienstrecht in Ämtern, Abteilungen und anderen Organisationseinheiten
und 3. der direkt gewählte **Bürgermeister** (bzw. der **Landrat** in Landkreisen) als Vorsitzender des Gemeinderates (bzw. Kreistages) und zugleich als Leiter der Verwaltung.
In Kreisfreien Städten und Großen Kreisstädten führen die Bürgermeister den Titel
„Oberbürgermeister", der Gemeinderat wird hier als Stadtrat und die Gemeindeverwaltung als Stadtverwaltung bezeichnet.

Der Gemeinderat stellt quasi das Parlament einer Gemeinde dar: Er ist das gewählte Vertretungsorgan der Bürgerschaft. Man verwendet für die kommunale Ebene
nicht die Begriffe Parlament, Abgeordnete, Gesetze oder Legislative, weil sich die
kommunale Selbstverwaltung allein in dem Rechtsrahmen von Bundes- und Landesge-
setzen bewegen darf und damit auch hinsichtlich der Rechtsqualität eine geringere
Wertigkeit aufweist. In den Kommunen werden sogenannte Satzungen erlassen, und
zwar vom Gemeinderat oder dem Kreistag. Die sächsische Gemeindeordnung besagt:
„Der Gemeinderat legt die Grundsätze für die Verwaltung der Gemeinde fest und entscheidet über alle Angelegenheiten der Gemeinde, soweit nicht der Bürgermeister kraft
Gesetzes zuständig ist oder der Gemeinderat ihm bestimmte Angelegenheiten über-
trägt." (SächsGemO §28,1). Neben dieser zentralen Entscheidungsfunktion hat der
Gemeinderat in allen wichtigen Fragen auch die Ausführung seiner Beschlüsse zu kontrollieren und bei Bedarf die Behebung von Missständen zu verlangen. Die gleichen
Aufgaben haben die Kreistage entsprechend in den Landkreisen zu erfüllen. Die Sitzungen von Gemeinderat und Kreistag sind mit einigen Ausnahmen öffentlich. Ge-
meinde- und Kreisräte sind ehrenamtlich tätig. Die Gemeindeordnung (§17) sowie
auch die Landkreisordnung (§15) fordern, dass die Bürger verpflichtet sind, ehrenamtliche Tätigkeiten zu übernehmen. Verweigert jemand ein ihm angetragenes Ehrenamt,
können Gemeinderat oder Kreistag zur Strafe ein Ordnungsgeld verhängen.

An der Spitze der Kommunalverwaltungen stehen die Bürgermeister, Oberbürgermeister und Landräte. Sie bekleiden zentrale Positionen in der Kommunalpolitik,
weil sie als Schnittstelle zwischen Verwaltung und politischer Bürgervertretung (Gemeinderat, Kreistag) fungieren. Sie stehen den Gemeinderäten- bzw. Kreistagen vor,
bereiten deren Sitzungen (und Ausschusssitzungen) vor und sind für den Vollzug der
Beschlüsse verantwortlich, wozu sie als Leiter der Verwaltungen tätig werden. Die
Bediensteten der Gemeinden oder Landkreise unterstehen den Bürgermeistern oder
Landräten, so dass Gemeinderat und Kreistag hier keine direkte Weisungserlaubnis
besitzen. (SächsGemO §§51ff.; SächsLKrO §§47ff.) An dieser Konstruktion wird die
Stellung der Bürgermeister und Landräte als Moderatoren zwischen Verwaltung und
politischen Gremien deutlich, woraus den Amtsinhabern neben erheblicher Eigenver-
antwortung auch viel Gestaltungsspielraum erwächst.

6 Modernisierung und Reform der sächsischen Kommunalverwaltung

Die sächsischen Kommunalverwaltungen mussten sich nach 1990 einem mehrjährigen Modernisierungsprozess unterziehen. Interne Organisationsstrukturen wurden umstrukturiert, neue Kommunikations- und Verwaltungstechnik angeschafft und Fortbildungen, Umschulungen sowie Umbesetzungen oder Entlassungen des Personals durchgeführt. Dass hierbei die Arbeits- und Leistungsfähigkeit der Verwaltung in Mitleidenschaft gezogen wurde, war sicher unvermeidlich. Heute verfügen die sächsischen Kommunalbehörden hinsichtlich ihrer technischen Ausstattung über ein sehr hohes Qualitätsniveau. Unter dem Aspekt der „Bürgernähe" haben viele Kommunen Bürgerzentren eingerichtet, die Behördengänge erleichtern und ausgedehnte Öffnungszeiten anbieten.

Neben der Staatsverwaltung sind auch die Kommunen in den Prozess der elektronischen Verwaltung (E-Government) einbezogen. Mit Hilfe von moderner Informationstechnologie sollen die Verwaltungsprozesse effizienter und transparenter gestaltet werden. Beispielsweise beschäftigt sich eine kommunale Arbeitsgruppe mit der Erarbeitung eines zentralen kommunalen Formularpools, der dann durch alle sächsischen Kommunen genutzt werden kann. Über das „Amt 24", das zentrale Service-Portal der sächsischen Verwaltungen, können die Bürger schon heute viele Behördenangelegenheiten vom heimischen Computer aus erledigen.

Die Verwaltungsreform vom August 2008 stellt die größte Änderung der sächsischen staatlichen Verwaltung seit 1990 dar, sie hatte auch weitreichende Auswirkungen auf Kreise, Städte und Gemeinden. Ziel dieser unter dem Begriff „Funktionalreform" zusammengefassten Maßnahmen sollte eine kostengünstigere und bürgernähere Verwaltung sein. Umfangreiche Aufgaben des Staates wurden auf die neuen Landkreise, Kreisfreien Städte und den Kommunalen Sozialverband (bis 2005: Landeswohlfahrtsverband) übertragen, zum Beispiel in den Bereichen Vermessungswesen und ländliche Entwicklung.[26] Im Zuge der Aufgabenübertragung wechselten rund 4.100 bisher im Staatsdienst beschäftigte Arbeitnehmer zu einem kommunalen Arbeitgeber. Da jedoch mit den jeweiligen Aufgaben nicht automatisch auch das entsprechende Personal vollständig übertragen wurde, verschärfte sich für viele Kommunen die Zwangssituation, wachsende Aufgaben mit immer weniger Beschäftigten erledigen zu müssen. Neben die Kommunalisierung vormals staatlicher Aufgaben tritt als weitere wichtige Entwicklung der vergangenen Jahre die Privatisierung ehemals kommunaler Einrichtungen und Unternehmen wie beispielsweise der Krankenhäuser. Wegen ihrer prekären Finanzlage waren viele Kommunen gezwungen, kommunale Einrichtungen

---

[26] Siehe hierzu u.a.: Gesetz zur Neuordnung der Sächsischen Verwaltung (SächsVwNG) vom 29. 01. 2008 und Gesetz zur Regelung des Mehrbelastungsausgleiches für die Verwaltungs- und Funktionalreform 2008 (SächsMBAG 2008) vom 29. 01. 2008 sowie Sächsisches Vermessungs- und Geobasisinformationsgesetz (SächsVermGeoG) vom 29. 01. 2008.

an private Träger zu veräußern. Teilweise wurden die Nachteile derartiger Geschäfte, beispielsweise in Form von Gebühren- oder Preissteigerungen, rasch deutlich.

Der aus DDR-Zeiten stammende hohe Personalstand der sächsischen Gemeinden im Vergleich zu westlichen Bundesländern und umfangreiche Privatisierungen kommunaler Einrichtungen und Unternehmen bewirkten seit den neunziger Jahren einen drastischen Personalabbau in den Kommunalverwaltungen. Waren 1993 noch 178.320 Menschen in den sächsischen Gemeinden und Gemeindeverbänden beschäftigt, so reduzierte sich ihre Zahl bis 2007 auf nur noch 67.403. Dies stellt einen Beschäftigungsrückgang um beinahe zwei Drittel auf 38 Prozent des Ausgangsniveaus dar.

Bezogen auf eine Gesamtbevölkerung von 4,2 Mio. Einwohnern gab es 2007 je 1.000 Einwohner 16,7 Beschäftigte (69.955 absolut) im unmittelbaren öffentlichen Dienst der Gemeinden, Gemeindeverbände und Zweckverbände. Die unmittelbare sächsische Staatsverwaltung umfasst zum Vergleich 25,8 Beschäftigte je 1.000 Einwohner (108.409 absolut). Der mittelbare öffentliche Dienst kann mit zusätzlich 4,7 Beschäftigten je 1.000 Einwohnern (absolut 19.705) beziffert werden. In Deutschland sind insgesamt im öffentlichen Dienst der Gemeinden, Gemeinde- und Zweckverbände etwa 1,3 Mio. Personen (15,9 je 1.000 Einwohner), im öffentlichen Dienst der Länder etwa 1,9 Mio. Personen beschäftigt (23,2 je 1.000 Einwohner), im mittelbaren öffentlichen Dienst etwa 790.000 Personen (9,6 je 1.000 Einwohner).[27] Die Gesamtbeschäftigtenzahlen je 1.000 Einwohner im Durchschnitt aller Länder und Kommunen von 48,7 gegenüber 47,2 in Sachsen spiegeln trotz gewisser Berechnungsprobleme (Teilzeit u.ä.) eine mittlerweile errungene Durchschnittsposition des sächsischen Personalbestands im öffentlichen Dienst wider.

7   Direktdemokratische Elemente der sächsischen Kommunalverfassung

Der Freistaat Sachsen bietet den Bürgern nicht nur auf Landesebene, sondern auch auf kommunaler Ebene die Möglichkeit zur politischen Teilhabe über sogenannte direktdemokratische Verfahren.[28] Hierzu zählen die Regelungen zur Einwohnerversammlung, zu Bürgerbegehren und Bürgerentscheiden. Die Sächsische Verfassung sieht in Art. 86 sogar vor, dass in „kleinen Gemeinden an die Stelle der gewählten Vertretung die **Gemeindeversammlung** treten" kann. Diese Möglichkeit hat die Gemeindeordnung jedoch fallengelassen. Auch in Gemeinden bis zu 500 Einwohnern muss ein Gemeinderat mit acht Mitgliedern gewählt werden (SächsGemO §29,2). Allerdings

---

[27] Werte für Sachsen nach Stand Mitte 2007, Quelle: Statistisches Landesamt des Freistaates Sachsen; Werte für Deutschland nach Stand Mitte 2008, Quelle: Statistisches Bundesamt.
[28] Siehe hierzu u.a. die detaillierte Darstellung in: Peter Neumann, Sachunmittelbare Demokratie im Bundes- und Landesverfassungsrecht unter besonderer Berücksichtigung der neuen Länder, Baden-Baden 2009.

schreibt die Gemeindeordnung vor (§22), dass mindestens einmal jährlich **Einwohner-versammlungen** durchzuführen sind. „Vorschläge und Anregungen" aus Einwohner-versammlungen sind von den Gemeindeverwaltungen zu prüfen und zu behandeln. Auf schriftlichen Antrag einer bestimmten Anzahl der Einwohner müssen zusätzliche Einwohnerversammlungen einberufen werden, wobei gleichzeitig die konkret zu erör-ternden Angelegenheiten zu benennen sind. Der Antrag muss von mindestens 10% der Einwohner im Alter von über 16 Jahren unterzeichnet sein. Abweichend kann das Quo-rum auf bis zu 5% gesenkt werden, wenn eine Gemeinde dies in ihrer Hauptsatzung festlegt.

Nach dem gleichen Verfahren kann über einen **Einwohnerantrag** die Behandlung konkreter Gemeindeangelegenheiten im Gemeinderat erzwungen werden. Ein solcher Einwohnerantrag muss dann innerhalb einer Frist von drei Monaten behandelt wer-den. Wenn im Einwohnerantrag bis zu drei Personen dazu ermächtigt worden sind, dürfen diese vor dem Gemeinderat Erklärungen zur Sache abgeben. (SächsGemO §23)

Ähnlich wie auf der Landesebene (Volksentscheid) besteht auch auf kommunaler Ebene die Möglichkeit zur direkten politischen Einflussnahme der Wahlbevölkerung über einen **Bürgerentscheid** (SächsGemO §24, SächsLKrO § 22). Die folgenden Rege-lungen sind auf die Gemeinden (Bürger der Gemeinde/Gemeinderat) bezogen, gelten aber beinahe gleichlautend für die Landkreise (entsprechend Bürger des Landkrei-ses/Kreistag), soweit nicht gesondert angegeben.

Der Bürgerentscheid kann nur über ein Bürgerbegehren oder einen entsprechen-den Beschluss von zwei Dritteln des Gemeinderates herbeigeführt werden. Im Prozess des Bürgerentscheides dürfen alle wahlberechtigten Bürger einer Gemeinde über eine konkrete Frage mit „Ja" oder „Nein" abstimmen. Ein Bürgerentscheid ist erfolgreich, wenn die Mehrheit aller abgegebenen Stimmen „Ja"-Stimmen sind. Die Anzahl dieser Stimmen muss zudem mindestens der Anzahl eines Viertels aller Stimmberechtigten entsprechen. Ein erfolgreicher Bürgerentscheid besitzt den Stellenwert eines Gemein-deratsbeschlusses. Von einer Abstimmung über Bürgerentscheid ausgenommen sind allerdings u.a. der Bereich von Weisungsaufgaben, innere Verwaltungsorganisation, Haushalts- und Wirtschaftspläne oder Abgaben und Entgelte (SächsGemO §24, SächsLKrO §22).

Bürgerbegehren dienen der Durchführung eines Bürgerentscheides und können von den Bürgern einer Gemeinde bzw. eines Landkreises und den jeweiligen EU-Wohnbürgern[29] vorgetragen werden (SächsGemO §25, SächsLKrO §21). Zur Beantra-gung der Durchführung eines Bürgerentscheids muss das Bürgerbegehren von 15% der Bürger und EU-Wohnbürger der Gemeinde unterzeichnet sein. In ihrer Hauptsatzung dürfen Gemeinden das Quorum auf bis zu 5% herabsenken. In Landkreisen sind gene-rell 15% vorgeschrieben. Über die Zulässigkeit eines Bürgerbegehrens entscheidet der

---

[29] Mit EU-Wohnbürgern sind Staatsangehörige eines Mitgliedsstaates der Europäischen Union gemeint, die das 18. Lebensjahr vollendet haben und seit mindestens drei Monaten in der Gemeinde wohnen.

Gemeinderat. Zur gleichen Angelegenheit wird innerhalb von drei Jahren nur einmal ein Bürgerbegehren zugelassen.

Die Unterscheidung zwischen Bürgerbegehren und Bürgerentscheid ist politisch und finanziell wichtig, denn ein zulässiges Bürgerbegehren führt nicht zum – sehr aufwendigen – Bürgerentscheid, wenn die verlangte Maßnahme vom Gemeinderat beschlossen wird. Dies hat innerhalb von drei Monaten nach der Entscheidung über die Zulässigkeit zu erfolgen, da dies auch die vorgeschriebene Frist bis zum Bürgerentscheid ist.

8 Eckpunkte des sächsischen Kommunalwahlrechts

Die sächsischen Bürger besitzen auf kommunaler Ebene das Recht zur Wahl ihrer Gemeinderäte und Bürgermeister (bzw. Stadträte und Oberbürgermeister) sowie ihrer Kreisräte (für die Kreistage) und Landräte in den kreisangehörigen Gemeinden. Existieren zusätzlich Ortschaften als politische Einheiten, so werden auch Ortschaftsräte gewählt. Die Ortsvorsteher sind allerdings von den Ortschaftsräten, nicht direkt von den Bürgern zu wählen.[30] Für Stadtbezirke in Kreisfreien Städten können Stadtbezirksbeiräte durch den Gemeinderat bestellt werden. Zum Stadtbezirksbeirat kann jeder Bürger, der ein aktives und passives Wahlrecht in der Gemeinde besitzt, bestimmt werden.

Wahlberechtigt zu allen Kommunalwahlen sind die Bürger einer Gemeinde (bzw. Bürger eines Landkreises). Als Bürger einer Gemeinde oder eines Landkreises gilt, wer das 18. Lebensjahr vollendet hat, Deutscher im Sinne des Grundgesetzes Art. 116 ist und seit mindestens drei Monaten in der Gemeinde oder dem Landkreis wohnt, bzw. hier seine Hauptwohnung unterhält (SächsGemO §15f.; SächsLKrO §13). Wahlberechtigt sind zusätzlich Einwohner ab einem Alter von 18 Jahren, welche die Staatsangehörigkeit eines anderen Mitgliedsstaates der Europäischen Union besitzen und seit drei Monaten in der Gemeinde/dem Landkreis ihren (Haupt-)Wohnsitz haben. Das passive Wahlrecht, also die Wählbarkeit zum Gemeinderat und Kreistag, besitzen ebenso alle wahlberechtigten Bürger und die EU-Wohnbürger (SächsGemO §31; SächsLKrO §27).

9 Gemeinderats-, Kreistags-, und Ortschaftsratswahlen

Die Wahlen der (Stadt- und) Gemeinderäte und der Kreisräte werden nach dem Prinzip der Verhältniswahl für eine Amtszeit von fünf Jahren durchgeführt. Jeder Wahlberechtigte besitzt drei Stimmen. Er kann diese einem einzigen Bewerber geben (die

---

[30] Siehe zum Wahlrecht in Sachsen allgemein: Walter Gensior/Volker Krieg, Wahlrechtsfibel. Wahlrecht und Wahlverfahren in der Bundesrepublik Deutschland und im Freistaat Sachsen, Rheinbreitbach 1994. Siehe auch: Werner Rellecke, Wahlen in Sachsen, hrsg. von der Sächsischen Landeszentrale für politische Bildung, Dresden 2009.

Stimmen kumulieren) oder aber auf zwei oder drei Bewerber verteilen (die Stimmen panaschieren). Wenn er seine drei Stimmen aufteilt, dürfen diejenigen Bewerber, die Stimmen erhalten, natürlich auch unterschiedlichen Parteien oder Wählervereinigungen angehören.

Vor jeder Gemeinderatswahl sind von Parteien oder Wählervereinigungen Wahlvorschläge einzureichen. Parteien und Wählergemeinschaften, die noch nicht im Landtag oder im Rat der jeweiligen Gemeinde vertreten sind, benötigen für die Einreichung eines Wahlvorschlags Unterstützungsunterschriften von Wahlberechtigten. Die notwendige Anzahl von Unterstützungsunterschriften richtet sich nach der Einwohnerzahl der Gemeinden und reicht von 20 in Gemeinden mit höchstens 2.000 Einwohnern bis zu 240 in Städten mit mehr als 300.000 Einwohnern. Die Wahlvorschläge enthalten die jeweiligen Kandidaten für einen Wahlkreis, in dem ein Gemeinderat zu wählen ist. Diese Regelungen gelten analog für die Kreisratswahlen.

Tabelle 3:   Anzahl der Kreisräte nach Größe der Landkreise

Landkreise mit	Räte
bis zu 180.000 Einwohnern	74
bis zu 220.000 Einwohnern	80
bis zu 260.000 Einwohnern	86
bis zu 300.000 Einwohnern	92
mehr als 300.000 Einwohnern	98

Jede Gemeinde bildet einen Wahlkreis, es sei denn, es handelt sich um Kreisfreie Städte. Hier wird das Wahlgebiet in mindestens sechs und höchstens 20 Wahlkreise unterteilt (Kommunalwahlgesetz/KomWG §2). In Landkreisen sind mindestens acht und höchstens 20 Wahlkreise zu bilden (KomWG §50). Nach Auszählung der Stimmen werden die Gemeinderats- oder Kreistagssitze nach dem d'Hondtschen Höchstzahlverfahren auf die Wahlvorschläge verteilt. Wird vor einer Wahl kein oder lediglich ein Wahlvorschlag eingereicht, so haben die Stimmberechtigten die Möglichkeit, andere Personen ihrer Wahl auf ihren Wahlschein einzutragen. In diesen Fällen kann einem Bewerber jedoch jeweils nur eine der drei Stimmen gegeben werden. Im sorbischen Siedlungsgebiet müssen die mit den Wahlen zusammenhängenden Bekanntmachungen, Benachrichtigungen und Ausschilderungen auch in sorbischer Sprache erfolgen (Kommunalwahlordnung/KomWO §63). Die Sitzstärke der Stadt- und Gemeinderäte ist gesetzlich vorgegeben und richtet sich nach der jeweiligen Bevölkerungszahl. Die Gemeinden besitzen jedoch die Möglichkeit, durch Beschluss in ihrer Hauptsatzung die Sitzanzahl um eine Größengruppe zu verringern oder zu vergrößern (zum Beispiel bei 75.000 Einwohnern den Stadtrat auf 48 Sitze festzulegen).

Tabelle 4:   Zahl der Gemeinderäte nach Größe der Gemeinden

Einwohnerzahl bis zu ...	Räte	Einwohnerzahl bis zu ...	Räte	Einwohnerzahl bis zu...	Räte
500	8	10.000	18	60.000	38
1.000	10	20.000	22	80.000	42
2.000	12	30.000	26	150.000	48
3.000	14	40.000	30	400.000	54
5.000	16	50.000	34	über 400.000	60

Die Sächsische Gemeindeordnung erlaubt die Einrichtung von Ortschaften aus einem oder mehreren Gemeindeteilen. Hierzu hat die Gemeinde eine Ortschaftsverfassung einzuführen. Analog zur Wahl des Gemeinderates wird in Ortschaften ein Ortschaftsrat gewählt. An der Spitze des Ortschaftsrates steht der Ortsvorsteher, der nicht direkt, sondern vom Ortschaftsrat gewählt wird. Derzeit gibt es in Sachsen insgesamt 841 Ortschaftsräte in 239 Städten und Gemeinden (Stand: 1.3.2009). In beinahe jeder zweiten Gemeinde wird somit von der Möglichkeit einer Ortschaftsverfassung Gebrauch gemacht.

10   Bürgermeister- und Landratswahlen

Oberbürgermeister und Bürgermeister werden direkt für eine Amtsdauer von sieben Jahren gewählt. Gleiches gilt für Landräte. Bürgermeister in Gemeinden mit über 5.000 Einwohnern und Landräte sind hauptamtliche Beamte auf Zeit. Bürgermeister in kleineren Gemeinden sind ehrenamtlich tätig. Die Bürgermeister und Landräte werden in allgemeiner, unmittelbarer, freier, gleicher und geheimer Wahl gewählt, und zwar nach den Grundsätzen der Mehrheitswahl. Erhält ein Bewerber im ersten Wahlgang mehr als die Hälfte der abgegebenen Stimmen, so ist er gewählt. Erhält im ersten Wahlgang kein Bewerber die absolute Stimmenmehrheit, so wird eine Neuwahl durchgeführt. Der Bewerber, der bei der Neuwahl die meisten Stimmen (relative Stimmenmehrheit) auf sich vereinigen kann, ist gewählt. Bei Stimmengleichheit der erfolgreichsten Bewerber entscheidet das Los (SächsGemO §48; SächsLKrO §44).

Im Falle einer Neuwahl können auch neue Wahlvorschläge gemacht werden, also zusätzliche Bewerber angemeldet werden. Ebenso können Wahlvorschläge des ersten Wahlganges zurückgezogen werden (KomWG §41). Diese Regelung bietet den Parteien und den Wählervereinigungen die Möglichkeit, auf der Basis ihrer Wahlergebnisse im ersten Wahlgang neue taktische Wahlbündnisse einzugehen. Mit dem Rückzug eines aussichtlosen Bewerbers wird häufig die Absicht verbunden, dass die entsprechenden Wähler sich anschließend für einen politisch verwandten und aussichtsreicheren Bewerber entscheiden. Um das Amt eines Bürgermeisters können sich alle Deutschen im Sinne des Grundgesetzes Art. 116 bewerben, die das 21. Lebensjahr vollendet haben, gleichzeitig jünger als 65 Jahre alt sind und die persönlichen Voraussetzungen für eine

Beschäftigung im Beamtenverhältnis erfüllen (SächsGemO §49). Für die Bewerber um das Amt des Landrates gelten die gleichen Bestimmungen mit dem einzigen Unterschied, dass diese mindestens 27 Jahre und nicht älter als 65 Jahre alt sein müssen (SächsLKrO §45). Die Bewerber müssen also in beiden Fällen nicht in der Gemeinde oder dem Landkreis wohnhaft sein. Die Zulassung externer Bewerber dient dem Zweck einer besseren Kandidatenauslese. Durch die (mit Ausnahme von kleinen Gemeinden) hauptberufliche Tätigkeit der Bürgermeister und der Landräte sowie die Kombination von politischen und verwaltungstechnischen Anforderungen an die Amtsinhaber, treten Kandidaturen beruflich besonders qualifizierter externer Bewerber in größeren und Großstädten häufig auf. EU-Wohnbürger sind jedoch von einer Bewerbung ausgeschlossen.

Durch die Direktwahl von Landräten, Oberbürgermeistern und Bürgermeistern nehmen diese eine recht unabhängige Stellung ein. Sie sehen sich oftmals Kommunalparlamenten gegenüber, in denen ihre Partei über keine Mehrheit verfügt, ohne dass eine feste Parteienkoalition bestünde. Die Sonderstellung der kommunalpolitischen Spitzenämter gegenüber den Kommunalvertretungen wird durch unterschiedlich lange Amtsperioden noch verstärkt: Da die vorgesehene Amtsdauer eines Bürgermeisters, Oberbürgermeisters oder Landrates sieben Jahre beträgt, die Amtsdauer der Gemeinde- und Kreisräte jedoch nur fünf Jahre, finden auch die jeweiligen Wahlen fast immer an unterschiedlichen Terminen statt.

11   Kommunalwahlergebnisse in Sachsen

Die letzten Kommunalwahlen in der DDR im Mai 1989 waren durch Fälschungen der Wahlergebnisse zugunsten der SED gekennzeichnet; dies trug nicht unerheblich zur Delegitimierung der Staatsmacht bei. Am 6. Mai 1990 konnten die Wähler in der Übergangs-DDR der de-Maizière-Regierung dann erstmals seit Jahrzehnten wieder ihre Stimmen nach den Prinzipien von freien, gleichen und geheimen Wahlen für ihre Kommunen abgeben.

Auf der kommunalen Ebene ist in Sachsen seit der Friedlichen Revolution die CDU die dominierende Partei. Bei den Landratswahlen im Juni 2008 erreichten sechs von zehn CDU-Kandidaten bereits im ersten Wahlgang die erforderliche absolute Mehrheit der Stimmen. Auch die übrigen vier Landratsposten wurden im zweiten Wahlgang mit Bewerbern der Christdemokraten besetzt.

Ähnlich erfolgreich ist die CDU bei den sächsischen Bürgermeisterwahlen seit 1990, die bisher immer mehrheitlich von ihren Kandidaten gewonnen wurden. Langfristig betrachtet hat das politische Gewicht von Wählergemeinschaften bei Ortschafts- und Gemeinderatswahlen jedoch deutlich zugenommen. Es ist eine Tendenz erkennbar, dass Vertreter von Wählergemeinschaften oder auch Einzelbewerber beim Kampf um das Amt des Bürgermeisters zunehmend erfolgreich sind.

Von den 497 gewählten Bürgermeistern bzw. Oberbürgermeistern kamen im Juni 2008 192 von der CDU, 151 wurden als Einzelbewerber gewählt, 105 entstammten einer Wählervereinigung, 22 kamen von der SPD, sechs von den Linken und einer von der DSU. Die größeren Städte Sachsens bieten parteipolitisch jedoch ein vom Durchschnitt aller Gemeinden deutlich abweichendes Bild. In der Landeshauptstadt Dresden gelang es der Bewerberin der CDU, Helma Orosz, im zweiten Wahlgang die nötige absolute Mehrheit der Stimmen zu erringen. In Leipzig hat seit 2006 Burkhard Jung von der SPD das Amt des Oberbürgermeisters inne und in Chemnitz die SPD-Politikerin Barbara Ludwig. Auch Zwickau hat mit Dr. Pia Findeiß seit 2008 ein weibliches Stadtoberhaupt von der SPD. Besonders interessant ist, dass sie von ihrem parteilosen Vorgänger Dietmar Vettermann, einem ehemaligen CDU-Mitglied, für dieses Amt vorgeschlagen wurde. Als parteiloser Kandidat wurde Ralf Oberdorfer zum Oberbürgermeister der Stadt Plauen gewählt, mittlerweile ist er FDP-Mitglied und wurde 2007 mit einer Mehrheit von 87,1 Prozent im Amt bestätigt. Der Bürgermeister von Görlitz ist der parteilose Joachim Paulick, der früher Mitglied der CDU war.

Von den 497 sächsischen Bürgermeistern sind 330 hauptamtlich und 167 ehrenamtlich tätig. Der Frauenanteil unter den Stadtoberhäuptern liegt bei rund 22 Prozent.

Tabelle 5:   Ergebnisse der Kreistagswahlen 2008 in sächsischen Landkreisen (LK) in Prozent (zwei höchste Werte jeweils fett markiert)

	CDU	Linke	WV	SPD	FDP	NPD	Sonst.
LK Bautzen	39,1	11,7	14,0	11,7	7,5	5,5	4,1
LK Erzgebirgskreis	43,3	8,6	12,2	8,6	8,5	**5,7**	3,3
LK Görlitz	35,1	7,4	**21,6**	7,4	6,5	5,5	5,6
LK Leipzig	33,4	17,2	**15,4**	**17,2**	7,0	4,7	3,8
LK Meißen	**44,8**	10,0	4,3	10,0	8,5	**5,7**	8,6
LK Mittelsachsen	41,3	18,5	10,0	13,2	9,6	4,7	2,7
LK Nordsachsen	38,5	17,6	7,7	**19,0**	7,0	4,7	5,6
LK Sächs. Schweiz-Osterzg.	**43,9**	18,3	11,4	7,4	7,9	**7,5**	3,6
LK Vogtlandkreis	37,1	**20,4**	6,7	14,2	**9,8**	3,6	8,2
LK Zwickau	37,1	**20,9**	13,7	10,2	**10,6**	3,3	4,2
Freistaat Sachsen	*39,5*	*18,7*	*12,1*	*11,5*	*8,3*	*5,1*	*4,7*

(WV = Wählervereinigungen; Quelle: Statistisches Landesamt des Freistaates Sachsen unter www.statistik.sachsen.de)

Bei den Kreistagswahlen im Sommer 2008 trat die CDU – trotz Verlusten – mit 39,5 Prozent der Wählerstimmen deutlich als stärkste politische Kraft hervor. Auf dem zweiten Platz lag Die Linke mit 18,7 Prozent gefolgt von den Wählervereinigungen mit 12,1 Prozent und der SPD mit 11,5 Prozent. Hinsichtlich der Sitzverteilung in den Kreistagen stellte sich folgendes Bild dar: Mit 376 Sitzen hat die CDU mit Abstand das beste Ergebnis erzielt, an zweiter Stelle folgt Die Linke mit 177 Sitzen, dann die SPD, die mit 109 Sitzen nur ganz knapp besser als die Wählervereinigungen mit 100 Sitzen abgeschnitten hat. Die kleineren Parteien werden mit 75 Sitzen von der FDP angeführt, der mit deutlichem Abstand die NPD mit 44 Sitzen folgt. Der Abstand zu den Grünen mit nur 27 Sitzen ist erheblich, und die DSU ist mit 12 Sitzen nur noch eine Randerscheinung.

Das vergleichsweise gute Abschneiden der als rechtsextrem geltenden NPD bei den sächsischen Kreistagswahlen von 2008 sorgte bundesweit für Schlagzeilen. Die Partei konnte landesweit 5,1 Prozent der Stimmen verzeichnen und ist damit erstmals in jedem Kreisparlament in Sachsen mit drei bis fünf Sitzen vertreten. Ihre Hochburg hat sie in Reinhardtsdorf-Schöna in der Sächsischen Schweiz. Dort erreichte sie einen Stimmenanteil von 25,2 Prozent und wurde nach den freien Wählern zweitstärkste Partei. Einer der Gründe für diese Entwicklung dürfte darin liegen, dass es der NPD gelungen ist, sich vielfach auf kommunaler Ebene als eine Art „Kümmererpartei vor Ort"[31] zu verankern.

Tabelle 6:   Stimmergebnisse der Ortschafts- und Stadt-/Gemeinderatswahlen sowie Wahlen zu Kreistagen im Freistaat Sachsen (in Prozent)

Parteien und Wählervereinigungen (WV)	Ortschaft 2009	Gemeinde 2009	Landkreise 2008	Ortschaft 1999/1994	Gemeinde 1999/1990	Kreisebene 1999/1990
CDU	35,3	32,7	39,5	37,9/35,6	39,9/39,8	44,5/44,6
SPD	7,3	10,9	11,5	6,7/4,1	15,7/12,9	18,7/14,7
Linke/PDS	5,2	15,4	18,7	6,5/3,6	16,9/10,5	19,2/11,6
Grüne	4,2	5,0	3,1	0,5/0,1	2,4/3,5	3,7/4,5
FDP	0,6	8,3	8,3	3,2/4,9	4,1/8,3	5,2/7,5
NPD	0,1	2,3	5,1	-- / --	0,3/ --	0,2/ --
WV	45,8	24,6	12,1	43,3/48,6	19,0/ --	6,1/ --
Sonstige	1,5	0,7	1,5	1,9/3,1	2,0/25,0	2,6/17,1

(Kreisebene 1990 und 1999 einschließlich Kreisfreie Städte; Quelle: Statistisches Landesamt des Freistaates Sachsen, www.statistik.sachsen.de)

Bei Kommunalwahlen in Sachsen schneiden die großen Parteien schlechter ab als bei Landtags- oder Bundestagswahlen. Dies liegt in erster Linie an der kommunalpolitischen Konkurrenz von Wählervereinigungen und parteilosen Einzelbewerbern, die auf Landes- und Bundesebene entfällt. In Sachsen ist zu beobachten, dass parteilose Einzelbewerber und Wählervereinigungen umso stärker abschneiden, je kleiner die politische Einheit ist. So konnten Wählervereinigungen beispielsweise bei den Ortschaftsratswahlen 2009 mit 45,8 Prozent der Stimmen das beste Ergebnis verbuchen, gefolgt von der CDU mit 35,3 Prozent. Bemerkenswert sind nicht nur die Wahlerfolge der Wählervereinigungen bei Kommunalwahlen, sondern auch die starke Präsenz der

---

[31] Siehe dazu: Andreas Speit, Bürgernähe zeigen, vor Ort siegen, in: Andrea Röpke/Andreas Speit (Hrsg.), Neonazis in Nadelstreifen, Berlin 2008, S.38.

CDU gegenüber den anderen Parteien. Dies hängt sicherlich mit ihrer vergleichsweise guten Basis von 13.373 Mitgliedern (im Jahre 2007) im Landesverband und den Wahlerfolgen ihrer Kandidaten (Amtsbonus) seit 1990 zusammen. Während Die Linke (ehemals PDS) über lange Jahre die mitgliederstärkste sächsische Partei gewesen ist, musste sie diese Stellung im Jahr 2007 an die CDU abtreten. Der relativ hohe Altersabgang führte dazu, dass die Partei 2007 nur noch 13.280 Mitglieder in Sachsen hatte. Auch den übrigen Bundestagsparteien gehörten im Jahre 2007 in Sachsen relativ wenige Mitglieder an, so der SPD 4.613, der FDP 2.518. Obwohl die Grünen die einzige Partei sind, die ihre Mitgliederzahl leicht auf 963 erhöhen konnte, liegt die Partei doch noch hinter der NPD, die es in Sachsen auf immerhin 1.029 Mitglieder bringt.

In der sächsischen Kommunalpolitik spielt das Mitgliederpotenzial der Parteien eine ausschlaggebende Rolle für ihr landesweites Wahlergebnis. Nur CDU und Linke könnten sich theoretisch um alle kommunalpolitischen Ämter mit eigenen Mitgliedern bewerben. Bei den Kommunalwahlen 2009 waren insgesamt 8.056 Gemeinderatssitze zu vergeben. Hinzu kamen 1.420 Kreistagssitze und 4.793 Ortschaftsratssitze. Die personelle Dimension der Kommunalpolitik wird deutlich, wenn man den genannten Zahlen die regulär zu vergebenden 120 Landtagssitze und 32 sächsischen Bundestagsmandate gegenüberstellt.

Die Wahlbeteiligung betrug bei den Kommunalwahlen vom Mai 1990 beachtliche 76% und lag damit über dem Wert für die ersten Landtagswahlen am 14. Oktober 1990 (72,7%). Sie fiel dann allerdings kontinuierlich auf 66,9% in den Jahren 1994/95 und auf 53,8% bei den Kommunalwahlen der Gemeinderäte und Kreistage 1999.[32] Bei den Gemeinderatswahlen im Juni 2009 lag die Wahlbeteiligung nur noch bei 47,6 Prozent. Es zeigten sich allerdings große regionale Unterschiede, so gingen im Kurort Rathen 72,9 Prozent der Wahlberechtigten zur Urne, während es in der Stadt Zwickau nur 35,8 Prozent waren. Bei den Direktwahlen von Oberbürgermeistern und Bürgermeistern 2009 variierte die Wahlbeteiligung zwischen 76,8% Prozent in Theuma im Vogtland und 26,4 Prozent in der Stadt Zwickau (im zweiten Wahlgang/Neuwahl). Tendenziell lag die Wahlbeteiligung in kleineren Gemeinden höher als in größeren Gemeinden und Kreisfreien Städten. Bei den gleichzeitigen Landratswahlen (in 4 Landkreisen im zweiten Wahlgang) variierte die Wahlbeteiligung zwischen 36,1 Prozent im Landkreis Leipzig und 24,3 Prozent in Nordsachsen. Deutlich höhere Beteiligungen gibt es zu den Bundestagstagswahlen (2009: 65%). Bei den letzten Landtagswahlen 2009 betrug die Wahlbeteiligung nur noch 52,2 Prozent, ein Ergebnis, das von den Ortschaftsratswahlen im Juni 2009, an denen sich 52,9 Prozent der Wähler beteiligten, übertroffen wurde.

Zusammenfassend ist festzustellen, dass die Bereitschaft der sächsischen Bürger zur Teilnahme an Wahlen auf den verschiedenen politischen Ebenen rückläufig ist. Vor dem Hintergrund der Tatsache, dass das Recht auf freie Wahlen für die Menschen im ehemaligen Gebiet der DDR keinesfalls eine Selbstverständlichkeit ist, sondern müh-

---

[32] Nach: Statistisches Jahrbuch Sachsen 2001. 10. Jahrgang, hrsg. vom Statistischen Landesamt des Freistaates Sachsen, Kamenz 2001, S. 205.

sam erkämpft wurde, stimmt diese Entwicklung bedenklich. Über die Frage, wie gering die Wahlbeteiligung sein darf, bevor der Bestand des demokratischen Staatswesens gefährdet ist, lässt sich trefflich streiten. Fest steht in jedem Fall, dass die freiheitlich-demokratische Ordnung – für die sich viele Sachsen während der Friedlichen Revolution aktiv eingesetzt haben – nur gut funktioniert, wenn die große Mehrheit der Bürger ihre politischen Rechte und Pflichten ernst nimmt.

12 Kulturräume in Sachsen

Nach den Umbrüchen des Jahres 1989 sahen sich die Kommunen und Landkreise in Sachsen mit der Herausforderung konfrontiert, selbst die Trägerschaft und damit auch die Kosten für ihre kulturellen Einrichtungen übernehmen zu müssen. Vor diesem Hintergrund trat am 1. August 1994 in Sachsen ein Kulturraumgesetz in Kraft, das die Kulturpflege erstmalig in Deutschland als Pflichtaufgabe der Gemeinden und der Landkreise festschreibt. Mit diesem Gesetz wurde ein neues Modell der Kulturpolitik verwirklicht, das ihren Stellenwert verbessern, der kulturellen Tradition des Landes gerecht werden und eine angemessene finanzielle Beteiligung des Freistaates garantieren soll. Der Ansatz des Kulturraumgesetzes betont die regionale Bedeutung kultureller Einrichtungen über die Stadtgrenzen hinaus, so dass im Prinzip eine höhere Verantwortung kleinerer Gemeinden für die Kulturpflege größerer Gemeinden, an denen sie teilhaben, vorausgesetzt wird. In Form von Kulturzweckverbänden wurden Kulturpflege und -förderung damit auf eine neue Grundlage gestellt.[33] Das Kulturraumgesetz trat 1994 für vorerst zehn Jahre in Kraft, wurde dann verlängert und schließlich am 1. August 2008 im Zuge der Anpassung an die Auswirkungen der Kreisgebietsreform ohne eine zeitliche Befristung neu verabschiedet. Im Einzelnen wird unterschieden zwischen den „urbanen Kulturräumen" Chemnitz, Dresden und Leipzig sowie den weiteren fünf ländlichen Kulturräumen Vogtland-Zwickau, Erzgebirge-Mittelsachsen, Leipziger Raum, Elbtal-Sächsische Schweiz-Osterzgebirge und Oberlausitz-Niederschlesien (Sächsisches Kulturraumgesetz/SächsKRG §1). Die fünf ländlichen Kulturräume sind als Zweckverbände konstituiert, deren Mitglieder sich aus den zugehörigen Landratsämtern sowie im Kulturraum Oberlausitz-Niederschlesien zusätzlich durch die Stiftung für das sorbische Volk zusammensetzen.

Zur Finanzierung der Aufgaben der Kulturräume sichert der Freistaat jährlich Zuwendungen in Höhe von 86,7 Mio. Euro zu. Des Weiteren sind die Kulturräume

---

[33] Siehe hierzu: Kulturräume in Sachsen. Eine Dokumentation, hrsg. von Matthias Theodor Vogt, Leipzig o.J. (1995). Der Herausgeber beschreibt das Kulturraumgesetz hier recht euphorisch und zieht folgende bemerkenswerte Schlussfolgerung (S. 19): „Das Werden des Kulturraumgesetzes und anderer Vorhaben ist paradigmatisch für jene offene und sachorientierte Praxis von Demokratie, die die neuen Bundesländer von der verwaltungsorientierten Verbändeherrschaft der alten Bundesländer unterscheiden könnte."

berechtigt, eine Umlage von ihren Mitgliedern zu erheben, wovon alle Kulturräume außer den „urbanen Kulturräumen" Gebrauch machen. Insgesamt gaben die Gemeinden und Zweckverbände 2005 293,1 Mio. Euro für die Kunst- und Kulturpflege aus und der Freistaat 372,3 Mio. Euro. Je größer die Einwohnerzahl der einzelnen Kreise und Kreisfreien Städte, desto mehr finanzielles Gewicht entfällt auf die kulturellen Angelegenheiten. Vergleicht man die Kulturausgaben je Einwohner von 27 ausgewählten deutschen Großstädten, so lag Leipzig im Jahr 2005 bundesweit mit 182 Euro auf Platz zwei hinter Frankfurt am Main (203 Euro), Dresden gelangte mit 120 Euro pro Kopf für Kunst und Kultur immerhin noch auf Platz fünf.[34] Im Ländervergleich nimmt der Freistaat Sachsen 2005 mit einem Anteil der Kulturausgaben von 3,71 Prozent am Gesamtetat die Spitzenposition ein, das Schlusslicht ist Schleswig-Holstein mit 1,40 Prozent. Trotz der allgemein angespannten Haushaltslage der öffentlichen Hand enthält der Landeshaushalt für 2009 für die allgemeine Kunst- und Kulturförderung eine Steigerung von 3 Prozent gegenüber dem Vorjahr.

13   Probleme, Erfolge und Perspektiven sächsischer Kommunalpolitik

Die Gestaltungsspielräume für die sächsische Kommunalpolitik der Zukunft hängen zum großen Teil von der Finanzausstattung der Kommunen ab. Durch die nach wie vor verhältnismäßig geringen Steuereinnahmen sind die Kommunen in hohem Maße von staatlichen Finanzzuweisungen abhängig. Das Pro-Kopf-Aufkommen in der Gewerbesteuer in den Kommunen der östlichen Länder liegt derzeit erst bei der Hälfte der vergleichbaren Einkünfte im Westen. Im Jahr 2002 stammten rund 57 Prozent der Einnahmen der Kommunalhaushalte in Sachsen aus Finanzzuweisungen des Freistaates Sachsen (Schlüsselzuweisungen, Bedarfs- und sonstige allgemeine Zuweisungen, Erstattungen und laufende Zuweisungen, Investitionszuweisungen), 2007 lag ihr Anteil immerhin noch bei rund 50 Prozent.[35] In Baden-Württemberg dagegen betrug der Anteil der staatlichen Zuweisungen an die Kommunen im gleichen Jahr lediglich 23 Prozent. Verglichen mit westdeutschen Verhältnissen ist die Abhängigkeit der Kommunen vom Land somit nach wie vor sehr hoch. Die Folge dieser Entwicklung sind geringere Gestaltungsspielräume für die Kreise, Städte und Gemeinden.

Die demographische Prognose für Sachsen ergibt dauerhaft rückläufige Einwohnerzahlen. Die Vermutung liegt deshalb nahe, dass auch die Ausgaben der Kommunen automatisch sinken müssten. Diese Annahme trifft jedoch nur in Teilen zu, da die zentralen Bereiche der kommunalen Infrastruktur auch bei weniger Einwohnern aufrecht

---

[34] Aus: Sächsisches Staatsministerium für Wirtschaft und Arbeit (Hrsg.): Kulturwirtschaftbericht 2008, Dresden 2009, S. 86.
[35] Siehe: Statistisches Landesamt des Freistaates Sachsen (Hrsg.), Statistisches Jahrbuch Sachsen 2008, Kamenz 2008, S. 402.

erhalten werden müssen. Die veränderte Altersstruktur der Bevölkerung stellt zudem spezifische Anforderungen an die Stadtentwicklung, es stellen sich neue Aufgaben im Bereich der technischen und sozialen Infrastruktur (zum Beispiel der Bau von Alten- und Pflegeeinrichtungen). Der Freistaat Sachsen ist aufgrund seiner speziellen demographischen Entwicklung Vorreiter in Bezug auf den Umgang mit derartigen Wandlungsprozessen. In einem Modellvorhaben in der Region Westerzgebirge wurde unter anderem erprobt, wie Einrichtungen des öffentlichen Lebens trotz geringerer kommunaler Finanzmittel und sich verändernden Nachfragerstrukturen aufrecht erhalten werden können. In der Modellregion Oberlausitz-Niederschlesien wurden neue Möglichkeiten der gemeindeübergreifenden Zusammenarbeit ausprobiert, die das Ziel haben, trotz rückläufiger Bevölkerungszahlen die Lebensqualität in der Region aufrecht zu erhalten.

Blick man auf die Verschuldung der öffentlichen Haushalte in Deutschland, so befindet sich der Freistaat in einer ausgezeichneten Position. Nach Bayern hat Sachsen im Jahr 2008 mit 14.804 Euro die geringste Schuldenlast je Einwohner zu verzeichnen. Der am höchsten verschuldete sächsische Kommunalhaushalt wird in Leipzig geführt, im bundesweiten Vergleich der am höchsten verschuldeten Städte steht Leipzig erst auf Platz 105.[36] Die sächsische Kommune mit den wenigsten Schulden ist die Landeshauptstadt Dresden, die ihre Schuldenfreiheit durch den Verkauf der kommunalen Wohnungsgesellschaft erreicht hat. Unter dem Druck der Wirtschafts- und Finanzkrise der letzten Jahre mussten sich sowohl der Bund als auch die Länder erhebliche Sparzwänge auferlegen. Auf der Grundlage eines Vorschlages der Föderalismuskommission verabschiedeten Bundestag und Bundesrat die Schaffung einer sogenannten „Schuldenbremse". Diese sieht vor, dass die Länder ab 2020 keine neuen Schulden mehr aufnehmen dürfen. Vor diesem Hintergrund und angesichts der stark rückläufigen Steuereinnahmen dürfte sich der finanzielle Spielraum der Kommunen in den kommenden Jahren eher noch weiter einengen. Steigende Sozialausgaben in Folge der Wirtschaftskrise reißen zusätzliche Finanzlöcher in die kommunalen Haushalte.

Die sächsischen Städte und Gemeinden verfolgen trotz aller Probleme das Ziel, eine Infrastruktur zu etablieren, die dem traditionellen Ruf Sachsens als kulturelles, durch städtische Vielfalt und wirtschaftliche Innovation geprägtes, selbstbewusstes Land gerecht zu werden vermag. Eine gute Perspektive sächsischer Kommunalpolitik muss aus der Stärkung kommunaler Eigenständigkeit und Selbstverantwortung erwachsen. Dies gilt besonders für ein angemessenes Verhältnis zwischen der finanziellen Ausstattung auf der einen Seite und dem Umfang des Aufgabenkataloges von Gemeinden, Städten und Landkreisen auf der anderen Seite. Je größer die Gestaltungsspielräume sind, desto stärker ist das Engagement der Bürger im Sinne eines freien demokratischen Gemeinwesens.

---

[36] Siehe dazu den Schuldenatlas der Initiative Neue Soziale Marktwirtschaft unter www.schuldenatlas. de.

Literaturhinweise

Bertram, Hans / Kollmorgen, Raj (Hrsg.): Die Transformation Ostdeutschlands. Berichte zum sozialen und politischen Wandel in den neuen Bundesländern, Opladen 2001

Bildungswerk für Kommunalpolitik Sachsen e.V. (Hrsg.): Grundwissen für Kommunalpolitiker. Handreichung für Kommunalpolitiker und interessierte Bürger, Hoyerswerda 1997

Blaschke, Karlheinz: Geschichte Sachsens im Mittelalter, 2. Auflage, Berlin 1991.

Gerlach, Siegfried (Hrsg.): Sachsen. Eine politische Landeskunde, Stuttgart 1993.

Groß, Reiner: Geschichte Sachsens, Sonderausgabe der Sächsischen Landeszentrale für politische Bildung, 4. Aufl., Dresden / Leipzig 2007.

Haase, Ralf: Wirtschaft und Verkehr in Sachsen im 19. Jahrhundert. Industrialisierung und der Einfluss Friedrich Lists, hrsg. von der Sächsischen Landeszentrale für politische Bildung, Dresden 2009.

Jaeckel, Liv / Jaeckel, Fritz: Kommunalwahlrecht in Sachsen, überarbeitete Auflage, Leipzig 2003.

Koch, Renate / Wagner, Herbert (Hg.): Die Geschichte der Kommunalpolitik in Sachsen. Von der friedlichen Revolution bis zur Gegenwart, Dresden 2006.

Kunzmann, Bernd / Haas, Michael / Baumann-Hasske, Harald: Die Verfassung des Freistaates Sachsen. Kommentierte Textausgabe, 2., überarbeitete Auflage, Berlin 1997

Rellecke, Werner: Wahlen in Sachsen. Politische Wahlen im Freistaat Sachsen von den Ortschaftsräten bis zum Europäischen Parlament, Sächsische Landeszentrale für politische Bildung, Dresden 2009.

Ruhland, Volker: Verwaltungsgeschichte Sachsens. Ein Überblick, 2. Aufl., Dresden 2006.

Schleer, Manfred: Kommunalpolitik in Sachsen. Bürger, Politiker und Verwaltungen in Gemeinden, Städten und Landkreisen, Sächsische Landeszentrale für politische Bildung, Dresden 2003.

Schlesinger, Walter (Hrsg.): Sachsen, in: Handbuch der historischen Stätten Deutschlands. Achter Band, Neudruck der 1. Auflage von 1965, Stuttgart 1990

Statistisches Landesamt des Freistaates Sachsen (Hrsg.): Statistisches Jahrbuch Sachsen 2008. 17. Jahrgang, Kamenz 2008.

Vogt, Matthias Theodor (Hrsg.): Kulturräume in Sachsen. Eine Dokumentation, Leipzig o.J. (1995).

Kommunalpolitik in Sachsen-Anhalt

Marion Reiser

1   Das Land Sachsen-Anhalt

Die Tradition des Landes Sachsen-Anhalt ist vergleichsweise kurz (vgl. im Folgenden zur Geschichte Sachsen-Anhalts Tullner 2008): So bestand Sachsen-Anhalt als selbständiger deutscher Teilstaat nur von 1947 bis 1952, als es nach dem Zweiten Weltkrieg im Zuge der Neugliederung von der Sowjetischen Militäradministration als eines der fünf Länder in der sowjetischen Besatzungszone geschaffen wurde. Historische Vorgänger sind die Preußische Provinz Sachsen sowie der Freistaat Anhalt – neben kleineren, ehemals braunschweigischen und thüringischen Gebieten. Insofern verfügt Sachsen-Anhalt, im Gegensatz zu den anderen vier gegründeten Ländern in Ostdeutschland, nicht über ein Zentrum, sondern über mehrere historische Zentren. Obwohl Magdeburg aufgrund seiner zentralen Lage als Landeshauptstadt favorisiert wurde, wurde 1947 Halle/Saale zur Landeshauptstadt ernannt, da Magdeburg aufgrund der starken Zerstörungen im Zweiten Weltkrieg die Funktion als Hauptstadt nicht ausüben konnte. 1952 wurde Sachsen-Anhalt dann im Rahmen der Auflösung der Länder in der DDR in die Bezirke Halle und Magdeburg aufgeteilt.

Die Länder entstanden erst mit den Landtagswahlen am 14. Oktober neu. Mit der Wiedervereinigung 1990 entsteht auch das Bundesland Sachsen-Anhalt in seinen heutigen Grenzen. Die Neubildung erfolgte aus den ehemaligen Bezirken Halle (ohne den Kreis Artern) und Magdeburg sowie dem Kreis Jessen. Im Vergleich zu 1952 ist das Bundesland jedoch kleiner und bevölkerungsärmer, da nach Volksbefragungen Gebiete, die bis 1952 zu Sachsen-Anhalt gehört hatten, in die Bundesländer Sachsen, Thüringen und Brandenburg integriert wurden. Neben diesen ‚Verlusten‘ wurde ein kleines Gebiet um die Stadt Havelberg, das zu Brandenburg gehört hatte, sachsen-anhaltisch. Die Neubildung Sachsen-Anhalts war dabei von dem alten Konflikt um die Hauptstadtfrage, vor allem zwischen den beiden größten Städten Halle und Magdeburg, begleitet. Da man sich im Vorfeld nicht einigen konnte, musste der neue Landtag abstimmen, der 1990 zugunsten der Stadt Magdeburg entschied.

Das heutige Bundesland Sachsen-Anhalt umfasst eine Gesamtfläche von 20.446 km² und damit 5,7% der Gesamtfläche Deutschlands. Damit gehört es zu den kleinen Flächenländern Deutschlands. Das Land ist dabei insbesondere in den nördlichen Landesteilen nur dünn besiedelt und seit der Wiedervereinigung zudem von einem deutlichen Bevölkerungsrückgang betroffen: Während im Oktober 1990 noch 2,89 Millionen Einwohner in Sachsen-Anhalt lebten, waren es im Jahr 2009 nur noch knapp 2,37 Millionen Einwohner. Dies wird insbesondere auf die geringe Anzahl Neugeborener und die Abwanderung aufgrund der hohen Arbeitslosigkeit zurückgeführt.

2   Die Kommunalverfassung

Zur umfassenden Reform nach der friedlichen Revolution von 1989/90 gehörte zentral die Einführung der Demokratie auf Kreis- und Gemeindeebene. Dadurch veränderte sich die Kommunalpolitik grundlegend. Im ‚Demokratischen Zentralismus' der DDR hatten weder Bezirke noch Kommunen eigenständige politische Gestaltungsrechte. Rechtlich betrachtet waren die Gemeinden der DDR keine Körperschaften mit eigener kommunaler Selbstverwaltung, sondern das unterste Glied einer zentralen Staatsmacht, die als solche die staatlichen Vorgaben auszuführen hatte.

Die ersten demokratischen Kommunalwahlen fanden in Ostdeutschland am 6. Mai 1990 auf einer unklaren rechtlichen Grundlage statt. Formal war noch das ‚Gesetz über die örtlichen Volksvertretungen in der Deutschen Demokratischen Republik' aus dem Jahr 1985 gültig, da die neue demokratische Kommunalverfassung, das ‚Gesetz über die Selbstverwaltung der Gemeinden und Landkreise in der DDR', erst am 17. Mai 1990 in Kraft trat. Insofern fehlten bei diesen ersten demokratischen Kommunalwahlen die gesetzlichen Vorgaben für eine innere Struktur und Organisation der Kommunen. Daher orientierten sich diese häufig an ihren niedersächsischen Partnerkommunen, die sie im Rahmen des Institutionentransfers begleiteten. „Abweichend von der Kommunalverfassung der DDR wurde häufig das damalige niedersächsische Verfassungsmodell mit der Doppelspitze von ehrenamtlichem Repräsentanten (Bürgermeister[1], Landrat) und hauptamtlichem Verwaltungschef (Gemeindedirektor, Oberkreisdirektor) übernommen" (Kregel 2006: 127). Danach wurde der Bürgermeister vom Gemeinderat und nicht direkt von den Bürgern gewählt wurde.

Durch die Wiedervereinigung am 3. Oktober 1990 wurde allen Städten und Gemeinden die kommunale Selbstverwaltung verfassungsrechtlich garantiert (Art. 28 Abs. 2 GG). Damit veränderten sich auch die Aufgaben und Zuständigkeiten der Kommunen grundlegend (vgl. dazu ausführlich Wollmann 1997). Mit der Gemeindeordnung für das Land Sachsen-Anhalt (GO LSA) und der Landkreisordnung für das Land Sachsen-Anhalt (LKO LSA) vom 5. Oktober 1993 wurde die DDR-Kommunalverfassung schließlich abgelöst. Diese neue Kommunalverfassung des Landes Sachsen-Anhalts trat am 12. Juni 1994 in Kraft. Im Gegensatz zur letzten Kommunalverfassung der DDR orientiert sich diese jedoch am Modell der Süddeutschen Ratsverfassung. Zentrale Organe sind auf der Kreisebene die direkt gewählten Landräte und die Kreis-

---

[1] In dem vorliegenden Artikel wird aus Gründen der besseren Lesbarkeit nur die maskuline Form verwendet. Die Bezeichnung schließt männliche und weibliche Personen ein.

tage und auf der Gemeindeebene die direkt gewählten Bürgermeister sowie die Ge-
meinde- bzw. Stadträte. Somit erfolgte nach der Wende auf der kommunalen Ebene ein
„doppelter Institutionenwandel" (Geißel 2003: 11) durch die zweifache Änderung der
Kommunalverfassung.

2.1   Bürgermeister und Landrat

Die Gemeindeordnung und Landkreisordnung Sachsen-Anhalts orientieren sich insbesondere hinsichtlich der starken und zentralen Stellung des Bürgermeisters und des
Landrats an der Süddeutschen Ratsverfassung. So werden Bürgermeister und Landräte
seit 1994 direkt von den wahlberechtigten Bürgern in allgemeiner, unmittelbarer, freier,
gleicher und geheimer Wahl auf die Dauer von sieben Jahren gewählt. Die Stellung ist
aufgrund der langen Amtszeit, die deutlich über jener des Gemeinderats und des
Kreistags mit fünf Jahren liegt, und der direkten Legitimation durch die Bürger stark.
    Hinsichtlich der Bürgermeister unterscheidet die Gemeindeordnung zwischen eh-
renamtlichen und hauptamtlichen Amtsträgern (§57 Abs.1 GO LSA). Ehrenamtliche
Bürgermeister sind dabei grundsätzlich und ausschließlich in den selbständigen Gemeinden von Verwaltungsgemeinschaften und Verbandsgemeinden mit Ausnahme
der Trägergemeinde vorgesehen. In allen übrigen Gemeinden ist der Bürgermeister
hauptamtlicher Wahlbeamter auf Zeit und Leiter der Gemeindeverwaltung (§ 57 Abs. 1
GO LSA). Da in Sachsen-Anhalt bisher die kleinen amtsangehörigen Gemeinden deutlich dominierten, ist bislang die große Mehrheit der Bürgermeister ehrenamtlich tätig:
Nach eigenen Berechnungen übten im Jahr 2009 in Sachsen-Anhalt 82% der Bürgermeister ihr Amt als Ehrenamt aus. Als Ergebnis der Gemeindereform werden aufgrund
der Eingemeindungen hingegen die hauptamtlichen Bürgermeister überwiegen (vgl.
dazu ausführlich Kapitel 3).
    Stellung und Funktionen der ehrenamtlichen und hauptamtlichen Bürgermeister
unterscheiden sich teilweise deutlich voneinander: Gemein ist dem ehrenamtlichen
und hauptamtlichen Bürgermeister, dass er erstens oberste Repräsentant der Gemeinde
ist und diese nach innen und außen vertritt (§ 57 Abs. 2 GO LSA). Zweitens ist der
Bürgermeister kraft seines Amtes Mitglied des Gemeinderates sowie in der Regel Vorsitzender in den Ausschüssen (§48 Abs. 4 GO LSA). Der ehrenamtliche Bürgermeister
ist zudem gleichzeitig in Personalunion Vorsitzender des Gemeinderats, während bei
hauptamtlichen Bürgermeistern der Rat einen Vorsitzenden aus den Reihen der Gemeinderäte wählt. Damit muss der hauptamtliche Bürgermeister eine Kernkompetenz,
nämlich die Leitung des Gemeinderats, an den Ratsvorsitzenden abgeben. In seiner
Funktion als Mitglied des Gemeinderats ist der Bürgermeister für die Vorbereitung der
Beschlüsse des Gemeinderates und seiner Ausschüsse sowie deren Vollzug verantwortlich (§ 62 Abs. 1 GO LSA). Zu den Aufgaben der Bürgermeister gehören darüber hinaus
die Auskunftspflicht gegenüber dem Gemeinderat (§ 44 Abs. 5 und 6 GO LSA), die
Unterrichtungspflicht des Gemeinderates über alle wichtigen, die Gemeinde betreffenden Angelegenheiten (§ 62 Abs. 2 GO LSA), die Widerspruchspflicht gegen seiner Mei-

nung nach gesetzeswidrige Beschlüsse (§ 62 Abs. 3 GO LSA) sowie das Eilentscheidungsrecht (§ 62 Abs. 4 GO LSA). Drittens ist der hauptamtliche Bürgermeister Leiter der Verwaltung. Die Stellung der Ehrenamtlichen unterscheidet sich im Vergleich zu den hauptamtlichen Bürgermeistern in den verbandsfreien Gemeinden insbesondere dadurch, dass sie aufgrund der Zugehörigkeit zu einer Verbandsgemeinde nicht die Leitung der Verwaltung innehaben.

Die Wählbarkeit zum Bürgermeister, das passives Wahlrecht, unterscheidet ebenfalls zwischen haupt- und ehrenamtlichen Bürgermeistern. Nach § 59 GO LSA müssen hauptamtliche Bürgermeister am Wahltag das 21. Lebensjahr, jedoch das 65. Lebensjahr noch nicht vollendet haben dürfen. Im Gegensatz dazu gibt es bei den ehrenamtlichen Bürgermeistern nur das Kriterium, am Wahltag das 18. Lebensjahr vollendet zu haben. Darüber hinaus setzt das passive Wahlrecht voraus, dass der Kandidat Deutscher im Sinne des Artikels 116 GG oder Staatsangehöriger eines anderen Mitgliedsstaates der Europäischen Union ist und nicht vom Wahlrecht ausgeschlossen ist.

Die Bewerbung für die Wahl zum Bürgermeister muss von mindestens einem Prozent der Wahlberechtigten, jedoch nicht mehr als von 100 Wahlberechtigten des Wahlgebietes persönlich und handschriftlich unterzeichnet sein. Amtsinhaber und Bewerber, die von einer Partei oder Wählergruppe nominiert wurden, benötigen jedoch keine Unterstützungsunterschriften. Zur Wahl des Bürgermeisters hat jeder Wähler eine Stimme. Als Bürgermeister ist derjenige gewählt, der mehr als die Hälfte der gültigen Stimmen erhalten hat. Hat bei mehreren Kandidaten kein Bewerber die erforderliche Stimmenzahl erhalten, so findet eine Stichwahl zwischen den beiden Bewerbern mit den meisten Stimmen statt. Hier ist derjenige gewählt, der die höchste Stimmenzahl auf sich vereinigt.

Auf der Kreisebene entsprechen die Stellung und die Funktionen des Landrats jenen des hauptamtlichen Bürgermeisters (vgl. §46ff. LKO LSA): Er vertritt und repräsentiert den Landkreis, leitet die Kreisverwaltung und ist Vorgesetzter aller Beschäftigten des Landkreises. Zudem ist er kraft Amtes Mitglied des Kreistages und in der Regel zugleich Vorsitzender der beschließenden Ausschüsse. Ebenso wie der hauptamtliche Bürgermeister ist er jedoch nicht Vorsitzender des Kreistages. Auch das passive Wahlrecht zur Wahl zum Landrat und die Voraussetzungen zur Kandidatur entsprechen jener des hauptamtlichen Bürgermeisters (vgl. §48 LKO LSA).

2.2 Gemeinderat und Kreistag

Auf der Gemeindeebene ist der *Gemeinderat* (in den Städten: Stadtrat) das Hauptorgan der Gemeinde und die politische Vertretung der Gemeindebürger (§ 44 GO LSA). Diese Funktion nimmt auf der Ebene der Landkreise der *Kreistag* ein (§ 33 LKO LSA).

Das Kommunalparlament hat das Recht, grundsätzlich über die wesentlichen Angelegenheiten der kommunalen Selbstverwaltung zu entscheiden, sofern sie nicht dem Bürgermeister bzw. Landrat kraft Gesetzes vorbehalten sind oder ihm bestimmte Angelegenheiten übertragen hat (vgl. zu den Aufgaben, die nicht übertragen werden können §44 Abs. 2 GO LSA). Von seinen Aufgaben kann der Gemeinderat bestimmte Angelegenheiten auf beschließende bzw. beratende Ausschüsse übertragen. Beschließende Ausschüsse entscheiden abschließend über die übertragenen Angelegenheiten, beratende Ausschüsse bereiten im Gemeinderat zu treffende Entscheidungen vor und geben dem Gemeinderat gegenüber eine Beschlussempfehlung ab. Die Ausschüsse werden mit Mitgliedern des Gemeinderates im Verhältnis der Mitgliederzahl der einzelnen Fraktionen des Gemeinderates besetzt. Bei beratenden Ausschüssen können neben den Ratsmitgliedern auch sachkundige Einwohner als Ausschussmitglieder berufen werden. Diese Rechte und Aufgaben des Gemeinderats entsprechen dabei jenen des Kreistags (vgl. dazu § 33 ff. LKO LSA).

Die Mitglieder des Rates sind ebenso wie die Kreistagsmitglieder ehrenamtlich tätig und werden für die Dauer von fünf Jahren gewählt. Das passive Wahlrecht haben alle Bürger ab dem vollendeten 18. Lebensjahr. Neben den gewählten Mitgliedern ist der Bürgermeister kraft seines Amtes Mitglied im Gemeinderat. Sofern der Bürgermeister ehrenamtlich tätig ist, ist er gleichzeitig Vorsitzender des Gemeinderats. Bei hauptamtlichen Bürgermeistern und Landräten wird ein ehrenamtliches Mitglied zum Vorsitzenden gewählt (§ 36 Abs. 2 GO LSA; § 25 LKO LSA). Die Größe der Gemeinderäte reicht dabei von acht Mitgliedern in Gemeinden mit weniger als 500 Einwohnern bis zu 56 Mitgliedern in Städten mit mehr als 150.000 Einwohnern. In den Kreistagen sitzen neben dem Landrat zwischen 42 und 60 ehrenamtliche Mitglieder.

Das kommunale Wahlsystem zur Wahl der Gemeinde- und Kreisräte ist eine Verhältniswahl mit offenen Listen. Die Wähler verfügen dabei über drei Stimmen. Diese können sie auf die Bewerber eines Wahlvorschlages oder unterschiedlicher Wahlvorschläge und damit auf verschiedene Parteien oder Wählergruppen verteilen (panaschieren). Zudem hat der Wähler die Möglichkeit, einem Bewerber bis zu drei Stimmen zu geben (kumulieren). Damit können die Wähler die Reihenfolge der Kandidaten auf einer Liste beeinflussen. Eine explizite Sperrklausel existiert in Sachsen-Anhalt nicht.

3   Kommunale Gebiets- und Verwaltungsreform

Die Gebietsstruktur und kommunale Gebiets- und Verwaltungsreformen werden seit der Wiedervereinigung kontrovers diskutiert. Sachsen-Anhalt war nach der Wende ebenso wie die anderen ostdeutschen Bundesländer durch eine sehr kleinteilige Struktur geprägt. Nach der Wiedervereinigung 1990 gab es 37 Landkreise und insgesamt 1.367 Einheitsgemeinden. Mehr als 85% dieser Gemeinden hatten dabei weniger als 2.000 Einwohner, mehr als 40% der Gemeinden sogar weniger als 500 Einwohner. Demgegenüber standen 24 Städte mit mehr als 20.000 Einwohnern, in denen knapp die Hälfte der Gesamtbevölkerung (49%) lebte. Die Landkreise waren ebenfalls in Größe und Einwohnerzahl sehr unterschiedlich. Durchschnittlich lebten in einem Kreis 60.000 Einwohner auf einer Fläche von 541 km².

Aufgrund dieser Kleinteiligkeit wurde ab 1991 systematisch über eine Neuorganisation und Reform nachgedacht und bereits in der ersten Legislaturperiode eine kommunale Gebiets- und Verwaltungsreform verabschiedet. Ziel dieser Reform war es, durch den Zusammenschluss von kleinen Gemeinden und Kreisen Gebietskörperschaften mit vergleichbarer Größe und vergleichbaren Strukturen zu schaffen und die die Verwaltungs-, Finanz- und Planungskraft der Kommunen zu stärken – insbesondere auch angesichts des Bevölkerungsrückgangs.

Seither wurde auf der Kreisebene durch zwei Kreisreformgesetze die Zahl der Landkreise um mehr als zwei Drittel verringert: Im Rahmen der ersten Kreisgebietsreform wurden am 1. Juli 1994 aus den 37 Landkreisen 21 neue Landkreise gebildet, die jedoch hinsichtlich Fläche und Einwohnerzahl teilweise beträchtlich von den Zielen abwichen. So lagen zehn der neuen Landkreise unter der angestrebten Regelgrenze von 100.000 Einwohnern. Am 6. Oktober 2005 wurde daher vom Landtag die Kreisreform Sachsen-Anhalt 2007 beschlossen. Hiernach erfolgte mit Wirkung zum 1. Juli 2007 eine erneute Kreisgebietsreform, nach der die Anzahl der Landkreise von 21 auf elf verringert wurde.

Tabelle 1:   Gemeindestrukturen in Sachsen-Anhalt

Stichtag	Gemeinden	Einheits-gemeinden	Verwaltungs-gemeinschaften	Verbands-gemeinden
3.10.1990	1.367	1.367	-	-
31.12.1995	1.300	25	191	-
31.12.2000	1.289	27	189	-
31.12.2005	1.056	38	95	-
31.12.2009	836	49	78	1
1.1.2010	369	89	19	18

Quelle: Statistisches Landesamt Sachsen-Anhalt

Auf der Gemeindeebene hingegen verringerte sich durch die erste Gemeindegebietsreform von 1993 die Anzahl der selbständigen Gemeinden kaum: Die Zahl der Gemeinden sank durch freiwillige Eingemeindungen lediglich von 1.367 im Jahr 1990 auf 1.289 Gemeinden im Jahr 2000. Von diesen hatten 85.3% weniger als 2.000 Einwohner und nur 3,2% mehr als 10.000 Einwohner. Insofern blieb die kleinteilige Struktur bestehen. Die ursprüngliche Reform sah nach einer Phase der freiwilligen Zusammenschlüsse auch die Möglichkeit von Zwangszusammenlegungen vor. Dies wurde jedoch von der Landtagsmehrheit im Jahr 2002 aufgehoben.

Um die Leistungs- und Funktionsfähigkeit der Gemeinden ohne Eingriff in den Gebietsstand zu verbessern, wurden 1994 Kommunale Verwaltungsgemeinschaften eingeführt. Während dabei die Entscheidungsorgane Rat und Bürgermeister in der einzelnen Gemeinde erhalten bleiben, wird damit die Verwaltung zusammengeführt, entweder durch ein gemeinsames Verwaltungsamt oder durch das Trägermodell, indem zumeist die größte Gemeinde die Leitung des Verwaltungsamts übernimmt. Dadurch verringerte sich die Anzahl der Einheitsgemeinden ab 1995 deutlich: Die große Mehrheit der Gemeinden organisierte sich in 191 Verwaltungsgemeinschaften und lediglich 25 Gemeinden blieben außerhalb dieser Verwaltungsgemeinschaften. Im Jahr 2003 wurde die Mindesteinwohnerzahl einer Verwaltungsgemeinschaft von 5.000 auf 10.000 Einwohner verdoppelt, wodurch sich die Zahl der bestehenden Verwaltungs-gemeinschaften auf 94 verminderte. Durch freiwillige Zusammenschlüsse verringerte sich die Zahl der selbständigen Gemeinden auf 1.056 im Jahr 2005, von denen mehr als 95% einer Verwaltungsgemeinschaft angehörten.

Trotz dieser Umstrukturierung vereinbarten CDU und SPD in den Koalitionsver-einbarungen 2006 eine Neugliederung der Gemeinden, um deren Leistungsfähigkeit trotz demographischem Wandel, Einwohnerverlust durch Abwanderung und sinken-den finanziellen Zuwendungen zu erhalten. Im Anschluss an diese Vereinbarung ent-wickelte das Innenministerium ein Leitbild zur Neugliederung der gemeindlichen Ebene im Land Sachsen-Anhalt, die im Rahmen einer Gemeindegebietsreform erfolgen sollte. Ziel war demnach „die Schaffung gemeindlicher Strukturen, die in der Lage sind, die eigenen und übertragenen Aufgaben dauerhaft sachgerecht, effizient und in hoher Qualität zu erfüllen. Die Leistungsfähigkeit und Verwaltungskraft der gemeind-lichen Ebene soll gestärkt und langfristig gesichert werden. Dabei soll die bürgerschaft-liche Beteiligung an der kommunalen Selbstverwaltung gewahrt werden" (Leitbild Sachsen-Anhalt). Das Gesetzesvorhaben sah dabei die Bildung von Einheitsgemeinden statt Verwaltungsgemeinschaften sowie die Stärkung der Ober- und Mittelzentren durch Eingemeindungen vor.

Gegen dieses Vorhaben gab es in der Bevölkerung große Gegenwehr. So fand sich 2006 die Volksinitiative „Sachsen-Anhalt 2011 – Bürger gegen die flächendeckende Einführung von Einheitsgemeinden und Zwangseingemeindungen in Ober- und Mit-telzentren" gegen die zwangsweise Eingemeindung zusammen. Gemäß Art. 80 der Verfassung des Landes Sachsen-Anhalt befasste sich der Landtag mit der Volksinitiati-ve und lehnte am 13.7.2007 das Begehren der Volksinitiative aufgrund des Reformbe-darfs mehrheitlich ab. Das Gesetz zur Gemeindegebietsreform trat somit im Februar 2008 in Kraft und umfasst eine freiwillige und eine gesetzliche Phase: In der freiwilli-gen Phase sollten nach dem Willen des Gesetzgebers vorrangig Einheitsgemeinden und nur ausnahmsweise Verbandsgemeinden von einer Mindestgröße von 10.000 Einwoh-nern entstehen. Diese sollten auf der Grundlage des Leitbildes bis zum 30. Juni 2009 vereinbart und bis spätestens am 1. Januar 2010 entstehen. Gegen dieses Begleitgesetz zur Gemeindegebietsreform erhoben jedoch mehr als 150 in der Volksinitiative zu-sammengeschlossene Gemeinden Verfassungsbeschwerde wegen der Verletzung der verfassungsmäßig garantierten kommunalen Selbstverwaltungsrechte. Das Landesver-fassungsgericht Sachsen-Anhalt wies am 21.4.2009 die Verfassungsbeschwerden zu-rück, da das Gesetz nicht gegen Vorschriften der Landesverfassung verstoße.

Für einen großen Teil der sachsen-anhaltischen Gemeinden bedeutete der Jahres-wechsel 2009/2010 daher eine Zäsur: Zum 1. Januar 2010 wurde der überwiegende Teil der neuen Gemeindestrukturen im Rahmen der freiwilligen Phase wirksam, da die

meisten Gemeinden für den Zusammenschluss im Rahmen der freiwilligen Phase diesen spätesten möglichen Termin wählten. Während am 31.12.2009 noch 836 selbständige Gemeinden bestanden, gibt es am 2. Januar 2010 nur noch 365 politisch selbstständige Gemeinden. Die Zahl der Verwaltungsgemeinschaften sank von 78 auf 19, während
die Anzahl der Einheitsgemeinden von 49 auf 89 anstieg. Zudem wurden 18 Verbandsgemeinden gebildet.

Nach Abschluss der freiwilligen Phase sollen nun in der gesetzlichen Phase alle
verbleibenden Gemeinden durch gesetzliche Zuordnungen in Einheitsgemeinden über-
führt. Für 151 Gemeinden hat die Regierung im Januar 2010 Zuordnungsvorschläge
verabschiedet, die zum größten Teil mit Inkrafttreten des Gesetzes, zum kleineren Teil
zum 1. Januar 2011 wirksam werden sollen. Wenn die Vorschläge wie geplant umgesetzt werden, wird es zu diesem Datum in Sachsen-Anhalt nur noch 219 Gemeinden
geben, davon 104 Einheitsgemeinden und 18 Verbandsgemeinden mit insgesamt 115
Mitgliedsgemeinden.

Gegen diese geplanten Zwangszuordnungen gibt es jedoch vielfältigen Widerstand. So fanden im Herbst 2009 in den verbleibenden 170 Gemeinden Bürgeranhörun-
gen statt, wobei sich in mehr als 100 Gemeinden die Mehrheit der Bürger gegen diese
Zwangszuordnungen ausgesprochen hat. Zudem sammelt die Volksinitiative Unterschriften für einen Antrag für ein Volksbegehren. Sofern das Unterschriftenquorum
erreicht wird, um den Gesetzentwurf der Volksinitiative „Gemeindestärkungsgesetz"
in den Landtag einzubringen und der Landtag diesem nicht zustimmt, könnte es im
Jahr 2011 gleichzeitig mit der Landtagswahl zu einem Volksentscheid kommen. Unabhängig vom Ausgang dieses geplanten Volksentscheides befindet sich die Kommunalpolitik in Sachsen-Anhalt aufgrund der Gemeindereform und der mit ihr zusammenhängenden Veränderungen aktuell in der größten Umbruchphase seit der Wiedervereinigung.

4   Kommunalwahlen in Sachsen-Anhalt

Kommunalwahlen in Sachsen-Anhalt werden in den letzten Jahren insbesondere aufgrund der sehr niedrigen Wahlbeteiligung auch bundesweit diskutiert. So ist die
Wahlbeteiligung bei den Wahlen zu den Kreistagen und Gemeinderäten seit 1990 kontinuierlich und sehr stark gesunken. Während sich 1990 bei den ersten Kommunalwahlen 73,8% der Wahlberechtigten und 1994 noch 66,2% bei den Wahlen zu den Gemeinderäten und Kreistagen beteiligten, ging bei den Wahlen 1999 (49,6%) und 2004 (42,1%)
nicht einmal mehr jeder zweite Wahlberechtigte zur Wahlurne. Damit sank die Wahlbeteiligung in den Jahren zwischen 1990 und 2004 um 31,7%. Nach 2004 fanden bedingt
durch die Kreis- und Gemeindereformen lediglich Teilkommunalwahlen statt, wodurch die Wahlbeteiligung nur eingeschränkt vergleichbar ist: So fanden aufgrund der
Kreisgebietsreform 2007 vorgezogene Teilkommunalwahlen statt, an denen sich mit

36,5% nur etwas mehr als jeder dritte Wahlberechtigte beteiligte. Dies war die niedrigste Beteiligung bei einer Wahl in Deutschland seit Ende des Zweiten Weltkriegs. Bei den (Teil-)Kommunalwahlen im Juni 2009 lag die Wahlbeteiligung mit 38% nur unwesentlich höher als 2007.

Wie in anderen Bundesländern wurde in Sachsen-Anhalt mit dem Kommunalrechtsänderungsgesetz von 1997 das aktive Wahlalter auf 16 Jahre herabgesetzt. Wahlberechtigt ist damit jeder EU-Bürger, der das 16. Lebensjahr vollendet hat, seit mindestens drei Monaten in der Kommune wohnt und dort seinen Hauptwohnsitz hat. Bei den Kommunalwahlen 2004 waren dadurch 70.000 Jugendliche zwischen 16 und 18 Jahren sowie 4.200 sogenannte ‚EU-Ausländer' wahlberechtigt, die bei Landtags- und Bundestagswahlen nicht wählen dürfen. Mit der Herabsetzung des Wahlalters war die Hoffnung verbunden, der sinkenden Wahlbeteiligung und der ‚Politikverdrossenheit' junger Menschen zu begegnen. Die bisherige Wahlbeteiligung der 16-18jährigen war mit 40% bei den Wahlen 1999 und mit 29,3% bei den Wahlen 2009 allerdings jeweils niedriger als die Gesamtwahlbeteiligung.

Insgesamt entspricht der Rückgang der Wahlbeteiligung bei den Kommunalwahlen in Sachsen-Anhalt einem bundesweiten Trend, da die Wahlbeteiligung bei Kommunalwahlen generell seit den 1990er Jahren deutlich sinkt (vgl. dazu Vetter 2008). Zudem ist die lokale Wahlbeteiligung in den ostdeutschen Bundesländern insgesamt auf einem niedrigeren Niveau als in Westdeutschland. Im Rahmen dieser allgemeinen Entwicklungen stellt Sachsen-Anhalt dabei jedoch den Extremfall dar, da hier der Rückgang der Wahlbeteiligung weit überdurchschnittlich ist und insgesamt die niedrigste Wahlbeteiligung bei (Kommunal-)Wahlen vorliegt.

Neben der niedrigen Wahlbeteiligung waren die Kommunalwahlen zu den Kreistagen und die Gemeinderatswahlen seit 2004 durch die in Kapitel 3 erläuterten Kreis- und Gemeindereformen geprägt. So fanden seit den Kommunalwahlen 2004 bisher lediglich Teilkommunalwahlen statt: Aufgrund der Kreisgebietsreform fanden im April 2007 vorgezogene Teilkommunalwahlen in den zehn neuen Kreisen für die Kreistage und für den Stadtrat Dessau-Roßlau statt. An den – eigentlich regulären – Kommunalwahlen im Juni 2009 wählte ebenfalls nur ein Teil der Bevölkerung die neuen Stadt- und Gemeinderäte sowie die Kreistage: Zum einen fanden nur in jenen Kreisen Kreistagswahlen statt, die von der Kreisgebietsreform unberührt waren und die damit nicht im Jahr 2007 vorgezogen wählten. Zum anderen wurde aber auch nur in 804 der im Juni 2009 existierenden 950 Gemeinden gewählt. Dies liegt darin begründet, dass teilweise die Gemeinderatswahlen bereits in den neuen Gemeindestrukturen stattfanden, obwohl diese formal zu diesem Zeitpunkt noch nicht gebildet waren. In anderen Gemeinden wurde die Gebietsreform erst im Laufe des zweiten Halbjahrs 2009 abgeschlossen bzw. zum 1. Januar 2010 wirksam. Daher fanden in diesen Gemeinden erst jeweils nach der Gebietsänderung Kommunalwahlen für die Vertretungskörperschaften statt. In einigen Gemeinden musste zudem die Wahl aufgrund eines Bewerbermangels auf einen späteren Zeitpunkt verschoben werden. Insofern fanden nicht nur am eigentlichen Wahltag am 7. Juni 2009, sondern im Laufe des zweiten Halbjahrs 2009 fast wöchentlich Kommunalwahlen in einzelnen Gemeinden Sachsen-Anhalts statt.

4.1   Kandidaturen bei Kommunalwahlen

Bei den Kommunalwahlen für die Stadt- und Gemeinderäte sowie die Kreistage können nach § 21 des Kommunalwahlgesetzes für das Land Sachsen-Anhalt (KWG LSA) Parteien, Wählergemeinschaften und Einzelbewerbern kandidieren. Sachsen-Anhalt verfügt – wie auch die anderen ostdeutschen Bundesländer – lediglich über eine geringe Organisationsdichte der politischen Parteien in der Fläche, einen geringeren Mitgliederstand sowie schwache Parteibindungen (vgl. Boll/Holtmann 2001). In den vergangen Jahren verstärkten sich die Schwierigkeiten, ausreichend Kandidaten für die ehrenamtlichen Mandate und Ämter zu rekrutieren. So haben Parteien, aber auch Wählergemeinschaften vermehrt Probleme, ihre Listen für Gemeinderatswahlen aufzustellen bzw. treten nicht mehr mit eigenen Listen an, weil sie nicht mehr genügend Kandidaten für die Listen finden (vgl. Bußmann 1998). Dies betrifft insbesondere die kleinen Kommunen mit weniger als 2.000 Einwohnern. Wegen fehlender Kandidaten fielen bei den Kommunalwahlen im Juni 2009 sogar in sieben Gemeinden die Wahlen zu den Gemeinderäten aus.

Diese schwache Organisationsdichte sowie die Rekrutierungsproblematik zeigte sich auch deutlich bei den Kandidatenfeldern zur Wahl der Gemeinderäte und Kreistage im Jahr 2004[2]: So trat die CDU in weniger als zwei Dritteln (60%) der Gemeinden überhaupt zu den Kommunalwahlen an, die SPD nur in jeder dritten Gemeinde, die PDS in etwas mehr als jeder vierten Kommune (29%) und die FDP lediglich in jeder fünften Gemeinde (21%). Die niedrigste Präsenz der etablierten Parteien hat in Sachsen-Anhalt Bündnis 90/Die Grünen, die sich sogar nur in 5% der Kommunen mit einer eigenen Liste zur Wahl stellten. Insgesamt stand dadurch in mehr als einem Viertel (27,6%) der Gemeinden keine politische Partei mit einer Liste zur Auswahl. Dies betrifft insbesondere die kleinen Gemeinden mit weniger als 500 Einwohnern, da hier sogar in mehr als der Hälfte der Gemeinden (54,9%) keine Partei antrat. In weiteren 29,2% aller Kommunen kandidierte lediglich eine politische Partei. Generell konnten die Wähler daher nur in 43,2% der sachsen-anhaltinischen Gemeinden zwischen zwei und mehr politischen Parteien wählen.

Während das Angebot der Parteien bei den Kommunalwahlen in den Gemeinden und Kreisen also niedrig ist, sind die Wählergemeinschaften in Sachsen-Anhalt ver-

---

[2] Da die Kommunalwahlergebnisse 2009 aufgrund der besonderen Bedingungen der Gemeindegebietsreformen noch nicht vollständig vorliegen, basieren die folgenden Analysen zu den Kandidaturen und Wahlergebnissen auf den Kommunalwahlen bis einschließlich 2004. Im Rahmen des Teilprojekts A6 „Kommunale Wählergemeinschaften" des Sonderforschungsbereichs 580 (Leitung: Prof. Dr. Everhard Holtmann) an der Universität Halle-Wittenberg wurden die auf die politischen Gruppierungen entfallenen Stimmen- und Mandatsanteile gesondert für alle Gemeinden und Kreise zusammengestellt (vgl. Reiser/Rademacher/Jaeck 2008).

gleichsweise stark vertreten: In 74,1% aller Gemeinden trat mindestens eine Wählerge-meinschaft bei den Kommunalwahlen 2004 an. Dabei sind die Wählergemeinschaften in allen Ortsgrößenklassen ähnlich stark vertreten. Neben den Parteien und Wählerge-meinschaften kandidierten 2004 pro Gemeinde zudem durchschnittlich 0,6 Einzelbe-werber bei den Kommunalwahlen.

Insgesamt war somit das Angebot für die Wähler vor allem in kleinen Gemeinden gering: Durchschnittlich traten in den Gemeinden mit weniger als 500 Einwohnern 1,2 Listen gegeneinander an. Das Angebot stieg jedoch überproportional mit der Gemein-degröße an: In den Städten mit 10.000 bis 50.000 Einwohner konkurrierten durch-schnittlich 6,2 Listen von Parteien und Wählergemeinschaften miteinander um Wähler-stimmen, und in den beiden Großstädten Halle und Magdeburg konnten die Wähler ihre Kandidaten durchschnittlich sogar aus elf Listen auswählen.

4.2   Ergebnisse bei den Kommunalwahlen

Die Erläuterungen zur Kandidatur von Parteien, Wählergruppen und Einzelbewerbern bei den Kommunalwahlen verdeutlichen, dass es sich bei Kommunalwahlen um Ein-zelereignisse handelt, bei denen in den jeweiligen Gemeinden unterschiedliche Kandi-datenfelder antreten. Dennoch werden Kommunalwahlen in Deutschland in der Regel nach den gleichen Prinzipien ausgewertet wie Landtagswahlen, da die Stärke der poli-tischen Gruppierungen in der Regel anhand der landesweiten Stimmenanteile berech-net und bewertet wird. Diese sind jedoch für das tatsächliche kommunalpolitische Gewicht der politischen Gruppierungen nur sehr eingeschränkt aussagekräftig, da dieses vor allem anhand der durchschnittlichen Stimmenanteile pro Kommune und über die Anteile an den kommunalen Mandaten sehr viel deutlicher zeigt. Daher wer-den im Folgenden beide Formen gegenüber gestellt.

Betrachtet man die landesweiten Stimmenanteile der politischen Gruppierungen bei den Kommunalwahlen seit 1994, zeigt sich ein hoher Anteil der politischen Parteien (vgl. Tabelle 2): Trotz der niedrigen Präsenz in den kleinen Gemeinden Sachsen-Anhalts gewannen die Parteien bei den Kommunalwahlen 1994 87% aller gültigen Stimmen in Sachsen-Anhalt. Obwohl der Anteil seither bei jeder Wahl sank, betrug der Anteil aller Stimmen in den Kreisen und Gemeinden 2004 noch 81%. Dabei gibt es ver-gleichbar mit den Landtagswahlergebnissen deutliche Schwankungen bei den einzel-nen Parteien: So verlor die SPD zehn Prozent ihrer Wählerstimmen und sank von 27% der Wählerstimmen im Jahr 1994 auf 17% bei den Kommunalwahlen 2004. Damit ver-änderte sich – ebenso wie auf der Landesebene – die Rangfolge der Parteien, da die SPD dadurch von der PDS als zweitstärkste Partei abgelöst wurde. Diese konnte ihren Anteil um drei Prozentpunkte von 16% auf 19% steigern. Stärkste Partei auf der kom-munalen Ebene ist mit deutlichem Abstand die CDU, die ihren Anteil von 30% im Jahr 1994 auf 35% steigern konnte. Die FDP ist auf kommunaler Ebene ähnlich erfolgreich wie auf der Landesebene und erhielt bei den Kommunalwahlen jeweils sechs bis sieben Prozent der Gesamtstimmen. Bündnis 90/Die Grünen konnten ebenso wie auf der Landesebene bei den Wahlen jeweils lediglich geringe Anteile der Gesamtstimmen gewinnen. Dies ist angesichts der geringen Präsenz in den Kommunen dabei wenig überraschend.

Tabelle 2:   Gesamtstimmen- und Sitzanteile bei den Kommunalwahlen

	1994	1999	2004	2004
	Gesamtstimmenanteil			Sitzanteil
Parteien	87,0	84,0	80,9	50,7
CDU	29,9	35,3	34,0	26,3
SPD	27,2	24,7	17,2	10,3
PDS/Die Linke	15,5	15,5	18,5	8,6
FDP	7,8	5,2	6,9	4,1
Bündnis 90/ Die Grünen	4,5	1,8	2,3	0,7
KWG	9,8	12,4	15,2	33,3
Einzelbewerber	3,3	3,6	4,0	14,4

Quelle: Statistisches Landesamt Sachsen-Anhalt; SFB 580 Projekt A6 ‚Kommunale Wählergemeinschaften'

Während die Parteien im Zeitraum zwischen 1994 und 2004 insgesamt einen Stimmenverlust hinnehmen mussten, stieg der Stimmenanteil der parteifreien Wählergemeinschaften in diesem Zeitraum kontinuierlich von knapp zehn auf 15% der Stimmen an. Die Einzelbewerber gewannen konstant drei bis vier Prozent der Gesamtstimmen.

Allerdings sagen diese Gesamtstimmen vergleichsweise wenig über das tatsächliche kommunalpolitische Gewicht der Parteien, Wählergruppen und Einzelbewerber in den einzelnen Gemeinderäten und Kreistagen aus. So verdeutlichen die Erläuterungen zur Kandidatur von Parteien, Wählergruppen und Einzelbewerbern bei den Kommunalwahlen, dass es sich bei Kommunalwahlen um Einzelereignisse handelt, bei denen in den jeweiligen Gemeinden unterschiedliche Kandidatenfelder antreten (vgl. dazu ausführlich Reiser/Rademacher/Jaeck 2008). Zudem variiert die Anzahl der Stimmen in den einzelnen Gemeinden, Städten und Kreisen sehr stark voneinander.

Das kommunalpolitische Gewicht wird daher anhand der durchschnittlichen Stimmenanteile pro Gemeinde und insbesondere über die Anteile an den kommunalen Mandaten sehr viel deutlicher: Vergleicht man für die Kommunalwahlen 2004 die Anteile an den Gesamtstimmen mit den Sitzanteilen, wird dies sehr deutlich (vgl. Tabelle 2): So gewannen die Parteien zwar 81% der Gesamtstimmen, aber lediglich 51% der Sitze. Die Wählergemeinschaften hingegen erzielten auf Basis des Gesamtstimmenanteils von 15% ein Drittel aller Sitze und die Einzelbewerber mit 4% der Stimmen sogar 14% der Sitze. Zudem zeigt sich ein sehr unterschiedliches Wahlergebnis auf Gemeindeebene und auf Kreisebene, das nicht nur aufgrund eines unterschiedlichen Wahlverhaltens besteht, sondern insbesondere aufgrund der höchst unterschiedlichen Kandidatenfelder (vgl. 4.1):

Auf der *Gemeindeebene* gewannen die politischen Parteien bei den Kommunalwahlen 2004 insgesamt 5.600 Sitze und damit nicht einmal die Hälfte der 11.949 zu vergebenden Sitze (46,9%). Die mit Abstand meisten Sitze gewann dabei die CDU mit 3.037 (25,4% aller Sitze), gefolgt von der SPD (9,4%), der PDS (7,4%) und der FDP (3,7%). Bündnis 90/Die Grünen gewannen insgesamt lediglich 56 Sitze und damit nur knapp 0,5% der Gesamtsitze. Die rechten Parteien konnten ebenfalls nur einen geringen Anteil an Sitzen erringen (NPD: 4, DSU: 13 Sitze). Dieser insgesamt niedrige Anteil an den Sitzen erklärt sich vor allem durch die fehlenden Kandidaturen der Parteien in kleinen Gemeinden: Da sie nur in einem Teil der Gemeinden überhaupt antraten, erzielten die Parteien in Gemeinden mit weniger als 500 Einwohnern durchschnittlich auch nur einen Stimmenanteil von 17,6% und in Gemeinden mit 500 bis 1.000 Einwohnern nur ein Drittel der Stimmen (35%). Sofern in diesen kleinen Gemeinden Parteien antraten, waren sie jedoch erfolgreich. In größeren Gemeinden sind Parteien hingegen durchweg mit eigenen Listen bei den Wahlen vertreten und dominieren auch hinsichtlich der gewonnenen Stimmen und Sitze: So erreichen sie Stimmenanteile von über 80% und in den Städten mit mehr als 50.000 Einwohnern sogar 92% der Stimmen.

Die Wählergruppen erzielten bei den Kommunalwahlen 2004 in den Gemeinden insgesamt 4.475 Sitze und damit 37,5% aller Sitze in den Kommunalparlamenten. Die Einzelbewerber gewannen insgesamt 15,7% der Sitze. Dabei hatten sie ihren Schwerpunkt in den kleinen Gemeinden mit weniger als 1.000 Einwohner: Dort gewannen sie durchschnittlich 27,8% der Stimmen. Dieser hohe Anteil erklärt sich insbesondere durch den niedrigen Präsenzgrad an politischen Parteien in diesen kleinen Gemeinden. In größeren Gemeinden und Städten hingegen spielten Einzelbewerber bei den Wahlen 2004 kaum eine Rolle. Insgesamt sind somit in den sachsen-anhaltinischen Gemeinden mehr als die Hälfte der Sitze mit parteifreien Mandatsträgern besetzt.

Auf der *Kreisebene* bei den Wahlen zu den Kreistagen und den Stadträten in den kreisfreien Städten zeigt sich ein völlig anderes Bild: Hier dominieren die Parteien sehr deutlich und konnten insgesamt 92% der Sitze gewinnen. Wiederum ist die CDU die dominierende Partei, da sie mehr als ein Drittel der Sitze gewinnen konnte. Die PDS war 2004 auch auf Kreisebene erfolgreicher als die SPD – beide Parteien konnten je etwa ein Fünftel der zu vergebenden Sitze auf sich vereinigen. Die Liberalen erreichten 8% der Sitze, während die Grünen auf der Kreisebene zwar ebenfalls deutlich stärker sind als auf der Gemeindeebene, aber mit 3% der Sitze dennoch auf der lokalen Ebene in Sachsen-Anhalt nach wie vor sehr schwach sind. Während die Wählergemeinschaften auf der Gemeindeebene 37,5% der Sitze erringen konnten, sind sie auf der Kreisebene deutlich schwächer und gewannen nur 7% der Sitze. Die Einzelbewerber spielen auf der Kreisebene keine Rolle, da sie hier nur 0,4% der Sitze erzielen konnten.

Somit zeigt sich eine deutliche Dominanz der politischen Parteien in den größeren Gemeinden, Städten und Kreisen. Die Wählergruppen und Einzelbewerber haben ihren Schwerpunkt in den kleinen Gemeinden, in denen die politischen Parteien häufig nicht präsent sind. Daher ist als Konsequenz der Gemeindegebietsreform zu erwarten, dass insbesondere die Einzelbewerber, aber auch die Wählergemeinschaften ihre bisherigen

Stammgebiete verlieren werden und dass sich ihr Anteil an den Stimmen und Sitzen
bei Kommunalwahlen reduzieren wird.

4.3   Profil der Amts- und Mandatsträger

Wer sind die Amts- und Mandatsträger in Sachsen-Anhalt? Studien, die sich explizit
mit ihrem Sozialprofil beschäftigen, gibt es bisher kaum. Der typische Bürgermeister in
Sachsen-Anhalt ist ebenso wie in den anderen Bundesländern männlich und gehört der
mittleren Alterskohorte an (vgl. Statistisches Landesamt Sachsen-Anhalt): So sind lediglich 16% der Bürgermeister und Oberbürgermeister, die im Zeitraum zwischen 2004
und 2006 gewählt wurden, weiblich, während die große Mehrzahl (84%) männlich ist.
Damit sank der Frauenanteil im Zeitverlauf leicht, da er bei den Bürgermeisterwahlen
2002 noch bei 19% lag. Dennoch ist der Anteil der Bürgermeisterinnen in Sachsen-Anhalt – ebenso wie insgesamt in Ostdeutschland – im Vergleich zu den westdeutschen
Kommunen vergleichsweise hoch. Dieses ‚ostdeutsche Spezifikum‘ wird auf die Erfahrungen in der DDR und während der Wende zurückgeführt (vgl. Geißel/Sauer 2001).
Die Bürgermeister sind durchschnittlich 51 Jahre alt, wobei die 46- bis 65jährigen die
dominante Altersgruppe darstellen (69,3%). Lediglich 2,6% der Bürgermeister sind
jünger als 35 Jahre. Diese Altersstruktur ist ebenfalls typisch für kommunale Amtsträger. Eine Fallstudie zum Saalkreis (Rademacher 2005) zeigt, dass nur 40% der Bürgermeister in diesen kleinen Gemeinden parteilich gebunden sind, während die anderen
als Vertreter Kommunaler Wählergemeinschaften bzw. als Unabhängige antraten.

Auch zum Sozialprofil der Gemeinde- und Stadträte sowie der Kreistagsabgeordneten gibt es für Sachsen-Anhalt kaum empirische Untersuchungen. Hinsichtlich der
Geschlechterstruktur (vgl. Statistisches Landesamt Sachsen-Anhalt) weisen auch die
sachsen-anhaltinischen Gemeinderäte eine deutliche Überrepräsentanz von Männern
und eine dementsprechende Unterrepräsentanz von Frauen in kommunalen Vertretungskörperschaften auf: Der Frauenanteil in den Gemeindevertretungen liegt dabei
insgesamt im bundesweiten Durchschnitt: Bei den Kommunalwahlen 2004 gewannen
Frauen 23,6% (1999: 23,4%) der zu vergebenden Sitzen in den Kommunalparlamenten.
Dabei zeigen sich jedoch deutliche Unterschiede zwischen den politischen Gruppierungen: Den höchsten Frauenanteil verzeichnet die PDS mit 34,8%. Der Anteil bei Wählergemeinschaften (24%) und Einzelbewerbern (24,8%) ist dabei ebenso durchschnittlich wie der Frauenanteil bei der SPD (24,1%). Einen vergleichsweise niedrigen Frauenanteil haben die CDU (19,9%), Bündnis 90/Die Grünen (17,9%) und die FDP (15,7%). Bei
dieser Verteilung ist dabei insbesondere der niedrige Frauenanteil der Grünen auffällig. Im Vergleich zu 1999 ist hier auch ein Rückgang zu verzeichnen (22,9%). In den
Kreistagen und den Stadträten der kreisfreien Städte ist der Frauenanteil mit 19,3%
sogar noch niedriger als auf der Gemeindeebene.

5   Direkte Demokratie: Bürgerbegehren und Bürgerentscheid

Mit der neuen Gemeindeordnung und der Landkreisordnung von 1993 wurden in Sachsen-Anhalt – vergleichbar mit den meisten anderen Bundesländern – auch direkt-demokratische Elemente auf lokaler Ebene eingeführt. So stehen den Bürgern die Beteiligungsrechte des Bürgerbegehrens und des Bürgerentscheids zur Verfügung, um sich direkt an Gemeinde- oder Kreisangelegenheiten zu beteiligen (§§18, 19 LKO SA; §§ 25, 26 GO SA).

Demnach können die Bürger in wichtigen Angelegenheiten einen Antrag auf Bürgerentscheid stellen. Dieser schriftliche Antrag ist ein Bürgerbegehren (§ 25 GO LSA, analog § 18 LKO LSA). Es muss dabei von mindestens 15% der wahlberechtigten Bürger unterzeichnet werden. Von dieser starren Prozentvorgabe weicht die Gemeindeordnung jedoch in bestimmten Fällen ab und sieht nach Gemeindegrößenklassen gestaffelte Unterschriftsquoren vor: So reichen in Städten bis 20.000 Einwohnern 1.500 Unterschriften, in Städten mit 20.000 bis 50.000 Einwohnern 3.000 Unterschriften, in Städten mit 50.000 bis 100.000 Einwohnern 5.000 Unterschriften und in Städten mit mehr als 100.000 Einwohnern 10.000 Unterschriften (vgl. zu den Quoren auf Kreisebene § 18 LKO LSA). Insgesamt ist das erforderliche Quorum damit in Sachsen-Anhalt im Vergleich zu den anderen Bundesländern überdurchschnittlich hoch.

Ein Bürgerbegehren darf nur Angelegenheiten zum Gegenstand haben, über die innerhalb der letzten drei Jahre nicht bereits ein Bürgerentscheid auf Grund eines Bürgerbegehrens durchgeführt worden ist. Zudem gibt es in Sachsen-Anhalt wie in den anderen Bundesländern einen ‚Negativkatalog', in dem zentrale kommunalpolitischen Themen explizit von einem Bürgerentscheid ausgeschlossen sind (§26 GO LSA; §19 LKO SA. Dazu gehören insbesondere Angelegenheiten des übertragenen Wirkungskreises, Fragen der inneren Organisation der Gemeindeverwaltung und der Haushalt. Während in den anderen Bundesländern alle anderen Themen zulässig sind, gibt es in Sachsen-Anhalt noch einen zusätzlichen restriktiven ‚Positivkatalog', in dem „wichtige Gemeindeangelegenheiten" definiert sind (§26 GO LSA; §19 LKO LSA). Dazu gehören insbesondere die Einrichtung, Erweiterung und Aufhebung einer öffentlichen Einrichtung, die Änderung von Gemeindegrenzen und Landkreisgrenzen und die Auflösung von Verwaltungsgemeinschaften. Die Räte und Kreistage können in der Hauptsatzung darüber hinaus weitere Angelegenheiten zu wichtigen erklären. Sofern dieser Katalog nicht selbsttätig erweitert wird, sind Bürgerbegehren *nur* zu den dort aufgelisteten Themen zulässig. Insofern gilt die sachsen-anhaltinische Regelung zu Bürgerbegehren und Bürgerentscheiden zu den thematisch restriktiven (vgl. Mittendorf 2008).

Des Weiteren muss das Bürgerbegehren eine Begründung und einen nach den gesetzlichen Bestimmungen durchführbaren Vorschlag für die Deckung der Kosten der verlangten Maßnahme enthalten. Richtet sich das Bürgerbegehren gegen einen Beschluss des Gemeinde- bzw. Kreistages, muss es innerhalb von sechs Wochen nach der ortsüblichen Bekanntgabe des Beschlusses eingereicht sein. Auf Basis dieser inhaltlichen Kriterien prüft der Gemeinderat bzw. der Kreistag die Zulässigkeit des Bürgerbegehrens. Ist das Bürgerbegehren zulässig und entscheidet der Gemeinderat/Kreistag nicht innerhalb von drei Monaten im Sinne des Begehrens, kommt es zum Bürgerentscheid. Ein Bürgerentscheid kann nicht nur aufgrund eines Bürgerbegehrens eingeleitet werden, sondern mit einer Zwei-Drittel-Mehrheit auch durch den Gemeinderat bzw. Kreistag.

Kommt es zum Bürgerentscheid, ist dieser erfolgreich, sofern die im Bürgerentscheid enthaltene Fragestellung von der Mehrheit der gültigen Stimmen mit ‚Ja' beantwortet wird und diese Mehrheit mindestens 25% der stimmberechtigten Bürger entspricht (bis 2008: 30%). Bei Erreichung der notwendigen Mehrheiten hat der Bürgerentscheid die Wirkung eines Gemeinderats-/Kreistagsbeschlusses. Dieser kann erst nach einem Jahr durch einen neuen Bürgerentscheid abgeändert werden (vgl. §19 LKO LSA; §26 GO LSA).

In Sachsen-Anhalt wurden im Zeitraum von 1994 bis 2009 von der Forschungsstelle ‚Bürgerbegehren und Bürgerentscheide in Deutschland' insgesamt 256 Bürgerbegehren (einschließlich Ratsreferenden) erfasst. Während es in den sechs Jahren von 1994 bis 1999 insgesamt lediglich 25 Bürgerbegehren gegeben hatte, zeigt sich seither ein sehr deutlicher Anstieg: In den drei Jahren von 2000 bis 2002 gab es 81 und in den Jahren 2004 bis 2006 sogar 105 Bürgerbegehren. Insgesamt waren 54% der Bürgerbegehren erfolgreich; 10% sind gescheitert, weil sich die Mehrheit gegen das Bürgerbegehren ausgesprochen hat und weitere 17% sind unecht gescheitert, da das notwendige Quorum nicht erreicht wurde. Der Anteil der unzulässigen Bürgerbegehren liegt bei knapp 9% und 50 Bürgerbegehren sind noch offen bzw. es liegen keine Informationen über den Ausgang vor.

Thematisch zeigen sich dabei ein sehr deutlicher Schwerpunkt: 84% der Bürgerbegehren, also 214, befassten sich mit der ‚Gebietsreform'. Zentral ging es dabei jeweils um die Frage, ob eine Gemeinde eingemeindet werden soll oder nicht. Zweitwichtigster Themenbereich waren Wirtschaftsprojekte (8%), gefolgt von dem Themenbereich ‚Öffentliche Sozial- und Bildungseinrichtungen' (4%). Diese Verteilung ist dabei nicht überraschend: Zum einen ist die Gemeindegebietsreform seit den 1990er Jahren nach wie vor das bestimmende Thema auf der kommunalen Ebene (vgl. dazu Kapitel 3). Zum anderen ist diese Verteilung auf den Positivkatalog und die damit verbundene starke Themenrestriktion für Bürgerbegehren zurückzuführen. Entsprechend der bisherigen Größenstruktur der sachsen-anhaltinischen Gemeinden und dem dominierenden Thema wurden 73% der Bürgerbegehren in Gemeinden bis 20.000 Einwohnern eingeleitet und nur 6% in Städten mit 20.000 bis 50.000 Einwohnern. In den beiden großen sachsen-anhaltinischen Städten Halle und Magdeburg gab es lediglich zwei Bürgerbegehren. Insgesamt werden die Regelungen in Sachsen-Anhalt aufgrund der Kombination aus vergleichsweise hohen Unterschriften- und Abstimmungsquoren sowie des strikten Positivkatalogs der zugelassenen Themen als restriktiv und bürgerunfreundlich bewertet (vgl. Mittendorf 2008).

6 Fazit

Die Kommunalpolitik in Sachsen-Anhalt befindet sich aktuell im größten Umbruch seit der Wiedervereinigung. Dies ist insbesondere auf die Gemeindegebietsreform zurückzuführen. So reduzierte sich die Anzahl der selbständigen Gemeinden drastisch von 1.017 im Jahr 2008 auf 369 im Januar 2010. Diese Reform war und ist dabei von großem öffentlichem Widerstand begleitet, der sich insbesondere in den Bürgerbegehren, dem initiierten Volksentscheid und in den Verfassungsbeschwerden zeigt. Es bleibt abzuwarten, ob die bis 2011 geplanten Zwangseingemeindungen wirklich vollzogen werden und sich damit die Gemeindeanzahl noch weiter verringern wird oder ob sich die Volksinitiative 2011 mit ihrem geplanten Volksentscheid durchsetzen wird. Ungeachtet dessen werden sich die bereits vollzogenen Gemeindegebietsreformen wohl deutlich auf die Kommunalpolitik auswirken: So werden sich die politischen Kräfteverhältnisse in den Kommunen vermutlich deutlich verändern, da die Gemeindestruktur eine wesentliche Rahmenbedingung für den Grad der lokalen Parteipolitisierung ist (vgl. Holtmann 1998; Wehling 1991). Wie erläutert (vgl. 4.1), waren bisher in vielen kleinen Gemeinden keine politischen Parteien organisiert und parteifreie Wählergruppen und Einzelbewerber dominierten. Erfahrungen aus anderen Bundesländern lassen darauf schließen, dass durch die Eingemeindungen die Stellung der politischen Parteien gestärkt wird und die parteifreien Akteure an Einfluss verlieren werden. Während bisher die ehrenamtlichen Bürgermeister in Sachsen-Anhalt dominierten (vgl. 2.1), werden diese aufgrund der neuen Gemeindestruktur wohl weitgehend verschwinden. Zudem stehen die neugebildeten Kommunen vor der Herausforderung, eine neue, gemeinsame Identität herauszubilden. Um die Interessen der eingemeindeten Kommunen zu wahren, sollen die Kompetenzen der neuen Ortschaftsräte gestärkt werden.

Neben diesen durch die Gemeindereform ausgelösten Veränderungen stellen jedoch auch nach wie vor der durch demographischen Wandel und Abwanderung begründete Bevölkerungsrückgang, die schlechte kommunale Finanzlage sowie die Politikverdrossenheit, die sich insbesondere in der niedrigen Wahlbeteiligung zeigt, weitere große Herausforderungen für die Kommunalpolitik in Sachsen-Anhalt dar.

Literaturhinweise

Boll, Bernhard/Everhard Holtmann: Parteien und Parteimitglieder in der Region: Sozialprofil, Einstellungen, innerparteiliches Leben und Wahlentscheidung in einem ostdeutschen Bundesland. Das Beispiel Sachsen-Anhalt, Wiesbaden 2001.

Geißel, Brigitte: Lokale politisch-administrative Eliten zwischen Kontinuität und Neupositionierung: Problemstellung, in: Geißel, Brigitte/Pähle, Katja/Sahner, Heinz (Hrsg.): Lokale politische Eliten. Mitteilungen des SFB 580, Halle/Jena 2003, 10-14.

Geißel, Brigitte/Sauer, Birgit: Transformationsprozess und Geschlechterverhältnisse in den neuen Bundesländern: Auswirkungen auf der lokalen politischen Ebene, in: Aus Politik und Zeitgeschichte, 2001, B 39-40, 32.38.

Holtmann, Everhard: Parteien in der lokalen Politik, in: Wollmann, Hellmut/Roth, Roland (Hrsg.): Kommunalpolitik – Politisches Handeln in der Gemeinde, Opladen 1998, 208-226.

Kregel Bernd: Kommunen zwischen Eigenverantwortung und Staatsauftrag, in: Holtmann, Everhard (Hrsg.): Landespolitik in Sachsen-Anhalt, Magdeburg 2006, 126-146.

Mittendorf, Volker: Auswirkungen und Themenrestriktionen bei kommunalen Bürgerbegehren im Ländervergleich, in: Vetter Angelika (Hrsg.): Erfolgsbedingungen lokaler Bürgerbeteiligung, Wiesbaden 2008, 73-101.

Rademacher, Christian: Bürgermeisterkandidaten im Saalkreis. Unveröffentlichte Magisterarbeit, Universität Halle-Wittenberg 2005.

Reiser, Marion/Rademacher, Christian/Jaeck, Tobias: Präsenz und Erfolg Kommunaler Wählergemeinschaften im Bundesländervergleich, in: Vetter, Angelika (Hrsg.): Erfolgsbedingungen lokaler Bürgerbeteiligung, Wiesbaden 2008, 123-147.

Tullner, Mathias: Geschichte Sachsen-Anhalts, München 2008.

Vetter, Angelika: Institutionen und lokale Wahlen, in: Vetter Angelika (Hrsg.): Erfolgsbedingungen lokaler Bürgerbeteiligung, Wiesbaden 2008, 49-72.

Wehling, Hans-Georg: ‚Parteipolitisierung' von lokaler Politik und Verwaltung? Zur Rolle der Parteien in der Kommunalpolitik, in: Heinelt, Hubert/Wollmann, Hellmut (Hg.): Brennpunkt Stadt. Stadtpolitik und lokale Politikforschung in den 80er und 90er Jahren, Basel 1991, 149-166.

Wollmann, Hellmut: Transformation der ostdeutschen Kommunalstrukturen: Rezeption, Eigenentwicklung, Innovation, in: Wollmann, Hellmut et al. (Hrsg.): Transformation der politisch-administrativen Strukturen in Ostdeutschland, Opladen 1997.

Kommunalpolitik in Schleswig-Holstein

Klaus Kellmann

1 Geschichte

„Die op ewich Ungedeelten müssen eines Tages Preußen werden!" Es war eine Art Wahlspruch, ja fast schon ein Programm, das der frischgebackene preußische Ministerpräsident Otto von Bismarck über seine Amtsführung setzte, wenn er nach Schleswig-Holstein schaute. Die beiden Herzogtümer lebten in nicht eben gerade leicht durchschaubarer Konstruktion und Kombination miteinander. Der dänische König hatte 1460 ihre Untrennbarkeit *und* Autonomie garantieren müssen und war nur unter diesen Bedingungen zum Landesherrn gewählt worden. Er, bzw. sein Nachfolger, vertrat Holstein ab 1815 beim Deutschen Bund in Frankfurt, dem Schleswig anfänglich nicht angehörte – eine Gemengelage, die seine Begehrlichkeit weckte, das kleinere nördliche Herzogtum ganz mit der dänischen Krone zu verschmelzen. 1863 sollte ein erlassenes Patent in dieser Hinsicht vollendete Tatsachen schaffen. Es war der Anlass, auf den der Eiserne Kanzler sehnlichst gewartet hatte. Der klare Kopenhagener Rechtsbruch legitimierte die bundesweite Mobilmachung und den Einmarsch ins Land der Meerumschlungenen. Am 18. April 1864 wurde das dänische Heer bei den Düppeler Schanzen vernichtend geschlagen. An die Stelle der geplanten und vielfach bereits realisierten *Danisierung* in Wirtschaft, Regierung, Verwaltung, Kultur und Schule trat eine nicht minder nachhaltige *Prussifizierung*. Mit dem Weihnachtsfest des Jahres 1866 proklamiert Wilhelm I. „die Vereinigung der Herzogtümer Holstein und Schleswig mit der preußischen Monarchie" als deren zwölfter (und letzter) Provinz. Eine Verordnung, „die Organisation der Kreis- und Distriktbehörden sowie die Kreisvertretung betreffend", lässt nicht lange auf sich warten, und als am 14. April 1869 das „Gesetz, betr. die Verfassung und Verwaltung der Städte und Flecken in der Provinz Schleswig-Holstein" erlassen worden ist, besitzen die Herzogtümer erstmalig in ihrer Geschichte ein von Haderleben bis Altona einheitliches Kommunalverfassungsrecht, das sich nunmehr auf 20 Kreise und drei kreisfreie Städte erstreckte.

2   Die Herzogtümer als preußische Provinz

Noch im gleichen Jahr wurde die erste gemeinsame Wahl zu den Magistraten und Stadtvertretungen durchgeführt. Man wird sie nicht demokratisch nennen können, da an ihr nur die männlichen Bürger über 21 Jahren teilnehmen durften, die über einen bestimmten Besitz (Zensus) in Form von Vermögen oder Einkommen verfügten. Von den 22.000 Einwohnern Flensburgs erfüllten lediglich 4,8% diese Vorgabe. Trotzdem konnte im überregionalen Vergleich zu dem Zeitpunkt nur Frankfurt am Main auf eine vergleichbar entwickelte Gesetzeslage verweisen, da überall sonst noch das Drei-Klassen-Wahlrecht galt. Aber selbst von den wenigen Berechtigten nutzten nur einige ihr Recht. In kaum einer schleswig-holsteinischen Stadt lag die Wahlbeteiligung über 50%. Aus Heiligenhafen heißt es, dass die „Wahlberechtigten massenweise von den Scheunendielen und dem Pfluge herangeholt" werden mussten, und der Itzehoer Stadtschreiber klagte, „dass sich an dem Wahlactus eine verhältnismäßig geringe Anzahl Bürger beteiligt haben; gar viele haben aus unverzeihlicher Gleichgültigkeit und Bequemlichkeit weder Hand noch Fuß gerührt und sind mit echt türkischem Fatalismus zu Hause geblieben." Die gesonderte Stellung der Stadtbürgermeister wurde zusätzlich dadurch gestärkt, dass sie in einer Einzelwahl direkt bestimmt wurden, eine Regelung, die bis 1928 Gültigkeit besaß und die am 22. Dezember 1995 vom Schleswig-Holsteinischen Landtag erneut eingeführt worden ist – diesmal allerdings mit gleichem, allgemeinem und geheimem Wahlrecht. Nach der Kommunalverfassung von 1869 nannten sich die Oberhäupter der kreisfreien Städte I. Bürgermeister. Der Titel OB konnte nur vom preußischen König persönlich verliehen werden. Von Thaden in Altona, Toosbüy in Flensburg und Mölling in Kiel waren die ersten, denen diese Ehre zuteil wurde.

Ausdehnungen, Aufbau und Grenzziehungen des Landes sahen sich noch bis weit in das 20. Jahrhundert hinein – jedenfalls zum Teil – mit drastischen Veränderungen konfrontiert. Bereits 1876 wurde das bis dahin eigenständige Herzogtum Lauenburg als Landkreis angegliedert. 1890 kam im deutsch-britischen Austausch für das ferne Sansibar die Insel Helgoland hinzu. Der größte Gebietsverlust entstand durch das Abtreten des mehrheitlich dänisch orientierten Nordschleswig. Dies geschah durch die im Versailler Vertrag verfügte Volksabstimmung von 1920, die den Dänen im Grundsatz allerdings schon 1866 zugesichert worden war. Die Nordgrenze verlief jetzt von Sylt bis vor die Tore Flensburgs. Ausgesprochen einschneidend wirkte sich auch das Groß-Hamburg-Gesetz von 1937 aus, mit dem Wandsbek und Altona der werdenden Millionenstadt zugeschlagen wurden, gleichzeitig aber die Freie und Hansestadt Lübeck ihre Reichsfreiheit verlor, als deutscher Teilstaat zu existieren aufhörte und erst jetzt zusammen mit ihrer „schönsten Tochter" Travemünde schleswig-holsteinisch wurde, genauso wie ein kleines Duodezfürstentum im Oldenburgischen. Erst als ein britischer und ein sowjetischer Besatzungsoffizier im Spätherbst 1945 an der Grenze zu Mecklenburg einige Dörfer ausgetauscht hatten, konnte die geographisch-territoriale Ausgestaltung des Landes auf wohl unabsehbare Zeit als abgeschlossen gelten. Jedwede Form

der Selbstverwaltung einschließlich des Provinziallandtages wie auch des Provinzial-
ausschusses war durch die NS-Unrechtsherrschaft schon vor über einem Jahrzehnt
zerstört worden.

3   Das Bundesland

Am 23. August 1946 entstand durch alliierten Beschluss das „selbstständige Land"
Schleswig-Holstein, aus dem nach der Auflösung Preußens und der Konstituierung der
Bundesrepublik Deutschland 1949 ein eigenes Bundesland wurde. Allerdings war das
Vertrauen der Gründungsmütter und –väter in die Selbstständigkeit ihres von über
einer Million Flüchtlingen notdürftig bewohnten, von entsetzlichem Hunger und Elend
gekennzeichneten Terrains zwischen den Meeren nicht groß. Mit der am 13. Dezember
1949 verabschiedeten Landessatzung wurde im Gegensatz zum Begriff der „Verfassung" bewusst ein Terminus von juristisch weit geringerer Qualität gewählt und auf
ein Dokument mit quasi „endgültigem" Charakter verzichtet, weil eigentlich niemand
von der Überlebensfähigkeit des rechtlich neuen und historisch doch so alten Gebildes
ausging und es eher früher als später in einer Länderneugliederung aufgehen sah. Die
naturräumlichen Gegebenheiten und die gesellschaftliche Situation bestimmten von
Anfang an auch die Verwaltungsgesetzgebung.

Wegen der Kleinheit des Landes glaubte man auf Mittelinstanzen wie die ehemaligen preußischen Provinzialverbände verzichten zu können. Schon Ende 1945 löste die
britische Militäradministration die Behörde des Regierungspräsidenten auf und glie-
derte sie dem Amt des Ober-, später des Ministerpräsidenten ein. Die bis dahin staatliche landrätliche Verwaltung wurde auf die Kreiskommunalverwaltung übertragen, die
in ihren Sonderaufgaben funktionalen Zuschnitts von Bau-, Kataster-, Finanz- und
Schulämtern entlastet wird. Der einstufige Verwaltungsaufbau führte bei den jeweiligen Ministerien in der Landeshauptstadt Kiel aber sehr bald zu einer Überlastung mit
unzähligen Routine- und Einzelangelegenheiten, so dass man – einem Gutachten des
Bundesrechnungshofs folgend – ab 1954 mit besonderen Verwaltungseinheiten „in"
den Ministerien zu experimentieren begann, den so genannten Landesämtern. Ihr Aufgabenbereich und vor allem ihre Kompetenzzuweisung waren nicht immer durch-
schaubar, nicht zuletzt auch deshalb, weil neben ausgegliederten, völlig selbstständigen Landesbehörden auch manche Zwischenformen mit unterschiedlicher Lebensdau-
er geschaffen wurden. So sah sich das 1971 errichtete Landesschulamt schon 1979 wieder ins Kultusministerium re-integriert. Inzwischen war längst klar geworden, dass der
Verzicht auf eine untere staatliche Verwaltungseinrichtung auf Kreisebene als das eigentliche administrative Manko galt. Die Reaktion und Antwort bestand in der Wiedereinführung der „allgemeinen unteren Landesbehörden", vor allen Dingen aber in
der großen Gebietsreform von 1970 und 1971, mit der in jeder Hinsicht leistungsfähige
Landkreise ins Leben gerufen wurden. Sieht man von der eher marginalen Auflösung

des Kreises Bordesholm im Jahre 1932 ab, dann ist dies die erste tatsächliche Kreisreform seit der Bismarckschen Aufgliederung der Herzogtümer 1867/1869. Den Auftakt bildete das „Kunstprodukt" Stadt Norderstedt – zusammengesetzt aus vier Hamburger Randgemeinden mit inzwischen 74.000 Einwohnern. Langfristig verringerte sich die Zahl der Gemeinden von 1.371 im Jahre 1959 auf 1.131 im Jahre 1994 und die Zahl der Ämter von 199 auf 119. Gleichzeitig wurde die Fläche der vier kreisfreien Städte Kiel (237.000 Einwohner, jeweils am 31.12.2007), Lübeck (212.000), Flensburg (88.000) und Neumünster (78.000) erheblich erweitert. Den Kern und das Glanzstück der Reform bildete aber zweifelsohne die Neuschneidung und Reduktion der bisherigen 17 auf elf Kreise: Pinneberg, Rendsburg-Eckernförde, Segeberg, Stormarn, Ostholstein, Schleswig-Flensburg, Herzogtum Lauenburg, Nordfriesland, Dithmarschen, Steinburg und Plön. Der Kreis Pinneberg hat mit 301.000 die meisten Einwohner, Rendsburg-Eckernförde ist mit seinen 2.100 Quadratkilometern fast so groß wie das Saarland. Die Durchschnittsfläche aller Kreise beträgt 1.400 Quadratkilometer, die durchschnittliche Einwohnerzahl 202.140.

4   Die Selbstverwaltung in den Städten, Kreisen, Ämtern und Gemeinden

Der doppelte, zeitlich unmittelbar aufeinander folgende Impuls der Barschel-Pfeiffer-Affäre einerseits und der mit dem Ruf der DDR-Bürgerrechtsbewegung „Wir sind das Volk!" ausgelösten Revolution und Systemtransformation andererseits hat auf die Landes- und Kommunalpolitik in Schleswig-Holstein grundstürzende Veränderungen ausgeübt. Als deren Ergebnis ist die am 30. Mai 1990 vom Parlament einstimmig angenommene *Verfassung des Landes Schleswig-Holstein* anzusehen, die an die Stelle der alten, provisorischen Landessatzung trat. Eine grundlegende Reform des Kommunalverfassungsrechts ging voraus und das gesamte letzte Jahrzehnt des 20. Jahrhunderts war in Stadt, Kreis und Land von einer Vielzahl weiterer Neuerungen und Novellierungen des Gesetzgebers gekennzeichnet, die allesamt eine Stärkung der Formen unmittelbarer Demokratie durch Direktwahl, Einwohnerantrag, Bürger- und Volksbegehren sowie Bürger- und Volksentscheid in Ergänzung, nicht selten aber auch auf Kosten der Formen repräsentativer Demokratie zum Ziel hatten.

Zum gegenwärtigen Zeitpunkt gibt es in Schleswig-Holstein 1.125 Gemeinden. 1.011 davon werden mit einer Einwohnerzahl unter 2.000 Bürger/innen von einem ehrenamtlichen, 52 von einem hauptamtlichen Bürgermeister verwaltet. 63 besitzen das Stadtrecht. Von den insgesamt 2,8 Mio. Einwohnern leben 1,6 Mio. in Städten. Die bereits 1950 verabschiedete Gemeindeordnung gilt in ihren wesentlichen Elementen bis heute fort. Nach ihr sind Städte rechtlich Gemeinden, die mindestens 10.000 Einwohner haben und über die Stadtrechte verfügen. Die vier kreisfreien Städte Kiel, Lübeck, Flensburg und Neumünster nehmen nicht nur die Aufgaben einer Gemeinde, sondern auch die eines Kreises wahr. Als Oberzentren sind sie in die höchste Stufe der zentralen Orte eingruppiert, und ihr Verwaltungschef kann die Bezeichnung Oberbürgermeister führen. In den Städten werden für jeweils fünf Jahre die Stadtvertretung und der hauptamtliche angestellte Bürgermeister gewählt. Die Stadtvertretung kann auch die Bezeichnung Ratsversammlung, Stadtverordnetenkollegium oder Bürgerschaft führen. Die Stadtvertreter sind ehrenamtlich tätig. Die größten Vertretungen haben Kiel und Lübeck mit 58 bzw. 60 (wegen Überhang; regulär: 49) Mandatsträger/innen. Das Verhältnis zwischen Einwohnerzahl und Vertretungsgröße in Stadt, Kreis und Gemeinde wird aus der folgenden Übersicht deutlich:

Tabelle 1:   Verhältnis zwischen Einwohnerzahl und Vertretungsgröße in Stadt, Kreis und Gemeinde

Einwohner	Vertreterinnen/ Vertreter		
	insgesamt	davon unmittelbare Vertreterinnen/ Vertreter	Listen-Vertreterinnen/ Vertreter
1. In kreisangehörigen Gemeinden			
mehr als 70 bis zu 200	7	4	3
mehr als 200 bis zu 750	9	5	4
mehr als 750 bis zu 1.250	11	6	5
mehr als 1.200 bis zu 2.000	13	7	6
mehr als 2.000 bis 5.000	17	9	8
mehr als 5.000 bis zu 10.000	19	10	9
mehr als 10.000 bis zu 15.000	23	12	11
mehr als 15.000 bis zu 25.000	27	15	12
mehr als 25.000 bis zu 35.000	31	17	14
mehr als 35.000 bis zu 45.000	5	19	16
mehr als 45.000	39	21	18
2. In kreisfreien Städten			
bis zu 150.000	43	23	20
mehr als 150.000	49	27	22
3. In Kreisen			
bis zu 200.000	45	27	18
mehr als 200.000	49	29	20

Der Vorsitzende der Stadtvertretung nennt sich Bürgervorsteher, nur in den vier kreisfreien Städten führt er den Titel Stadtpräsident. Die bis dahin geltende Magistratsverfassung wurde 1997/98 abgeschafft. Der Magistrat bestand aus ehrenamtlich tätigen Stadtvertretern (Stadträten) – wobei in Städten über 20.000 Einwohnern auch hauptamtliche Stadträte bestellt werden durften – sowie aus dem hauptamtlichen Bürgermeister. Er leitete als Kollegialorgan die Stadtverwaltung. Seit 1997/98 werden die Bürgermeister nicht mehr von den Stadtvertretungen, sondern vom Volk für mindestens sechs und höchstens acht Jahre gewählt. Sie haben in der Stadtvertretung eine beratende Stimme, können dort aber Beschlussanträge stellen. Grundlage dieser Novellierung war ein Gesetz, das in Form einer Beschlussempfehlung des Innen- und Rechtsausschusses des Landtages im Dezember 1995 mit nur einer Stimme Mehrheit im Landtagsplenum verabschiedet wurde. Es empfahl die Direktwahl der hauptamtlichen Bürgermeister und Landräte durch das Volk und die Abschaffung der Magistrats- bzw. der Kreisausschussverfassung. Aufgrund des deutlichen Zuwachses an demokratischer Legitimation musste insbesondere das politische Kräfteverhältnis zwischen dem Hauptverwaltungsbeamten auf der einen und der Stadtvertretung (entsprechend Kreistag und Gemeindevertretung) als dem durch die Verfassung vorgesehenen obersten Entscheidungs- und Kontrollorgan auf der anderen Seite neu definiert werden. Da die eigentliche Neuerung in der eindeutigen Trennung von Politik und Verwaltung bestand, hat der Hauptausschuss eine zentrale politische Bedeutung in den kreisfreien Städten, den Kreisen und allen Gemeinden mit hauptamtlichem Bürgermeister gewonnen, da er die Arbeit der übrigen Ausschüsse zu koordinieren und die gesamte Verwaltung zu überwachen hat. Zwar gehört ihm kraft Gesetz auch der Bürgermeister selbst an, er besitzt dort allerdings kein Stimmrecht und darf auch nicht zum Vorsitzenden gewählt werden. Der Hauptausschuss ist ausdrücklich *kein* Nachfolgeorgan des Magistrats. Gegenüber dem Bürgermeister ist der Hauptausschuss Dienstvorgesetzter. Städte ab 20.000 Einwohnern unterliegen der Rechtsaufsicht des Innenministers, die übrigen Städte der des jeweiligen Landrats.

Um ihre gemeinsamen Interessen wahrzunehmen, haben die Städte, Kreise und Gemeinden kommunale Landesverbände gebildet: die vier kreisfreien Städte den Städtetag Schleswig-Holstein, die kreisangehörigen Gemeinden und Ämter den Gemeindetag, die Kreise den Landkreistag und die 59 kreisangehörigen Städte den Städtebund. Städtetag und Städtebund bilden gemeinsam den Städteverband. Die kommunalen Landesverbände sind eingetragene Vereine und unterstehen damit nicht der Staatsaufsicht. Ihre Aufgabe ist es, ihre Mitglieder zu beraten und deren Interessen gegenüber Landtag, Landesregierung und anderen Institutionen wahrzunehmen, ihr Votum ist aber weder für den Landtag noch für die Ministerien bindend. Die innere Struktur der Verbände ist jener der Gemeinden und Kreise nachempfunden. In ihren Gremien wirken Bürgermeister, Landräte, gewählte Gemeindevertreter, Stadtvertreter oder Kreistagsabgeordnete mit. Die hauptamtlich geführten Geschäftsstellen der kommunalen Landesverbände befinden sich im Haus der kommunalen Selbstverwaltung in Kiel (Reventlouallee 6). Sie entsenden als feste Mitglieder Vertreter in die kommunalen Spitzenverbände auf Bundesebene.

Die schleswig-holsteinischen Kreise sind rechtlich Gemeindeverbände und dem Land eingegliederte Gebietskörperschaften. Ziel ihrer Selbstverwaltung ist die Förderung und die Ergänzung der Selbstverwaltung in den ihnen zugehörigen Gemeinden und Städten. Durch ihre Ausgleichsfunktion sollen sie dazu beitragen, innerhalb ihrer Grenzen möglichst gleichwertige Lebensverhältnisse zu schaffen. Die je nach Gebietsgröße 45 oder 49 ehrenamtlich tätigen Kreistagsabgeordneten werden für fünf Jahre gewählt. Ihre Wahlperiode ist nicht identisch mit jener des Landrats, der von den Bürger/innen auf mindestens sechs bzw. höchstens acht Jahre gewählt wird. Er ist Wahlbeamter auf Zeit und kann durch direkte Mehrheitsentscheidung abberufen werden, wobei aber mindestens ein Drittel aller Wahlberechtigten zustimmen muss. Die Einrichtung eines Hauptausschusses ist zwingend vorgeschrieben. Die frühere Kreisverfassung war dualistisch angelegt und sah als verwaltungsleitendes Organ einen aus acht Kreistagsabgeordneten und dem Landrat bestehenden Kreisausschuss vor. Dieser wurde 1998 abgeschafft. Seitdem gibt es eine klare Trennung zwischen politischer Willensbildung auf der einen und der Verwaltungsleitung auf der anderen Seite. Die Verwaltungsleitung als ehemalige Hauptaufgabe des Kreisausschusses ist auf den Landrat übergegangen, der im Hauptausschuss nicht stimmberechtigtes Mitglied ist und dort nicht den Vorsitz ausüben darf. Die Landräte (wie auch die direkt gewählten Bürgermeister) haben als oberste Dienstbehörde und Dienstvorgesetzte die volle Personalkompetenz und stellen alle Regeln auf, nach denen die Verwaltung arbeitet. Hierzu gehören z.B. der Organisationsplan, der Geschäftsverteilungsplan, die allgemeine Dienst- und Geschäftsanweisung sowie das Bereitstellen der sächlichen Verwaltungsmittel. Die Gesamtheit dieser Regelungen ist in der Öffentlichkeit mehrfach kritisiert worden, vor allem mit dem Argument, dass dadurch ein Stück bürgerschaftliche Selbstverwaltung verloren geht.

Von den derzeit 1.125 Gemeinden in Schleswig-Holstein hat die weitaus überwiegende Mehrzahl weniger als 1.000 Einwohner. Für diese ist es nicht sinnvoll, eigene Verwaltungen zu errichten, welche die Beschlüsse der Gemeindevertretungen ausführen, so dass der Gesetzgeber nach einer anderen Lösung suchen musste. Das Ergebnis ist die Rechtskonstruktion des Amtes. Hierbei handelt es sich um reine Verwaltungsbehörden ohne eigene Volksvertretung. Sie berühren dabei nicht die politische Selbständigkeit der Gemeinden, die zum jeweiligen Amt gehören. Letztere behalten vielmehr ihre Organe und sind im Rahmen ihrer verfassungsrechtlich gesicherten Selbstverwaltung auch weiterhin in der Lage, alle örtlichen Angelegenheiten nach eigenem Willen zu ordnen. Insgesamt gibt es heute in Schleswig-Holstein 116 Ämter mit im Schnitt mehr als 5.000 Einwohnern und durchschnittlich neun amtsangehörigen Gemeinden. Die Ämter sind Körperschaften des öffentlichen Rechts. Ihre vorrangige Aufgabe ist es, die Beschlüsse der zugehörigen Gemeindevertretungen vorzubereiten, sie besitzen im Wesentlichen also einen administrativen Charakter. Mehrere Gemeinden können ihrem Amt aber einzelne Selbstverwaltungsaufgaben übertragen. In diesen Fällen obliegt den Ämtern nicht nur die Ausführung der Beschlüsse, sondern auch die Willensbildung. Bei Schulträgerschaften und sozialen Einrichtungen ist von diesem Recht bereits mehrfach Gebrauch gemacht worden. Oberstes Willensbildungsorgan des Amtes ist der Amtsausschuss, der sich grundsätzlich aus den Bürgermeistern der zugehörigen Gemeinden zusammensetzt. Er ist damit keine gewählte Volksvertretung, sondern ein Gremium aus Ehrenamtsinhabern, das alle erforderlichen Entscheidungen zu treffen hat. Den Vorsitz führt der Amtsvorsteher, der gleichzeitig ehrenamtlicher Behördenleiter ist. Nach einer zum 1. Januar 2007 durchgeführten grundlegenden Ämterreform ist die Mindestgröße für Verwaltungen auf 8.000 Einwohner festgelegt worden. Ämter und Gemeinden, die sich schon vor Inkrafttreten des Gesetzes zu freiwilligen Zusammenschlüssen bereit erklärten, bekamen eine „Hochzeitsprämie" in Höhe von 250.000 Euro pro wegfallender Verwaltung. Das Ergebnis konnte sich sehen lassen: Vor der Reform belief sich die Zahl der Verwaltungen im kreisangehörigen Bereich auf 222, danach waren es nur noch 146. Im Frühjahr 2009 reichten die Landtagsfraktionen des SSW und der Grünen eine Normenkontrollklage beim neu geschaffenen schleswig-holsteinischen Landesverfassungsgericht gegen die Amtsordnung ein, weil die Ämter faktisch wie Gebietskörperschaften agieren, ohne dafür die Legitimation einer unmittelbar gewählten Volksvertretung zu besitzen. Nur ein Drittel der Mitglieder in den Amtsausschüssen sind gewählte Gemeindevertreter. Die Entscheidung des Gerichts über die Klage steht aus. Hat sie Erfolg, hätte dies weit reichende Auswirkungen auf alle 1.125 Gemeinden im Land.

Nach wie vor ist es jedoch gestattet, dass sich Gemeinden, Ämter und Kreise durch öffentlich-rechtlichen Vertrag zu Zweckverbänden zusammenschließen und ihnen einzelne oder mehrere Verwaltungsaufgaben übertragen. Diese Verbände sind Körperschaften des öffentlichen Rechts ohne Gebietshoheit und unterliegen damit nicht dem verfassungsrechtlichen Schutz des Grundgesetzes. Ziel der Bildung eines solchen Verbandes ist immer das Bestreben nach möglichst ökonomischer und effektiver Aufgabenbewältigung, zum Beispiel bei der Abwasserbeseitigung, oder der Einrichtung von Schulen, Kindergärten oder Sozialstationen. Die Verbandssatzung wird von den Mitgliedern beim Gründungsakt vereinbart, oberstes Organ ist die Verbandsversammlung. Die Mitgliedschaft ist kündbar. Große Zweckverbände unterhalten hauptamtliche Verwaltungen, kleinere werden ehrenamtlich geleitet.

5   Die Regionen und ihre Förderung

Grosso modo lassen sich in Schleswig-Holstein drei Regionstypen voneinander unterscheiden:

- die ländlich geprägten Regionen an der Westküste, im Landesteil Schleswig (einschließlich der Stadt Flensburg) und in der östlichen Landeshälfte,
- das Hamburger Umland mit den Kreisen Herzogtum Lauenburg, Stormarn, Segeberg und Pinneberg sowie
- die kreisfreien Städte Kiel, Neumünster und Lübeck mit ihrem jeweiligen Umland.

Sowohl das Land wie auch die lokalen Körperschaften haben zahlreiche Instrumente der Regionalpolitik entwickelt, die diesen unterschiedlichen Strukturtypen gerecht werden sollen.

Für die ländlichen Regionen hat die Landesregierung mit dem „Regionalpro-gramm für ländliche Räume" ein besonderes Förderinstrument mit einem beträchtli-chen Volumen entwickelt. Ziel ist es, strukturelle Nachteile, beispielsweise fehlende Verkehrserschließungen, Qualifizierungs- oder Forschungseinrichtungen, durch geeig-nete Maßnahmen auszugleichen. Dieses Programm wird in der Praxis eng mit Förder-mitteln der Europäischen Union verzahnt. Vier regionale, pluralistisch mit Kommunal-vertretern und gesellschaftlichen Gruppen besetzte Beiräte wählen die zu realisieren-den Projekte aus und wirken bei der Mittelvergabe mit.

Für das Hamburger Umland, den so genannten „Speckgürtel", gibt es angesichts der Wachstumsimpulse aus der Hansestadt kein eigenständiges regionalpolitisches Förderprogramm. Insbesondere die Kreise Stormarn, Pinneberg und Segeberg gehören zu den am schnellsten wachsenden Bereichen der Bundesrepublik. Die Landesregie-rung spricht hier von einem „Ordnungsraum", in dem es vor allem darum geht, die dynamische Wirtschafts- und Siedlungsentwicklung mit einer hohen Lebens- und öko-logischen Qualität zu vereinbaren. Dazu dient das Konzept der „Siedlungsachsen". Als Instrument der regionalpolitischen Gesamtsteuerung in der Metropolregion Hamburg erarbeiteten die drei Länder Niedersachsen, Hamburg und Schleswig-Holstein unter Beteiligung der kommunalen Ebene ein „Regionales Entwicklungskonzept für die Met-ropolregion Hamburg (REK)".

Der entsprechende Handlungsverbund für die geographische Mitte Schleswig-Holsteins ist die K.E.R.N.-Region. Beteiligt daran sind die Städte Kiel, Eckernförde, Rendsburg und Neumünster sowie der Kreis Rendsburg-Eckernförde. K.E.R.N. ist ein eingetragener Verein, der sich als „Städtenetz" versteht und dessen Aufgabenschwer-punkt in der Vermarktung der Region nach innen und außen besteht.

Als weiterer regionalpolitischer Verbund ist 1995 die „Region schleswig-holstei-nische Unter-Elbe" entstanden, die das westliche Hamburger Umland bis zur Elbmün-dung mit den Kreisen Pinneberg, Steinburg und Dithmarschen umfasst. Sie versteht sich als gemeinsame Interessenvertretung, an der neben der kommunalen Seite auch die Industrie- und Handelskammern sowie die Wirtschaftsfördergesellschaften betei-ligt sind. Hier geht es primär um ökonomische Effizienz, Infrastruktur und Verkehr.

6   Direkte Demokratie

Ein wesentliches Bestreben des Gesetzgebers bei der Einführung der im April 1990 in Kraft getretenen neuen Kommunalverfassung war es, die direkten Informations-, Kon-troll- und Mitwirkungsmöglichkeiten der Bürgerinnen und Bürger durch die fakultati-ve Öffentlichkeit von Ausschusssitzungen, des kommunalen Petitionsrechts, der Ein-wohnerfragestunde und –versammlung, des Einwohnerantrages sowie des Bürgerbe-gehrens und des Bürgerentscheids zu kodifizieren. Die Direktwahl der hauptamtlichen Bürgermeister und Landräte soll so durch eine weitere Form unmittelbarer Partizipation und Beteiligung sinnvoll ergänzt werden. Eine weitere, nicht weniger gewichtige Begründung resultierte aus dem Sachverhalt, dass gemeindliche Vertretungen und Kreistage keine Parlamente in staatsrechtlichen Sinne, sondern kollegiale Verwaltungsorgane sind. Dies bedeutet, dass demokratisch legitimierte Mandatsträger – anders als Parlamentsabgeordnete – unmittelbare Verwaltungstätigkeiten ausüben, weiterhin das Postulat klassischer Gewaltenteilung hierbei durchbrochen ist und Instrumentarien direkter Demokratie und Kontrolle erforderlich sind. Letztere wurden 1990 eingeführt.

Juristisch am höchsten einzuordnen ist der Bürgerentscheid, weil durch ihn wichtige politische Entscheidungen nicht durch die an sich zuständigen Beschlussorgane wie die Gemeinde- bzw. die Stadtvertretung oder den Kreistag, sondern von den Bürgerinnen und Bürgern direkt getroffen werden. Damit ist er nicht nur als Ergänzung der repräsentativen Demokratie anzusehen, sondern er kann auch zur Aufhebung von in ihrem Rahmen getroffenen Entscheidungen führen. In Baden-Württemberg gibt es diese Einwirkungsmöglichkeit bereits seit 1956. Es ist verblüffend, dass sie seither in keinem anderen Bundesland Schule machte und erst, als sie 34 Jahre später hoch im Norden zum zweiten Mal gesetzlich installiert wurde, eine Flut von ähnlichen Regelungen in zahlreichen anderen Bundesländern auslöste. Ein Bürgerentscheid kann durch einen Beschluss der Stadt- oder Gemeindevertretung bzw. des Kreistages oder durch die Bevölkerung über ein Bürgerbegehren in Gang gesetzt werden. Für seine Einleitung müssen 10% der wahlberechtigten Bevölkerung unterschreiben. In Schleswig-Holstein sind Bürgerentscheide grundsätzlich zu allen wichtigen Angelegenheiten mit Ausnahme von Haushalts- und Hauptsatzung, Bauleitplanung und innerer Organisation der Gemeindeverwaltung möglich. Demzufolge hatten und haben sie vor allem Planungsentscheidungen wie die Einrichtung von Schulen, Sporthallen und Kindergärten sowie Verkehrsleitplanungen, z.B. Autobahntrassen, und Fragen der Ver- und Entsorgung (Energie, Wasser, Müll) als auch Gebühren und Abgaben zum Gegenstand. Neben einer Reihe von formellen Anforderungen ist für den Erfolg eines Bürgerentscheids die Mehrheit der abgegebenen Stimmen notwendig, sofern die Mehrheit mindestens 25% der Stimmberechtigten umfasst. Zwar liegt die Beteiligung bei den bisher in Schleswig-Holstein durchgeführten Entscheidungen knapp unter 50%, vor allem in den größeren Städten hat sich dieses Quorum jedoch als unüberwindbare Hürde erwiesen. Es ist deshalb sicherlich kein Zufall, dass Bürgerbegehren und Bürgerentscheide bislang in erster Linie in kleineren Kommunen eine Rolle gespielt haben. So wurden in dem Zeitraum von 1990 bis 2003 lediglich 14 Bürgerentscheide durch Stadt-, Kreis- oder Gemeindevertretungen initiiert. Weitaus häufiger, nämlich 202 Mal, fanden Bürgerbegehren statt, von denen allerdings nur 100 in einen Bürgerentscheid einmündeten. Ausgangspunkt waren hier auch Einwohneranträge, die eine Beratung und Entscheidung der Gemeindevertretung herbeiführen wollten. In insgesamt nur zwölf Fällen kam die Gemeindevertretung dem erfolgreich absolvierten Bürgerbegehren nach. In den Fällen, in denen die Gemeindevertretung bei bisher geäußerten Auffassungen blieb oder ansonsten ein negatives Votum abgab, kam es zu Bürgerentscheiden, von denen aber nur ein Teil positiv im Sinne der Antragssteller beschieden wurden. Beispiele für Bürgerbegehren und Bürgerentscheide waren in Bereichen für oder wider die Errichtung einer integrierten Gesamtschule, die Privatisierung von Krankenhäusern, neue Müllentsorgungskonzepte, Kurtaxen, die Trennung von Gemeinden und die Schaffung von Windparks, Wochenmärkten und Freibädern angesiedelt. Fast immer findet sich bei der Durchführung eines Bürgerentscheids eine Mehrheit erforderlicher Ja-Stimmen, aber nur selten kommt eine ausreichende Beteiligung zustande. In jedem Fall aber entfaltet er politischen Druck. Wenn er Erfolg hat, ist er nichts anderes als die Umsetzung einer politischen Meinung in geltendes Recht. Neben diesen Instrumentarien haben die Gemeinden und Kreise außerdem das Recht, durch Satzungen Beiräte für „gesellschaftlich bedeutsame Gruppen", z.B. für Senioren, Ausländer, Kinder und Jugendliche zu installieren. In den größeren Städten artikulieren Ortsbeiräte ihre Interessen zu lokalen Belangen.

7   Kommunalwahlen

Die erste schleswig-holsteinische Kommunalwahl fand am 13. Oktober 1946 statt, zwei Jahre vor der Verabschiedung des ersten Gemeinde- und Kreiswahlgesetzes. Seit dem zweiten Gesetz aus dem Jahre 1955 galt die Fünf-Prozent-Klausel, deren verfassungsmäßige Rechtmäßigkeit zur Kommunalwahl 2008 erfolgreich angefochten wurde. Seitdem ist diese Hürde wieder gefallen. Wahlberechtigt sind seit 1998 Bürger/innen vom 16. Lebensjahr an. Die Wahlbeteiligung lag nie sehr hoch, erreichte 1974 aber fast 80%.

Nur die SPD und der Südschleswigsche Wählerverband (SSW) sind bislang bei allen Kommunalwahlen mit eigenen Vorschlägen vertreten gewesen. CDU und FDP hatten sich 1951 und 1955 mit anderen Parteien zu Gruppen zusammengeschlossen. Der anfangs recht starke Bund der Heimatvertriebenen und Entrechteten (BHE) ist längst aus der Parteienlandschaft verschwunden. Bis heute geblieben sind – wenn auch mit abnehmender Bedeutung – eine Reihe von Freien Wählergemeinschaften und anderen, zumeist lokalen Wählergruppierungen. In kleineren Gemeinden stellten und stellen sie häufig die Gemeindevertretung allein, weil keine andere Partei antritt. Seit 1982 sind die Grünen in den Kommunalparlamenten vertreten. 1946 und 1948 wurde die SPD stärkste Partei und gab diesen Rang dann bis 1990 an die CDU ab. Von 1974 bis 1982 vereinigten die Christdemokraten sogar fast oder mehr als die Hälfte der Stimmen auf sich. Die SPD erzielt ihre besten Ergebnisse naturgemäß in den kreisfreien Städten. In Kiel erreicht sie nicht selten die absolute Mehrheit, während in Flensburg der SSW 1959 mehr Stimmen als alle anderen Parteien zusammen erhielt. Die letzten Kommunalwahlen vom 25. Mai 2008 erbrachten das folgende Ergebnis: CDU 38,6 %, SPD 26,6 %, Bündnis 90/Die Grünen 10,3 %, FDP 9,0 %, SSW 3,0 %, die Linke 6,9 % und Sonstige 5,6 %. Im Stimmenanteil der „Sonstigen" sind auch die Wählergemeinschaften mit enthalten – ein Beleg für ihre verblasste Rolle, auch wenn sich insgesamt 1.284 Gruppen und „Grüppchen" zur Wahl stellten und die Gruppierung „Wir in Flensburg" mit 22,3 % auf Anhieb zur stärksten politischen Kraft vor Ort wurde. Die Wahlbeteiligung sank landesweit auf ein historisches Tief von 49,4 %. Seit 1998 gilt eine fünfjährige Wahlperiode.

Ob die kommunale Ebene durch das – vom Gesetzgeber gewollte – Spannungsverhältnis zwischen repräsentativer und direkter Demokratie gestärkt oder geschwächt worden ist, kann zum gegebenen Zeitpunkt nicht eindeutig beantwortet werden. So lag die Beteiligung bei der Oberbürgermeisterwahl, die 2009 in Kiel durchgeführt wurde, bei nur 36,5%, obwohl mit dem gewählten Kandidaten Torsten Albig ein bundesweit profilierter und bekannter Politiker zur Wahl stand. Auch wenn 52,1% der abgegebenen Stimmen auf ihn entfielen, kann dies nicht darüber hinwegtäuschen, dass nur 19% der Berechtigten ihn auch gewählt haben. Allerdings geht es hier nicht um negative „Ausreißer", sondern um einen allgemeinen Trend. Die Entfremdung der Bürgerinnen und Bürger von Dorf, Amt, Kreis und Stadt, von ihrem konkreten Lebensumfeld, nimmt zum Teil bedrohliche Züge an. Schon als bei der Direktwahl des Dithmarscher Landrats im Jahre 2002 nur noch ganze 12,3% ihre Stimme abgaben, wurden im Kieler Landtag erstmals Positionen artikuliert, in denen eine Reform der Reform des Kommunalverfassungsrechts gefordert wurde. Im „Ausschuss zur Verwaltungsstrukturreform" vom Oktober 2008 der bis September 2009 amtierenden Großen Koalition aus CDU und SPD ist deshalb auch von der „Befürwortung der Wiedereinführung der mittelbaren Wahl von Landräten" die Rede. Eine Entscheidung in dieser Streitfrage steht aus. In ihrem großen Projekt zur Gebietsreform, das die faktische Reduktion der elf Landkreise und der vier kreisfreien Städte zu nur noch einigen wenigen Großkreisen vorsah, ist die Koalition (insbesondere am Widerstand der landständigen dithmarscher Bevölkerung) indes gescheitert. Allerdings hatte es bereits in der Koalitionsvereinbarung von 2005 geheißen, dass „eine Gebietsreform durch Zwang nicht stattfindet."

Literaturhinweise

Bülow, Volker/Erps, Jan-Christian/Schliesky, Utz und von Allwörden, Jochen: Kommunalverfassungsrecht Schleswig-Holstein, Wiesbaden 2009

Kellmann, Klaus: Schleswig-Holstein, in: Hans-Georg Wehling (Hrsg.): Die deutschen Länder – Geschichte, Politik, Wirtschaft, 3. überarbeitete Auflage, Opladen 2004

ders.: Direkte Demokratie in Schleswig-Holstein, in : Andreas Kost (Hrsg.): Direkte Demokratie in den deutschen Ländern – Eine Einführung, Wiesbaden 2005

Landeszentrale für politische Bildung (Hrsg.): Schleswig-Holstein – Kurze politische Landeskunde, Bearbeitung: Rüdiger Wenzel, 3., überarbeitete Auflage, Kiel 2006

Wewer, Göttrik (Hrsg.): Demokratie in Schleswig-Holstein – Historische Aspekte und aktuelle Fragen. Mit Beiträgen von Dieter Pust, Hartmut Borchert, Hans-Martin Steinger, Klaus-Dieter Dehn, Norbert Scharbach et al., Reihe: Altenholzer Schriften, Band 5, Opladen 1998

Wewer, Göttrik/Duggen, Hans (Hrsg.): Schleswig-Holstein-Lexikon. Politik, Wirtschaft, Gesellschaft, Kultur, Reihe: Altenholzer Schriften, Band 2, Opladen 2002

Kommunalpolitik im Freistaat Thüringen

Tobias Franke-Polz

1 Geschichtlicher Überblick

Das Land Thüringen hat eine zerrissene Geschichte. Über Jahrhunderte wurde die Region durch die thüringischen Kleinstaaten geprägt. Die zahlreichen Herzogtümer hemmten die Entwicklung eines starken Machtzentrums in der Region, erwiesen sich jedoch oftmals als große Förderer der Kultur am Hofe. Die nahezu einzigartige Theaterdichte und die Vielzahl von Residenzen in Thüringen sind ein Erbe dieser Tage.

Es dauerte bis zum Jahr 1920, bis aus acht Staaten wieder ein Gesamtgebilde entstand. Im Deutschen Reich hatte die Novemberrevolution das Ende der Monarchie eingeleitet und auch im späteren Land Thüringen dankten die kleinen Monarchen ab. Weimar wurde zur Hauptstadt Thüringens. Nicht dabei waren sowohl der Süden als auch der Norden der Thüringer Gebiete. Im Süden hatte sich der Freistaat Coburg in einer Volksabstimmung für einen Anschluss an Bayern ausgesprochen, der Norden war wie die heutige Landeshauptstadt Erfurt preußisches Gebiet. Das änderte sich erst nach Ende des Zweiten Weltkriegs. Der Großteil des heutigen Landes wurde zunächst von den amerikanischen Alliierten befreit, später jedoch Teil der sowjetischen Besatzungszone. Das Land Thüringen in seiner ungefähren heutigen Gestalt existierte jedoch auch dann nur von 1945 bis 1952, bevor es in die drei Bezirke Erfurt, Gera und Suhl aufgeteilt wurde. Diese hatten wie die weiteren elf DDR-Bezirke praktisch keinerlei politische Selbständigkeit, sondern dienten vor allem der Durchsetzung der zentralistischen und hierarchischen Machtstrukturen, an deren Spitze die SED-Nomenklatur stand. Die Bezirke hatten bis 1990 Bestand, bevor nach der Friedlichen Revolution die erste frei gewählte Volkskammer mit dem DDR-Ländereinführungsgesetz vom 22. Juli 1990 die Grundlage für die Wiedereinführung der ostdeutschen Länder legte.

Der heutige Freistaat Thüringen umfasst neben den drei genannten Bezirken die Kreise Altenburg und Schmölln aus dem früheren DDR-Bezirk Leipzig und den Kreis Artern (Bezirk Halle), in dem sich eine Mehrheit der Abstimmenden in einem Entscheid für Thüringen entschieden hat. Im Jahr 1992 gingen darüber hinaus einige kleinere Ostthüringer Gemeinden an das Land Sachsen über. Mit der Landtagswahl vom 14. Oktober 1990, spätestens jedoch mit dem endgültigen Inkrafttreten der Thüringer Landesverfassung durch Volksentscheid vier Jahre darauf, ist der Freistaat Thüringen fester Bestandteil des politischen und institutionellen Gefüges der Bundesrepublik geworden.

2   Das Land Thüringen

Thüringen gehört mit einer Fläche von 16.172 km² zu den kleinsten Flächenländern. Das Land, das nicht zuletzt aufgrund seiner Lage zu den wirtschaftlich eher erfolgreichen Ost-Bundesländern gehört, ist zumeist ländlich-kleinstädtisch geprägt. Der Verstädterungsgrad ist gering: Jeder zweite Thüringer wohnt in einer Kommune mit weniger als 10.000 Einwohnern. Lediglich die Thüringer Städtekette von Eisenach über Gotha, die Landeshauptstadt Erfurt, Weimar, Jena bis nach Gera und Altenburg ist urbaner geprägt. Erfurt überschreitet knapp die 200.000-Einwohner-Grenze, Jena und Gera haben jeweils etwas mehr als 100.000 Einwohner. Die Einwohnerzahl Thüringens ist in den vergangenen Jahren deutlich von 2,7 auf heute 2,3 Mio. Einwohner zurückgegangen. Dabei ist der Bevölkerungsschwund in Folge von Wanderungsbewegungen und Sterbe- bzw. Geburtsrate regional äußerst ungleich verteilt. Während Weimar und Jena in den vergangenen Jahren gewachsen sind und Erfurt eine Stabilisierung gelang, sehen sich die ehemaligen Bezirksstädte Suhl und Gera ebenso wie weite Regionen in Nord- und Ostthüringen mit anhaltenden und zum Teil verheerenden demografischen Veränderungen konfrontiert. Jenseits der Thüringer Städtekette ist die Bevölkerungsdichte relativ gleichmäßig verteilt, im Norden, Südosten und Südwesten ist sie vergleichsweise niedrig.

Aufgrund der Tatsache, dass das Land durch weitläufige Waldgebiete geprägt ist und gleich mehrere Orte für sich in Anspruch nehmen, den Mittelpunkt Deutschlands zu bilden, wird das Land häufig „Grünes Herz Deutschlands" genannt. Kulturelle Höhepunkte bilden die UNESCO-Weltkulturerbestätten Wartburg und Weimar, aber auch das mittelalterliche Erfurt sowie die Residenzstadt Gotha und die Theaterstadt Meiningen.

War Thüringen in der Kaiserzeit noch ähnlich stark industrialisiert wie Westfalen oder Sachsen, wird das Land heute infolge von DDR-Misswirtschaft und den wirtschaftlichen Umbrüchen seit 1989 maßgeblich durch kleine und mittelständische Wirtschaftsstrukturen geprägt. Lediglich einige größere Unternehmen haben ihren Hauptsitz heute in Thüringen, die meisten davon in Jena. Die Universitätsstadt gilt als wissenschaftlicher und wirtschaftlicher Leuchtturm des Landes.

Thüringen ist nach einer Kreisneuordnung im Jahr 1994 heute in 17 Landkreise und sechs kreisfreie Städte gegliedert. Mit 959 Gemeinden hat Thüringen mittlerweile zwar in der Folge von Zusammenschlüssen die Grenze von 1.000 Gemeinden unterschritten, doch noch immer bestehen Zweifel an der Funktionsfähigkeit einer solch feingliedrigen Struktur, nicht zuletzt vor dem Hintergrund der fortschreitenden Bevölkerungsabnahme. Die Thüringer Landespolitik hat in der Vergangenheit zumeist auf freiwillige interkommunale Kooperationen und Zusammenschlüsse gesetzt. Viele Gemeinden haben heute mit benachbarten Gemeinden des gleichen Landkreises Verwaltungsgemeinschaften gebildet, andere haben eine benachbarte Gemeinde als „Erfüllende Gemeinde" mit bestimmten Aufgaben einer Verwaltungsgemeinschaft betraut. In einigen Fällen musste jedoch auch der Gesetzgeber die Gemeindeneugliederung durchsetzen.

Als staatliche und ressortübergreifende Mittelinstanz zwischen kommunaler und Landesebene fungiert das Landesverwaltungsamt mit Sitz in Weimar. Diesem wurden vor allem hoheitliche Vollzugsaufgaben übertragen, außerdem übt es die Rechts- und Fachaufsicht über die Landratsämter und kreisfreien Städte sowie die unteren Landesbehörden aus. Damit verfügt Thüringen über eine im Kern dreistufige Verwaltung, jedoch ohne die in einigen anderen Bundesländern eingeführte regionale Zuständigkeitsordnung in Form von Regierungspräsidien.

3   Die Kommunalverfassung

Mit der friedlichen Revolution von 1989/90 wurden auch in Thüringen die kommunalpolitischen Verhältnisse wieder vom Kopf auf die Beine gestellt. Weder besaßen die DDR-Bezirke politische Gestaltungsmöglichkeiten, noch kannten die Kommunen heute selbstverständliche Selbstverwaltungsrechte. Im Dezember 1989 konstituierten sich auf Druck der Bürgerbewegungen auf Thüringer Bezirks- und vielfach auch kommunaler Ebene Runde Tische, an denen neben den Vertretern der neugegründeten Oppositionsgruppen und der Kirche auch Funktionäre der SED, der Blockparteien und weiterer DDR-Großorganisationen berieten.

Die alten Strukturen waren zum Jahresende 1989 vollständig delegitimiert und so wurde an den Runden Tischen versucht, trotz aller Emotionalität in einem eher diskursiven Verhandlungsstil den gesellschaftlichen Umbruch zu meistern. Die Bandbreite der Themen war groß, im Mittelpunkt standen jedoch regelmäßig der Rückbau des SED-Machtapparates und die Einführung rechtsstaatlicher Strukturen. Mit den Runden Tischen wurde nicht nur ein völliges Machtvakuum vermieden, sondern es hielt vielerorts ein neuer Politikstil Einzug. Dennoch währte die Phase der Runden Tische nur kurz.

Mit den ersten freien Wahlen zur Volkskammer am 18. März 1990, spätestens jedoch mit der Kommunalwahl vom 6. Mai 1990 – fast auf den Tag genau ein Jahr nach der so offensichtlich gefälschten Kommunalwahl im Jahr 1989 – wurden die politischen Kräfteverhältnisse neu sortiert. Erstaunlich schnell wurde das Parteiensystem westdeutscher Prägung übernommen, mit Ausnahme der SED-PDS, die jedoch politisch weitgehend isoliert war. Die Parteibildung im Kontext der genannten Wahlen marginalisierte die Runden Tische zusehends, die bei den Wahlen so erfolgreiche „Allianz für Deutschland" ließ zudem nur wenig Interesse an entsprechend informellen Strukturen erkennen. Stattdessen wurden nun auf rechtlichem Terrain die Grundlagen für den

Umbau der Kommunalverwaltung geschaffen. Waren bisher die Kommunen in den sogenannten „demokratischen Zentralismus" mit seiner autoritären Weisungs- und Überwachungsstruktur eingebunden, sollte mit dem „Gesetz über die Selbstverwaltung der Gemeinden und Landkreise der DDR (Kommunalverfassung)" vom 17. Mai 1990 die Grundlage für die wiederherzustellende kommunale Selbstverwaltung gelegt werden. Die Gemeinden wurden damit zwar von einigen Aufgaben entbunden, insbesondere der Versorgung mit Waren und Dienstleistungen vor Ort, andererseits wuchs ihnen eine Fülle neuer Aufgaben zu, sowohl in der Selbstverwaltung als auch im Vollzug übertragener Aufgaben. Die Anforderungen waren immens und innerhalb kürzester Zeit umzusetzen. Hinzu kam eine Rekommunalisierungswelle, in der nach dem Kommunalvermögensgesetz vom 6. Juli 1990 zahlreiche soziale und kulturelle Einrichtungen, die zuvor in der Hand höherer staatlicher Stellen bzw. Volkseigener Betriebe waren, an die Kommunen übergingen. Die Zahl der Kommunalbediensteten lag dementsprechend Anfang der 1990er Jahre doppelt so hoch wie in vergleichbaren westdeutschen Ländern. Mithilfe von Partnerschafts- und Verwaltungsaustauschprogrammen gab es hier zwar Unterstützung, doch die notwendigen Umstrukturierungen, der hohe Personalbestand und der immense Investitionsstau legten schon zu Beginn der 1990er Jahre den Grundstein für eine kommunale Verschuldungspolitik, die Thüringen mittlerweile im Pro-Kopf-Vergleich über dem bundesdeutschen Durchschnitt sieht.

Die DDR-Kommunalverfassung von 1990 orientierte sich weitgehend an den zum damaligen Zeitpunkt geltenden westdeutschen Kommunalordnungen. Im Ergebnis stand ein Mischtypus, der den Bürgermeister zwar zum Chef der Verwaltung erklärte, der jedoch nicht direkt sondern durch die Gemeindevertretung gewählt wird. 1992 folgte die „Vorläufige Kommunalordnung für das Land Thüringen", die sich jedoch weitgehend an die DDR-Kommunalverfassung anlehnte.

Die Süddeutsche Ratsverfassung trat mit der „Thüringer Gemeinde- und Landkreisordnung (Thüringer Kommunalordnung)" und dem „Thüringer Gesetz über die Wahlen in den Landkreisen und Kommunen (Thüringer Kommunalwahlgesetz)" vom 16. August 1993 ihren Siegeszug auch im Freistaat an. Die am meisten einschneidenden Änderungen bestehen in der direkten Wahl des (Ober-)Bürgermeisters, der ebenso wie der Landrat seit 1994 nun durch die wahlberechtigten Einwohner bestimmt wird und die Funktionen (stimmberechtigter) Vorsitz der Gemeindevertretung, Verwaltungschef und Vertretung nach außen auf sich vereint. Die gewünschte Entkoppelung von Bürgermeister und Rat zeigt sich zudem in der Festsetzung der Wahlperioden. Zwar werden ehrenamtliche Bürgermeister (in Gemeinden mit weniger als 3.000 Einwohnern) zeitgleich mit den Gemeinderatsmitgliedern gewählt – wie Kreisratsmitglieder für die Dauer von fünf Jahren. Hauptamtliche Bürgermeister jedoch werden nun wie Landräte für eine Dauer von sechs Jahren gewählt. Erklärtes Ziel dieser Regelung ist es, die Stellung und die Legitimation der Bürgermeister und Landräte zu stärken. Zwischen den Bürgern und den zu wählenden Bürgermeistern bzw. Landräten soll ein direkter Legitimationsstrang aufgebaut werden, was de facto der Errichtung einer Art lokalen Präsidialsystems gleichkommt.

Es gibt unterschiedliche Ansichten darüber, wie sich die Direktwahl bisher ausgewirkt hat. Viele Beobachter gehen davon aus, dass die Stellung des Bürgermeisters bzw. Landrats nicht nur lediglich gestärkt wurde, sondern dass der jeweilige Amtsinhaber auch unabhängiger von Parteien geworden ist und somit politisch selbständiger agiert. Dagegen wird eingewandt, dass es auch zu einer Schwächung kommen kann, wenn der Bürgermeister bzw. Landrat weniger von politischen Gruppierungen getragen wird und sich politische Mehrheiten immer aufs Neue organisieren muss. Die bisherige Erfahrung spricht gegen diesen Einwand. Gerade in den größeren Städten Thüringens mit ihren hauptamtlichen Bürgermeistern haben sich bisher mehrheitlich parteigebundene oder parteinahe Kandidaten durchgesetzt; die politischen Konstellationen in den Räten führten zwar selten zu festen Koalitionen, doch das Mehr an Demokratie für die Bürger geht in der Gesamtschau nicht zulasten handlungsfähiger Kommunalpolitik.

Einen Zugewinn an politischen Gestaltungsmöglichkeiten stellen neben der Direktwahl die Möglichkeiten des Kumulierens und Panaschierens dar, die ebenfalls 1993 eingeführt und 1994 mit der ersten „rein thüringischen" Kommunalwahl zum Tragen kamen. Statt starrer Kommunalwahllisten können die Wähler ihre drei Stimmen häufen (kumulieren) oder von einer Liste auf eine andere übertragen (panaschieren). Auch hierdurch werden ehedem festgefügte Parteilisten und -hierarchien aufgelockert; Personen, die sich ein besonderes Ansehen erworben haben, können so auch ohne Spitzenkandidatenstatus in den Rat gewählt werden.

Die Wahl in den Rat wird jedoch seit 1993 bzw. 1994 aus anderem Grund erschwert: Mit der Thüringer Kommunalordnung von 1993 wurde die Zahl der Ratsmitglieder deutlich verkleinert. Hintergrund bildete die Beobachtung, dass es in den großen Räten bei den ersten demokratischen Gehversuchen vielerorts zu starken parteipolitischen, auch innerparteilichen und innerfraktionellen Konfrontationen gekommen war. Die nunmehr geltende Fassung der ThürKO sieht je nach Gemeindegröße zwischen sechs bis maximal 50 Ratsmitglieder vor.

Thüringer Kommunalordnung und Thüringer Kommunalwahlgesetz haben seit 1993 mehrere Änderungen erfahren, die jedoch nicht die oben genannten Feststellungen berühren. Hervorzuheben sind aus kommunalpolitischer Sicht die Abschaffung der 5%-Hürde, die Abschaffung der Stichwahlen und die Diskussion um verbesserte direktdemokratische Beteiligungsrechte (zu letzterem siehe Abschnitt 5).

Die in der Kommunalverfassung von 1993 festgeschriebene 5%-Hürde für Kommunalwahlen führte in den Folgejahren immer wieder zu Kritik – aus parteipolitischer wie aus demokratietheoretischer Sicht. Die Hürde als Schutzwall gegen eine Zersplitterung der Räte lasse sich nicht rechtfertigen. Zum einen hätten gerade kleinere Räte ohnehin eine faktische Hürde durch ihre begrenzte Größe, zum anderen sei nicht hinnehmbar, dass ein relevanter Stimmenanteil einfach verfalle. Räte seien keine Parlamente, insofern sei ein entsprechendes parlamentarisches Schutzrecht hier nicht angebracht. In der Tat führte die Regelung zu Ergebnissen, die vielen nicht einsichtig waren. Konnte ein Gemeinderat mit wenigen Stimmen einziehen, falls ein kräftiges „Zugpferd" auf der Liste stand, blieb einem anderen trotz eines vielfachen Stimmenanteil der Ratssitz verwehrt, da er auf einer kleineren, weniger prominent besetzten Liste kandidierte. Die Forderung nach einer Neuregelung wurde jedoch seitens der Regierungspartei abgewiesen. Erst als Bündnis 90/Die Grünen und FDP, kommunalpolitisch zunehmend marginalisiert, sich an den Thüringer Verfassungsgerichtshof wandten, begann die Ablehnung zu bröckeln. Im April 2008 erklärte das Verfassungsgericht die Sperrklausel für verfassungswidrig. Sie verstoße gegen den Grundsatz der Gleichheit der Wahl. Im Oktober 2008 wurde der strittige § 22 II ThürKWG gestrichen.

Im gleichen Atemzug wurde auch die Stichwahl der Bürgermeister abgeschafft. Während die regierende Thüringer CDU argumentierte, die Legitimation reiche auch im ersten Wahlgang und sei bei einer Stichwahl angesichts der dann geringeren Wahlbeteiligung ohnehin geringer, kritisierten SPD und Linkspartei die Gesetzesänderung scharf als parteipolitisch motiviert. In der Tat: diese Änderung im „Gesetz zur Stärkung des bürgerschaftlichen Engagements und zur verbesserten Teilhabe an kommunalen Entscheidungsprozessen" dürfte wohl weniger demokratietheoretischen Erwägungen gefolgt sein als der Erkenntnis, dass gerade in den größeren Städten des Landes die SPD in den letzten Jahren aus den Stichwahlen als Sieger hervorgegangen war – nicht selten mit offener oder indirekter Unterstützung aus den Reihen der zuvor konkurrierenden Linkspartei. Ob ein entsprechender von der CDU favorisierter „Minderheitenbürgermeister" tatsächlich besser legitimiert ist, dürfte ohnehin fraglich sein. In den Koalitionsverhandlungen nach der Landtagswahl 2009 setzte die SPD die Wiedereinführung der Stichwahlen durch.

Äußerst kontrovers diskutiert wurden in Thüringen zuletzt auch die möglichen Scheinkandidaturen von Landräten und Oberbürgermeistern auf den Kommunalwahllisten. Zur Kommunalwahl am 7. Juni 2009 verzichteten lediglich drei von 24 parteigebundenen Amtsinhabern auf eine Kandidatur. Die Kandidaturen wurden regelmäßig damit begründet, dass die jeweils tragende Fraktion damit unterstützt werden solle; wohl wissend, dass das errungene Mandat ohnehin nicht angetreten würde, da dies zugleich mit einem Amtsrücktritt verbunden ist und der Amtsinhaber auch als Bürgermeister stimmberechtigt ist. Was jedoch auf der einen Seite Garant für deutlichere politische Mehrheitsverhältnisse sein kann, verzerrt auf der anderen Seite nicht nur aus Sicht der politischen Konkurrenz, sondern auch in der Wahrnehmung vieler Bürger das Wahlergebnis unzulässigerweise.

4   Wahlen in Thüringen: Ergebnisse und Themen

Seit den ersten freien Wahlen im Jahr 1990, beginnend mit der Volkskammerwahl, konnte sich die CDU als stärkste Kraft im Land behaupten, mit Abstrichen auch auf kommunaler Ebene. Der im Jahr 2009 deutliche Einbruch bei den Wählerstimmen zur Landtagswahl hat die Kräfteverhältnisse zwar verschoben, jedoch nicht grundlegend geändert. Regelmäßig stellte die Union den Ministerpräsidenten; von 1990 bis 1994 in einer Koalition mit der FDP, von 1994 bis 1999 und seit 2009 in einer Koalition mit der SPD. Seit 1994 waren FDP und Bündnis 90/Die Grünen nicht mehr im Landtag vertreten, eine Tatsache, die sich erst mit der Landtagswahl im August 2009 änderte. Die PDS/Linkspartei verzeichnet seit den 1990er Jahren zunehmenden Zuspruch, wohingegen die Thüringer Sozialdemokraten seit 1999 lediglich auf den ungeliebten dritten Platz kommen – ausgerechnet in dem Land, in dem die Vorgänger der Partei (Sozialdemokratische Arbeiterpartei, 1869 in Eisenach bzw. Sozialistische Arbeiterpartei, 1875 in Gotha) gegründet wurden bzw. fusionierten.

Rechte Parteien scheiterten in Thüringen im Gegensatz zu den anderen neuen Bundesländern regelmäßig an der 5%-Hürde. Zwischen 1994 und 2009 waren im Parlament mithin nur drei Parteien vertreten.

Tendenziell ist die CDU in ländlichen Gebieten erfolgreicher, während SPD und teilweise auch Linkspartei ihre besten Ergebnisse in den größeren Städten erreichen. Die Linkspartei ist insbesondere in den ehemaligen Bezirksstädten Suhl und Gera erfolgreich, was auch heute noch auf das zahlenmäßig starke SED-nahe Verwaltungspersonal zurückgeführt wird, zum anderen auf die gerade in diesen Städten schwierigen Transformationsprozesse. Suhl und Gera kämpfen mehr als andere Orte mit Arbeitslosigkeit und Abwanderung.

Die CDU hat ihre Hochburgen insbesondere im ländlich-katholisch geprägten Eichsfeld, der Heimat des früheren Ministerpräsidenten Dieter Althaus. Die Ergebnisse der FDP verteilen sich vergleichsweise gleichmäßig über die Regionen, während Bündnis 90/Die Grünen regelmäßig in Eisenach und den Universitätsstädten Jena, Weimar und Erfurt gute Wahlergebnisse für sich verbuchen können.

Die Kommunalwahlergebnisse sind im Wesentlichen ein Spiegel der Landtagswahlergebnisse, wobei hier insbesondere der enorme Erfolg freier Wählergruppen auffällt, die bei den Gemeinde- und Stadtratswahlen im Jahr 2009 mit mehr als 30 Prozent der Stimmen ein Rekordergebnis auf sich vereinigen konnten. Auch bei den Stadtratswahlen der kreisfreien Städte und den Wahlen zu den Kreistagen liegen die Ergebnisse freier, oft lokaler Wählergruppen oft im zweistelligen Bereich.

Dennoch stellt auch auf kommunaler Ebene die CDU den dominantesten politischen Akteur dar; lediglich in den großen Städten musste sie sich im Jahr 2006 mehrfach der SPD geschlagen geben, nicht zuletzt forciert durch das damalige Prinzip der Stichwahlen. 2006 bedeutete dort eine Umkehrung der politischen Kräfteverhältnisse: in fünf der sechs kreisfreien Städte regiert nun ein SPD(-naher) Bürgermeister, in Suhl ein parteiloser Bürgermeister. Diese Verschiebung ging zuletzt mit einer Verschiebung der politischen Mehrheiten in den Räten einher. In den zwei größten Städten Erfurt und Jena stellen die Sozialdemokraten die größte Fraktion, zweifelsohne unterstützt durch die Kandidaturen der Oberbürgermeister auf den Kommunalwahllisten im Jahr 2009. In den meisten anderen Städten stellen CDU und Linkspartei die stärksten Fraktionen.

Bündnis 90/Die Grünen verbuchen in den Städten ihre größten Erfolge. Waren sie zeitweilig nur in den Räten von Erfurt, Jena, Weimar und Eisenach und in einigen kleineren Gemeinderäten vertreten, sind sie aus der Kommunalwahl 2009 – auch bedingt durch den Wegfall der 5%-Hürde – deutlich gestärkt hervorgegangen. Die Ergebnisse der FDP hängen sehr stark von regionalen Gegebenheiten ab. So konnten die Liberalen lange Zeit den Oberbürgermeister von Jena stellen und verbuchten auch in einigen kleineren Kommunen – bedingt durch die Popularität von einzelnen Kandidaten – bemerkenswerte Erfolge. Rechtsextreme Parteien spielten in der Thüringer Kommunalpolitik bis 2009 keine Rolle. Mit der weggefallenen 5%-Sperrklausel konnte die NPD, die mittlerweile die dominierende Position unter den rechtsextremen Parteien im Land einnimmt, überall dort wo sie Kandidaten nominieren konnte, auch Mandate erringen. In der Hälfte der Räte in den Landkreisen bzw. kreisfreien Städten ist die NPD seither vertreten.

Von den 17 Landräten werden heute zwölf von der CDU gestellt, vier von der SPD, der Landkreis Weimarer Land hat einen parteilosen Landrat.

Auf lokaler Ebene im ländlichen Raum verschiebt sich das Gewicht weiter zugunsten der Union und der – auch im Bundesvergleich – bemerkenswert starken freien Wählervereinigungen. Deren Erfolg ist zum einen auf den geringen Organisationsgrad der Parteien gerade in ländlichen Regionen zurückzuführen, ein Umstand, der durch die große Zahl von Kleingemeinden/Räten noch deutlicher ins Gewicht fällt. Die mit der Einwohnerzahl abnehmende parteipolitische Bindung der Ratsmitglieder ist bundesweit zu beobachten, doch in Thüringen zeigt sie sich besonders vehement – mit steigender Tendenz.

Um die Erfolge freier Wählergruppen zu verstehen, ist ein Blick auf die kommunalpolitische Agenda in Thüringen notwendig. In zeitlich dichter Abfolge mussten in den zurückliegenden Jahren die Weichen kommunaler Selbstverwaltung neu gestellt werden. Das betraf zu Beginn der 1990er Jahre insbesondere den Aufbau tragfähiger Verwaltungsstrukturen. Die oben beschriebene Gemeinde- und Kreisreform und die damit verbundenen Bestandsänderungen lösten häufig emotionale Diskussionen sowohl seitens der betroffenen Kommunalpolitik als auch der Kreis- bzw. Gemeindebürger aus.

Noch brisanter und für viele existenziell war jedoch der Themenbereich der Kommunalabgaben. Die Kommunen sahen sich mit der Aufgabe konfrontiert, zügig die Infrastruktur vor Ort auf bundesdeutsches Niveau zu bringen. Das betraf zum einen die Straßen, mehr aber noch die Abwasserentsorgung. Der Investitionsstau wurde nicht immer mit Akzeptanz der Bürger vor Ort gelöst. Nicht selten wurden überdimensionierte Abwasserbehandlungsanlagen gebaut, die genauso wie der kommunale Straßenbau hohe Kommunalabgaben für die angeschlossenen Haushalte zur Folge hatten. In der Folge wurden teils ruinöse Rechnungen gestellt, verbunden mit kaum haltbaren Zahlungszielen. Es entwickelte sich eine emotional zutiefst aufgeladene Debatte, in der Korruptionsvorwürfe die Runde machten und der viele kommunale Vertreter nicht viel entgegenzusetzen hatten. In der Folge bildeten sich Bürgerinitiativen gegen überhöhte Kommunalabgaben, die sich auf kommunaler Ebene auch zur Wahl stellten und in vielen Gemeinden beträchtliche Stimmenanteile erzielen konnten. In der thüringischen Kleinstadt Kahla etwa wurde die „Bürgerinitiative gegen überhöhte Abgaben" bei der Kommunalwahl 1999 zweitstärkste Fraktion.

Ein weiteres kontrovers diskutiertes Thema stellte insbesondere im ländlichen Raum die Förder- und Investitionspolitik dar. Wurden zu Beginn und Mitte der 1990er Jahre großzügig Fördermittel für die Erschließung von Gewerbegebieten ausgereicht, verlagerte sich die Förderung zusehends in regionale Prestigeprojekte. Schnell war von einer „Spaßbadpolitik" die Rede. Viele der Projekte verliefen im Sande, Bäder schrieben tiefrote Zahlen und belasteten kommunale Haushalte, Gewerbegebietsflächen blieben ungenutzt. In der Öffentlichkeit führten entsprechende Fehlinvestitionen zu einer lebhaften Debatte und zu kritischen Fragen sowohl an die Landes- als auch an die Kommunalpolitik.

Auch bei der Kulturpolitik schieden sich zuletzt die Geister. Die Landesregierung legte im Jahr 2006 Sparpläne für die vielfältige Thüringer Theater- und Orchesterlandschaft vor, die auf erbitterten Widerstand vor Ort stießen. Mehr noch als die Kommunalpolitik waren es vor allem Bürgerinnen und Bürger, die sich nicht nur um das Kulturangebot vor Ort, sondern auch um ihre regionale Identität Sorgen machten. Die Kommunalpolitik zeigte sich hier eher ambivalent: teils unterstützte sie die Proteste, teils stellte sie sich den Kürzungsplänen mit Blick auf die eigenen Zuschüsse nicht in Gänze quer.

5   Direkte Demokratie

Im Thüringen stand das Thema Direkte Demokratie wiederholt ganz oben auf der politischen Agenda. Das lag nicht an einer ausufernden Praxis direktdemokratischer Verfahren auf Landes- oder Kommunalebene. Ganz im Gegenteil, im Freistaat wurden bisher auffällig wenige Initiativen aktiv. Die geringe Praxis wurde auf die Regelungen in Verfassung und Gemeindeordnung zurückgeführt, die lange Zeit nahezu prohibitive Hürden für Volksgesetzgebung aufstellten bzw. die auf kommunaler Ebene einzigartig hoch waren. Mit einer Verfassungsänderung im Jahr 2003 und mehreren Änderungen der Thüringer Kommunalordnung wurden die Hürden mittlerweile deutlich gelockert. Waren die Anforderungen an direktdemokratische Verfahren auf Landesebene bis dahin ausgesprochen hoch, so liegt Thüringen jetzt im Ländervergleich im Mittelfeld. Auf kommunaler Ebene sind die Anforderungen im Jahr 2009 sogar noch deutlich stärker verringert worden.

Dabei waren die Änderungen lange umstritten. Wesentlichen Anteil an den anwendungsfreundlicheren Regelungen hatte ein von SPD, Linkspartei, Grünen und einer Vielzahl gesellschaftlicher Organisationen getragenes „Bündnis für mehr Demokratie", das seit Ende der 1990er Jahre die engen Schranken für unmittelbare Gesetzgebung öffentlichkeitswirksam mit eigenen Vorstellungen kontrastierte. Mit zwei Volksbegehren zur Änderung der Landes- bzw. kommunalen Regelungen wurde erfolgreich Druck auf die regierende CDU ausgeübt. Das erste Volksbegehren hatte eine Änderung der Hürden auf Landesebene zum Ziel. Es konnte mit 363.000 Unterschriften – 18,34%

aller stimmberechtigten Bürger – zwar die hohen formellen Hürden nehmen, scheiterte aber nach einer Klage der Landesregierung vor dem Thüringer Verfassungsgerichtshof, der argumentierte, dass die Gesetzgebungsgewichte mit den vorgeschlagenen Regelungen zu deutlich zulasten parlamentarischer Demokratie verlagert würden. Doch trotz des juristischen Erfolgs sah sich die Landesregierung einem erheblichen öffentlichen Druck ausgesetzt, die Volksgesetzgebung im Freistaat zu verbessern. Dass letztlich die CDU ihre ausgesprochen plebiszitkritische Haltung aufgab, dürfte auch der Befürchtung geschuldet sein, dass die Opposition das Thema im Landtagswahlkampf 2004 besetzen könnte. Die Regierungspartei war zunehmend in die öffentliche und publizistische Defensive geraten und zeigte sich 2003 kompromissbereit. Im Ergebnis steht eine seitdem deutlich anwendungsfreundlichere Rechtslage auf Landesebene. Das Volksbegehren für Mehr Demokratie war quasi „erfolgreich gescheitert".

Noch gravierender sind die Änderungen für direktdemokratische Mitgestaltung auf kommunaler Ebene. Die 1990 in Kraft getretene Kommunalverfassung der DDR sah recht weitgehende direktdemokratische Mitspracherechte vor. Es stand fest, dass entsprechende Instrumente nach den Erfahrungen der Friedlichen Revolution auch in die zukünftigen Gemeindeordnungen der Länder mit einfließen sollten. Dennoch wurden mit der am 18.2.1994 beschlossenen eigenen Kommunalordnung in Thüringen die Hürden für Volksgesetzgebung merklich erhöht – sowohl hinsichtlich Quoren als auch Anwendungsmöglichkeiten.

Angesichts der engen Grenzen für Bürgerinnen und Bürger, in ihrer Gemeinde direkt mit zu entscheiden, blieb die Anzahl direktdemokratischer Initiativen in Thüringen auch auf kommunaler Ebene sehr überschaubar. Vor diesem Hintergrund gab es seit der Jahrtausendwende Versuche, Volksgesetzgebung auch in den Gemeinden zu erleichtern. „Mehr Demokratie" legte erste Vorschläge auf den Tisch, im Jahr 2002 folgte die CDU mit einem Gesetzentwurf zur Änderung der Thüringer Kommunalverfassung nach. Die Quoren für Bürgerantrag und Bürgerbegehren sollten danach gesenkt werden, weiterhin ohne Staffelung nach Gemeindegröße. Den Kernpunkt der Vorschläge bildete allerdings die Einführung der Amtssammlung – in Deutschland in keinem anderen Bundesland auf kommunaler Ebene praktiziert – und die Begrenzung der Sammlungsfrist auf zwei Wochen. Mit diesen Verfahrensanforderungen wären die Voraussetzungen für erfolgreiche Initiativen auf kommunaler Ebene tendenziell eher erschwert worden: „Etikettenschwindel", warnte das Bündnis für „Mehr Demokratie in Thüringen" denn auch. In letzter Sekunde lenkte die regierende CDU ein. Der Gesetzentwurf für kommunale Volksgesetzgebung wurde überarbeitet und sah nun doch von einer Eintragung in den Amtsstuben ab. Zudem wurde eine degressive Staffelung für Bürgerbegehren je nach Gemeindegröße von 13% bis 17% eingeführt; die Unterschriftensammlung wurde nun an eine Frist von zwei Monaten gebunden. Die Hürden beim Bürgerentscheid blieben jedoch. Die Verbesserungen blieben damit weit hinter den Erwartungen zurück und bildeten 2007 und 2008 die Grundlage für ein Volksbegehren „Mehr Demokratie in Thüringer Kommunen", welches am 17.12.2007 durch die zuständige Landtagspräsidentin für zulässig befunden wurde und 250.982 Unterschriften auf sich vereinen konnte. Auch hier war es der mit diesem Volksbegehren verbundene enorme öffentliche Druck, dem die alleinregierende CDU nun mit einem eigenen Gesetzentwurf begegnen wollte. Mit dem am 18. Oktober 2008 in Kraft getretenen „Thüringer Gesetz zur Stärkung des bürgerschaftlichen Engagements und zur verbesserten Teilhabe an kommunalen Entscheidungsprozessen" wurde allerdings eine Gesetzeslage geschaffen, die mit dem Gesetzentwurf des Volksbegehrens kollidierte. Zwar wurden bei den Quoren Erleichterungen geschaffen, doch die nun wieder für Bürgerbegehren vorgesehene Amtsstubensammlung erregte vielfach Unmut. Mehr noch: die kollidierenden Gesetzesentwürfe – ein bundesweites Unikat – beförderten die Frage, inwieweit eine solch „überholende Gesetzgebung" überhaupt zulässig ist. Schließlich wurde hier im Parlament ein Gesetzentwurf zur Änderung der Kommunalordnung beschlossen, obwohl das schwebende Volksbegehren ebenfalls diese ändern wollte, allerdings in weiterreichender Weise. Diese juristische Frage wurde unterschiedlich beantwortet, war jedoch letztlich nicht mehr relevant. Denn mit dem „ Gesetz für mehr direkte Demokratie in Thüringer Kommunen „ vom 8. April 2009 wurden die Weichen – auch im Vorfeld der anstehenden Thüringer Landtags- und Kommunalwahlen – nochmals neu gestellt. Auch ohne Volksentscheid konnten sich die Befürworter von Mehr Demokratie mit ihrem Anliegen durchsetzen. Die Hürden für Bürgerbegehren wurden deutlich gesenkt (§§17, 18 ThürKO): Für ein Bürgerbegehren in freier Sammlung müssen nun 7 Prozent der Stimmberechtigten unterschreiben, maximal 7.000. Bisher lag diese Hürde bei 13 bis 17 Prozent. Die Sammlungsfrist beträgt beim Bürgerbegehren vier Monate, bei amtlicher Sammlung und einem Quorum von sechs Prozent zwei Monate. Die Liste der Themen, die einem Bürgerbegehren nicht zugänglich sind, wurde deutlich verringert, zudem wurden die Hürden für finanzwirksame Bürgerbegehren abgesenkt – aus der Muss-Vorschrift für einen Kostendeckungsvorschlag wurde eine Soll-Regelung. Die Zustimmungsklausel bei Bürgerentscheiden liegt jetzt bei zehn bis 20 Prozent je nach Gemeindegröße (zuvor 20 bis 25 Prozent). Bürgerbegehren und Bürgerentscheid sind auch auf Landkreisebene möglich. Hier werden bei amtlicher Sammlung sechs Prozent der Stimmberechtigten gefordert, bei freier Sammlung sieben Prozent (max. 10.000). Dabei gelten Fristen von zwei bzw. vier Monaten. Für den Bürgerentscheid auf Landkreisebene wird die Mehrheit der gültigen Stimmen gefordert, die mehr als zehn Prozent der Stimmberechtigten ausmachen muss. Reformiert wurde auch der bisherige Bürgerantrag, durch den der Gemeinderat mit einem Thema befasst werden kann. Er ist jetzt zum Einwohnerantrag umgebaut worden: Ein Prozent, maximal 300 Unterschriften, genügen dafür; unterschreiben können neben Jugendlichen ab dem 14. Lebensjahr auch Ausländer. Bildete Thüringen bisher unter den Flächenländern aufgrund der restriktiven Gesetzeslage eines der Schlusslichter bei der direktdemokratischen Praxis auf kommunaler Ebene, ist nun mit einer deutlichen Zunahme zu rechnen. Bis 2007 zählte der Verein Mehr Demokratie e.V. in seinem 2008 vorgelegten Bürgerbegehrensbericht lediglich 69 Verfahren, davon 20 Bürgerentscheide; durchschnittlich fand bisher alle 208 Jahre ein direktdemokratisches Verfahren in Thüringer Kommunen statt. Waren es Anfang der 1990er Jahre insbesondere Fragen der Gebietsreform, die im Wege direktdemokratischer Verfahren thematisiert wurden, spielten in der Folgezeit auch die Themenkomplexe Müll/Abwasser, Verkehr, öffentliche Infrastruktur und Versorgungseinrichtungen eine herausgehobene Rolle.

Ein weiteres Instrument direkter Einflussnahme stellt der sogenannte Bürgerhaushalt dar. Mit diesem noch recht neuen Beteiligungskonzept bemühen sich die Kommunen zum einen um Haushaltstransparenz, zum anderen können die Bürger vor Ort zumindest über einen Teil des kommunalen Haushalts mitbestimmen oder Schwerpunkte signalisieren. Die letzte Entscheidung trifft jedoch weiterhin der Gemeinderat. In Thüringen führten ab 2005 neben Erfurt auch Jena und Eisenach entsprechende Mitbestimmungsrechte ein. In weiteren Kommunen ist das Instrument zumindest in der Diskussion bzw. in der ersten Umsetzungsphase.

6   Thüringer Kommunalpolitik im Wandel

Die Kommunalpolitik im Freistaat befindet sich im Umbruch. Diese Tatsache ist nicht allein den zuletzt geänderten Vorschriften für direktdemokratische Verfahren oder der Abschaffung der 5%-Hürde geschuldet, die zuletzt zu einer stärkeren Öffnung der Räte führten. Während in den 1990er Jahren viele grundlegende Entscheidungen binnen kürzester Zeit gefällt wurden, folgte in den ersten Jahren des neuen Jahrhunderts eine Phase der – auch finanziellen – Konsolidierung. Die Verschuldung Thüringer Kommunen konnte zuletzt leicht zurückgeführt werden. Das kommunale Steueraufkommen in Ostdeutschland wuchs in den letzten Jahren stärker als im Westen, dennoch bewegt es sich nur etwa auf der Hälfte des dort üblichen Niveaus. Die schwache Finanzkraft wurde allerdings durch wesentlich höhere Pro-Kopf-Zuweisungen seitens der Länder großenteils ausgeglichen. Hier kommt es aber zunehmend zu Rückgängen durch die Degression der Sonderbedarfs-Bundesergänzungszuweisungen an die ostdeutschen Länder, aus denen Mittel an die Kommunen transferiert werden. Sollte es nicht zu einer wesentlichen Steigerung der Steuerkraft kommen, werden sich die Kommunen daher einem erheblichen Anpassungsbedarf ausgesetzt sehen. Hier stellt sich die Situation in Thüringen besonders schwierig dar: im Jahr 2007 bildete Thüringen zusammen mit Mecklenburg-Vorpommern das Schlusslicht bei den kommunalen Steuereinnahmen. Hinzu kommt, dass die kommunale Pro-Kopf-Verschuldung in Thüringen ohnehin schon über dem Bundesdurchschnitt liegt. Verschärft wird diese Ausgangslage dadurch, dass die kommunalen Steueraufkommen – nicht zuletzt wegen der Einnahmen aus der Gewerbesteuer – stark konjunkturabhängig ist. Die 2008 einsetzende Wirtschaftskrise dürfte hier eine zusätzliche Herausforderung darstellen.

Hinzu kommt der gegenwärtige und absehbare weitere demografische Wandel, der sich in Wirtschaft und Gesellschaft vor Ort auswirken wird und neue Aufgaben für soziale, technische und wirtschaftliche Infrastruktur mit sich bringt. Die 2007 vorgelegte 11. Koordinierte Bevölkerungsvorausberechnung weist auf die Folgen von Alterung und Abwanderung eindringlich hin. So wird für nahezu alle großen kreisangehörigen Städte mit einem zum Teil deutlichen Bevölkerungsverlust gerechnet. Spitzenreiter ist die ostthüringische Stadt Greiz mit einem Minus von 21,4 Prozent im Vergleich von 2020 mit dem Stand von 2006.

In diesem Kontext wird seit langem über eine Gebietsreform diskutiert, mit der nicht nur die Zahl der Landkreise und kreisfreien Städte reduziert werden soll, sondern auch effektive Gemeindemindestgrößen erreicht werden sollen. Davon wird nicht allein eine erhebliche Reduzierung der kommunalen Kosten erhofft, sondern letztlich auch eine Entlastung des kommunalen Finanzausgleichs und damit der Landeskasse. Eine entsprechende Gebietsreform – die durchaus auch Änderungen im dreistufigen Verwaltungsaufbau des Landes mit sich bringen dürfte – wurde zuletzt intensiv in den Koalitionsverhandlungen zwischen SPD und CDU im Jahr 2009 diskutiert. Während die SPD sich für eine Reform stark machte, stieß das Vorhaben seitens der CDU auf wenig Gegenliebe und wurde letztlich fallen gelassen. Hintergrund dürften die Erfahrungen mit der ersten Gebietsreform in der 1990er Jahren gewesen sein, die zu emotionalen Diskussionen führte und auch für viele kommunale Verantwortungsträger eine Zerreißprobe darstellte. Doch obwohl in den zurückliegenden Jahren die Kommunen ihre Strukturen weiter gestrafft haben und auch die Personalausgaben reduziert wurden, dürfte eine weitere Gebietsreform nach dem Vorbild anderer Bundesländer lediglich eine Frage der Zeit sein.

Allen umrissenen Herausforderungen zum Trotz: die Ausgangslage ist regional sehr unterschiedlich. Während das wirtschaftlich prosperierende Jena – auch infolge der enorm gewachsenen Studierendenzahl – mit Wohnungsnotständen kämpft und die Stadt Weimar zunehmend als Altersresidenz für kulturinteressierte Bildungsbürger von sich reden macht, kämpfen andere Kommunen mit wachsenden Leerständen. Hier wird es auch Aufgabe der Landespolitik sein, ein ausgewogenes Maß zwischen Leuchtturmpolitik und Förderung des ländlichen Raumes zu finden.

Literaturhinweise

Franke-Polz, Tobias: Direkte Demokratie in Thüringen, in: Kost, Andreas (Hrsg.): Direkte Demokratie in den deutschen Ländern, Wiesbaden 2005.
Maier, Jürgen und Schmitt, Karl: Kommunales Führungspersonal im Umbruch: Austausch, Rekrutierung und Orientierungen in Thüringen, Wiesbaden 2008.
Peter, Antonio: Kommunalpolitik in Thüringen, in: Kost, Andreas / Wehling, Hans-Georg (Hrsg.): Kommunalpolitik in den deutschen Ländern. Eine Einführung, Wiesbaden 2003.

Rat und Bürgermeister, kommunale Finanzen und direkte Demokratie in den Kommunen

Rat und Bürgermeister in der deutschen Kommunalpolitik. Ein Rückblick auf die Reformprozesse

Hans-Georg Wehling

1   Fragestellung

Alle Macht geht vom Volke aus, auch in der Kommunalpolitik. Die Bürgerinnen und Bürger, Deutsche wie EU-Ausländer, wählen auch in den Gemeinden und Kreisen ihre Vertretungsorgane (Räte), wie es das Grundgesetz in Art. 28 als Demokratiegebot verlangt – und können gewählt werden.

Der von den Bürgerinnen und Bürgern zu wählende Rat als Volksvertretung soll jedoch mehr sein als ein Parlament: Zu den legislativen Aufgaben kommen exekutive Funktionen hinzu. Der Rat stellt demzufolge kein Parlament dar, sondern ein Verwaltungsorgan, das gemeinsam mit dem Bürgermeister als Chef der Verwaltung die Politik der Gemeinde bestimmt, auch mit Einzelfall-Entscheidungen. Das entspricht der Grundidee kommunaler Selbstverwaltung, die den Konsens will (im Sinne von Konkordanzdemokratie) und nicht das Auseinanderfallen von Regierungsmehrheit und oppositioneller Minderheit (im Sinne der Konkurrenzdemokratie). Das wird nicht immer so wahrgenommen.

Inzwischen wählen die Bürgerinnen und Bürger in allen Flächenländern der Bundesrepublik Deutschland nicht nur den Gemeinderat als Volksvertretung, sondern auch ihre Bürgermeister als Gemeindevorstand direkt. Das jedoch ist neu. Das Jahrzehnt nach der deutschen Vereinigung hat hier zu einer Reform geführt, die über die Jahrzehnte hinweg zuvor blockiert war: Bis in die 90er Jahre des 20. Jahrhunderts hinein gab es nur in Baden-Württemberg und in Bayern die Direktwahl der Bürgermeisters. Überall sonst wurden sie im Sinne einer strikten repräsentativen Demokratie von den Räten gewählt.

Die Reformen sollten in zwei Richtungen gehen: Einmal sollten die Beteiligungsmöglichkeiten der Bürgerinnen und Bürger in den Gemeinden ausgeweitet werden, um einem erhöhten Mitsprachebedürfnis Rechnung zu tragen, und zwar durch Direktwahl des Bürgermeisters und durch die Möglichkeit von Bürgerbegehren und Bürgerentscheid. Verbunden war damit gelegentlich auch die Hoffnung, der Politik- und Politikermüdigkeit der Menschen entgegenwirken zu können. Zum anderen sollte mit der

Ausweitung der Mitwirkungsmöglichkeiten der Bürgerinnen und Bürger auch die Qualität von Kommunalpolitik verbessert werden: Mit einem durch die Direktwahl gestärkten Bürgermeister sollten die Steuerungsfähigkeit einschließlich Führungsleistung des Rathauses und damit auch die Verantwortlichkeit und Transparenz des kommunalen Entscheidungsprozesses verbessert werden. Durch die unmittelbare Rückkopplung an den Bürger sollten Filz begünstigende Machtstrukturen aufgebrochen werden. Die Möglichkeit, via Bürgerentscheid dem Rat die Entscheidungskompetenz zu entziehen, sollte diesen zwingen, sich stärker am Willen der Bürger zu orientieren.

Zwei Fragen stellen sich hier:

1. Wie kam dieser Reformprozess zustande und gegen welche Widerstände musste er sich durchsetzen?
2. Welche Bedeutung hat diese institutionelle Reform auf die Machtverteilung im Rahmen des kommunalpolitischen Institutionengefüges?

2 Der Reformprozess der 1990er Jahre

Beide Fragen hängen miteinander zusammen: Gerade die gefürchtete Umverteilung der politischen Gewichte war es, die eine Reform in den Jahrzehnten zuvor verhindert hatte. Wer darüber befinden kann – wie zuvor der Rat –, wer Bürgermeister und Gemeindedirektor bzw. (Ober-)Stadtdirektor wird, wer also die kommunalen Führungs- und Schlüsselpositionen besetzen kann, wird ungern auf diese Entscheidungsmacht verzichten. Dabei muss jedoch noch weitergehend differenziert werden: Die Macht in Räten ist hierarchisch verteilt, mit dem Fraktionsvorsitzendem als der mächtigsten Person an der Spitze, bei der alle Fäden zusammen laufen. Diese Position ist um so gewichtiger, je stärker die zahlenmäßige und strategische Bedeutung der Fraktion im Rat ist, d. h. sie ist am stärksten für den Vorsitzenden einer Fraktion mit absoluter Mehrheit, dann für den Vorsitzenden einer Fraktion, ohne die es keine Mehrheit im Rat gibt.

Ein Mehrheitsführer im Rat, aber auch die anderen Fraktionsvorsitzenden können – aus Konkurrenzgründen – kein Interesse an einer Aufsplitterung des Rates in zusätzliche Fraktionen haben, wie sie durch eine Veränderung des Wahlrechts zum Rat zustande kommen könnte. Von daher sind die Vorsitzenden aller Fraktionen erwartungsgemäß gegen die Einführung von Kumulieren (Stimmen häufen) und Panaschieren (Übertragen von Stimmen von einer Liste auf eine andere), gleichzeitig für die Beibehaltung (oder Einführung) einer Sperrklausel. Denn im ersten Fall würde weniger das Fraktions- bzw. Parteiestablishment darüber entscheiden können, wer in den Rat kommt als vielmehr die Wählerinnen bzw. Wähler selbst, mit all den Unberechenbarkeiten für die jeweilige Parteiführung. Im zweiten Fall, beim Fehlen einer Sperrklausel, würde die Schwelle für die Erringung von Mandaten abgesenkt. Trotz der politischen

Widerstände kam der Reformprozess erfolgreich zustande, und zwar dank der Elitenkonkurrenz auf der Ebene der Landespolitik. Da sich die Forderungen nach mehr direkter Demokratie auf kommunaler Ebene als populär erwiesen, wurde Machtverlust bei bevorstehenden Wahlen befürchtet. Die Erwartung, mit der Forderung nach Direktwahl Wählerstimmen zu gewinnen, veranlasste Politiker bzw. Parteien, eine Änderung zu fordern. Erfolgreich konnte ein dergestaltetes Verlangen sein, wenn die Landesverfassung die Möglichkeit bot, ein solches Petitum einer Volksabstimmung zu unterwerfen. Dies war durchweg der Fall.

Bahnbrechend war hier Hessen. Da der damalige hessische Ministerpräsident Walter Wallmann (CDU) – zuvor Oberbürgermeister von Frankfurt am Main – aus Umfragen wusste, dass seine Mehrheit im Landtag bei der bevorstehenden Wahl gefährdet war, versuchte er mit seiner Forderung nach Direktwahl von Bürgermeistern und Landräten Punkte zu machen. Seine eigene Partei – die kommunalen Mandatsträger eingeschlossen – mussten ihm dabei wohl oder (mehr noch) übel folgen. Da die zur Macht zurück strebende SPD-Opposition im Lande den taktischen Zug Wallmanns durchschaute, musste sie sich schweren Herzens dieser Forderung anschließen, womit der Vorteil Wallmanns weitgehend sich aufhob. Die nach der hessischen Verfassungslage notwendige Volksabstimmung über die Einführung der Direktwahl von Bürgermeistern und Landräten vom 20. Januar 1991 ergab eine überwältigende Mehrheit von 82%. Damit war bundesweit deutlich gemacht, wie populär die Forderung nach der Direktwahl war. In den anderen Bundesländern zogen die jeweiligen Oppositionsparteien daraus die Konsequenzen und drohten ihren Regierungen ebenfalls mit einer Volksabstimmung; die Regierungsparteien schwenkten ein. Das galt für Nordrhein-Westfalen und Niedersachsen mit ihren ausgeprägt starken Räten, das galt für Rheinland-Pfalz und das Saarland mit ihrer Bürgermeisterverfassung, das galt auch für Schleswig-Holstein mit seiner Magistratsverfassung in den Städten und seiner Bürgermeisterverfassung in den kleineren Gemeinden.

Zusätzlicher Reformdruck entstand durch die kommunale Verfassungsentwicklung in den fünf neuen Bundesländern. Nach deren Erfahrungen bei der Beseitigung des SED-Regimes und der Durchsetzung eines Beitritts zur Bundesrepublik Deutschland (gemäß Art. 23 GG alt) im Sinne einer deutschen (Wieder-)Vereinigung unter dem jeweiligen Motto: „Wir sind das Volk!" und „Wir sind ein Volk!" haben sich Prinzipien direkter Mitwirkung von vornherein auch in den Kommunalverfassungen niederschlagen können, zumal noch keine etablierten Interessen von Kommunalpolitikern dem entgegenstanden. Als Modell bot sich die Süddeutsche Ratsverfassung mit ihren ausgeprägt starken Beteiligungsrechten der Bürgerinnen und Bürger an. In den alten Bundesländern mit strikt repräsentativer Demokratie in den Kommunalverfassungen geriet man so in Argumentationsnot, nachdem man Jahrzehnte lang mehr Elemente direkter Demokratie verweigert hatte, unter Berufung auf mangelnde Reife einschließlich Informationsdefizite des Wahlvolkes.

Beides ist also zusammen gekommen: das Beispiel der neuen Bundesländer und die Entdeckung, dass die Einführung von mehr Elementen direkter Demokratie in der

Bevölkerung populär war. Hinzu kam freilich auch, dass die Spitzen der Landespolitik wie auch die Landesbürokratien – argumentativ unterstützt von der Kommunalwissenschaft – eine Reform der kommunalen Verfassungssysteme für notwendig erachteten. Zunächst allerdings waren sie mit ihren Reformvorhaben gescheitert, wie sich am Beispiel Nordrhein-Westfalen deutlich zeigen lässt: Der damalige Innenminister Heribert Schnoor erlitt mit seinen Reformvorhaben auf dem Parteitag der SPD in Hagen 1991 noch eine Niederlage. Als jedoch die CDU-Opposition mit der Volksabstimmung drohte, schwenke die SPD auf ihrem vorgezogenen Parteitag in Bielefeld im Januar 1994 ein. Den Delegierten, zu denen auch zu einem erheblichen Teil kommunale Mandatsträger gehörten, wurde die Entscheidung dadurch erleichtert, dass die Reform erst bei den Kommunalwahlen 1999 in Kraft treten sollte, also nachdem aller Erfahrung nach ein Teil der kommunalen Mandatsträger nicht mehr antreten würde.

Einen Bürgermeister durch das Volk direkt wählen zu lassen, macht nur Sinn, wenn der Amtsträger auch etwas zu sagen hat. Das musste, in Form eines Nullsummen-Spiels, naturgemäß zu Lasten des Rates gehen. Die Lobby der Kommunalpolitiker, die zugleich immer auch wichtige Parteipolitiker sind, taten das Ihrige, die Bäume des neuen Bürgermeisters nicht in den Himmel wachsen zu lassen: „Wenn man schon die Urwahl des Bürgermeisters schlucken musste, so eine verbreitete Einstellung, dann galt es wenigstens zu verhindern, dass der Bürgermeister ‚zu stark' wurde..." (Gerhard Banner). Dem entsprechend wurde z.B. die Personalauswahl des Bürgermeisters zu Gunsten des Rates eingeschränkt und das Rückholrecht in den Rat von Zuständigkeiten des Bürgermeisters beibehalten. Gerhard Banner spricht wohl nicht zu Unrecht von einer „stecken gebliebenen Reform".

3   Die kommunalpolitischen Führungsfunktionen im Wandel

Kommunalpolitik weist drei zentrale Führungsfunktionen auf:

- den Vorsitz im Rat als der Bürgervertretung;
- die Leitung der Verwaltung;
- die Vertretung der Gemeinde nach außen, sei es als Repräsentation oder als Rechtsvertretung.

Diese Funktionen können aufgeteilt oder konzentriert sein. Das ist sowohl eine Frage von Effektivität und Effizienz als auch eine Frage von Macht und Machtgleichgewicht. Beide Fragen müssen zusammen diskutiert werden.

In der Vergangenheit – und das heißt über rund 40 Jahre hinweg – gab es Bundesländer mit Machtverteilung wie mit Machtkonzentration. *Konzentriert* waren diese Funktionen – und sind es immer noch – in den Ländern mit Süddeutscher Ratsverfassung, also in Baden-Württemberg und Bayern sowie in den Ländern mit Bürgermeisterverfassung, also in Rheinland-Pfalz und im Saarland. Hier ist der Bürgermeister zugleich Chef der Verwaltung, Vorsitzender des Rates und aller seiner Ausschüsse mit Stimmrecht (im Saarland ohne Stimmrecht in den Ausschüssen) sowie Repräsentant der Gemeinde und deren Rechtsvertreter.

Dem standen die Länder gegenüber, in denen diese Führungsfunktionen auf verschiedene Amtsträger aufgeteilt waren. Die Magistratsverfassung kennt eine förmliche Stadtregierung, den Magistrat, der aus ehrenamtlichen und hauptamtlichen Mitgliedern besteht, unter Vorsitz des Oberbürgermeisters. Wer in den Magistrat gewählt wird, muss in Hessen seine Mitgliedschaft im Rat (= Stadtverordnetenversammlung) aufgeben. Das Modell ist also – entsprechend dem preußischen Vorbild – strikt gewaltenteilig. Dementsprechend wird der Rat von einem Stadtverordnetenvorsteher geleitet. Hessen hat dieses Modell bis Heute beibehalten, allerdings mit Aufwertung des Amtes des Bürgermeisters, über die Einführung der Direktwahl hinaus. Solange Schleswig-Holstein das Modell der Magistratsverfassung in seinen Städten beibehielt, war hier jedoch die Mitgliedschaft in Rat und Magistrat gleichzeitig möglich, sodass der Magistrat die gewichtigsten Ratsmitglieder versammelte, wohingegen in Hessen die ehrenamtliche Mitgliedschaft im Magistrat eher eine Ehrenposition am Ende der kommunalpolitischen Karriere bedeuten konnte. In den kleinen Gemeinden Schleswig-Holsteins galt – wiederum nach preußischem Modell – die Bürgermeisterverfassung, die die Positionen konzentrierte. Schleswig-Holstein hat die Magistratsverfassung im Zuge des Deutschland weiten Reformprozesses aufgegeben.

Die Länder mit dem „britischen Modell", mit der Norddeutschen Ratsverfassung in Niedersachsen und Nordrhein-Westfalen, gingen in der Vergangenheit von einer strikten Aufteilung der Funktionen aus, mit einem deutlichen Vorrang des Rates. Eigentlich sollte der Chef der Verwaltung mit dem Namen Gemeinde-, Stadt- oder Oberstadtdirektor (Bezeichnung je nach Gemeindegröße) nicht viel mehr sein als ein Exekutivsekretär des Rates, der dessen Beschlüsse auszuführen hatte. Von daher wurde er vom Rat auch über eine längere Amtszeit bestellt und konnte zudem jederzeit vom Rat abberufen werden. Alle wichtigen politischen Entscheidungen hatte demgegenüber der Rat zu treffen, der auch jede Entscheidungsvorlage der Verwaltung jederzeit an sich ziehen konnte. Der Vorsitzende des Rates wurde aus dessen Mitte gewählt, mit dem Titel (Ober-)Bürgermeister; außer der Sitzungsleitung kam ihm auch die Repräsentationsfunktion zu. Das Eilentscheidungsrecht übte er zusammen mit einem weiteren Ratsmitglied aus (in Nordrhein-Westfalen) oder gemeinsam mit dem Chef der Verwaltung (in Niedersachsen). Alle Ausschussvorsitzenden wurden aus deren Mitte gewählt. Diese Regelungen konnten bei den Bürgerinnen und Bürgern zu Irritationen führen, wenn sie glaubten, der Titelträger Bürgermeister sei auch der Verwaltungschef. Gleichzeitig konnte es zu Kompetenz-Streitigkeiten zwischen Bürgermeister und Verwaltungschef kommen. Damit sind Effektivität und Effizienz der Kommunalpolitik berührt.

Diese Positionsaufteilung, die eben immer auch Machtverteilung ist, hatte bestimmte Folgen: Der Rat besetzte die Position des Verwaltungschefs mit einem Beam-

ten, welcher der Mehrheit genehm war; entweder mit einem zuverlässigen Parteigänger oder einer schwachen Persönlichkeit, die niemanden gefährlich werden konnte. Um
die Qualität der Arbeit sicher zu stellen, verlangte die Gemeindeordnung die Verwaltungsqualifikation. Darüber hinaus bestellte der Rat die Mitarbeiter des Verwaltungschefs, die vielfach nach Fraktionsproporz eingestellt wurden (manchmal in Fraktions-
verträgen genau aufgeteilt). Den Fraktionsvorsitzenden, zumal der „Regierungs„fraktionen, kam hier ein besonderer Rang zu. Leicht konnte es hierbei zu Vetternwirtschaft
kommen, der viel zitierte „Kölner Klüngel" hat hier – zumindest auch – seinen kommunalpolitischen Ursprung.

Die – durchweg ehrenamtliche – Position des Bürgermeisters war zumeist mit ei-
ner hohen Aufwandsentschädigung vergütet und das Amt mit Sekretariat inklusive
Dienstwagen mit Chauffeur entsprechend ausgestattet, zumindest in den Großstädten.
Damit bot sich diese Position geradezu für Machtballungen an – für Mandate auch auf
anderen Ebenen einschließlich Landtag (man hatte ja Zeit und Zuarbeiter). Die typische
Karriere eines (Ober-)Bürgermeisters konnte so aussehen: Hocharbeiten in der Partei,
Mitgliedschaft im Rat, Aufstieg bis zum Fraktionsvorsitzenden, dann im fortgeschritte-
nen Alter Wechsel auf das glanzvolle Amt des Bürgermeisters mit seinen Insignien.
Entscheidend ist, dass die Position des Bürgermeisters über sich hinauswachsen konnte, einmal innerhalb des kommunalen Institutionen- und Machtgefüges, aber auch nach
außen, etwa in Richtung Landespolitik. Hier konnten dann die Bürgermeister erfolgreich eine Reform der Kommunalverfassungen verhindern oder doch zumindest ab-
bremsen, die nicht ihren Interessen entsprach.

Dem Bürgermeister stand die Position des Verwaltungschefs gegenüber, der mit
seiner Professionalität insbesondere in kleineren Gemeinden ein eigenes Gewicht gegenüber Rat und Bürgermeister gewinnen konnte.

Der Vorsitz in den Ausschüssen stellt für Ratsmitglieder eine Prestigeposition dar,
nach der man strebt, um Ansehen, Macht und Einfluss zu gewinnen. Im Zusammen-
spiel mit Amtsleitern konnte hier die eigene Profilierung gesucht werden. Da der An-
drang zum Ausschussvorsitz demzufolge groß war, kam es durchweg zu einer Vermehrung von Ausschüssen mit immer engeren Zuständigkeitsbereichen, die leicht das
große Ganze aus dem Blick verlieren konnten.

Nicht in der Gemeindeordnung zu finden ist die Position des Fraktionsvorsitzenden, bei dem alle Fäden zusammen laufen – und nicht nur in der Kommunalpolitik im
engeren Sinne, sondern auch die der Parteiarbeit. So sind der Fraktionsvorsitzende und
sein Sekretariat in organisatorischer Hinsicht nicht selten „die Partei" vor Ort, dank der
Mittel, die für die Fraktionsarbeit aus der Stadtkasse zur Verfügung stehen. Natürlich
ist diese Position dann besonders wichtig, wenn eine Partei über die absolute Mehrheit
im Rat verfügt. Die Aufwandsentschädigungen für Ratsmitglieder, auch für die Fraktionsvorsitzenden, sind überall in Deutschland nicht gerade üppig, zumal kein Gehalt
gezahlt, sondern der Aufwand entschädigt werden soll. Die Folge ist, dass die Fraktionsvorsitzenden das Amt des (Ober-)Bürgermeisters erstreben, zumindest aber Beigeordnete (mit der Amtsbezeichnung „Bürgermeister") werden wollen, schließlich wol-

len sie endlich einmal etwas davon haben, nachdem sie sich Jahre lang für die Kommunalpolitik aufgeopfert haben. Dieses Bestreben gilt auch für die großen Städte in Baden-Württemberg, zumindest gelegentlich.

Die Mehrheitsverhältnisse in den Räten der Kommunen – und damit die politische „Ausrichtung" von Städten und Gemeinden – sind überall in Deutschland über die Jahrzehnte hinweg jeweils relativ stabil. Erdrutsche sind selten und werden dementsprechend als Sensation wahrgenommen: d.h., es gibt strukturelle Mehrheiten wie strukturelle Minderheiten. Der Gesetzgeber hat dem zumeist Rechnung getragen und mehr oder weniger verlangt, dass alle politischen Gruppierungen im Rat entsprechend ihrer Stärke bei der Vergabe von Beigeordnetenpositionen berücksichtigt werden („sollen" oder „müssen"). Das verwischt auch Unterschiede zwischen Mehrheit und Minderheit, da ein parlamentarisches System gesetzlich nicht gewollt ist. Zudem fördert die räumliche und soziale Nähe in der Gemeinde wie im Rat einen eher konkordanzdemokratischen Politikstil, der ebenfalls „Klüngel" begünstigt. Zum Klüngel gehört ganz wesentlich, dass man auch die Minderheit, den politischen „Gegner" nicht ganz leer ausgehen lässt, ihn durch Posten und Pöstchen, einzelne Mitglieder auch durch städtische Aufträge ruhig stellt. Damit aber wird die Funktion von Opposition ausgeschaltet, wird Kritik und Aufdeckung von Skandalen behindert, einschließlich der prophylaktischen Funktion des Vorhandenseins von Opposition.

4   Die Reformziele

Diese Mechanismen können über die Jahre hinweg zu Verkrustungen und Verfilzungen führen, die der Effektivität und der Effizienz von Kommunalpolitik abträglich, ja demokratieschädlich sind. Hier gegen zu steuern, war ein zentrales Motiv bei der Reform der Gemeindeverfassungen, wie sie von politischen Eliten auf Landesebene, von den auf Leistungsfähigkeit und deren Verbesserung bedachten Bürokratien angestrebt wurde, sekundiert von der Kommunalwissenschaft.

Die zentralen Elemente dieses bundesweit abgelaufenen Reformprozesses sind einmal die Direktwahl des Bürgermeisters, zum anderen die Möglichkeit zu kumulieren (Stimmen häufen) und zu panaschieren (Stimmen auf unterschiedliche Listen verteilen). Hinzu kommen Bürgerbegehren und Bürgerentscheid als die Möglichkeit für die Bürgerinnen und Bürger, unmittelbar in den kommunalen Entscheidungsprozess einzugreifen, und zwar entscheidend.

Doch die Direktwahl des Bürgermeisters sollte nicht nur ein Mehr an Demokratie bringen und damit die Rückkopplung zwischen Bürger und Entscheidungsträger verbessern. Zugleich sollten hiermit Effektivität als auch Effizienz des kommunalpolitischen Entscheidungsprozesses durch Stärkung der Position des Bürgermeisters als Hauptverwaltungsbeamten der Gemeinde erhöht werden. Hergestellt werden soll die Kongruenz von Kompetenz und Verantwortung, welche die Entscheidungen in der

Kommunalpolitik klar zurechenbar macht und in der Konsequenz den Bürgermeister letztlich in die Gesamtverantwortung für alles nimmt, was in der Gemeinde passiert – oder auch nicht passiert. Bei der anstehenden Wiederwahl kann man ihn dann entsprechend zur Verantwortung ziehen. Erwartet wird davon zugleich eine integrere Verwaltung sowie eine Zurückdrängung der Parteipolitik auf kommunaler Ebene zugunsten von mehr Sachlichkeit im Entscheidungsprozess. Auch eine strengere Haushaltsdisziplin wird dadurch erhofft, dass der Schuldige für Fehlentwicklungen klar ausgemacht werden kann.

Kumulieren und panaschieren bei der Wahl der Ratsmitglieder sollen diese Zielsetzungen komplettieren. Wenn die Wählerinnen und Wähler nicht an die Menüvorschläge der Parteien gebunden sind, sondern sich ihr eigenes Menü zusammen stellen können – à la carte –, werden sie, so die aus den süddeutschen Erfahrungen begründete Hoffnung, nicht nach parteipolitischer Linientreue auswählen, sondern nach dem persönlichen Ansehen der Bewerber. Reine Parteifunktionäre haben dann eher schlechtere Karten, „schmierige Typen" sind chancenlos. Wem ein schlechter Ruf anhängt – allzu viel „Klüngel", persönliche Vorteilsannahme usw. – wird nicht gewählt. Auf diese Weise können Räte zustande kommen, die auch einem Bürgermeister einer Minderheitspartei oder gar einem Parteilosen erlauben, sich seine Mehrheiten zu suchen. „Unregierbarkeit" durch wechselseitige Blockade wird unwahrscheinlicher. Eine wie immer geartete Sperrklausel wird gegenstandslos.

Auch beim Versuch, Kumulieren und Panaschieren einzuführen, ließ sich beobachten, dass innerhalb dominierender Parteien durchaus die Gefahr des Machtverlustes gesehen und deshalb Kumulieren und Panaschieren abgelehnt wurde – in Nordrhein-Westfalen bislang mit Erfolg. Das größte Bundesland ist somit neben dem Saarland der einzige Flächenstaat in Deutschland, der Kumulieren und Panaschieren nicht kennt.

Beiden institutionellen Regelungen – Direktwahl des Bürgermeisters und freie Listen – ist gemeinsam, dass sie die Konkurrenz in der Kommunalpolitik erhöhen. Nach dem marktwirtschaftlichen Credo der Bundesrepublik bedeutet mehr Konkurrenz nicht nur eine Belebung des Geschäfts, sondern eine Verbesserung der Qualität des Angebots und der gelieferten Waren; in unserem Fall eine besser funktionierende Kommunalpolitik mit besseren und kostengünstigeren Ergebnissen: Die gesetzten Ziele werden besser erreicht (mehr Effektivität) und sie werden billiger, mit weniger Aufwand erreicht (mehr Effizienz).

Für die Wahl des Bürgermeisters bedeutet das: Die Mehrheitsgruppierung am Ort kann nicht per se davon ausgehen, dass ihr Kandidat gewinnt. Vielmehr muss sie ein die Bürger überzeugendes Personalangebot machen, da sonst der Konkurrenz der Vorzug gegeben wird. Darüber hinaus kann es auch passieren, dass die Wähler in einer Stadt mit struktureller Mehrheit einer Partei dem Bürgermeisterkandidaten einer Minderheitspartei den Vorzug geben, weil sie ein Machtgleichgewicht wollen – die Bürgermeisterwahl gewissermaßen als Filzbremse, zugespitzt formuliert. In Süddeutschland ist ein solches Wählerverhalten Gang und Gäbe, bereits die ersten Bürgermeister-

Wahlen in Hessen haben in einigen Orten ein ähnliches Ergebnis zur Folge gehabt, so in Kassel, in Rüsselsheim, in Wiesbaden und wohl auch in Frankfurt.

5   Die Auswirkungen der Neuregelungen

Institutionelle Neuregelungen brauchen jedoch Zeit, bis ihre Möglichkeiten von den Akteuren begriffen und genutzt werden. Das gilt nicht nur für die Wählerinnen und Wähler, das gilt auch für Politiker und Parteien. So sind in Nordrhein-Westfalen die Kandidaten für die ersten direkten Bürgermeisterwahlen von 1999 vielfach noch nach denselben Gesichtspunkten ausgewählt worden wir zuvor in den Zeiten der indirekten Wahl. Die entscheidende Hürde, welche die Interessenten zu nehmen hatten, war die Nominierung durch den Ortsverein bzw. die Parteidelegierten. Um sie zu gewinnen, mussten die Aspiranten lange vorher schon innerparteilich regelrechte Wahlkämpfe führen, und sie taten das um so mehr, je stärker ihre Partei vor Ort war. Die Attraktivität der Kandidaten für die Wählerinnen und Wähler spielte eher eine untergeordnete Rolle, weil davon ausgegangen wurde, die Maßstäbe der Partei seien auch die der Wählerschaft. Das Wahlergebnis brachte dann vielerorts eine große Enttäuschung, die jedoch nicht immer realistisch analysiert wurde. Argumentiert wurde dann vielfach mit moralischen Vorwürfen: Die Wähler sind uns untreu geworden, haben uns in Stich gelassen. Man sah allenfalls ein – vorübergehendes – Stimmungstief der Partei, das man nicht ungern auch der Politik in Bund oder Land in die Schuhe schob. Die „Rückeroberung" von Rathäusern 2009 schien diese Einschätzung zu bestätigen.

Den Erfahrungen mit der Süddeutschen Ratsverfassung zu Folge hat sich bei den Wählerinnen und Wähler ein bestimmtes Anforderungsprofil an den künftigen Bürgermeister herausgebildet: Er soll ein ausgewiesener Verwaltungsmann – oder eine Verwaltungsfrau – sein. Dabei genügt in den kleinen und mittleren Gemeinden die Herkunft aus dem gehobenen Dienst, während es in den großen Städten ein Verwaltungsjurist sein sollte. Auch in den Bundesländern, welche die Direktwahl des Bürgermeisters neu eingeführt haben, wird dieser Verwaltungshintergrund als Auswahlkriterium vielfach anerkannt. Anders sieht es mit den beiden übrigen Kriterien aus. Die Wählerinnen und Wähler im ursprünglichen Geltungsbereich der Süddeutschen Ratsverfassung erwarten von ihren Bürgermeistern eine gewisse Parteiendistanz. In der Hälfte aller Fälle in Baden-Württemberg bedeutet das gar Parteilosigkeit. Aber auch von den Parteimitgliedern wird die Distanz zur eigenen Partei erwartet – und eingehalten. Denn der Bürgermeister soll ein unabhängiger Kopf sein, er soll „nicht nach der Pfeife seiner Partei tanzen", und er soll vor allem der Bürgermeister aller Bürgerinnen und Bürger sein. Um dieser Unabhängigkeit willen wählt man – zumindest in den kleineren und mittleren Gemeinden – mit Vorliebe Kandidaten von außen, die nicht bereits Verwandte, Freunde und Feinde am Ort haben. Auch Mitglieder der bisherigen

Verwaltung kommen nicht in Frage. Man will einen Neuanfang, auch gegenüber dem Rat – mit allen Chancen und Risiken.

Inwieweit diese beiden „Unabhängigkeits-Kriterien" auch anderswo gelten, ist wissenschaftlich nicht geklärt. Es ist wahrscheinlich, dass hier Unterschiede in der regionalen politischen Kultur zum Tragen kommen. Kenner der Szene in anderen Bundesländern – die freilich vielfach Interessenten sind – behaupten felsenfest, dass in ihrem Lande Kandidaten erfolglos blieben, wenn sie nicht aus der Gemeinde selbst stammten. Dabei könnte es sich jedoch um eine self-fullfilling-prophecy handeln: Wenn nur Einheimische mit Parteibindung präsentiert werden, können auch nur solche gewählt werden. Eine Probe aufs Exempel ist bislang selten gemacht worden. Interessant wäre es für die Minderheitsparteien am Ort, die ja nicht allzu viel zu verlieren haben, Kandidaten mit Verwaltungserfahrung von außerhalb zu präsentieren.

Detailregelungen sind auch hier von Bedeutung. Bis auf Baden-Württemberg besitzen in allen Bundesländern Parteien, Wählervereinigungen oder auch Parteienverbindungen ein Präsentationsrecht für die Wahlen zum Bürgermeister. Wer nicht dieses Nadelöhr passieren kann oder will, kann immerhin als Unabhängiger antreten, wenn er oder sie eine entsprechende Zahl von Unterstützer-Unterschriften vorweisen können. In Baden-Württemberg sind demgegenüber nur individuelle Kandidaturen möglich. In Bayern, wo in der Regel Ratswahlen und Bürgermeisterwahlen alle sechs Jahre zusammenfallen sollen, kandidieren Bürgermeister gerne auf Platz 1 der Liste ihrer Partei oder Wählervereinigung zum Rat, um mit ihrer Popularität für die Liste Stimmen zu holen. Sie werden dann doppelt gewählt, verzichten aber auf das Ratsmandat – da sie als Bürgermeister dem Rat ohnehin qua Amt mit Stimmrecht angehören – zugunsten eines Nachrückers. Eine solche Kandidatur wäre in Baden-Württemberg unerlaubt, es würde hier aber auch an politischen Selbstmord grenzen, sich solcher Art als Parteigänger zu exponieren.

Die neue Gemeindeordnung von Nordrhein-Westfalen sah vor, Ratswahlen und Bürgermeisterwahlen zusammen zu legen. Erwartet hat man sich davon einen „Abfärbe-Effekt": Die unterstellte eher parteipolitische Ausrichtung bei den Ratswahlen sollte auf die Personalentscheidung Bürgermeisterwahl abfärben – oder auch umgekehrt. Die Kommunalwahlen 1999 in Nordrhein-Westfalen haben der dominierenden Partei demonstriert, dass mit der Ratsmehrheit auch der Bürgermeisterposten verloren gehen kann, wie sich insbesondere im Ruhrgebiet zeigen lässt. Wenn ein Bürgermeister vorzeitig ausschied, sollte sein Nachfolger für den Rest der Amtszeit vom Rat gewählt werden. Die taktische Überlegung dahinter mag gewesen sein: Wenn die Wählerschaft einen Bürgermeister einer Minderheitspartei wählen sollte, könnte der Rat mit seiner Machtstellung dem ungeliebten Bürgermeister das Leben so schwer machen, dass er das Handtuch wirft (Mobbing). Die Mehrheit könnte dann einen ihr genehmen Nachfolger wählen, der sich mit Amtsbonus den Wählern bei der nächsten Direktwahl stellen würde. Der Tod des Kölner Oberbürgermeisters wenige Wochen nach seiner Wahl 1999 hat die Unhaltbarkeit dieses Verfahrens demonstriert, und der Gesetzgeber hat daraus die Konsequenzen gezogen. Der von der Bevölkerung „nachgewählte" Amtsinhaber ist nicht nur für den Rest der Wahlperiode, sondern sogar für die ganze nächste Amtsperiode gewählt.

2007 sind durch Novellierung drei wichtige Änderungen vorgenommen worden: Die Amtsperiode der Bürgermeister ist von fünf auf sechs Jahre Verlängert worden, womit die Bürgermeister ein Jahr länger im Amt sind als der Rat. Das kann durchaus eine größere Unabhängigkeit der Bürgermeister bedeuten. War bislang zur Wahl die absolute Mehrheit der abstimmenden Bürger erforderlich, was letztlich durch Stichwahl im 2. Wahlgang zu erreichen war, wurde 2007 die Stichwahl abgeschafft, sodass aus der absoluten Mehrheitswahl eine relative Mehrheitswahl geworden ist. Das hat zur Folge, dass Bündnisse von Parteien – d.h. die Einigung auf einen gemeinsamen Kandidaten – inzwischen vor der Bürgermeisterwahl abgeschlossen werden; zuvor geschah das zwischen 1. und 2. Wahlgang, als bereits die Attraktivität der Kandidaten getestet war. Zur Begründung der Abschaffung der Stichwahl wurde die hohe Zahl von Stichwahlen angeführt (rund ein Drittel) bzw. die damit verbundenen Kosten. Zudem war in den 2. Wahlgängen durchweg eine sinkende Wahlbeteiligung zu beobachten. 2007 wurde ferner die Altershöchstgrenze aufgehoben.

Wenn Bürgermeister als politische Exponenten lokaler Parteien wahrgenommen, entsprechend ausgewählt und anschließend gewählt werden, liegt es nahe, auch nach einer verlorenen Wahl nicht aufzugeben. Vielmehr macht es Sinn, bei der nächsten Bürgermeisterwahl wieder mit einem eigenen Kandidaten anzutreten, wie das auch bei Wahlen zum Bundestag und zum Landtag der Fall ist und dies durchaus auch mit dem unterlegenden Kandidaten vom letzten Mal. Es geht darum, „die Scharte von der letzten Wahl auszuwetzen". Minderheitsparteien wollen zumindest „Flagge zeigen" – dies hat sich auch bei der ersten Direktwahl von Bürgermeistern in Nordrhein-Westfalen gezeigt. In der Folge führt das dazu, dass dem Bürgermeister der gegnerischen Partei durchweg das Leben schwer gemacht wird – was zu unnötigen Streitereien führt, die nicht gerade einer effektiven Kommunalpolitik förderlich sind: Man reibt sich auf, was wiederum abschreckend auf geeignete Kandidaten wirkt, sowohl für das Amt des Bürgermeisters als auch für die Mitgliedschaft im Rat. Ein solches Verhalten ist bei den Parteien in Baden-Württemberg unüblich. Zumeist hat man sich hier mit dem gewählten Bürgermeister abgefunden, unterstützt ihn gar, wenn er sich als tüchtig und über den Parteien stehend bewährt hat. Nur schwache Bürgermeister bekommen bei anstehenden Wiederwahlen potente Gegenkandidaten. Ansonsten ist den vormals unterlegenen Parteien das Geld für einen Wahlkampf zu schade; außerdem kann man sich blamieren, wenn der eigene Kandidat weit unter dem Ergebnis bleibt, das seine Partei „normalerweise" einfährt. Hier zeichnen sich auch in Nordrhein-Westfalen Änderungen ab, wenn Parteien im Vorfeld der nächsten Kommunalwahlen bereits ihren Verzicht auf eigene Kandidaten mit dem Argument erklären: Der bisherige Amtsinhaber – auch wenn er einer Minderheitspartei angehört – hat sich bewährt und erkennbare Fehler in der Amtsführung sind ihm nicht nachzuweisen. Wenn man jedoch einen eigenen Gegenkandidaten aufstellt, gäbe man den Wählern zu verstehen, sie hätten seinerzeit in ihrem Wahlverhalten einen Fehler gemacht. Das könnte sich allerdings rächen, wenn die Wähler sich darauf nicht einließen. Diese Veränderungen sind allerdings erst in kleineren Gemeinden vereinzelt zu beobachten; inwieweit sie hier Vorreiter sind, bleibt abzuwarten.

Negativ auf das Klima im Rat wirkt sich besonders aus, wenn der unterlegene Kandidat Vorsitzender seiner Fraktion ist und zudem daran denkt, es das nächste Mal mit dem jetzigen Bürgermeister wieder aufzunehmen. Besonders groß ist dabei die Versuchung, wenn man Fraktionsvorsitzender der stärksten Gruppierung ist. Man fühlt sich ungerecht behandelt, glaubt – entsprechend den parteipolitischen Grundmustern –, eigentlich hätte man selbst Bürgermeister werden müssen, die Wähler hätten sich geirrt, und das müsse korrigiert werden. Dass unter solchen Gegebenheiten die Arbeit im Rat von Konfrontation und nicht von Kooperation bestimmt ist, darf nicht verwundern. Beispiele dafür sind durchaus gegeben.

Parteipolitischen Verhaltensmustern entspricht es auch, wenn ein Bürgermeister von seiner Partei wieder aufgestellt wird, auch wenn er aus Altergründen schon mitten in der kommenden Amtszeit abtreten müsste. Wenn er der Parteigewaltige im Ort ist, wagt kaum jemand, ihm den Rückzug nahe zu legen: Er ist der geborene Bürgermeister, und wenn er abtritt, rechnet man erneut damit, dass die eigene Partei dann auch den Nachfolger stellt.

Strittig ist nach wie vor die von den großen Parteien angestrebte Einführung einer Sperrklausel bei den Ratswahlen. Argumentiert wird, dass eine zunehmende parteipolitische Zersplitterung zu beobachten sei und die Gemeinden dadurch „unregierbar" würden. Der Landesverfassungsgerichtshof Nordrhein-Westfalen ist dieser Argumentation nicht gefolgt und verweist auf die Erfahrungen von Baden-Württemberg und Bayern. Und in der Tat: Trotz einer Fülle von Gruppierungen, von denen Freie Wähler, CDU, SPD und inzwischen die Grünen dort die stärksten sind, kann nirgendwo von einer Unregierbarkeit die Rede sein. Das liegt einmal am Wahlsystem: Kumulieren und Panaschieren begünstigt Kandidaten, die konsensorientiert sind, sich nur mit Mühe durch Fraktionsdisziplin einfangen lassen. Sie erwarben ihr Mandat kraft ihrer Persönlichkeit und nicht unbedingt aufgrund ihrer Parteizugehörigkeit. Zum andern wird hier eine politische Kultur sichtbar, die Kommunalpolitik nicht primär als Parteipolitik begreift und sich nicht am Gegenüber von Regierung und Opposition orientiert. Darüber hinaus gibt es eine „natürliche" Sperrklausel; die ist umso höher, je kleiner der Rat ist. Statt darin eine Ungleichheit zu sehen, könnte man auch darüber nachdenken, die Räte zu verkleinern: Wenn Stuttgart mit 60 Ratsmitgliedern auskommt, warum benötigen vergleichbar große Städte wie Düsseldorf und Frankfurt am Main dann 92 bzw. 93 Mitglieder?

Die Einführung von Bürgerbegehren und Bürgerentscheid stellt in allen Ländern der Bundesrepublik Deutschland die institutionalisierte Kommunalpolitik, Bürgermeister und die letztlich entscheidenden Räte unter Qualitätsdruck, sowohl was die inhaltliche Qualität als auch die Bürgernähe ihrer Entscheidungen angeht. Voll entfalten können Bürgerbegehren und Bürgerentscheid ihre Wirkung jedoch nur dann, wenn dieses Instrument scharf ist, wenn die Quoren nicht allzu hoch, der Entscheidungskatalog nicht eingeengt ist (vgl. Beitrag Kost).

6   Schlussfolgerungen

Kommunalpolitik in Deutschland ist erheblich in Bewegung geraten: durch die Stärkung der Position der Bürgermeister im Zuge einer besseren Kompetenzausstattung, nicht zuletzt durch deren Direktwahl durch das Wahlvolk.

Vor allem sind die Mitwirkungsrechte der Bürgerinnen und Bürger erheblich ausgeweitet worden. Nunmehr bestimmen sie in allen Flächenländern der Bundesrepublik unmittelbar, wer Bürgermeister wird. Darüber hinaus können die Bürgerinnen und Bürger in beinahe allen Bundesländern individuell, ohne Bindung an das Komplettangebot einer Liste, entscheiden, wer in den Rat kommt und wer nicht. Diese Regelungen sollen – und werden vermutlich auch – zu einer „Ent-Partei-Politisierung" von Kommunalpolitik führen, in Richtung Konkordanzdemokratie, entsprechend dem Vorbild und den Erfahrungen der Länder, die bisher die Süddeutsche Ratsverfassung praktizieren. Am Ende der Auseinandersetzungen im Rat um Ziele und den richtigen Weg dorthin soll der Konsens stehen. Realisiert wird damit, dass Kommunalpolitik eher Verwaltung ist, pragmatisch an den lokalen Problemen ausgerichtet, und nicht so sehr Politik, entlang von weltanschaulich-politischen Grundentscheidungen. Vielfach jedoch fällt es den Ratsmitgliedern schwer, über die Parlamentsrolle hinauszuwachsen in die kollektiv ausgeübte exekutive Führerschaft hinein. Mit Räten, deren Auswahl sich auf allgemeines Ansehen gründet, im Sinne von persönlicher Wertschätzung, lassen sich im Entscheidungsprozess am ehesten konkordanzdemokratische Muster durchsetzen.

Die Einführung von Bürgerbegehren und Bürgerentscheid bedeutet ein Rückholrecht der politischen Entscheidungskompetenz durch die und zu Gunsten der Bürgerinnen und Bürger. Die repräsentativ-demokratische Delegation des Entscheidungsrechts wird für den konkreten Konfliktfall ausgesetzt. Damit jedoch ist keinesfalls das repräsentative System durch ein direktdemokratisches System ersetzt worden, der Bürgerentscheid bleibt – auch nach allen bisherigen Erfahrungen – eine Ausnahme, das letzte Mittel, eine Art „Notbremse". Direktdemokratische Elemente dienen also der Qualitätssicherung: des repräsentativen Systems und letztlich auch der Kommunalpolitik in ihren Ergebnissen.

Eine Systemänderung bedeuten die Reformen gleichwohl. Vor allem haben sie – in einer Art Nullsummenspiel – die Gewichte innerhalb der Kommunalpolitik anders verteilt, und zwar zu Lasten der Räte und wohl auch der hinter ihnen stehenden Parteien. Denn es gibt eine doppelte „Entmachtung" der Räte: einerseits durch den überall gestärkten Bürgermeister, andererseits durch die Möglichkeiten von Bürgerentscheiden, die den Räten zumindest potenziell, als permanente Drohung, die Entscheidungsgewalt aus der Hand nehmen. Dass Räte und Parteien das nicht einfach hinnehmen, sondern ihre gewohnten Verhaltensmuster beizubehalten versuchen – wer wollte ihnen das verdenken?

Literaturhinweise

Banner, Gerhard: Die baden-württembergische Kommunalverfassung – ein Modell für Deutschland? In: Witt, Paul: Wer wird Bürgermeister? Stuttgart 2010
Holtkamp, Lars: Kommunale Konkordanz- und Konkurrenzdemokratie. Parteien und Bürgermeister in der repräsentativen Demokratie, Wiesbaden 2008

Die kommunalen Finanzen in Deutschland

*Wolfgang Scherf**

1   Einleitung

Die bundesstaatliche Ordnung wirkt einer staatspolitisch unerwünschten Machtkonzentration durch vertikale Gewaltenteilung entgegen. Die Dezentralisierung der Macht sichert Freiheit und Pluralität, erhöht die politischen Einflussmöglichkeiten der Bürger und schützt Minderheiten. Der föderale Staatsaufbau dient aber auch ökonomischen Zielen. Die politische Struktur und die damit korrespondierende Finanzverfassung eines Landes haben erheblichen Einfluss auf seine langfristige ökonomische Entwicklung. Gegenüber dem Einheitsstaat ist der föderale Staat im Prinzip besser dafür gerüstet, sich an veränderte Rahmenbedingungen anzupassen, denn im Föderalismus ist ein politischer Wettbewerb als Entdeckungsverfahren angelegt[1]. Dessen Vorteile kommen jedoch nur zum Tragen, wenn Bürger und Politiker alternative Lösungen zulassen und nebeneinander anwenden. Die damit verbundenen politischen und gesellschaftlichen Unterschiede sind unerlässlich und nützlich, weil optimale Lösungen nicht von vornherein bekannt sind, sondern erprobt werden müssen. Dies gilt auch für die Frage, welche Kombination aus Steuern und Staatsleistungen den Wünschen der Bürger am besten entspricht.

Machtbegrenzung und politischer Wettbewerb setzen voraus, dass Bund, Länder und Gemeinden eigenverantwortlich und unabhängig voneinander handeln können. Diese Gebietskörperschaften erfüllen den weit überwiegenden Teil aller öffentlichen Aufgaben und stellen vielfältige Leistungen für die Bürger bereit. Die Aufteilung der Aufgaben, der Zuständigkeiten und der Finanzen auf die verschiedenen staatlichen Ebenen bildet den Kern der Finanzordnung oder Finanzverfassung. Formal sind die verschiedenen Staatsebenen finanziell selbständig und unabhängig. Bund, Länder und Gemeinden stellen eigene Haushaltspläne auf. Eine substantielle Finanzautonomie verlangt allerdings, dass die Gebietskörperschaften über Finanzmittel verfügen, die

* Die frühere Version dieses Beitrag erschien in der 1. Auflage unter dem Titel „Die kommunale Finanzverfassung in Deutschland". Sie entstand unter Mitwirkung von Kai Hofmann, dem ich hierfür zu Dank verpflichtet bin.
1 Vgl. Reformkommission Soziale Marktwirtschaft: Reform der Finanzverfassung, Bertelsmann Stiftung – Heinz Nixdorf Stiftung – Ludwig-Erhard-Stiftung, 1998.

ihren Aufgaben entsprechen, und dass sie generell auch das Recht erhalten, über ihre Ausgaben und Einnahmen selbst bestimmen zu können. Nur wenn die eigenen Einnahmen nicht ausreichen, muss eine begrenzte Umverteilung zwischen armen und reichen Gebietskörperschaften erfolgen.

2   Ökonomische Grundlagen der föderalen Finanzverfassung

2.1   Die Verteilung der Aufgaben und Ausgaben

Kaum eine staatliche Aufgabe kann heutzutage ohne den Einsatz von Finanzmitteln erbracht werden. Bund, Länder und Gemeinden benötigen daher eine angemessene Finanzausstattung. Was angemessen ist, muss mit Blick auf die jeweiligen Aufgaben festgelegt werden. Bei der Aufgabenverteilung wird von dem Grundsatz ausgegangen, dass staatliche Leistungen den Bedürfnissen der Bürger bzw. ihren Präferenzen entsprechen sollen. Öffentliche Aufgaben sollen nach dem Subsidiaritätsprinzip nur dann von einer höheren Ebene – zum Beispiel vom Land anstelle der Gemeinden – wahrgenommen werden, wenn dafür eine sachliche Notwendigkeit besteht und das Ergebnis für die Bürger insgesamt vorteilhaft ist. Regionale Unterschiede in der Erfüllung öffentlicher Aufgaben sind demnach in gewissem Umfang hinzunehmen, soweit die Gleichwertigkeit der Lebensverhältnisse im Bundesgebiet dadurch nicht gefährdet wird.

Die ökonomische Theorie des Föderalismus versucht, die sachgerechte Verteilung der Aufgaben auf die verschiedenen staatlichen Ebenen ökonomisch zu begründen. Dabei spielen mehrere Kriterien eine Rolle, die sich aus den Zielen der Finanzpolitik ableiten und nach allokativen, distributiven sowie stabilitätspolitischen Gesichtspunkten differenzieren lassen[2]. Die allokativen Kriterien, die eine effiziente Bereitstellung staatlicher Leistungen gemäß der Präferenzen der Bürger verlangen, spielen eine herausgehobene Rolle für die Begründung eines föderativen Staatsaufbaus, während distributive und stabilitätspolitische Kriterien eher für eine zentrale Aufgabenerfüllung sprechen.

Aus allokativer Sicht erleichtert die größere Bürgernähe und die Überschaubarkeit der untergeordneten Gebietskörperschaften die bedarfsgerechte und insofern effiziente Versorgung mit staatlichen Leistungen. Dies spricht prinzipiell für eine dezentrale Bereitstellung öffentlicher Güter und rechtfertigt die Übertragung der finanzpolitischen Verantwortung für Ausgaben und Einnahmen auf lokale Regierungen mit weitgehen-

---

[2] Diese Dreiteilung hat sich in der Finanzwissenschaft weitgehend durchgesetzt. Sie geht auf Musgrave zurück, der die Staatstätigkeit nach Funktionsbereichen gliedert: (1) Die Allokationsfunktion umfasst die Korrektur der Güterversorgung des Marktes für den Fall eines Marktversagens. (2) Die Distributionsfunktion zielt auf eine Veränderung der Einkommens- und Vermögensverteilung des Marktes ab, soweit diese den gesellschaftlichen Gerechtigkeitsvorstellungen widerspricht. (3) Die Stabilisierungsfunktion fordert einen staatlichen Beitrag zur gleichgewichtigen Auslastung (Konjunktur) und Entwicklung (Wachstum) der Wirtschaft. Vgl. Musgrave, Richard A. / Musgrave, Peggy B. / Kullmer, Lore: Die öffentlichen Finanzen in Theorie und Praxis, Band 1, 6. Auflage, Tübingen 1994, S. 5 ff.

der Finanzautonomie. Die Vorteilhaftigkeit eines föderalen Staatsaufbaus hängt allerdings davon ab, dass Entscheidungsträger, Nutznießer und Finanzierungsträger der Staatsleistungen räumlich weitgehend übereinstimmen. Nur in diesem Fall sind neben dem Autonomieprinzip auch die finanzwissenschaftlichen Prinzipien der Konnexität und der fiskalischen Äquivalenz erfüllt.

Konnexität beinhaltet die Verknüpfung der Aufgaben- und Ausgabenkompetenz und damit die Übereinstimmung der politischen Entscheidungs- und Kostenträger staatlicher Leistungen („Wer bestellt, bezahlt"). Darüber hinaus sollen nach dem Prinzip der fiskalischen Äquivalenz die Nutznießer der Staatsleistungen auch die mit der Bereitstellung verbundenen Kosten tragen. Konnexität und fiskalische Äquivalenz erhöhen die Intensität des Abwägens zwischen den positiven Wirkungen der öffentlichen Ausgaben und den negativen Belastungseffekten der Besteuerung. Die Entscheidungsträger sollen alle relevanten Kosten und Nutzen berücksichtigen und keine Ausdehnung der Staatsleistungen zu Lasten Dritter beschließen können.

Allokative Effizienz beinhaltet aber nicht nur die Berücksichtigung der Bürgerwünsche, sondern auch die kosteneffiziente Bereitstellung der staatlichen Leistungen. Die Produktions- bzw. Kosteneffizienz spricht für eine zentrale Aufgabenerfüllung, wenn die Durchschnittskosten bei steigender Produktionsmenge sinken, wenn also Skalenerträge vorliegen, die bei dezentraler Bereitstellung der Leistungen nicht genutzt werden können. Beispielsweise wäre es nicht sinnvoll, in jeder Stadt eine Universität zu gründen, weil die Ausbildungskosten pro Kopf mit wachsender Studentenzahl fallen. Insgesamt verlangen die allokativen Überlegungen also keine möglichst dezentrale Versorgung der Bürger mit staatlichen Leistungen, sondern ein differenziertes Angebot mit je nach Aufgabenstellung unterschiedlichem Zentralisierungsgrad. Die Differenzierung muss aber aus organisatorischen Gründen auf wenige staatliche Ebenen – Bund, Länder und Gemeinden (einschließlich der Gemeindeverbände[3]) – begrenzt werden.

Den kommunalen Gebietskörperschaften fallen im Rahmen eines idealtypischen föderativen Systems Aufgaben zu, deren Erfüllung nahezu ausschließlich die jeweiligen Einwohner und Unternehmen betrifft (z.B. Kindergärten, Gemeindestraßen). In diesem Sinne haben die deutschen Gemeinden nach dem Grundgesetz das Recht, alle Angelegenheiten der örtlichen Gemeinschaft in eigener Verantwortung zu regeln. Regional begrenzte Aufgaben, die den Wirkungskreis der Gemeinden überschreiten, aber noch nicht den Gesamtstaat betreffen, sollen die Länder als mittlere Gebietskörperschaften übernehmen. In Deutschland sind die Länder nach der Verfassung für alle staatlichen Aufgaben zuständig, soweit die Zuständigkeit nicht ausdrücklich dem Bund eingeräumt wird. Die Aufgabenschwerpunkte der Länder liegen in den Bereichen Schulwesen, Universitäten, Polizei und öffentliche Verwaltung.

Der Zentralstaat hat aus ökonomischer Sicht für die Bereitstellung nationaler öffentlicher Güter zu sorgen. Demnach ist der Bund vor allem dann zuständig, wenn eine

---

[3] Als Gemeindeverbände gelten unter anderem Ämter, Landkreise und Bezirksverbände, Zweckverbände.

Aufgabe ihrer Natur nach für das gesamte Staatsgebiet erbracht wird (z.B. Landesver-
teidigung, Bundesstraßen, Währungspolitik). Darüber hinaus muss der Bund die Verantwortung für das System der sozialen Sicherung tragen. Eine Föderation, die ihren
Bürgern Freizügigkeit einräumt, kann keine effiziente dezentrale Sozial- und Vertei-
lungspolitik betreiben, weil überdurchschnittlich zur Umverteilung neigende Gebietskörperschaften Steuerzahler abstoßen und Transferempfänger anziehen würden.
Schließlich muss die Zentralinstanz die Aufgabe der wirtschaftlichen Stabilisierung
übernehmen. Die untergeordneten Gebietskörperschaften haben weder einen Anreiz
zur Durchführung konjunkturpolitischer Maßnahmen, noch verfügen sie über das
Potential, konjunkturellen Krisen durch eine antizyklische Finanzpolitik wirksam ent-
gegenzutreten.

2.2 Die Verteilung der Einnahmen

Die Verteilung der Aufgaben auf die Gebietskörperschaften determiniert in starkem
Maße die Verteilung der Ausgaben. Im Sinne des Konnexitätsprinzips sollte die Ausgabenkompetenz eng mit der Aufgabenkompetenz gekoppelt sein. Bei der Primärver-
teilung der öffentlichen Einnahmen muss darauf geachtet werden, dass die einzelnen
Gebietskörperschaften Finanzmittel erhalten, die der aus der Aufgabenerfüllung resultierenden Ausgabenbelastung möglichst gut entsprechen. Soweit Ausgabenentschei-
dungen dezentral und autonom erfolgen, muss eine Gebietskörperschaft auch über
eigene Steuern verfügen, die sie (begrenzt) gestalten kann. Daher sollte jede aufgaben-
und ausgabenverantwortliche Staatsebene über mindestens eine fiskalisch gewichtige
Steuer verfügen, deren Aufkommen sie eigenständig zu beeinflussen vermag.
    Die Zuordnung der Steuern umfasst drei Elemente: (1) Für die Beurteilung der Fi-
nanzausstattung von Bund, Ländern und Gemeinden ist die Ertragshoheit, d.h. der
Anspruch auf die Steuereinnahmen entscheidend. (2) Die Gesetzgebungshoheit regelt,
welche Ebene Steuern einführen, gestalten und abschaffen darf. Dies beinhaltet vor
allem das Recht, Steuersätze und Bemessungsgrundlagen zu verändern und damit die
Einnahmen zu erhöhen oder zu senken. (3) Schließlich klärt die Verwaltungshoheit,
welche staatliche Ebene für die Erhebung, Durchführung und Kontrolle der Steuern
verantwortlich zeichnet. In Deutschland liegt das Schwergewicht der Gesetzgebungstä-
tigkeit faktisch beim Bund. Das erleichtert zwar die Schaffung gleichwertiger Lebensverhältnisse im Bundesgebiet, begrenzt aber auch die Finanzautonomie der untergeordneten Gebietskörperschaften.
    Für die Zuordnung der verschiedenen Steuerhoheiten kommen mehrere idealtypi-
sche Systeme in Betracht, die in der Praxis teils nebeneinander, teils in Kombination
auftreten. Ein hohes Maß an Finanzautonomie gewährt das Trennsystem. Dabei steht
der volle Ertrag einer Steuer einer Gebietskörperschaft exklusiv zur Verfügung. In der
Praxis dominieren gebundene Trennsysteme, bei denen der Oberverband die Gesetzgebungshoheit ausübt und die Steuerart festlegt, um Doppel- und Mehrfachbelastun-
gen einzelner Steuerquellen zu vermeiden. Die Alternative zur strikten Trennung der

Steuerarten ist die Aufteilung des Aufkommens quantitativ bedeutsamer Steuern auf mehrere Staatsebenen. In Betracht kommt zum einen das Verbundsystem, in dem das Steueraufkommen nach Quoten auf die Gebietskörperschaften verteilt wird, zum anderen das Zuschlagsystem, in dem die untergeordnete Ebene durch einen von ihr festgesetzten Zuschlag am Ertrag einer Steuer beteiligt ist, die von der übergeordneten Ebene erhoben wird.

Die Finanzautonomie der Gebietskörperschaften ist auch im Verbundsystem noch relativ hoch, da jede Ebene das Recht auf einen bestimmten Anteil am Steueraufkommen hat und darüber frei verfügen kann. Bedeutend geringer fällt der Autonomiegrad im Zuweisungssystem aus. Dort werden die Zuweisungsempfänger von der übergeordneten oder auch von der untergeordneten Ebene alimentiert. Bei den Zuweisungen von oben nach unten stellt der Oberverband (z.B. das Land) Mittel zur Verfügung, die nach einem Schlüssel oder auch zweckgebunden den unteren Ebenen (z.B. den Gemeinden) zugeteilt werden. Zuweisungen von unten nach oben dienen in der Regel der Finanzierung von Aufgaben, welche die einzelnen Gliedkörperschaften nicht mehr sinnvoll erfüllen können und die daher von einer übergeordneten Ebene (z.B. von Landkreisen und Zweckverbänden) wahrgenommen werden.

Bei der Auswahl und Zuordnung geeigneter Steuern für Bund, Länder und Gemeinden sind wiederum allokative, distributive und stabilitätspolitische Kriterien zu beachten. Aus allokativer Sicht sollten die nachgeordneten Körperschaften Steuern mit Äquivalenzcharakter erheben, die einen Bezug zu den örtlichen Leistungen und einen örtlich begrenzten Wirkungsgrad aufweisen. Der Zentralstaat sollte dagegen über die Gesetzgebungshoheit, die keine alleinige Ertragshoheit bedeutet, bei den Steuern verfügen, mit denen das Leistungsfähigkeitsprinzip und das Umverteilungsziel verfolgt werden. Neben den verteilungswirksamen wären danach auch die stark konjunkturelastischen Steuereinnahmen überwiegend dem Bund zuzuweisen.

Allerdings lassen sich die genannten Kriterien der Einnahmenverteilung nicht in vollem Umfang gleichzeitig verwirklichen. Es ist kaum möglich, jeder Ebene eine fiskalisch ergiebige Steuer zuzuordnen, die zudem auch noch allen wirtschaftspolitischen Zielen genügt. Die Hauptsteuern des deutschen Steuersystems, Einkommensteuer und Umsatzsteuer, eignen sich für eine Übertragung auf den Oberverband[4], doch sprechen fiskalische Überlegungen gegen eine solche Lösung. Länder und Gemeinden könnten ohne eine angemessene Beteiligung an diesen aufkommensergiebigen Steuern ihren Finanzbedarf nicht decken. Der deutsche Steuerverbund ist – bei all seinen Schwächen – durchaus als eine Lösung interpretierbar, die einen Kompromiss zwischen den Erfordernissen eines föderativen Staatsaufbaus und eines rationalen Steuersystems darstellt.

---

[4] Die Einkommensteuer dient in starkem Maße verteilungs- und stabilitätspolitischen Zielen, die vom Zentralstaat besser erfüllt werden können. Bei der Umsatzsteuer sprechen die regionalen Disparitäten, die mit einer Verteilung nach dem örtlichen Aufkommen verbunden wären, für die Übertragung auf den Bund.

Charakteristisch für das deutsche Steuersystem ist das große Gewicht der Einkommensteuern (Lohnsteuer, Veranlagte Einkommensteuer, Körperschaftsteuer, Kapitalertragsteuern inklusive Zinsabschlag, Solidaritätszuschlag). Auf diese Abgaben, bei denen das Leistungsfähigkeitsprinzip als Besteuerungsgrundsatz am klarsten zur Geltung kommt, entfallen im Jahr 2008 über 40% der gesamten Steuereinnahmen[5]. Allein die Lohnsteuer erbringt gut 25%. Neben der Einkommen- und Körperschaftsteuer spielt die Umsatz- bzw. Mehrwertsteuer, die den privaten Konsum belastet, mit einem Anteil von etwas mehr als 30% am Steueraufkommen eine herausragende Rolle. Hinzu kommen spezielle Verbrauchsteuern (z.B. Energiesteuer, Tabaksteuer) und Vermögenssteuern (Erbschaftsteuer, Grundsteuer).

Die Verteilung dieser Steuern umfasst eine vertikale und eine horizontale Komponente. Von vertikaler Steuerverteilung spricht man bei der Verteilung der Steuererträge auf die verschiedenen Staatsebenen. Ein Teil der Steuereinnahmen ist nach dem Trennsystem jeweils einer bestimmen Ebene zugeordnet. Reine Bundessteuern sind z.B. die Energiesteuer, Tabaksteuer und Versicherungsteuer, seit 2009 auch die Kfz-Steuer. Den Ländern stehen sämtliche Einnahmen aus der Biersteuer, Grunderwerbsteuer und Erbschaftsteuer zu. Als Gemeindesteuern sind insbesondere die Gewerbesteuer und die Grundsteuer zu nennen.

Entscheidend für die Finanzausstattung der einzelnen Gebietskörperschaften sind jedoch die Gemeinschaftsteuern (Einkommen- und Körperschaftsteuer, Umsatzsteuer), die 2008 ca. 70% des gesamten Steueraufkommens erbringen. Die Verteilung der Gemeinschaftsteuern erfolgt nach dem Verbundsystem, bei dem die verschiedenen Ebenen einen prozentualen Anteil an den Einnahmen erhalten. Für die erforderliche Flexibilität sorgt vor allem die vertikale Umsatzsteuerverteilung. Durch Variation der Beteiligungsquoten kann das Steueraufkommen zwischen Bund und Ländern verschoben werden, wenn sich die finanzielle Leistungskraft oder die Aufgabenbelastung einer Ebene verändert hat. Da die Gemeinden und Gemeindeverbände staatsrechtlich als Teil der Länder angesehen werden, sind Finanzbedarf und Finanzkraft der Gemeinden in diesem Zusammenhang auf der Länderseite zu berücksichtigen. Für eine adäquate Finanzausstattung der Gemeinden müssen freilich die Länder im Rahmen des kommunalen Finanzausgleichs sorgen.

Nach der vertikalen Zuordnung einzelner Steuern und der Festlegung der Verbundsteueranteile von Bund, Ländern und Gemeinden müssen die Einnahmen noch unter den Gebietskörperschaften einer Ebene – zwischen den Ländern oder zwischen den Gemeinden eines Landes – aufgeteilt werden. Die horizontale Steuerverteilung erfolgt grundsätzlich nach dem Prinzip des örtlichen Aufkommens, d.h. die Steuern stehen den einzelnen Ländern und Gemeinden insoweit zu, als die Steuern von den Finanzbehörden in ihrem Gebiet vereinnahmt werden. Allerdings wird dieses Prinzip bei der Verteilung der Verbundsteuern modifiziert, um schon bei der Steuerverteilung

---

[5] Vgl. Bundesministerium der Finanzen: Ergebnis der 134. Sitzung des Arbeitskreises „Steuerschätzungen", Mai 2009; eigene Berechnungen.

eine gleichmäßigere Finanzausstattung zu erzielen. Dies betrifft unter anderem den Anteil der Gemeinden an der Einkommensteuer.

3 Die Stellung der Gemeinden in der Finanzverfassung

Die Regelung der föderalen Finanzbeziehungen im Grundgesetz bezieht sich vor allem auf das Verhältnis von Bund und Ländern. Von außerordentlicher Bedeutung für die Stellung der Gemeinden in der Finanzverfassung ist allerdings Art. 28 (2) GG, der das Selbstverwaltungsrecht der Gemeinden garantiert. Daneben sind die Bestimmungen in Art. 106 (5-9) GG entscheidend. Den Gemeinden steht danach das Aufkommen aus den Realsteuern (Grund- und Gewerbesteuer) zu und sie haben ein Recht auf Teilhabe an den Ländereinnahmen aus den Gemeinschaftsteuern.

3.1 Selbstverwaltung und Aufgaben der Gemeinden

Art. 28 (2) GG bildet die Grundlage der kommunalen Selbstverwaltung. Danach haben die Gemeinden das Recht, „alle Angelegenheiten der örtlichen Gemeinschaft im Rahmen der Gesetze in eigener Verantwortung zu regeln". Im Einzelfall hängt der von einer Gemeinde zu übernehmende Aufgabenkreis von ihren strukturellen Gegebenheiten, insbesondere von den Faktoren Einwohnerzahl, Gebietsgröße, Wirtschaftsstruktur und finanzielle Leistungsfähigkeit ab. Aufgaben, die kleinere Gemeinden nicht mehr bewältigen können, sind in größeren Gemeinden oftmals noch als Angelegenheit der örtlichen Gemeinschaft zu betrachten. Generell dürfen die Gemeinden neue, die örtliche Gemeinschaft betreffende Aufgaben übernehmen, sofern diese Aufgaben nicht durch Gesetz bereits anderen Trägern zugewiesen wurden. Die Universalität (Allzuständigkeit) bedeutet allerdings nicht die dauerhafte Sicherung eines bestimmten Aufgabenbestandes.

Das wichtigste Merkmal der kommunalen Selbstverwaltung ist das Recht zur selbständigen, von staatlicher Einflussnahme weitgehend freien Erledigung der kommunalen Aufgaben. Selbstverwaltung setzt jedoch nicht nur ein hohes Maß an Aufgabenautonomie, sondern auch eine entsprechende Flexibilität auf der Ausgaben- und Einnahmenseite voraus. Folgerichtig gewährleistet Art. 28 (2) GG auch die kommunale Finanzhoheit, „die den Kommunen die Befugnis zu einer eigenverantwortlichen Einnahmen- und Ausgabenwirtschaft eröffnet und ihnen damit selbst die Entscheidung überlässt, wie und wofür sie ihre Mittel verwenden wollen"[6]. Einschränkungen der kommunalen Selbstverwaltung ergeben sich aus dem „Rahmen der Gesetze", der sich sowohl auf die prinzipielle Zuordnung einer Aufgabe auf die Gemeindeebene, als auch auf die Art und Weise der Durchführung der örtlichen Angelegenheit beziehen kann.

---

[6] Volkmann, Uwe: Der Anspruch der Kommunen auf finanzielle Mindestausstattung, in: Die Öffentliche Verwaltung (DÖV), Heft 12, 2001, S. 500.

Bei der Zuordnung und Gestaltung kommunaler Aufgaben spielt der Landesgesetzgeber eine dominierende Rolle. Die konkrete Aufgabenstruktur manifestiert sich in den Kommunalverfassungen der Länder[7]. Dabei werden mit den Selbstverwaltungsaufgaben und den Fremdverwaltungsaufgaben im Wesentlichen zwei Aufgabengruppen differenziert. Die Selbstverwaltungsaufgaben werden von den Kommunen in eigener Verantwortung wahrgenommen. Sie unterliegen dabei lediglich einer Rechtsaufsicht durch staatliche (nicht kommunale) Stellen. Diese Aufgaben lassen sich in pflichtige und freiwillige Selbstverwaltungsaufgaben aufteilen. Bei der ersten Gruppe sind die Kommunen zur Aufgabenwahrnehmung gesetzlich verpflichtet, doch steht ihnen die Art der Aufgabenerfüllung prinzipiell frei. Bei den freiwilligen Selbstverwaltungsaufgaben besitzen die Gemeinden darüber hinaus ein Aufgabenfindungsrecht, d.h. sie entscheiden auch darüber, ob sie eine Aufgabe überhaupt übernehmen wollen.

Beispiele für die freiwilligen Selbstverwaltungsaufgaben sind vor allem kulturelle und soziale Einrichtungen, wie Theater, Museen, Sozialstationen, aber auch die kommunale Wirtschaftsförderung. Zu den pflichtigen Selbstverwaltungsaufgaben zählen insbesondere die Sozialhilfe, die Grundschulen, die Bauplanung oder die Abfall- und Abwasserbeseitigung. Problematisch ist der ausgeprägte staatliche Einfluss auf die Aufgabenwahrnehmung, der das eigenverantwortliche kommunale Handeln beeinträchtigt. Eine klare Trennung zwischen den pflichtigen Selbstverwaltungsaufgaben und den Aufgaben der Fremdverwaltung ist in vielen Fällen kaum noch möglich.

Fremdverwaltungsaufgaben sind im Wesentlichen Auftragsangelegenheiten (Aufgaben des übertragenen Wirkungskreises), die von den Gemeinden im Namen der übergeordneten Gebietskörperschaften ausgeführt werden. Dabei handelt es sich um staatliche Aufgaben, die von Bund oder Land auf die Kommunen aufgrund gesetzlicher Bestimmungen übertragen werden. Der Staat besitzt, sofern Gesetze keine anderen Regelungen vorsehen, eine umfassende Weisungsbefugnis, die auch Detailregelungen ermöglicht. Die Personal- und Organisationshoheit liegt allerdings bei den Kommunen.

Innerhalb der kommunalen Ebene bestehen Unterschiede zwischen Gemeinden und Kreisen hinsichtlich des Aufgabenfindungsrechtes sowie der Einordnung in den Verwaltungsaufbau des Landes. Die Kreise sind nicht nur kommunale Gebietskörperschaften, sondern zugleich unterste Ebene im staatlichen Verwaltungsaufbau. Daraus resultiert im Vergleich zu den Gemeinden ein stärkeres Gewicht der Fremdverwaltungsaufgaben. Die kreisfreien Städte nehmen eine besondere Stellung auf der kommunalen Ebene ein, da bei ihnen Gemeinde- und Kreisaufgaben zusammenfallen.

Die Erfüllung der kommunalen Aufgaben ist mit Ausgaben verbunden. Im Jahr 2008 belaufen sich die Gesamtausgaben der kommunalen Gebietskörperschaften auf

---

[7] Vgl. zu den kommunalrechtlichen Aspekten z.B. Henneke, Hans-Günter: Die Kommunen in der Finanzverfassung des Bundes und der Länder: Darstellung, 3. Auflage, Wiesbaden 1998, S. 40 ff.

etwas mehr als 167 Mrd. Euro[8]. Betrachtet man die Ausgabenstruktur, so zeigt sich eine Dominanz der Personalausgaben mit einem Anteil von 25%. Es folgen die Ausgaben für den laufenden Sachaufwand mit 21% sowie die sozialen Leistungen mit 23%. Nur 12% der kommunalen Ausgaben fließen in Sachinvestitionen und 16% entfallen auf sonstige Ausgaben. Der Anteil der Zinszahlungen beläuft sich auf 3%. Die Ausgabenentwicklung ist seit vielen Jahren durch Konsolidierungsdruck charakterisiert, der sich in einer moderaten Entwicklung der Personalausgaben, aber auch in einer auf Dauer problematischen Absenkung der kommunalen Investitionen äußert.

3.2   Die Einnahmen der Gemeinden

Zur Deckung der Ausgaben stehen den Kommunen verschiedene Einnahmequellen zur Verfügung. Die gesamten Einnahmen (ohne Kreditaufnahme) betragen im Jahr 2008 ca. 175 Mrd. Euro. Hauptsächlich erfolgt die Finanzierung aus Steuern, deren Anteil an den Einnahmen bei 40% liegt. Auf ähnlichem Niveau bewegen sich die Finanzzuweisungen mit 34%. Hinzu kommen Gebühren und Beiträge mit 10% und sonstige Einnahmen mit 16% (Einnahmen aus wirtschaftlicher Tätigkeit, Konzessionsabgaben). Die Verschuldung spielt aufgrund restriktiver Regelungen im Vergleich zu Bund und Ländern eine eher untergeordnete Rolle. Im Jahr 2006 erzielten die kommunalen Haushalte sogar einen Überschuss von rund 7,6 Mrd. Euro[9].

Gebühren werden für die individuelle Inanspruchnahme bestimmter kommunaler Leistungen erhoben. Sie lassen sich weiter untergliedern in preisähnliche Benutzungsgebühren (z.B. Müllabfuhr, Abwasserbeseitigung) und steuerähnliche Verwaltungsgebühren (Gebühren für Amtshandlungen). Wie die Gebühren stellen auch die Beiträge ein Entgelt für spezielle Leistungen dar. Der wesentliche Unterschied besteht darin, dass die Leistungen nur auf Nutzergruppen, aber nicht auf einzelne Personen zugerechnet werden können. Beiträge werden vor allem zur Finanzierung von Erschließungsmaßnahmen in Baugebieten erhoben (Erschließungsbeiträge).

Bei den Gebühren und Beiträgen handelt es sich um das originäre Instrument der Kommunen zur Finanzierung ihrer Ausgaben. Eine Erhöhung der Realsteuerhebesätze oder der Verschuldung zur Deckung der Ausgaben ist im Grunde erst dann zulässig, wenn die Möglichkeiten der Gebührenfinanzierung weitgehend ausgeschöpft sind[10]. Grenzen der Gebührenfinanzierung ergeben sich dabei insbesondere aus den realisier-

---

[8] Vgl. Bundesministerium der Finanzen: Eckdaten zur Entwicklung und Struktur der Kommunalfinanzen 1999 bis 2008 (Stand: Juli 2009); eigene Berechnungen.

[9] Längerfristige Finanzierungskredite dürfen generell nur für Investitionen, Investitionsfördermaßnahmen und zur Umschuldung aufgenommen werden. Allerdings wird diese Restriktion in der Praxis häufig durch die revolvierende Aufnahme kurzfristiger Kassenkredite unterlaufen. Vgl. Heinemann, Friedrich u.a.: Der kommunale Kassenkredit zwischen Liquiditätssicherung und Missbrauchsgefahr, Baden-Baden 2009.

[10] Vgl. Färber, Gisela: Theorie und Praxis kommunaler Gebührenkalkulation, in: Andel, Norbert (Hrsg.): Probleme der Kommunalfinanzen, Berlin 2000, S. 85.

ten Kostendeckungsgraden der einzelnen Gebührenhaushalte. Sofern eine volle Kostendeckung erreicht ist, sind weitere Gebührenerhöhungen unzulässig, weil grundsätzlich keine Gebührenüberschüsse erwirtschaftet werden dürfen.

Während das Grundgesetz die Aufgaben der Gemeinden nur allgemein regelt, legt es in Art. 106 genau fest, welche Steuereinnahmen den Gemeinden zustehen (Ertragshoheit). Sie erhalten seit 1969 einen Anteil an der Einkommensteuer (aber nicht an der Körperschaftsteuer) sowie seit 1998 einen Anteil an der Umsatzsteuer. Darüber hinaus steht den Kommunen das Aufkommen der Gewerbe- und der Grundsteuer zu (Realsteuergarantie), dessen Höhe die einzelnen Gemeinden durch die Festlegung von Hebesätzen beeinflussen können. Besondere Bedeutung für das kommunale Steuersystem besitzt in diesem Kontext Art. 28 (2) GG, der den Gemeinden zum Schutz ihres Selbstverwaltungsrechts auch in Zukunft eine Steuerquelle mit Bezug zur kommunalen Wirtschaftskraft und Hebesatzrecht garantiert. Schließlich steht den Gemeinden bzw. den Gemeindeverbänden das Aufkommen der fiskalisch unbedeutenden örtlichen Verbrauch- und Aufwandsteuern zu (Vergnügungssteuer, Getränkesteuer, Hundesteuer, Zweitwohnungsteuer, Jagd- und Fischereisteuer, Schankerlaubnissteuer).

Quantitativ ist die Beteiligung an der Einkommensteuer mit einem Anteil von 37% der Steuereinnahmen im Jahr 2008 die zweitwichtigste kommunale Steuer nach der Gewerbesteuer[11]. Die Gemeinden erhalten 15% des jeweiligen Landesaufkommens aus der Lohnsteuer und der veranlagten Einkommensteuer sowie 12% des Aufkommens der Teile der Abgeltungsteuer, die bisher dem Zinsabschlag unterlagen. Die Zerlegung des kommunalen Anteils auf die Gemeinden eines Bundeslandes richtet sich nach der Einkommensteuer der Gemeindeeinwohner. Dabei werden jedoch nur Steuereinnahmen bis zu einem Höchstbetrag des zu versteuernden Einkommens berücksichtigt (30.000 Euro für Ledige und 60.0000 Euro für Ehegatten). Diese Schlüsselzahl vermindert die horizontale Streuung des Steueraufkommens, denn sie sorgt dafür, dass einkommensteuerschwache Gemeinden mehr und einkommensteuerstarke Gemeinden weniger Einkommensteuer erhalten, als ihnen bei einer Verteilung nach dem örtlichen Aufkommen zustehen würde.

Die Kommunen sind seit 1998 mit einem Anteil von 2,2% an dem Aufkommen der Umsatzsteuer beteiligt, das nach Abzug der Vorweganteile für den Bund verbleibt (effektiv 2%). Der Anteil an den gesamten kommunalen Steuereinnahmen liegt im Jahr 2008 bei 4,5%. Die Verteilung auf die einzelnen Länder sowie innerhalb der Länder auf die einzelnen Gemeinden erfolgt derzeit nach einem komplizierten Übergangsschlüssel, der ab dem Jahr 2018 durch einen neuen und dann endgültigen Schlüssel ersetzt wird. Dieser besteht zu 25% aus der Summe des Gewerbesteueraufkommens der Jahre 2001 bis 2006, zu 50% aus der Anzahl der sozialversicherungspflichtig Beschäftigten

---

[11] Das relative Gewicht der Gewerbesteuer und des Einkommensteueranteils schwankt im Konjunkturverlauf. In der Rezession sinken die Gewerbesteuereinnahmen überproportional und der Anteil an den Steuereinnahmen geht zurück. In „schlechten Jahren" kann der Einkommensteueranteil daher die Gewerbesteuereinnahmen überflügeln.

(ohne öffentlichen Dienst) jeweils am 30. Juni der Jahre 2004 bis 2006 und zu 25% aus der Summe der sozialversicherungspflichtigen Entgelte (ohne öffentlichen Dienst) der Jahre 2003 bis 2005.

Unter Autonomiegesichtspunkten ist die Gewerbesteuer die wichtigste Kommunalsteuer. Ihr Anteil an den kommunalen Steuereinnahmen liegt 2008 bei 44% (netto), ist allerdings starken konjunkturellen Schwankungen unterworfen. Der Besteuerung unterliegt heute nur noch der Ertrag der inländischen Gewerbebetriebe. Aus dem Gewerbeertrag ergibt sich nach Multiplikation mit einer Steuermesszahl der Steuermessbetrag, auf den die Gemeinde ihren Hebesatz anwendet. Sofern ein Unternehmen Betriebsstätten in mehreren Gemeinden unterhält, erfolgt eine Zerlegung des Steuermessbetrags nach den Arbeitsentgelten. Die Steuermesszahl beläuft sich seit 1.1.2008 für alle Unternehmen einheitlich auf 3,5%. Zudem kann die Gewerbesteuer nicht mehr als Betriebsausgabe von ihrer eigenen und von der Bemessungsgrundlage der Einkommen- und Körperschaftsteuer abgezogen werden. Einzelunternehmen und Personengesellschaften dürfen zum Ausgleich der Begünstigung der Kapitalgesellschaften bei der Gewinnbesteuerung den 3,8-fachen Gewerbesteuermessbetrag von der Einkommensteuerschuld abziehen. Schon seit der Gemeindefinanzreform 1969 sind Bund und Länder über eine Umlage an der Gewerbesteuer beteiligt (im Jahr 2008 mit 16,5% des Gewerbesteueraufkommens).

Zu den Realsteuern zählt neben der Gewerbesteuer die Grundsteuer, bei der die Gemeinden ebenfalls über ein Hebesatzrecht verfügen. Der Anteil an den kommunalen Steuereinnahmen 2008 beträgt 14%. Der Besteuerung unterliegt der Einheitswert des Grundbesitzes[12]. Er wird mit einer nach Grundstücksarten differenzierten Steuermesszahl multipliziert. Auf den so berechneten Steuermessbetrag wendet die Gemeinde ihren Hebesatz an, der für land- und forstwirtschaftlichen Grundbesitz (Grundsteuer A) in der Regel deutlich geringer ist als für Betriebs- und Wohngrundstücke (Grundsteuer B).

Die Struktur der Einnahmen variiert beträchtlich zwischen den Kommunen der alten und neuen Länder. Aufgrund der immer noch unterentwickelten Wirtschafts- und Steuerkraft der neuen Bundesländer haben die steuerlichen Einnahmen dort ein sehr viel geringeres Gewicht als im Westen (2008: 24% gegenüber 43%). Es dominieren die Finanzzuweisungen (2008: 55% gegenüber 30%), was zugleich eine viel stärkere Abhängigkeit der Gemeinden von der Landespolitik bedeutet.

3.3   Der kommunale Finanzausgleich

Mit dem kommunalen Finanzausgleich werden im Wesentlichen zwei Ziele verfolgt. Die fiskalische Funktion des Finanzausgleichs besteht darin, die originäre Finanzausstattung der kommunalen Ebene soweit aufzustocken, dass sie ihre Fremd- und Selbst-

---

[12] Infolge der Mängel der Einheitsbewertung ist die Grundsteuer in ihrer heutigen Form kaum zu rechtfertigen. Sie könnte in einer kommunalen Wertschöpfungsteuer aufgehen (vgl. Kapitel 4.1) oder müsste zumindest auf eine andere Bemessungsgrundlage umgestellt werden (z.B. Grundstücksfläche, Miete).

verwaltungsaufgaben insgesamt erfüllen kann. Die redistributive Funktion des Finanzausgleichs betrifft den Abbau interkommunaler Unterschiede in der Finanzausstattung, soweit diese Unterschiede nicht durch autonome Entscheidungen der Gemeinden verursacht werden. Damit soll bei allen Gemeinden eine möglichst gute Übereinstimmung zwischen Finanzkraft und Finanzbedarf erreicht werden.

Das fiskalische Ziel erfordert im Hinblick auf die durchschnittliche Finanzausstattung der kommunalen Ebene eigentlich keine vertikalen Finanzzuweisungen der Länder, sondern könnte auch durch eine stärkere Beteiligung der Gemeinden an den Gemeinschaftsteuern zulasten des Länderanteils erreicht werden. Zwar werden die vertikalen Finanzzuweisungen mit der Absicht gewährt, horizontale Ausgleichseffekte zu erzielen, aber auch das redistributive Anliegen ließe sich alternativ mittels eines direkten Ausgleichs zwischen armen und reichen Gemeinden erfüllen (analog zum Länderfinanzausgleich).

Neben den beiden Hauptzielen hat der kommunale Finanzausgleich die raumordnungspolitische Funktion, die Durchsetzung landesplanerischer Ziele zu fördern. Diese Intention äußert sich z.B. in der Berücksichtigung der Zentralität im Finanzausgleich. Schließlich kann der kommunale Finanzausgleich eine stabilitätspolitische Funktion erfüllen, vorausgesetzt die Länder gestalten das System so, dass die Einnahmen der Gemeinden im Konjunkturverlauf via Finanzzuweisungen verstetigt werden.

Der Gemeindefinanzausgleich ist in den einzelnen Bundesländern unterschiedlich organisiert. Die im Folgenden dargestellte grundsätzliche Vorgehensweise stimmt jedoch in allen Ländern überein. Finanzielle Basis des kommunalen Finanzausgleichs ist die Finanzausgleichsmasse (Verbundmasse). Die Bundesländer sind nach Art. 106 (7) GG dazu verpflichtet, ihre Gemeinden am Länderanteil an der Einkommensteuer, Körperschaftsteuer und Umsatzsteuer zu beteiligen (obligatorischer Steuerverbund). Zudem können die Länder die Einnahmen aus den Landessteuern oder aus dem Länderfinanzausgleich in den Steuerverbund einbeziehen (fakultativer Steuerverbund).

Die Höhe der Beteiligungsquote (Verbundquote) wird von den Bundesländern festgelegt. Sie hängt primär von der Aufgabenverteilung zwischen Land und Kommunen, aber auch von der Kommunalfreundlichkeit des Landes ab. Letztere äußert sich freilich nicht in der Bereitschaft zum fakultativen Steuerverbund, denn die damit einhergehende Verbreiterung der Finanzausgleichsmasse kann durch eine entsprechend geringere Verbundquote leicht kompensiert werden. Man muss also die Stellgrößen Verbundmasse und Verbundquote in Kombination betrachten, wenn es um die Höhe der Finanzzuweisungen geht.

Aus der Finanzausgleichsmasse werden allgemeine und zweckgebundene Finanzzuweisungen an Gemeinden und Landkreise gezahlt. Allgemeine Finanzzuweisungen, zu denen insbesondere die Schlüsselzuweisungen zählen, sind ungebundene Finanzmittel, die zur Deckung des allgemeinen Finanzbedarfs dienen. Mit ihrer Vergabe sind horizontale Ausgleichswirkungen zwischen den Kommunen verbunden und beabsichtigt. Durch Zweckzuweisungen werden bestimmte Aufgaben und konkrete Bedarfe der Kommunen dotiert. Der größte Teil entfällt auf Investitionszuweisungen. Daneben werden aber auch Kostenerstattungen für Auftragsangelegenheiten gewährt. Die Mittel für die Zweckzuweisungen werden in der Regel vorweg aus der Finanzausgleichsmasse entnommen.

Der Stärkung der kommunalen Finanzkraft sowie dem Abbau von Finanzkraftdifferenzen dienen vor allem die Schlüsselzuweisungen. Sie bilden das Kernstück des kommunalen Finanzausgleichs. Dotiert werden die Schlüsselzuweisungen aus der Schlüsselmasse, die sich aus der Verbundmasse nach Abzug der Zweckzuweisungen ergibt. Die Schlüsselmasse wird häufig in einem ersten Schritt nach Quoten auf die einzelnen kommunalen Ebenen (Gemeinden, Kreise und kreisfreie Städte) zerlegt. Die Verteilung der Schlüsselzuweisungen auf die einzelnen Gemeinden orientiert sich an ihrem Finanzbedarf relativ zu ihrer Finanzkraft. Diese Größen werden durch eine Bedarfsmesszahl bzw. eine Steuerkraftmesszahl zum Ausdruck gebracht. Die Vergabe der Schlüsselzuweisungen an die kreisfreien Städte und an die Landkreise erfolgt nach demselben Muster. Der wesentliche Unterschied besteht darin, dass auf der Kreisebene die Umlagekraftmesszahl (Steuereinnahmen und Finanzzuweisungen der Gemeinden) an die Stelle der Steuerkraftmesszahl tritt.

Die Bedarfsmesszahl einer Gemeinde (BMZ) ergibt sich als Produkt aus dem Gesamtansatz und dem Grundbetrag. Der Gesamtansatz entspricht der Summe aus dem Hauptansatz sowie den Ergänzungsansätzen. Der Hauptansatz basiert auf der Einwohnerzahl, die in den meisten Ländern in Abhängigkeit von der Gemeindegröße mit einem steigenden Faktor „veredelt" wird. Damit soll den Unterschieden in den zentralörtlichen Funktionen der Gemeinden sowie in den Kosten der Leistungserstellung Rechnung getragen werden. Einige Länder verzichten jedoch auf die sehr umstrittene Einwohnerveredelung und operieren stattdessen mit dem „Einwohner gleich Einwohner"-Prinzip. Die Ergänzungsansätze unterscheiden sich zwischen den Ländern erheblich. Sie dienen der Berücksichtigung besonderer Bedarfe der Gemeinden (z.B. Größe und Wachstum der Gemeinden, Stationierungsstreitkräfte, Schülerzahl, Sozialhilfebelastung).

Die Steuerkraftmesszahl einer Gemeinde (SMZ) ergibt sich im Wesentlichen aus den Einnahmen aus den Gemeindeanteilen an der Einkommen- und Umsatzsteuer sowie dem Aufkommen der Grund- und Gewerbesteuer (nach Abzug der Gewerbesteuerumlage). Allerdings geht nicht das tatsächliche, sondern das auf der Basis normierter Hebesätze ermittelte Realsteueraufkommen in die Steuerkraftmesszahl ein. Auf diese Weise wird sichergestellt, dass die kommunale Hebesatzpolitik keinen Einfluss auf die Höhe der Schlüsselzuweisungen der Gemeinden hat. Übersteigt die Bedarfsmesszahl die Steuerkraftmesszahl (BMZ > SMZ), so wird die Differenz nach Maßgabe des Ausgleichstarifs durch Schlüsselzuweisungen (SZ) abgebaut. Im einfachsten Fall eines proportionalen Ausgleichstarifs mit dem Ausgleichssatz a gilt also: SZ = a (BMZ – SMZ). Oftmals beinhaltet der Tarif neben dem allgemeinen Ausgleichssatz auch eine Mindestfinanzkraftgarantie. Übersteigt die Steuerkraftmesszahl die Bedarfsmesszahl (SMZ > BMZ), spricht man von einer abundanten Gemeinde, die grundsätzlich keine Schlüsselzuweisungen erhält. In einigen Ländern werden die Überschüsse teilweise durch eine Finanzausgleichsumlage abgeschöpft und dann in der Regel der Finanzausgleichsmasse zugeschlagen.

Die Ausgleichsansprüche der Gemeinden werden im kommunalen Finanzausgleich nicht absolut fixiert, sondern über den flexiblen Grundbetrag der verfügbaren Schlüsselmasse angepasst. Eine Zunahme des Finanzbedarfs bei konstanter Finanzkraft der Gemeinden vermindert nur den Grundbetrag, erhöht aber nicht die Ausgleichszahlungen. Dagegen steigt der Grundbetrag bei einer Erhöhung der Schlüsselmasse. Alle zuweisungsberechtigten kommunalen Gebietskörperschaften erhalten dann gleiche zusätzliche Beträge pro (veredeltem) Einwohner und die relativen Abstände zwischen finanzschwachen und finanzstarken Gebietskörperschaften werden verringert. Das Volumen der Schlüsselmasse entscheidet also über die Ausgleichseffekte der Schlüsselzuweisungen.

Darüber hinaus spielen die in den einzelnen Ländern recht unterschiedlichen Bestimmungen zur Ermittlung der Finanzkraft und des Finanzbedarfs sowie der jeweilige Ausgleichstarif eine erhebliche Rolle für die Nivellierungsintensität des Gemeindefinanzausgleichs. Der Gesetzgeber muss bei der Gestaltung dieser Parameter beachten, dass die Umverteilung in latentem Konflikt zur Selbstverantwortung und Finanzautonomie der Gemeinden steht. Das fiskalische Interesse der Gemeinden an der Ausschöpfung und Pflege der eigenen Steuerquellen darf durch den Finanzausgleich nicht allzu drastisch reduziert werden.

3.4 Aufgaben und Einnahmen der Landkreise

Im kreisangehörigen Raum stellt sich das Problem der Verteilung der kommunalen Aufgaben auf die Kreis- und Gemeindeebene. Das Grundgesetz garantiert auch den Landkreisen (und anderen Gemeindeverbänden) das Recht auf kommunale Selbstverwaltung. Allerdings verfügen die Kreise im Gegensatz zu den Gemeinden über keinen originären Aufgabenbereich, sondern das Land weist den Kreisen bestimmte Aufgabenbereiche gesetzlich zu. Klar geregelt ist dadurch die Übertragung von Fremdverwaltungsaufgaben sowie pflichtigen Selbstverwaltungsaufgaben auf die Gemeinden respektive Landkreise. Zuordnungsprobleme treten jedoch bei den freiwilligen Selbstverwaltungsaufgaben auf.

Generell gilt im Verhältnis zwischen Gemeinden und Kreisen der Vorrang der gemeindlichen Aufgabenwahrnehmung. Die Kreise sollen nur übergemeindliche, ergänzende sowie ausgleichende Aufgaben wahrnehmen. Zu den übergemeindlichen zählen vor allem die kreisintegralen Aufgaben. Sie betreffen einen kreisweiten Nutzerkreis und können daher im Allgemeinen nicht sinnvoll von den einzelnen Gemeinden erfüllt werden. Beispiele sind der Bau und die Unterhaltung von Kreisstraßen, die Landschaftsplanung, der Immissionsschutz oder auch die Verbesserung der regionalen Wirtschaftsstruktur.

Bei den ergänzenden Aufgaben, zu denen z.B. die Bereitstellung von Alten- und Jugendheimen, Musikschulen und Hallen, oder die Bildung von Versorgungsunternehmen zählen, handelt es sich um Angelegenheiten der örtlichen Gemeinschaft, die aufgrund fehlender Leistungsfähigkeit jedenfalls nicht von allen kreisangehörigen Gemeinden in vollem Umfang erbracht werden können. Zur Sicherung einer gleichmäßigen Versorgung der Kreiseinwohner mit öffentlichen Leistungen übernimmt der Kreis die Aufgaben, wobei sich die Aufgabenwahrnehmung nicht auf das gesamte Kreisgebiet erstrecken muss. Die Aufgabenübertragung infolge der unausgewogenen Leistungsfähigkeit der kreisangehörigen Gemeinden sorgt für erhebliche Unterschiede im Aufgabenumfang der Kreise.

Im Rahmen der ausgleichenden Aufgaben versucht der Kreis, eine gleichmäßigere Verteilung öffentlicher Leistungen im Kreisgebiet zu erreichen und zudem Unterschiede in der Leistungsfähigkeit der einzelnen Gemeinden abzumildern, die trotz Finanzausgleich noch bestehen. Relativ unproblematisch sind die Ausgleichswirkungen, die von administrativen und personellen Hilfen des Kreises für leistungsschwache Gemeinden ausgehen. Fraglich erscheint jedoch, ob der Kreis auch finanzielle Hilfen an die Gemeinden gewähren darf, da hierdurch die Ausgleichssystematik des kommunalen Finanzausgleichs modifiziert und möglicherweise beeinträchtigt wird.

Die Kreise verfügen über keine nennenswerten eigenen Steuereinnahmen. Sie sind daher auf die Einnahmen aus Gebühren und Finanzzuweisungen sowie auf die Kreisumlage angewiesen. Mit der Kreisumlage können die Landkreise auf die Finanzkraft ihrer Gemeinden (Steuereinnahmen und Schlüsselzuweisungen) zurückgreifen. Der Umlagesatz ist in der Regel für alle Gemeinden gleich. Über die erforderliche Höhe der Umlage entscheidet vor allem die Aufgabenteilung zwischen Kreis und Gemeinden, die jedoch nicht von vornherein feststeht, sondern kreisintern geregelt werden muss. Aus der Sicht der Landkreise ist die Umlage die einzige gestaltbare Einnahmequelle, aus der Sicht der Gemeinden ist sie jedoch eine Abgabe aus eigenen Mitteln, so dass die Höhe der Umlage verständlicherweise immer wieder zu Konflikten zwischen Kreis- und Gemeindeebene führt.

In den Finanzausgleichsgesetzen der Länder wird die Kreisumlage lediglich als subsidiäres Instrument zur Finanzierung eines nicht durch andere Einnahmen gedeckten notwendigen Finanzbedarfs der Kreise angesehen. Ihre faktische Bedeutung stimmt mit dieser Charakterisierung schon lange nicht mehr überein. Mit einem Anteil an den Einnahmen von etwa 40% ist die Umlage die dominierende Einnahmequelle der Kreise. Zum Anstieg der Kreisumlage beigetragen hat eine verstärkte Aufgabenübertragung auf die Gemeindeverbände, ohne dass von Seiten der Länder eine ausreichende Kostenerstattung vorgenommen wurde. Die daraus resultierenden zusätzlichen Belastungen konnten die Kreise nur durch eine Anhebung der Kreisumlage zu Lasten der Gemeinden kompensieren. Diese Entwicklung begünstigt Vorschläge für eine direkte Steuerbeteiligung der Landkreise.

4   Probleme der Kommunalfinanzen und Ansätze einer Reform

Das derzeitige Gemeindefinanzsystem wird schon seit langem kritisiert, wobei der Fokus der Diskussion vor allem auf der Gewerbesteuer und deren Eignung als Gemeindesteuer liegt. Zu schaffen macht den Kommunen auch die Übertragung und Intensivierung von Aufgaben, die nicht immer mit einem hinreichenden finanziellen Ausgleich einhergeht.

4.1   Ersatz der Gewerbesteuer durch die Wertschöpfungsteuer

Die Gewerbesteuer bildet neben der Beteiligung an der Einkommensteuer die zweite tragende Säule des kommunalen Steuersystems[13]. Über die Einkommensteuerbeteiligung finanziert die Wohnbevölkerung einen erheblichen Teil der Gemeindeausgaben. Die kommunalen Leistungen kommen aber nicht nur den Einwohnern, sondern auch den ortsansässigen Unternehmen zugute. Sie sollen daher – gemäß dem Prinzip der fiskalischen Äquivalenz – ebenfalls zur Finanzierung der Ausgaben beitragen. Durch die Verteilung der Lasten auf Einwohner und Unternehmen wird außerdem ein Interessenausgleich zwischen diesen beiden Gruppen angestrebt, d.h. spezifische Bedarfe einer sozialen Gruppe sollen durch Abgaben ihrer Mitglieder finanziert werden. Das Hebesatzrecht dient der Abstimmung von Leistung und Gegenleistung und damit dem kommunalen Standortwettbewerb. Gemeinden können die Hebesätze anpassen, wenn sie ihren Unternehmen eine außerordentliche Infrastruktur oder günstige Steuerkonditionen anbieten wollen.

Die heutige Gewerbesteuer gewährleistet freilich weder die fiskalische Äquivalenz noch den fairen Ausgleich der Einwohner- und Unternehmensinteressen. Erhebliche Teile der Wirtschaft, insbesondere die Land- und Forstwirtschaft sowie die freien Berufe, unterliegen nicht der Gewerbesteuerpflicht. Darüber hinaus trifft die Gewerbesteuer wegen des persönlichen Freibetrags vor allem die mittleren und großen Gewerbebetriebe. Der Kreis der materiell Steuerpflichtigen weicht also gravierend von dem Kreis der Unternehmen ab, die von den kommunalen Leistungen profitieren und die entsprechenden Kosten übernehmen sollen. In vielen Fällen resultiert daraus eine für die kommunalpolitische Willensbildung problematische wechselseitige Abhängigkeit zwischen Gemeinden und einzelnen ortsansässigen Unternehmen.

Schon aufgrund der unbefriedigenden Abgrenzung der Steuerpflicht verteilt sich das Aufkommen der Gewerbesteuer nicht bedarfsgerecht auf die Gemeinden. Unterschiede in der Wirtschaftsstruktur führen zu regionalen Disparitäten des Steueraufkommens, die durch die ungleichmäßige Streuung der Bemessungsgrundlage Gewer-

---

[13] Vgl. zum folgenden Scherf, Wolfgang: Perspektiven der kommunalen Besteuerung, in: Andel, Norbert (Hrsg.): Probleme der Kommunalfinanzen, Berlin 2000, S. 21 ff und Scherf, Wolfgang: Ersatz der Gewerbesteuer durch eine anrechenbare Wertschöpfungsteuer, in: Wirtschaftsdienst, Heft 10, 2002, S. 603 ff.

beertrag noch erheblich verstärkt werden. Die Gewerbesteuer ist daher ein Störfaktor der räumlichen Ordnung. Selbst bei gleichen Hebesätzen können die Einnahmen von Gemeinden ähnlicher Größe und Wirtschaftskraft weit auseinander fallen. Infolgedessen trägt auch das prinzipiell sinnvolle Hebesatzrecht bei dieser Steuer wenig zur Stärkung der kommunalen Selbstverwaltung und Finanzautonomie bei. Gemeinden mit hoher Bemessungsgrundlage können trotz moderater Hebesätze ein gutes Leistungsniveau bereitstellen, während leistungsschwache Gemeinden dieses Defizit im Standortwettbewerb allein mit niedrigen Hebesätzen kaum kompensieren können.

Auch aus konjunkturpolitischer Sicht erweist sich die Gewerbesteuer als nachteilig, denn ihr Aufkommen schwankt im Konjunkturverlauf stärker als das Sozialprodukt. Da die Gemeinden ihre Ausgaben an den instabilen Einnahmen orientieren, kommt es zu prozyklischen, konjunkturverschärfenden Variationen der kommunalen Ausgaben, insbesondere der öffentlichen Investitionen. Zudem ist zu beanstanden, dass die Gewerbesteuer die Steuerbelastung auf eine kleine Gruppe von Unternehmen konzentriert und daher im Hinblick auf die Wettbewerbsneutralität der Besteuerung kaum zu vertreten ist. Da die Gewerbesteuer im Gegensatz zur Umsatzsteuer beim Export nicht erstattet werden kann (Grenzausgleich), sieht sich die Gewerbesteuer darüber hinaus dem Vorwurf ausgesetzt, die internationale Wettbewerbsfähigkeit der deutschen Unternehmen zu beeinträchtigen.

Die Mängel der Gewerbesteuer sind seit langem bekannt. Auch an Reformvorschlägen fehlt es nicht. Einige dieser Vorschläge zeichnen sich allerdings durch wenig Rücksichtnahme auf die Interessen der Gemeinden aus. So wäre der vollständige Ersatz der Gewerbesteuer durch eine verstärkte Beteiligung an der Umsatzsteuer mit einem kommunalen Hebesatzrecht unvereinbar und daher verfassungsrechtlich unzulässig. Auch eine kommunale Einkommen- und Gewinnsteuer[14] kommt als Ersatz der Gewerbesteuer kaum in Betracht. Sie würde das Steueraufkommen von den Wirtschaftszentren in die Wohnorte verlagern[15] und damit die finanziellen Anreize der Gemeinden zur Ansiedlung von Unternehmen und Arbeitsplätzen reduzieren.

Zum Ausgleich der Gewerbesteuer (inklusive der Umsatzsteuerbeteiligung) geeignet ist dagegen die kommunale Wertschöpfungsteuer, die 1982 vom Wissenschaftlichen Beirat beim Bundesministerium der Finanzen vorgeschlagen wurde[16]. Sie erfasst die bei der örtlichen Produktion entstehenden Einkommen. Eine gleichmäßige Besteuerung der lokalen Wertschöpfung erfordert die Einbeziehung der freien Berufe und der

---

[14] Vgl. Bundesverband der deutschen Industrie (BDI) und Verband der Chemischen Industrie (VCI): Verfassungskonforme Reform der Gewerbesteuer. Konzept einer kommunalen Einkommen- und Gewinnsteuer, Köln 2001.

[15] Zwar sollen die unternehmerischen Einkünfte den Betriebsgemeinden zugerechnet werden, aber der größte Teil der Bemessungsgrundlage entfällt auf die übrigen Einkünfte, vor allem auf die Arbeitsentgelte, die den Wohngemeinden zugute kommen.

[16] Vgl. Wissenschaftlicher Beirat beim Bundesministerium der Finanzen, Gutachten zur Reform der Gemeindesteuern in der Bundesrepublik Deutschland, Schriftenreihe des Bundesministeriums der Finanzen, Band 31, Bonn 1982.

staatlichen Einrichtungen. Bei Abschaffung der Grundsteuer könnten auch die Land-
und Wohnungswirtschaft einbezogen werden. Als Objektsteuer weist die Wertschöpfungsteuer einen proportionalen Steuersatz auf, der wegen der breiten Bemessungsgrundlage relativ niedrig sein kann (2,5 – 3%). Um die kommunale Finanzautonomie
zu gewährleisten und zu vertiefen, erhalten die Gemeinden ein Hebesatzrecht.

Die Wertschöpfungsteuer weist eine Reihe von Eigenschaften auf, die sie als
Kommunalsteuer besonders qualifizieren. Sie beteiligt die Gemeinden gleichmäßig an
der lokalen Wirtschaftskraft, die in der Wertschöpfung zum Ausdruck kommt. Im Sinne des Äquivalenzprinzips und des Interessenausgleichs finanzieren die Unternehmen
auf diese Weise die kommunalen Leistungen, von denen sie als Gruppe profitieren. Da
der Kreis der Steuerpflichtigen und die Bemessungsgrundlage erweitert werden, führt
die Wertschöpfungsteuer im Vergleich zur Gewerbesteuer zu einer gleichmäßigeren
Verteilung des Aufkommens. Verbessert wird auch die Stabilität des Steueraufkommens im Konjunkturverlauf. Gesamtwirtschaftlich entspricht die Wertschöpfung dem
Sozialprodukt, so dass die Einnahmen der Gemeinden nicht mehr stärker schwanken
als die wirtschaftliche Aktivität.

Ein weiterer Vorteil der Wertschöpfungsteuer ist ihre hohe Wettbewerbsneutralität. Auf nationaler Ebene treten Wettbewerbsverzerrungen kaum noch auf, wenn alle
Unternehmen gleichmäßig zur Finanzierung der kommunalen Leistungen herangezogen werden. Zudem ist die Wertschöpfungsteuer neutral bezüglich des Einsatzes der
Produktionsfaktoren. Allerdings kann – wie bei der Gewerbesteuer – keine Freistellung
der Exporte erfolgen, so dass deutsche Anbieter im internationalen Wettbewerb weiterhin benachteiligt erscheinen. Andererseits erfordert gesamtwirtschaftliche Effizienz
die Belastung der Unternehmen mit zurechenbaren Infrastrukturkosten. Die Freistellung der in den Exporten enthaltenen Wertschöpfung dient weniger der Neutralität der
Besteuerung als der verdeckten Exportförderung. Zudem muss jede Steuererleichte-
rung für die Exportwirtschaft bei konstantem Steueraufkommen durch eine höhere
Belastung der übrigen Unternehmen erkauft werden.

Vermeintliche Schwachstellen der Wertschöpfungsteuer lassen sich beseitigen,
wenn eine Verrechnung der Wertschöpfungsteuer mit einer entsprechend erhöhten
Umsatzsteuer zugelassen wird[17]. Die Unternehmen dürfen dann die mit Hilfe des
durchschnittlichen Hebesatzes normierte Wertschöpfungsteuer von der Umsatzsteuer
abziehen. Die Gemeinden erhalten jedoch eine Wertschöpfungsteuer mit Hebesatzrecht
und allen Vorzügen gegenüber der heutigen Gewerbesteuer. Für die Unternehmen
läuft die Reform im Durchschnitt (aber nicht im Einzelfall) auf einen Ersatz der bisherigen Gewerbesteuer durch eine Erhöhung der Umsatzsteuer hinaus. Die Lösung beinhaltet also die von den Unternehmen gewünschte Freistellung der Investitionen und
der Exporte. Somit erscheint das Modell einer auf die Umsatzsteuer anrechenbaren
Wertschöpfungsteuer geeignet, den Interessenkonflikt zwischen Gemeinden und Unternehmen weitgehend aufzulösen und damit der kommunalen Wertschöpfungsteuer

---

[17] Vgl. zum Anrechnungsmodell Scherf, Wolfgang: a.a.O., 2000, S. 32 ff.

zum Durchbruch zu verhelfen. Dies wäre ein entscheidender Beitrag zur langfristigen Stabilisierung der kommunalen Haushalte.

4.2   Systematische Anwendung des Konnexitätsprinzips

Zur Erfüllung ihrer Aufgaben müssen die Kommunen über ausreichende finanzielle Mittel verfügen. Die Frage der angemessenen Finanzausstattung ist für eine Reihe von Streitigkeiten zwischen den Ländern und ihren Kommunen verantwortlich. Zwar besteht weitgehender Konsens darüber, dass der Schutz des Kernbereichs der kommunalen Selbstverwaltung eine Finanzausstattung erfordert, mit der alle Weisungsaufgaben, alle pflichtigen Selbstverwaltungsaufgaben und auch ein Mindestmaß an freiwilligen Selbstverwaltungsaufgaben erfüllt werden können. Hieraus resultiert aber kein Anspruch auf ein von vornherein festgelegtes und unveränderliches Finanzvolumen. Vielmehr ist bei prinzipieller Gleichrangigkeit der Aufgaben der drei Gebietskörperschaftsebenen auch die finanzielle Situation von Bund und Ländern zu berücksichtigen.

Mit der Verteilung der Aufgaben muss auch die Zuordnung der Ausgabenverpflichtungen auf die verschiedenen Staatsebenen geklärt werden. Im Verhältnis zwischen Bund und Ländern gilt grundsätzlich das Konnexitätsprinzip. Nach Art. 104a (1) GG tragen sie jeweils die Ausgaben, die sich aus der Wahrnehmung ihrer Aufgaben ergeben. Das Konnexitätsprinzip wird allerdings nicht im Sinne der Regel „Wer bestellt, der bezahlt", sondern als Verwaltungskausalität verstanden. Danach muss die Ebene, die eine Aufgabe ausführt, im Allgemeinen die Kosten tragen, nicht die Ebene, die eine Aufgabe beschließt. Implizit vorausgesetzt wird dabei, dass die Länder (und Kommunen) über einen ausreichenden finanziellen Handlungsspielraum zur Aufgabenerfüllung verfügen.

Das Konnexitätsprinzip des Art. 104a (1) GG ist im Wesentlichen auf das Verhältnis zwischen Bund und Ländern beschränkt und hat damit nur geringe Auswirkungen auf die Finanzbeziehungen zwischen Bund und Kommunen oder zwischen Ländern und Kommunen. Zu beachten ist auch, dass der Bund weder Aufgaben noch Finanzzuweisungen unter Umgehung der Länder direkt an die Kommunen übertragen darf, da hierdurch die Organisationshoheit der Länder verletzt würde. Der kommunale Anspruch auf einen Kostenausgleich für Fremdverwaltungsaufgaben richtet sich daher gegen das Land, wobei sich die konkrete Verpflichtung des Landes zur Kostenerstattung aus den Bestimmungen der jeweiligen Landesverfassung ergibt.

Die Konnexitätsregelungen in den Landesverfassungen weisen im Einzelnen erhebliche Unterschiede auf. Manche Länder begnügen sich mit der Maxime, dass die kommunale Finanzausstattung insgesamt so bemessen werden muss, dass die Kommunen ihre Selbst- und Fremdverwaltungsaufgaben erfüllen können. Sie verzichten auf eine Kostenerstattung für einzelne Aufgaben, wie sie das Konnexitätsprinzip eigentlich nahe legt. In anderen Ländern dürfen Aufgaben nur auf die Kommunen übertragen werden, wenn zugleich eine Regelung der Kostenfrage erfolgt. Diese Verpflichtung beschränkt sich jedoch gewöhnlich auf eine nicht näher präzisierte Regelung der Kostenübernahme, sieht aber keine exakte Kostenerstattung im Sinne des strikten Konnexitätsprinzips vor. Daher verwundert es nicht, dass das Konnexitätsprinzip bislang keinen ausreichenden Schutz der kommunalen Finanzausstattung gewährleisten konnte.

Bund und Länder verstoßen immer wieder gegen das Konnexitätsprinzip, indem sie Aufgaben festlegen und deren Durchführung den Gemeinden übertragen, ohne einen angemessenen Ausgleich der Kosten sicherzustellen. Das Problem tritt nicht nur bei Auftragsangelegenheiten, sondern auch bei den pflichtigen Selbstverwaltungsaufgaben auf. Hier sind die Kommunen oftmals mit einem Kostenanstieg konfrontiert, der auf detaillierte bundes- und landesrechtliche Regelungen zurückgeht. Dies betrifft beispielsweise die Sozialhilfe, die sich in der Vergangenheit zu einer erheblichen Belastung der kommunalen Haushalte entwickelt hat. Die dadurch gebundenen Mittel reduzieren den Spielraum für freiwillige Selbstverwaltungsaufgaben und schwächen damit die kommunale Selbstverwaltung. Besonderes Gewicht erhält dieser Sachverhalt aufgrund der fehlenden direkten kommunalen Beteiligung am staatlichen Entscheidungsprozeß. Die Bundesländer, die ihre Gemeinden vertreten sollen, verfolgen oftmals eigene Ziele und verhalten sich nicht immer als Anwalt kommunaler Interessen.

Nur eine konsequentere Anwendung des Konnexitätsprinzips kann die Kommunen vor der Verschiebung kostenintensiver Staatsaufgaben schützen. Dazu bedarf es einer Abkehr von der Verwaltungskausalität zugunsten der Gesetzeskausalität, d.h. die mit der Gesetzgebungskompetenz ausgestattete Ebene muss auch die finanzielle (Haupt-) Verantwortung für ihre Entscheidungen tragen. In der Praxis bereitet die Umsetzung der Gesetzeskausalität gewisse Schwierigkeiten, da sich oftmals nicht genau zwischen den Kosten trennen lässt, die durch die Aufgabenwahrnehmung einerseits und durch die Ausnutzung von Ermessensspielräumen andererseits entstehen. Daher ist die Beteiligung der ausführenden Ebene in Form einer Interessenquote sinnvoll, um die Effizienz der Aufgabenerfüllung zu fördern. Die hierfür nötigen Finanzmittel müssen bei der Finanzausstattung der ausführenden Ebene im Durchschnitt einkalkuliert werden.

Eine gewisse Stärkung des Konnexitätsprinzips brachte die Föderalismusreform I. Durch Bundesgesetze dürfen Gemeinden und Gemeindeverbänden unmittelbar keine Aufgaben mehr übertragen werden. Diese Änderung erhöht die Durchschlagskraft der in den Landesverfassungen verankerten Konnexitätsregelungen zwischen Ländern und Kommunen.

4.3   Maßnahmen zur Stabilisierung der Kommunalfinanzen

Ein Hauptproblem des kommunalen Finanzsystems ist die Instabilität der kommunalen Einnahmen. Sie basiert vor allem auf konjunkturellen Einflüssen, aber auch auf den finanzpolitischen Entscheidungen der übergeordneten Gebietskörperschaften. Auf die ausgeprägte Konjunkturanfälligkeit der Gewerbesteuer wurde bereits hingewiesen. Auch die Beteiligung der Gemeinden an der Einkommensteuer trägt, allerdings in geringerem Maße, zur insgesamt starken Konjunkturabhängigkeit der kommunalen Steuereinnahmen bei. Dies wäre weniger problematisch, wenn die Länder konjunkturelle Steuerausfälle der Gemeinden durch höhere Finanzzuweisungen ausgleichen würden. Erfahrungsgemäß ist jedoch eher das Gegenteil zu erwarten. Die Länder beteiligen die Kommunen über den Finanzausgleich an ihren eigenen konjunkturellen Mindereinnahmen oder betrachten den Finanzausgleich bei angespannter Haushaltslage sogar als Reservekasse.

Zur Verstetigung der kommunalen Steuereinnahmen würde ein Ersatz der Gewerbesteuer durch eine kommunale Wertschöpfungsteuer erheblich beitragen. Mit Blick auf die kommunale Finanzautonomie sollte im Zuge einer solchen Reform die bisherige (Gewerbesteuer-)Umlage zugunsten von Bund und Ländern ebenso entfallen wie die systemwidrige Anrechnung der kommunalen Unternehmensteuer auf die Einkommensteuer der Personalunternehmen. Dies würde den Steuerverbund an einer Stelle entflechten, wo er keine Vorteile mit sich bringt, und die fiskalische Äquivalenz auf allen Ebenen stärken.

Eine weitere Stabilisierung der kommunalen Steuereinnahmen wäre mit einer einfachen Modifikation des Einkommensteuerverbunds zu erreichen. Der Gemeindeanteil könnte sich am durchschnittlichen Einkommensteueraufkommen mehrerer Jahre statt an den laufenden Steuereinnahmen orientieren, was die konjunkturellen Schwankungen der kommunalen Einnahmen deutlich glätten würde. Die Lösung ließe sich auf die Länder übertragen. Der Bund hätte auf der anderen Seite stärkere Ausschläge seiner Einkommensteuereinnahmen hinzunehmen, doch entspräche dies der stabilitätspolitischen Rollenverteilung in einem föderalen Staat weit besser als die heutige Lösung.

Neben diesen Maßnahmen zur konjunkturellen Stabilisierung der Gemeindefinanzen erscheint es durchaus diskutabel, den Gemeinden ein (begrenztes) Zuschlagsrecht zur Einkommensteuer einzuräumen, wie es das Grundgesetz in Art. 106 (5) bereits vorsieht. Der Zweck eines Zuschlagsrechts besteht aber nicht darin, anderweitig verursachte Finanzprobleme, insbesondere die Defekte der Gewerbesteuer zu kompensieren. Vielmehr sollen die Gemeinden damit eine bessere Abstimmung zwischen den Präferenzen der Wohnbevölkerung und dem kommunalen Leistungsangebot herbeiführen. Demzufolge kann das Zuschlagsrecht bei der Einkommensteuer eine Gewerbesteuerreform nicht ersetzen. Es macht wenig Sinn, bei der kommunalen Einwohnersteuer die Finanzautonomie zu vergrößern, bei der kommunalen Unternehmensteuer aber den umgekehrten Weg einzuschlagen und den Steuerverbund zu erweitern.

4.4   Ausblick

Die in jeder Rezession eintretende Krise der Kommunalfinanzen unterstreicht die Reformbedürftigkeit des Systems. Insbesondere die Defekte der Gewerbesteuer sind hierfür verantwortlich, was alle Sachverständigen seit langem wissen. Bereits vor über 30 Jahren stellte eine Steuerreformkommission der Gewerbesteuer ein vernichtendes Zeugnis aus: „Nach Auffassung der Kommission hat die Gewerbesteuer in ihrer heutigen Form so schwerwiegende Mängel, dass sie zu den Hauptproblemen der Steuerreform gehört"[18]. Daran hat sich bis heute nichts geändert. Dennoch sind die vielfältigen Reformbemühungen bislang gescheitert, zum einen an den (nicht immer durchdachten) Interessenstandpunkten der Wirtschaft und der Gemeinden, zum anderen an der fehlenden Bereitschaft des Gesetzgebers, auch ohne Konsens der Beteiligten eine klare Entscheidung zu treffen[19]. Letzteres muss sich ändern, wenn das Gemeindefinanzsystem auf eine tragfähige Basis gestellt werden soll. „Weitere Kommissionen müssen sich mit den Fragen der Gemeindefinanzreform nicht mehr beschäftigen. Es fehlt nicht an wissenschaftlicher Expertise, sondern an politischer Durchsetzung"[20].

Literaturhinweise

Haverkamp, Franz: Die Finanzbeziehungen zwischen Ländern und Gemeinden, in: Arnold, Volker / Geske, Otto-Erich (Hrsg.): Öffentliche Finanzwirtschaft, München 1988, S. 55 – 120.

Henneke, Hans-Günter: Die Kommunen in der Finanzverfassung des Bundes und der Länder, 4. Auflage, Wiesbaden 2008.

Scherf, Wolfgang: Öffentliche Finanzen. Einführung in die Finanzwissenschaft. Stuttgart 2009.

Zimmermann, Horst: Kommunalfinanzen. Eine Einführung in die finanzwissenschaftliche Analyse der kommunalen Finanzwirtschaft, 2. Auflage, Baden-Baden 2009.

Aktuelle Informationen zur Entwicklung der kommunalen Haushalte finden sich im jährlich erscheinenden Gemeindefinanzbericht, der vom Deutschen Städtetag herausgegeben wird, sowie in den Online-Publikationen des Bundesministeriums der Finanzen.

---

[18] Bundesministerium für Wirtschaft und Finanzen (Hrsg.): Gutachten der Steuerreformkommission 1971, Schriftenreihe des Bundesministeriums der Finanzen, Heft 17, Bonn, S. 915.

[19] Ein schlagendes Beispiel liefert die erfolglose Arbeit der 2002 von der Bundesregierung eingesetzten Kommission zur Reform der Gemeindefinanzen. Vgl. Junkernheinrich, Martin: Reform des Gemeindefinanzsystems: Mission Impossible?, in: DIW Vierteljahrshefte zur Wirtschaftsforschung, Heft 3, 2003, S. 423 ff.

[20] Peffekoven, Rolf: Abschaffung der Gewerbesteuer: Was kann Ersatz sein?, in: Kirchhoff, Paul / Graf Lambsdorff, Otto / Pinkwart, Andreas (Hrsg.): Perspektiven eines modernen Steuerrechts, Festschrift für Hermann Otto Solms zum 65. Geburtstag, Berlin 2005.

Direkte Demokratie auf kommunaler Ebene

Andreas Kost

1 Einleitung

In der Wirklichkeit moderner Staaten bezeichnet „direkte Demokratie" alle durch Verfassung und weitere Rechtsvorschriften ermöglichten Verfahren, durch die die stimmberechtigten Bürgerinnen und Bürger eines Staates, eines Bundeslandes oder einer Kommune politische Sachfragen durch Abstimmung selbst und unmittelbar entscheiden bzw. auf die politische Agenda setzen. Direkte Demokratie ist dabei in der Regel eine Ergänzung und Erweiterung des politischen Entscheidens in repräsentativen Demokratien, wo politisch verbindliche Entscheidungen im Rahmen der Verfassungsordnung von gewählten Repräsentanten getroffen werden.

Zu den wichtigsten Instrumenten der direkten Demokratie zählen auf staatlicher Ebene das *(Verfassungs-)Referendum*, die *Volksinitiative*, das *Volksbegehren* und der *Volksentscheid*, auf der kommunalen Ebene der *Einwohner- oder Bürgerantrag* sowie das *Bürgerbegehren* und der *Bürgerentscheid*. Zu den Elementen der direkten Demokratie dürfen (unter gewissem Vorbehalt) auch weitere Instrumente gezählt werden, die den Bürgerinnen und Bürgern eine direkte Beteiligung am politischen Prozess oder einen Einfluss auf die Auswahl des politischen Personals ermöglichen, so z.B. die Direktwahl der Bürgermeister oder der Landräte auf kommunaler Ebene. Die Ministerpräsidenten auf Landesebene sowie Regierende und Erste Bürgermeister der drei Stadtstaaten Berlin, Hamburg und Bremen werden vom Volk nicht direkt gewählt. Auch der Bundespräsident als Staatsoberhaupt der Bundesrepublik Deutschland ist einer direkten Volkswahl entzogen und wird in einem repräsentativen Sinn stellvertretend durch die sog. Bundesversammlung gewählt. An dieser Stelle soll nicht verschwiegen werden, dass es in der wissenschaftlichen Diskussion hinsichtlich der Direktwahlmöglichkeiten von Personen auch Auffassungen gibt, die durchaus plausibel einer Zuordnung zur direkten Demokratie widersprechen (Schiller/Mittendorf 2002: 11)[1] oder dies zumindest kritisch betrachten (Patzelt 2005: 255)[2]. Richtig ist, dass die Urwahl von Bürgermeistern und

---

[1] Schiller, Theo/Mittendorf, Volker: Neue Entwicklungen der direkten Demokratie: In: Dies. (Hrsg.): Direkte Demokratie. Forschung und Perspektiven. Wiesbaden 2002. S. 7-21.

[2] Patzelt, Werner J.: Direkte Demokratie in Sachsen. In: Andreas Kost (Hrsg.): Direkte Demokratie in den deutschen Ländern. Eine Einführung. Wiesbaden 2005. S. 256-263.

Landräten in die repräsentativen Sphären der Kommunalwahlen eingebunden und daher nicht als eigentliches direktdemokratisches Instrument anzusehen ist. Jedoch wurden diese Direktwahlen ausschließlich zu wählender Personen als Amtsträger häufig parallel mit weiteren (direkt-)demokratischen Kommunalverfassungsreformen (siehe z.B. Bürgerbegehren und Bürgerentscheide) eingeführt oder institutionell miteinander verknüpft (siehe z.B. Abwahlmöglichkeiten kommunaler Amtsträger durch Bürgerentscheide), so dass eine Einbeziehung nicht ungerechtfertigt erscheint (Wehling 1994: 26, Weixner 2006: 130)[3].

In einem weiteren, eher theoretischen Sinne versteht man unter „direkter Demokratie" eine Herrschaftsordnung, in der die Verfassung der politischen Gemeinschaft und alle verbindlichen politischen Entscheidungen grundsätzlich von allen stimmberechtigten Bürgern bestimmt werden. Dieses Modell einer Politik durch die Vollversammlung aller Bürger kann nur in kleinen politischen Gemeinschaften realisiert werden, wie sie etwa in der antiken Polis gegeben war. In der politischen Theorie hat der französisch-schweizerische Philosoph Jean-Jacques Rousseau am radikalsten das Idealbild einer direkten Demokratie gezeichnet. In der heutigen Zeit lassen sich insbesondere auf kommunaler Ebene im Sinne sich institutionell wandelnder Demokratie konkrete und praktikable Ausprägungen kommunalpolitischer Beteiligungsformen beobachten. Für eine politische Beteiligung an der Kommunalpolitik gilt es im Grundsatz zu beachten, dass die Bürgerinnen und Bürger in einer Gemeindeordnung an erster Stelle stehen, noch vor dem Gemeinderat, dem Bürgermeister und der Verwaltung. Es wird allgemein anerkannt, dass Kommunalpolitik von ihnen auszugehen hat und auf ihre Alltagsbedürfnisse bezogen ist. Wie können sich nun die Bürgerinnen und Bürger konkret an der Kommunalpolitik beteiligen?

2 Beteiligungsformen in den Kommunen

Zwingend vorgeschrieben sind die gesetzlich vorgesehenen Wahlen zur Vertretung der Gemeindebürger (*Kommunalwahlen*) als klassische Beteiligungsform der repräsentativen Demokratie. Die Gemeindeordnungen in Deutschland stellen den Bürgern weitere Einwirkungsmöglichkeiten zur Verfügung, bei denen es sich allerdings nicht um verbindliche Personal- oder Sachentscheidungen handelt, sondern lediglich um unverbindliche Anregungen, Initiativen oder sonstige Mitwirkungen der Bürger an der Vorbereitung von Entscheidungen, die andere Gemeindeorgane in eigener Verantwortung treffen (z.B. Einwohnerversammlungen, Anregungen, Beschwerden, Einwohneranträge). Sie wurden sogar schon als „unechte Formen" unmittelbarer Demokratie bezeich-

---

[3] Wehling, Hans-Georg: Kommunalpolitik (Informationen zur politischen Bildung 242). Bonn 1994 und Weixner, Bärbel Martina: Direktdemokratische Beteiligung in Ländern und Kommunen. In: Politische Partizipation zwischen Konvention und Protest. Eine studienorientierte Einführung. Opladen 2006. S. 100-132.

net[4]. Auch wenn unbestreitbar ist, dass diese Partizipationsformen durchaus Einflussmöglichkeiten für die Bürgerinnen und Bürger bieten, ist ein genauer Überblick hinsichtlich der Anwendungen – gerade durch die empirisch kaum zu erfassende Zahl in Deutschland – nicht zu gewinnen. Es lassen sich dennoch institutionelle Grundaussagen über diese Partizipationsformen treffen.

Als eine Vorstufe der Bürgerbeteiligung gilt die Gewinnung von Informationen auf kommunaler Ebene. Für jedermann zugänglich ist die *Unterrichtung der Einwohner* über wichtige kommunalpolitische Angelegenheiten durch den Rat. Sie kann beispielsweise in Bürgerversammlungen sowie dem Abhalten von Fragestunden in Ratssitzungen erfolgen. Selbst wenn aber Gelegenheit zur Äußerung und Erörterung für die Bürger mit dem Rat besteht, haben diese Partizipationsformen ausschließlich Informationscharakter und schließen ein Mitspracherecht aus. Eine weitere Partizipationsform ist das Recht der Bürger, sich mit *Anregungen* und/oder *Beschwerden* an den Rat oder eine Bezirksvertretung zu wenden. Wichtig ist hier, dass Gemeinderäte oder Ausschüsse zu dem eingebrachten Antrag Stellung nehmen müssen, aber nicht gezwungen werden können, eine Entscheidung herbeizuführen. Auch in diesem Fall bleibt die Handlungskompetenz der Beschlussorgane unberührt, und es kann lediglich informeller Handlungsdruck ausgeübt werden. Dem *Einwohner- oder Bürgerantragantrag*, auch schon als 'kleines Bürgerbegehren' tituliert, wurden bereits recht große Erwartungen entgegen gebracht. Sein Antragsrecht liegt im Grenzbereich zwischen der Massenpetition und der plebiszitären Beteiligung der Bürgerinnen und Bürger an der Willensbildung. Durch den Einwohnerantrag wird ein Gemeinderat verpflichtet, sich innerhalb einer bestimmten Frist mit einer schriftlich eingereichten Angelegenheit zu befassen und auch darüber zu entscheiden. Die Aufforderung für den Rat zur Entscheidung gilt nicht in allen Gemeindeordnungen der Bundesrepublik, in denen ein Einwohnerantrag verankert ist. Auch hier darf nicht übersehen werden, dass vom Einwohnerantrag keine Beschlusswirkung ausgeht. Die Entscheidungskompetenz liegt weiterhin in den Händen der Kommunalvertretung. Natürlich gibt es neben diesen Partizipationsinstrumenten auch eine Vielzahl gesetzlich nicht verfasster (durchaus attraktiver) kommunaler Beteiligungsmodelle, wie z.B. die Mediation, die Planungszelle oder der Runde Tisch, die 'entwicklungsfähige' Kommunen und eine Erneuerung der Politik 'von unten' hervorbringen möchten, dabei die Aspekte der Dezentralisierung und Politikverflechtung im politischen Mehrebenensystem berücksichtigen und sich als Alternative zu den institutionalisierten Partizipationsformen verstehen[5]. Ihre Innovationsfähigkeit ist, inklusive zu beachtender Finanzaufwendungen, relativ unbestritten, und sie mögen einen Beitrag zur Reduzierung der vermeintlichen Politikverdrossenheit leisten,

---

[4] Vgl. von Arnim, Hans Herbert: Möglichkeiten unmittelbarer Demokratie auf Gemeindeebene: In: Die Öffentliche Verwaltung (DÖV – Heft 3) 1990. S. 85-97.

[5] Ein ausführliches Tableau über solche Beteiligungsformen findet sich beispielsweise in der von Astrid Ley und Ludwig Weitz herausgegebenen Publikation „Praxis Bürgerbeteiligung. Ein Methodenhanfbuch" (Bonn 2003).

doch können sie aufgrund ihres existierenden informellen Charakters keine verbindlichen politischen Entscheidungen erzwingen.

Darüber hinaus kann es Elemente direkter Demokratie als Entscheidungen über Personen als Amtsträger (*Urwahl der hauptamtlichen Bürgermeister und Landräte*) sowie als Votum über Sachfragen (*Bürgerbegehren und Bürgerentscheid*) geben. Wenn unmittelbare bürgerschaftliche Entscheidungsrechte strikt begrenzt werden, bei denen politische und administrative Fragen eine Rolle spielen, kann auf kommunaler Ebene im übrigen nur der Bürgerentscheid als einziges Element direkter Demokratie in der deutschen Selbstverwaltungsorganisation in Frage kommen. Nur durch ihn wird den Bürgern bei wichtigen kommunalen Angelegenheiten (z.B. über die Nutzung öffentlicher Einrichtungen oder die Erstellung von Verkehrskonzepten) ein unmittelbares Mitspracherecht eingeräumt. Aufgrund dieser unmittelbaren und exklusiv möglichen Entscheidungswirksamkeit wird auch bei der weiteren Betrachtung direkter Demokratie im Folgenden eine Konzentration auf Bürgerbegehren und Bürgerentscheid vorgenommen.

3   Bürgerbegehren und Bürgerentscheid in Deutschland

Die Gemeindeordnungen in den Ländern legen das Verfahren bei Bürgerbegehren und Bürgerentscheiden ziemlich detailliert fest. Als Beispiel für eine offizielle Definition dieser Partizipationsinstrumente kann man auf die Formulierung in der nordrheinwestfälischen Gemeindeordnung verweisen: „Die Bürger können beantragen (Bürgerbegehren), dass sie an Stelle des Rates über eine Angelegenheit der Gemeinde selbst entscheiden (Bürgerentscheid)." (§ 26 Abs. 1 GO) Ein Bürgerbegehren ist also der Antrag der Bürger an die Gemeindevertretung, einen Bürgerentscheid durchzuführen, und ein Bürgerentscheid ist die Abstimmung der Bürger über eine kommunalpolitische Sachfrage.

In der Vergangenheit, bezogen auf die konkrete Situation in Baden-Württemberg – dem direktdemokratischen Ursprungsland –, konnte bereits anschaulich dargestellt werden, dass die Brauchbarkeit von Bürgerbegehren und Bürgerentscheid nicht unerheblich von der institutionellen Ausgestaltung abhängt. Folgende Merkmale gelten mittlerweile als relevant: die zulässigen Gegenstände des Begehrens, der Kreis der Antragsberechtigten, der mit dem Begehren verbundene Aufwand und die Bedeutung des Begehrens für die Entscheidungspraxis der Kommunalvertretung.

In einem bundesweiten Vergleich darf Baden-Württemberg sicher als das „Mutterland direkter Demokratie" bezeichnet werden. Die in der Frühzeit der Bundesrepublik Deutschland angeführten Argumente hinsichtlich fehlender demokratischer Reife des Volkes, resultierend aus den negativen Erfahrungen während der Zeit der Weimarer Republik und des Dritten Reiches, führten in den deutschen Ländern zu einer Abwehrhaltung gegenüber Beteiligungsformen direkter Demokratie. Trotz solcher skeptischen Einwände führte Baden-Württemberg, sicher auch geprägt durch demokratischkulturelle Wurzeln der 1848er Revolution, diese Partizipationsinstrumente 1955 in die Gemeindeordnung ein. Mittlerweile sind jedoch die „Kinder" – die anderen Länder, nicht zuletzt die ostdeutschen und Bayern – inzwischen der Mutter ein wenig über den Kopf gewachsen[6]. Das liegt daran, dass Baden-Württemberg von kritisch konstruktiver und eher Partizipation bejahender Sicht kein „Vorbildcharakter" eingeräumt wird, da der Entscheidungsrahmen in der baden-württembergischen Gemeindeordnung zu eng ist und die dortigen Hürden zu hoch sind. So werden, einerseits durch niedrigere Quoren[7] und andererseits durch unterschiedliche lokalpolitische Voraussetzungen vor Ort, Resultate aus Baden-Württemberg in anderen Ländern übertroffen.

Seit den 1990er Jahren gibt es zunehmende Bemühungen um eine stärkere partizipative Einbindung der Bürgerinnen und Bürger jenseits von Kommunalwahlen: Verfassungs- und auch kommunalpolitisch bietet die direkte Demokratie in Deutschland seit den frühen 1990er Jahren ein spannendes Szenario. Vor 1990 gab es mit Baden-Württemberg – wie bereits erwähnt – erst ein Bundesland mit Bürgerbegehren und Bürgerentscheid auf kommunaler Ebene. Seither haben 15 Länder diese Partizipationsinstrumente eingeführt[8]. So kam es auf lokaler Ebene im Zeitraum von 1975 bis 2007 schon ca. 4.300 Mal in Deutschland zu einem Bürgerbegehren. Spitzenreiter ist dabei Bayern mit über 1.700 kommunalen Begehren. Dort existiert die weitestgehende Referendums-Variante, die am 1. Oktober 1995 – interessanterweise sogar per Volksentscheid – in die Bayerische Gemeindeordnung eingefügt wurde[9]. Allerdings weisen in Bayern und in anderen Bundesländern Bürgerbegehren und Bürgerentscheid keinen unbeschränkten Geltungsbereich auf. Dies liegt an substanziellen Einschränkungen der strukturellen sowie materiellen Voraussetzungen dieser Partizipationsinstrumente. Doch können durchaus differenzierte Ausprägungen von Bürgerbegehren und Bürgerentscheid in den einzelnen Bundesländern identifiziert werden.

---

[6] Vgl. Wehling, Hans-Georg: Direkte Demokratie in Baden-Württemberg. In: Andreas Kost (Hrsg.): Direkte Demokratie in den deutschen Ländern. Eine Einführung. Wiesbaden 2005. S. 14-28.

[7] Quoren sind in diesem Sinne die zur Wahl eines Sachverhaltes erforderliche Zahl von Wahlberechtigten.

[8] 1990 Schleswig-Holstein, 1990 Sachsen-Anhalt, 1993 Mecklenburg-Vorpommern, 1993 Brandenburg, 1993 Sachsen, 1993 Thüringen, 1993 Hessen, 1994 Rheinland-Pfalz, 1994 Nordrhein-Westfalen, 1994 Bremen, 1995 Bayern, 1996 Niedersachsen, 1997 Saarland, 1998 Hamburg (Bezirke), 2005 Berlin (Bezirke).

[9] 1995 setzten die bayerischen Bürgerinnen und Bürger, initiiert und tatkräftig unterstützt durch die Bürgerinitiative „Mehr Demokratie e.V.", per Volksgesetzgebung über die Landesverfassung selbst den kommunalen Bürgerentscheid durch.

Tabelle 1:   Verfahren für Bürgerbegehren und Bürgerentscheid in den 16
             Bundesländern[1]

Bundesland	Themen Anwendungsbereich 000 weit 00 eng 0 punktuell	Bürgerbegehren Unterschriftenhürde (in Prozent)	Bürger- entscheid Zustimmungs- quorum (in Prozent)
Baden-Württemberg	00	5 – 10	25
Bayern	000	3 – 10	10 – 20
Berlin (Bezirke)[2]	000	3	15[4]
Brandenburg	00	10	25
Bremen (Stadt)	00	10	25
Stadt Bremerhaven	0	10	30
Hamburg (Bezirke)[2]	000	2 – 3	Nein
Hessen	000	10	25
Mecklenburg-Vorpommern	0	2,5 – 10	25
Niedersachsen	00	10	25
Nordrhein-Westfalen	00	3 – 10	20
Rheinland-Pfalz	0	6/15[4]	30
Saarland	00	5 – 15%	30
Sachsen	000	(5 –)15[3]	25
Sachsen-Anhalt	0	6 – 15	30
Schleswig-Holstein	00	10	20
Thüringen	00	13 – 17	20 – 25

Quelle: Eigene Erhebung

[1] Mehr Demokratie e.V.: Infocenter für Direkte Demokratie – Verfahrensregeln für Bürgerbegehren in den Bundesländern, Stand: August 2005

[2] Da die Stadtbezirke deutlich weniger Kompetenzen haben als Gemeinden, sind die Anwendungsbereiche nur bedingt vergleichbar.

[3] 6 Prozent: in Landkreisen, berechnet nach der Gesamteinwohnerzahl 15 Prozent: in Gemeinden:, berechnet nach der Gesamteinwohnerzahl.

[4] Die Unterschriftenhürde für ein Bürgerbegehren kann von den Gemeinden auf ein Minimum von 5% gesenkt werden.

Bürgerbegehren und Bürgerentscheide unterscheiden sich zwar in ihren Ausprägungen in den Gemeindeordnungen der deutschen Länder erheblich im Detail (durchaus mit entsprechenden Auswirkungen), aber es existieren länderübergreifende identische Bestandteile. Die wichtigsten Bestandteile, die in den meisten Ländern gelten, seien daher an dieser Stelle genannt: Das Bürgerbegehren als Antrag muss *schriftlich* eingereicht werden. Weiterhin wird vorausgesetzt, dass das Bürgerbegehren eine *Begründung* für die zur Entscheidung zu bringende Frage enthält. Es muss einen nach den gesetzlichen Vorschriften durchführbaren Vorschlag für die *Deckung der Kosten* der verlangten Maßnahme beinhalten. In Bayern und Hamburg entfällt bemerkenswerter Weise ein Kostendeckungsvorschlag. Die Anforderungen an einen Kostendeckungsvorschlag lassen sich nicht nach einheitlichen Kriterien einordnen, so dass durch den Gesetzgeber nur darüber Konsens erzielt wurde, das Kostenbewusstsein der Bürger zu stärken, damit jedoch keine weiteren Erschwernisse für die Durchführung des Bürgerbegehrens zu begründen. Zumindest aber müssen die Finanzierungsvorstellungen im Rahmen des geltenden Haushaltsrechts angewendet werden und somit nach den gesetzlichen Vorschriften durchführbar sein. Das Bürgerbegehren verlangt außerdem eine *Mindestzahl von Unterschriften* der stimmberechtigten Bürgerinnen und Bürger. Auf allen Unterschriften müssen die Abstimmungsfrage, die Begründung und der Kostendeckungsvorschlag aufgeführt sein. Eine weitere Zulässigkeitsvoraussetzung ist die Forderung, bei der bis zu drei beziehungsweise genau Personen benannt werden müssen, die berechtigt sind, die *Unterzeichnenden* zu vertreten. In Brandenburg und Thüringen sind Vertretungsberechtigte nicht notwendig. Richtet sich ein Bürgerbegehren gegen einen Beschluss des Rates (sog. kassierendes Bürgerbegehren), muss es innerhalb einer bestimmten Frist (z.B. in Nordrhein-Westfalen sechs Wochen) nach Bekanntmachung des Beschlusses eingereicht werden bzw. wenn der Beschluss keiner Bekanntmachung bedarf (z.B. innerhalb von drei Monaten). Die gewählte *Frist* dient dazu, die Ausführung von Gemeinderatsbeschlüssen in wichtigen Gemeindeangelegenheiten nicht unnötig zu verzögern oder rückgängig zu machen. Sobald das Bürgerbegehren bei der Gemeinde eingereicht ist, stellt der Rat fest, ob dieses *zulässig* ist. Dabei muss der Rat als das politische Leitungsorgan in der Gemeinde die rechtlichen Anforderungen überprüfen, die an zulässige Bürgerbegehren gestellt sind. Kernpunkt der inhaltlichen Zulässigkeitsregelungen ist die Frage, welche *Angelegenheiten* von Bürgerbegehren und Bürgerentscheid ausgeschlossen oder aber vorgesehen sind. In sog. Negativ- oder Positivkatalogen werden die Angelegenheiten einzeln aufgelistet, über die ein Bürgerbegehren unzulässig beziehungsweise zulässig ist. Dabei ist zunächst zu prüfen, ob das eingebrachte Thema in den gemeindlichen Wirkungskreis fällt und damit eine Angelegenheit der Gemeinde ist. Im Wesentlichen bleiben bei einem Bürgerbegehren die staatlich vorgegebenen und rechtlich feststehenden Angelegenheiten (Rechtsverhältnisse) sowie die innere Organisation der Gemeindeverwaltung ausgeschlossen. Der Rat kann entweder die Sache im Sinne eines zulässigen Bürgerbegehrens entscheiden oder dieses ablehnen und die Bürgerinnen und Bürger über das Bürgerbegehren abstimmen lassen. Diese Abstimmung ist der *Bürgerentscheid*. Beim Bürgerentscheid wird über die zur Abstimmung gestellte Frage nur mit *Ja* oder *Nein* entschieden. Sonderfälle sind Brandenburg, Niedersachsen, Sachsen-Anhalt und Thüringen, wo festgelegt ist, dass nur ein mit „Ja" beantworteter Bürgerentscheid Gültigkeit hat. Ein Bürgerentscheid ist positiv entschieden, wenn er von der Mehrheit der gültigen Stimmen befürwortet wurde, sofern diese Mehrheit *mindestens zwischen 10% bis 30% der Bürger* beträgt (Ausnahme Hamburg). Bei Stimmengleichheit gilt die Frage als mit Nein beantwortet. Der Bürgerentscheid hat die *Wirkung eines Ratsbeschlusses*. Die Bürger und Bürgerinnen werden damit zum kommunalen Entscheidungsorgan.

Scheitert letztlich ein Bürgerentscheid, ist in einigen Bundesländern der Sachverhalt auch komplett abgeschlossen. Allerdings sind in Baden-Württemberg, Brandenburg, Hessen, Mecklenburg-Vorpommern, Rheinland-Pfalz, Sachsen, Sachsen-Anhalt und Schleswig-Holstein die Gemeindevertretungen verpflichtet, erneut eine Entscheidung in der Sache herbeizuführen. Ein gescheiterter Bürgerentscheid führt in allen Bundesländern zur so genannten „Initiativsperre". Den Bürgern bleibt dabei innerhalb von zwei Jahren (Mecklenburg-Vorpommern, Niedersachsen, Nordrhein-Westfalen, Saarland, Schleswig-Holstein, Thüringen) bzw. drei Jahren (Baden-Württemberg, Hessen, Rheinland-Pfalz, Sachsen, Sachsen-Anhalt) ein neues Bürgerbegehren in derselben Sache verwehrt.

Der erfolgreiche Bürgerentscheid – mit der Wirkung eines Ratsbeschlusses – löst wiederum eine „Abänderungssperre" aus. Hier kann der Bürgerentscheid innerhalb einer bestimmten Zeitspanne entweder überhaupt nicht oder nur auf Initiative des Rates durch einen neuen Bürgerentscheid abgeändert werden. Interessant ist in diesem Zusammenhang, dass ein erfolgreicher Bürgerentscheid damit einen höheren Bestandsschutz hat als ein Ratsbeschluss, der von der Gemeindevertretung jederzeit geändert werden kann. Die Abänderungssperre liegt zwischen einem Jahr (Bayern, Sachsen-Anhalt), zwei Jahren (Brandenburg, Mecklenburg-Vorpommern, Niedersachsen, Nordrhein-Westfalen, Saarland, Schleswig-Holstein, Thüringen) und drei Jahren (Baden-Württemberg, Hessen, Rheinland-Pfalz, Sachsen). Vor Ablauf dieser Frist darf der Rat den Bürgerentscheid nicht durch einen einfachen Ratsbeschluss wieder aufheben. Er kann allerdings (außer in Hessen, Rheinland-Pfalz und Thüringen) innerhalb dieser Frist einen erneuten Bürgerentscheid (sog. Ratsbegehren) anberaumen. Die in der Abstimmung unterlegenen Bürger beziehungsweise Initiatoren dürfen jedoch in dieser Zeit kein neues Bürgerbegehren einleiten (Ausnahme Sachsen, Sachsen-Anhalt, Schleswig-Holstein, und zwar wenn der Bürgerentscheid aufgrund eines Ratsbegehrens durchgeführt worden ist, darf auch innerhalb der Frist ein Bürgerbegehren initiiert werden). Bayern bildet auch hier wieder eine Ausnahme, denn die jeweils unterlegene Seite darf sofort nach einem verlorenen Bürgerentscheid ein neues Bürgerbegehren starten. Grundsätzlich aber gilt dann in jedem Bundesland: Nach Ablauf der Sperrfrist darf der Gemeinderat den Bürgerentscheid ohne einen neuen Bürgerentscheid durch einfachen Ratsbeschluss wieder aufheben.

Bewertung: Bürgerbegehren und Bürgerentscheide bleiben vor allem wegen der Angelegenheiten, über die ein Bürgerbegehren unzulässig ist, des Zwangs eines Vorschlags zur Kostendeckung sowie der zur Wahl eines Sachverhaltes erforderlichen Zahl von Wählerinnen und Wählern de facto die Ausnahme. Hinzu kommt, dass auch die direktdemokratischen Partizipationsinstrumente grundsätzlich aus dem parlamentarischen System der Demokratie hervorgegangen sind und sich in ihrer institutionellen Logik daran ausrichten. Bürgerbegehren und Bürgerentscheide sind keine eigenständigen und „frei schwebenden" Beteiligungsformen, sondern innerhalb der repräsentativen Demokratie institutionell gefasste Politikinstrumente.

Ein komplementäres Verhältnis von direktdemokratischen Komponenten und repräsentativer Demokratie muss jedoch auch berücksichtigen, ob Bürgerbegehren und Bürgerentscheid eine Effizienzsteigerung herbeiführen beziehungsweise existierende Probleme politisch besser lösen können. Empirisch gesicherte Aussagen sind hier nur bedingt zu treffen. Dennoch bleibt das direktdemokratische Partizipationsinstrumentarium auf der kommunalen Ebene nicht nur auf die Input-Seite beschränkt, weil dort die Beteiligungsangebote zwar geschaffen und insofern die Angebote an institutionellen Optionen erweitert wurden, vielmehr haben die nach dem Repräsentationsprinzip gewählten Gemeinderäte mit Bürgerbegehren und Bürgerentscheid Konkurrenz bekommen. Obwohl damit kein grundsätzlicher Systemwechsel eingeleitet wird, sind die Räte praktisch gezwungen, eine bürgerorientierte Politik zu machen, welche die öffentliche Meinung nicht einfach ignoriert. Sie laufen sonst Gefahr, Bürgerbegehren und Bürgerentscheide heraufzubeschwören, die ihre eigene Politik konterkarieren könnten. Die Folge aus dieser Bürgerorientierung kann ein qualitativ verbesserter Zustand sein, in dem Elemente direkter Demokratie die Funktionsfähigkeit der repräsentativen Demokratie erhöhen. Der Effizienzaspekt findet also Berücksichtigung.

Insofern die Wirkungen der institutionalisierten Bürgerbeteiligung tatsächlich eine verbesserte Qualität erfahren sollen, müssen sie auf genügend Akzeptanz bei den Gemeinderäten und der Bevölkerung stoßen und in ihrer Anwendung praktikabel sein. Doch die materiellen und strukturellen Handlungsoptionen der unmittelbaren Bürgerpartizipation sind relativ strikt begrenzt. Daher stellt sich die Frage, ob Defizite im politischen System vorliegen und der politische Entscheidungsprozess durch reformierte Rahmenbedingungen erweitert werden muss.

Prinzipiell belebt aber die Anwendung von Bürgerbegehren und Bürgerentscheid die kommunale Szene. Die Möglichkeiten, sich zu kommunalpolitischen Einzelthemen artikulieren zu können und darüber hinaus direkte Entscheidungen zu treffen, stellen durchaus eine wirksame Form unmittelbarer Demokratie auf lokaler Ebene dar. So haben beide Institutionen zu einer Stärkung der kommunalen Selbstverwaltung im bürgerschaftlichen Sinne geführt, ohne jedoch wirklich ein starkes Gegengewicht zu den Räten bilden zu können und eine systematische Machtkontrolle durch die Bürgerinnen und Bürger auszuüben. Auf der „Haben-Seite" stehen aber Grundvoraussetzungen einer beteiligungsfreundlichen Kommunalverfassung: Schaffung von Transparenz, Förderung von Minderheiten sowie Erleichterung von Initiativen. Das Repräsentationsprinzip sowie die Sicherung der kommunalen Selbstverwaltung und der lokalen Autonomie blieben dabei seit Einführung von Bürgerbegehren und Bürgerentscheiden im Grundsatz unangetastet. Dennoch ist in den deutschen Ländern zu beobachten, dass diese Partizipationsinstrumente überwiegend auf den Widerstand der Gemeinderäte und der Kommunalverwaltungen stoßen, obwohl weder die Verantwortung der gewählten Ratsvertreter plebiszitär ausgehebelt wurde, noch in der Regel diffuse Sachthemen bei Bürgerentscheiden zur Abstimmung gelangten. Die institutionalisierte Bürgerbeteiligung entpuppte sich tatsächlich als relativ sparsam und gezielt genutzter Seismograph für Stimmungslagen zu bestimmten Sachfragen mit insgesamt geringen Auswirkungen auf die kommunale Machtbalance. Die überschaubare Anwendung z.B. von ca. 1.700 Abstimmungen bis 2007 (bei etwa 13.000 Kommunen in Deutschland) bestätigt eigentlich den Ausnahmecharakter der Gemeindeparagraphen über Bürgerbegehren und Bürgerentscheide, wobei die institutionell-strukturellen Zulässigkeitsvoraussetzungen sowie die sächliche Beschränkung nur auf bestimmte Themengebiete dieser letztlich relativ geringen Anzahl Vorschub geleistet haben. Immerhin waren aber schon über 1.000 Bürgerentscheide im Sinne der Initiatoren erfolgreich.

Neueren Aufschluss bietet die empirisch fundierte Feststellung aus Nordrhein-Westfalen[10], dass ein hoher Erfolgsgrad von Referenden nicht grundsätzlich mit einem höheren Organisationsgrad der Interessen (durch Verbände, Initiativen etc.) verbunden sein muss. Ältere baden-württembergische Vergleichsdaten verweisen dagegen auf einen positiven Zusammenhang dieser beiden Variablen. Auch wenn es politikwissenschaftliches Allgemeingut ist, dass zur Durchsetzung sozialer, wirtschaftlicher bzw. politischer Interessen zwei Grundvoraussetzungen gehören, die Organisations- und Konfliktfähigkeit, belegen die kommunalen Verhältnisse in Nordrhein-Westfalen, dass auch alternative, weniger manifeste Formen der Interessenartikulation erfolgreich sein können. Die Analyse der Wirkung von institutionellen Settings (polity) bei der Vermittlung politischer Interessen (politics) spielt dabei eine zu beachtende Rolle.

Allerdings hat sich ebenfalls gezeigt, dass die Effizienz bzw. die Wirksamkeit von Bürgerbegehren sich nicht nur am formalen Ausgang der Bürgerbeteiligung messen lassen können. Über die unmittelbare Bürgermitwirkung hinaus konnten in Einzelfällen Sachverhalte neu überdacht und verhandelt werden, selbst wenn sie nicht den Zulässigkeitsvoraussetzungen entsprachen. So hob bspw. der Rat der Stadt Bielefeld, trotz Unzulässigkeitserklärung des Bürgerbegehrens durch das nordrhein-westfälische Innenministerium wegen eines nicht ausreichenden Deckungsvorschlags, seinen Beschluss zur Schließung eines öffentlichen Hallenbades wieder auf. Nach weitergehendem Beschluss des Rates zum Erhalt bzw. zur Substitution im Rahmen eines „Bäderkonzepts" erklärten die Initiatoren des Bürgerbegehrens ihr Anliegen für erledigt. Schließlich kamen nach einem Bürgerbegehren auch Kompromisse zustande. So wurde das Bürgerbegehren in Kamen mit dem Thema „Aufhebung der Durchfahrtssperre am Alten Markt" einerseits als unzulässig eingestuft (Frist wurde nicht eingehalten), andererseits fand man eine gemeinsame Lösung, welche die Antragsteller bewegte, das Begehren freiwillig zurückzuziehen. Aufgrund der „Bargaining-Prozesse" konnten Bürgerbegehren und Bürgerentscheide in vielen deutschen Kommunen auch eine integrative Wirkung entfalten und auf der Output-Seite des politischen Systems etwas bewirken.

---

[10] Vgl. Kost, Andreas: Bürgerbegehren und Bürgerentscheid. Genese, Programm und Wirkungen am Beispiel Nordrhein-Westfalen. Schwalbach/Ts. 1999 und Kost, Andreas: Demokratie von unten. Bürgerbegehren und Bürgerentscheide in NRW. Schwalbach/Ts. 2002.

Aus den bisherigen empirischen Erhebungen lassen sich auf der thematischen Seite der Bürgerbegehren und der Bürgerentscheide gewisse inhaltliche Schwerpunkte erkennen. In Deutschland dominieren Begehren über öffentliche Einrichtungen (insbesondere Schulen und Schwimmbäder) sowie Verkehrs- und Wirtschaftsprojekte. Auch Fragen zu Gebietsreformen sind von erkennbarer Relevanz.

Diskussionswürdig ist jedoch der Umstand, dass das grundsätzlich anerkannte Repräsentationsprinzip kaum ausgehöhlt würde, wenn mehr materielle Sachthemen als bisher in den meisten deutschen Ländern vorgesehen bei Bürgerentscheiden zur Abstimmung kämen. Ob nun über alle kommunalen Selbstverwaltungsangelegenheiten entschieden werden sollte oder bestimmte Verwaltungskernbereiche (z.B. Haushaltssatzung und innere Verwaltungsorganisation) wegen einer antizipierten funktionalen Handlungsautonomie und -fähigkeit ausgeblendet bleiben sollten, ist letztlich eine praktisch zu lösende Ermessensfrage. Warum sollte man den Bürgern nicht mehr Vertrauen schenken und sie bspw. über kommunale Abgaben oder abfallrechtliche, immissionsschutzrechtliche und wasserrechtliche Zulassungsverfahren abstimmen lassen? In einigen Bundesländern, wie z.B. in Bayern und in Hessen, sind diese Themenfelder durchaus Gegenstand von Bürgerentscheiden und bilden einen beachtlichen Anteil bei den zur Abstimmung stehenden Sachfragen. Damit könnte bei den Bürgern weiteres politisches Interesse und auch ein erhöhtes Verantwortungsbewusstsein geweckt werden. Die Bürger haben bei den Bürgerbegehren und den Bürgerentscheiden durchaus Kostenbewusstsein bewiesen, so dass ihnen der Zugang zu den genannten Themenbereichen nicht verwehrt bleiben sollte.

Die bisher aufgetretenen Unzulänglichkeiten der Strukturen haben nicht dazu geführt, den demokratischen Fortschritt von Bürgerbegehren und Bürgerentscheid in Abrede zu stellen. Obwohl diese Partizipationsinstrumente kaum zum kommunalpolitischen Alltagsgeschäft gehören, haben nicht nur Parteien, sondern gerade auch Bürgerinitiativen und einzelne bzw. sich zusammenschließende aktive Bürger diese Form der unmittelbaren Bürgerbeteiligung für sich entdeckt. Auch wenn die allermeisten Entscheidungen weiterhin in den Gemeinderäten fallen, ist die beschworene Gefahr einer elitären Gegenmobilisierung durch stärker institutionalisierte Akteure – wie Parteien, Verwaltungen – geringer ausgefallen als zunächst vermutet werden konnte. Allerdings fungierten die Parteien häufiger als „Trittbrettfahrer", indem sie ein Bürgerbegehren erst dann unterstützten, wenn der Entscheidungsprozess durch unterschiedliche Akteure bereits eingeleitet war.

Insgesamt wurden Bürgerbegehren und Bürgerentscheid, nicht zuletzt wegen der vorhandenen Zulässigkeitsvoraussetzungen, von den aktiven Bürgern und Interessengruppen dosiert angewendet. Die Relevanz von Bürgerbegehren und Bürgerentscheiden ist in den vergangenen Jahren aber deutlich gestiegen, und immerhin konnten ca. 40% aller Begehren im Sinne der Initiatoren zumindest als Teilerfolg verbucht werden (unabhängig von einer Wertung der Einzelergebnisse)[11]. Hin und wieder erinnerte diese Form der unmittelbaren Bürgerbeteiligung die kommunalpolitisch Verantwortlichen daran, dass auch deren Handlungssouveränität inhaltlich und zeitlich begrenzt ist und der Bürgerstatus im Hinblick auf eine ausgeweitete Dimension von politischer Partizipation an Einfluss gegenüber (möglicher) Uneinsichtigkeit und Ignoranz gewonnen hat. Ein Mehr an direkter Demokratie kommt durch das geschaffene institutionalisierte Partizipationsinstrument jedoch bloß tendenziell zustande.

Tabelle 2:   Anzahl erfasster Bürgerbegehren in den deutschen Ländern

Bundesland	Anzahl	Anteil (in Prozent)
Baden-Württemberg	354	8,09
Bayern	1722	39,37
Berlin	17	0,39
Brandenburg	193	4,41
Bremen	2	0,05
Hamburg	48	1,10
Hessen	265	6,06
Mecklenburg-Vorpommern	91	2,08
Niedersachsen	173	3,96
Nordrhein-Westfalen	470	10,75
Rheinland-Pfalz	126	2,88
Saarland	10	0,23
Sachsen	217	4,96
Sachsen-Anhalt	219	5,01
Schleswig-Holstein	246	5,62
Thüringen	77	1,76

Quelle: Datenbank der Forschungsstelle Bürgerbeteiligung und Direkte Demokratie an der Philipps-Universität Marburg (Stand: 1. Juni 2007)

4   Perspektiven

Für die Bundesrepublik Deutschland gilt allemal: Direktdemokratische Instrumente wie Bürgerbegehren und Bürgerentscheid oder auch Volksbegehren und Volksentscheid auf Landesebene sind keine eigenständigen und frei schwebenden Beteiligungsformen, sondern innerhalb der repräsentativen Demokratie institutionell gefasste Politikinstrumente. Die materiellen und strukturellen Handlungsoptionen der unmittelbaren Bürgerbeteiligung sind dabei relativ strikt begrenzt. Daher stellt sich noch einmal die Frage, ob Defizite im politischen System vorliegen und der politische Entschei-

---

[11] Vgl. Mittendorf, Volker: Bürgerbegehren und Bürgerentscheide in Deutschland. Regelungen – Nutzungen – Analysen. In: Hermann K. Heußner/Otmar Jung (Hrsg.): Mehr direkte Demokratie wagen. München 2009. S. 327-342.

dungsprozess systemgerecht ausgestaltet ist. Denn es kommt darauf an, wer Volksabstimmungen auslösen kann, welche direktdemokratischen Verfahren gelten und welche Rolle in diesem Entscheidungsprozess Parlament und Regierung spielen.

Für die gesetzgebenden Politikebenen (siehe Bund und Länder) muss sich jedoch die Frage stellen, inwieweit sie eigentlich die geschaffenen direktdemokratischen Innovationen im eigenen System verinnerlicht haben. Eine tatsächliche Akzeptanz ist jedenfalls nur bedingt erkennbar, da die verantwortlichen Akteure von einer Installierung auf Bundesebene bisher abgesehen haben und substanzielle Erweiterungen unmittelbarer Bürgerbeteiligung auf der Länderebene, von wenigen Ausnahmen abgesehen, eher sporadisch stattgefunden haben. Ein gewisser Grad gesellschaftlicher Modernisierung (im Sinne institutionell sich wandelnder direkter Demokratie) lässt sich eigentlich nur anhand der konkreten Ausprägungen kommunalpolitischer Beteiligungsformen in den dafür vorgesehenen lokalen Szenarien konstatieren.

Direkte Demokratie befindet sich in einem fortwährenden Entwicklungsprozess, und es werden zu Recht Fragen nach ihrer Leistungsfähigkeit gestellt wie auch damit in Verbindung zu bringende Erwartungen formuliert. Dabei werden nicht selten neue Akteure, brauchbare Konzepte und ein reichhaltiger Bedarf an Kommunikation produziert. Befürworter direkter Demokratie führen klare Argumente ins Feld: Politik würde kommunikativer, die Bürger interessierter, somit die viel beschworene „Bürgergesellschaft" gestärkt. „Der Kern der direkten Demokratie ist Diskussion und Kommunikation", sagt der Schweizer Andreas Gross, einer der bekanntesten Verfechter der direkten Demokratie. Er hält das Design der direkten Demokratie für ihre Güte ausschlaggebend. Dabei können zentrale Elemente des Designs voneinander unterschieden werden. Qualität und politische Potenziale der direkten Demokratie für die Gesellschaft lassen sich dabei an einer Vielzahl von Faktoren festmachen:

- die Themen, die außerhalb der Reichweite der Volksabstimmungen liegen (der Umkehrschluss lautet, welche Themen zur Verfügung stehen),
- die Höhe der zu ihrem Gebrauch verlangten Unterschriftenzahlen,
- die Zeit, die dafür zur Verfügung steht,
- die Quoren als Voraussetzung für die Gültigkeit der Volksabstimmungen,
- die Kohärenz der aufeinander abgestimmten Verfahrensbestimmungen,
- die Art der Unterschriftensammlung,
- die Rolle, die das Parlament im direktdemokratischen Prozess spielen kann,
- die Form, wie die Stimmberechtigten informiert werden,
- die Ausgestaltung der Fristen, die den verschiedenen Akteuren gesetzt werden,
- die Ausstattung mit Geld und anderen Ressourcen,
- die Fairness der Kampagnengestaltung und
- die Organisation der Abstimmung[12].

---

[12] Gross, Andreas: Eine Idee macht ihren Weg. Die Schweiz und die zunehmende Verbreitung der direkten Demokratie. In: Neue Zürcher Zeitung (Nr. 294, 18.12.2002).

Abschließend soll daher einmal auf die Schweiz, das direktdemokratische Musterland, geschaut werden. Für die Schweiz ist direkte Demokratie etwas Selbstverständliches, da das Volk seit mehr als einem Jahrhundert das letzte Wort hat. Interessant am Schweizer Modell ist, dass Referenden und Volksabstimmungen häufig als Veto-Instrumente eingesetzt werden. Das Volk neigt eher dazu, ein Reformvorhaben der Regierung zu stoppen, als selbst eines zu initiieren. So ist der direkten Demokratie durchaus ein konservatives Strukturelement zu Eigen. Direktdemokratische Entwicklungen vollziehen sich in einem evolutionären Prozess, und es muss noch mehr – politische – Geduld aufgebracht werden als in einem rein repräsentativen System. Dieses kann aber gleichzeitig eine große Stärke sein: Die Zeit, die benötigt wird, um zu diskutieren und den Sachverhalt facettenartig zu beleuchten, kann das Volk in die Lage versetzen, eine vernünftige Entscheidung zu produzieren, die von den Bürgerinnen und Bürgern dann auch mehrheitlich mitgetragen wird. Natürlich bieten Volksabstimmungen keine Gewähr für die Richtigkeit, wie sich an der ablehnenden Haltung gegenüber Minarettbauten gezeigt hat, sondern nur für die Akzeptanz. Diese ist allerdings ein wichtiges Gut der Demokratie. Der legitime Anspruch auf direkte Demokratie ist auch keine „kleinstaatlich-alpine Marotte", sondern eine Kernforderung emanzipatorischer Staatsbürgerlichkeit. Gerade in Haushaltsfragen und Ausgaben mit steuerlicher Relevanz, wo in den meisten deutschen Ländern die Bürgerinnen und Bürger außen vor bleiben, wird das Volk in der Schweiz einbezogen. Die empirischen Befunde dort zeigen, dass die Bürgerschaft viel zurückhaltender bei der Ausgabenpolitik ist als das Repräsentativorgan und dass direkte Volksrechte in Finanzfragen eine positive Wirkung entfalten. So konnte festgestellt werden, dass Steuern in den Schweizer Kantonen, in denen Bürgerinnen und Bürger weitgehend über das Budget mitentscheiden, in geringerem Ausmaß hinterzogen wurden[13]. Und wer will bezweifeln, dass den Bürgerinnen und Bürgern Finanzentscheidungen nicht etwas bedeuten würden.

---

[13] Die bemerkenswerten Ergebnisse dieser Untersuchungen sind nachzulesen bei Lars P. Feld/Gebhard Kirchgässner, Direkte Demokratie in der Schweiz: Ergebnisse neuerer empirischer Untersuchungen, in: Theo Schiller/Volker Mittendorf (Hrsg.), Direkte Demokratie. Forschung und Perspektiven, Wiesbaden 2002.

Anhang

Abbildungen "Kommunales Wahlrecht im Ländervergleich" und "Bürgermeisterwahlen in deutschen Ländern"

Kommunales Wahlrecht im Ländervergleich

Land	Dauer der Wahlperiode	Wahlsystem, Listenform	Kumulieren, Panaschieren	Anzahl der Stimmen	Auszählverfahren	Sperrklausel	Parteien und Wgr explizit genannt	Aktives / passives Wahlrecht
Baden-Württemberg	5	Verhältniswahl; freie Liste	Ja, bis zu drei Stimmen	= Zahl der zu vergebenden Sitze	d'Hondt	-	Ja	18/18
Bayern	6	Verhältniswahl; freie Liste	Ja, bis zu drei Stimmen	= Zahl der zu vergebenden Sitze	d'Hondt	-	Ja	18/18
Brandenburg	5	Verhältniswahl; freie Liste	Ja, bis zu drei Stimmen	3	Hare/Niemayer	-	Ja	18/18
Hessen	5	Verhältniswahl; freie Liste	Ja, bis zu drei Stimmen	= Zahl der zu vergebenden Sitze	Hare/Niemayer	-	Ja	18/18
Mecklenburg-Vorpommern	5	Verhältniswahl; freie Liste	Ja, bis zu drei Stimmen	3	Hare/Niemayer	-	Ja	16/18
Niedersachsen	5	Verhältniswahl; freie Liste	Ja, bis zu drei Stimmen	3	Hare/Niemayer	-	Ja	16/18
NRW	5	personalisierte Verhältniswahl; starre Liste	Nein	1	Hare/Niemayer	-	Ja	16/18
NRW (2007)		personalisierte Verhältniswahl; starre Liste	Nein	1	Sainte-La-guë/Schepers	ein Sitz	Ja	16/18
Rheinland-Pfalz	5	Verhältniswahl; freie Liste	Ja, bis zu drei Stimmen	= Zahl der zu vergebenden Sitze	Hare/Niemayer	3,03%	Ja	18/18

Land	Dauer der Wahlperiode	Wahlsystem, Listenform	Kumulieren, Panaschieren	Anzahl der Stimmen	Auszählverfahren	Sperrklausel	Parteien und Wgr explizit genannt	Aktives/passives Wahlrecht
Saarland	5	Verhältniswahl; starre Liste	Nein	1	d'Hondt	5%	Ja	18/18
Sachsen	5	Verhältniswahl; freie Liste	Ja, bis zu drei Stimmen	3	d'Hondt	-	Ja	18/18
Sachsen-Anhalt	5	Verhältniswahl; freie Liste	Ja, bis zu drei Stimmen	3	Hare/Niemayer	-	Ja	16/18
Schleswig-Holstein	5	personalisierte Verhältniswahl; freie Liste	Kein Kumulieren; panaschieren in Gemeinden bis 10.000 Einwohner	= Zahl der zu vergebenen Direktmandate: bis 10.000 EW 2-7 Stimmen; ab 10.000 1 Stimme	d'Hondt	5% oder ein Direktmandat	Ja	16/18
Thüringen	5	Verhältniswahl; freie Liste	Ja, bis zu drei Stimmen	3	Hare/Niemayer	5%	Ja	18/18

Quelle: Tabelle 1 aus: Holtmann, Everhard 2001: Parteien und Wählergruppen in der Kommunalpolitik, in: Gabriel u.a. (Hrsg.): Parteiendemokratie in Deutschland. Bonn, S. 416. Ergänzt durch eigene Recherchen und Angaben aus: http://www.wahlrecht.de/kommunal/index.htm (Stand 17.01.2008).

Bürgermeisterwahlen in deutschen Ländern

Land	In Kraft seit	Amtsdauer Bm	Nominierung durch	Wahlverfahren 1. Wahlgang	Wahlverfahren 2. Wahlgang	Abwahl?
Baden-Württemberg	1956	8	E	absolute Mehrheitswahl	relative Mehrheitswahl; neuer Wahlgang, keine Kandidateneinschränkung	Nein
Bayern	1952	6	P/W	absolute Mehrheitswahl	absolute Mehrheitswahl; Stichwahl der zwei besten Bewerber	Nein
Brandenburg	1993/1998	8	E/P/W	absolute Mehrheitswahl und 15%-Quorum der Wahlberechtigten	absolute Mehrheitswahl und 15%-Quorum der Wahlberechtigten; Stichwahl der zwei besten Bewerber,	ja

Land	In Kraft seit	Amtsdauer Bm	Nominierung durch	Wahlverfahren 1. Wahlgang	Wahlverfahren 2. Wahlgang	Abwahl?
Hessen	1991/1992	6	E/P/W	absolute Mehrheitswahl	absolute Mehrheitswahl; Stichwahl der zwei besten Bewerber	Ja
Mecklenburg-Vorpommern	1999	7/9	E/P/W	absolute Mehrheitswahl	absolute Mehrheitswahl; Stichwahl der zwei besten Bewerber	Ja
Niedersachsen	1996	8	E/P/W	absolute Mehrheitswahl	absolute Mehrheitswahl; Stichwahl der zwei besten Bewerber	Ja
NRW	1994	5	E/P/W	absolute Mehrheitswahl	absolute Mehrheitswahl; Stichwahl der zwei besten Bewerber	Ja
NRW (2007)	2007	6	E/P/W gemeinsame Vorschläge	relative Mehrheitswahl	kein zweiter Wahlgang	Ja
Rheinland-Pfalz	1993	8	E/P/W	absolute Mehrheitswahl	absolute Mehrheitswahl; Stichwahl der zwei besten Bewerber	ja
Saarland	1994	8	E/P/W	absolute Mehrheitswahl	absolute Mehrheitswahl; Stichwahl der zwei besten Bewerber	ja
Sachsen	1994	7	E/P/W	absolute Mehrheitswahl	relative Mehrheitswahl; neuer Wahlgang, keine Kandidateneinschränkung	ja
Sachsen-Anhalt	1994	7	E	absolute Mehrheitswahl	absolute Mehrheitswahl; Stichwahl der zwei besten Bewerber	ja
Schleswig-Holstein	1996	6/8	E/PR	absolute Mehrheitswahl	absolute Mehrheitswahl; Stichwahl der zwei besten Bewerber	ja
Thüringen	1994	6	E/P/W	absolute Mehrheitswahl	absolute Mehrheitswahl; Stichwahl der zwei besten Bewerber	ja

Quelle: Abbildung 9 aus: Bogumil, Jörg/Holtkamp, Lars 2005: Kommunalpolitik und Kommunalverwaltung. FernUniversität Hagen Kurs Nr. 33919. Hagen, S.58. Ergänzt durch eigene Recherchen.

Anmerkung: E= Einzelbewerbung; P=Parteien; PR= im Rat vertretene Parteien; W=Wählergruppen.

Kommentiertes Literaturverzeichnis kommunalpolitisch relevanter Überblicksliteratur – eine Auswahl

Bogumil, Jörg/Holtkamp, Lars: Kommunalpolitik und Kommunalverwaltung. Eine policyorientierte Einführung, Wiesbaden 2006
Mit diesem Lehrbuch legen die Autoren eine politikwissenschaftliche Bestandsaufnahme der Kommunalpolitik und Kommunalverwaltung vor. Neben einer Vermittlung der Grundzüge des kommunalpolitischen Systems und der Genese der kommunalen Selbstverwaltung stehen die seit den 1990er Jahren einsetzenden Ökonomisierungs- und Partizipationstrends im Mittelpunkt der Betrachtungen. Insgesamt bietet das Buch eine grundlegende Einführung in die institutionellen Rahmenbedingungen, die Akteurs- und Machtkonstellationen und die Politikinhalte der Kommunalpolitik. Der policyorientierte Zugang führt zu einer empirisch fundierten und kritischen Analyse aktueller kommunaler Entwicklungen.

Günther, Albert/Beckmann, Edmund: Kommunal-Lexikon. Basiswissen Kommunalrecht und Kommunalpolitik, Stuttgart 2008
Das Kommunal-Lexikon bietet einen komprimierten Gesamtüberblick über die bundesweite kommunale Landschaft, so dass die vielfältigen und facettenreichen Aspekte lokaler Demokratie und kommunaler Verwaltung sichtbar werden. Es enthält die wichtigsten Begriffe bspw. zu den kommunalen Finanzen, zu Rat und Bürgermeister, zur Gemeindeverwaltung oder zu den Beteiligungsmöglichkeiten in der Kommunalpolitik. Das Nachschlagewerk richtet sich praktisch an alle Bürgerinnen und Bürger, damit sie die Vorgänge vor Ort, die um sie herum geschehen, besser verfolgen und kritisch beurteilen können.

Nassmacher, Hiltrud/Karl-Heinz: Kommunalpolitik in Deutschland, 2., völlig überarbeitete und aktualisierte Auflage, Wiesbaden 2007
In diesem Lehrbuch wird das notwendige Grundwissen über die Gemeinden als Teil des politischen Systems ausführlich und systematisch vermittelt. Im Einzelnen geht es um die Traditionslinien der kommunalen Selbstverwaltung, die Spannungsfelder kommunaler Politik im Rahmen des Mehrebenensystems, die Aufgaben der Kommunen und deren Finanzierung sowie die kommunalpolitischen Entscheidungsprozesse. Zu den einzelnen Teilaspekten zeigen Beispiele aus verschiedenen Politikfeldern Hand-

lungsoptionen auf. Diese Aspekte spiegeln wiederum die Bedeutung der Kommunalpolitik: Nicht selten dient sie als Brennglas oder Katalysator gesellschaftspolitischer
Entwicklungen. Praktische Beispiele aus den Bereichen Wirtschaft und Wohnen helfen
dem Leser zusätzlich, Entscheidungsprozesse „vor Ort" leichter zu durchschauen.

Wehling, Hans-Georg: Kommunalpolitik (Informationen zur politischen Bildung 242), Bonn 2006

Dieses Heft bietet einen guten Einblick in das Aufgaben- und Funktionsgefüge der
bundesdeutschen Kommunalpolitik. Insbesondere die unterschiedlichen Kommunalverfassungen in den 16 Bundesländern sowie die gesellschaftlichen Akteure werden
ausführlich dargestellt. Neben den institutionellen Rahmenbedingungen werden aber
auch spezifische Probleme der Kommunalpolitik thematisiert.

Wollmann, Hellmut/Roth, Roland (Hrsg.): Kommunalpolitik. Politisches Handeln in den Gemeinden, 2., völlig überarbeitete und aktualisierte Auflage, Bonn 1998

Die kommunale Ebene spielt in den deutschen Politik- und Verwaltungsfeldern eine
gewichtige Rolle. Dieser Sammelband wird in diesem Zusammenhang zwei zentralen
Ansprüchen gerecht: Erstens beurteilt er in bilanzierender Form zu einem jeweiligen
kommunalen Thema über den damaligen Diskussions-, Forschungs- und Erfahrungs-
stand und zweitens bietet er einen möglichst umfassenden Überblick über die lokalen
Themenfelder. Inhaltlich stehen dabei die Themenblöcke lokale Demokratie und lokale
Politikarena, institutionelle Rahmenbedingungen lokaler Politik und Verwaltung, lokale Akteure, politisches Mehrebenensystem sowie kommunale Handlungsressourcen,
Aufgaben und Politikfelder im Vordergrund. Bei der Zusammenstellung der Autoren
wurde im Übrigen sinnvoller Weise darauf geachtet, Fachleute aus Wissenschaft und
Praxis heranzuziehen. So trägt dieses als Standardwerk geltende Nachlese- und Ar-
beitsbuch dazu bei, sich theoretisch und praktisch umfassend mit Kommunalpolitik
auseinanderzusetzen.

Autorenverzeichnis

Ulrich Dreßler, geb. 1958, trat nach Jurastudium und Assessorexamen 1987 in den Dienst der Landeshauptstadt Wiesbaden. Seit 1992 leitet er das Referat „Kommunales Verfassungsrecht" im Hessischen Innenministerium, und seit 2006 ist er „Sprecher" der Bundesländer in der deutschen Delegation beim Lenkungsausschuss für lokale und regionale Demokratie des Europarats in Straßburg. Nähere Informationen zum Autor im Internet unter: www.uli-dressler.de.

Tobias Franke-Polz, geb. 1972, Studium der Politikwissenschaften (M.A. Politikwissenschaft, Öffentliches Recht, Anglistik) an der Friedrich-Schiller-Universität Jena und der University of Kent at Canterbury (GB); Wissenschaftlicher Mitarbeiter bei der Bundestagsfraktion von BÜNDNIS 90/DIE GRÜNEN, Arbeitsschwerpunkte: Demokratie und Parlamentarismus, Umwelt, Erinnerungskultur, Ostdeutschland.

Andreas Fraude, geb. 1964 in Hamburg, Diplom-Politologe, freier Publizist; Wissenschaftlicher Mitarbeiter bei der CDU-Fraktion in der Bezirksversammlung (Hamburg-) Bergedorf.

Georg Fuchs, M.A., geb. 1984, hat Politikwissenschaft, Betriebswirtschaftslehre und Öffentliches Recht an der Julius-Maximilians-Universität Würzburg studiert und ist Wissenschaftlicher Mitarbeiter bei der CSU-Bundestagsfraktion; daneben promoviert er an der Universität Würzburg über die Rolle und Funktion des Landrats in Bayern und Baden-Württemberg.

Hansjoachim Hoffmann, verst. 2005, ehemaliger Leitender Oberschulrat, Studium an der Freien Universität Berlin (Germanistik und Geschichte). Zuletzt tätig in der Senatsschulverwaltung als Leiter der Abteilung für Berufliche Schulen, Gymnasien und gymnasiale Oberstufen. Veröffentlichungen u. a. zum Thema „Berlin", darunter auch der Artikel „Kommunalpolitik in Berlin" aus der Erstauflage von „Kommunalpolitik in den deutschen Ländern".

Peter Hoffmann, geb. 1943 in Landau/Pfalz, Diplom-Soziologe, Studium der Fächer Soziologie, Volkswirtschaft, Neuere und Verfassungsgeschichte in Hamburg und Berlin. Bis Ende 2004 Referatsleiter Materialien, Informationsdienst und Internet in der (inzwischen aufgelösten) Niedersächsischen Landeszentrale für politische Bildung, Hannover.

Dr. Klaus Kellmann, geb. 1951, seit 1985 Dezernent der Landeszentrale für politische Bildung Schleswig-Holstein in Kiel und Autor zahlreicher politischer Sachbücher.

Prof. Dr. Andreas Kost, geb. 1962, Leiter Referat Printmedien und stellvertretender Leiter Landeszentrale für politische Bildung Nordrhein-Westfalen, Honorarprofessor für Politikwissenschaft an der Universität Duisburg-Essen (Schwerpunkte: Kommunalpolitik, Politische Partizipation, Bürokratie und Organisation). Dozent der NRW School of Governance.

Dr. Werner Künzel, geb. 1944, Diplom-Historiker, bis 2005 Leiter des Fachbereichs Publikationen in der Brandenburgischen Landeszentrale für politische Bildung, Potsdam.

Matthias Lloyd, geb. 1979 in Hamburg, Studium der Politikwissenschaft und Geschichte an der Universität Hamburg, Diplom-Politologe; Wissenschaftlicher Mitarbeiter bei der CDU-Fraktion in der Hamburgischen Bürgerschaft.

Dr. Hubert Meyer, geb. 1959, 2. Juristisches Staatsexamen Dez. 1990, Geschäftsführendes Vorstandsmitglied des Niedersächsischen Landkreistages; Lehraufträge an der Hochschule für Verwaltungswissenschaften Speyer, der Universität Rostock sowie der Verwaltungs- und Wirtschaftsakademie Mecklenburg-Vorpommern; Schwerpunkte der Veröffentlichungen bilden das kommunale Fraktionen- und Verfassungsrecht, das kommunale Wirtschafts- und Finanzverfassungsrecht, Sparkassenrecht und das allgemeine Verwaltungsrecht.

Rudolf Oster, geb. 1940, verst. 2006; ehemaliger Leiter der Kommunalabteilung im Innenministerium Rheinland-Pfalz und Dozent an der Verwaltungs- und Wirtschaftsakademie Rheinland-Pfalz, Teilanstalten Koblenz, Mainz und Trier. Autor des Artikels „Kommunalpolitik in Rheinland-Pfalz" aus der Erstauflage von „Kommunalpolitik in den deutschen Ländern".

Dr. Annette Rehfeldt-Staudt, geb. 1965, Dipl. Pol., Referentin in der Sächsischen Landeszentrale für politische Bildung im Referat Publikationen/Bildungsservice.

Dr. Marion Reiser, geb. 1975, Diplom-Sozialwissenschaftlerin, wissenschaftliche Mitarbeiterin am Institut für Politikwissenschaft der Goethe-Universität Frankfurt am Main; Promotion über die Professionalisierung der Kommunalpolitik an der Universität Göttingen, danach wissenschaftliche Mitarbeiterin und Projektkoordinatorin des Projekts „Kommunale Wählergemeinschaften in Ost- und Westdeutschland" an der Universität Halle-Wittenberg.

Werner Rellecke, M.A., geb. 1964 in Belecke, Studium der Geschichte in Bonn und Münster, Referatsleiter Publikationen/Bildungsservice der Sächsischen Landeszentrale für politische Bildung in Dresden und Vorsitzender der Fachkonferenz Publikationen aller Zentralen für politische Bildung in Deutschland.

Michael Scherer, geb. 1951, Historiker und Wissenschaftlicher Mitarbeiter der Bremer Landeszentrale für politische Bildung, zuständig für die Referate Geschichte, Politik und Publikationen; seit der Gründung im Jahre 1991 Schriftführer des Bremer Vereins „Erinnern für die Zukunft e. V.".

Prof. Dr. Wolfgang Scherf, geb. 1956, Inhaber einer Professur für Volkswirtschaftslehre mit dem Schwerpunkt Öffentliche Finanzen an der Justus-Liebig-Universität Gießen.

Ferdinand Schwenkner, geb. in Berlin, Studium der Geschichte und Politikwissenschaft an der Freien Universität Berlin, Lektor für Zeitgeschichte und Politik in verschiedenen Verlagen, wissenschaftlicher Mitarbeiter der Gedenkstätte Deutscher Widerstand, freiberuflich tätig u. a. für die Landeszentrale für politische Bildungsarbeit Berlin.

Hubert Stubenrauch, geb. 1955, stellvertretender Leiter der Kommunalabteilung und Referatsleiter für Kommunalverfassungsrecht des Innenministerium Rheinland-Pfalz; im Nebenamt Stellvertreter des Präsidenten des Landesprüfungsamtes für Juristen und Vorsitzender eines Prüfungsausschusses; Mitarbeiter eines Kommentars zum Kommunalverfassungsrecht Rheinland-Pfalz.

Prof. Dr. Hans-Georg Wehling, geb. 1938, bis 2003 Abteilungsleiter in der Landeszentrale für politische Bildung Baden-Württemberg, Honorarprofessor für Politikwissenschaft an der Universität Tübingen (Schwerpunkte: Kommunalpolitik, Landeskunde/Landespolitik). Vorstandsmitglied im Europäischen Zentrum für Föderalismus-Forschung (EZFF) an der Universität Tübingen.

Jürgen Wohlfarth, geb. 1951, Volljurist und Verwaltungsdezernent für Rechts- und Ordnungsangelegenheiten der Landeshauptstadt Saarbrücken; seit 1986 Dozent an der Fachhochschule für öffentliche Verwaltung des Saarlandes; Mitglied des Saarländischen Landesprüfungsamtes für Juristen und Mitherausgeber der Zeitschrift für Landes- und Kommunalrecht Hessen/Rheinland-Pfalz/Saarland (LKRZ).

Neu im Programm
Politikwissenschaft